आनन्द शमा

आनंद शर्मा का जन्म 7 दिसंबर, 1946 को श्रीमहावीरजी, करौली, राजस्थान में हुआ। उन्होंने राजस्थान विश्वविद्यालय से स्नातक किया। सन् 1968 से पत्रकारिता से जुड़ाव, 1987 से स्वतंत्र पत्रकार के रूप में राष्ट्रीय पत्र-पत्रिकाओं के लिए लेखन। *धर्मयुग, साप्ताहिक हिन्दुस्तान, नवभारत टाइम्स, राष्ट्रीय सहारा* और *लोकमत* सहित दर्जनों पत्र-पत्रिकाओं में राजनीति, इतिहास, पुरातत्व, संगीत, शिक्षा, ज्योतिष, धर्म, फिल्म आदि विषयों पर निरंतर लेखन करने वाले और स्वतंत्र लेखन को ही आजीविका बनाने वाले राजस्थान के एकमात्र पत्रकार-साहित्यकार। आकाशवाणी जयपुर से लगभग चार दर्जन वार्ताएँ, जयपुर दूरदर्शन के साथ भी जुड़ाव। उन्होंने पत्रकारिता को इतिहास से जोड़ते हुए पत्रकारिता में नई विधा की शुरुआत की और राजस्थान के इतिहास के अछूते प्रसंग, घटनाएँ, इतिवृत पत्र-पत्रिकाओं के माध्यम से देशभर में प्रकाशित हो सके।

उनकी प्रमुख कृतियाँ हैं—*इतिहास के नूपुर, रसकपूर, एक और भीष्म, नरवद-सुप्यारदे, माधवी, नानृतम्, अविनाश जिंदा है, महाराणा प्रताप।*

उन्हें राजस्थान साहित्य आकदमी के *मीरा सम्मान,* अमेरिका के यूनाइटेड कल्चरल कन्वेंशन के *इंटरनेशनल पीस प्राइज* समेत दो दर्जन से अधिक सम्मानों से सम्मानित किया जा चुका है। विक्रमशिला विश्वविद्यालय ने उन्हें मानद डॉक्टरेट प्रदान किया है।

सम्प्रति : स्वतंत्र पत्रकार-साहित्यकार।

रसकपूर

आनन्द शर्मा

राजकमल पेपरबैक्स

पहला पुस्तकालय संस्करण
ग्रन्थ अकादमी, नई दिल्ली से
1995 में प्रकाशित

राजकमल पेपरबैक्स में
पहला संस्करण : 2001
पाँचवाँ संस्करण : 2025

राजकमल पेपरबैक्स : उत्कृष्ट साहित्य के जनसुलभ संस्करण

राजकमल प्रकाशन प्रा. लि.
1-बी, नेताजी सुभाष मार्ग, दरियागंज
नई दिल्ली-110 002
द्वारा प्रकाशित

शाखाएँ : अशोक राजपथ, साइंस कॉलेज के सामने, पटना-800 006
पहली मंजिल, दरबारी बिल्डिंग, महात्मा गांधी मार्ग, प्रयागराज-211 001
1, अनमोल सोराबजी संतुक लेन, धोबी तलाव, मरीन लाइंस, मुम्बई-400 002

वेबसाइट : www.rajkamalprakashan.com
ई-मेल : info@rajkamalprakashan.com

बी.के. ऑफसेट
नवीन शाहदरा, दिल्ली-110 032
द्वारा मुद्रित

मूल्य : ₹350

RASKAPUR
Novel by Anand Sharma

ISBN : 978-81-267-0292-3

मेरे पिता और गुरु
वैद्य रामकिशोर शर्मा, भिषगाचार्य
के चरण युगलों में
जहाँ से प्राप्त
संस्कृत, संस्कृति और संस्कार
की त्रिवेणी
इस उपन्यास के रूप में
निर्झर-सी प्रवाहित हो गई।

अपनी बात

उपन्यास-लेखन के बारे में कभी सोचा नहीं था। तथ्यों-प्रमाणों के कठोर धरातल पर जीनेवाले पत्रकार का, कल्पना के इंद्रधनुषी स्वप्नलोक में विचरनेवाले उपन्यासकार से कैसा भी संबंध कल्पनातीत था। भ्रष्टाचार, अपराध, घोटाले, राजनीतिक दावँपेचों को देखते-लिखते, युवावस्था के दो दशक गुजार देने के बाद, जीवन अकस्मात् दोराहे पर आ खड़ा हुआ। एक ओर नवभारत टाइम्स के स्थानीय संपादक श्री श्याम आचार्य मुझे जयपुर के इतिहास पर शोध के लिए प्रोत्साहित कर रहे थे, वहीं दूसरी ओर दो दशकों में पत्रकारिता से बनी पहचान बनाए रखने का मोह भी था। पत्रकारिता से प्राप्त सम्मान-प्रभाव का सम्मोहन छोड़ पाना आसान नहीं था।

इतिहास मुझे किशोरावस्था से ही आकर्षित करता रहा है। अग्रज समान श्री श्याम आचार्य का चुनौती-भरा परामर्श, मुझे जयपुर के अतीत में ले गया। फिर तो जयपुर की प्राचीन राजधानी आंबेर का इतिहास, मंदिर, शिल्प, हवेलियों से लेकर जयपुर की संस्कृति, पर्व, मेले, त्योहार, संगीत, परंपरा आदि पर धर्मयुग, साप्ताहिक हिन्दुस्तान, दैनिक हिन्दुस्तान, नवभारत टाइम्स, राजस्थान पत्रिका सहित देश-भर की पत्र-पत्रिकाओं में लिखने का सिलसिला आरंभ हो गया। कलम का विस्तार शनैः-शनैः पूरे राजस्थान को अपने में समाहित करने लगा। पत्रकारिता में लीक से हटकर किया लेखन, मेरे व्यक्तित्व का अंग बन गया था। प्रमाणों से प्राप्त यथार्थ को ही प्रस्तुत करना अब आदत में शामिल हो चुका था। यही आदत इतिहास-कथा लेखन में भी मेरी अलग पहचान बनाने लगी। राजस्थान के इंद्रधनुषी अतीत में बिखरे शौर्य, साहस, षड्यंत्र, राजनीति, पलायन, समझौते, शृंगार, प्रेम, बलिदान के रंग मुझे अच्छे लगने लगे। पत्रकारिता का प्रभाव, इन सबकी खोज में मेरे लिए ऐसी सुविधाएँ जुटा जाता था, जो किसी सामान्य शोधार्थी को आसानी से उपलब्ध नहीं हो पातीं। जयपुर ही नहीं; जोधपुर, उदयपुर के राजमहलों में भी मेरे पेशे ने मुझे पूरी सहायता दिलाई।

इतिहास-कथा लेखन के दौरान इतिहास में साहसी-सामर्थ्यवान् नारियों का अभाव मुझे रह-रहकर सालता था। एक प्रश्न हर बार उठता था कि मीराबाई, पन्ना धाय, हाडी रानी, कर्मवती आदि अँगुलियों पर गिनी जानेवाली नारियों के बाद, राजस्थान की उर्वरा भूमि, बाँझ क्यों हो गई? उसने नई सामर्थ्य को नई परिभाषाएँ देनेवाली नारियों का प्रसव बंद क्यों कर दिया? इस दिशा में खोज आरंभ करने के चमत्कारी परिणाम निकले। एक-दो नहीं, दो दर्जन से भी अधिक नारी पात्र, इतिहास की गर्द झाड़ते मेरे सम्मुख जीवंत हो उठे। घर से शुरुआत हुई। जयपुर की अर्धराजिन रसकपूर का

कथानक 'धर्मयुग' संपादक श्री गणेश मंत्री को लिख भेजा। आशा के विपरीत अगले सप्ताह ही इस पर तत्काल आलेख भेजने की स्वीकृति आ गई। खोजबीन का सिलसिला आरंभ हुआ। एक तवायफ के प्रेम में अनुरक्त हो, उसे जयपुर का आधा राज्य दे डालनेवाले महाराजा जगतसिंह की, इतिहासकारों ने भरपूर भर्त्सना की थी। राजस्थान के प्रथम इतिहास लेखक कर्नल जेम्स टाड के बाद कविराजा श्यामलदास से लेकर आधुनिक इतिहासकार जगदीशसिंह गहलोत तक सभी ने इसे धिक्कार-भर्त्सना का विषय माना था। किसी ने पाँच-दस पंक्तियों में, तो किसी ने आधा-एक पृष्ठ में अपनी घृणा को अभिव्यक्ति दी। अच्छा मुझे भी नहीं लगा था। वासनाभिभूत हो अपने पूर्वजों का राज्य तक दे डालनेवाले राजा को, मेरी भी सहानुभूति नहीं मिल पाई थी। किंतु खोजबीन के बाद अनेक नए तथ्य सामने आने लगे। वस्त्रों की तरह स्त्रियाँ बदलनेवाले अति कामुक महाराजा का, एक हीन कुल की स्त्री में अनुरक्ति का ऐसा उफान, जो उसे पटरानी-महारानियों से पृथक् महल 'रसविलास' के साथ जयपुर का आधा राज्य प्रदान कर, अपने समान स्तर पर ला बैठाए, मात्र वासना का परिणाम नहीं हो सकता था।

तब वह क्या था? इस गुत्थी को सुलझाने में मेरा पत्रकार जुट गया। धर्मयुग को भेजी कथा १७ दिसंबर, १९८९ के अंक में पाँच पृष्ठों में विस्तारपूर्वक प्रकाशित होने के बाद भी मेरी खोज समाप्त नहीं हुई थी। गुत्थी अपनी जगह थी। रसकपूर के अंत को लेकर प्रचलित अनेक दंतकथाएँ भी इसे रहस्यमय बना रही थीं। किसी ने भी रसकपूर के अंत की प्रामाणिकता का दावा नहीं किया था। उसे दीवार में चिनवाया गया, विषपान कराया गया अथवा मराठों या स्वयं के बल पर ही वह किले से फरार हो गई थी? सबकी अपनी-अपनी अटकलें थीं।

इतिहास के अन्य नारी-पात्रों के साथ-साथ रसकपूर पर भी मेरा शोधकार्य चलता रहा। अक्तूबर १९९१ में मेरी इतिहास कथाओं का संकलन 'इतिहास के नूपुर' प्रकाशित हुआ। मेरे अग्रज समान मित्र कानपुर विश्वविद्यालय के कुलपति डॉ. विश्वंभरनाथ उपाध्याय को उसमें प्रकाशित रसकपूर कथा इतनी पसंद आई कि उन्होंने इस पर सौ-डेढ़ सौ पृष्ठों का उपन्यास लिखने का आदेशात्मक परामर्श दे डाला। इनकार तो नहीं कर पाया, लेकिन ऊलजलूल कल्पनाओं को शब्दों में ढालकर पाठक को काल्पनिक संसार में भ्रमण करानेवाली उपन्यास विधा से स्वयं को जोड़ पाना भी संभव नहीं था। मेरा तो अब तक का संपूर्ण लेखन प्रमाणों की तुला पर तुलता आया था। पत्रकारिता में अनुमानों-कल्पनाओं का कोई स्थान होता ही नहीं। डॉ. उपाध्याय इस विषय के प्रति गंभीर थे। कानपुर जाकर भी पत्रों के द्वारा वे मुझ पर स्नेहिल दबाव डालते रहे। सो १८ दिसंबर, १९९२ को माँ शारदा का स्मरण कर, अपना प्रथम उपन्यास लेखन आरंभ कर दिया।

मदिरा के प्रत्येक घूँट के साथ बढ़नेवाले नशे की तरह, पृष्ठों-अध्यायों के साथ मैं रसकर्पूरी सम्मोहन में डूबता चला गया। लेखक का पात्रों के साथ ऐसा जीवंत तादात्म्य

मेरे लिए नितांत नया अनुभव था। प्रत्येक पात्र जैसे मैं स्वयं ही जी रहा था। लेखन के दौरान आँसू, हर्ष, तनाव, पीड़ा में डूब जाने का यह मेरा प्रथम अवसर था। मेरी पत्नी मनीषा शर्मा गृहकार्य से समय निकालकर आ बैठती और तब तक का लिखा नया अंश सुनकर अपनी सहज प्रतिक्रिया से अवगत करा जाती। उस अल्पशिक्षित सामान्य गृहिणी की प्रतिक्रिया मेरे लिए आम पाठक की प्रतिक्रिया थी। उपन्यास के दूसरे श्रोता होते थे—राजस्थान के भूतपूर्व एडवोकेट जनरल श्री नाथूलाल जैन। एक अध्याय पूरा होते ही वे मुझे अपने घर बुला लेते और तन्मयता से सुनने के बाद, अंत में पीठ थपथपा जाते थे। ये दोनों श्रोता ही मेरे लेखन के परीक्षक थे। एक सामान्य पाठक और दूसरा विशिष्ट साहित्य-प्रेमी।

रसकपूर लेखन के दौरान मेरे साहित्यकार पर पत्रकार अधिक प्रभावी रहा। वह मुझे इतिहास के दायरे से बाहर नहीं निकलने देता था। मैं तो आम आदमी को अपने अतीत से परिचित कराने का प्रयास ही करता आ रहा था। पहले लेखों-कथाओं के रूप में और अब उपन्यास के द्वारा भी वही कार्य संपन्न कर रहा था। इस कारण शोध-श्रम तो बहुत अधिक हुआ, लेकिन उसके परिणाम भी चमत्कारी निकले। उपन्यास के लिए आवश्यक समझे जानेवाले सभी तत्त्व, इतिहास की घटनाओं के द्वारा ही सामने आने लगे। शृंगार, प्रेम, संगीत, षड्यंत्र, शौर्य, पीड़ा, बिछोह, उत्कर्ष आदि सभी कुछ तो इस कथा में थे। हाँ, उन्हें खोजने में श्रम अवश्य करना पड़ा।

उपन्यास होते हुए भी 'रसकपूर' अस्सी प्रतिशत इतिहास है। मात्र बीस प्रतिशत में कल्पना का सहारा लेना पड़ा—वह भी दो घटनाओं को आपस में जोड़ने-भर के लिए ही। उपन्यास के सौ के लगभग पात्रों में भी पाँच-सात नाम ही काल्पनिक हैं। ये भी इतिहाससिद्ध तो हैं, लेकिन उसमें उनके नामों का उल्लेख नहीं हुआ है। जयपुर-जोधपुर के सामंतों, तत्कालीन राजनीति में उनका रोल, महारानियों के नाम, उनका पितृवंश, स्थानों का वर्णन आदि ही नहीं, युद्ध में प्रयुक्त तोपों के नाम और मारक क्षमता तक वास्तविक हैं। जयपुर के जयगढ़ में ये सभी तोपें आज भी देखी जा सकती हैं। दूनी ठाकुर चाँदसिंह की भरे दरबार महाराजा जगतसिंह को चुनौती और परिणामस्वरूप उन पर भारी जुरमाना, जगतसिंह का जोधपुर पर आक्रमण, सामंती विद्रोह के कारण जोधपुर महाराजा मानसिंह का पलायन, मेहरानगढ़ का लोमहर्षक युद्ध, अमीरखाँ की लूट, उसका जयपुर पर आक्रमण, रसकपूर के विरुद्ध राजद्रोह का मुकदमा, सुदर्शनगढ़ में कैद, जगतसिंह की हत्या, रसकपूर का चिता में कूदकर सहगमन आदि सभी घटनाएँ इतिहाससिद्ध हैं। घटनाओं की प्रामाणिकता का निर्वहन जोधपुर महाराजा के विद्रोही और पक्षधर सामंतों के नाम और उनके आचरण तक में बारीकी से हुआ है। पं. दीनाराम बोहरा और बोहरा राजा खुशालीराम का चरित्र भी पूरी तरह इतिहास की सीमाओं में ही रहा है।

नृत्य और संगीत में भी इतिहास का पूर्ण निर्वाह हुआ है। मुगल बादशाह मुहम्मद शाह द्वारा सम्मानित दिल्ली घराने के शाह सदारंग साहब ने सन् १७९० के

दशक में 'ख्याल शैली' को ईजाद कर, ध्रुपद में कल्पना का प्राधान्य स्थापित किया था। मैंने वही ईजाद सन् १८०३ में, गायन की बारीकियों के साथ, रसकपूर के द्वारा जयपुर में पेश करवाई है। यही बात लखनऊ के पखावजी कुदऊसिंह की भी है। उन्हें जगदंबा का ईष्ट और उनकी 'गजपरन' सुनकर हाथियों के मस्त हो जाने की घटनाएँ तो संगीत इतिहास की धरोहर हैं।

उपन्यास में वर्णित सभी स्थानों को मैंने अनेक बार पत्रकार की दृष्टि से देखा है। रसकपूर का कारागृह खोजने के लिए मैं सुदर्शनगढ़ (वर्तमान नाहरगढ़) में अनेक बार दिन-दिन-भर भटका हूँ। चंद्रमहल, रसविलास, जनानी ड्योढ़ी, शोभा निवास, सर्वतोभद्र, प्रीतमनिवास आदि में तो दसियों बार जाना हुआ। जयपुर के वर्तमान महाराजा भवानीसिंह ने मुझे यह सब देख पाने के अनेक अवसर प्रदान किए। महाराजा मानसिंह संग्रहालय के निदेशक और मेरे मित्र श्री यदुवेंद्र सहाय तो वर्षों से मुझे सहयोग देते आ रहे थे। अस्त्र-शस्त्रों, युद्ध-वेशभूषा, राजसी लवाजमा, राजमहली परंपराएँ आदि ही नहीं, दिवंगत महाराजा की शवयात्रा का प्रामाणिक विवरण और अनेक दुर्लभ चित्र भी उनके सौजन्य से ही प्राप्त हो सके थे। विख्यात इतिहासकार पं. गोपाल नारायण बहुरा का अतिसमृद्ध ज्ञानकोष सदैव ही मुझे उपलब्ध रहा। दीनाराम बोहरा के वंशज बहुराजी से मुझे इस कथा की अनेक बारीकियों की जानकारी मिली।

जनसत्ता (कलकत्ता संस्करण) के स्थानीय संपादक श्री श्याम आचार्य ने पुस्तक रूप में प्रकाशित होने से पूर्व ही इसे बत्तीस किश्तों में धारावाहिक प्रकाशित करके मुझे आम पाठक की प्रतिक्रिया से अवगत होने का अवसर प्रदान किया। अहिंदीभाषी बंगाल-बिहार प्रांत में हिंदी उपन्यास का ऐसा कल्पनातीत स्वागत, उपन्यास के माध्यम से इतिहास पढ़ाने की मेरी योजना पर स्वीकृति की मोहर लगा गया। अब उपन्यास आपके हाथों में है। इतिहास पढ़ाने का मेरा प्रयोग कैसा लगा, इस बारे में अपनी राय अवश्य भेजिएगा।

—आनंद शर्मा

नवरात्रा स्थापना, संवत् २०५१
६४५, किशोर कुंज, किशनपोल बाजार,
जयपुर-३०२००१

एक

जयपुर महाराजा के सतमंजिले भव्य चंद्रमहल का सुखनिवास। चाँदी के कलात्मक पायोंवाले पलँग पर मखमली गद्दों और कामदार तकियों के सहारे निद्रामग्न महाराजा जगतसिंह के कानों में जैसे कोयल कुहुक उठी। सपनों के द्वार पर लगी मदन-मदिर स्वर की कोमल थाप से महाराजा के नेत्र खुल गए। कमलपत्र पर लरजते ओस बिंदुओं जैसा कोमल-कंपित स्वर पहले कभी नहीं सुना था। भोर की प्रथम किरण से संध्या के दीप जलने तक कलावंतों की राग-रागिनियों से गुंजित रहनेवाले **'हरे बँगले'** की मादकता आज कुछ अधिक ही हो चली थी। **'रैन बिहानी जागो साँवरे'**—पद पर भैरवी के मोहक आलाप ने जगतसिंह के प्राणों तक को चैतन्य कर दिया था।

महाराजा के संकेत से कक्ष के वातायन खुलते ही स्वर-लहरियाँ और मुखर हो उठीं। स्वर-पंखों पर तैरती मादकता से सुखनिवास का शयनागार मादक हो उठा। **'हरे बँगले'** से उठे भैरवी के मधुर आलापों द्वारा निद्रा त्यागना जगतसिंह की दिनचर्या थी। जयपुर महाराजा के **'गुणीजनखाने'** में एक से बढ़कर एक नर्तक, गायक और वादक थे। भगवान् रासरासेश्वर की सेवा में गायन-वादन-नर्तन का अनूठा प्रदर्शन उनका दैनिक दायित्व था। लेकिन ऐसा कंठ-स्वर इससे पूर्व नहीं सुना था। इस कोकिलबैनी की भैरवी ने तो तन ही नहीं, मन-प्राण तक को चैतन्य कर डाला था।

उत्सुकता, उत्कंठा में परिवर्तित होती हुई व्यग्रता की सीमा तक जा पहुँची। राजसी मर्यादा भूल, कृष्ण की बाँसुरी के सम्मोहन में बँधी गोपी की तरह महाराजा जगतसिंह के कदम अनजाने ही 'हरे बँगले' की ओर बढ़ गए। महाराजा की इच्छा समझकर तेजी से आगे चलने को तत्पर हुए चकित सेवकों के पैर जगतसिंह के संकेत पर जड़ हो गए। अलसाई आँखों और शयन के अस्त-व्यस्त वस्त्रों में ही वे अकेले चंद्रमहल से हरे बँगले को जोड़नेवाली सुरंग में प्रवेश कर गए।

कुछ ही पलों में वे 'हरे बँगले' के द्वार पर खड़े थे। वहाँ फर्श पर बैठी कामदेवी के स्वरों के आरोह-अवरोह, चंपकवर्णी अँगुलियों का सितार पर चंचल नर्तन और अवगुंठनमय अद्भुत सौंदर्य की झलक से रसिक महाराजा मद-मूर्च्छित हो उठे। ऐसा अनिंद्य सौंदर्य इससे पूर्व कभी नहीं देखा था। विस्मय से नेत्र मलने पर वह स्वप्न नहीं यथार्थ प्रमाणित हुआ। दुग्ध-धवल लहँगा, ओढ़नी और काँचली में ढँकी-बँधी रूपशिखा के अप्रतिम यौवन और कंठ-माधुर्य ने जगतसिंह की स्वप्निल संसार में डुबकी लगवा

दी। द्वार का सहारा लेकर किसी तरह मन-प्राणों को नियंत्रित किया।

हलकी-सी आहट ने ध्यान भंग किया। स्वयं महाराज को चौखट पर खड़े देख पारो तवायफ सजग हो उठी। धीरे से हाथ बढ़ाकर, माधुर्य की रसवर्षा कर रही रूपसी को पैर के स्पर्श से सावधान होने का संकेत किया। संकेत का अनुसरण करते मादक नेत्र द्वार की ओर उठे। महाराज को अपलक निहारते देख वह संकुचित हो उठी। कलाई के कड़े-चूड़ले खनक उठे। पैरों की पायल सिहर उठी। कर्णफूलों के नीलम और झुमकों के मोती, रूपसी के कंधारी कपोलों से टकराकर रक्तनील और रतनारे हो उठे। संगमरमरी अँगुलियों में फँसी श्वेत अवगुंठन की तिकड़ी के पीछे नीलवर्णी झील-सी आँखें कौतूहल, संकोच और किंचित् भय से महाराजा के प्रदीप्त तेजस्वी मुख को निहारने लगीं। फिर अगले ही पल चेहरे पर लाज का अबीर फैलने के साथ ही, कजरारे नेत्र झुककर फर्श की गलबँहिया लेने लगे।

पल-पहर ठहर गए थे। साजिंदों के साज खामोश थे। सम्मोहित महाराज को देख पारो की आँखें मुसकरा उठीं। होंठों पर मुसकान की मंद रेख के साथ खड़ी होकर उसने जुहार की—"अन्नदाता! यह रसकपूर है।"

शांत-ठहरे जल में जैसे कंकरी पड़ गई। महाराज चैतन्य हुए। अपना परिचय दिया जाते देख अम्लान सौंदर्य संकोच से भर उठा। राजसी अदब-कायदों का भी खयाल नहीं रहा। महाराज के तेजस्वी सम्मोहन ने उसे जड़ कर दिया था। ठहरे-थमे पल आसक्ति के इंद्रधनुषी रंगों से चटकीले होने लगे। निर्निमेष नेत्रों से रूप-सुधा का पान करते हुए जगतसिंह अकस्मात चैतन्य हुए। उनका राजसी स्वरूप जाग उठा। उस अम्लान-अलौकिक सौंदर्यमूर्ति को मन-प्राणों में सँजोते हुए कहा—"पारो! दो घड़ी बाद महल में आकर मिलना!"

उत्तर में पारो की आँखें विहँस उठीं। उसकी जुहार स्वीकार कर महाराज थके पैरों, किंतु उल्लसित मन के साथ चंद्रमहल की ओर लौट पड़े। सम्मोहित रसकपूर किंकर्तव्यविमूढ़-सी बैठी रही गई।

□

"पारो! यह हीरा कहाँ से तलाशा है?"—महाराजा जगतसिंह के स्वर से अधिक कौतूहल उनकी आँखों से छलक रहा था।

"अन्नदाता के लिए ही तलाश-तराशकर लाई हूँ,"—पारो तवायफ ने व्यवसाय-सुलभ मीठे स्वर में कहा—"वरना तो तवायफों में ऐसा रूप कहाँ देखने को मिलता है?"

"तवायफ! वेश्या···", जगतसिंह के प्रणयी मन में एक कसक-सी उठी। रसिक महाराजा को वेश्या से परहेज नहीं था। कसक का कारण उनके राज्य में ऐसे अलौकिक सौंदर्य का उन्हें पता तक नहीं चल पाना था। इस सर्वभोग्या को भोगने का सर्वप्रथम गौरव वे स्वयं क्यों नहीं प्राप्त कर पाए? अपने खबरनवीसों पर क्रोध आया। मुफ्त का

वेतन पाते हैं नमकहराम। जरा भी आँखें खुली नहीं रखते। मेरी राजधानी की सुंदरियों की ही उन्हें खबर नहीं। राज्य के बारे में तो वे क्या जानेंगे? आज ही सबको नौकरी से निकाल बाहर करूँगा।

फिर जैसे कुछ याद आया। इसी वसंत पंचमी को हीरालाल काँचमहल में किसी अद्‌भुत सुंदरी का नृत्य देखकर आया था। उसके द्वारा की गई प्रशंसा को अतिशयोक्ति मान जगतसिंह तब मुसकराकर रह गए थे। अपने खवास की हर बात बढ़ा-चढ़ाकर कहने की आदत से वे परिचित जो थे। लेकिन फिर कुछ दिन बाद राधे खवास भी उसी स्वर में उस तवायफ की तारीफों के पुल बाँधने लगा तो महाराज को दोनों की मिलीभगत ही प्रतीत हुई। मुसकराकर टाल दिया—"क्यों रे! यह कवियोंवाली बोली कब से बोलने लग गया? तू भी हीरा की तरह बात को बढ़ा-चढ़ाकर कहने लगा है!" तब राधे चुपचाप पैर दबाने लगा था।

वही रूपसी है यह। जगतसिंह के कलेजे में टीस-सी उठी। उस घड़ी अपने विश्वस्त सेवकों पर विश्वास क्यों नहीं किया? आज स्वयं देखने के बाद लगा कि वे तो ठीक से उसके रूप-यौवन का वर्णन कर ही नहीं पाए थे। वरना तो यह इंद्रमणि सर्वप्रथम उनके कंठ की शोभा बनती। हर्ज तो कुछ नहीं, लेकिन ऐसे रूप-यौवन के उपभोग का प्रथम अधिकारी तो महाराज को ही होना चाहिए था। अब तो भोगा हुआ यौवन ही उनके हाथ आएगा। मन में क्रोध उत्पन्न हुआ। मरवा डालूँगा उस दुष्ट को, जिसने हमें भेंट करने से पूर्व इस दुर्लभ रत्न को भोगने का दुस्साहस किया। जानता नहीं, राज्य की सर्वश्रेष्ठ वस्तुओं पर प्रथम अधिकार राजा का होता है। मन का आक्रोश छिपाने के प्रयासों के बाद भी स्वर में तैर उठा। तिक्त स्वर में पूछा—"कौन है वह भाग्यशाली, जिसे इस पुष्प-वल्लरी-सी देह के प्रथम आलिंगन का सौभाग्य प्राप्त हुआ?"

"अन्नदाता! आपके होते भला इसे छूने का साहस कौन कर सकता है?"—पारो ने असंयमी महाराजा की काम-वेदना समझकर उत्तर दिया—"आपके कंठहार की शोभा बढ़ाने के लिए खिले फूल की महक किसी और के भाग्य में कैसे हो सकती है? रसकपूर की नथ-उतराई अभी नहीं हुई। वह कुँवारी है, महाराज!"

सुनकर जगतसिंह का प्रदीप्त मुख और दमक उठा। उत्सुकता बढ़ने लगी। आँखों में उभरे ढेरों प्रश्नों के अनायास उत्तर प्राप्त होते गए—"अन्नदाता! यह जौहरी बाजार स्थित तवायफों के मुहल्ले में 'काँचमहल' के नूर, नूरी बेगम की बेटी रसकपूर है। तवायफों की संतानें माँ के नाम से ही जानी जाती हैं। फिर भी इसका सौंदर्य, इसके पिता के श्रेष्ठ कुलीन राजपुरुष होने का संकेत देता है। इसके अनुपम सुंदरी बनने के लक्षण देख, मैं बचपन से ही इस हीरे को अपनी शिष्या बनाकर, आपकी अँगूठी में जड़ने लायक तराशने-सँवारने में जुट गई थी। आपको अनूठा नारी-रत्न भेंट करने की मेरी वर्षों की साध आज पूरी हुई। मैं धन्य हो गई, महाराज! मेरा जीवन, मेरा परिश्रम सार्थक हो गया।"

विलासी जगतसिंह जैसे पारो के कृतज्ञ हो उठे। कितना परिश्रम किया है इसने मेरे लिए। भला धन-रत्न से इसका प्रतिदान संभव हो सकता है? फिर भी गले का मूल्यवान हार उतारकर पारो की झोली में फेंकते हुए कहा—"अभी यह इनाम लो। आगे और दूँगा। तेरी तपस्या सफल हुई। जाकर उसे शुभ सूचना देना। आज हमारे शयनागार की रानी बनेगी वह। दो घड़ी रात ढले पालकी पहुँच जाएगी। उसे तैयार रखना।"

प्रसन्नता की उत्ताल हिलोरों को यत्नपूर्वक मन ही में दबाते हुए पारो जुहार करके कक्ष से निकल गई।

□

रसकपूर की माँ नूरी बेगम का अतीत रहस्यमय था। वह कौन थी? कहाँ से आई थी? उसके माता-पिता आदि के बारे में सामान्य जन की तो बात ही क्या, उसके प्रेमी पं. शिवनारायण मिश्र भी अनजान ही थे। कोई बीस वर्ष पूर्व तारामणि के कोठे पर यौवन-मद से गदराई नूरी को देख, मिश्रजी उसी के होकर रह गए थे। मुलाकातें बढ़ने के साथ परिचय प्रगाढ़ता में बदल गया। उनके अंतरंग संबंधों में वेश्या और ग्राहक का भाव न होकर, परस्पर प्रेमी-प्रेमिका जैसा समर्पण आने लगा था। संबंधों की प्रगाढ़ता बढ़ती गई। किंतु नूरी का अतीत रहस्य के परदों में ही लिपटा रहा। एकांतिक क्षणों में भी मिश्रजी उसके अतीत में नहीं झाँक पाए थे। विगत जीवन की स्मृतियाँ निस्संदेह कड़वी रही होंगी, तभी तो मिश्रजी द्वारा कुरेदने पर हर बार उसके मद-भरे नेत्रों में पीड़ा घनीभूत हो उठती थी।

जयपुर दरबार में मिश्रजी की काफी प्रतिष्ठा थी। युवा महाराज जगतसिंह भी उनका सम्मान करते थे। दीर्घ देहयष्टि और गौरवर्ण राजपुरुष मिश्रजी ने नूरी बेगम के प्रेम-परिणय का पूरा मान रखा। गर्भिणी नूरी को तारामणि के कोठे से निकालकर, जौहरी बाजार के सांगानेरी दरवाजे के पास स्थित तवायफों के कटले में 'काँचमहल' नाम से प्रसिद्ध हवेली दिलाने का श्रेय मिश्रजी को ही था। यहीं प्रसवित नूरी की फूल-सी बेटी का नामकरण मिश्रजी ने 'रसकपूर' किया था। पता नहीं यह नाम मिश्रजी ने अपनी किसी दूरगामी योजना को दृष्टिगत करके रखा, अथवा विधाता द्वारा लिखे उसके भाग्य के कारण ही उसे यह नाम मिल गया था। आयुर्वेद में भयानक रतिरोगों का उपचार करनेवाली ओषधि रसकपूर कभी-कभी सर्वनाश का कारण भी बन जाती है। इसमें प्रयुक्त होनेवाला पारा कच्चा रह जाने पर, शरीर से कोढ़ की तरह फूट-फूटकर निकलता है। असाध्य रतिरोगों की रामबाण दवा, तब स्वयं असाध्य रोग दे जाती है। तब किसे पता था कि यह सद्यजात बालिका, कालांतर में जयपुर राज्य और उसके महाराजा जगतसिंह के लिए ऐसे ही अनेक संकटों का कारण बन जाएगी।

मुसलिम माँ और ब्राह्मण पिता की इस लावण्यमयी पुत्री का बचपन इसी हवेली में ठुमकते, ठुनकते और ठुमरी गाते गुजरा था। नूरी बेगम जीवन-भर शिवनारायण मिश्र

के प्रति निष्ठावान बनी रही। उसने नृत्य और गायन को ही अपनी जीविका का माध्यम बनाए रखा। मिश्रजी का गर्भ धारण करने के बाद उसने अपने तन पर किसी अन्य का अधिकार अस्वीकार कर दिया था। नूरी का यह आचरण उसके किसी उच्च कुल की विपदाग्रस्त युवती होने का संकेत करता था। तवायफों के बीच उसका यह समर्पण व्यंग्योक्तियों, कटूक्तियों से होता हुआ सहानुभूति और फिर आदर में ढल गया था। उसके कोठे पर आनेवालों ने भी वहाँ की मर्यादा स्वीकार कर ली थी। साँझ ढलते ही वहाँ घुँघरुओं की झंकार और गायन की स्वर लहरियाँ गूँजने लगती थीं। नूरी के गले में न जाने कैसी कशिश-पीड़ा थी, जो ठुमरी-गजल में ढलती हुई श्रोताओं के कलेजे में उतर जाती। नगर के अनेक संगीतप्रेमी श्रीमंतों का तो वहाँ नियमित आगमन होता था।

राजकार्य से अवकाश पाने पर शिवनारायण मिश्र लगभग प्रतिदिन ही अपनी प्रेमिका से मिलने आते थे। पिता के अतिरिक्त रसकपूर का गुरुपद भी उन्होंने सहज रूप से स्वीकार कर लिया था। शिशु को गोद में खिलाते-दुलराते मिश्रजी अनायास ही उसे कथा-कहानियों के द्वारा शिक्षा देने लगे थे। बाद में संस्कृत और फारसी का ज्ञान-क्रम आरंभ हुआ। कुशाग्र बुद्धि रसकपूर हर पाठ तेजी से सीखती चली गई। उसका उच्चारण सुस्पष्ट और त्रुटिहीन होता था। उसकी तीव्र बुद्धि और मिश्रजी का अनुराग देख नूरी की आँखों में दिवास्वप्न तैर उठता था। वह अपनी पुत्री को कुलवधू बनाने का सपना देखने लगती थी। वेश्यापुत्री की नियति से वह अनभिज्ञ नहीं थी। तो भी सपनों पर तो किसी का नियंत्रण नहीं होता। उनकी उड़ान तो व्यक्ति-सामर्थ्य से बहुत आगे तक हो जाती है। मन के किसी कोने में कभी कोई विश्वास का अंकुर रह-रहकर प्रस्फुटित होता रहता था कि शायद पंडितजी के सहयोग से उसकी विदुषी पुत्री इस अनैतिक व्यवसाय के पंक से स्वयं को बचा सके। कुलवधू बनते-बनते नगरवधू बन जाने की पुनरावृत्ति वह अपनी पुत्री के साथ नहीं होने देना चाहती थी। इसीलिए उसने पुत्री के व्याकरण, तर्क, मीमांसा आदि पढ़ने पर आपत्ति नहीं की। मिश्रजी के हाथों में पुत्री के भविष्य के प्रति वह आश्वस्त थी।

लेकिन पारो को उसकी शिक्षा-दीक्षा पर आरंभ से ही आपत्ति थी। यथार्थ में जीनेवाली नूरी की पड़ोसन और अंतरंग सखी जानती थी कि वेश्यापुत्री किसी की हृदयेश्वरी तो हो सकती है, लेकिन कुलवधू बन पाना उसके भाग्य में नहीं होता। जीवन-भर धनी रसिकजनों की भोग्या बनकर रहना ही उसकी नियति थी। अपनी सखी-पुत्री के भविष्य से वह भलीभाँति परिचित थी और नूरी को भी समय-समय पर कटु यथार्थ के दंशों से चैतन्य करती रहती थी। यही कारण था कि नूरी ने जहाँ मिश्रजी की शिक्षा-दीक्षा स्वीकार कर ली थी, वहाँ पारो को गायन और नृत्य की शिक्षा देने से भी नहीं रोका था।

रसकपूर दोनों क्षेत्रों में ही स्वयं को असाधारण सिद्ध करती आ रही थी। जहाँ 'पाणिनि' के व्याकरण-सूत्र सुनकर मिश्रजी भावविभोर हो उठते थे, वहाँ उसका त्रुटिहीन, मधुर गायन और नृत्य के तोड़े देख-सुनकर पारो उसकी बलैया लेने लगती थी। गुरु

बृजनिधि भी अपनी शिष्या की प्रगति से सर्वथा संतुष्ट थे। उस दिन तो उनका गुरुत्व गर्व से भर उठा, जब किशोरी रसकपूर ने उनसे नृत्य के परंपरागत भावों-कथानकों से हटकर कुछ नया सृजन करने की इच्छा व्यक्त कर डाली थी। सुनकर बृजनिधि चौंके, फिर सुयोग्य शिष्या की क्षमता आँकने के लिए पूछ बैठे—"कैसा प्रयोग करना चाहती हो? तुम्हारे मन में इस नएपन की कल्पना क्या है?"

गुरु-आज्ञा पाकर रसकपूर मधुर स्वर में गाने लगी—

एकदार्भकमादाय स्वांकमारोप्य भामिनी,
प्रस्नुतं पाययामास स्तनं स्नेहपरिप्लुता॥
प्रीत प्रायस्य जननी सा तस्य रुचिरस्मतम्,
मुखं लालयती राजन्जृम्भतो ददृशे इदम्॥

(भागवत/१०/७/३३-३४)

खं रोदसी ज्योतिरनीकमाशा सूर्येन्दुवह्निश्वसनाम्बुधींश्च।
द्वीपान् नगांस्तद्दुहितृर्वनानि भूतानि यानि स्थिरजंगमानि॥

यशोदा मैया का दूध पीकर तृप्त कृष्ण गोद में सो गए थे। मैया उनका भोला मुख चूमकर आनंदित हो रही थी। तभी कृष्ण को जंभाई आई। उनके खुले मुख में ब्रह्मांड दर्शन कर यशोदा चकित-भ्रमित हो गई। क्या उसका पुत्र स्वयं विश्वात्मा है अथवा यह मात्र दृष्टि-दोष ही है? यह स्वप्न है या चेतनावस्था? लेकिन अगले ही क्षण मातृत्व उमड़ पड़ता है—नहीं रे! यह तो मेरी निगोड़ी आँखों का ही दोष है। यह कोई भगवान् नहीं, मेरा लाला—मेरा कान्हा ही है!

श्रीमद्भागवत के श्लोकबद्ध इस मधुर प्रसंग को राग यमन तोड़ी में प्रस्तुत करते देख गुरु बृजनिधि स्तब्ध-से रह गए। फिर कुछ विचारकर कहा—"लेकिन यह तो इसका गायन-पक्ष ही हुआ। नृत्य में इन भावों को कैसे प्रस्तुत करोगी?"

रसकपूर खड़ी होकर नृत्य करने लगी। श्लोकों के गायन के साथ वह मैया यशोदा का वात्सल्य, कृष्ण का जंभाई लेना, यशोदा का विस्मित होना और मातृ-सुख में डूब, यथार्थ को नकारते हुए, कान्हा को अंक में भर लेने के भाव प्रस्तुत करने लगीं। कभी वह कान्हा बन जाती तो कभी यशोदा बन स्वयं को विस्मृत कर देती थी।

गुरु बृजनिधि आनंदातिरेक से जैसे जड़ हो गए थे। अपनी शिष्या की योग्यता से वे भिज्ञ थे। लेकिन वह इतनी प्रवीण होगी, इसकी तो कल्पना भी नहीं की थी। गायकी और नृत्य की अनेक कमियों के बावजूद उसके द्वारा सृजित कल्पना और प्रस्तुति पर्याप्त महत्त्वपूर्ण थी। गुरुजी ने उन कमियों को दूर किया। श्लोकों को नए रागों में बाँधा और नृत्य की मुद्राओं-भावों में परिवर्तन कर उसे नया ही कलेवर दे दिया। इसे नृत्य-नाटिका को उन्होंने शिष्या की ओर से गुरु-दक्षिणा के रूप में स्वीकार किया था।

अपनी शिष्या एवं पुत्री रसकपूर की अनूठी उपलब्धि के बारे में जानकर शिवनारायण मिश्र भी गर्वजनित हर्ष से भर उठे। उन्होंने दरबारी कवि राधाकृष्ण लिखित

'रत्नसागर' और मियाँ चाँदखाँ के **'स्वरसागर'** संगीत-ग्रंथों की प्रतियाँ सुलभ करवा दीं। कवि पद्माकर का **'जगद्विनोद'** और भोलानाथ शुक्ल के शृंगाररस प्रधान **'कर्णकुतूहल'** तथा **'श्रीकृष्णलीलामृत'** जैसे ग्रंथों का अध्ययन करनेवाली वह अकेली युवती थी।

रसकपूर को लेकर सभी की आँखों में अपने-अपने सपने थे। माँ नूरी बेगम उसे कुलवधू के रूप में अपने द्वार से बिदा करना चाहती थी, तो पारो इस श्रेष्ठ नारीरत्न को जयपुर महाराजा के गले की शोभा बनते देखने का सपना सँजोए हुए थी। शिवनारायण मिश्र भी उसे राजदरबार में अपनी प्रतिष्ठा-वृद्धि के लिए उपयोगी मान रहे थे। जबकि गुरु बृजनिधि ऐसी सुयोग्य शिष्या के द्वारा प्रसिद्धि का अमरत्व प्राप्त करने की आशा लगाए बैठे थे। सपनों की इस दौड़ में नूरी बेगम सबसे पिछड़ गई थी। शिवनारायण और पारो के सपनों ने गठबंधन कर लिया था। मिश्रजी का जहाँ दरबार में अपना प्रभाव था, वहाँ पारो को **'गुणीजनखाना'** की कलावंत होने के कारण जयपुर महाराजा प्रतापसिंह के निकट पहुँचने का अवसर प्राप्त होता रहता था। जयपुर महाराजा के **'गुणीजनखाना'** में एक से बढ़कर एक गायक, नर्तक, वादक थे। देश-भर से चुन-चुनकर लाए गए संगीत क्षेत्र के पुरोधाओं के कारण जयपुर के 'गुणीजनखाना' की ख्याति संपूर्ण भारत में थी। उसमें सम्मिलित होना अत्यंत प्रतिष्ठा की बात मानी जाती थी।

अपनी-अपनी स्वप्नसिद्धि के लिए वे रसकपूर की आँखों में अपने-अपने इंद्रधनुष लहराते रहते थे। राजमहल के स्वप्नों के रंग सहज रूप से अधिक चटकीले और दृष्टि को चकाचौंध करनेवाले होते थे। इनके सामने कुलवधू वाले स्वप्न एकदम फीके पड़ जाते थे। वयःसंधि पर खड़ी किशोरी की आँखों में तो वैसे ही स्वप्नों की अपनी बुनावट होती है। सब कुछ समेटने, प्राप्त कर लेने की अदम्य लालसा होती है। इस पर राजमहल के वैभव की कल्पना तो स्वप्नों को और भी अनूठी मादकता में डुबा जाती है। जिसके बारे में सोचने भर से मन उत्तेजित होने लगता है, हृदय-गति बढ़ जाती है, नसों में रक्त लावा बनने लगता है। राजमहलों के वैभव की चाह किस युवती में नहीं होती? फिर रसकपूर जैसी सुंदरी के लिए तो इस वैभव का हाथों की पहुँच में आना संभव था। उसकी आँखों में भी जयपुर महाराजा की अँगूठी का हीरा बनने का स्वप्न प्रतिदिन नए रंगों की तीव्रता के साथ बढ़ता जाता था।

□

रसकपूर उम्र के उस मोड़ पर खड़ी थी, जहाँ से जीवन में घटनाओं की शुरुआत होती है। वयःसंधि के स्वप्निल संसार में मन न जाने कहाँ-कहाँ भटकता है। जीवन के मोड़ों पर न जाने क्या-क्या अच्छा लगने लगता है, पसंद आने लगता है। फिर पिछली पसंद, अगली पसंद पर निछावर हो जाती है। पसंदगी की प्राथमिकताएँ बदलती रहती हैं। रसकपूर के जीवन में भी पसंदीदा घटनाओं की शुरुआत होने लगी। प्रथम घटना घटित हुई प्रदोष के दिन शिव-मंदिर में।

तवायफों के मोहल्ले में अपनी हवेली के पास स्थित शिव-मंदिर में भगवान् शिव

का पूजन करने गई रसकपूर के पैर, उस दिन सीढ़ियों पर ही ठिठक गए। अंदर से आ रहे मधुर गंभीर स्वर में **'शिवतांडव'** द्वारा रुद्र-स्तुति सुनकर वह खड़ी रह गई। शिवनारायण मिश्र की शिक्षा में उसे शिव-पूजन के संस्कार भी मिले थे। वैसे भी उसके परिवार में माँ का नूरी नाम ही मुसलिम आभास दिलाता था। अन्यथा तो वहाँ सभी कुछ हिंदुत्वमय था। पता नहीं माँ भी मुसलमान थी, अथवा इस पेशे में आने के बाद यह छद्म नाम ओढ़ लिया था। वह भी अन्य हिंदू स्त्रियों की भाँति पुत्री को मनवांछित पति-प्राप्ति हेतु शिव-पूजा के लिए प्रेरित करती रहती थी। जबकि मिश्रजी उसे बताते थे कि अवढरदानी शिव को प्रसन्न करके कुछ भी प्राप्त किया जा सकता है। उनके लिए कुछ भी अदेय नहीं है। कालांतर में शिव-पूजा उसके जीवन का नियमित क्रम बन गई थी। प्रत्येक प्रदोष को वह अपनी हवेली के पिछवाड़े बने तवायफों के शिव-मंदिर में जाकर पूजा-अर्चना करती थी।

लेकिन क्लिष्ट संस्कृत में रावण द्वारा की गई रुद्र-स्तुति 'शिवतांडव' का पाठ इतने मधुर स्वर और लय में सुनने का यह प्रथम अवसर था। उत्सुकतावश दबे पैरों मंदिर की चौखट पर पहुँची तो अंदर दीर्घ, गौरवर्ण नवयुवक को शिवलिंग के समक्ष ध्यानावस्थित श्लोक गायन करते देखा। बाएँ कंधे पर पड़ा स्वच्छ यज्ञोपवीत उसके ब्राह्मण होने का परिचायक था। राग यमन में उसके कंठ से स्वरों की पुष्पवृष्टि हो रही थी :

जटाभुजंगपिंगलस्फुरत्फणामणिप्रभा—
कदम्बकुंकुमद्रवप्रलिप्तदिग्वधूमुखे।[१]

नवयुवक का कंठ स्वर उसके संगीत-अभ्यासी होने का प्रमाण दे रहा था। राग-रागिनियों का अच्छा ज्ञान था उसे। भक्तिरस-सिक्त श्लोकों की रागवर्षा में रसकपूर का मन भीग उठा। सम्मोहित-सी वह खड़ी रह गई। स्तुति आगे बढ़ती जा रही थी :

मदान्धसिन्धुरस्फुरत्वगुत्तरीयमेदुरे
मनोविनोदमद्भुतं बिभर्तु भूतभर्तरि।[२]
सहस्रलोचनप्रभृत्यशेषलेखशेखर—
प्रसूनधूलिधोरणीविधूसराङ्घ्रिपीठभूः।
भुजंगराजमालया निबद्धजाटजूटकः
श्रियै चिराय जायतां चकोरबन्धुशेखरः।[३]

---

१. जिनकी जटाओं में लिपटे सर्पों की मणियों का पिंगल प्रभापुंज दिशारूपी वधुओं के मुख पर कदंब-कुंकुम के अंगराग-लेपन जैसा शोभित हो रहा है।

२. मतवाले हाथी के चमड़े का उत्तरीय धारण करने से स्निग्धवर्ण हुए भूतनाथ में मेरा चित्त अद्भुत विनोद करे।

३. इंद्र आदि देवताओं के प्रणाम करते समय, उनके मस्तकों से गिरे पुष्प पराग से जिनकी चरण पादुकाएँ धूसरित हो रही हैं, नागराज के हार से बँधी जटावाले भगवान् चंद्रशेखर मेरे लिए चिरस्थायी सँपत्ति के साधक हों।

ललाटचत्वरज्वलद्धनञ्जयस्फुलिंगभा—
निपीतपञ्चसायकं नमन्निलिम्पनायकम्।
सुधामयूखलेखया विराजमानशेखरं
महाकपालि सम्पदे शिरो जटालमस्तु नः।[1]

सहसा व्यवधान हुआ। सम्मोहित रसकपूर द्वारा एक ही मुद्रा में थक जाने पर पैरों की स्थिति बदलते ही उसकी पायलें खनक उठीं। नवयुवक का ध्यान भंग हो गया। आँखें खोलने पर साक्षात् रति को सामने देख वह स्तब्ध-सा रह गया। कौन है यह अनुपम सुंदरी? स्वयं शिवप्रिया पार्वती अथवा मेघदूत की विरहिणी यक्षिणी? प्राणियों में काम-संचार करनेवाली कामप्रिया रति भी तो हो सकती है। निर्निमेष नेत्रों से वह देखता रह गया।

फिर एकाएक चैतन्य हुआ और 'शिवतांडव' के टूटे सूत्र को जोड़कर आगे गाने लगा। लेकिन अब एकाग्रता नष्ट हो चुकी थी। श्लोक विस्मृत से होने लगे थे। तभी गले में कुछ फँसने लगा। यह पंक्ति कैसे गाए? इस किशोरी के समक्ष शिव के विलास की पंक्ति का गायन कैसे करे? कैसे कहे—**धराधरेन्द्रनन्दिनीकुचाग्रचित्रपत्रक**··· 'हे पार्वती के कुचों पर चित्रांकन करनेवाले एकमात्र चितेरे त्रिलोचन महादेव···'

नवयुवक संकोच से भर उठा। तिरछी दृष्टि से देखने पर रसकपूर को अपनी ही ओर देखता पाकर झुँझला उठा। विघ्न पैदा करने यह कहाँ से आ गई? आगे की पंक्ति विस्मृत हो गई। झल्लाकर बोल उठा—"जाओ यहाँ से। मेरा ध्यान भंग कर दिया।"

रसकपूर मुसकराई—"तनिक से विघ्न से ध्यान भंग हो जानेवाले बकोध्यानी होते हैं। साधना के लिए मन पर नियंत्रण आवश्यक होता है।" और सूत्र पकड़कर स्वयं गाने लगी—"**कुचाग्रचित्रपत्रकप्रकल्पनैक शिल्पिनि त्रिलोचने रतिर्मम।**"

रसकपूर ने स्तुति रोकी नहीं—"**नवीनमेघमण्डलीनिरुद्धदुर्धरस्फुरत्कुहू निशीथिनीतमः प्रबन्धबद्धकन्धरः।**" अनायास ही नवयुवक भी साथ देने लगा। दोनों के स्वरों की युगलबंदी में, कड़े रियाज से सधे कंठों से निकली स्वर-लहरियों के सम्मोहन ने भक्त श्रोताओं को जैसे बाँध दिया। आशुकवि रावण द्वारा की गई भगवान् रुद्र की अनूठी स्तुति की रागबद्ध प्रस्तुति से मानो कैलास ही वहाँ आ उपस्थित हुआ।

स्तुति समाप्ति के बाद परिचय का आदान-प्रदान होने पर रसकपूर ने उसे विधवा माँ के एकमात्र पुत्र और संगीत-साधक ब्राह्मण नवयुवक के रूप में जाना। हृदय के किसी कोने में उसने अनजाने ही स्थान बना लिया था। अपना परिचय देते हुए रसकपूर ने उसे घर आने का संकुचित निमंत्रण दिया। केशव ने कुछ पल विचार किया। तवायफ के घर ब्राह्मणकुमार का क्या काम? लोग क्या कहेंगे? मन में तर्क-वितर्क होने लगा।

---

१. जिनके ललाट से प्रज्वलित अग्नि स्फुलिंगों ने कामदेव को नष्ट कर दिया था, जिसे इंद्र नमस्कार किया करते हैं, चंद्रमा के मुकुट से सुशोभित महादेवजी का वह उन्नत ललाटवाला जटिल मस्तक हमारी संपत्ति का साधक हो।

कला-उपासिका के घर जाने में संकोच क्यों? सामाजिकता पर कला-साधना का पक्ष अधिक सबल सिद्ध हुआ। मुसकराकर कहा—"चलो, तुम्हारी जैसी संगीत-साधिका का घर किसी मंदिर से कम नहीं होगा।"

किशोरी रसकपूर खिल उठी। उत्साह के साथ घर लाकर अपनी माँ से मिलवाया। नूरी की अनुभवी आँखों से, केशव के नेत्रों के किसी कोने में दुबका अपनी पुत्री के प्रति अनुरागी भाव, छिपा नहीं रह सका। सुंदर ब्राह्मणकुमार को देख उसके सपने फिर जागने लगे। कहीं यह उसकी पुत्री का मुक्तिदाता बनकर तो नहीं आया? फिर तो आवभगत में सहज ही आत्मीयता जाग उठी। यह अपनत्व केशव से छिपा नहीं रह सका। गणिकाओं के बारे में सुना हुआ, मिथ्या प्रतीत हो रहा था। आखिर तवायफें भी मानव ही होती हैं। उनमें भी प्रेम, दया, ममता जैसे गुणों का समावेश तो रहता ही है। केशव के लिए यह अनूठा अनुभव था।

पुनः आने का निमंत्रण पाकर केशव, रसकपूर की किसलय कोमल सौंदर्यमूर्ति को हृदय के किसी कोने में सँजोकर वापस लौटा। फिर तो मिलने का नियमित क्रम आरंभ हो गया। दोनों की संगीत-साधना भी साथ-साथ चलने लगी। नूरी इन्हें पूरी तरह बढ़ावा दे रही थी। शिवनारायण मिश्र को भी इसमें आपत्ति नहीं थी। लेकिन पारो को तो अपना स्वप्न-संसार ही ध्वस्त होता प्रतीत होने लगा था। कहीं रसकपूर इस ब्राह्मण-कुमार की पत्नी या उपपत्नी बनना स्वीकार न कर ले। ऐसा होने पर तो उसका सारा परिश्रम ही व्यर्थ हो जाएगा। वह और अधिक सतर्कता से राजमहली इंद्रधनुषों के सतरंगी स्वप्न दिखाने लगी। एक बार वह रसकपूर को अपने साथ एक समारोह में चंद्रमहल ले जाकर, राजसी वैभव के दर्शन भी करा लाई। राजमहल के विलासमय कक्षों को दिखाते हुए पारो ने कहा था—"बेटी! यह सारा ऐश्वर्य तेरी प्रतीक्षा कर रहा है!"

किशोरी रसकपूर को देख महाराजा प्रतापसिंह ने पारो को पास बुलाकर, उसका परिचय भी प्राप्त किया था। महाराजा को एकाएक निकट पाकर रसकपूर घबरा गई थी। कैसा तेज था उनके मुख पर। बेशकीमती वस्त्राभूषणों में उनका व्यक्तित्व और निखर उठा था। तब महाराजा प्रतापसिंह ने उसकी पीठ थपथपाकर, अपने गले में पड़ी सोने की कंठमाला उतारकर उसे दे डाली थी। इसके बाद तो रसकपूर का सिर्फ शरीर ही वापस लौटा, मन तो राजमहल में ही कहीं छूट गया था!

□

पल-पहर दिनों और महीनों में परिवर्तित होते हुए वर्षों में बदल गए। किशोरी रसकपूर के शरीर पर यौवन की मादक आहट सुनाई देने लगी। देहयष्टि के उभार और गहराइयाँ मोहक आकार लेने लगे। चेहरे पर चमक और नेत्रों में मादकता आने लगी थी। देखते ही देखते वह सर्वांगसुंदरी, पूर्ण युवती बन गई। उसके अप्सरा जैसे रूप और यौवन की उद्दाम हिलोरें किसी जितेंद्रिय का भी मन चंचल करने में सक्षम थीं। अप्रतिम रूप, रससिक्त गायन और अनूठा नृत्य मिलकर सम्मोहन की सृष्टि करने के

लिए पर्याप्त थे। जयपुर नगर की सीमित आबादी में हर घर-गली की घटनाएँ चर्चा का विषय बन जाती थीं। रूपाजीवाओं के गृहों में खिलनेवाली कलियाँ तो चर्चाओं की विशेष सामग्री होती थीं। रसकपूर की यौवन-सुरभि भी नगर के श्रीमंतों-सामंतों के बीच फैलने लगी थी। लेकिन पारो इस दिशा में सतर्क थी। रसकपूर के प्रति उत्कंठा बढ़ाने के लिए ही वह रसकपूर को नूरी के कोठे पर नियमित आनेवाले सेठ-सामंतों की निगाहों से भी छिपाकर रखती थी। पूछने पर एक ही सतर्क उत्तर मिलता—"हजूर! किसी ने बढ़ा-चढ़ाकर तारीफ कर दी है। अभी तो वह बच्ची है। सीख-समझ रही है। तैयार होने पर हजूर की ही खिदमत में पेश होगी।"

बुद्धिमानों के लिए संकेत पर्याप्त होता है। किंतु किसी सामर्थ्यवान की फरमाइश बढ़ ही जाती तो किंचित् रूखे स्वर में उत्तर मिल जाता—"बच्ची की तबीयत ठीक नहीं है। दवा लेकर सो रही है। वैद्यजी ने आराम करने की सलाह दी है।" चर्चाओं-उत्कंठाओं ने कुछ ऐसा जोर पकड़ा कि नगर के धनी युवक रसकपूर की झलक पाने के लिए मोहल्ले के चक्कर लगाने लगे। कभी किसी वातायन-गवाक्ष से उसकी झलक दिख जाने पर वे स्वयं को धन्य मानने लगते थे और कितने ही उसके रियाज के मादक स्वर सुनकर ही लौट जाते थे।

केशव एकमात्र युवक था, जिसका इस अनुपम सुंदरी के गृह में वर्जनाहीन प्रवेश था। प्रदोष के दिन शिव-मंदिर में हृदय के किसी कोने में स्थान बना लेनेवाली किशोरी रसकपूर, अब उसकी सर्वस्व बन चुकी थी। संगीत के अभ्यास के दौरान और बाद में होनेवाली चर्चाओं से हृदय-ग्रंथियाँ खुलने लगी थीं। केशव के मन में अंकुरित अनुराग का पौधा, अब परिपक्व होकर वृक्ष का रूप ले चुका था। वह स्वयं भी अब सुगठित देहयष्टि का सुंदर युवक बन गया था। रसकपूर के साथ उसे रियाज करते देख नूरी बेगम की आँखें अनूठे सुख-स्वप्न में डूब जाती थीं। कैसी मनोहर जोड़ी है ? विधाता ने जैसे दोनों को एक-दूसरे के लिए ही बनाया है। काश, मन का सपना वास्तविकता बन जाए—दोनों एक-दूसरे के हो जाएँ!

केशव का प्रेम मन तक ही मर्यादित रहने के बाद भी, आँखें सारे भेद खोल देती थीं। रसकपूर इस मूक निमंत्रण से अनभिज्ञ नहीं थी। आँखों की भाषा समझने के लिए युवती का किसी पाठशाला में जाना आवश्यक नहीं होता। केशव उसे अत्यंत प्रिय था। लेकिन उससे अधिक प्रिय थे उसके अपने राजमहली सपने, जिन्हें दिन-रात उसकी आँखें बुना करती थीं और पारो इस बुनावट में नए-नए मांडने-रंग भरती रहती थी। अब तो उसने वसंतोत्सव के दिन रसकपूर की पहली महफिल सजाने की घोषणा भी कर दी थी।

सुनकर केशव को लगा कि अब मौन रहने पर वह अपना प्रेम खो बैठेगा। उसे मुखर होना ही पड़ेगा। नूरी बेगम से रसकपूर का हाथ माँगना ही होगा। लेकिन इससे पूर्व रसकपूर से भी तो पूछना आवश्यक है। उसे यह संबंध स्वीकार भी होगा या नहीं। ऊहापोह में डूबते-उतराते उस दिन केशव ने साहस करके धीरे से कह ही दिया—

"बन्नो ! बसंत पंचमी को तुम महफिल न सजाओ।"

"तब फिर यह वेश्यापुत्री क्या करे?"—रसकपूर को इस परिस्थिति का पूर्वाभास था। इससे मुक्त होने के लिए उसके अपने कई प्रश्न वर्षों से तैयार थे।

"वह किसी की कुलवधू बन जाए।"—केशव ने विकल्प प्रस्तुत किया।

"कौन प्रदान करेगा मुझे यह सम्मानित पद?"

"मैं...तुम्हारा वर्षों का मित्र केशव ! मैं तुम्हें अपनी वधू के रूप में स्वीकार करने को तत्पर हूँ।"

"और समाज, जाति, धर्म?"

"उनकी मुझे परवाह नहीं ! मैं तुमसे प्रेम करता हूँ। तुमसे विवाह करना चाहता हूँ। अपनी माता को भी मैंने तुम्हें पुत्रवधू स्वीकार करने के लिए मना लिया है।"

रसकपूर गंभीर हो गई। मादक नेत्रों में निर्णय करने जैसे भाव उभर आए। सीधा प्रश्न किया—"केशव ! तुम ब्राह्मण हो न?"

"हाँ।"

"और कुलीन भी?"

"वह भी।"

"साथ ही निर्धन भी?"

"निर्धनता ब्राह्मण की अप्रतिष्ठा का कारण नहीं बनती।"

"नहीं, वह बात नहीं—" रसकपूर ने संदर्भ बदलकर पूछा—"मेरे पिता के बारे में जानते हो?"

"निश्चयपूर्वक तो नहीं कह सकता। लेकिन अनुमान के आधार पर पं. शिव-नारायण मिश्र मुझे तुम्हारे पिता प्रतीत होते हैं।"

"वे और मेरी माँ एक-दूसरे के प्रति निष्ठावान हैं न?"

"यह तो सर्वविदित है।"

"मेरे पिता धनी राजपुरुष हैं? वे जयपुर महाराजा के निकट भी हैं?"

"जानता हूँ।"

"तो केशव, इसके साथ यह भी जानो—" रसकपूर के स्वर में कसैलापन घुलने लगा—"इतने सामर्थ्यवान, शक्तिसंपन्न मेरे पिता, मेरी माँ को चाहते हुए भी सामाजिक रूप से पत्नी घोषित करने का साहस नहीं कर पाए, तो केशव, तुम कैसे इन सामाजिक झंझावातों का मुकाबला कर पाओगे? प्रेम का आवेग अपनी जगह है, लेकिन मित्र ! यथार्थ का धरातल बहुत पथरीला होता है। मैं जानती हूँ, मुझे अपनाने का साहस तुममें भले ही हो, लेकिन मुझे अपना बनाए रखने का सामर्थ्य तुममें नहीं है।"

"मैं तुम्हारे लिए हर विपत्ति-विरोध का सामना करूँगा।"

रसकपूर हँसी—"आयु में मुझसे बड़े होने के कारण तुम्हें मैं नादान तो नहीं कह सकती, लेकिन, केशव ! याद रखना, रूपाजीवा को कुलगोत्र प्रदान करने का साहस करने-

वाला व्यक्ति चैन से नहीं जी सकता। तुम मेरे मित्र हो। मैं तुम्हारी शुभचिंतक हूँ। नहीं चाहती कि मेरे कारण तुम किसी विपत्ति में पड़ो। किसी कुलीन ब्राह्मणकन्या से विवाह कर जीवन को सरस बनाओ।"

"बन्नो! तुम्हें लेकर मैंने न जाने कितने सपने बुने हैं।"—केशव के स्वर में किंचित् कातरता उभरी।

"लेकिन सपने तो मैंने भी देखे हैं—राजमहलों में उपलब्ध भोग भोगने के। उनका क्या होगा?"

"तुम्हारे सपने अवास्तविक हैं। यथार्थ से उनका कोई संबंध नहीं।"

"और तुम्हारे सपने यथार्थ हैं?"—रसकपूर व्यंग्य से मुसकराई—"एक सुंदर वेश्यापुत्री का राजमहल में पहुँच जाना उतना ही आसान है, जितना कठिन उसका कुलवधू के रूप में प्रतिष्ठित होना है। कुलवधू और नगरवधू के बीच फैले रेगिस्तान से मैं परिचित हूँ, मित्र। इसमें तुम जैसे सहृदय-भावुक व्यक्ति मृग-मरीचिका बनकर आते हैं। वह मरीचिका, जो भ्रम है, जो किसी प्यासे मृग की प्यास बुझाने का सामर्थ्य नहीं रखती। वह दृष्टि-भ्रम मात्र जो होती है!"

"यह ठीक कह रही है, केशव!"—द्वार की ओट से वार्त्तालाप सुन रही पारो ने व्यवधान डाला—"वेश्यापुत्री कभी कुलवधू नहीं बनी। यह भी नहीं बन सकती। इसे बहुत आगे जाना है। विधाता से मिला रूप-यौवन इसे बहुत आगे ले जाएगा। तुम अपने योग्य कोई निर्धन ब्राह्मणकन्या ढूँढ़ लो, जो तुम्हारे पुत्रों की माता बनकर तुम्हारा वंश चला सके।"

अपनी पुत्री के उत्तर सुनकर नूरी बेगम के पास भी कहने को कुछ शेष नहीं रहा था। उसकी समवेदना केशव के साथ थी, लेकिन पुत्री पर अब उसका अधिक वश नहीं रह गया था।

रसकपूर ने विह्वल केशव का हाथ अपने कोमल करों में थाम लिया—"केशव! मेरी सबसे बड़ी निधि तुम्हारी मित्रता, तुम्हारा अपनत्व है। स्पष्ट ही सुनना चाहते हो तो जान लो, मैं तुम्हें, तुमसे भी कहीं अधिक प्रेम करती हूँ। तुम्हारी पत्नी बनना मेरे लिए सर्वाधिक सौभाग्य का सूचक होता। लेकिन इसे असंभव जानकर ही मैं अपनी स्वाभाविक गति की ओर अग्रसर हो रही हूँ। मेरा अप्रतिम सौंदर्य तुम्हारे लिए अभिशाप बन जाएगा। सर्वभोग्या वेश्यापुत्री पर किसी निर्धन ब्राह्मण का एकाधिकार, समाज के समर्थ भोगी लोगों को रुचिकर नहीं लगेगा। ऐसे में तुम्हारा विनाश और मेरा पुनः कोठे पर लौटना सुनिश्चित है। इसलिए मात्र मित्र बने रहने में ही तुम्हारा और मेरा कल्याण है।"

"ठीक है बन्नो! लेकिन रखना, पत्थर के इन महलों में पथराए दिल रहते हैं। इनकी आँखें पल-पल रंग बदलती हैं। हीरे की कनी को पत्थर की ठीकरी बनते देर नहीं लगती। शीशमहल की जगमगाहट के पीछे भयानक अँधेरे भी हैं, जिनमें जगमगाता

तकदीर का सितारा पलक झपकते डूब जाता है। इनकी मुँहदेखी मनुहारों पर भरोसा मत करना। वक्त बदलने पर ये तो क्या तुम्हारी छाया तक धोखा दे जाएगी।"

रसकपूर खिलखिला उठी—"मित्र! या तो प्रेम में मिली असफलता ने तुम्हें उद्विग्न कर दिया है, अथवा तुम मेरे भविष्य के प्रति कुछ अधिक ही संवेदनशील हो गए हो। विश्वास रखो, ऐसा कुछ नहीं होने वाला है। राजमहलों में भी मानव ही रहते हैं। मानव कितना भी क्रूर हो जाने पर भी मानव तो रहता ही है। आवश्यकता सिर्फ उसे बाँधे रखने के सामर्थ्य की होती है। और मैं स्वयं में ऐसे सामर्थ्य का अनुभव करती हूँ।"

"तब एक अंतिम बात और। मैं तुम्हारे स्वप्नों की उड़ान की सीमा नहीं जानता। इस पर भी अपने गगन की सीमा में रहकर ही उड़ने का मेरा परामर्श याद रखना। कहीं तुम्हारी मन की पाँखें लंबी उड़ान की तैयारी न कर बैठें। तुम्हारे सपनों का आकाश असीम नहीं है। दिवालियेपन की सीमा पर पहुँच गया जयपुर राज्य, तुम्हारी अमर्यादित उड़ानों का बोझ नहीं झेल पाएगा। संभवतः तुम्हें ज्ञात न हो, लेकिन इस राजसी चकाचौंध का दूसरा पक्ष गहन अंधकार भी है। मराठों और मुगलों की लूट से आर्थिक जर्जरता को प्राप्त हो चुका यह राज्य, तुम्हारी असीम आकांक्षाओं की पूर्ति करने में सक्षम नहीं होगा।"

रसकपूर पुनः खिलखिलाई—"मुझे भयभीत कर रहे हो, केशव! राजमहल में कंगाली दिखा रहे हो। इतने विशाल साम्राज्य का महाराजा भी यदि दिवालिया हो तो फिर इस पृथ्वी पर संपन्न कौन होगा? जयपुर के वैभवशाली अतीत की बहुत चर्चाएँ सुन चुकी हूँ। यहाँ के जयगढ़ का खजाना तो मिथक बना हुआ है। राजसी वैभव तो मैंने स्वयं भी देखा है। फिर भी यदि तुम्हारा कथन सत्य ही हो, तब भी यह तो जानते होगे कि समुद्र सूख जाने पर भी इतना कीचड़ शेष रह जाता है कि उसमें हाथी तक डूब जाए। मुझे विश्वास है कि मेरे योग्य धन की कमी इस राजमहल के दीवालिये हो जाने पर भी नहीं आएगी। अपना जीवन सुखमय बनाने योग्य धन मैं वहाँ से प्राप्त करने में स्वयं को सक्षम पाती हूँ। मुझे आशीर्वाद दो, शुभकामनाएँ दो, मित्र! ताकि अपने भविष्य को सँवारने में सफल हो सकूँ।"

"तब ठीक है!"—केशव ने दीर्घ निःश्वास के साथ उसके कोमल करों को अपनी पुष्ट हथेलियों में भर लिया—"तुम्हारे स्वप्नों को यथार्थता प्रदान करने के लिए मैं देवाधिदेव महादेव से प्रार्थना करूँगा। मार्ग भिन्न होने पर भी मैं तुम्हारा आजीवन मित्र-शुभचिंतक बना रहूँगा। संकट, जीवन के अनचाहे, किंतु अनिवार्य साथी होते हैं। दैववश किसी विपरीत परिस्थिति में फँस जाने पर मुझे याद करना न भूलना। मैं प्राण देकर भी तुम्हें संकटमुक्त करने का प्रयास करूँगा।"

रसकपूर के लोचनों में व्याकुलता झलकी। मन हुआ, केशव के गले लगकर उसका प्रस्ताव स्वीकार कर ले। ऐसा सुहृदयी, निश्छल प्रेमी तो संपूर्ण विश्व की संपदा

से भी अधिक मूल्यवान होता है। लेकिन व्याकुलता पर राजमहली सपनों का वितान तन गया। रसकपूर कुछ नहीं कह सकी। केशव मन की पीड़ा मन में ही समेटे वहाँ से चला गया।

□

यह प्रथम अवसर था, जब अर्धरात्रि व्यतीत होने पर भी रसकपूर के मादक नेत्र निद्रामद से अछूते ही रह गए थे। केशव से संबंध-विच्छेद की पीड़ा भी थी, लेकिन इतनी नहीं कि निद्रा में अवरोध बन जाती। उससे प्रेम करने के साथ ही वियोग की नियति को तो वह प्रथम दिन से स्वीकार कर चुकी थी। इसलिए केशव के छूटने का अधिक दुःख नहीं हुआ। लेकिन उसके द्वारा यथार्थ के दर्शन ने राजमहली चकाचौंध पर प्रश्नचिह्न लगा दिया था। केशव ने रसकपूर को उसके पथ से विचलित करने का प्रयास नहीं किया। किंतु पथ पर सतर्क चलने का परामर्श अवश्य दिया था। क्या जयपुर राज्य निर्धन होकर दीवालियेपन की सीमा तक पहुँच सकता है? विश्वास नहीं होता। लेकिन केशव को भी कभी असत्य भाषण करते नहीं देखा। और उसका कथन सत्य हुआ तो रसकपूर का स्वप्न-महल ही ध्वस्त हो जाएगा। उसका रूप-यौवन, कला-ज्ञान सब निरर्थक होकर रह जाएँगे।

केशव के जाने के बाद उसने पारो से पूछा तो उसने हँसकर बात उड़ा दी थी—"भला यह भी कोई यकीन करने की बात है। इतना बड़ा राज्य और फौज-फाटे के साथ हजारों नौकरों के अमले का पेट भरनेवाला राजा क्या कंगाल हो सकता है? तू भी कहाँ उसके झाँसे में आ गई? तुझे नहीं पा सका, इसलिए निराश होकर तुझे परेशान करने के इरादे से ही वह ऐसा झूठ बोल गया। तू तो निश्‍चित होकर आराम कर।"

लेकिन रसकपूर निश्‍चित नहीं हो सकी। जीवन में प्रथम बार उसे पारो की बातों पर विश्वास नहीं हुआ। केशव की चेतावनी उसे मूर्तिमान सत्य प्रतीत हो रही थी। किससे यथार्थ का पता करे? कौन उसे राजमहल की वस्तुस्थिति से अवगत कराने में सक्षम हो सकता है?

पं. शिवनारायण मिश्र का नाम मस्तिष्क में बिजली की तरह कौंधा। उनसे अधिक विश्वस्त और जयपुर की आंतरिक स्थितियों का ज्ञाता और कौन हो सकता है? अगले दिन पंडितजी के आते ही वह उन्हें एकांत कक्ष में ले गई। व्यग्र स्वर में केशव के रहस्योद्‍घाटन की बात बताकर पूछा—"आप वास्तविकता बताएँ। केशव ने झूठ बोला है या जयपुर महाराजा का वैभव सचमुच एक छलना मात्र है? मैं रात-भर सो नहीं सकी हूँ।"

शिवनारायण गंभीर हो गए। रसकपूर के सिर पर आश्वासन का हाथ रखते हुए कहा—"यद्यपि केशव ने झूठ नहीं कहा, तो भी तुम्हारे लिए चिंतित होने का कोई कारण नहीं है। आर्थिक दुरावस्था में पहुँचने के बाद भी जयपुर राज्य में तुम्हारी सुख-सुविधाएँ जुटाने का तो पूरा सामर्थ्य है। अन्य लोगों की तरह तुम भी अपना भाग वसूलो और सत्ता की उलट-पलट से अलग रहो। वैसे तो इस राज्य का सौभाग्यसूर्य अस्ताचल की

ओर जा ही रहा है। कोई ईश्वरीय शक्ति ही इसे वैभव के पुराने शिखर पर पहुँचा सकती है।"

"ऐसा कैसे हो गया?"—अपने भविष्य के प्रति किंचित् आश्वस्त हो, रसकपूर ने उत्कंठा के साथ पूछा—"राजा मानसिंह द्वारा प्रतिष्ठित, मिर्जा राजा जयसिंह द्वारा संवर्धित और सवाई जयसिंह द्वारा विकसित विशाल जयपुर साम्राज्य की सीमाएँ सिकुड़ने क्यों लगी हैं? उसका अपार राजकोष रिक्तप्राय क्यों हो गया है? राज्य में असुरक्षा, अराजकता का वातावरण कैसे व्याप गया?"

शिवनारायण मिश्र का मस्तिष्क अतीत के गह्वरों में घूमने लगा—"इस पतन की शुरुआत प्रतापी महाराज सवाई जयसिंह की मृत्यु के तत्काल बाद ही हो गई थी। जिन लुटेरे मराठों को जयसिंह ने अपने जीते-जी राजपूताने में पैर नहीं रखने दिया, वही मराठे उनके पुत्रों ईश्वरीसिंह और माधवसिंह के बीच छिड़े उत्तराधिकार संघर्ष के कारण जयपुर नगर के परकोटे तक आ पहुँचे थे। मराठों की सैन्य सहायता से राज्यासीन माधवसिंह अब उनकी माँगें पूरी करने के लिए विवश थे। इनके ही समय में माचेड़ी का विशाल क्षेत्र, जयपुर से अलग होकर स्वतंत्र अलवर राज्य बन गया था। इसका शासक प्रतापसिंह नरुका जयपुर राज्य का शक्तिशाली सामंत था। किसी अपराध के कारण माधवसिंह द्वारा राज्य से निष्कासित कर देने पर, उसने भरतपुर के जाट राजा जवाहरसिंह से मैत्री कर, माचेड़ी को स्वतंत्र राज्य घोषित कर दिया था।

"महाराजा माधवसिंह के बाद उनका पाँच वर्षीय पुत्र पृथ्वीसिंह, छोटी रानी का पुत्र होने के बावजूद, ज्येष्ठ होने के कारण सिंहासन पर बैठा। पटरानी चूंडावतजी का पुत्र प्रतापसिंह उम्र में दो वर्ष छोटा होने के कारण गद्दी से वंचित रह गया था। रियासती परंपरा के अनुसार, वरिष्ठतम रानी चूंडावतजी बालक महाराजा की अभिभाविका बनकर राज्यकार्य चलाने लगी। इस महत्त्वाकांक्षी महारानी ने अपने प्रेमी फीरोज महावत को सर्वाधिक महत्त्व देकर, अन्य सामंतों को नाराज कर दिया। उनके अपनी-अपनी जागीरों में चले जाने की परवाह न कर उसने अमृतराम को प्रधानमंत्री नियुक्त किया और राजस्व वसूली के लिए अंबाजी इंगले नामक मराठा सरदार की अधीनता में अलग से वैतनिक सेना गठित कर ली। महाराजा माधवसिंह के लिए गंगाजल लानेवाला, माचेडी रावराजा का विश्वस्त अनुचर और कुशल राजनीतिज्ञ खुशालीराम बोहरा प्रधानमंत्री का सहायक बन गया था। यह व्यक्ति जयपुर राज्य की अनेक उथल-पुथल का केंद्र रहा। जयपुर राज्य के प्रति वफादार इस ब्राह्मण के महत्त्व का आभास इससे होता है कि बार-बार बंदी बनाकर कैदखाने में डाल देने के बाद, वह पुनः मुक्त होने पर हर बार प्रधानमंत्री पद पर ही आसीन होता रहा है। राजदरबार में यह सर्वाधिक चतुर और भयंकर राजनीतिज्ञ है, जो राज्यहित में अपने प्राणों की परवाह न कर स्वयं राजा को ही उखाड़ फेंकने के लिए तैयार हो जाता है। राजमहल में पहुँचने की स्थिति में तुम्हें इस व्यक्ति से ही सर्वाधिक सतर्क रहना होगा। इसके अनुकूल रहते तुम्हें

कोई भय नहीं होगा, जबकि प्रतिकूल हो जाने पर स्वयं महाराजा भी तुम्हारी रक्षा नहीं कर पाएँगे।"

सुनकर रसकपूर सिहर-सी उठी। पारो की जबानी सुनकर तो उसे राजसी वैभव का भोग अत्यंत सहज-सुगम प्रतीत हुआ था, लेकिन यहाँ तो पग-पग पर बाधाओं से मार्ग अवरुद्ध होता दिखाई दे रहा है। उसने कहा—"आपका परामर्श सदैव याद रखूँगी। फिर आगे क्या हुआ?"

मिश्रजी बताने लगे—"नौ वर्षों तक षड्यंत्रों और अराजकता के तानों-बानों में उलझता पंद्रह वर्षीय पृथ्वीसिंह, एक दिन घोड़े से गिरकर मर गया। वास्तव में उसे विष दिया गया था और यह काम अपने पुत्र को महाराजा बनाने के लिए राजमाता चूंडावतजी ने ही करवाया था। इससे भयभीत हो पृथ्वीसिंह की रानी अपने पीहर किशनगढ़ चली गई। जहाँ उसने पुत्र मानसिंह को जन्म दिया। वहाँ पर्याप्त सुरक्षा न पाकर, खुशालीराम के संकेत पर रानी ने उसे मराठा पेशवा महादजी सिंधिया के आश्रय में ग्वालियर पहुँचा दिया। वहीं उसका पालन-पोषण होता रहा। उधर अमृतराम पालीवाल के स्थान पर प्रधानमंत्री बना खुशालीराम सामंती षड्यंत्रों का शिकार हो जेल पहुँच गया था।

"अभिभाविका राजमाता ने अपने तेरह वर्षीय पुत्र प्रतापसिंह को गद्दी पर बैठा दिया। इसके साथ ही मुगल बादशाह शाहआलम और माचेड़ी के राजा प्रतापसिंह के जयपुर पर पड़ रहे दबावों के कारण, खुशालीराम को कैद से मुक्त कर पुनः प्रधानमंत्री बनाने के साथ-साथ, उन्हें 'राजा' की उपाधि से भी सम्मानित किया गया। फीरोज महावत सहित यह तिकड़ी राज्य चलाने लगी। लेकिन राजमाता की कृपा से प्रधान सेनापति बने फीरोज को खुशालीराम जयपुर के लिए अभिशाप मानते थे। राजमाता के साथ अवैध संबंधों के कारण वह राजपरिवार की बदनामी का कारण भी बन रहा था। उसे मार्ग से हटाने के लिए बोहराजी ने, अपने पुराने मालिक माचेड़ी रावराजा प्रतापसिंह नरुका से साठगाँठ कर उनकी परस्पर मित्रता करवाई। अवसर मिलते ही रावराजा ने विष द्वारा फीरोज की हत्या करवा दी। इधर राजमाता की भी मृत्यु हो चुकी थी। ऐसे में खुशालीराम ही जयपुर राज्य के सर्वेसर्वा बन गए थे।

"लेकिन शीघ्र ही खुशालीराम का प्रतापसिंह नरुका की महत्त्वाकांक्षाओं से टकराव हो गया। फलस्वरूप, प्रधानमंत्री ने हमदानी खाँ के नेतृत्व में मुगल बादशाह शाहआलम की शाही सेना को जयपुर बुला लिया। लेकिन इससे उत्पन्न समस्याओं के शमन के लिए बाद में मराठा सेना बुलवानी पड़ गई। शाही सेना के विरुद्ध मराठों के साथ की गई संधि, परिस्थितिवश अगले दिन ही भंग करनी पड़ी। इससे नाराज हो मराठे भी शाही सेना के साथ मिलकर जयपुर राज्य को लूटने लगे।"

"क्या राजनीति इतनी अस्थिर और अवसरवादी होती है?"—रसकपूर ने पूछा। उसके लिए यह सब अनोखा, स्तब्ध करने वाला था।

मिश्रजी मुसकराए, "राजनीति अत्यंत निर्मम और अवसरवादी चालों का नाम है।

इसमें कुछ भी निश्चित नहीं रहता। कल के शत्रु को मित्र और आज के मित्र को आस्तीन का साँप बनते देर नहीं लगती। घात-प्रतिघातों की इस दुनिया में सदैव सतर्कता ही सुरक्षा प्रदान करती है। जयपुर दरबार में सामंती षड्यंत्र भी इस समृद्ध राज्य को असुरक्षित करते आ रहे थे। खुशालीराम का सहायक दौलतराम हल्दिया था। लेकिन अवसर मिलने पर इस प्रौढ़ वैश्य राजनीतिज्ञ ने अनुभवहीन नवयुवक महाराज के कान कुछ ऐसे भरे कि सन् १७७९ में उसने खुशालीराम को पदच्युत कर, जयगढ़ किले में कैद करवा दिया। लेकिन एक वर्ष बाद ही परिस्थितियों ने कुछ ऐसा पलटा खाया कि दौलतराम को भागकर शाही सेनापति नजफ खाँ की शरण लेनी पड़ गई। उसके उकसाने पर नजफखाँ ने शाही सेनाएँ मुरताजखाँ और महबूबखाँ के नेतृत्व में दो दिशाओं से जयपुर पर भेज दीं। तेजी से बढ़ती ये सेनाएँ २० अक्तूबर, १७८० को जयपुर के निकट पहुँच गईं। दौलतराम के स्थान पर नियुक्त रोडाराम दर्जी को असहाय देख, महाराजा प्रतापसिंह ने खुशालीराम को कैद से निकालकर पुनः प्रधानमंत्री बनाया और २ नवंबर को मुगलों से संधि-वार्त्ता करने भेज दिया। अब तक जयपुर के बावन परगनों में से अड़तालीस पर मुगल सेना का कब्जा हो चुका था।

"खुशालीराम का चातुर्य रंग लाया। उसने मुगल बादशाहों द्वारा समय-समय पर दिए बत्तीस परगनों को बातचीत से अलग रखकर, जयपुर के पैतृक सोलह परगनों पर ही समझौता-वार्त्ता केंद्रित की। इलाका कम हो जाने से मुगलों की माँग में भी कमी आई। काफी खींचतान के बाद इक्कीस लाख रुपए देना तय हुआ, जिनमें से दो लाख नकद और शेष राशि ७५ हजार रुपए मासिक किस्तों में चुकाने के समझौते के बदले, खुशालीराम ने नारनौल और हिंडौन सहित चार परगने वापस प्राप्त कर लिये। जयपुर के रिक्तप्राय खजाने को देखते हुए यह अत्यंत अनुकूल समझौता था। इसमें भी बोहराजी ने कुल दो किस्तें ही चुकाईं। ६ अप्रैल, १७८२ को नजफ खाँ की मृत्यु होते ही उन्होंने किस्तें भेजना बंद कर दिया।"

रसकपूर को भय के स्थान पर अब कथा में रस आने लगा था। मिश्रजी से प्राप्त जानकारियाँ उसके लिए अत्यंत उपयोगी सिद्ध होने वाली थीं। राजनीति की चौसर पर गोटें सजाने और उन्हें चलाने की कला में प्रवीण हुए बगैर राज्य के धन का सुख भले ही मिल जाए, लेकिन सत्ता का वास्तविक सुख प्राप्त करना संभव नहीं होता। मिश्रजी कह रहे थे—"नजफखाँ की मृत्यु से सुयोग्य सेनापति के अभाव में कमजोर हुई मुगल सेना को पुनः शक्तिशाली बनाने के लिए शाहआलम ने गैरमुगल शूरवीरों पर निगाह डाली। १ सितंबर, १७८४ को उसने मराठा सेनापति महादजी सिंधिया को अपना 'नायब मुसाहिब' (उप प्रधानमंत्री) और 'बख्शी-उल-मुल्क' (प्रधान सेनापति) बनाकर जयपुर पर कूच करने का आदेश दे दिया। ४ सितंबर को 'वकील-ए-मुतलक' (सर्वोच्च अधिकारी) का पद और प्राप्त कर सिंधिया मराठा-मुगल सेना के साथ कूच करता हुआ, ११ दिसंबर को महुवा जा पहुँचा। मराठा सेनापति और शाहआलम को जयपुर पहुँचने से रोकने के

लिए, फिर खुशालीराम को ही समझौता-वार्त्ता करने भेजा गया। वे दो लाख रुपए नकद और दो लाख रुपए मूल्य के आभूषण देकर, दस लाख के परगने और सात लाख जागीरदारों से दिलवाने का वचन देकर मुगल सेना को लौटाने में सफल हो गए। शाही सेना वापस चली गई, लेकिन खुशालीराम ने फिर एक पैसा भी नहीं भिजवाया।

"बकाया धनराशि न मिलने पर दो वर्ष बाद १ मार्च, १७८६ को शाही सेना ने फिर जयपुर पर चढ़ाई कर दी और कूच करती हुई लालसोट तक आ पहुँची। इस बार उसकी माँग २४० लाख रुपए की थी। ६३ लाख में समझौता हुआ, जिसमें ११ लाख तत्काल नकद, १० लाख अगले छः माह में, बीस लाख के बदले परगने और बाईस लाख की वसूली जागीरदारों से करना तय हुआ। नकद ११ लाख में उसने जयपुर के खजाने से सिर्फ तीन लाख ही निकलने दिए, शेष आठ लाख की वसूली अपने विरोधियों दौलतराम हल्दिया, उसके पक्षधरों-साहूकारों और रोडाराम दर्जी से की। सिंधिया के लौटते ही खुशालीराम फिर शेष रकम देने में आनाकानी करने लगा।"

"लेकिन इस तरह बार-बार वचन-भंग क्या बोहराजी के लिए उचित था? इससे तो उनकी विश्वसनीयता ही समाप्त हो गई होगी?"—रसकपूर ने प्रश्न किया।

उत्तर में मिश्रजी ने कहा—"नहीं, ऐसा नहीं हुआ। बोहराजी जयपुर के रिक्तप्राय राजकोष पर कम से कम भार डालकर, जयपुर का अस्तित्व बचाए रखने के लिए प्रयत्नशील थे। धनाभाव के कारण राज्य की सैन्य-शक्ति में वृद्धि संभव नहीं थी। दूसरी ओर राज्याधिकारियों द्वारा आपाधापी और धन की लूट जारी थी। राजस्व वसूली में गबन रोकना संभव नहीं था। गबन करनेवाले भी तो दरबार के प्रभावशाली सामंत ही थे। जहाँ तक वचन-भंग से प्रतिष्ठा-हनन का प्रश्न है, तो इससे किसी की प्रतिष्ठा पर विपरीत प्रभाव नहीं पड़ता था। विजेता मन में जानता था कि वह भी तो लुटेरा-डाकू मात्र ही है। राज्य को कमजोर देख जबरन धन-वसूली करने चले आना लूट ही होती है! ऐसे में बाद के आश्वासन, मात्र आश्वासन ही होते हैं। तत्काल प्राप्त राशि ही उनकी अपनी होती है। फिर एक बार लौट जाने पर, दोबारा सैनिक अभियान आसान नहीं होता। लंबा-चौड़ा लाव-लश्कर, तोपखाना, सैनिक, अश्वारोही आदि को लाने-ले जाने में भारी खर्च होता है। फिर विजेता की अपनी समस्याएँ भी तो होती हैं। उसे दूसरे राज्यों और अपने विद्रोही सामंतों के विरुद्ध भी तो सैनिक अभियान करने होते हैं। बोहराजी इसी विवशता का लाभ उठाकर जयपुर के कोष को न्यूनतम क्षति पहुँचाकर, जयपुर का अस्तित्व बचाते रहे। उनके सीमित साधन उन्हें आज को ही सही-सलामत गुजार देने के लिए विवश कर रहे थे।"

मिश्रजी की विवेचना से खुशालीराम बोहरा का एक नया व्यक्तित्व रसकपूर के सामने उभरने लगा। जयपुर के उस 'चाणक्य' को देखने की इच्छा जाग्रत होने लगी। मिश्रजी ने आगे कहा—"यद्यपि स्वामिभक्त खुशालीराम राज्य-हित में अपना बुद्धि-कौशल प्रयुक्त कर, जयपुर को संकटों से बचाते आ रहे थे; तो भी महाराजा प्रतापसिंह ने

मई १७८६ में दौलतराम के कहने में आकर, खुशालीराम से परामर्श किए बगैर उसे अँगरेजों से सहायता प्राप्त करने के लिए लखनऊ भेज दिया। जनवरी १७८७ में वह अँगरेजों से सहायता का आश्वासन प्राप्त कर वापस लौटा। अपनी उपेक्षा देख, खुशालीराम मराठों के पक्ष में हो गए और प्रतापसिंह के स्थान पर, ग्वालियर में पल रहे दिवंगत महाराजा पृथ्वीसिंह के पुत्र मानसिंह को सिंहासन पर बैठाने के लिए प्रयत्नशील हो गए। कई कछवाहा सामंत भी उनकी योजना में सहायक बन गए थे।

"षड्यंत्र का पता लगते ही २० जनवरी, १७८७ को प्रतापसिंह ने खुशालीराम को पुनः बंदी बनाकर, मराठा-विरोधी दौलतराम हल्दिया को प्रधानमंत्री बना दिया। खुशालीराम की योग्यता से प्रभावित प्रतापसिंह ने उसे बंदी बनाने के आदेश में लिखा था कि भविष्य में पुनः मुक्त करना आवश्यक हो जाने पर, इन्हें बिना किसी अंकुश-प्रतिबंध के प्रधानमंत्री ही बनाया जाए। बोहरा राजा की गिरफ्तारी के बाद घटनाक्रम कुछ ऐसा घटित हुआ कि जोधपुर महाराजा विजयसिंह की सैन्य सहायता पाकर प्रतापसिंह ने जयपुर पर फिर से चढ़ आए महादजी सिंधिया को चुनौती दे डाली। जयपुर-जोधपुर की संयुक्त सेना से आशंकित सिंधिया को पीछे हटते देख, उसके पक्ष के अनेक लोग जयपुरी सेना में सम्मिलित हो गए। प्रतिष्ठा बचाने के लिए सिंधिया ने लालसोट में मोरचा लगाया, जबकि जयपुरी सेना उससे १४ मील दूर 'तूँगा' में पहुँचकर रुक गई थी। सिंधिया ने मराठा सेना की सहायता मिल जाने की आशा में २८ जुलाई, १७८७ को जयपुरी सेना पर आक्रमण कर दिया। घमासान युद्ध में दोनों पक्षों की भारी क्षति हुई। सिंधिया यदि जयपुरी सेना को परास्त नहीं कर सका तो प्रतापसिंह भी मराठा सेना के एक भी सैनिक को बंदी नहीं बना पाए थे। रसद की कमी और मराठा सरदारों के असंतोष के कारण सिंधिया पीछे हटने को विवश हो, डीग जा पहुँचा।

"मराठों की इस पराजय ने प्रतापसिंह को आत्मविश्वास से ओतप्रोत कर दिया। बुद्धिमान, शूरवीर और दूरदर्शी प्रतापसिंह जयपुर का गौरव पुनर्प्रतिष्ठित करना चाहते थे। लेकिन राज्य के सीमित साधन उनकी इच्छापूर्ति में बाधक थे। माचेड़ी का स्वतंत्र 'अलवर' राज्य बन जाना जयपुर पर जबरदस्त प्रहार था। दूसरी ओर मराठों द्वारा की गई वसूलियों से भी पूर्वजों द्वारा संचित राजकोष रिक्तप्राय हो गया था। मराठे दो बार में अस्सी लाख रुपए वसूल चुके थे। इससे पूर्व महाराजा माधवसिंह ने सत्तारूढ़ होने के लिए उन्हें कुल सत्ताईस लाख रुपए दिए थे। प्रतापसिंह की अवयस्कता के दौरान और बाद में भी राज्याधिकारी राजकोष लूट का कोई अवसर हाथ से नहीं निकलने देते थे। अपव्यय का यह हाल था कि 'तूँगा-विजय' के उपलक्ष्य में महाराजा ने राजकोष की जर्जर अवस्था के बाद भी, चौबीस लाख रुपए सिर्फ दान-पुण्य में लुटा दिए थे।"

चकित-चमत्कृत-सम्मोहित रसकपूर जयपुर राज्य की वास्तविकता से परिचित हो रही थी। राजनीति के 'साँप-सीढ़ी' के खेल में उसकी रुचि बढ़ती जा रही थी। उसने पूछा—"सिंधिया को परास्त करने के बाद तो जयपुर बाहरी आक्रमणों और जबरन

वसूली से मुक्त हो गया था। फिर तो महाराज प्रतापसिंह जयपुर को शक्तिशाली बनाने की दिशा में प्रयत्नशील हो सकते थे। क्या उन्होंने ऐसा किया?"

"नहीं! इसके लिए उन्हें अवसर ही कहाँ मिला?"—मिश्रजी आगे बताने लगे—"तूँगा-पराजय के एक वर्ष बाद ही सिंधिया के भाग्य ने करवट ली और ११ अक्तूबर, १७८८ को दिल्ली पर अधिकार करने के बाद, उसने मई १७८९ में पराजय का प्रतिकार लेने के लिए जयपुर की ओर अपनी सेना रवाना कर दी। इस बार मराठों की सेना फ्रांसीसी देबॉय और पैरो द्वारा यूरोपियन ढंग से प्रशिक्षित और सुसंचालित थी। 'तोरावाटी' में २२ मई को हुए साधारण युद्ध के बाद, २० जून को हुए घमासान युद्ध में राजपूतों की जबरदस्त पराजय हुई। मराठा तोपखाने की जबरदस्त गोलाबारी ने जयपुरी सेना के पाँव उखाड़ दिए। मराठों द्वारा भागती सेना का पीछा करने पर, उसने पाटण के किले में शरण ली। लेकिन दूसरे दिन ही उन्हें आत्म-समर्पण करने को विवश होना पड़ा। जयपुरी सेना के जहाँ सैकड़ों सैनिक मारे गए, वहाँ मराठी सेना के सिर्फ ५२ सैनिक और ७९ घुड़सवार ही मारे गए थे। जयपुरी सेना के १३०० ऊँट, ३०० घोड़े, २१ हाथी, १०५ तोपें आदि भी मराठों के हाथ लगे थे।

"१० सितंबर को मराठी सेना द्वारा जोधपुर को भी परास्त कर देने के बाद, दिसंबर १७९० में महादजी सिंधिया स्वयं राजपूताने में आया। फरवरी १७९१ में मराठों को १७ लाख रुपए और 'शाही टाँका' देने की शर्तों पर जयपुर के साथ संधि हुई, जिसकी वसूली के लिए सिंधिया ने देबॉय को नियुक्त किया था। उधर अनुकूल अवसर देख, माचेड़ी रावराजा ने भी जयपुर के काफी इलाकों पर कब्जा कर लिया था। इन्हें वापस प्राप्त करने और विद्रोही सामंतों को दबाने के लिए महाराजा प्रतापसिंह ने, मराठा सेनापति तुकोजी होल्कर के साथ आधा भाग देने का समझौता कर खुशालगढ़, कामा आदि वापस प्राप्त किए। झिलाय आदि के जागीरदारों को भी परास्त किया। लेकिन महादजी सिंधिया और तुकोजी होल्कर के आपसी झगड़े के कारण जून १७९३ में हुए युद्ध में सिंधिया की विजय से जयपुर पर पुनः उसका वर्चस्व हो गया। ऐसे में प्रतापसिंह ने सिंधिया की सेना को चौथ वसूली में सहायता देकर अपने संबंधों में सुधार करना आरंभ किया। प्रधानमंत्री दौलतराम हल्दिया स्वयं साथ रहकर वसूली कराता था। जागीरदारों से ऐसी वसूली के चक्कर में ही जनवरी १७९४ में वह जोबनेर से आठ मील दूर कालेगढ़ में हुए झगड़े में मारा गया। इसके साथ ही मराठों की चौथ वसूली बंद कर दी गई।

"चौथ वसूली बंद होते ही सिंधिया के मुख्य सेनापति लकवा दादा ने जयपुर पर फौजकशी कर दी। १६ अप्रैल, १८०० को जयपुर से ५५ मील दूर मालपुरा के पास, जयपुर-जोधपुर की संयुक्त सेना के साथ हुए युद्ध में जबरदस्त शौर्य-प्रदर्शन के बावजूद राजपूत हार गए। समझौते में जयपुर को नकद ९ लाख रुपए देने पड़े थे। मराठों की आएदिन की लूट से बचने के लिए ३१ मई, १८०१ को महाराजा प्रतापसिंह ने अपने

प्रधानमंत्री दीनाराम बोहरा को अँगरेज रेजीडेंट कर्नल कोलिंस के पास संधि के लिए भेजा। लेकिन कोलिंस ने इस पर बात तक करने से इनकार कर दिया। बाद में मराठों और पिंडारियों की लूटमार देखते हुए, अगले वर्ष अँगरेजों को राजपूताने के राजाओं की सुरक्षा आवश्यक प्रतीत होने लगी। मराठा सेना के माध्यम से बढ़ता फ्रांसीसी प्रभाव भी उनके लिए चिंता का कारण बन गया था।

"२७ जून, १८०३ को लिये इस निर्णय के बाद, अँगरेज गवर्नर जनरल वेलेजली ने २२ जुलाई को जयपुर महाराजा को प्रस्तावित संधि की शर्तें भेज दीं; जिनमें परस्पर शत्रु-मित्र को एक-दूसरे का शत्रु या मित्र मानना, मराठों से युद्ध होने पर जयपुर द्वारा अँगरेजों की सहायता के बदले अँगरेजों द्वारा जयपुर की सुरक्षा की गारंटी और जयपुर के आतंरिक मामलों में हस्तक्षेप न करने की शर्तें शामिल थीं। लेकिन शर्तों के जयपुर पहुँचने से पूर्व ही १ अगस्त, १८०३ को महाराजा प्रतापसिंह का देहांत हो गया। उनके इकलौते १९ वर्षीय पुत्र जगतसिंह के गद्दी पर बैठने के बाद, अँगरेजों की शर्तें प्राप्त हुईं। लेकिन महाराज जगतसिंह ने ७ अगस्त को उत्तर भारत में छिड़े अँगरेज-मराठा युद्ध में तटस्थ रहना ही उचित समझा। जयपुर दरबार में सामंत शंभूरावसिंह के अतिरिक्त सभी सामंत इस संधि के विरोधी थे। यशवंतराव होल्कर ने भी अपने संदेश में इसे हिंदू धर्म और जाति-विरोधी बताया था।

"महाराजा जगतसिंह की टालमटोल से नाराज होकर जनरल लेक ने घी निकालने के लिए अपनी अँगुली टेढ़ी की। धौलपुर पर अँगरेज सेना की चढ़ाई का समाचार सुनते ही, जगतसिंह ने घबराकर संधि-प्रस्ताव पर हस्ताक्षर कर दिए। फिर तो १५ जनवरी, १८०४ को गर्वनर जनरल ने भी इस पर अपनी स्वीकृति की मोहर लगा दी। अँगरेजों के साथ हुई इस संधि के तत्काल बाद, जयपुर ने मराठों को दी जाने वाली 'चौथ' बंद कर दी। इससे नाराज तुकोजी के पुत्र यशवंतराव होल्कर द्वारा मार्च १८०४ में जयपुरी इलाकों में जबरन वसूली रोकने के लिए अँगरेज सेना आ पहुँची, जिसने टोंक और रामपुरा पर कब्जा कर मराठों को खदेड़ दिया। इस संधि के कारण चारों ओर से सुरक्षित जयपुर राज्य को शक्तिशाली बनाने का यह स्वर्णावसर है। लेकिन महाराज जगतसिंह तो नितांत अयोग्य सिद्ध हो रहे हैं। महाराज प्रतापसिंह जहाँ भावुक और धार्मिक प्रवृत्ति के होने के कारण कभी-कभी जनाने कपड़े पहनकर नाचने तक लगते थे, वहाँ जगतसिंह अत्यंत कामुक सिद्ध हो रहे हैं। दिन-रात नाच-गाने की महफिलें और हर रात नई नवयौवना का भोग ही इनका जीवन-लक्ष्य प्रतीत होता है।"

जयपुर के संघर्ष एवं पतनशील राज्य की आंतरिक दुर्दशा सुनकर रसकपूर के चेहरे पर घिर आई निराशा की कालिमा जैसे जादुई स्पर्श से तिरोहित हो गई। उसके मुख पर प्रसन्नता की लालिमा और नेत्रों में वक्र हास्य झलक उठा। उस हास्य में उसका स्वप्न, दृढ़ निश्चय और सफलता के प्रति अदम्य आशा का संगम था। शिवनारायण मिश्र इसे देखकर पहले तो चौंके, फिर जैसे सब कुछ समझकर मुसकराने लगे।

दो

कोयल की मादक कूक से जी लुभाता, सुगंधित मधुवृष्टि करता, भ्रमर-पंक्तियों से घिरा वसंत आ पहुँचा ! उसके साथ आया उसका चिरसखा अनंग कामदेव, अपने टेसू के धनुष पर भौंरों की पाँत की प्रत्यंचा पर आम्र-मंजरियों के बाण चढ़ाए, स्त्री-पुरुषों के हृदयों को अपनी काम शर-वृष्टि से विदीर्ण करता हुआ। लुभावनी साँझें, छिटकी हुई चाँदनी, कोयल की कूक, सुगंधित पवन, मतवाले भौंरों का गुंजन और सुवासित मदिरा-पान तो जितेंद्रियों में भी काम-संचार करने में सक्षम थे, फिर सामान्य स्त्री-पुरुषों की तो बात ही क्या है ? सुंदरियों से प्रतिस्पर्धा करता वसंत, उनकी रसभरी-मादक बोली को कोयल की कूक से, हँसी में बिखरती धवल दंतछटा को कुंद-पुष्पों की श्वेत चमक से, कोमल लाल हथेलियों को वृक्षों के नवप्रस्फुटित लाल-लाल किसलय कोमल पर्णों से, उनके सुगंधित चंद्रमुखों को अपने नवस्वर्णकमलों से और मुख की मादक चमक को खिले हुए कुरबक पुष्पों से परास्त करने में सश्रम जुटा प्रतीत हो रहा था। काममद से अलसाई रमणियों के नेत्रों की मादक चंचलता और यौवन-श्लथ अंगों में जैसे कामदेव साकार हो उठा। कोयल की कूक और भौंरों की गुंजार के बीच कमर में स्वर्णमेखला बाँधे, उन्नत वक्ष पर मुक्ताहार लटकाए रमणियाँ, बलपूर्वक पुरुषों का मन अपनी ओर खींचने लगीं।

ऋतुराज के स्पर्श से कामोद्दीपक वातावरण पारो को रसकपूर के प्रथम मुजरे का अनुकूल अवसर प्रतीत हुआ। वसंत पंचमी से पूर्व ही जयपुर राज्य के प्रभावशाली सामंतों, सरदारों, मुसाहिबों, श्रेष्ठियों, साहूकारों आदि को मुजरे के निमंत्रण भेजे जा चुके थे। तवायफी परंपरा के अनुरूप पारो स्वयं जाकर उनसे आग्रहपूर्वक पधारने की मनुहार कर आई थी। दूनी ठाकुर चाँदसिंह के अतिरिक्त जयपुर के प्रधानमंत्री दीनाराम बोहरा और भूतपूर्व प्रधानमंत्री बोहरा राजा खुशालीराम पर उसकी विशेष दृष्टि थी। दरबार के इन सर्वाधिक प्रभावशाली राजपुरुषों को रसकपूर के सौंदर्यपाश में बाँध लेने के बाद तो, राजसी वैभव सहज ही हाथों की पहुँच में आ जाता था। किंतु इन्हें साधे बगैर यह वैभव क्षणिक ही सिद्ध होने वाला था। इन लोगों का विरोध किसी को भी राजमहल से निष्कासित कराने में सक्षम था। महाराजा प्रतापसिंह की मृत्यु के बाद सिंहासन पर बैठे उन्नीस वर्षीय युवक महाराजा जगतसिंह पर इनका पूरा वर्चस्व था। वैसे भी महाराजा को राजकाज से अधिक प्रिय, सुंदरियों के केशपाश सुलझाना और उनके अंगों को नख-

दंतक्षत प्रदान करना था। राजकार्य तो इन तीनों के भरोसे ही चलता था। इनके साथ ही मुख्य सेनापति रोडाराम दर्जी, सीकर सामंत लक्ष्मणसिंह के अतिरिक्त दूदू, सामोद, चौमूँ, बगरू, अचरोल, वाटिका, बाँसखो, गीजगढ़, डिग्गी और खंडेला के शासक ठाकुरों को भी मुजरे का निमंत्रण भेजा गया। नगरसेठ ब्रजमोहन के साथ कई धनी-मानी साहूकारों से भी मुजरे की शोभा बढ़ाने का अनुरोध किया गया था। महाराजा जगतसिंह के खास मर्जीदान हीरालाल नाई और राधे खवास को तो विशेष मनुहार के साथ आमंत्रण मिला था।

निमंत्रण पाकर नगर के श्रीमंतों में वसंत पंचमी की आकुल-व्याकुल प्रतीक्षा होने लगी। रसकपूर की सौंदर्यचर्चा से अधीर रसिक सामंतों के लिए प्रतीक्षा की घड़ियाँ एकाएक असह्य हो चली थीं। उस दिन निर्धारित समय से बहुत पहले ही नूरी बेगम के कोंठे के बाहर पालकियों, बहलियों, रथों आदि की चहल-पहल आरंभ हो गई। शीतल जल के स्पर्श से उठती मिट्टी की सोंधी सुगंध और ऊपर बैठक में हुए गुलाबजल के छिड़काव की भीनी महक से आमंत्रितों के रसिक हृदय और सरसित होने लगे। कीमती कालीनों पर मखमली तकियों का सिरहाना लगाकर सामंत-श्रेष्ठी पान चबाते, हुक्के से खमीरी तंबाकू का धुआँ उगलते, रसकपूर की बेचैन प्रतीक्षा कर रहे थे। पारो के अनेक आग्रहों के बाद भी दीनाराम बोहरा और खुशालीराम ने महफिल में आने से इनकार कर दिया था। इन वृद्ध कूटनीतिज्ञों को स्त्री-सौंदर्य के स्थान पर राज्यश्री अधिक मोहक प्रतीत होती थी। इनके अतिरिक्त चाँदसिंह, रोड़ाराम आदि सभी निमंत्रण स्वीकार कर, महफिल में पहुँच, अपनी पद-मर्यादा के अनुरूप स्थानों पर बैठ गए थे। अनिमंत्रित अनेक सामंतों, सेठों, नवाबों को निराश हो वापस लौटना पड़ा। उस दिन नूरी बेगम की महफिल बहुत छोटी पड़ गई थी। रसकपूर के आग्रह पर केशव भी मुजरा देखने आया और महफिल के एक कोने में मौन-गंभीर बैठ गया था।

जरी की लाल कंचुकी और लहँगे पर इसी रंग की मोतिया झालरवाली ओढ़नी में अग्निशिखा बनी रसकपूर ने रसिकों के हृदय आलोड़ित करने के लिए हथेलियों पर हथफूल, अँगुलियों में हीरे-पन्ने की अँगूठियाँ, भुजाओं में माणक के जड़ाऊ भुजबंद, गले में पन्ने और मोतियों के हार, ललाट पर शीशफूल, नाक में हीरे की नथ और उसे सँभालनेवाली मोतियों की लड़ को कान के पास अटकाकर, पैरों में पायजेब और घुंघरू पहने। साक्षात् कामप्रिया बनी रसकपूर के महफिल में आते ही रसिकजन स्तंभित रह गए। ऐसा अनिंद्य-अम्लान सौंदर्य इससे पूर्व नहीं देखा था। पलकें झपकना भूल गईं। वाणी मौन हो गई। निर्निमेष नेत्रों से सौंदर्यपान की होड़ लग गई।

नवयौवन से प्रस्फुटित उसकी देह, तूलिका से निर्मित चित्र अथवा सूर्य-रश्मियों से विकसित कमल-पुष्प की भाँति सुशोभित हो रही थी। पीन पयोधरों के भार से ईषत् झुकी सन्नतांगी और भारी नितंबों के कारण हंसगामिनी रसकपूर विधाता की श्रेष्ठतम कलाकृति प्रतीत हो रही थी। गले में मोतियों का हार गौरववर्ण स्तनों की घुंडियों को

छूता हुआ छाती पर लटका, सुमेरु पर्वत की दो चोटियों से गिर रही स्वच्छ जलधाराओं जैसा शोभित हो रहा था। स्तनों के नीचे से नवरोमावलि भँवर जैसी नाभि तक पहुँच-कर, करधनी के बीच जड़ी इंद्रनील मणि की श्याम आभा में जैसे घनीभूत हो उठी थी। कटि में बँधी करधनी की लड़ियाँ सुडौल नितंब पर तोरणाकार लटक रही थीं। रसकपूर की काली भौंहों की वक्रता कामदेव के धनुष और कटाक्ष जैसे कामशरों का काम कर रही थी। पके बिंबाफल से लाल-लाल होंठों के बीच नन्हे-नन्हे दाँतों का निर्मल हास्य, पतली कमर, भयभीत हिरणी की-सी आँखें, गहरी नाभि और हाथी की सूँड जैसी जंघाओं से वेष्टित रसकपूर का सौंदर्य, महफिल में उपस्थित श्रीमंतों को मदमूर्च्छित-सा कर गया। उन्हें मदहोश देख पारो के चेहरे पर संतोष का अबीर फैल गया, जबकि नूरी बेगम का नूर धूमिल हो उठा था।

पायलों की क्वणन ध्वनि का सम्मोहन बिखेरती रसकपूर ने, पुष्पलदी शाखा की तरह महफिल के बीच पहुँचकर आमंत्रितों को झुककर आदाब किया तो जैसे शांत जल में कंकरी पड़ गई। सम्मोहन का वितान जैसे कहीं से चरमराया; लेकिन तत्काल ही रसकपूर के मादक कंठ-स्वर ने उस पर कलात्मक पैबंद लगाकर जोड़ना आरंभ कर दिया। पारो के संकेत पर वह **ध्रुपद** का आलाप छेड़कर महफिल को अपने मिश्रीघुले स्वर की मादकता से रससिक्त करने लगी। संगीत-सम्राट् तानसेन के गुरु स्वामी हरिदास की प्रिय **'डागुरबानी'** में ध्रुपद की प्रस्तुति, कब तेज लयवाली गमक के साथ **'खंडारबानी'** में बदल गई, राग-रागिनियों के जानकार तक एकाएक नहीं समझ सके। सरस्वती वीणा के तारों के साथ स्वर-कंपन की प्रतिद्वंद्विता करता रसकपूर का स्वर, महफिल के झरोखों-गवाक्षों से निकलकर, नीचे गली-चौराहे तक स्वर-वृष्टि करने लगा। महफिल में प्रवेश न पा सकनेवाले रसिकजन नीचे गली में अपनी मर्यादा, सामाजिक प्रतिष्ठा भूल सम्मोहित हो खड़े रह गए। राग यमन कल्याण में गाए **'गुरु बिन कैसे गुन गावें'** पद में ध्रुपद के चारों भाग **स्थायी, अंतरा, संचारी** और **आभोग** की मोहक प्रस्तुति के द्वारा रसकपूर जैसे गुरु-दक्षिणा चुका रही थी। जयपुर के विख्यात ध्रुपद-गायक कल्लनखाँ से मिली गायन-शिक्षा, उसका स्वर-स्पर्श पाकर जैसे मूर्त हो उठी थी।

प्रशंसा के समवेत स्वरों के शांत होने से पूर्व ही उसने ठुमरी छेड़ दी "**मोरे जुबना पर आई बहार, बलम परदेस न जइहौ।**" बनारस के **दादरा** में प्रस्तुत **ठुमरी,** जयपुर के संगीत-रसिकों के लिए नई चीज थी। **बोल, तान** और **लोक-संगीत** की महक से रची-बसी ठुमरी में **लाग-डांट, तान, मींड** और **गमक** की कुशल व्याख्या से श्रेष्ठी-सामंत स्तब्ध रह गए। रुद्रवीणा के साथ रसकपूर के स्नेहसिक्त कंठ-स्वर की युगलबंदी की रसवर्षा, उनके सम्मोहन में निरंतर वृद्धि कर रही थी। ठुमरी समाप्त होने के बाद भी श्रोताओं की चेतना न लौटने पर, मंद मुसकान के साथ घुँघरू खनकाकर रसकपूर ने उन्हें चैतन्य किया। प्रशंसा-अभिनंदनों की झड़ी को तवायफी परंपरा के अनुसार झुक-झुककर स्वीकार करती रसकपूर के पैरों में बँधे घुँघरुओं ने अँगड़ाई ली तो जैसे महफिल के सुर्ख

कालीन पर मृदु अग्निशिखा लपलपा उठी। उसके लाल वस्त्रों के बीच दमकते स्वर्णाभूषण, अग्नि की लाल-पीली लपटों का शीतल विकल्प बन गए थे। इसके साथ आरंभ हुई तबले और घुँघरुओं की तकरार में धीरे-धीरे तेजी आने लगी। रसकपूर **तीन ताल की सोलह मात्रा** में अपना कत्थक प्रस्तुत करते हुए अचानक द्रुत में पहुँची, तो कुशल तबलावादक भी झटका खाकर तत्काल सँभला। फिर वह भी कौशलपूर्वक **सम** पर आ गया। तभी सारंगी-वादक ने '**लहरा**' छेड़ दिया। **राग केदारा** में बँधा लहरा खास तौर से कत्थक नृत्य की द्रुतलय के लिए तैयार किया गया था। पखावज, तबला, सारंगी और घुँघरुओं की सधी ताल-पदताल से उठी उत्ताल तरंगों के वेग में सभी थपेड़े-से खा रहे थे। किसी को भी अपनी सुध-बुध नहीं थी। रसकपूर की मोहक नृत्य-मुद्राओं को देख, उन्हें वह स्वर्गलोक की अप्सरा प्रतीत हो रही थी। मादक नेत्रों की चितवन, पुष्ट वक्षों का कंपन, भारी नितंबों की थिरकन और कदली-स्तंभ-सी जंघाओं का नर्तन देखकर भला कौन होश में रह सकता था? सुर, ताल और घुँघरुओं की रस-वर्षा, मोहक मुद्राओं की विद्युत्छटा के साथ बरसकर सहसा थम गई।

प्रशंसा और बधाइयों का तुमुल घोष नूरी बेगम की महफिल से बाहर गली-चौराहे तक पहुँचकर प्रतिद्वंद्वी तवायफों के हृदय भस्म करने लगा। रसकपूर पर अशर्फियाँ और आभूषण बरसने लगे। स्वर्ण-वर्षा से महफिल का लाल कालीन पीतवर्ण हो उठा। उसके बीच बैठी रसकपूर को निर्निमेष नेत्रों से निहारते, रूप-मदिरा से मत्त सेठ-सामंत स्वर्ण मुद्राएँ समाप्त हो जाने पर, अपने आभूषण तक उतारकर निछावर करने लगे। इस रूप-यौवन के सम्मान में उनके लिए कुछ भी अदेय नहीं रह गया था। माँगने पर संभवतः वे अपने प्राण तक देने को तत्पर हो जाते। इतनी प्रशंसा और सम्मान से रसकपूर भी दर्प से भर उठी। उसने गर्वित नेत्रों से एक ओर बैठे केशव को देखा। उसके नेत्रों की भाषा के स्वर केशव के लिए अपठनीय नहीं थे 'देखा केशव! मेरे रूप-यौवन का सामर्थ्य। क्या अब भी मेरे राजसी वैभव की प्राप्ति में कोई शंका है? देखो! जयपुर राज्य के वास्तविक संचालक मेरे समक्ष किस तरह न्योछावर हुए जा रहे हैं! इनकी सहायता ही मेरा राजसी वैभव अक्षुण्ण रखेगी। भला तुमसे विवाह करके मुझे क्या मिलता?—एक स्नेहिल प्रेमी, पति का प्यार? बस! उस स्थिति में तो इस वैभव की कल्पना मात्र भी मेरे लिए अपराध होती।'

प्रत्युत्तर में केशव के नेत्रों में गूढ़-गंभीर हास्य थिरक उठा। अपने पूर्वकथन की पुष्टि करते हुए जैसे वह कह रहा हो—'नहीं रस! यह सब छलावा मात्र है। सब क्षणभंगुर है। इनमें से एक भी तुम्हारा अपना नहीं। वक्त बदलने पर यही सब तुम्हारी छाया से भी बचेंगे। राजमहली सपनों के पीछे यथार्थ का गहन अंधकार भी है। जिसमें लुप्त हुआ व्यक्ति इतिहास के पृष्ठों तक सीमित रह जाता है। वे पृष्ठ भी हर किसी के भाग्य में नहीं होते। अधिकांश तो हमेशा अजाने ही रह जाते हैं।'

पारो के कंठ-स्वर ने दोनों प्रेमियों के नयन-संवाद का तारतम्य भंग किया—

"बेटी, देखो ! ठाकुर चाँदसिंह तुम्हें बधाई दे रहे हैं।"

रसकपूर के मादक नेत्रों में दूनी ठाकुर चाँदसिंह का रोबीला, जुझारू व्यक्तित्व भर गया। घने-अधपके गलमुच्छों और रक्तिम नेत्रों से उनका तेजस्वी मुखमंडल और प्रभावी हो गया था। सत्ता के महत्त्वपूर्ण स्तंभ के रोबीले व्यक्तित्व के सामने रसकपूर का रूप-गौरव एकाएक सिमटने लगा। कुछ बौखलाए से अंदाज में उसने जुहार की तो चाँदसिंह ने मुसकराकर अपना कंठहार उतारकर रसकपूर के गले में डाल दिया। उसके कोमल करों को अपनी पुष्ट हथेलियों में भरकर कहा—"बाईजी ! भगवान् तुम्हारा यह रूप-यौवन अक्षुण्ण रखे। अपने यौवन-प्रसाद से तुम, हमें तृप्त करती रहो।"

सीकर के प्रभावशाली सामंत लक्ष्मणसिंह ने गिन्नियों का हार रसकपूर के गले में डालकर, सहसा गले लगा लिया। अकस्मात् पुरुष आलिंगन से कसमसाती नवयौवना को अगले ही पल भुजबंधन से मुक्त करते हुए उसने कहा—"होली पर अपना मुजरा हमारी जागीर में करना। सुनहरी रेत के टीबों के बीच बसा मेरा राज्य तुम्हारे स्वर्णकोष में पर्याप्त वृद्धि करेगा।"

एक-एक कर बिदा होते चौमूँ, सामोद, बगरू, अचरोल, वाटिका, बाँसखो, दूदू, डिग्गी और खंडेला के सामंत रसकपूर से बिदा लेते समय मूल्यवान् आभूषण प्रदान कर, उसके अंग स्पर्श करते गए। किसी ने हथेलियाँ चूमीं, तो कोई बाँहें थपथपाकर बधाई दे गया। किसी ने पीठ पर हथेली का दबाव डालकर उसे सीने से लगाया तो कोई निर्निमेष नेत्रों से सुधापान करके ही रह गया। अपनी जागीरों में मुजरे के निमंत्रणों के साथ एक-एक कर सामंतगण बिदा हो गए। पुरुष-स्पर्श से अनभिज्ञ रसकपूर के लिए यह नया अप्रत्याशित अनुभव था। पुरुष-रूप में उसे अब तक केवल केशव की हथेलियों का अपने कोमल करों तक सीमित स्पर्श मिला था। अन्य अंगों को पुरुष-स्पर्श का यह प्रथम अवसर था।

उस दिन सम्मोहित श्रीमंतों का शरीर ही घर लौटा। हृदय तो वे वहीं छोड़ आए थे। अगले दिन नगर-भर में रसकपूर की ही चर्चा थी। घरों-गलियों में उसके रूप-यौवन के साथ, नृत्य-गायन की भी चर्चाएँ चल निकलीं।

महाराजा जगतसिंह के मर्जीदान खवास हीरालाल के लिए यह जीवन की सबसे बड़ी रात सिद्ध हुई। उसका मन तो रसकपूर के मुजरे से लौटकर सीधे महाराजा के पास पहुँचने का था; लेकिन वह जानता था कि निशाकाल में मद-मूर्च्छित महाराजा किसी सुंदरी के रूप-यौवन का आस्वादन कर रहे होंगे। ऐसे में विघ्न डालना स्वयं उसके लिए ही अनिष्टकारी सिद्ध हो सकता था। लेकिन विलासी महाराजा को देर से मिला यह समाचार, उसे पुरस्कार के स्थान पर दंडित भी करा सकता है। दूसरी ओर राधे खवास पहले पहुँच गया तो वही पुरस्कार का अधिकारी भी बन जाएगा।

सूर्योदय के साथ ही हीरालाल चंद्रमहल जा पहुँचा। जगतसिंह के जागकर, नित्य क्रिया से निवृत्त होने के बाद, अल्पाहार लेते समय वह प्रसन्नवदन महाराजा से कह

उठा—"अन्नदाता ! अब तो अपने जयपुर में भी स्वर्ण-कमल पैदा होने लगे हैं।"

महाराजा मुसकराकर रह गए।

"हाँ, अन्नदाता !"—उत्साहित हीरालाल कहने लगा—"एक तो कल रात मैं अपनी आँखों से देखकर आया हूँ।"

महाराजा ठठाकर हँस पड़े—"लगता है, तूने कोई सपना देखा है। ऐसे कमल तो सिर्फ देवराज इंद्र की राजधानी अमरावती में ही पैदा होते हैं !"

"नहीं, अन्नदाता ! मैं उस कमल की बात नहीं कर रहा। अमरावती का स्वर्ण-कमल भी शरमा उठे, मैं ऐसे स्वर्ण-कमल की बात कर रहा हूँ, महाराज ! अपने जयपुर में भी ऐसा रूप-कमल खिला है।"—हीरालाल को रसकपूर की प्रशंसा के लिए उचित शब्द ही नहीं मिल रहे थे।

महाराजा ने हँसकर उसकी पीठ पर धौल जमाई—"तुझे तो हर बात बढ़ा-चढ़ाकर कहने की आदत है। स्वर्ण-कमल जैसी सुंदरी और हमारे राज्य में····नाक के नीचे, और हमें खबर ही नहीं ! और तुझे भी आज पता लगा ? क्यों रे ! रिश्वत खाकर किसी की झूठी प्रशंसा कर रहा है क्या ?"

हीरालाल घबरा गया। राजा का स्वभाव तो राजा ही जाने। पल में प्रसन्न तो अगले ही क्षण प्राणदंड देने को तत्पर। सहमकर बोला—"नहीं, अन्नदाता ! आप ठीक कहते हैं। भला यहाँ अप्सरा का क्या काम ? जरूर मेरी आँखों को ही धोखा हुआ है।"

लेकिन दोपहर में भोजन के बाद विश्राम कर रहे महाराज के पैर दबाते हुए राधे खवास भी भेद-भरे स्वर में कह उठा—"अन्नदाता ! अब के वसंत में आमों के बौर और सरसों के फूलों के अलावा भी सोना बरसा है। सोना ही सोना। सिर से पैर तक सोने से बनी, चलती-फिरती सुंदरी देखी है मैंने, महाराज ! हाँ, हाँ, अन्नदाता ! अपनी इन आँखों से। उसे देखकर तो इंद्रलोक की अप्सराएँ भी फीकी पड़ जाएँ।"

जगतसिंह खिलखिला उठे—"क्यों रे ! यह कवियों जैसी भाषा कब से बोलने लगा ?"

"अन्नदाता ! उसे देखकर तो हर कोई कविता करने लगे। ऐसी खूबसरती देख पाना भी सौभाग्य की बात है।"

महाराजा झुँझला उठे—"तू भी हीरा जैसी बातें कर रहा है। तुम दोनों की कोई मिलीभगत तो नहीं है ? किसी को मेरे पास लाने का षड्यंत्र तो नहीं कर रहा है ?"

भयभीत हो राधे खवास ने चुप रहने में ही अपना हित समझा। और बात वहीं समाप्त हो गई। लेकिन कुछ समय बाद 'हरे बँगले' में उसी रसकपूर के प्रथम दर्शन से मद-मूर्च्छित महाराजा को हीरा और राधे की प्रशंसा बहुत कम प्रतीत हुई। पारो को मूल्यवान् पुरस्कार देने के बाद उस रात्रि रसकपूर को भेजने का आदेश देकर विलासी महाराजा स्वप्न-सागर में गोते लगाने लगे। हीरा और राधे के आने पर प्रसन्न महाराजा ने उनकी पीठें थपथपाकर पाँच-पाँच अशर्फियाँ बख्शीं, तो हैरत में पड़े सेवकों से कुछ

पूछते नहीं बना। लेकिन महाराजा ने स्वयं ही रहस्य खोल दिया। उस रात रसकपूर के स्वागत की तैयारियाँ करने के आदेश से पुरस्कार का रहस्य स्वतः ही खुल गया। उत्साहित मर्जीदान रसकपूर के लिए उचित आभूषण-वस्त्रों की व्यवस्था में जुट गए।

□

दिन को समुद्र की असीम जलराशि में डुबोकर सूर्यदेव अपने रथ सहित अस्ताचल गमन कर रहे थे। बहुत दूर सूर्य की सिंदूरी आभा से पश्चिम दिशा सौभाग्यवती युवती के समान शोभित होने लगी। अपने नीड़ की ओर लौटते पक्षियों के पंखों की फड़फड़ाहट के मधुर स्वर और सतरंगी आभा से वे सद्य-सौभाग्यवती पश्चिम दिशा के प्रति अपना उल्लास व्यक्त करने लगे। सारा दिन वन में व्यतीत करने के बाद, अपने बछड़ों की याद में तेजी से घरों को लौटती गायों के खुरों से उड़ती धूल से वातावरण पवित्र होने लगा। रसिकजन दिन-भर के काम से मुक्त हो, स्नान करके शुभ्र वस्त्रों और आभूषणों से सज-धजकर, अपनी प्रियतमाओं से मिलने की तैयारी कर रहे थे। नगरवधुओं के कोठों पर गहमागहमी बढ़ गई थी। पानी के छिड़काव से शीतल हुई धरती पर बिछे गद्दों की शुभ्र चाँदनियाँ, रसिक जनों की प्रतीक्षा करने लगीं। महकते आसव और पान के बीड़े, संध्या के रात्रि में परिवर्तित होने की प्रतीक्षा कर रहे थे। चहल-पहल, सज्जा-शृंगार से जयपुर नगर संध्या का सौभाग्य-उत्सव मनाता प्रतीत हो रहा था।

एक अन्य महोत्सव की तैयारियाँ नूरी बेगम के काँचमहल में भी हो रही थीं। महाराजा जगतसिंह के पर्यंक की शोभा बनने जा रही रसकपूर को तैयार करने में पारो जैसे अपनी सुधबुध ही भूल बैठी थी। जौ का आटा, बेसन और हलदी के मिश्रण को दही और मलाई में गूँधकर बनाया उबटन, रसकपूर के स्वर्ण-गात को नई आभा प्रदान करने लगा। केसर-मिश्रित जल से स्नान के बाद तो उसका स्वर्ण-गात सुगंधित हो उठा। शीकाकाई और अरीठा के चूर्ण को पानी में उबालकर, उस जल से धुली नितंबचुंबी केशराशि का कृष्ण स्वरूप घनीभूत होकर महकने लगा। अगरु के धुएँ से सुखाने के बाद घुँघराले केश धूप के धुएँ से सुंगधित हो उठे। पैरों में आलता और हाथों में महावर से वे रक्त-कमल भी प्रदीप्त हो उठे थे।

राजमहल से आए वस्त्राभूषणों से रसकपूर का तन-मन आलोकित होने लगा। चंदन चर्चित पुष्ट कुच-कलश कुसुमल जरी की कांचली से ढकते ही हरीतिमा से शोभित गिरिशृंगों-सी शोभा पाने लगे। गोटा-किनारी के मनोहर काम के कुसुमली लहँगे में अपने गोल नितंब और जंघाओं को आवृत्त कर, मोतियों की झालर और सोने के तारों की अल्पनावाली कुसुमली ओढ़नी से सिर ढककर रसकपूर उच्चकुलीन युवती की गरिमा से शोभित हो उठी।

आवश्यकता न होने पर भी रसकपूर को सोने, हीरे और मोती के आभूषणों से सज्जित करने का मोह पारो नहीं त्याग सकी। शिरीष-पुष्प समान कोमल, सुडौल, गोरी

भुजाओं को **भुजबंद** और **बंगड़ी** से अलंकृत कर कोमल कलाई में **पहुँची**, नर्म हथेलियों के पीछे **हथफूल** के साथ अँगुलियों में हीरे, पन्ने और माणिक की **अँगूठियाँ** भी अलग से पहनाईं। सिर पर रत्नजटित **ओगन्या** टाँककर उसकी सुनहरी जंजीरें केशों में अटका दीं। **तारालड़ी, जड़ाऊग्यात** और **झूमर** से उसका मुखकमल प्रदीप्त हो उठा। कानों में पुखराज के **पीपल-पत्ते** और नीलम के **फूलझुमके,** गले में **गलपटिया,** बालोल का **पँचमणिया, कठला** और **चंद्रहार** पहनाया। नाक में कौमार्य की प्रतीक हीरे की झिलमिलाती **नथ** की सुनहरी जंजीर बाएँ कान के पास फूलझुमके की कड़ी से झूल रही थी। नथ के मोती, रक्तिम होंठों के स्पर्श से रक्ताभ हो उठे। कमर में **स्वर्ण-मेखला** धारण करती रसकपूर की आँखें राजमहली सपनों में डूब गई थीं।

सूर्य के अस्ताचलगामी होने से आश्वस्त हो, प्रियंगु के पके फल जैसे लाल-लाल चंद्रमा के उदय होने के साथ ही, घुड़सवार सैनिकों की टुकड़ी से घिरी राजसी बग्घी रसकपूर के द्वार पर आ खड़ी हुई। उसे देख मुंडेरों-गवाक्षों से ताकाझाँकी होने लगी। रसकपूर के सौभाग्य की चर्चा करती तवायफें मन ही मन जल-भुन रही थीं। महाराजा के विश्वस्त अनुचर हीरालाल खवास ने द्वार खोलकर अंदर प्रवेश किया। पारो को देखकर कहा—"बाईजी तैयार हो गई हों तो बाहर बग्घी खड़ी है।"

पारो हड़बड़ा-सी उठी। ऐसे राज-निमंत्रण का यह उसका भी प्रथम अवसर ही था। कहीं कुछ कमी न रह जाए, वरना महाराज क्या सोचेंगे? शृंगारित रसकपूर को एक बार सावधानीपूर्वक सिर से पैर तक देखने के बाद, उसके चेहरे पर संतोष का सुखद अबीर फैल गया। नहीं, कहीं कोई कमी नहीं है। रसिक महाराजा के जीवन में सुंदर स्त्रियों का अभाव कभी नहीं रहा। लेकिन आज अगर वे अपना अब तक किया सौंदर्य-उपभोग व्यर्थ न मान लें, तो पारो की तपस्या ही निरर्थक हो जाएगी। यह रात उनके जीवन की यादगार रात बन जाएगी। चलते-चलते भी वह रसकपूर को कामशास्त्र के गूढ़ रहस्यों का पुनः-पुनः स्मरण कराना नहीं भूली। राजसी अदब-कायदे, भोगी पुरुष को अपने मृणाल-भुज-बंधन का बंदी बना लेने के गुर तो वह बहुत पहले ही उसे सिखा चुकी थी।

आँखों में सपनों के इंद्रधनुषी रंग भरे रसकपूर सीढ़ियाँ उतरकर नीचे आई। वहाँ केशव को देखकर चिहुँक उठी। सपनों के मादक रंगों में जैसे अवांछित रंग उभर आया था। रसकपूर के शृंगारित रूप को देख, उसके धीर-गंभीर नेत्रों में ठहरी पीड़ा घनीभूत हो उठी। मुट्ठी में बँधी रेत की तरह उसका प्यार भी धीरे-धीरे उसके हाथों से छूटता जा रहा था। चाहकर भी वह उसे रोक पाने में असमर्थ था। रसकपूर ने मन कड़ा करके उसे हाथ जोड़कर प्रणाम किया। केशव के होंठों पर खिंची मुसकान की धूमिल रेख में उसका दर्द छलक उठा—"जा रही हो, बन्नो, राजमहलों में राजा की प्रिया बनने! मैं निर्धन भला तुम्हें क्या दे पाता? इस निर्धन ब्राह्मण के पास तो इस रूप-देवी के स्वागत के लिए प्रेम पुष्पों का अर्घ्य ही था।"

"केशव ! मेरे प्रिय ! उलाहना दे रहे हो ?"—रसकपूर ने धीरे से पूछा।

"संभव है यह उलाहना ही हो। क्या मुझसे यह अधिकार भी छीन लिया है ?"

"नहीं, केशव ! मुझसे नाराज होने का तुम्हारा अधिकार ही तो मेरे जीवन की अमूल्य धरोहर है। इसे सँभालकर रखना। किसी भी अवसर पर इसका प्रयोग करने से सकुचाना नहीं। यही तो तुम्हारे हृदय में मेरी····सिर्फ मेरी उपस्थिति का आभास दिलाता रहेगा। राजमहली चकाचौंध में यह अपनत्व अब कहाँ पा सकूँगी।"

"बन्नो !"—केशव की वाणी थरथरा उठी—"अब भी समय है। मेरा अनुरोध स्वीकार कर लो। आओ ! हम कहीं दूर निकल चलें।"

"नहीं, केशव ! अब यह संभव नहीं है। बाहर खड़े सशस्त्र सैनिक अब मेरे चाहने पर भी ऐसा नहीं होने देंगे।"

"मैं ब्राह्मण हूँ। महाराज से तुम्हारी भिक्षा माँग लूँगा।"—केशव के स्वर में कातरता थी।

अब पारो ने व्यवधान डाला—"रूप-यौवन के भिक्षुक महाराजा से तुम रसकपूर के अतिरिक्त अन्य कोई भी भिक्षा पा सकते हो। इसे माँगते ही वह तुम्हारा वध करवा देंगे, केशव !"

दोनों प्रेमियों के बीच फैला सन्नाटा असह्य हो उठा।

रसकपूर ने धीरे से कहा—"मुझे बिदा दो, प्रिय !"

"जाओ, बन्नो ! मेरे अब तक किए सभी पुण्य-कर्मों का फल तुम्हें मिल जाए। तुम अपने सपनों को यथार्थ के धरातल पर भी साकार होते देखो। तुम्हारे जीवन में दुःख, निराशा, उपेक्षा, असम्मान कभी न आए।"—केशव का कंठ भर आया। विह्वल हो रसकपूर की महावरी हथेलियाँ अपने हाथों में भर लीं—"फिर भी सावधान रहना। राजमहलों की पाषाणी दीवारों में पथराए दिल रहते हैं। उनकी आँखें पल-पल रंग बदलती हैं। वहाँ हीरे की कनी को पत्थर की ठीकरी बनते देर नहीं लगती। ईर्ष्या, प्रतिशोध, षड्यंत्र तो वहाँ हर व्यक्ति की दिनचर्या होती है। इनसे सावधान रहना। वहाँ किसी पर भी····स्वयं महाराज पर भी····विश्वास न करना ! तुम्हारा परमविश्वासी ही एक दिन तुम्हारा शत्रु निकलेगा। राजसी वैभव की निरंतर प्राप्ति के लिए हर क्षण की सतर्कता प्रथम अनिवार्य शर्त होती है, बन्नो !"

केशव की व्यथा उसके गंभीर नेत्रों में आँसुओं के रूप में छलछला उठी। रसकपूर की आँखें भी आँसुओं से भर गईं। केशव की हथेलियाँ दृढ़तापूर्वक दबाती हुई बोली—"प्रिय ! इतने आशीर्वादों और मार्गदर्शन के बाद इस घड़ी धैर्य खोकर मुझे और अपने आपको कमजोर न बनाओ। मेरे बाद अपना ध्यान रखना। माँ !"—नूरी की ओर देखकर उसने कहा—"अपनी सबसे अनमोल धरोहर केशव तुम्हारे हवाले करके जा रही हूँ। देखना, इसे कष्ट न होने पाए। इसे दुखी जानकर मैं भी सुख से नहीं रह पाऊँगी।"

नूरी बिलख उठी—"बेटी ! तो फिर न जा। इसको तेरा कन्यादान करके मैं धरती

की सबसे सुखी स्त्री हो जाऊँगी।"

"नूरी! पागल तो नहीं हुई हो!"—पारो ने लगभग भर्त्सना के स्वर में कहा—"असंभव के लिए रोना-धोना बेकार है। कहीं बाहर खड़े हीरालाल को पता चल गया और उसने महाराजा को बता दिया तो उनका कोप सबसे पहले केशव को ही नष्ट करेगा। इसके बाद हमारी बारी आएगी। कोरी भावनाएँ राजसी कोप का कवच नहीं बन सकतीं। चलो, बेटी! बाहर बग्घी तुम्हारा इंतजार कर रही है।"

रसकपूर की मखमली हथेलियाँ मुक्त करते हुए केशव ने कहा—"जाओ, बन्नो! किसी भी अवांछित घड़ी में मेरा स्मरण करते ही मैं दौड़ा आऊँगा। अपने प्राण देकर भी तुम्हें संकटमुक्त करने का प्रयास करूँगा।"

केशव को निर्निमेष नेत्रों से निहारती रसकपूर जैसे उसे पलकों में कैद कर लेना चाहती थी। न जाने फिर कभी इसे देखना भाग्य में हो अथवा न हो। कंठ में घुट रही रुलाई को बलपूर्वक दबाते हुए वह मुड़ी और तेजी से ड्योढ़ी की ओर कदम बढ़ा दिए। महाराजा के विश्वस्त सेवक हीरालाल ने उसे देखते ही बग्घी के परदे सरका दिए। रसकपूर पायदान पर पैर रखकर जल्दी से अंदर जा बैठी। परदे वापस खिंचने के साथ ही घोड़ों की टापें गूँजीं और झटके के साथ बग्घी अपने गंतव्य की ओर रवाना हो गई।

□

वैभवशाली जयपुर राज्य के गौरवमय अतीत की साक्षी, इसकी प्राचीन राजधानी—आंबेर। जहाँ राजा सोढ़देव से लेकर महाराजा सवाई जयसिंह तक तीस राजाओं ने ७३७ वर्षों तक शासन करके, कछवाही साम्राज्य का निरंतर विस्तार किया था। यहाँ अकबर के परम विश्वस्त और अपने जीवन के लड़े ७७ युद्धों में से सभी में विजयश्री का वरण करनेवाले राजा मानसिंह ने २५ वर्षों तक वैभवशाली राज किया, वहाँ शिवाजी को समर्पण के लिए विवश कर देनेवाले और फिर उन्हें आगरा से मुक्त करवाकर उनकी प्राणरक्षा करनेवाले मिर्जा राजा जयसिंह के ४५ वर्षीय गौरवपूर्ण शासन की स्मृतियाँ अब भी सजीव थीं। कछवाही साम्राज्य को मारवाड़ और मेवाड़ के समकक्ष शक्तिशाली और विस्तृत बनानेवाले सवाई जयसिंह भी विख्यात जयपुर नगर बसाने से पूर्व तक यहीं से अपने साम्राज्य का सतर्क संचालन करते रहे थे। भगवान् अंबिकेश्वर के नाम पर बसे आंबेर के महलों का अनूठा शिल्प, भगवान् राम के वंशज कुशवाहा राजाओं के कला-प्रेम का जीवंत प्रमाण था। जयपुर के राजधानी बन जाने के बाद भी महाराजाओं ने आंबेर के महल सूने नहीं छोड़ दिए थे। अपनी कुलदेवी शिलादेवी के सान्निध्य में पहुँचकर जयपुर महाराजा अब भी स्वयं को सुरक्षित मानता था।

आंबेर के महलों में नृत्य, गान तथा गोष्ठी के आयोजन अब भी होते रहते थे। जयपुर के चंद्रमहल से जी उचाट होने पर महाराजा पर्वत-शृंखलाओं से घिरी, नैसर्गिक सौंदर्य से मंडित इस नगरी में आ जाते थे, जहाँ महलों के कलात्मक वातायनों से आता सुखद समीर, नीचे मावठा के निर्मल जल-स्पर्श से और शीतल हो उठता था। काँच की

कलात्मक जड़ाई से अलंकृत **शीशमहल** अब भी महाराजा का प्रिय विलासस्थल था! रनिवासी ताकझाँक और मुसाहिबों-सामंतों की सतर्क दृष्टियों से मुक्त होकर, मनचीता करने का सुख प्राप्त करने के लिए महाराज जगतसिंह अपनी अनेक रात्रियों को यहाँ ही भोर का स्पर्श देते थे। जयपुर के चंद्रमहल में तो उनका रात्रि-निवास अपनी २० रानियों में से किसी का शयनागार उपकृत करने के समय ही होता था। अपने पति के स्वभाव से परिचित रानियाँ भी जानती थीं कि किसी नए रूप-यौवन के अभाव में ही महाराज की दृष्टि अपनी परिणीताओं पर पड़ती थी। लेकिन इसे भी वे अपना सौभाग्य मानकर महाराज की समर्पित सेवा किया करती थीं।

फिर भी प्रणयी राजा का मन कहीं भी एक बार से अधिक ठहरता ही नहीं था। शरीर के वस्त्र बदलने जैसी तेजी से हर रात स्त्रियाँ बदलना ही महाराजा का प्रथम और अंतिम शौक था। नारी-सौंदर्य के प्रति इतना समर्पित राजा इस वंश में इससे पूर्व नहीं हुआ था।

किसी स्त्री को भोग लेने के बाद उसे दूसरों के लिए अनुपलब्ध बनाना महाराज का दूसरा फितूर था। अपनी भोग्या का किसी अन्य पुरुष के अंक-स्पर्श की कल्पना से भी वह सुलग उठता था। सुंदर स्त्रियों के प्रति उसका प्रेम राजकोष से भी अधिक था। भोग की रात वह मूल्यवान् वस्त्र-आभूषणों की भेंट देकर ही भोग्या के प्रति स्वयं को दायित्वमुक्त मान लेता था। एक रात अथवा कोई-कोई दो रात का सुख भोग लेने के बाद, महल की चारदीवारी के कड़े पहरों में सुरक्षित 'जनानी ड्योढ़ी' की स्थायी आवासिनी बनकर रह जाती थीं। जहाँ उसका जीवन उस एक रात्रि में प्राप्त वस्त्राभूषणों को निहारते-कोसते ही गुजरता था। विशाल प्राचीरों से घिरी उस दुनिया में निषिद्ध पुरुष-प्रवेश के कारण हिजड़े ही प्रवेश कर पाते थे। मोहनराम नादिर (हिजड़ा) इस रनिवास का संरक्षक था।

कुछ ही पलों में केशव के बिछोह की पीड़ा भूल, मदमाते सपनों में डूबती-उतराती रसकपूर को ज़यपुर के जौहरी बाजार से आंबेर के महलों तक का लंबा सफर पूरा होने का पता ही नहीं चला। बग्घी के पुष्ट अश्वों के ठहरने से लगे झटके से उसकी चेतना लौटी। कुछ समझने से पूर्व ही नारी-कंठों की खिलखिलाहट के साथ परदा हटा और एक रूपवती स्त्री ने मुसकराकर उसका अभिवादन किया। दासियों के झुंड से घिरी रसकपूर कुछ ही देर में आंबेर महलों की विशाल ड्योढ़ियाँ पार करती हुई शीशमहल में पहुँची। वहाँ उसी रूपवती युवती ने स्वागत कर उसे मखमली गद्दे पर बैठाया—"आओ बाईजी! कुंदन भगतण इस महल में आपका स्वागत करती है। खूबसूरत तो बहुत हो। अच्छा है पाँच-दस दिन टिक जाओगी। अंत में आना तो हमारे पास जनानी ड्योढ़ी में ही है। चार दिन के स्वर्ग के बाद जीवन-भर का नरक भोगना इन महलों की नियति है। जब तक महाराज की नजर में चढ़ी रहोगी, राजसी वैभव चरणों में लोटता रहेगा; लेकिन नजरों से उतरते ही जनानी ड्योढ़ी के गुमनाम अँधेरों में खो जाना पड़ेगा।

कल तक मैं भी महाराज की नूर-ए-नजर थी। हीरे, जवाहरात, बहुमूल्य पोशाकें, उबटन, इत्र, व्यजन, दासियाँ मेरे इशारों के मोहताज थे। लेकिन आज···? बाईजी! महाराज के स्पर्श से मतवाली न हो जाना। आखिर आना तो इन अँधेरों में ही है।"

सुनकर रसकपूर का हृदय पीपल पत्ते सा काँप उठा। केशव के बाद कुंदन ने उसकी इंद्रधनुषी सपनपाँखी को पंखविहीन कर, यथार्थ के मरुस्थल में ला पटका था। कंपित स्वर में पूछा—"यह अत्याचार किसलिए? महाराज को सुख देनेवाली स्त्री को जीवन-भर की यंत्रणा आखिर किस अपराध का दंड होती है?"

"एक ही अपराध!"—कुंदन के स्वर में विष-सा घुलने लगा—"स्त्री का सुंदर होना और महाराज को पसंद आ जाना ही उसका सबसे बड़ा अपराध होता है। मुगल बादशाहों की तरह हमारे विलासी महाराज को भी हरम बनाने का शौक मालूम होता है। लेकिन बादशाह तो बाकायदा निकाह पढ़वाकर हरम में दाखिल करते थे; जबकि ये तो रखैलों से ही जनानी ड्योढ़ी भर रहे हैं।"

"लेकिन ब्याहता न होने पर भी किसी स्त्री को जीवन-भर जनानी ड्योढ़ी में रखने का अधिकार उन्हें कैसे मिल जाता है? भोग लेने के बाद भी स्त्री को अनावश्यक बाँधे रखना तो सरासर अत्याचार है!"—रसकपूर के स्वर में किंचित् तेजी आने लगी।

"हाँ, है। लेकिन इसकी दुहाई कहाँ दोगी? कौन सुनेगा ऐसी स्त्रियों की फरियाद?"

"ठीक कहती हो। आखिर महाराज से भी ऊपर है ही कौन?"—रसकपूर ने सहमति व्यक्त करते हुए पूछा—"लेकिन यह तो बताओ, जी भरकर भोग लेने के बाद, महाराजा पराई स्त्रियों से अपनी ड्योढ़ी क्यों भरते रहते हैं? इससे उन्हें क्या मिलता होगा?"

"आत्मसंतोष।" कुंदन ने उत्तर दिया—"नारी को संपत्ति मानने की प्रवृत्ति पुरुष में सदैव से रही है। हमारे महाराजा भी इसके अपवाद नहीं हैं। उच्च सूर्यवंश में उत्पन्न होने और भगवान् राम के वंशज होने के अभिमान के कारण ये अपनी भोगी हुई किसी भी वस्तु को दूसरों के लिए अभोग्य मानते हैं। फिर भला अपनी अंकशायिनी को किसी अन्य की भोग्या बनते देखना इन्हें कैसे बरदाश्त होगा?"

"लेकिन रामजी ने तो सदैव एकपत्नी-व्रत का पालन किया था। और उनके वंशज होने का अभिमान पाले इन महाराजा का ऐसा आचरण?"

"हाँ, यही तो कथनी-करनी का विरोधाभास है। स्वयं को उच्चकुलीन घोषित करने के लिए तो मर्यादापुरुषोत्तम भगवान् राम के वंशज बन गए। लेकिन मर्यादा-पालन के समय यह सब भूलकर, निरंकुश-भोगी महाराज मात्र बने रह जाते हैं। इसी कारण ये विश्वास के योग्य नहीं हैं। अभी तुम्हारे चरण-युगल पर पड़ रहे होंगे; लेकिन कालकोठरी में फेंकने का निर्णय लेने में भी इन्हें देर नहीं लगेगी।"

रसकपूर के सपने भरभराकर बिखरने लगे। उसके अनुपम सौंदर्य और श्रेष्ठ

शिक्षा-दीक्षा का ऐसा अवसान? इससे तो उसका सामान्य रूप-रंग के साथ, किसी सामान्य कुल में जन्म लेना अधिक श्रेष्ठ होता। तब वह जीवन को अपने ढंग से जीने के लिए स्वतंत्र तो होती। पूर्ण स्वतंत्र न भी होती, तब भी पुत्री, पत्नी, माँ, सास आदि विभिन्न रूपों में पूरी नारी बनकर तो जी सकती थी।

आह केशव! तुमने ठीक ही कहा था। तब मैं अपने स्वप्नों के ऐसे निर्मम अंत की कल्पना भी कैसे कर सकती थी? अपने सामर्थ्य पर मुझे असीम विश्वास जो था।

सामर्थ्य!

निराशा के असीम अंधकार में डूबता रसकपूर का हृदय चैतन्य-सा होने लगा। बहुमूल्य वस्त्राभूषणों और राजसी वैभव की चकाचौंध में सुप्त विवेक जाग्रत होने लगा। अरे! अपने सामर्थ्य की परीक्षा किए बगैर ही मैं तो हार मान चली। यह कैसा युद्ध? कैसा जीवन-संघर्ष? युद्ध-घोषणा से पूर्व ही समर्पण की तैयारी? तब तो मेरा स्थान निश्चय ही जनानी ड्योढ़ी के किसी रावळे में होना चाहिए। लेकिन मैं सौंदर्य से लेकर शिक्षा-दीक्षा में भी सामान्य स्त्री से बहुत ऊँची और श्रेष्ठ हूँ। क्या राजा की ब्याहता रानियाँ भी महाराजा के हर नैतिक-अनैतिक आदेश का पालन करती हैं? उनके अनैतिक-अन्यायी आदेश का विरोध करके, वे भी तो अपने मान की रक्षा करती रहती हैं। उनकी प्रसन्नता और नाराजगी महाराज के लिए चिंतनीय होती ही है। तब मैं अपनी मानरक्षा में स्वयं को अक्षम क्यों पा रही हूँ? माना उनके पास सहायक के तौर पर उनका समान स्तर का पितृकुल है। लेकिन कुल-गौरव के अतिरिक्त मेरे पास किस वस्तु का अभाव है? कुल के अतिरिक्त तो मैं इन रानियों-महारानियों से भी बहुत श्रेष्ठ हूँ। और मैं अपनी श्रेष्ठता स्थापित करके दिखाऊँगी। इस कामुक, नवयुवक महाराजा का क्या सामर्थ्य जो मुझे जनानी ड्योढ़ी के अँधेरों में धकेलने का साहस कर सके।

नवीन संकल्प से रसकपूर का मुखमंडल और प्रदीप्त हो उठा। उसके चेहरे पर उतरते भावों में अर्थ खोजने का प्रयास कर रही कुंदन के चेहरे पर भी प्रसन्नता की रेखा खिंच गई। इस असामान्य रूपसी के लक्षण सामान्य नहीं हैं। यह जनानी ड्योढ़ी की आवासिनी नहीं हो सकती। नारी-सम्मान की रक्षा का संकल्प-सामर्थ्य इसमें परिलक्षित हो रहा है।

संकल्पित मुसकान के साथ रसकपूर ने कुंदन से पूछा—"यहाँ अब तक आनेवाली युवतियाँ एक रात का ही सुहाग भोगकर जनानी ड्योढ़ी में गुम हो गईं अथवा कोई इससे अधिक भी महाराजा को बाँध रखने में सफल हुई है?"

"ज्यादातर तो यहाँ दोबारा नहीं लौट पाईं। तीन-चार जरूर यहाँ दोबारा आई थीं।"—कुंदन बताने लगी—"हाँ, केसर बाई ही ऐसी निकली जो लगातार पाँच रातों तक महाराजा की हृदयेश्वरी बनी रही। लेकिन उसका अंत भी सबसे भयानक हुआ। महाराज ने विष द्वारा उसकी हत्या करवा दी थी।"

"क्यों? क्या अपराध किया था उसने?"—रसकपूर ने शांत स्वर में पूछा।

"कोई अपराध नहीं किया था; लेकिन किसी ने उसके चरित्र को लेकर महाराजा के कान भर दिए थे। सच तो यह है कि रनिवास के षड्यंत्रों ने उसके प्राण ले लिये। मदिरा-मत्त महाराजा के कानों में डाली कौशलपूर्ण शिकायत का परिणाम उसके मृत्यु-दंड के रूप में निकला। नशे में चूर महाराज ने तत्काल केसर को विषपान कराने की आज्ञा दे डाली थी। उनके होश में आने से पूर्व ही राजाज्ञा का पालन भी हो गया। मजे की बात यह है कि महाराजा को आज तक उसकी मृत्यु का ज्ञान नहीं हो पाया है। जनानी ड्योढ़ी और रनिवास के बीच ऐसे कुचक्र चलते ही रहते हैं। तुम सँभलकर रहना। जरा-सा भी चूकते ही जीवन नरक बन जाएगा। इसमें मृत्यु भी द्वार खटखटा सकती है।"

रसकपूर के होंठों पर खिली मुसकान में संकल्प झलक उठा। कुंदन का हाथ अपने हाथों में लेकर बोली—"नहीं, कुंदन ! अब यह इतिहास दोहराया नहीं जाएगा। मैं अपना शेष जीवन न तो जनानी ड्योढ़ी में बिताऊँगी और न ही रनिवासी षड्यंत्रों की शिकार होकर मृत्यु का आलिंगन करूँगी। मैं इस वैभवशाली जयपुर राज्य के प्रतापी महाराजा की वास्तविकता से भली-भाँति परिचित हूँ। मैं यहाँ जब तक भी रहूँगी, रानी जैसी गरिमा के साथ रहूँगी। मेरे रहते महाराजा किसी परस्त्री के पास जाने की कल्पना भी नहीं कर पाएँगे।"

कुंदन खिल उठी। दूसरे हाथ से रसकपूर का हाथ दबाती हुई बोली—"भगवान् करे तुम्हारा संकल्प सफल हो। तुम, हम जैसी स्त्रियों का प्रतिकार लेने में सक्षम हो सको। महाराज हममें से किसी के भी नहीं हो सकते। वे तुम्हारे केशपाशों में बँधे रह सकें तो हम सबको सर्वाधिक प्रसन्नता होगी। जनानी ड्योढ़ी की अबलाओं सहित मैं तुम्हारा साथ अपने प्राण देकर भी दूँगी। दासियों के रूप में इनसे मिलने का मौका तुम्हें मिलता रहेगा। भगवान् करे तुम सफल हो जाओ।"—भावावेग में कुंदन की आँखें छलछला उठीं।

रसकपूर ने उसके हाथों को थपथपाकर आश्वस्त किया और स्वयं दृढ़प्रतिज्ञ हो भावी योजनाओं का वितान बुनने में जुट गई।

□

प्रतिहारी की चेतावनी-भरी आवाजों 'सावधान-सावधान' के बीच महाराज जगतसिंह, हजारों शीशों से मंडित शीशमहल में प्रवेश करते ही ठिठक-से गए। वहाँ अवगुंठनमयी रूपशिखा को देख उनका काम-भुजंग फन तानने लगा। झपटकर उसे बाँहों में भर लेने का मन होने लगा।

लेकिन प्रतिहारी के 'सावधान' होने की चेतावनी सुनकर भी, निस्पंद शिला-सी बैठी रूपसी उन्हें अवमानना करती प्रतीत होने लगी। सामान्यतः अपने प्रवेश के साथ ही सहमी-आशंकित-सी रूपसी को प्रणाम की मुद्रा में खड़े देखने के अभ्यस्त महाराज के लिए यह एक नया अनुभव था। महारानियाँ, पटरानी बीकावतजी तक उनके आगमन पर खड़ी होकर प्रणाम करती हैं, फिर रखैलों-पड़दायतों की तो बात ही क्या? वे तो उनके सामने चरणों में लोटती-सी प्रतीत होती थीं। उनके संकेत मात्र पर बिछ-सी जाती थीं।

लेकिन यह सुंदरी····डीठ है या बहरी? इसे हमारे आने का पता नहीं चला अथवा जानकर हमारी उपेक्षा करने का दुस्साहस कर रही है?

राजसी दर्प जाग्रत होने लगा। आँखों में मद के साथ क्रोध की लाल रेख खिंचने लगी। पास ही खड़ी कुंदन से बोले—"इसे हमारे आने का पता नहीं चला या जान-बूझकर हमारा अपमान करने के लिए चुपचाप बैठी है?"

सहमी कुंदन झपटती-सी रसकपूर के पास पहुँची और धीरे से बोली—"महाराज पधार गए हैं। उठकर उनका स्वागत कर। अन्यथा वे कुपित हो रहे हैं।"

रसकपूर का उत्तर सुनकर कुंदन के होंठों पर मुसकान थिरक उठी। इठलाती-मुसकराती वापस आकर कहने लगी—"अन्नदाता! इसने तो बड़ा टेढ़ा सवाल कर दिया है। उसका उत्तर तो आपको ही देना होगा।"

कुंदन का निर्भय हास्य देख जगतसिंह उलझन में पड़ गए—"क्या प्रश्न है उसका?"

"अन्नदाता! उसका प्रश्न भी उस जैसा ही कोमल है"—कुंदन ने थोड़ी इठलाहट के साथ बताया—"उनसे पूछा है कि अपने कौमार्य का अर्घ्यदान करने को तत्पर वधू ने क्या कभी अपने देवता का उठकर स्वागत किया है?"

सुन-समझकर जगतसिंह निहाल हो गए। ऐसे मादक स्वागत की तो उन्होंने कल्पना भी नहीं की थी। कानों में रसकपूर की भैरवी—'**रैन बिहानी जागो साँवरे**' की मादक आलापें पुनः गुंजरित होने लगीं। उसका अवगुंठनमय अनिंद्य सौंदर्य नेत्रों के समक्ष कौंध उठा। मुसकराकर पूछा—"तो कुंदन! ऐसे अवसर पर हमें क्या करना चाहिए?"

कुंदन जाकर रसकपूर का उत्तर ले आई—"नित्य सुहागरात माननेवाले ये कामदेव तो इस पथ के अभ्यासी हैं। उनका मार्ग-दर्शन कोई क्या करे? बस, इतना ही निवेदन है कि उनका पौरुष, नववधू के लिए कष्टकारी न बने।"

अपने पौरुष की इस मधुर प्रशंसा से जगतसिंह का कामावेग बढ़ने लगा। रसकपूर को सुनाते हुए कुंदन से कहने लगे—"मैं कामलोलुप भँवरा नहीं, सौंदर्य का उपासक पुरुष हूँ। इन्हें मुझसे भयभीत होने की आवश्यकता नहीं। मैं इन्हें कष्ट पहुँचाने नहीं, अपना प्रेम निवेदन करके सुख पहुँचाने आया हूँ। कुंदन! जाओ, रसकपूर से अपनी झीने अवगुंठन से छटा बिखेरते उस मुखमंडल का दर्शन कराने के लिए कहो, जो बादलों में छिपे चंद्रमा की तरह अपनी सौंदर्य-रश्मियाँ बिखेर रहा है।"

कुंदन तेज कदमों से जाकर उत्तर ले आई—"महाराज! वैदिक काल से ही वधू के मुखचंद्र-दर्शन का शुल्क दिया जाता रहा है। भगवान् राम ने भी सीताजी के मुखचंद्र-दर्शन का परितोष प्रदान किया था।"

"लेकिन सीता माता तो उनकी पत्नी थीं, ब्याहता थीं!"—जगतसिंह के मुख से हठात् शब्द निकल पड़े।

"और मैं बिन ब्याही पत्नी हूं!"—वस्त्रों में लिपटी रसकपूर जैसे फुंकार-सी उठी—

"क्या अंतर है ब्याहता और अनब्याही पत्नियों में? देहदान तो दोनों ही करती हैं। अपने कौमार्य का अर्घ्य तो दोनों ही चढ़ाती हैं। फिर दोनों की प्रतिष्ठा में इतना अंतर क्यों? क्या वे स्वर्णमंडित हैं और शेष क्या मन बहलानेवाली मिट्टी की मूरतें मात्र हैं।"

"लेकिन वे तो...."—जगतसिंह का स्वर न जाने क्यों थमक गया।

"हाँ, वे तो उच्च कुलों से आई राजकुमारियाँ हैं"—रसकपूर के स्वर में सर्पिणी की फुंकारें समाहित हो रही थीं—"और मैं क्या हूँ? एक तवायफ की बेटी। लेकिन जन्म लेना तो किसी के वश में नहीं होता। पूर्वजन्म के संस्कारों के कारण कभी नीच स्त्री उच्च कुल में उत्पन्न हो जाती है, वैसे ही दैववश उच्च कुल में उत्पन्न होने योग्य कन्या का जन्म तवायफ के गर्भ से हो जाता है।"

"लेकिन समाज, जाति, धर्म की व्यवस्थाएँ हजारों वर्षों के चिंतन के बाद ही निर्धारित की गई हैं"—जगतसिंह को स्त्री के इस नवीन रूप में अनोखा आकर्षण महसूस हो रहा था—"फिर अभी-अभी तुमने पूर्वजन्म के संस्कारों के अधीन ही उच्च या निम्न कुल में जन्म होना स्वीकारा है। तब फिर इसमें शिकायत किस बात की? क्या तुम्हें ईश्वरीय न्याय में विश्वास नहीं?"

"वहाँ तो अन्याय होता ही नहीं। मेरी न्याय-प्राप्ति की गुहार तो इस लोक में ईश्वर के प्रतिनिधि माने जानेवाले राजा के समक्ष है। उसे तो प्रतिभा पहचानकर, नीच कुल में उत्पन्न होने के बाद भी वाल्मीकि, रैदास आदि को सामान्य से अलग रखना चाहिए।"

"लेकिन बात तो स्त्रियों की चल रही थी।"

"हाँ, रूपाजीवा वेश्याओं से लेकर भगवती सीता, अरुंधती, सावित्री आदि भी तो स्त्रियाँ ही थीं। इनके अतिरिक्त विवाह से पूर्व कर्ण को जन्म देनेवाली कुंती, पाँच पतियों की साझी पत्नी द्रौपदी और विवाह के बगैर शिवि, प्रतर्दन, वसुमना और अष्टक जैसे चार-चार चक्रवर्ती पुत्रों की माँ बननेवाली ययाति-पुत्री माधवी को भी कन्या रूप में ही स्वीकारा गया है।"

जगतसिंह का पौराणिक ज्ञान अधिक नहीं था। वह पूछ बैठा—"कौन थी यह माधवी?"

"आपके सूर्यवंश के अनुवर्ती चंद्रवंश के यशस्वी महाराज ययाति की पुत्री थी माधवी, जो श्यामकर्ण अश्वों की प्राप्ति के लिए एक के बाद दूसरे राजा के पास जाकर पुत्र उत्पन्न कराती रही थी। आपके उज्ज्वल सूर्यवंश के पुरखा महाराज हर्यश्व ने भी दो सौ घोड़ों के बदले उससे एक पुत्र 'वसुमना' उत्पन्न किया था, जिनके आप वंशज हैं।"

अपने कुल की जन्मदात्री पूर्वजा के प्रति असम्मानसूचक विवरण से महाराज को क्रोध आने लगा—"तुम्हारे इस कथन का क्या प्रमाण है?"

रसकपूर हँसी—"महाराज! आपने महर्षि कृष्ण द्वैपायन व्यास रचित 'जय' महाकाव्य पढ़ा है?"

"नहीं! और न ही इस नाम का कोई महाकाव्य व्यासजी ने कभी लिखा।"

"महाभारत का अध्ययन तो किया है आपने ?"

"हाँ, उसका आद्योपांत पठन तो हम किशोरावस्था में ही कर चुके हैं।"

"तो महाराज ! उसमें 'उद्योग पर्व' के अध्याय १०६ से १२२ तक का फिर से अध्ययन करने की कृपा यह जानकर करें कि महर्षि व्यास का महाकाव्य 'जय' ही बाद में 'महाभारत' नाम से विख्यात हुआ।"

रसकपूर के ज्ञान से जगतसिंह प्रभावित होने लगे। वे समझ गए कि इस सौंदर्य-मूर्ति में एक विदुषी नारी भी छिपी है। कामलोलुप महाराजा के संस्कार पूरी तरह विलुप्त नहीं हुए थे। वे विद्वान् और मूर्ख का अंतर समझने की क्षमता अभी खो नहीं बैठे थे। ज्ञान का सम्मान राजकुलों की परंपरा रही है। उन संस्कारों के उभरते ही जगतसिंह का कामावेग जैसे शांत हो गया। वह राजसी गरिमा धारण करके क्षुद्र को भी सम्मानपूर्वक संबोधित करने की मुद्रा में आ गए—"आपका अध्ययन अत्यंत गहन प्रतीत होता है। आपके वास्तविक सौंदर्य का मुझे आभास हो रहा है। आपके गुरु के बारे में जानने से पूर्व मैं आपके मुख-दर्शन का अभिलाषी हूँ।"

कुंदन की आँखें आश्चर्य से फैल गईं। पटरानी-महारानियों के अतिरिक्त किसी अन्य स्त्री को सम्मानजनक संबोधन देना महाराज के स्वभाव में नहीं था। प्रथम मिलन से लेकर आज तक स्वयं उसे भी सदैव उपेक्षापूर्ण संबोधनों का ही दंश मिला था। परस्त्रियों में रसकपूर ही ऐसी अकेली निकली, जिसके सामने महाराजा का व्यक्तित्व बौना हो चला था। इससे आश्वस्त कुंदन भगतण, जगतसिंह का प्रणय-निवेदन सुन तनिक इठलाकर बोल उठी—"अन्नदाता ! देवी अपने चंद्रमुख-दर्शन की शर्त तो पहले ही निवेदन कर चुकी हैं।"

"महाराजा के सामने भी शर्तें रखने का दुःस्साहस करनेवाली देवी के मुख से ही हम वह शर्त सुनना चाहते हैं।"

"शर्त नहीं, शर्तें महाराज !"—रसकपूर कह उठी।

"अच्छा, शर्तें ही सही !"—जगतसिंह को खिलवाड़ सूझा—"सुनने-भर के लिए क्या बुरी हैं। आप कहकर अपना जी हलका कर लें। शेष तो जो हमें करना है, वह हम करेंगे ही।"

"नहीं महाराज !"—रसकपूर के स्वर में अनूठी दृढ़ता थी—"मेरी शर्तें सिर्फ सुनने-भर के लिए नहीं हैं। और न ही मुझे पूर्ण आश्वस्त किए बगैर आप मुझे पा सकने का सामर्थ्य रखते हैं।"

"कौन व्यवधान डालेगा हमारी इच्छापूर्ति में ?"

"मैं स्वयं !"—रसकपूर कह उठी—"मेरी मर्यादा की रक्षा करनेवाले को ही अपने देहदान की प्रतिज्ञा कर बैठी हूँ। इसके अभाव में शक्ति-प्रयोग करने पर मुझे जीवित प्राप्त करना इस भूमंडल पर किसी के लिए भी असंभव होगा।"

दृढ़ कदमों से चलती, जगतसिंह के पास आती-आती रसकपूर, अचानक पवन

झकोरे की तरह उनके पास से उछटकर, बाहरी महल की मावठा की ओर खुलनेवाली आदमकद खिड़कियों पर अपनी पकड़ कर बैठी। वहाँ से सैकड़ों फीट गहरी ढलान, किसी भी व्यक्ति को पलक झपकते मृत्यु का ग्रास बनाने के लिए पर्याप्त थी।

यह देख जगतसिंह चिल्ला उठे—"क्या कर रही हो? अरे कोई उसे बचाओ! यह क्या हो रहा है?"

रसकपूर मुसकराई—"अपने बल पर अतिचार करने को तैयार महाराज अपनी सहायता के लिए किसी अन्य को क्यों पुकार रहे हैं?"

जगतसिंह चैतन्य हो गए। आकाश की ओर हाथ उठाकर प्रतिज्ञा-सी करते हुए बोले—"मैं वचन देता हूँ कि तुम्हारी इच्छा के विपरीत कोई व्यवहार तुम्हारे साथ नहीं होगा। प्रिये! लौट आओ। तुम्हारी मृत्यु का आघात मैं सह नहीं सकूँगा। लौट आओ, रसकपूर! चाहो तो मैं ही यहाँ से चला जाऊँगा।"

कुंदन का सहारा लिये रसकपूर धीमे किंतु दृढ़ कदमों से शीशमहल में लौट आई। जगतसिंह अपने पास से गुजरती नवयौवना की ओर हाथ बढ़ाने का साहस भी नहीं जुटा पाए।

रसकपूर को पुनः मखमली गद्दे पर बैठी पाकर महाराज के प्राण जैसे लौट आए। अभिसार का मद फिर पाँव फैलाने लगा। आँखों में काम के डोरे उभरने लगे। कुंदन को संबोधित कर पूछा—"क्या शर्तें हैं इन देवी की अपने मुखचंद्र-दर्शन कराने के लिए?"

रसकपूर से खुसफुस करके कुंदन बोली—"अन्नदाता! इनकी दो शर्तें हैं, जिनकी पूर्ति के लिए ये आपसे दो वचन चाहती हैं।"

"दो वचन?"—इतिहास का स्मरण कर जगतसिंह सहसा हँस पड़े—"महाराज दशरथ ने भी रानी कैकेयी को दो वचन दिए थे, जिन्होंने इस सूर्यवंश का विनाश करने में कोई कसर नहीं छोड़ी थी।"

"महाराज"—रसकपूर तीव्र स्वर में बोल उठी—"इसके साथ ही यह भी न भूलें कि न आप महाराज़ दशरथ हैं और न ही मैं आपकी ब्याहता रानी। अपने वचनों के लिए प्रिय पुत्र राम को वनवास देने के साथ अपने प्राण तक त्याग डालनेवाले दशरथ की आप में कल्पना करना भी उनका उपहास ही होगा। मैं जानती हूँ कि अवसर आने पर आप अपने वचनों को उसी प्रकार भूल जाएँगे, जैसे रात आने पर चकवा अपनी चकवी को भूल जाता है। इस पर भी मात्र आत्मतोष के लिए ही मैं आपको वचनबद्ध करना चाहती हूँ।"

महाराज जगतसिंह अब बौखला-से उठे—"मेरे वचन पर अविश्वास करते हुए भी मुझे वचनबद्ध करने का संतोष भला तुम्हें क्या दे पाएगा?"

"दंडित अथवा अपमानित क्षणों में वह यंत्रणा भी अपने प्रियतम द्वारा दिए जाने का सुखद स्पर्श कराने में सक्षम होगी। इससे अधिक, और इससे कम, कुछ भी मेरे लिए यंत्रणा ही होगी।"

विलासी जगतसिंह के हृदय में कहीं आघात-सा हुआ। ठीक से मुख देखे बगैर

आधिकारिक पदों से हृदय-पटल पर आसीन होती जा रही यह रूपसी उनके लिए झंझावात से कम नहीं है—"ठीक है! दो वर देने के लिए मैं वचनबद्ध होता हूँ। जब चाहो ये दोनों वर माँग लेना।"

सुनकर रसकपूर मुसकराई—"महाराज! मैंने पहले भी कहा था कि न आप चक्रवर्ती दशरथ हैं और न ही मैं कैकेयी। न आप सत्यप्रतिज्ञ हैं और न ही मैं अवसरगामिनी। दोनों वर अभी प्रस्तुत कर सकती हूँ। आप चाहें तो स्वीकारें अथवा अस्वीकार करके मुझे मुक्त करने में भी समर्थ हैं।"

"कहो···अपने दोनों वर कहो।"—जगतसिंह का संशय बढ़ने लगा। न जाने यह ऐसा क्या कुछ माँग बैठे, जो दे पाना असंभव प्रतीत होने लगे।

"तो महाराज! मेरा पहला वचन यह है कि आपके द्वारा मिले सम्मान-आदर से नीचे गिराने का साहस कोई भी न कर पाए···स्वयं आप भी नहीं! मुझे जितना भी···जैसा भी सम्मान मिले—एक बार मिलने के बाद अक्षुण्ण रहना चाहिए।"

"भला यह भी कोई कहने की बात है?"—जगतसिंह कुंदन की ओर देखकर हँस पड़े—"मेरे द्वारा दिए सम्मान को छीनने का साहस दूसरा कौन कर सकता है?"

"देवी ने कहा है, आप भी नहीं!"—कुंदन ने स्मरण कराया।

"हाँ! हाँ! भई, मैं तो अपने द्वारा दिए सम्मान को वापस लेने की सोच भी नहीं सकता! असंभव···"

"किंतु इसी के संभव होने की अधिक आशंका भी है महाराज!"—कुंदन ने मुसकराकर जैसे रसकपूर के मन की बात कह दी।

"नहीं, कुंदन! अपनी देवी से कह दो कि जगतसिंह के जीवन रहते इस वचन का पूर्ण पालन होगा। वे आश्वस्त होकर अपना दूसरा वचन भी सुनाएँ।"

"महाराज! मेरे किसी भी छोटे अथवा बड़े अपराध के लिए मेरे अपनों को दंडित न किया जाए।"—वचन माँगते समय रसकपूर की आँखों में केशव की छवि आलोकित हो रही थी।

"अरे कुंदन! यह देवी कहीं पगला तो नहीं गई है। भला यह भी कोई माँगने योग्य वर है? इनके अपराध के लिए इनके स्वजनों को दंडित करना तो सामान्य न्याय भी नहीं है। फिर उनसे पहले तो मुझे इस रूपसी को भी तो दंडित करना पड़ेगा, जो मेरे लिए इस जीवन में तो असंभव है। देवी से कहो, मर्यादापुरुषोत्तम भगवान् राम का वंशज जगतसिंह इन दोनों वचनों को शुल्क रूप में अर्पित करता हुआ देवी से मुखचंद्र-दर्शन की अनुमति चाहता है।"

रसकपूर की फुसफुसाहट को कुंदन ने स्वरों की अभिव्यक्ति दी—"अन्नदाता! देवी का कहना है कि वधू के मुख-दर्शन के लिए अनुमति से अधिक पुरुषार्थ की आवश्यकता होती है। और महाराज! अब आप जानें और आपकी प्रियतमा···मैं तो आपके झगड़े से बचकर चली।"

इसके साथ ही वह द्वार की लौह अर्गला लगाकर हँसती, खिलखिलाती वादिकाओं के बीच जाकर झूम-झूमकर नाचने लगी।

हीरे-पुखराज के बटनों की कामदारी अचकन, रेशमी चूड़ीदार पायजामा, हीरे-पन्ने का जड़ाऊ कंठा, बहुमूल्य मोतियों के सतलड़े पँचमणिये, राजसी साफे पर स्वर्ण कलंगी, अँगुलियों में पन्ने-माणिक-हीरे की दमकती अँगूठियाँ, कारचोबी के कमरपट्टे पर गंगा-जमुनी म्यान में सोने-चाँदी की जड़ाऊ मूठ की तलवार धारण किए महाराजा जगतसिंह का कामदेव स्वरूप देखकर मोहित रसकपूर के अंग-प्रत्यंग स्नेह के व्याज से शिथिल पड़ने लगे। दीर्घबाहु, चौड़ी छाती और पतली-गोल कमरवाले, अपने प्रताप-सूर्य से शत्रु-पंक को सुखा देनेवाले जगतसिंह को अवगुंठन की ओट से निहारकर, रसकपूर के तन-मन में मद आवेग सनसनाने लगा।

ठगे-थमे से कदमों से चलते जगतसिंह दूल्हा-से बने अपनी नववधू की ओर बढ़ते चले गए। घूँघट में अनिंद्य सौंदर्य की झलक से मद-मूर्च्छित-से महाराज घुटनों के बल बैठकर, उसे निर्निमेष नेत्रों से निहारने लगे। लाज से बोझिल पलकों को विश्राम देते-से नयन-युगल के सोते रहने का आभास पाकर महाराजा का साहस बढ़ा। धीरे-धीरे, कँपकँपाते हाथों से घूँघट उठा दिया।

अवगुंठनविहीन अनुपम मुख-सौंदर्य की झलक पाकर जगतसिंह के मन-प्राण मूर्च्छित-से हो गए। कवि की कल्पना से भी अधिक मादक सौंदर्य महाराजा के लिए नई अनुभूति थी। इस देव-दुर्लभ सौंदर्य के समक्ष तो राजसिंहासन भी महत्त्वहीन प्रतीत होने लगा था। पद्मराग-सी कांतिवाली उस सुंदरी के निर्माण में ब्रह्मा ने जैसे सौंदर्य की सभी वस्तुएँ काम में ले डाली थीं। उसके निष्कलंक चंद्रमा जैसे मुख पर काली-कँटीली भौंहों ने कुंद के पुष्पों पर मँडरानेवाले भँवरों की चमक चुरा ली थी। कामदेव के इन धनुषों पर उसके काले-मदभरे नेत्रों के बाण किसी जितेंद्रिय का मन भी चंचल करने में सक्षम थे। सुंदर-सुघड़ नासिका के नीचे पके बिंबाफल के समान रक्तिम होंठों से यदाकदा छिटकनेवाली दाँतों की विद्युत्छटा, कामीजनों के हृदय दग्ध करने का सामर्थ्य रखती थी। चँवरी गाय की पूँछ-से घने, काले और अत्यंत सुंदर केशों से, उसके मुख की रक्तिम आभा द्विगुणित हो उठी थी।

शीशमहल के हजारों शीशों में रसकपूर का अप्रतिम सौंदर्य देखकर जगतसिंह ठगे-से रह गए। विलास पनपने लगा। रसकपूर को भुजबंधन में आबद्ध कर, महाराज ने उसके होंठों, कपोलों, नेत्रों, चिबुक और ललाट को अपने होंठों की मोहर से चिह्नित कर दिया। अपनी तप्त साँसों से, उसके सोए हुए काम को जाग्रत करने का प्रयास करने का परिणाम भी धीरे-धीरे सामने आने लगा।

दृढ़ से दृढ़तर हो चले कोमल आलिंगन के कारण क्षीण कटिवाली सुंदरी के अंग भी कामावेग से शिथिल पड़ने लगे। स्त्रियोचित शालीनता के कारण अपने अनुराग को वाणी से प्रकट न कर पाने के बाद भी, वह उसके शरीर के पोर-पोर से रोमांच की

सिहरनों द्वारा फूट निकला। जगतसिंह के अभ्यस्त हाथ रसकपूर की देह से छेड़खानी करने लगे। मीठी सिहरनों से उन्मत्त रसकपूर की कोमल, सुडौल भुजाएँ उज्ज्वल यज्ञोपवीत समान जगतसिंह के वक्ष को शोभित कर उठीं।

जगतसिंह के जीवन में यह प्रथम अवसर था, जब किसी स्त्री को भोगने से अधिक सुख उसे सहलाने-दुलराने और प्यार करने में आ रहा था। भोग के प्रति आसक्ति क्षीण पड़ती जा रही थी। पहली बार मन इन क्षणों के यहीं ठहर जाने की इच्छा करने लगा था। हृदय की धड़कनें रात्रि के हर क्षण के स्थिर हो जाने की गुहार करने लगी थीं।

रसकपूर की अनावृत देह रश्मियों से शीशमहल के हजारों शीशे प्रतिबिंबित हो उठे। महल के पोर-पोर में जैसे मद छलक उठा था। इस मादक वातावरण में महाराज सुरापान करना भी भूल गए। रसकपूर की संचित यौवन-मदिरा का नशा भला कम था जो जगतसिंह को किसी अन्य नशे का स्मरण हो पाता।

उन्माद बढ़ने लगा। कामावेग की लहरें धीरे-धीरे उत्ताल तरंगों का रूप लेते हुए ज्वार की भाँति उफन पड़ीं।

चंद्रमा के सान्निध्य में उफनता ज्वार प्राची दिशा में सूर्योदय का संकेत पाकर ही थमा। थके-अलसाए जगतसिंह, रसकपूर को बाँहों में भरे ही निद्रामग्न हो गए। गहरी नींद का संकेत पाकर, सावधानीपूर्वक महाराजा के भुजबंधन से स्वयं को मुक्त कर रसकपूर शीशे के सामने जा खड़ी हुई। अपने ही प्रतिबिंब से लजाकर उसने झट हथेलियों में चेहरा छिपा लिया। धीरे-धीरे कठिनाई से लज्जा त्यागकर उसने फिर दर्पण में देखा। क्या यह उसकी ही प्रतिच्छवि है? इतनी मादक, ऐसी सुंदर तो वह कभी नहीं थी। आँखों में तृप्ति की मादकता भर गई थी। कितनी ही देर अपनी छवि निहारती रही—रसकपूर—मुग्ध, स्तब्ध! मुड़ी तो महाराज को निर्निमेष नेत्रों से अपनी ही ओर देखते पाकर लज्जा से गड़-सी गई। ये कब जाग गए? मैं तो इन्हें सोया हुआ समझ बैठी थी। न जाने कब से जागे हुए, मेरी हरकतें देख रहे हैं।

एक पल लज्जा से आरक्त मुख को हथेलियों से ढकने के बाद भी, महाराज की मुसकराती निगाहों से छिपने का कोई आश्रय न पाकर, वह झपटकर उनके वक्षस्थल पर ही जा पड़ी। अपनी मुट्ठियों के मृदु-कोमल आघातों से जगतसिंह के वक्ष पर प्रहार करती हुई बोली—"बहुत खराब हैं आप! न जाने कब से छिपकर देख रहे हैं?"

जगतसिंह ठठाकर हँस पड़े और रसकपूर को भुजाओं में भरकर पुनः मखमली गद्दों की कोमल गहराइयों में डूब गए।

तीन

शीत से ठिठुरती पृथ्वी को अपनी बासंती उष्मा से पुनर्जीवन प्रदान करते सूर्यदेव के मध्याह्न आगमन के समय जगतसिंह की भोर हुई। तंद्रा खुलते ही गत रात्रि की घटनाएँ अलसाए महाराजा के स्मृति-पटल पर कौंधने लगीं। अद्‌भुत सुंदरी और विदुषी युवती के साथ कामसेवन उनके जीवन की मधुरतम स्मृति बन गई थी।

करवट लेते ही रसकपूर के गहन निद्रा में निमग्न सौंदर्य के दर्शन हुए। पालामारी कमलिनी की तरह उसके होंठों-कपोलों पर अपने दंत चिह्न देख जगतसिंह को स्वयं पर क्रोध आने लगा। कितना निर्दय व्यवहार किया था मैंने, इस कोमल कमलिनी के साथ। मेरे पशुवत् आचरण का इस पर अवश्य ही विपरीत प्रभाव पड़ा होगा। अवश्य ही यह मुझे स्त्री-लोलुप कामी पुरुष मात्र ही मान बैठी होगी।

लेकिन रसकपूर के मुख पर फैली तृप्ति की चमक से महाराजा के मन को कुछ शांति मिली। संभव है उनका व्यवहार उसे इतना कठोर प्रतीत न हुआ हो, जितना वे स्वयं समझ रहे हैं। कुछ भी हो, भविष्य में इसके साथ अभिसार में सावधानी रखनी होगी। इस पर भी जगतसिंह अपनी अभिसार-संगिनी का ऐसा रूप देखकर पुलकित हो रहे थे। पर्यंक पर बिछी धवल चादर की सलवटों और उन पर कहीं-कहीं रसकपूर के पाँवों की महावरी छाप देख महाराजा का मन शय्या त्यागने का नहीं हो रहा था।

करवट बदलने के कारण निद्रा में पड़े व्यवधान के समय कुछ क्षणों के लिए खुली आँखों से महाराज को अपनी ओर अपलक निहारते देख रसकपूर चैतन्य हो गई। लज्जाजनित्त संकोच के साथ वस्त्रों को व्यवस्थित करती हुई वह बैठ गई और उपालंभ-भरी तिरछी दृष्टि से जगतसिंह को प्रताड़ित-सी करने लगी। यह देख महाराजा का मन दुश्चिंताएँ भूल, ताजगी की ऊर्जा से गरमाने लगा। रसकपूर को भुजबंधन में लेने का प्रयास आरंभ होने से पूर्व ही निष्फल हो गया। महाराज के नेत्रों में शरारत का आभास पाते ही वह तेजी से दूर हट गई और बंकिम भ्रकुटि-विलास के साथ बोली—"अब रसिकता त्यागकर, यह तो पता लगाइए कि अब दिन है या फिर से रात्रि आ गई है।"

हाथ आई निधि निकल जाने की असफलता के कारण जगतसिंह दीर्घ निःश्वास छोड़, मुसकराकर रह गए।

खटखटाते ही द्वार खुल गया। सामने किंचित् चिंतित मुद्रा में खड़ी कुंदन

रसकपूर को आपादमस्तक पैनी दृष्टि से देखकर खिल उठी। उसके होंठों पर एक आश्वस्त मुसकान थिरक उठी। प्रातःकालीन संध्या-पूजा, नियम-मर्यादा भूल, दोपहर तक महाराजा का निद्रामग्न रहना, रसकपूर की अनूठी सफलता थी। ऐसा तो इससे पूर्व कभी नहीं हुआ था। हर रात तनिक विलंब हो जाने पर भी महाराज सूर्योदय से पूर्व ही जाग जाते थे। नित्यक्रिया से निवृत्त हो संध्या-पूजा के बाद अल्पाहार करके, मंत्रियों के साथ संक्षिप्त दरबार उनकी दिनचर्या थी। लेकिन आज उसमें व्यवधान आ गया था। यह व्यवधान भविष्य के लिए एक संकेत था। यह घोषणा थी कि रसकपूर सामान्य स्त्री नहीं थी।

स्नानादिक नित्यकर्मों से निवृत्त हो जगतसिंह बैठक में भोजन के लिए आए, लेकिन रसकपूर का कहीं पता न था। संकेत पाकर गई दासियाँ हर बार अकेली ही लौट आती थीं। अंत में उकताकर जगतसिंह स्वयं तेजी से शयनकक्ष में पहुँचे तो द्वार पर ही रूप-सुषमा की किरणें बिखेरती, बाहर आने को उद्यत रसकपूर से टकरा गए।

यह देख कुंदन मीठी चुटकी लेने से नहीं चूकी—"रात गुजर जाने पर भी अन्नदाता उन यादों में खोए हुए दिखाई दे रहे हैं। तभी तो रस से टकराने का लोभ दिन में भी नहीं छोड़ पा रहे हैं।"

जगतसिंह हँस पड़े। रसकपूर की मुसकान भी रोके नहीं रुकी—"बहुत शरारती हो गई हो कुंदन! कहीं महाराज नाराज न हो जाएँ।"

मदु हास-परिहास से जगतसिंह खिल उठे। रसकपूर को अपनी चंदन-चर्चित भुजाओं का अवलंब प्रदान करते हुए बोले—"कुंदन बहुत शालीन और चतुर स्त्री है। वह कभी अनर्गल बात नहीं करती। मेरे संकेतों-इच्छाओं को समझने में यह अत्यंत निपुण है।"

कुंदन के होंठों पर कुंदकली-सी मुसकान थिरक उठी—"दासी की प्रशंसा करने में कहीं भोजन ठंडा न हो जाए। मैंने बड़े प्रयासों से इसे अब तक गरम रखा है। अन्नदाता तो जानते ही हैं कि जयपुर के चंद्रमहल के रसोवड़े से आया काँसा, मार्ग में ही ठंडा होकर अपना वास्तविक स्वाद खो बैठता है। दुबारा गरम किए भोजन में भला वह स्वाद कहाँ रह जाता है? सो पधारकर काँसा आरोगने की कृपा करें।"

रसकपूर का हाथ थामे बैठक की ओर बढ़ते महाराजा ने पूछा—"आज भोजन में क्या तैयार करवाया है?"

"अन्नदाता! दूध का चूरमा, लहसुन की खीर के साथ खास तौर से 'जहाँगीरी खिचड़ी' भी बनवाई है। इसके साथ रोटियों में बेसनी, शिकारी, तहदार के अतिरिक्त मशहरी और कतलया नान भी हैं। बटेर का शोरबा और बिरयानी के साथ अंडे की सब्जी और पाँच अन्य तरकारियाँ, अचार, पापड़ आदि भी हैं। 'काँसा' आपके आरोगने का इंतजार कर रहा है।" कुंदन महाराजा की पसंद-नापसंद से भलीभाँति परिचित थी।

रसकपूर के साथ एक थाल में भोजन करते जगतसिंह अपने हाथों से उसे खिला

रहे थे। अपनी पसंदीदा सामग्री का निवाला मनुहार के साथ खिलाकर, वे अनूठी तृप्ति महसूस कर रहे थे। प्रत्युत्तर में लजीली रसकपूर भी अपने हाथों में पकड़ा कौर महाराजा की ओर बढ़ा देती, जिसे मुँह में लेते हुए वे जान-बूझकर उसकी अँगुलियाँ भी धीरे से दाँतों से दबा लेते थे। सीत्कार के साथ हाथ खींचकर अँगुलियों की जलन फूँक मार-मारकर दूर करती लजीली की तीखी चितवन की मार, एक नए परिहास को जन्म दे जाती थी। कुंदन सहित सभी दासियों के लिए यह अनोखा अनुभव था। ऐसा लाड़-दुलार तो महाराज अपनी रानियों के प्रति भी नहीं दिखाते थे। पटरानी बीकावत के साथ यदा-कदा ऐसे ठिठोली के प्रसंग अवश्य जुड़ जाते थे; लेकिन वे तो पटरानी थीं। महाराजा की पट्‌टमहिषी। इसके विपरीत, मात्र एक रात के अभिसार के बदले रसकपूर का इतना मान पा जाना सामान्य बात नहीं थी।

प्रणयी महाराजा का यह सम्मान मात्र अभिसार का प्रतिफल नहीं हो सकता। कुछ और भी है जिसने अन्नदाता को इतना समर्पित होने के लिए विवश कर दिया है। कुंदन को रात्रि की वह रोमांचक घटना और रसकपूर का साहस ही इसके मूल में प्रतीत हो रहा था।

भोजन के बाद रसकपूर का हाथ थामे अपने महलों में भ्रमण करते जगतसिंह सबसे ऊँची बुर्जी पर पहुँच गए। वहाँ से दिखाई देते आंबेर के नैसर्गिक सौंदर्य का चहुँओर से दर्शन कराते हुए, भुजबंधन में सिमटी रसकपूर को अपने शौर्यवान पूर्वजों की उपलब्धियों से अवगत कराते रहे। आंबेर के महलों में राजा मानसिंह से लेकर मिर्जाराजा जयसिंह और सवाई जयसिंह तक जोड़े गए विभिन्न शिल्प-स्मारकों की जानकारी देते हुए वे यह भी बताना नहीं भूले कि हमारे मिलन का साक्षी बना 'शीशमहल', अकबर के सर्वाधिक विश्वस्त सेनापति राजा मानसिंह के अनूठे कला-प्रेम का प्रतिफल था।

राजसी वैभव से सम्मोहित, महाराज के पार्श्व से सटी वृक्षलता-सी रसकपूर अपने सौभाग्य के प्रति स्वयं ही ईर्ष्यालु-सी हो उठी। सफलता का मद चढ़ने लगा। मेरे जितना सौभाग्य भला कौन स्त्री बटोर पाई है? लेकिन मुझे तो इससे भी आगे जाना है। अपना वर्चस्व स्थापित करना है। अपने प्रियतम का अनुग्रह बनाए रखना है। उसके समक्ष समर्पित जगतसिंह एक महाराजा भी हैं। राजपूताने के सर्वाधिक शक्तिशाली तीन राजघरानों में से एक—जयपुर राजवंश के अधिपति। न जाने कब उनका नृप-स्वभाव जाग उठे। राजा, जोगी, अनल, जल की उलटी प्रीत रहती आई है। अन्यों की बात तो नहीं, लेकिन राजा की प्रीत-सरिता को प्रवाह-विरुद्ध न होने देने में ही उसका भविष्य निहित था।

□

सूर्यदेव के आलिंगन की लज्जा से आरक्त अपना मुखमंडल प्रियतम सूर्य के ही वक्ष में छिपाकर संध्या-सुंदरी उसकी अनुगामिनी बनी, मृदु-मंद कदमों से उसके पीछे ही

चली गई। जाते हुए युगल की प्रेम-रश्मियों के अभाव में निराशा के अंधकार ने पाँव फैलाने शुरू कर दिए। जार और चोरों के प्रिय साथी अंधकार के अंक में समाई रजनी के आगमन के साथ ही रात्रिकालीन हलचलें आरंभ होने लगीं।

अपनी नित्य नवीन सज्जा के साथ निशा का स्वागत करनेवाला शीशमहल आज स्वयं को उपेक्षित-सा अनुभव कर रहा था। कल की ही सज्जा को झाड़-पोंछ का स्पर्श देकर, मखमली चादरों और मसनदों के गिलाफ बदलकर यथावत् छोड़ दिया गया था। जबकि सामने का विशाल अष्टकोणी संगमरमरी स्तंभों से सज्जित 'मानविलास' उपेक्षा की गर्द झाड़कर, विशेष रूप से सज-सँवर रहा था। कीमती कालीनों पर बिछे मखमली गद्दों पर सहारे के लिए कोमल मसनदें और गोल तकियों को व्यवस्थित करके चंपा और मोगरे की पुष्पमालाओं से अलंकृत किया गया था। सामने रजतमंडित षटकोणी चौकी पर महकते आसव की झारी और केवड़ाजल से सुगंधित पान के बीड़ों के साथ, विभिन्न मेवों और सामिष व्यंजनों की स्वर्ण तश्तरियाँ रखी थीं। बैठक की बाईं ओर बिछे कालीन पर साजिंदे अपने-अपने साजों को ठोक-खींचकर सुर में ला रहे थे। दिल्ली की मशहूर गायिका नसीबन अख्तर जरी के कामवाले गरारा-कमीज पर गोटाकिनारी की चुनरी से सिर ढके बैठी, आश्वस्त-उत्सुक भाव से महाराज की प्रतीक्षा कर रही थी। कला-प्रेमी जयपुर नरेश को देख पाने की उत्सुकता के साथ वह अपनी कला के बल पर उनसे भारी पुरस्कार-प्राप्ति के प्रति आश्वस्त भी थी।

कुंदन भगतण की व्यस्तता देखते ही बनती थी। महाराजा और रसकपूर का स्वागत करने में वह जैसे स्वयं को भूल बैठी थी। कभी गद्दों पर गुलाबजल का छिड़काव कराती, तो कभी चौकी पर रखी सामग्रियों का स्पर्श कर सतर्क निरीक्षण कर लेती थी। कभी झारी में भरे आसव और पान की गिलौरियों को बार-बार देख-सूँघकर आश्वस्त होती तो कभी तेज कदमों से जाकर शीशमहल की सजावट में कमियाँ ढूँढ़ने लगती। उसके लिए तो यह विजयोत्सव जैसा था—नारी के हाथों एक महाराजा के पराभव का त्योहार!

रसकपूर तो उसके अनुमान से भी कहीं अधिक विलक्षण निकली। उसने एक ही रात में वह चमत्कार कर दिखाया, जिसकी महारानी और रानियाँ भी कल्पना तक नहीं कर सकती थीं। विलासी महाराजा को अपने आँचल के छोर में बाँध लेने की तो कोई सोच भी नहीं सकता था।

लेकिन रसकपूर ने इसी असंभव को संभव कर दिखाया था! दिनचर्या अव्यवस्थित कर महाराज जगतसिंह राजकाज से विरक्त हो, दिन-भर अपनी अभिसार-संगिनी के सम्मोहन में ही बँधे रहे। अपने साथ बिठाकर 'काँसे' में अपने हाथों से जिमाना, हाथ थामकर महलों के आगार-गलियारे दिखाना। और उसके कारण दीवानेखास में प्रतीक्षारत मुसाहिबों-सामंतों को समयाभाव का बहाना बनाकर मिलने से इनकार करने की तो कल्पना भी नहीं की जा सकती थी।

लेकिन ऐसा अघट घटित हो रहा था। परम विलासी महाराजा भी किसी के आँचल के छोर में आबद्ध होते प्रतीत होने लगे थे। कल रात से लेकर आज का सारा दिन, रसकपूर के ही सान्निध्य में व्यतीत करने के बाद भी, उनके चंचल स्वभाव को तनिक भी असुविधा नहीं हुई। आश्चर्य ही था। और न जाने इस घड़ी वे कहाँ होंगे? क्या कर रहे होंगे? अवश्य ही अपनी नवोढ़ा प्रेयसी के समीप खड़े उसके तैयार होने की प्रतीक्षा कर रहे होंगे।

और हो भी यही रहा था। अंतर मात्र इतना ही था कि महाराजा शृंगार करती रसकपूर को देख ही नहीं रहे थे, अपितु मुग्ध, किंतु सतर्क दृष्टि से शृंगार में रह गई कमियों को इंगित कर, अपने हाथों से ठीक भी कर रहे थे। महाराज की उपस्थिति से आतंकित प्रसाधिकाओं से भूल पर भूल हो रही थी, और जगतसिंह उन भूलों को तत्परता से सुधार रहे थे।

महाराज के छलकते सात्त्विक प्रेम का मानसिक स्पर्श, रसकपूर के लिए किसी स्वर्गीय सुख से कम नहीं था। विलासी, कामुक राजपुरुष के नेत्रों में सत्वर प्रेम की धाराएँ एक नए ही महाराज का दर्शन करा रही थीं।

सुगंधित घुँघराले केशपाशों के जूड़े में जूही की पुष्पमाला सँवारते जगतसिंह, पैरों में आलता लगा रही प्रसाधिका को सहसा बरज उठे—"अरे! यह कैसे लगा रही हो? तुम्हें किसने प्रसाधिका बनाया है? हटो यहाँ से।"

और स्वयं कटोरी लेकर उसके पैरों का शृंगार करने बैठ गए। रसकपूर ने घबराकर पैर समेट लिये—"यह क्या कर रहे हैं, महाराज! क्यों पाप चढ़ा रहे हैं मेरे सिर पर?"

"पाप कैसा?"—जगतसिंह की हँसी में अनुराग छलक रहा था—"अपनी प्रियतमा के शृंगार में रही कमी को दूर करने में पाप-पुण्य का क्या लेना-देना है?"

"फिर भी आप महाराज हैं। सामान्य प्रेमियों की तरह व्यवहार करना आपको शोभा नहीं देता।"

"तो क्या महाराज को साधारण प्रेमी बनकर सुख पाने का अधिकार नहीं?"

"सुख-प्राप्ति का अधिकार तो है, लेकिन साधारण प्रेमी बनकर नहीं; अपितु इस समर्पिता का सर्वस्व बनकर, साधिकार स्वामी बनकर।"

महाराज निहाल हो गए। अपनत्व के स्नेहिल शाब्दिक स्पर्श से प्राणों में नवीन ऊर्जा प्रस्फुटित होने लगी। निश्छल हँसी के साथ रसकपूर का हाथ थपथपाकर खड़े हो गए।

□

प्रतिहारी के 'सावधान' उद्घोष के साथ मानविलास में उपस्थित सभी लोग हड़बड़ाकर खड़े हो गए। हाथ बाँधे सम्मान की मुद्रा में जयपुर महाराजा का स्वागत करने के लिए उनकी निगाहें उस मखमली कालीन पर जा टिकीं, जहाँ से महाराजा प्रवेश

करने वाले थे। राजसी अदब-कायदों के अनुसार महाराजा के मुख की ओर देखना वर्जित था। सर्वप्रथम उनके चरणों के दर्शन करने के बाद ही आवश्यकता होने पर दृष्टि ऊपर उठाई जा सकती थी।

रसकपूर का हाथ थामे महाराजा राजसी चाल से चलते हुए मखमली गद्दे पर विराज गए। मसनद के सहारे अधलेटे महाराजा का संकेत पाकर कुंदन ने नसीबन अख्तर और उनके साजिंदों को अपने स्थान पर बैठने की आज्ञा दी।

स्वर्ण-पात्र में सुगंधित मदिरा ढालकर, प्याला रसकपूर के हाथों में थमाती हुई कुंदन मीठा परिहास कर बैठी—"अन्नदाता अब मेरे हाथ से मदिरा पात्र थोड़े ही आरोगेंगे। यह गौरव तो अब आपको ही शोभा देता है। आप ही महाराज की मनुहार करें।"

परिहास से रसकपूर नववधू-सी सकुचा गई। होंठों पर सलज्ज मुसकान के साथ, वक्र दृष्टि में कठोरता का असफल प्रयास करती हुई बोली—"अब ऐसा क्या हो गया है जो तुम्हारे हाथों मद्यपान के अभ्यस्त महाराज, अब तुम्हारा अनुग्रह अस्वीकार करेंगे।"

कुंदन की साभिप्राय हँसी बिखरी—"मेरी बात पर विश्वास न हो तो अन्नदाता से ही पूछकर देख लो।"

जगतसिंह के नेत्र-सागर में उमड़ते प्रेम-ज्वार को देख कुछ भी पूछना शेष नहीं रह गया था। सलज्ज मुसकान के साथ मदिरा-पात्र उनके होंठों की ओर बढ़ा दिया। अपनी पुष्ट हथेली में रसकपूर का कोमल हाथ मदिरा-पात्र सहित थामकर जगतसिंह ने एक घूँट लिया। एक अनोखी तृप्ति से मन प्रफुल्लित हो उठा। महाराजा का अनुराग ही प्रतिदान स्वरूप उन्हें तृप्ति प्रदान कर रहा था, अन्यथा न तो मदिरा-पान नया था और न ही रसकपूर का स्पर्श मदिरा की मदवृद्धि में सक्षम था।

संकेत पाकर साजिंदों के खामोश साजों में हरकत हुई। कुशल वादकों की अँगुलियों के स्पर्श से सितार और पखावज जीवंत हो उठे। संगीत की स्वर-लहरियों से मानविलास का परिवेश मादक होने लगा। साजों की लयकारी के एकरस होते ही सारंगी ने राग **'यमन कल्यान'** छेड़ दी। इसके साथ ही नसीबन अख्तर का कोकिल-स्वर मुखरित हो उठा—**'जोबन रे ले लैया**...'

दिल्ली के विख्यात गायक **मियाँ अचपल** की यह मशहूर बंदिश नसीबन के कठोर रियाज से सधे, कोमल कंठ-स्वर का स्पर्श पाकर जैसे जीवंत हो उठी। ध्रुपद की इस मनभावन प्रस्तुति से संगीत-मर्मज्ञ महाराजा झूम उठे। तभी 'तरबें मिली' सारंगी से छेड़छाड़ हुई। संगीत का मद द्विगुणित हो उठा। उस्ताद खुदाबंदे खाँ की सारंगी ने नसीबन की स्वर-लहरी के साथ युगलबंदी करके महफिल को स्तंभित कर दिया। उस पर राग **श्याम कल्यान** और **बागेश्वरी** के साथ अपने कंठ-स्वर की सहज चहलकदमी-सी करती नसीबन की गायकी से जगतसिंह झूम उठे। ध्रुपद की इस श्रेष्ठ प्रस्तुति से आंबेर राजमहल की पाषाणी दीवारें-स्तंभ भी जैसे रससिक्त हो उठे थे।

जगतसिंह का संगीत-प्रेम छलक उठा। अपने गले का स्वर्णहार निकालकर नसीबन की ओर फेंका, जिसे कुशलतापूर्वक झेलकर, आदाब बजाते हुए उसने अपने गले में धारण कर लिया। महाराज का कंठहार अब उसके उन्नत कुच-कलशों की शोभा बन गया था।

यह देख रसकपूर सुलग उठी। नसीबन के सीने पर पड़ा स्वर्णहार मात्र आभूषण नहीं, जैसे महाराज का वक्ष ही उसका आलिंगन करता प्रतीत हो रहा था। अपनी ईर्ष्या को मृदु हास्य में छिपाकर वह नसीबन अख्तर से बोली—"आप तो दिल्ली घराने की हैं न?"

"जी हाँ, बंदी को इस घराने के उस्तादों ने अपने हुनरों से लबरेज किया है।"—नसीबन ने आदाब बजाते हुए कहा।

"तो मियाँ अचपल की इस बंदिश के अलावा दिल्ली घराने की कोई अछूती चीज सुनाइए, जो महाराज ने पहले न सुनी हो।"

यह तो सीधा-साधा चोरी का आरोप था। किसी और की बंदिश को उसका नाम लिये बगैर, इस अंदाज में पेश करना, जिसमें वह उसकी ईजाद लगे, संगीत की दुनिया में चोरी ही मानी जाती है। रसकपूर के कथन से महाराज भी सँभल गए। प्रशंसा के स्थान पर उनके नेत्रों में तैरते प्रश्नचिह्न को देख नसीबन सुलग उठी। अपनी अप्रतिष्ठा से क्रुद्ध हो वह बोल उठी—"मुआफ करें। आपको गलतफहमी हुई है। यह मेरी अपनी बंदिश थी। मियाँ अचपल कौन हैं, मैं नहीं जानती। क्या वे भी दिल्ली के ही हैं?"

रसकपूर के नेत्रों में किंचित् कठोरता उभरी—"आप राजदरबारों में जाती रही हैं न?"

"जी हाँ! बंदी को ऐसी खुशकिस्मती बीसियों बार हासिल हुई है।"

"तो आप महाराज के सामने झूठ बोलने के परिणामों से भी अवगत होंगी?"

"बखूबी!"—नसीबन झुँझला उठी—"लेकिन यह सब आप मुझसे क्यों कह रही हैं?"

"यह बताने के लिए, कि आपको दिया महाराज का स्वर्णहार संगीत की प्रशंसा था। आप उसे चोरी का पुरस्कार न मान बैठें!"—रसकपूर का स्वर कसैला हो उठा।

अब बात बढ़ गई थी। रसकपूर का कथन जगतसिंह के संगीतज्ञान को भी कहीं चुनौती दे रहा था। उसके कथन का दूसरा अर्थ यही तो है कि संगीत से अनभिज्ञ महाराजा ने, अपने अज्ञान को छिपाने के लिए एक चोर को ही पुरस्कृत कर डाला। लेकिन रसकपूर उनका अपमान क्यों करेगी? इतना संगीन आरोप सोचे-समझे बगैर कैसे लगा सकती है? वे मसनद का सहारा छोड़कर सतर्क हो सीधे बैठ गए।

रसकपूर के आरोप से नसीबन भी सुलग उठी। उसने व्यंग्य से कहा—"मुआफ कीजिए! आप महाराज की दिलरुबा हैं। खुदा ने आपको लासानी नूर बख्शा है। लेकिन यह मौसीकी है। इसकी समझ, महज खूबसूरत हो जाने भर से नहीं आ जाती।

इसके लिए सालों-साल नींद और भूख-प्यास भूलकर कड़ा रियाज करना होता है। राग और आलाप की बारीकियाँ समझनी होती हैं। तब कहीं जाकर इस सागर में से एक गागर भर हुनर हासिल हो पाता है। थोड़ा-सा सीख-समझकर महफिल में अपनी होशियारी दिखानेवालों के दम पर संगीत की दुनिया आबाद नहीं है।"

रसकपूर का खुला अपमान होते देख महाराजा क्रुद्ध हो उठे। नसीबन और उसके साजिंदों को धक्के मारकर बाहर निकलवा देने का मन हो गया। लेकिन उनके कुछ कहने से पूर्व ही रसकपूर ने मुसकराकर नसीबन का समर्थन कर दिया—"आप ठीक कह रही हैं। थोड़ा-सा सीख-समझकर महफिल में छा जाने की होशियारी दिखानेवालियों के दम पर ही संगीत की दुनिया आबाद नहीं है। आप दिल्ली घराने से होने के बावजूद **मियाँ अचपल** के नाम तक से नावाकिफ हैं। **तराना, त्रिवट, चतुरंग** और **सरगम** पर समान अधिकार रखनेवाले अचपल मियाँ की बंदिशें तो दिल्ली के अतिरिक्त बनारस, जयपुर, लखनऊ आदि घरानों तक में प्रतिष्ठा पा रही हैं। उनकी राग **नट** की रचना **'आज मनावन आए'** राग **बहार** की बंदिश **'हरी-हरी डालियाँ'** राग **यमन कल्यान** की चीज **'गुरु बिन कैसे गुन गावें'** और राग **लक्ष्मी टोडी** की मशहूर बंदिश **'जोबन रे ले लैया'**—तो संपूर्ण उत्तर भारत में धूम मचा चुकी हैं। और आपका कहना है कि आपने मियाँ अचपल का नाम तक नहीं सुना। उनकी ही बंदिश सुनाकर महाराज से पुरस्कार पानेवाली, खुद बंदिश के वास्तविक रचयिता से अनभिज्ञ हो, क्या यह विश्वास के योग्य है?"

रसकपूर के इस ज्ञान पर जगतसिंह चकित थे। किंतु नसीबन तो भौंचक्की-सी रह गई थी। उसे महाराजा की रखैल के इतनी संगीत-मर्मज्ञ होने की आशा नहीं थी। इस पर भी वह अपनी हेठी नहीं छोड़ पा रही थी। रसकपूर को परास्त करने अथवा अपनी प्रतिष्ठा बचाने के लिए कह बैठी—"लगता है, आपने **दिल्ली घराना** के बारे में काफी कुछ सुन रखा है। मौसीकी में भी आपका दखल साफ दिखाई दे रहा है। मैं तो इस घराने की अदना-सी कलाकार हूँ। भला रागिनियों की बारीकियाँ क्या समझूँ? लेकिन मेरी एक इल्तजा है। अभी आपने 'दिल्ली घराना' की कोई अछूती चीज सुनाने की फरमाईश की थी। अब मैं तो ठहरी दूसरों की बंदिशें सुनानेवाली मामूली गायिका, जबकि आप तो मौसीकी की उस्ताद दिखाई देती हैं। आप ही कोई ऐसी अछूती चीज सुनाने की तकलीफ फरमाएँ। आपके गले से ऐसी चीज सुनकर, मेरा जयपुर का सफर यादगार बन जाएगा।"

रसकपूर मुसकराई—"मेरी परीक्षा लेना चाहती हो?"

"नहीं! अपनी नादानियाँ समझना चाहती हूँ।"—नसीबन ने मीठा व्यंग्य किया।

जगतसिंह के नेत्रों में असमंजस की छाया देख रसकपूर के होंठों पर हँसी थिरक उठी। मखमली गद्दे से उठकर शालीन कदमों से चलती हुई वह साजिंदों के पास जाकर बैठ गई। उन्हें कुछ क्षण पारखी दृष्टि से तौलने के बाद धीरे से बोली—**'राग बरवा'** आरंभ कीजिए।"

मधुर आलाप के बाद वह गाने लगी—

एरी मैं को नाही परत चैन, तरपत हूँ मैं परी।
'मनरंग' पिया अजहूँ नहीं आए, अँसुवन लागी झरी॥

श्रेष्ठ ध्रुपद के चार अंगों **स्थायी, अंतरा, संचारी** और **आभोग** के चारों भागों द्वारा राग के स्वरों की व्याख्या करने की परंपरा के विपरीत, रसकपूर ने **स्थायी** और **अंतरा** में ही छोटी-छोटी व्याख्याएँ प्रस्तुत करनी आरंभ कीं। स्थायी और अंतरा गाने के बाद वह **आकार, इकार** और **उकार** के उच्चारण द्वारा राग **बरवा** का असली स्वरूप प्रस्तुत करने लगी। बोलों को कलात्मक ढंग से कहना और कला-चातुर्य दिखाते हुए खूबसूरती से **सम** पर आने की विशेषता से महाराज चौंक उठे। नसीबन भी सँभलकर बैठ गई। यह नई चीज उसकी समझ से परे थी।

'नाही परत दिन चैन' और **'अँसुवन लागी झरी'** के मार्मिक स्वरों पर ठहरने, **'री'** और **'ओं'** के सदुपयोग से स्वरों का आनंद लेने और उनके बहलावे से गाने को सुशोभित करते हुए, सूक्ष्म कल्पनाओं को संकेतों से प्रकट करने की विशेषता से रची-बसी गायकी से, जगतसिंह सहित नसीबन और साजिंदे भी झूम उठे। परंपरागत गायन के विपरीत ध्रुपद गायन की यह शैली अनूठी होने के कारण उनकी समझ से बाहर की चीज सिद्ध हो रही थी। साजिंदों को भी संगत करने में भारी असुविधा का सामना करना पड़ रहा था, किंतु रसकपूर का सहयोग उन्हें हर बार बेसुरा होने से बचा लेता था।

एकाएक नसीबन बोल उठी—"यकीनन यह ध्रुपद है। लेकिन इसमें ध्रुपद की **'गंभीरता'** और **'ठहराव'** नहीं है।"

रसकपूर मुसकराकर तत्काल **'विलंबित'** में आ गई। उसके साथ ही आ गया ध्रुपद का परंपरागत **'गांभीर्य'** और **'ठहराव'**, जिसमें **होरी धमार** का उत्साहपूर्ण संयम भी था। ध्रुपद की शांति और **गरिमा** का शीतल स्पर्श कराते हुए वह कल्पना-लोक में खो गई—**'पिया अजहूँ न आए'**। इसमें राग-व्याख्या करते हुए उसने कला-सौंदर्य से ओतप्रोत कल्पना का आश्रय लिया, जिसमें ध्रुपद की सामान्य अनुकरणात्मक कल्पना का कोई आभास नहीं था। रसकपूर की गायकी में सप्रयोजन अनुकरण की जगह अचेतन अनुकरण और तर्क-बुद्धि के स्थान पर कल्पना का प्राधान्य हो गया था। लेकिन इस काल्पनिक उड़ान में भी स्वरों की मर्यादा थी।

ध्रुपद के सीमित घेरों में उड़ान भरनेवाली कल्पना को उन्मुक्त, पंख पसारे संगीत के आकाश में विचरण करते देखने का जगतसिंह का यह प्रथम अवसर था। ध्रुपद के साथ चलता रसकपूर का गायन **मध्य** और **द्रुत लय** में ध्रुपद से एकदम पृथक् होकर, स्वयं को **तानों** और **बोलतानों** से विभूषित करने लगता था। परंपरागत ध्रुपद को नवीन वस्त्राभूषणों से अलंकृत देख, जगतसिंह के कुछ कहने से पूर्व ही नसीबन अख्तर अपने स्थान से उठी और रसकपूर के समक्ष घुटने टिकाकर समर्पण करती हुई-सी कह उठी—

"अपनी गुस्ताखी की मैं मुआफी चाहती हूँ। अपने गुरूर में आपकी अदाकारी पहचान नहीं सकी। वरना यहाँ गाँने की हिमाकत नहीं करती। मैं नहीं जानती थी कि जयपुर दरबार का हर शख्स मौसीकी का इतना बेहतरीन जानकार होगा।"

महाराजा जगतसिंह द्वारा दिया स्वर्णहार गले से उतारकर रसकपूर के कंठ को आलोकित करके नसीबन कह उठी—"नहीं, इस पर एतराज न करें। महाराज साहब ने इसे महफिल में मेरी बेहतरीन मौसीकी के बतौर इनाम अता फरमाया था; लेकिन इस महफिल का नूर तो आप साबित हुई हैं। इसे महाराज साहब की ओर से अता फरमाया इनाम समझकर ही कुबूल करें।"

रसकपूर ने अपने प्रियतम महाराजा की ओर देखा। वहाँ इस नवीन घटना से उमड़ता उल्लास और अनुमोदन-भरी दृष्टि से परितृप्त हो, उसने कुछ पल स्वर्णहार को अपने कंठ और वक्ष पर ठीक से सहेजा, फिर उसे उतारकर वापस नसीबन के गले में डालती हुई बोली—"महाराज का अनुग्रह स्वीकार कर मैं इस स्वर्णहार की स्वामिनी हो गई। अब मैं अपनी ओर से आपको इसे पुरस्कार-स्वरूप प्रदान कर रही हूँ। इसे स्वीकार कर मुझे अनुगृहीत करें।"

अप्रत्याशित सम्मान से नसीबन का गला भर आया। रसकपूर का हाथ चूमकर आँखों से लगाते हुए उसने कहा—"आपकी बख्शी इज्जत से मेरा झूठा घमंड हमेशा के लिए दफन हो गया। आप जैसी कलावंत ने मेरा मान किया, मुझे इनाम दिया, यही मेरी जिंदगी की सबसे सुहानी यादगार बन गई है। लेकिन गुस्ताखी माफ हो तो एक बात पूछना चाहती हूँ।"

"शंका-समाधान कभी गुस्ताखी का विषय नहीं होता। आप पूछें, मैं समाधान का प्रयास करूँगी।"

हिचकिचाते हुए नसीबन पूछ ही बैठी—"आपका गायन ध्रुपद होते हुए भी बहुत से नाजुक मोड़ों पर उससे एकदम जुदा महसूस होने लगता था, जबकि उस जुदापन में भी हर तान-गमक में ध्रुपद की मिठास ही झर रही थी। गायकी की इस ईजाद और बंदिश के बारे में मैं यकीनन कुछ नहीं जानती। आप इसके बारे में बताने की मेहरबानी करें, तो मैं भी यहाँ से नई जानकारी पाकर लौटने की खुशकिस्मती हासिल कर सकूँ।"

इसके साथ ही जगतसिंह भी कह उठे—"हाँ, रस! यही हमारा भी प्रश्न है। हम स्वीकारते हैं कि आपका गायन, हमारे संगीत-ज्ञान से परे, अनूठा और नवीन था। ध्रुपद की इस विधा के बारे में जानने को हम भी उत्सुक हैं।"

प्रियतम की प्रशंसा से रसकपूर का अंतःकरण खिल उठा। महाराजा का समर्पण-भाव उसके मनोरथों की पुष्टि करता प्रतीत हो रहा था। लेकिन नारी-सुलभ सलज्ज मुसकान के साथ बोली—"आप दोनों तो मुझे बनाने पर उतर आए हैं। महाराज के संगीत-ज्ञान के समक्ष मेरा गायन अर्थहीन होने के बाद भी, आपकी प्रशंसा से यह

सार्थक हो गया है। मैंने तो **उस्ताद सदारंग** साहब की ईजाद को उनके शिष्य '**मनरंग**' साहब की बंदिश में प्रस्तुत ही किया है। इसमें भला मेरी कैसी प्रशंसा ?"

"शाह सदारंग साहब ?"—नसीबन दोनों हाथों से कानों की लौ छूकर उनके प्रति सम्मान प्रदर्शित करती हुई कह उठी।

"हाँ, हाँ, वही नियामत खाँ साहब, जो 'सदारंग' नाम से ध्रुपद में नई-नई बंदिशें जोड़ते हुए, मुगल बादशाह मुहम्मदशाह के द्वारा प्रदत्त सम्मान के बाद '**शाह सदारंग**' कहलाने लगे थे। उन्होंने ही ध्रुपद में नई पद्धति '**ख्याल**' का ईजाद करके संगीत की दुनिया में तहलका मचा दिया था। इससे ध्रुपद के प्राचीन संगीत की पुनीत धारा में **कल्पना** का प्राधान्य स्थापित हुआ। 'ख्याल' से ध्रुपद की चेतना पर मृदु आघात-सा हुआ, उसके गायन पक्षों में स्पंदन हुआ, उसकी शून्य दृष्टि में अदृश्य कंपन हुआ। लेकिन शास्त्रीय परंपरा के साथ जुड़े रहकर, उसने ध्रुपद का न साथ छोड़ा और न ही उससे बिछुड़ा। दोनों एक-दूसरे के अभिन्न बने रहे। यह कहा जा सकता है कि परंपरागत ध्रुपद ने ख्याल के रूप में 'नए वस्त्राभूषणों' से स्वयं को अलंकृत कर लिया था। ध्रुपद की आराध्या सरस्वती ही, ख्याल की आत्मा में भी निवास करती थीं। ख्याल ने समाधिस्थ ध्रुपद का मौन भंग कर उसके शरीर में एक सिहरन पैदा की थी।"

इस अनूठी व्याख्या से जगतसिंह और नसीबन सहित सभी लोग चमत्कृत हो उठे। षोडशी रसकपूर उन्हें किसी अन्य लोक की वासिनी प्रतीत होने लगी थी। कोई शापित देवकन्या अथवा किन्नरी ही इस अल्पायु में इतनी संगीत-प्रवीणा हो सकती है। जगतसिंह के नेत्रों में छलकते हर्षोन्माद में शंका की एक किरण भी छितराई—"प्रिये! देवलोक से लेकर किन्नरलोक और मानवलोक तक गाए जानेवाले ध्रुपद के अतिरिक्त अन्य किसी भी गायन-संयोजन में कोई-न-कोई कमी अवश्य परिलक्षित होती रही है। यह 'ख्याल' ध्रुपद के समान पूर्ण है अथवा इसमें कहीं कोई कमजोरी भी दिखाई देती है ?"

जगतसिंह का यह अनूठा प्रश्न ही उनके संगीत-ज्ञान की श्रेष्ठता का परिचायक था। उत्तर देते हुए रसकपूर सकुचा उठी। किसी की आलोचना उसके स्वभाव में जो नहीं थी। फिर भी महाराज की शंका का समाधान करना आवश्यक जानकर कह उठी—"ख्याल की कल्पना ध्रुपद की छाया में ही पुष्ट होती है। शाश्वत तो ध्रुपद ही है। लेकिन उसकी छत्रछाया में अंकुरित 'ख्याल' अपनी अलग पहचान बनाने के मोह में कहीं-कहीं ध्रुपद से अलग होकर अपनी श्रेष्ठता त्याग बैठता है। **मध्य** और **द्रुत लय** में ध्रुपद से अलग होकर, अपने आपको **तानों** और **बोलतानों** से अलंकृत करने के बाद भी, **द्रुत तानों** के प्रवाह में वह अपना संयम खो बैठता है। यही इसकी सबसे बड़ी कमजोरी भी है।"

सुनकर महाराजा निहाल हो गए। स्नेहातिरेक से रसकपूर को भुजाओं के मृदुल पाश का स्पर्श देकर कह उठे—"तुम जैसी विलक्षण-गुणवान् सुंदरी का होकर मैं धन्य हो

गया। मेरा राज्य, यौवन, भोग—सब सार्थक हो गए।"

फिर नसीबन अख्तर को निहाल करनेवाली दृष्टि से देखते हुए बोले—"तुम्हारे कारण ही हम अपनी प्रेयसी के इस नवीन सौंदर्य से परिचित हो सके हैं। इस कारण हम तुम्हारे भी ऋणी हो गए हैं। ऋणमुक्ति के लिए हमारी ओर से भी पुरस्कार स्वीकार करो। स्वर्णहार तो रस का था। हमारा पुरस्कार यह है।"

महाराज का संकेत समझ कुंदन ने एक सौ अशर्फियों से भरी थैली महाराज के हाथ का स्पर्श कराकर, नसीबन को भेंट कर दी।

नसीबन का नसीब चमक गया। इतना भारी पुरस्कार तो उसे अब तक किसी भी राजदरबार से नहीं प्राप्त हुआ था, और वह भी संगीत प्रतिस्पर्धा में पराजित होने के बाद। झुक-झुककर महाराज का शुक्रिया अदा करती और रसकपूर की बलैया लेती नसीबन साजिंदों सहित महफिल से रुख्सत हो गई।

☐

शीशमहल के मादक वातावरण में, मखमली पर्यंक पर, अपने भुजबंधन में आबद्ध रसकपूर से महाराज पूछ बैठे—"तुमने ऐसा क्यों किया, रस!"

"क्या किया है मैंने?"—रसकपूर ने हँसकर पूछा—"कहीं कुछ अप्रिय तो नहीं कर डाला?"

"नहीं, मेरे प्रिय-अप्रिय की बात नहीं है। अपने शालीन और मृदु स्वभाव के विपरीत तुममें नसीबन अख्तर को सरे महफिल बेइज्जत करने की कठोरता कैसे आ गई? तुम मौन भी तो रह सकती थीं?"

"क्या महाराज को मेरा हस्तक्षेप अप्रिय लगा? अथवा उससे आपकी प्रतिष्ठा को कहीं आघात पहुँचा?"

"नहीं, वह बात नहीं। तुम्हारे कारण तो हमारी प्रतिष्ठा में भारी वृद्धि हुई है, लेकिन वह सब तुम्हारा सहज आचरण नहीं था। एक दिन के संपर्क में ही मैंने तुम्हें काफी कुछ पहचाना है। लेकिन उस पहचान के बीच तुम्हारा यह रूप नितांत अस्वाभाविक लग रहा था। तकरार के उन क्षणों में तुम्हारे संयत आचरण के बाद भी मैं तुम्हें कहीं से असहज पा रहा था। वही असहजता नसीबन पर कोप बनने के बाद अचानक ही कृपा-रूप में परिवर्तित हो गई। क्या था वह सब? क्या अपनी उस असहजता का कारण बताओगी?"

रसकपूर के श्यामल नेत्र भर आये। विह्वल हो वह जगतसिंह के कंठ को दृढ़ भुज बंधन से आबद्ध कर पगला-सी गई। अश्रुपूरित नेत्रों के साथ उमड़ते उस अनुराग से महाराज भौंचक्के से रह गए। व्याकुल हो रसकपूर का मुख हथेलियों में भरकर कह उठे—"यह क्या? तुम्हारी आँखों में आँसू? क्या हमसे कोई अपराध हो गया है?"

"नहीं, महाराज!"—अपने प्रियतम के वक्ष में मुख छिपाती, अश्रुबिंदु टपकाती रसकपूर कह उठी—"ये तो आनंद के आँसू हैं। एक ही दिन में आपने मेरे अंतर तक को

पहचान लिया, मुझे इतनी अंतरंगता के साथ अपने से जोड़ लिया, इसका धन्यवाद अपने आँसुओं से ही तो कर सकती हूँ। मेरे पास प्रेम का प्रतिदान करने के लिए और है ही क्या?"

जगतसिंह ने रसकपूर के गाल पर लाड़-भरी चपत लगाते हुए कहा—"पगली! किसी को पहचानने के लिए एक दिन तो बहुत होता है। मैंने तो दो घड़ी में ही तुम्हें, तुमसे भी अधिक जान लिया था। वरना मेरे जैसे रंगीन स्वभाववाले व्यक्ति का इतने समय एक स्त्री के साथ रहना, पहली बार संभव हुआ है। चाहो तो कल कुंदन से पूछ कर आश्वस्त हो लेना। मेरा इतना दीर्घ सामीप्य मेरी महारानियाँ तो क्या पटरानी बीकावत तक प्राप्त नहीं कर पाई हैं।"

रसकपूर का आलिंगन और दृढ़ हो उठा—"मुझे अपने सौभाग्य पर ईर्ष्या हो चली है।"

जगतसिंह हँस पड़े—"हाँ, वह कर सकती हो। लेकिन नसीबन के साथ तुम्हारा व्यवहार किस ईर्ष्या का प्रतिफल था?"

महाराज की शेरवानी के बटनों से खेलती-सी रसकपूर ने पूछा—"जानकर आप नाराज तो नहीं हो जाएँगे?"

"नहीं होऊँगा। वचन देता हूँ।"

रसकपूर सकुचाते-अटकते स्वर में बोली—"आपके वक्ष की शोभा बना स्वर्णहार उसके सीने पर देख मैं स्वयं को संयत नहीं रख पाई।"

"लेकिन इसमें असंयत होने का कारण? प्रसन्न होने पर अपने आभूषण दे डालना तो महाराजाओं का सहज स्वभाव रहा है।"

"महाराजाओं और आभूषणों से मेरा कोई लेना-देना नहीं। लेकिन आपका कंठहार किसी अन्य के वक्ष की शोभा बने, यह मैं सहन नहीं कर पाई। भविष्य में भी परिस्थितिवश इसे बरदाश्त करने की अपेक्षा मर जाना अधिक पसंद करूँगी"—रसकपूर का मुख प्रेमपगी दृढ़ता से आलोकित हो उठा।

संकल्प से अनुगुंजित घोषणा के स्वर विलासी महाराज को बेचैन कर गए। प्रतिरोधी-से स्वर में बोले—"यह तो नितांत स्वार्थ है।"

"हाँ, है। लेकिन स्वार्थी कौन नहीं? भगवान् की पूजा तक तो स्वार्थ से अछूती नहीं। तब मैं साधारण नारी अपने आराध्य को सिर्फ अपना मानकर कोई अपराध तो नहीं कर रही। विश्व में सर्वाधिक प्रिय को नितांत अपना बनाए रखने की इच्छा पाप तो नहीं होती, महाराज!"

"लेकिन महाराजा पर तो सभी का अधिकार होता है। अंतःपुर से लेकर साधारण प्रजा तक अपनी-अपनी मर्यादा में हम पर अधिकार रखते हैं। हम किसी एक के ही कैसे बने रह सकते हैं?"

"आपके अन्य दायित्वों की पूर्ति में बाधक बनने की मेरी कोई इच्छा नहीं। मेरा

समर्पणजन्य अधिकार तो आपके हृदय के अनुराग-क्षेत्र तक ही सीमित है। इस पर किसी ग्रहण की छाया मैं सहन नहीं कर पाऊँगी।"

"लेकिन हमारी रानियाँ भी तो इस अनुराग की सहभागिनियाँ हैं।"

"हो सकती हैं, लेकिन मुझमें कोई कमी ही तो आपको उनके पास ले जाएगी।"

"तुम्हारा अभिप्राय है कि मैं उनके पास कभी न जाऊँ?"

"नहीं! मेरा अभिप्राय यह है कि मेरा प्रेम-बंधन तोड़कर यदि कहीं जा सको तो जाने के लिए स्वतंत्र हो!"—रसकपूर की वाणी में छिपा संकल्प जगतसिंह के लिए नितांत नया था। उनके जीवन में आई स्त्रियों में से एक भी समर्पण-जनित अधिकार की इस दुस्साहसी सीमा तक नहीं पहुँच सकी थी।

रसकपूर के प्रेम-दर्प से सम्मोहित महाराज अपने सौभाग्य पर स्वयं ही ईर्ष्यालु हो उठे।

□

जयपुर के सर्वाधिक विलासी महाराजा जगतसिंह के जीवन में मूर्तिमान आश्चर्य की सृष्टि हो गई। नित्य नई कलियों का रसास्वादन करनेवाले महाराज मात्र रसकपूर के कोमल आलिंगन में कैद होकर रह गए। नृत्य-संगीत के नित्य नए आयोजनों में रसकपूर के महावरी पाँवों के लहराते बलों पर महाराजा सौ-सौ जान न्योछावर होने लगे। अगरु से सुखाई नितंबचुंबी घुँघराली लटों के कोमलपाशों में जगतसिंह बँधकर रह गए। मीनाकारी की कामदार झारियों के महकते आसव और केवड़ाजल से तर सुगंधित गिलौरियों के बीच घुँघराले केशपाशों को सुलझाते महाराज अपना धरम-करम निसार बैठे।

दिनचर्या अव्यवस्थित हो गई। ड्योढ़ियाँ ही नहीं, राजदरबार तक महाराज के दर्शनों को तरस गया। प्रधानमंत्री चतुर्भुज के जीवन में यह अघट ही तो था, जब विलास ने महाराजा और उनके बीच सागरों की दूरियाँ फैला दी थीं। राजकार्य के बाद सौंदर्य सागर में गोते लगाने के अभ्यस्त महाराज तो अब इसके प्रवाह में असहाय-से हो, राजकाज तक को विस्मृत कर बैठे थे। सामंतों की तो बात ही क्या, प्रधानमंत्री को भी हर दिन उनकी ड्योढ़ी से निराश ही वापस लौटना पड़ रहा था।

आंबेर के महलों में महाराज को न जाने ऐसा क्या मिल गया था जो बाहरी दुनिया से विरक्त ही हो गए। दिनों-सप्ताहों के बाद पूरा पखवारा गुजर गया। महाराज की अनुपलब्धता ने मुसाहिबों, सामंतों से लेकर ड्योढ़ियों तक में हलचल मचा दी। कौन है वह रूपसी जिसने जयपुर के प्रतापी नरेश को अपने पल्लू में बाँध लेने का असंभव कार्य कर दिखाया है। उत्सुकता, आशंकाओं का रूप लेती हुई व्यग्रता में बदल गई। महाराज की अनुपस्थिति राजमहलों से लेकर जनसाधारण तक में चर्चा का विषय बनने लगी।

महाराजा को अपने भुजबंधन में आबद्ध करनेवाली की खोज में हरकारे-खबरनवीस दौड़ पड़े। तीन मील लंबे और दो मील चौड़े जयपुर के परकोटे की

छोटी-सी दुनिया में छोटी-छोटी घटनाएँ तक चर्चा का विषय बन जाती थीं। वहाँ इतनी बड़ी घटना के मूल की खोज कहाँ असंभव हो सकती थी? कुछ ही दिनों में कुशल खबरनवीसों ने रसकपूर से संबंधित सूचनाएँ प्रधानमंत्री तक पहुँचा दीं। प्रधानमंत्री द्वारा बुलाई मंत्रिपरिषद् की बैठक में भूतपूर्व प्रधानमंत्री दीनाराम बोहरा और बोहरा राजा खुशालीराम भी विशेष रूप से सम्मिलित हुए थे। प्रधानमंत्री चतुर्भुज की चिंतित मुखाकृति अनेक आशंकाओं को जन्म दे रही थी। उत्सुकता, आशंका और क्षोभमय वातावरण की निस्तब्धता भंग करते हुए चतुर्भुज ने जयपुर राज्य के प्रमुख स्तंभों को संबोधित करते हुए कहा—"गत एक पखवारे से महाराज के दर्शन न होने के कारण का पता लगा लिया गया है।"

सामंतों-मंत्रियों के चेहरे प्रश्नवाचक चिह्न बन गए।

"लेकिन कारण जानकर आपमें से किसी को भी प्रसन्नता नहीं होगी। संभवतः आपको सुनकर दुःख ही पहुँचे कि हमारे महाराज जिस स्त्री में अनुरक्त होकर राजकार्य और मंत्रिपरिषद् तक को विस्मृत कर बैठे हैं, वह एक तवायफ है, जिसे कोठे से उठाकर महाराज ने अपनी हृदयेश्वरी बना लिया है।"

प्रधानमंत्री द्वारा किया रहस्योद्घाटन तोप के धमाके से अधिक प्रभावी सिद्ध हुआ। सामंतों के प्रदीप्त मुखों पर वितृष्णा की कालिमा फैल गई। उच्च कुल से आई रानियों को छोड़कर, एक तवायफ के रूपजाल में महाराजा का इस सीमा तक सम्मोहित हो जाना खेद के साथ भावी संकट की चेतावनी भी प्रतीत हो रही थी। मंत्रिपरिषद् के सदस्य दूनी ठाकुर चाँदसिंह के नेत्र विचार की मुद्रा में सिकुड़ गए। फिर कुछ स्मरण करके पूछ लिया—"वह तवायफ कहीं रसकपूर तो नहीं?"

"वही है!"—चतुर्भुज चौंक उठे—"क्या आप उसे जानते हैं?"

"ओह!" —चाँदसिंह ने दीर्घ निःश्वास के साथ कहा—"तो मेरी आशंका सत्य सिद्ध हुई। वसंत पंचमी को उसका प्रथम मुजरा देखकर न जाने क्यों मेरे मन में एक आशंका ने जन्म लिया था। मैं जानता था कि हमारे रसिक महाराज इस रूपाजीवा से अधिक समय तक अनभिज्ञ नहीं रह पाएँगे। हीरालाल और राधे खवास की मुजरे में उपस्थिति के बाद तो उसके रूप-यौवन का समाचार उसी रात महाराज तक पहुँच जाने की प्रबल संभावना थी।"

"क्या वह बहुत सुंदर है?"—वयोवृद्ध कूटनीतिज्ञ बोहरा राजा खुशालीराम ने पूछा।

"हाँ, वह तो है। निस्संदेह जयपुर राज्य की तो वह सर्वश्रेष्ठ सुंदरी है।"—चाँदसिंह ने स्वीकार किया।

"लेकिन कितनी भी सुंदर क्यों न हो, महाराज का चंचल स्वभाव तो उन्हें कभी एक का रहने ही नहीं देता। कुछ दिनों में वे स्वयं ही उसे छोड़कर आ जाएँगे।" —सीकर रावराजा लक्ष्मणसिंह ने कहा।

"और ऐसा संभव नहीं हुआ तो ?"—जयपुर राज्य के भूतपूर्व प्रधानमंत्री और चतुर राजनीतिज्ञ दीनाराम बोहरा का प्रश्न दूसरी आशंकाओं पर भी विचार करने का संकेत था।

"क्यों नहीं होगा ? वे आखिर कब तक एक ही स्त्री के आकर्षण में बँधे रह सकेंगे ? कभी तो उनका मन उचटेगा ही।"—खेतड़ी राजा अभयसिंह इस प्रश्न पर अधिक चिंतित नहीं थे—"मैं समझता हूँ कि हम लोग इस साधारण-सी बात को कुछ अधिक ही महत्त्व दे रहे हैं। अरे ! महाराज जैसा व्यक्ति किसी एक का होकर अपनी चंचल प्रवृत्ति त्याग दे तो जयपुर राज्य का उद्धार ही न हो जाए।"

चतुर्भुज ने उत्तर दिया—"सामान्य परिस्थितियों में खेतड़ी राजा का कथन उपयुक्त ही होता; लेकिन इस पर विचार करते समय हमें यह नहीं भूलना चाहिए कि मंत्रिपरिषद् इधर पूरे एक पखवारे से महाराज के दर्शन नहीं कर पाई है। और यह सब उस स्त्री के कारण हुआ है। जिस रूपाजीवा के कारण महाराजा पंद्रह दिनों तक महल से बाहर तक नहीं निकले, उसे साधारण स्त्री मान बैठना हमारी भूल होगी। बात यहीं समाप्त हो जाए तो ठीक, लेकिन यदि घटनाक्रम ऐसा ही रहा तो वह संकट का कारण भी हो सकता है। इस आशंका पर भी हमें विचार कर लेना चाहिए।"

सुनकर महाराजा के रक्तसंबंधी सामोद और चौमूँ ठाकुर हँस पड़े। सामोद ठाकुर बैरीसाल नाथावत ने मुसकराकर कहा—"दीवानजी ! आप और बोहराजी ठहरे सात्त्विक ब्राह्मण, इसलिए महाराज के रसिक स्वभाव पर कुछ अधिक ही चिंतित हो उठे हैं। राजभक्ति के कारण व्यर्थ की आशंकाओं से अपने साथ हमारा भी खून सुखा रहे हैं। अरे ! महाराज हैं तो हमारा ही खून। हमसे ज्यादा उन्हें कौन पहचानेगा ? जो पटरानी और महारानियों में आसक्त नहीं हुआ, उसे एक तवायफ भला कितने दिनों तक बाँधे रख सकती है ?"

"हाँ, मेरा भी यही मत है,"—चौमूँ ठाकुर किशनसिंह नाथावत ने समर्थन कर दिया—"उचित यही होगा कि हम इस व्यर्थ के प्रश्न पर समय नष्ट करने की जगह राज्य के अन्य विषयों पर चर्चा करें। महाराज को तो आजकल में आया ही समझो।"

प्रधानमंत्री को सामंतों की अदूरदर्शिता से किंचित् क्षोभ हुआ। प्रतिवाद करने के लिए उन्होंने मुँह खोला ही था कि द्वार पर खड़े प्रतिहारी को देख बात बदलकर पूछा—"क्या बात है ?"

"दीवानजी ! बाहर महाराजा का संदेशवाहक आपसे मिलने की प्रतीक्षा कर रहा है"—प्रतिहारी ने कहा—"वह आपके लिए महाराज का आदेश लाया है।"

"उसे तत्काल भेजो।"—चतुर्भुज ने आदेश देकर सामंतों की ओर दृष्टिपात किया तो सभी के चेहरों पर उत्सुकता के साथ चौमूँ-सामोद ठाकुरों के होंठों पर संतुष्टि की मुसकान भी थी। उन्होंने कहा—"देख लिया, दीवानजी ! हमारी बात ही सच निकली। आप लोग व्यर्थ ही चिंतित हो रहे थे। लीजिए, महाराज के पधारने का संदेश भी आ

गया।"

संदेशवाहक ने प्रधानमंत्री सहित मंत्रिपरिषद् का अभिवादन करके चतुर्भुज से कहा—"अन्नदाता का आदेश है कि आप राजकाज से संबंधित आवश्यक कागजात लेकर आज मध्याह्न भोजनोपरांत आंबेर के दीवानेखास में आएँ। वहीं महाराज राजकाज के बारे में विचार करेंगे।"

"तो क्या महाराज जयपुर नहीं पधारेंगे?"—चतुर्भुज ने पूछा।

"वह तो मुझे पता नहीं। लेकिन उनका आदेश यह भी है कि आज से वे मध्याह्न में ही राजकार्य निपटाएँगे। आप प्रतिदिन उस समय अत्यावश्यक मामलों पर अन्नदाता की आदेश-प्राप्ति के लिए उपस्थित हो जाया करें।"

"ठीक है। मैं निर्धारित समय पर महाराज की सेवा में उपस्थित हो जाऊँगा"—संदेशवाहक को जाने का संकेत कर चतुर्भुज ने मंत्रिपरिषद् की ओर देखा। विशेष रूप से चौमूँ-सामोद ठाकुरों की ओर, अनुमान गलत निकल जाने के कारण जिनके चेहरों पर लज्जा की लालिमा फैल गई थी—"तो हमारी आशंकाएँ निर्मूल सिद्ध नहीं हुईं। रसकपूर के आकर्षण से महाराज की मुक्ति निकट भविष्य में संभव प्रतीत नहीं होती। इसके साथ ही उनके इस आदेश से एक नई आशंका ने जन्म ले लिया है। मुझे भय है कि महाराजा द्वारा आंबेर के महलों में लिये निर्णयों को कहीं रसकपूर प्रभावित न करने लगे।"

इस नई परिस्थिति के पक्ष-विपक्ष में भी विचार आने लगे। दीनाराम और खुशालीराम बोहरा चुपचाप सुन रहे थे। उन्हें मौन देख चतुर्भुज ने कहा—"बोहराजी! आप दोनों अपनी सम्मति नहीं दे रहे हैं। क्या बात है? मंत्रिपरिषद् आप दोनों के विचार जानना चाहती है।"

वृद्धावस्था में भी सुगठित शरीर के स्वामी दीनाराम बोहरा का मुख बादलों के समान गंभीर हो उठा—"दीवानजी! आपकी आशंका सत्य सिद्ध होने जा रही है। मेरा मत है कि महाराज को दोपहर में राजकार्य देखने का परामर्श रसकपूर ने ही दिया है और निर्णयों में उसी की सम्मति सर्वाधिक महत्त्वपूर्ण भी रहेगी। यह न तो मात्र तवायफ है और न ही साधारण स्त्री। संपूर्ण घटनाक्रम के पीछे मुझे एक आँधी की साँय-साँय सुनाई दे रही है। मैं नहीं जानता कि इससे जयपुर राज्य अथवा महाराजा में से कौन अधिक प्रभावित होगा। लेकिन महाराज के प्रभावित होने पर, जयपुर राज्य भी अप्रभावित नहीं रह पाएगा। मेरी सम्मति तो यह है कि आँधी के उग्र रूप धारण करने से पूर्व ही उसके प्रतिकार की व्यवस्था कर लेना दूरदर्शिता होगी।"

इस चेतावनी का कोई प्रतिवाद नहीं कर सका। बोहराजी जैसे अनुभवी राजनीतिज्ञ को यदि आँधी के आसार दिखाई दे रहे थे, तो निश्चित रूप से वह आँधी आने वाली थी। इसमें किसी को भी संदेह नहीं रह गया था। अब तो उसका प्रतिरोध करना ही विचार-विमर्श का एकमात्र विषय रह गया था।

प्रधानमंत्री के आग्रह पर बोहरा राजा खुशालीराम ने समाधान का मार्ग

सुझाया—"सुंदर स्त्रियों के प्रति महाराज की आसक्ति और उनकी अस्थिर प्रकृति के अनुरूप ही हमें कोई मार्ग खोजना होगा। एक बार…मात्र एक बार, महाराज की आँखों से ओझल होते ही रसकपूर सदैव के लिए विस्मृत हो जाएगी। इसके लिए किसी अन्य रूपसी की खोज करनी होगी, जो कुछ समय के लिए महाराज का ध्यान बँटा सके।"

दूनी ठाकुर चाँदसिंह प्रस्ताव से सहमत थे—"किंतु जयपुर राज्य में तो रसकपूर जैसी सुंदरी की प्राप्ति संभव नहीं। दिल्ली या लखनऊ से किसी तवायफ को लाया जाना उचित रहेगा। मंत्रिपरिषद् की सम्मति पर मैं आज ही किसी विश्वस्त अनुचर को इसके लिए रवाना कर देता हूँ।"

"नहीं, ठाकुर साहब! कोई तवायफ रसकपूर का विकल्प नहीं बन पाएगी"—बोहरा राजा खुशालीराम ने कहा—"महाराज किसी अन्य स्त्री को देखना तो दूर, उसका उल्लेख भी बरदाश्त नहीं करेंगे। रसकपूर का विकल्प तो ऐसी युवती ही हो सकती है, जिसके पास जाना महाराजा के लिए बंधनकारी हो। जिसके पास जाने में रसकपूर चाहकर भी बाधा न डाल सके।"

"अर्थात्?"

"अर्थात्, किसी कुलीन राजपूत कन्या का विवाह प्रस्ताव!"—कूटनीतिज्ञ खुशालीराम मुसकराए—"ऐसी कन्या की सगाई के लिए आया नारियल महाराज अस्वीकार नहीं कर पाएँगे। राजपूतों का सामाजिक दबाव और परंपरा उन्हें नारियल स्वीकार करने के लिए विवश कर देगी। विवाह और उसके उपरांत सुहागरात के कारण महाराज कई दिनों अथवा सप्ताहों तक रसकपूर से दूर रहने को विवश होंगे। चंचल प्रवृत्ति के महाराज का इतना अलगाव सदैव की विस्मृति के लिए पर्याप्त सिद्ध होगा। फिर नई रानी का आकर्षण भी तो कुछ समय तक बना ही रहेगा। विवाह-प्रस्ताव जितनी अधिक दूरी से आए, उतना ही श्रेष्ठ रहेगा। तब बारात जाने-आने में ही महीना-भर लग जाएगा। इस प्रकार हम महीनों तक महाराज को रसकपूर से दूर रखने में सफल हो सकेंगे। आप लोग तो बस, ऐसे किसी विवाह-प्रस्ताव की खोज करें।"

राजपूत सामंतों में विचार-विमर्श होने लगा। कुलीन और सुंदर राजपूत कन्या की खोज ही कठिन कार्य था। कन्या के मिल जाने पर उसके पिता द्वारा विवाह प्रस्ताव मँगवाना तो कठिन नहीं होगा। जयपुर महाराजा का संबंधी बनना तो बड़े सौभाग्य की बात होती है। इससे भला कौन इनकार कर सकता था?

गीजगढ़ ठाकुर उम्मेदसिंह ने विकल्प प्रस्तुत किया—"मेरे बड़े भाई पोकरण ठाकुर सवाईसिंह चाँपावत की पौत्री चाँदकँवर की अभी सगाई नहीं हुई है। जोधपुर महाराज के भाई-बंधु होने के कारण वह उच्च कुलीन घराना तो है ही, स्वयं चाँदकँवर भी बड़ी ही सुशील, समझदार और सुंदर लड़की है। मंत्रिपरिषद् की सहमति मिलने पर मैं भाई साहब को इसके लिए तैयार तो कर लूँगा, लेकिन प्रस्ताव की प्रतिष्ठा बनाए रखने का दायित्व आप सबका होगा। विवाह-प्रस्ताव अस्वीकार करने का परिणाम तो आप

जानते ही हैं। उस स्थिति में अपमानित कन्या तो आत्महत्या कर ही लेगी, साथ ही अपमान का प्रतिकार लेने के लिए जोधपुर के राठौड़ों सहित मुझे भी अपने स्वामी के विरुद्ध शस्त्र उठाने के लिए विवश हो जाना पड़ेगा। तब यह विनाश किसी भी बहाने या सांत्वना से रुक नहीं पाएगा। तो भी जयपुर राज्य को संकटमुक्त कराने के लिए मैं यह खतरा उठाने को तैयार हूँ।"

प्रस्ताव की श्रेष्ठता में किसी को भी शंका नहीं थी; लेकिन महाराज द्वारा अस्वीकार कर देने पर तो घटनाक्रम भयावह मोड़ ले लेगा। इसका दायित्व कौन ले? अब चाँदसिंह बोल उठे—"मुझ सहित चौमूँ, सामोद, बगरू, अचरोल और बाँसखो ठाकुर, महाराज के भाई-बंधु हैं। मैं वचन देता हूँ कि विवाह-प्रस्ताव आने पर हम उसे अस्वीकार नहीं होने देंगे। प्रस्ताव से उत्पन्न प्रत्येक अनुकूल-प्रतिकूल परिस्थिति में हम गीजगढ़ ठाकुर के साथ होंगे। मुझे विश्वास है कि हमारे बुद्धिमान महाराज किसी अप्रिय परिस्थिति को जन्म नहीं देंगे।"

"और हम भी महाराज को प्रस्ताव स्वीकार करने के लिए अपने प्रभावों का उपयोग करेंगे!"—दीनाराम, खुशालीराम और चतुर्भुज भी इसके साथ घोषणापूर्वक जुड़ गए।

"तब ठीक है।"—संतुष्ट हो गीजगढ़ ठाकुर ने कहा—"मैं स्वयं पोकरण जाकर भाई साहब को इसके लिए तैयार करता हूँ।"

□

आंबेर राजमहल के दीवानेखास में आवश्यक राजकाज निपटाने के बाद महाराज जगतसिंह ने कहा—"दीवानजी! आप कल इसी समय आ जाना। राजकार्य देखने के लिए हमने यही समय निश्चित किया है।"

चतुर्भुज मौन नहीं रह सके। पूछा लिया—"आज्ञा हो तो एक बात पूछूँ, अन्नदाता?"

"पूछिए।"

"आपके आदेश से ऐसा प्रतीत होता है कि निकट भविष्य में आपका चंद्रमहल लौटने का मानस नहीं है।"

"आप ठीक समझे, दीवानजी!"—महाराज मुसकराए—"इतनी जल्दी चंद्रमहल लौटने का हमारा कोई इरादा नहीं। और आवश्यकता भी क्या है? राज्य-संचालन के लिए आप जैसे सुयोग्य दीवान के साथ हमारी विश्वस्त और सक्षम मंत्रिपरिषद् एवं सामंतगण भी हैं। विशेष मामलों में आज्ञा प्राप्त करने के लिए आप प्रतिदिन हमसे मिलते ही रहेंगे। फिर हमारे वहाँ होने या न होने से क्या फर्क पड़ने वाला है?"

"लेकिन महाराज..."

"अब शेष बातें कल होंगी।"—महाराज अपने बहुमूल्य आसन से उठ गए—"हम कठिनाई से आपके लिए समय निकाल पाए हैं।"

प्रणाम करके चतुर्भुज, तेज कदमों से महल की ड्योढ़ी में प्रवेश करते महाराज को देख चिंतित हो गए। दीनाराम बोहरा की अनुभवी आँखों ने धोखा नहीं खाया है। जयपुर राज्य को अपने प्रचंड थपेड़ों से झकझोर देनेवाली आँधी के पूर्वसंकेत दिखाई दे रहे हैं। पवन के इस बढ़ते वेग को झंझावात बनने से पूर्व ही रोकना होगा।

अगले दिन आवश्यक राजकार्य निपटाने के बाद प्रधानमंत्री ने धीरे से कहा—"महाराज! एक अप्रिय सूचना भी प्राप्त हुई है।"

"क्या हुआ है?"—जगतसिंह लापरवाही से मुसकराए।

"ईस्ट इंडिया कंपनी के गवर्नर जनरल लार्ड वेलेजली ने अपने पद से त्यागपत्र दे दिया है। उसके स्थान पर लार्ड कार्नवालिस की नियुक्ति हुई है।"

"तो, इसमें चिंता की क्या बात है?"

"चिंता का विषय यह है कि लार्ड वेलेजली ने नीतिगत प्रश्न पर त्यागपत्र दिया है। वह कंपनी द्वारा देशी रियासतों को संरक्षण देने की नीति अपना रहा था; जबकि कंपनी के अधिकांश डायरेक्टर इसे कंपनी-हितों के विपरीत, दूसरे के आंतरिक मामलों में अनावश्यक रूप से कंपनी को उलझाना मानकर इसका विरोध कर रहे थे। मतभेद बढ़ जाने के कारण ही वेलेजली अपना त्यागपत्र देकर इंग्लैंड लौट गया है।"

"ओह!"—जगतसिंह सँभलकर बैठ गए—"और नए गवर्नर जनरल की नीति क्या है?"

"महाराज! लार्ड कार्नवालिस तो देशी रियासतों को संरक्षण देने की नीति का कड़ा विरोधी होने के कारण ही इस पद पर नियुक्त हुआ है।"

"कहीं आपका इशारा हमारे साथ अँगरेजों की संधि टूटने की आशंका की ओर तो नहीं है?"

"ऐसा ही है, अन्नदाता! मुझे लगता है कि देर-सबेर यह संधि भंग होकर रहेगी। इसे तोड़ने के लिए वे कोई-न-कोई बहाना अवश्य तलाश कर लेंगे।"

जगतसिंह विचारमग्न हो गए। चतुर्भुज, महाराजा के चेहरे पर बदलते भावों का सूक्ष्मता से अध्ययन करते हुए आदेश की प्रतीक्षा में मौन बैठे रहे।

कुछ क्षणों के बाद महाराज ने कहा—"आप घटनाओं पर सतर्क दृष्टि रखें और कल मध्याह्न भोजन से पूर्व दीनारामजी को मेरे पास भेज दें।"

प्रणाम करके चतुर्भुज उठ गए।

□

जगतसिंह के मुखमंडल पर किंचित् चिंता की रेखाएँ रसकपूर से छिपी नहीं रह सकीं। महाराज को कोमल बाँहों का सहारा देकर मखमली गद्दे पर बैठाने के बाद उसने स्वर्णपात्र में सुवासित शीतल जल प्रस्तुत किया। शीतल जल से कंठ सिक्त कर महाराज की स्फूर्ति लौटी। अवसर पाकर रसकपूर ने पूछ लिया—"क्या कोई अप्रिय समाचार मिला है, महाराज?"

"यह तुमने कैसे जाना ?"

"सच-सच कहूँ ?"

"तो क्या हमसे भी असत्य भाषण करोगी ?"

"नहीं, स्वप्न में भी नहीं। लेकिन डरती हूँ, जानकर कहीं मेरी हँसी न उड़ाने लगें।"

"ऐसा नहीं होगा। निश्चिंत रहो।"

रसकपूर अपने दुपट्टे को अँगुली में लपेटती-खोलती कहने लगी—"न जाने क्या बात है कि आपकी प्रसन्नता-अप्रसन्नता से मैं भी अछूती नहीं रह पाती हूँ। आपके प्रसन्न रहने पर कुछ कहे-जाने बगैर ही मेरा मन खिला-खिला रहता है; लेकिन आज आप दीवानजी से बातें कर रहे थे, तब यहाँ न जाने क्यों मेरा मन बोझिल हो उठा। हृदय में आशंकाएँ उमड़ने लगी थीं। आपके सान्निध्य में प्रथम बार ऐसा हुआ। मुझे लगा कि मेरे प्राणाधार आज प्रसन्न नहीं हैं। उन्हें किसी चिंता ने घेर लिया है।"

"ओह, रस ! इतना स्नेह न करो जिसका प्रतिदान मेरे लिए संभव ही न हो !" —जगतसिंह ने भाव-विह्वल होकर प्रेयसी को भुजबंधन में जकड़ लिया।

पुष्पलता-सी सिमटी रसकपूर कह उठी—"प्रतिदान भला कब माँगा है मैंने ? मेरा प्रेम तो एकांगी है। इसमें प्रतिदान की प्रतिबद्धता नहीं है।"

"तुम्हारे इस समर्पित अनुराग ने ही तो मुझे इन अज्ञात बंधनों में जकड़ लिया है।"

"क्या मेरा प्रेम आपके लिए बंधन प्रतीत होने लगा है ?"

"हाँ ! बंधन ही तो है। ऐसा कोमल, मधुर बंधन, जिसमें आबद्ध रहने की इच्छा रहती है। मन करता है, यह बंधन समय सीमाओं से मुक्त, स्थायी हो।"

प्रेम-अनुरक्त महाराजा को देख रसकपूर ने चंचल स्वर में कहा—"बातें बनाना तो कोई आपसे सीखे। बातों ही बातों में मेरा प्रश्न भी हवा में उड़ा दिया। यह नहीं बताया कि अभी किस अप्रिय संवाद से महाराज का साक्षात्कार हुआ था ? हाँ, राजकाज की कोई गोपनीय बात हो तो न बताएँ।"

"जब मेरा अंतःकरण तक तुम्हारे लिए गोप्य नहीं रहा, तब और कुछ गोपनीय रखने की तो बात ही कहाँ रह जाती है ?"—जगतसिंह ने दिसंबर १८०३ में अँगरेजों के साथ हुई संधि के बारे में विस्तार से बताते हुए कहा—"१५ जनवरी, १८०४ को संधिपत्र पर गवर्नर जनरल की स्वीकृति मिल जाने के बाद हम और हमारा राज्य मराठों की लूट से सुरक्षित हो गया था। ईस्ट इंडिया कंपनी के साथ समानता के स्तर पर हुई संधि में एक-दूसरे पर आक्रमण होने की स्थिति में परस्पर सहायता का वचन भी था। इससे नाराज होकर दौलतराव सिंधिया ने जयपुर पर आक्रमण किया तो अँगरेज सेनापति कर्नल मानसन के नेतृत्व में तत्काल अँगरेजी सेना हमारी सहायता के लिए आ पहुँची थी। तब हमारी संयुक्त सेना ने सिंधिया को वापस लौटने के लिए विवश कर दिया था। इस संधि के कारण ही हम बाहरी शत्रुओं से निश्चिंत होकर जीवन के सुख भोग रहे हैं। लेकिन कार्नवालिस की नीति ने हमें चिंतित कर दिया है।"

"महाराज ! जहाँ तक मुझे याद पड़ता है, इस संधि का सफल प्रयास दीनारामजी ने किया था। फिर उनके रहते संधि क्यों टूट रही है ?"—रसकपूर ने पूछा।

"इसीलिए हमने कल उन्हें बुलवाया है।"

"दीनारामजी को कल बुलवाया है ? तो आज कौन आया था ?"

"प्रधानमंत्री चतुर्भुज। उन्होंने ही यह सूचना दी है।"

"लेकिन आपके प्रधानमंत्री तो आपके पिता के समय से ही दीनाराम बोहरा चले आ रहे थे। उन जैसे सुयोग्य व्यक्ति के स्थान पर चतुर्भुजजी की नियुक्ति कैसे हो गई ?"—रसकपूर का आश्चर्य स्वाभाविक था।

जगतसिंह शर्मिंदा-से हो उठे—"वस्तुतः इस संधि से पूर्व मराठा सेनापति दौलतराव सिंधिया के दबाव के कारण हमें दीनारामजी के स्थान पर चतुर्भुज को प्रधानमंत्री नियुक्त करना पड़ा था। तब से वही दीवान चले आ रहे हैं।"

"ओह !"—रसकपूर ने दीर्घ निःश्वास ली—"महाराज! सर्वप्रथम कल दीनारामजी से विचार-विमर्श करने के बाद ही इस बारे में कोई निर्णय लें। संकट आने से पूर्व ही सुरक्षा का प्रबंध कर लेना बुद्धिमानी होती है।"

चार

महाराजा प्रतापसिंह के दबंग प्रधानमंत्री दीनाराम बोहरा जैसे फुंकार उठे। जगतसिंह को डाँटने के स्वर में बोले—"अँगरेजों के साथ संधि के कारण मिला सुनहरा अवसर तो भोग-विलास में खो दिया। अब संकट सामने देख मेरी याद आई है। अँगरेज क्या मेरे नौकर हैं, जो मैं उन्हें संधि बनाए रखने का आदेश दे दूँ, और वे मान लें।"

"लेकिन मेरे पिता के समय में आपने ही तो यह संधि करवाई थी!"—जगतसिंह महाराजा होने पर भी अपने पिता के प्रधानमंत्री रह चुके इस वृद्ध तेजस्वी ब्राह्मण के साथ राजसी दर्प से बात नहीं कर पाते थे। मुँहफट दीनाराम की डाँट में भी आत्मीयता की सुखद छुअन होती थी। जगतसिंह उनकी गोद में खेल चुके थे, यह भी इसका एक कारण हो सकता है; लेकिन इन सबसे अलग बोहराजी में कुछ ऐसा चमत्कारी प्रभाव था, जिसके कारण महाराजा तक उनका प्रतिवाद नहीं कर पाते थे। उन्हें पदमुक्त करने का आदेश भी हरकारे द्वारा भिजवाया गया था। उस दिन के बाद से आज तक दीनाराम ने राजमहल में पैर नहीं रखा था। प्रधानमंत्री चतुर्भुज के विशेष आग्रह पर ही वे मंत्रिपरिषद् की बैठक में सम्मिलित हुए थे। जगतसिंह का अनुरोध ही उन्हें आंबेर के महलों में महाराजा के समक्ष ले आया था, जहाँ झिड़की खाकर भी जगतसिंह स्वयं को अनुगृहीत मान रहे थे।

"क्यों व्यर्थ का श्रेय दे रहे हो?"—दीनाराम के स्वरों में भर्त्सना थी—"मैंने संधि के प्रयास तुम्हारे पिता महाराज प्रतापसिंह के लिए किए थे, लेकिन संधि-पत्र पर हस्ताक्षर होने से पूर्व ही महाराज का स्वर्गवास हो गया। तुमने तो सिंहासनारूढ़ होने के बाद इस पर हस्ताक्षर करने में भी बहुत हीले-हवाले किए थे। संधि-पत्र पर हस्ताक्षर तो तुमने जनरल लेक द्वारा धौलपुर पर चढ़ाई से घबराकर किए थे। तुम्हारी दृष्टि में तो वह समझौता नितांत अनावश्यक था। लेकिन मराठा सेनापति दौलतराव सिंधिया के आक्रमण से इतनी आसानी से, बिना कोई जुर्माना-तावान भरे बच जाने पर तुम्हें इसके महत्त्व का ज्ञान हुआ। इसी के बल पर तुम दो वर्ष का उन्मुक्त जीवन व्यतीत कर सके हो। उसमें विघ्न की आशंका उत्पन्न होते ही अब संधि-भंग की चिंता सताने लगी है?"

दबे स्वर में जगतसिंह ने प्रतिवाद किया—"बाबा साहब! मेरी न सही, लेकिन जयपुर राज्य की तो चिंता करें। संधि समाप्त होते ही मराठे गिद्धों की तरह इस राज्य पर

टूट पड़ेंगे। राज्य की आर्थिक दुरवस्था तो आपसे छिपी नहीं है। वांछित धन प्राप्त न होने पर वे प्रजा को सताएँगे, गाँवों को लूटेंगे। उनका अनाचार आप कैसे देख पाएँगे?"

"प्रजा और राज्य की इतनी ही चिंता थी तो दो वर्षों में राज्य को शक्तिशाली क्यों नहीं बनाया? प्रजा के धन से विलास करने के स्थान पर सेना को बलशाली क्यों नहीं किया? बाहरी आक्रमणों से निर्भय होते ही तुम राग-रंग में डूब गए। बीस-बीस रानियों, ढेरों रखैलों-पड़दायतों के बाद भी, नित्य नवीन स्त्रियों को प्राप्त करने की लालसा रखनेवाले राजा का राज्य कौन सुरक्षित रख सकता है?"—दीनाराम बोहरा कुछ अधिक ही क्रुद्ध हो चले थे।

"बाबा! आप ठीक कह रहे हैं, किंतु...."

"किंतु-परंतु क्या?"—दीनाराम बात काटकर बोले—"बहानों से बीता हुआ समय तो लौट नहीं आएगा। अनावश्यक स्पष्टीकरण देकर किसे बहलाना चाहते हो? मुझे या अपने आपको? जवानी तो सभी पर आती है। जीवन के इस सर्वोत्तम काल का मर्यादित उपभोग संपूर्ण जीवन को सार्थक बना देता है। लेकिन तुम तो कामपंक में आकंठ डूब, अपना हित-अहित भी विस्मृत कर बैठे। जिन मराठों से रक्षा के लिए अँगरेजों से संधि आवश्यक हो गई थी, संधि के बाद भी उन लुटेरों के दबाव से मुक्त नहीं हो पाए और उनके ही द्वारा सुझाए व्यक्ति को प्रधानमंत्री बनाकर, स्वयं कामसागर में डूब गए। यह भी नहीं देखा कि मराठों का पक्षधर प्रधानमंत्री तुम्हारे राज्य को निरंतर शक्तिहीन ही बनाता रहा है। लेकिन इसमें उसका भी क्या दोष? वह तो अपने वास्तविक स्वामियों के प्रति दायित्व-निर्वहन कर रहा है। यदि तुमको राग-रंग से अवकाश मिल पाता, स्वयं राज्य-संचालन में रुचि लेते, तो वह तुम्हारी इच्छाओं का पूरक बन जाता। कोई भी अधिकारी काम करता नहीं, उससे काम लिया जाता है!"

आंबेर महल में झरोखे के पीछे खड़ी रसकपूर स्तब्ध रह गई। महाराजा को इस तरह फटकारे जाने की तो उसने कल्पना भी नहीं की थी। अब तक तो 'चाणक्य' समझे जानेवाले खुशालीराम बोहरा के बारे में ही सुना था। उन्हें तो अब तक देखा नहीं, फिर भी स्पष्ट था कि यह ब्राह्मण उनसे भी अधिक प्रचंड है। यह तो अकेला ही किसी को भी राजमहल से गरदन पकड़कर निकाल फेंकने में सक्षम था।

"निस्संदेह, मुझसे प्रमाद हुआ है।"—जगतसिंह के स्वर में पश्चात्ताप का आभास था—"लेकिन इसका प्रतिकार कैसे हो? आप ही मेरा कर्तव्य निर्धारण करें।"

जगतसिंह की विनम्रता से दीनाराम के स्वर की उग्रता कम होने लगी—"तो सर्वप्रथम यहाँ का वनवासी जीवन त्यागकर राजमहल में लौट जाओ। वहाँ किसी अनुकूल और सुयोग्य व्यक्ति को प्रधानमंत्री बनाकर, स्वयं राज्य के संचालन-सूत्र सँभालो। आगे फिर परिस्थितियों के अनुरूप मार्गदर्शन करता रहूँगा।"

"तो अभी, इसी क्षण से, आप ही प्रधानमत्री का दायित्व स्वीकार कर मुझे और इस राज्य को कृतार्थ करें।"

"नहीं, अब यह संभव नहीं होगा। अपनी अपमानजनक बरखास्तगी के बाद पुनः इस पद पर नियुक्ति स्वीकारना मेरे लिए संभव नहीं। हाँ, मेरी समग्र क्षमता तुम्हें, इस जयपुर राज्य को, शक्तिशाली बनाने के लिए उपलब्ध होगी।"

"क्या मुझे प्रायश्चित्त का अवसर भी नहीं देंगे?"

"वह अवसर भी मिलेगा। व्यक्ति के मुकाबले देश के साथ किया गया अपराध अधिक बड़ा होता है। राजा को प्रायश्चित्त भी उसी के लिए करना चाहिए।"

"तब ठीक है,"—जगतसिंह ने निर्णायक स्वर में कहा—"मैं रसकपूर को लेकर आज ही चंद्रमहल लौटता हूँ।"

"रसकपूर!····कौन है यह? इसका चंद्रमहल से क्या संबंध है? क्या यह तुम्हारी इक्कीसवीं रानी का नाम है?"—दीनाराम का स्वर फिर कड़वाहट से भर गया।

"वह मेरी विवाहिता न होकर भी रानी से बढ़कर है।"—जगतसिंह ने धीरे से कहा।

"ओह! कहीं नूरी तवायफ की उस बेटी की बात तो नहीं कर रहे हो, जिसके प्रथम मुजरे का निमंत्रण मुझे भी मिला था और अपनी प्रतिष्ठा के विपरीत मानकर मैंने उसे अस्वीकार कर दिया था। रसकपूर उसी का नाम है क्या?"

रसकपूर स्तब्ध रह गई। यह ब्राह्मण तो उसका घोर विरोधी निकला। इसके विरोध की उपेक्षा कर महाराज उसे चंद्रमहल में ले जाने का साहस भला कैसे कर पाएँगे? उसके राजमहली स्वप्नों के इंद्रधनुष खंडित होने लगे। तभी महाराज का स्वर कानों में पड़ा—"हाँ, बाबा! वही रसकपूर। वही तवायफ की बेटी रसकपूर। लेकिन अब मेरी····सिर्फ मेरी रसकपूर!"

सुनकर निहाल हो गई रसकपूर। स्वप्नों के इंद्रधनुष फिर से चटकीले रंगों से भर गए। मन हुआ, दौड़कर महाराज के गले लग जाए। इतना सम्मान देकर तो उन्होंने उसे धन्य कर दिया। इसका प्रतिकार तो अपने प्राण देकर भी नहीं कर पाएगी। ओह महाराज! आज आपने मुझे कृतार्थ कर दिया। मुझे अपनी क्रीतदासी बना लिया।

उत्तर में दीनाराम कह उठे—"रसकपूर किसकी है, इसका निर्णय तुम करते रहो। लेकिन चंद्रमहल सिर्फ रानियों का है। महाराजा की विवाहिताओं का निवास-स्थान, उसकी पत्नियों का घर! घर तो गृहलक्ष्मी का होता है। उसकी अनुमति के बिना किसी अन्य स्त्री का वहाँ प्रवेश कैसे संभव होगा?"

"कौन रोकेगा मुझे?"—जगतसिंह का राजसी दर्प जागने लगा।

"प्रथम तो महाराजा की बीकावत पटरानी और उन्नीस महारानियाँ इसका विरोध करेंगी। फिर चंद्रमहल और राजपरिवार के लिए अपने सिर कटानेवाले तुम्हारे भाई-बंधु कछवाहा सामंत और इन सबसे बढ़कर, तुमको महाराजा माननेवाली जयपुर की जनता इस निर्णय के विरोधी सिद्ध होंगे। इतने विशाल विरोध का शमन तुम कैसे कर पाओगे?"

"और आप किधर होंगे ?"—जगतसिंह ने सीधा प्रश्न किया।

दीनाराम का स्पष्ट उत्तर था—"तुम्हारे व्यक्तिगत और रनिवासी जीवन में मेरी कोई रुचि नहीं, लेकिन जयपुर राज्य के हितों के विरोधी किसी भी व्यक्ति या घटना को मैं सहन नहीं कर पाऊँगा। उस स्थिति में तुम मुझे भी विरोध की अग्रिम पंक्ति में खड़ा पाओगे। इस पर भी मेरा परामर्श याद रखना—रसकपूर के प्रति अपने व्यक्तिगत प्रेम को, अपने 'महाराजा' से पृथक् रखने में ही तुम्हारा कल्याण होगा। जगतसिंह के प्रेम पर किसी को आपत्ति नहीं होगी, लेकिन महाराजा के रूप में प्रेम को अभिनंदित करने का प्रयास तुम्हारे पथ को कंटकाकीर्ण कर देगा। याद रखना, व्यक्ति अकेला होता है; जबकि महाराजा इतिहास के पृष्ठों में सदैव अमर रहता है। उसका प्रत्येक शुभ-अशुभ कर्म उसके जीवन से चिपका रह जाता है। इसलिए अपना मनचीता करने में विवेक का साथ कभी नहीं छोड़ना।"

"मैं आपका उपदेश सदैव याद रखूँगा।"—जगतसिंह ने बद्धांजलि हो प्रणाम किया तो वृद्ध कुटिल राजनीतिज्ञ का अंतर मक्खन-सा कोमल हो उठा। अपने दोनों हाथ महाराजा के मस्तक पर रखकर, स्नेह-विगलित स्वर में कह उठे—"तुम्हारा कल्याण हो !"

रसकपूर तो जैसे निहाल हो गई। इस दुर्जय ब्राह्मण के विरोध से इतनी आसान मुक्ति की तो उसने कल्पना भी नहीं की थी। उसे तो यह पर्वत-समान अभेद्य प्रतीत हो रहा था। लेकिन कठोर राजनीतिज्ञ के अंतःकरण की पवित्रता ने उसे श्रद्धा से ओतप्रोत कर दिया। इस महापुरुष के चरण-स्पर्श की इच्छा होने लगी।

धीर, दृढ़ कदमों से राजमहल के गलियारों को पार करते दीनाराम बोहरा मार्ग में अपरिचित अनिंद्य सुंदरी को बद्धांजलि खड़े देख ठिठक गए। अभिप्राय जानने की दृष्टि का विलक्षण उत्तर मिला। ठिठककर खड़े दीनाराम के कुछ समझने से पूर्व ही रसकपूर झुकी और उसकी अंजलि के पुष्प बोहराजी के चरणों को पुष्पित कर उठे।

दीनाराम के नेत्रों में कठोरता फैलने लगी। यही रसकपूर है, वह पलक झपकते समझ गए थे। तवायफ रसकपूर—जो महाराजा जगतसिंह के लिए ग्रहण सिद्ध होने वाली थी। जो जयपुर राज्य के तेजस्वी वंशज के दायित्व-निर्वहन में सबसे बड़ा व्यवधान बन गई थी। कठोर स्वर में पूछा—"यह क्या है ?"

"अपने पिता के चरणों में पुत्री का प्रणाम !"—रसकपूर ने मधुर स्वर में उत्तर दिया।

"मैं तेरा पिता कैसे हो गया ?"—स्वर की कठोरता बढ़ गई।

"धर्मपिता को भी जन्मदाता पिता के समान ही माना गया है।"

"लेकिन मैं धर्मपिता भी कैसे हुआ ?"

रसकपूर का विलक्षण उत्तर था :

"जनिता चोपनेता च यस्तु विद्यां प्रयच्छति।
अन्नदाता भयत्राता पंचैते पितरः स्मृताः ॥"

(पालन-पोषण करनेवाला, शिक्षा प्रदान करनेवाला, यज्ञोपवीत संस्कार करानेवाला और भयमुक्त करनेवाला भी शास्त्रानुसार, जन्म देनेवाले के समान ही पिता माने गए हैं।)

"इनमें से मैंने तेरा क्या हित किया है?"

"आपने मुझे भयमुक्त करके मेरे धर्मपिता का स्थान ग्रहण किया है।"

सुनकर दीनाराम जैसे फुंकार उठे—"तो तू हमारी बातें छुपकर सुन रही थी?"

"नहीं! मैं अपने कक्ष में थी। आपका क्रोधित स्वर अनायास ही वहाँ मुझ तक पहुँच रहा था।"

"जानती है, महाराज की मंत्रणा सुनना अपराध होता है?"

"हाँ, लेकिन अपने पिता और पति की बातें सुनना तो अपराध नहीं होता न, बाबा!"—रसकपूर ने मृदु-मंद स्वर में उत्तर दिया।

'बाबा' संबोधन से कठोर राजनीतिज्ञ का मन भीग उठा। यह लड़की तो निस्संदेह विलक्षण है। जितनी सुंदर तन से है, उससे कई गुना अधिक सौंदर्य तो इसके मन को आलोकित कर रहा है। यह मात्र तवायफ नहीं हो सकती। ऐसा शास्त्रोक्त तर्क किसी तवायफ के लिए कल्पना से भी परे है। नेत्रों की कठोरता सिमटकर स्नेह के नवीन वस्त्रों से आलोकित होने लगी। होंठों की कोर से छलकती मुसकान का वात्सल्य सायास दबाकर पूछा—"मुझसे क्या चाहती हो?"

नेत्रों के स्नेहिल स्पर्श से रसकपूर का संयम बिखर गया। प्रयासपूर्वक लगाया बाँध टूट जाने से अश्रु सरिताएँ बिखरने लगीं। भरभराकर, रुदन करती दीनाराम के चरणों को पकड़कर वह बिलख उठी।

जयपुर जैसे विशाल राज्य के प्रधानमंत्री रह चुके अनुभवी वृद्ध के लिए यह नितांत अनूठा अनुभव था। अंतर में घुटती व्यथा का विसर्जन तो नितांत अपने के समक्ष ही किया जाता है। रसकपूर के इस व्यथा-विसर्जन में वे स्वयं को कहीं से भी उसका आत्मीय-स्वजन नहीं मान पा रहे थे। लेकिन परिचय के बिना ही इस लड़की का अचानक उन्हें इतना आत्मीय मान बैठना किसी-न-किसी संबंध का सहज प्रमाण है। इस जन्म का न सही, शायद किसी अन्य जन्म में वह उनकी पुत्री रही हो।

वृद्ध के हाथ अनायास ही रसकपूर के सिर को सहलाने लगे। करुणासिक्त कंठ से कह उठे—"उठो, बेटी!"

'बेटी' शब्द ने जैसे संजीवनी का काम किया। रुदन के वेग से हलकान रसकपूर की हिचकियाँ थमने लगीं। वृद्ध के चरणों पर भुजाओं की जकड़न ढीली होने लगी। अपने कानों पर विश्वास न करके, कथन की पुष्टि पाने के लिए छलछलाए नेत्रों से देखा, तो वृद्ध की निर्मल आँखों के कोरों में तैरता जल, ढेर सारे अनुत्तरित प्रश्नों के उत्तर दे गया। डबडबाए नेत्रों और कँपकँपाते होंठों से स्वर फूटा—"बाबा! आप भी····"

कोरों में सिमट आए भावाश्रुओं को बलपूर्वक नेत्रों से ही पीते हुए दीनाराम के

होंठों पर स्नेह-पूरित हास्य तैर गया—"क्या मैं मानव नहीं हूँ? कठोर राजनीतिज्ञ के अंतर में भी उसका मनुष्यत्व, उसके संस्कार सदैव जाग्रत रहते हैं।"

रसकपूर की बाँहें पकड़कर बलपूर्वक खड़ा करके दीनाराम ने अपने उत्तरीय के छोर से उसके आँसू पोंछे। तनिक स्वस्थ होने पर पूछा—"मुझसे क्या चाहती हो?"

"आपका आशीर्वाद!"—रसकपूर के होंठों से ध्वनि निकली।

"और संरक्षण?"

"वह तो इसके साथ सहज रूप में प्राप्त होना चाहिए।"—रसकपूर की तर्कबुद्धि लौटने लगी थी।

"नहीं, तुम्हारे मामले में कुछ भी सहज नहीं है। मैं तुम्हारी अपेक्षाओं से भी अनभिज्ञ नहीं हूँ।"—दीनाराम बोहरा का भी राजनीतिज्ञ रूप जाग्रत होने लगा था—"मेरा आशीर्वाद तुम्हारे साथ है। लेकिन जिस पथ पर तुम अग्रसर हो रही हो, उसमें बिछे काँटे इसे निष्प्रभावी बना देंगे। इस कंटकाकीर्ण पथ पर शुभकामनाओं से अधिक, संरक्षण की आवश्यकता होती है। तुम्हारे सुखमय भविष्य के प्रति मेरा आशीर्वाद सदैव तुम्हारे साथ रहेगा। लेकिन संरक्षण देने के लिए मेरी शर्त होगी।"

"शर्त के स्थान पर आप आदेश दें। विश्वास करें, आदेश का पूर्ण पालन होगा।"

"नहीं! राजनीति में आदेश सदैव ही निरर्थक सिद्ध हुए हैं। मेरी वृद्ध आँखें धोखा नहीं खा सकतीं। मैं जानता हूँ कि तुम जगतसिंह की हृदयेश्वरी बनकर ही संतुष्ट हो जानेवाली स्त्री नहीं हो। इससे अधिक भी तुम्हें कुछ चाहिए। तुम क्या चाहती हो? तुम्हारी महत्त्वाकांक्षा क्या है? यह तुम जानो। लेकिन मेरी चेतावनी या परामर्श सदैव याद रखना। जयपुर राज्य के हितों के विपरीत कोई काम मत करना। महाराजा और उनके रनिवास के अंतर्द्वंद्व से मेरा कोई लेना-देना नहीं; लेकिन जयपुर राज्य के हितों को तनिक-सी भी क्षति पहुँचानेवाला मेरा परम शत्रु होता है। और उसका विनाश मेरा प्रथम लक्ष्य हो जाता है। इसमें मेरे रिश्ते-नाते कभी बाधक नहीं होते। बस, जयपुर का हित-चिंतन करते हुए तुम जो कुछ भी करो, उसमें मेरा संरक्षण भी तुम्हें प्राप्त होता रहेगा।"—बोहराजी ने अपने अंतर और स्थिति की स्पष्ट विवेचना कर दी।

"मेरा चंद्रमहल-प्रवेश तो आपको अरुचिकर नहीं लगेगा?"

"यह तुम्हारा और जगतसिंह का व्यक्तिगत मामला है। राज्य से इसका कोई संबंध नहीं,"—दीनाराम ने कहा—"लेकिन यह इतना आसान नहीं होगा। महाराजा भी तुम्हें इतनी आसानी से वहाँ नहीं ले जा पाएँगे। यह कछवाहा राजपूतों की मान-मर्यादा का प्रश्न है। रानियों से पूर्व महाराजा के भाई-बंधु ही इसका प्रबल विरोध करेंगे। मौखिक ही नहीं, आवश्यकता पड़ने पर उन्हें तलवारें खींचने में भी संकोच नहीं होगा। उस झगड़े में तुम्हारी हत्या भी संभव है।"

"ऐसे उग्र विरोधी कौन हो सकते हैं?"—रसकपूर ने पूछा।

"बारह कोटड़ियों के सभी कछवाहा सामंत। जिनमें दूनी ठाकुर चाँदसिंह के साथ चौमूँ ठाकुर किशनसिंह, सामोद ठाकुर बैरीसाल, वाटिका ठाकुर स्वरूपसिंह और बगरू ठाकुर बाघसिंह आदि तो प्राण देने और लेने की सीमा तक पहुँच सकते हैं। अपने रक्त-संबंधियों का कठोर विरोध करने का साहस स्वयं महाराजा में भी नहीं है। और इन्हें अनुकूल किए बगैर चंद्रमहल में तुम्हारा प्रवेश असंभव है।"

"आपकी पुत्री के लिए यह परीक्षा की घड़ी होगी। मुसलिम माँ की कोख से जन्मी होने के बाद भी मेरे पिता का ब्राह्म तेज मेरी क्षमता की कसौटी बनेगा। अब तो मुझे आपका आशीर्वाद भी प्राप्त हो गया है। ये राजपूत भला मेरा क्या बिगाड़ सकेंगे?"—रसकपूर का मुखमंडल अनोखी आभा से प्रदीप्त हो उठा।

यह देख दीनाराम भी विस्मित रह गए—"किस ब्राह्मण की पुत्री हो तुम?"

"यह तो मेरे पिता द्वारा स्वीकारे जाने पर ही आप जान पाएँगे, बाबा!"—रसकपूर ने मुसकराकर हाथ जोड़ दिए।

वयोवृद्ध राजनीतिज्ञ अपने चौरासीवर्षीय जीवन की प्रथम अनसुलझी गुत्थी के तार सहेजते-समेटते-सुलझाते वहाँ से चले गए।

□

रसकपूर को रानियों जैसे सम्मान के साथ चंद्रमहल में प्रतिष्ठित करने की जगतसिंह की योजना शीघ्र ही सर्वविदित हो गई। सुनकर जहाँ रनिवास में जबरदस्त खलबली मची, वहाँ सामंतों की तो भृकुटियाँ ही तन गईं। श्रेष्ठ राजपूती कुलों से आई रानियों के समान सम्मान-प्राप्ति की हकदार एक तवायफ को बनते देखना किसी को भी सह्य नहीं था। महाराज की विवाहित स्त्रियों के लिए ही सुरक्षित चंद्रमहल परिसर में किसी अविवाहित और वह भी हीन कुल की स्त्री के स्थान पाने की तो कल्पना भी नहीं की जा सकती थी। रानियों में भी सिर्फ पटरानी का ही स्थायी आवास वहाँ होता था। शेष रानियों के तो महल से सटी जनानी ड्योढ़ी में अपने-अपने रावळे थे। जहाँ उनका अपना दरबार, नौकरानी, बाँदियाँ आदि होती थीं।

जयपुर के विशाल राजप्रासाद की अंतरंग नगरी जनानी ड्योढ़ी की अपनी अलग दुनिया थी। परदानशीनों की इस दुनिया में पुरुष के नाम पर बालक तक का प्रवेश भी वर्जित था। इसमें महाराजा की माताओं, रानियों, पासवानों और पड़दायतों के अपने स्वतंत्र रावळे थे। इन्हें मिली जागीरों की व्यवस्था और देखरेख जयपुर के हजारों लोगों की आजीविका के साधन थे। इनकी अपनी-अपनी दासियों-परिचारिकाओं को 'छोरी' और 'बाइयाँ' कहते थे। उन्हें काम के अनुरूप ही नाम मिले थे—मसनद के पास खड़ी रहने वाली 'मसनद बाई', मक्खियाँ उड़ानेवाली 'माखीबाई', तकिया लगानेवाली 'तकिया बाई,' कहलाती थी। इसी प्रकार वे पोशाकों के अनुरूप 'घाघरावाली', 'गरारावाली', 'सूथनावाली' भी कहलाती थीं।

ऊँची दीवारों से घिरी, बड़े-बड़े चौकों, दालानों और हवेलियों से भरपूर इस

उपनगरी की विशाल व्यवस्था का दायित्व 'नादिरों' (हिजड़ों) के दल पर था, जिनकी सहायता के लिए 'नेवाणें' (नाईणें) होती थीं। प्रत्येक शनिवार को होनेवाली जनाना महफिल में सम्मिलित महाराजा ही नृत्य-संगीत की इन महफिलों के एकमात्र पुरुष होते थे। राजवंशों से आई विवाहित रानियों को उनके पितृकुल के नाम से जाना जाता था, और उसके आगे 'जी' लगता था—राठौड़जी, झालीजी, जादूणजी, तंवरजी आदि। जबकि पासवानों और पड़दायतों को ड्योढ़ी से ही नया नाम मिलता था और उसके आगे 'राय' लगाया जाता था—बसंतीरायजी, तारारायजी, लक्ष्मीरायजी आदि।

पासवान को सात हजार और पड़दायत को पाँच हजार रुपए वार्षिक आय की जागीर मिलती थी। इन्हें भी पैरों में सोना पहनने का अधिकार होता था। रानियों की संतानें कुँवर-कुँवरानी और पड़दायतों के पुत्र 'लालजी' कहे जाते थे। महाराजा अपनी इच्छा अनुरूप, कभी रानी या पड़दायत के रावळे में जाकर अथवा उन्हें अपने कक्ष में बुलाकर अभिसार करते थे।

लेकिन जनानी ड्योढ़ी में रखेलों की स्थिति सबसे खराब थी। वे जनानी ड्योढ़ी के उस दूसरे भाग की आवासिनी होती थीं, जहाँ महाराजा कभी भूले से भी नहीं पहुँचते थे। त्योहारों-उत्सवों के अतिरिक्त वहाँ सामान्यतः वीरानी ही रहती थी। नौकरानियों की संख्या भी नगण्य ही थी। बहुत से काम तो उन्हें स्वयं ही करने होते थे। भोजन बनाने के लिए वहीं रसोईघर था, जहाँ सबको मिल-जुलकर काम करना होता था। परस्पर सौतिया डाह से त्रस्त इस दुनिया में वे रुग्णावस्था में भी सहानुभूति के दो शब्द सुनने को तरस जाती थीं। महाराजा से प्राप्त जेवर-कपड़ों को देखते-कोसते, ऊँची दीवारों के उस पार की दुनिया की कल्पना करके रोते-बिलखते ही उनका जीवन व्यतीत होता था। रानियों की ड्योढ़ी को विभाजित करनेवाली दीवार के उस पार से आनेवाली नृत्य-संगीत की आवाजें सुनकर, वे मन मसोसकर रह जाती थीं। पाषाणी दीवारों की तरह वीरान अपनी जिंदगी पर आँसू बहाते हुए, करवटें बदल-बदलकर भोर की प्रतीक्षा करने में ही उनका जीवन व्यतीत होता था।

महाराजाओं के भोग-विलास हेतु नारी-रत्नों को सहेजकर रखनेवाली जनानी ड्योढ़ी सन् १७६७ में अचानक महत्त्वपूर्ण हो उठी, जब महाराजा माधोसिंह प्रथम के उत्तराधिकारी के रूप में पाँच वर्षीय बालक पृथ्वीसिंह गद्‌दी पर आसीन हुआ। राजसी परंपरा के अनुरूप, नाबालिग राजा की अभिभाविका बनकर, माधोसिंह की वरिष्ठ रानी चूँड़ावतजी ने शासन-सूत्र अपने हाथों में सँभाल लिये थे। बोहरा राजा खुशालीराम और फीरोज महावत उसके विश्वस्त सहायक बन गए। फीरोज के अभ्युदय का कारण उसका राजमाता चूँड़ावतजी के साथ अवैध संबंध था।

सत्ता के षड्यंत्रों में जनानी ड्योढ़ी के निर्णायक हस्तक्षेप के कारण सत्ता-प्राप्ति के लिए वहाँ घृणित षड्यंत्रों का ताना-बाना फैलने लगा। अपने सगे पुत्र को गद्‌दी पर बैठाने के लिए राजमाता और अभिभाविका चूँड़ावतजी ने, अपने सौतेले पुत्र महाराज

पृथ्वीसिंह की विष द्वारा हत्या करवा दी। उसके स्थान पर बैठा उनका सगा तेरह वर्षीय पुत्र प्रतापसिंह। किंतु उसके भी नाबालिग होने के कारण रावळे का ही राज्य बरकरार रहा। प्रतापसिंह के बालिग हो जाने पर भी सत्ता-संचालन में आकंठ लिप्त जनानी ड्योढ़ी का प्रभाव कम नहीं हुआ था। खुशालीराम बोहरा अब भी जनानी ड्योढ़ी का विश्वासपात्र बना हुआ था। यह खंडेलवाल ब्राह्मण इतना चतुर था कि चार-चार बार कैद किए जाने के बाद भी, हर बार मुक्त होकर वह प्रधानमंत्री ही बनता रहा था।

जगतसिंह के समय भी जनानी ड्योढ़ी का अपना प्रभाव था। रसकपूर के चंद्रमहल में आगमन के समाचार से रनिवास में खलबली मच गई। ऐसी अनहोनी की तो किसी ने कल्पना भी नहीं की थी। जगतसिंह की पटरानी और महारानियाँ ही नहीं, दिवंगत महाराज प्रतापसिंह की विधवा रानियाँ भी इस संकट में एकजुट हो उठीं। जनानी ड्योढ़ी से सटे पटरानी के महल 'माधव-निवास' और चंद्रमहल के बीच खूबसूरत, किंतु अपेक्षाकृत छोटे दुमंजिले महल का निर्माण होते देख उनका माथा ठनका था। कुशल शिल्पियों ने दिन-रात अनवरत श्रम करके माधव-निवास जैसी ही सुख-सुविधाओं वाले इस महल का आनन-फानन निर्माण कर, बहुमूल्य सजावट द्वारा अनूठा कलेवर दे दिया था। शयनागार में चाँदी के पायोंवाले विशाल छपरखट पर मखमली गद्‌दे, गाव तकिए और मसनदें अभिसार का मूक निमंत्रण देने लगे। दूसरे कक्ष में पूरे फर्श पर बिछी मोटी गलीचा दरी पर एक ओर मोटा गद्‌दा और मसनदें बिछा दी गईं, जहाँ बैठकर महाराज नृत्य-संगीत एवं पान-गोष्ठियों का आनंद ले सकें। प्रसाधन-कक्ष में श्रृंगार की राजसी सुविधाएँ और वस्त्राभूषणों की व्यवस्था थी। गुसलखाने में गरम-ठंडे जल की व्यवस्था भी की गई थी। भोजनकक्ष और बैठक को भी पूर्ण सज्जित किया गया था।

महल की खिड़कियों-दरवाजों को रेशमी परदों से अलंकृत देखकर खवास हीरालाल की आँखें प्रसन्नता से चमक उठीं। एक बार फिर सावधानीपूर्वक प्रत्येक वस्तु का निरीक्षण करके वह संतुष्ट हो गया। मुख्य द्वार पर ताला लगाकर, चाबी जेब में डाल, वह मगन मन वहाँ से चल दिया।

□

'सर्वतोभद्र' के कलात्मक कक्ष में, फर्श पर बिछे गद्‌दों पर बैठे सामंतों के चेहरों पर क्रोध और क्षोभ के मिले-जुले भाव थे। नवनियुक्त प्रधानमंत्री मानजीदास पुरोहित उन्हें समझाने का प्रयास कर रहे थे। दीनाराम बोहरा के परामर्श पर अमल उसी दिन हो गया था। जयपुर की सैन्य-शक्ति को सबल बनाने के लिए जगतसिंह ने अपने फौज बख्शी (प्रधान सेनापति) मानजीदास को ही इस पद पर नियुक्त कर दिया था। स्वयं को इस नवीन दायित्व के योग्य सिद्ध करने के लिए नए प्रधानमंत्री सरदारों को समझाने का प्रयास कर रहे थे, जबकि दीनाराम और खुशालीराम निर्लिप्त भाव से मौन बैठे, उनकी तकरार सुन रहे थे।

चाँदसिंह का आक्रोश सर्वाधिक मुखर था—"नहीं, दीवानजी ! महाराज के इस अमर्यादित आचरण को किसी भी मूल्य पर बरदाश्त नहीं किया जा सकता। उनके राग-रंग पर हमने कभी आपत्ति नहीं की। वे राजकाज से अधिक भोग-विलास में डूबे रहे, हमने कभी विरोध नहीं किया। वे राज्य की जर्जर आर्थिक दशा में भी अपनी ऐयाशी पर खजाना लुटाते रहे, हमने असंतोष व्यक्त नहीं किया। लेकिन एक तवायफ को कुलीन राजपूतानियों से बढ़कर सम्मान मिले, यह हम बरदाश्त नहीं करेंगे। अपनी मान-प्रतिष्ठा के प्रश्न पर कोई भी समझौता या कैसा भी आश्वासन हमें स्वीकार नहीं होगा।"

सामोद ठाकुर बैरीसाल ने भी समर्थन कर दिया—"हम भी महाराज के भाई-बंधु हैं। उन्हें मर्यादा-विरुद्ध आचरण से रोकना हमारा दायित्व है।"

चौमूँ ठाकुर किशनसिंह दुर्धर्ष योद्धा भी थे। उनके पिता रणजीतसिंह ने खंडेला के पास हुए युद्ध में जयपुरी सेना के परास्त होने और सेनापति रोडाराम के भाग जाने पर, मोरचा सँभालकर हार का न केवल बदला लिया, अपितु जयपुरी सेना की छीनी गई सारी तोपें भी छुड़ा लाए थे। युद्ध में लगे गंभीर घावों से ही बाद में उनका प्राणांत हुआ था। उनका पुत्र किशनसिंह भी ऐसा ही जबरदस्त लड़ाका था। उसने तो म्यान से आधी तलवार ही खींच ली—"व्यर्थ की बातों में क्या रखा है? इस झगड़े की जड़ वह तवायफ है। मैं अकेला ही महल में जाकर उसका काम तमाम कर देता हूँ। बाँस ही नहीं रहेगा तो बाँसुरी कैसे बजेगी?"

"सूर्यवंशी राजपूत होकर एक स्त्री पर शस्त्रपात करोगे?"—दीनाराम बोहरा कह उठे—"एक निःशस्त्र स्त्री की हत्या से तुम्हारा कुल निश्चय ही गौरवान्वित हो जाएगा।"

बोहराजी के व्यंग्य से चौमूँ ठाकुर का मुँह लटक गया। चाँदसिंह ने बात सँभाली—"नहीं, नारीवध का पाप हम नहीं करेंगे। लेकिन उसे चंद्रमहल में भी नहीं आने देंगे।"

"यह तो भयानक स्थिति होगी।"—प्रधानमंत्री मानजीदास ने कहा—"जब आप सामंत अपनी बात पर अड़ सकते हैं, तो महाराज तो शासक हैं। विश्व-प्रसिद्ध तीन हठों में राजहठ सदैव ही सर्वाधिक प्रभावशाली सिद्ध होता आया है। आपके विरोध से यदि महाराज का राजहठ जाग उठा और उन्होंने बल-प्रयोग की आज्ञा दे डाली, तब तो भयानक परिस्थिति बन जाएगी। एक छोटी-सी बात पर इतना उत्तेजित होना, आप जैसे शूरवीर सामंतों को शोभा नहीं देता।"

"आप इसे छोटी-सी बात कह रहे हैं, दीवानजी !"—वाटिका ठाकुर स्वरूपसिंह कह उठे—"राजपूती प्रतिष्ठा के प्रश्न पर तो हम अपने सिर तक कटा सकते हैं।"

बगरू ठाकुर बाघसिंह ने तो रसकपूर को पकड़कर राज्य से निष्कासित तक कर देने का परामर्श दे डाला।

अब तक चुपचाप बैठे अचरोल ठाकुर कायमसिंह ने पहली बार मुँह खोला—

"हम सभी महाराज के बांधव और जयपुर राज्य के हितैषी हैं। हमारा यहाँ बैठकर महाराज के विरुद्ध चर्चा करना शोभा की बात नहीं है। दीवानजी इस बारे में भला कर भी क्या सकते हैं? उचित तो यह होगा कि हम अपनी भावनाएँ सीधे महाराज के समक्ष ही व्यक्त करें।"

अब टोडा ठाकुर पृथ्वीसिंह भी बोल उठे—"यद्यपि मैं महाराज के निर्णय से सहमत नहीं, लेकिन इस प्रश्न पर उनसे विद्रोह करने का भी मेरा कोई इरादा नहीं है। यहाँ अब तक हुई बातों से राजद्रोह की गंध आ रही है। ऐसी बैठक में भाग लेना भी राजद्रोह में सहायक होना ही है। अब या तो यहाँ चुनौतीपूर्ण भाषा का प्रयोग बंद किया जाए, अन्यथा मैं यहाँ बैठ पाने में असमर्थ रहूँगा।"

"टोडा ठाकुर कुछ अधिक ही राजभक्त हो गए हैं!"—स्वरूपसिंह ने व्यंग्य किया—"तभी तो उस तवायफ का इतना पक्ष ले रहे हैं।"

"टोडा ठाकुर पर व्यंग्य करने की आवश्यकता नहीं है, ठाकराँ"—बाँसखो ठाकुर पद्मसिंह खूमबानी तीखे स्वर में बोल उठे—"वैसे भी इस प्रकरण में रसकपूर का क्या दोष है? कोई बता सकता है? वह सुंदर है, क्या यही उसका अपराध है? अथवा तवायफ के घर पैदा होकर उसने कोई पाप किया है? वह स्वयं तो अपने घर से चलकर महाराजा के पास नहीं पहुँची। और न ही वह आज भी अपनी इच्छानुसार कहीं जाने के लिए स्वतंत्र है। वह तो महाराज के आदेश की गुलाम है। फिर उस पर इतना क्रोध किसलिए?"

दूनी ठाकुर चाँदसिंह को इस प्रकार आपस में ही मतभेद हो जाने की आशा नहीं थी। वह समझ रहे थे कि राजपूती प्रतिष्ठा के प्रश्न पर सारे सामंत एकमत हो जाएँगे। फलस्वरूप, महाराज पर उनका सम्मिलित दबाव रसकपूर को चंद्रमहल से दूर रखने में सफल होगा। लेकिन किशनसिंह के अमर्यादित क्रोध से सबकुछ गड़बड़ा गया था। बिगड़ी बात सँवारने के लिए उन्होंने चर्चा का रुख मोड़ दिया और दीनाराम से कहा—"बोहराजी! आप मौन क्यों हैं? आप भी तो अपनी सम्मति दीजिए।"

दीनाराम बोले—"इसमें मेरी सम्मति की क्या आवश्यकता है? यह तो आपकी पारिवारिक समस्या है और आप सब मिलकर इस पर विचार कर ही रहे हैं।"

"तो क्या एक तवायफ का चंद्रमहल प्रवेश आपको राज-प्रतिष्ठा के विपरीत नहीं जान पड़ता?"

अब खुशालीराम ने भी दीनाराम का समर्थन कर दिया—"आप लोग राज परिवार के संबंधी हैं। इस कुल के मान-अपमान पर विचार करने और निर्णय लेने के अधिकारी आप लोग ही हैं। महाराज किसे अपनाते हैं और उसे कहाँ-कैसे रखते हैं, यह आप लोग जानें। हाँ, उसका राज्य के हितों पर विपरीत प्रभाव पड़ने की स्थिति में हमारा हस्तक्षेप उचित रहेगा।"

"तो ठीक है।"—चाँदसिंह फुफकार उठे—"हम इसे अपने स्तर पर ही सुलझाने

का प्रयास करेंगे। दीवानजी ! आप महाराज को सूचित कर दें कि चंद्रमहल में रसकपूर का प्रवेश हमारी लाशों को लाँघकर ही हो पाएगा। मैं अपने भाई सामंतों के साथ प्राण रहते इसका विरोध करूँगा।"

□

महाराज जगतसिंह भी जैसे फुफकार उठे—"तो ठीक है, दीवानजी ! हमारे सैनिकों को आप किसी भी विरोध को कुचलने का आदेश दे दें। मेरे द्वारा दिए सम्मान से इन ठाकुरों का मस्तिष्क विक्षिप्त हो गया है। मैं इनका उपचार भी जानता हूँ। लाशों को लाँघकर ही सही, रसकपूर चंद्रमहल में अवश्य प्रवेश करेगी। हम कल तीसरे प्रहर रसकपूर के साथ जयपुर आएँगे। आप उसके स्वागत की तैयारियाँ कराइए।

"जो आज्ञा, महाराज !" —चिंतित मानजीदास उठ गए।

□

रक्तपात की आशंका से रसकपूर का मन विचलित हो उठा। कम-से-कम उसके कारण तो यह खूनखराबा नहीं होना चाहिए। उत्तेजित जगतसिंह को मसनद के सहारे बैठाकर वह बोली—"मुझे लेकर राजमहल में यह रक्तपात उचित नहीं है, महाराज ! वे लोग नहीं मानते तो आप ही हठ छोड़ दीजिए।"

"नहीं, रस !"—जगतसिंह का राजदर्प जाग उठा था—"उन्होंने हमारी सत्ता को चुनौती दी है। विद्रोह की घोषणा की है। हम उन्हें कुचल डालेंगे।"

"महाराज ! यह उचित नहीं होगा। मेरी एक प्रार्थना स्वीकार करें।"

"क्या कहना चाहती हो ? कहीं सामान्य स्त्रियों की तरह यह न कह बैठना कि इस रक्तपात के स्थान पर मैं तुम्हें ही छोड़ दूँ।"

"नहीं, महाराज ! जीते-जी आपसे अलग होने की तो मैं कल्पना भी नहीं कर सकती। मेरा जीवन आपकी धरोहर है। अपने से अलग करने से पूर्व आपको अपने ही हाथों इसका अंत करना होगा।"

"तब ठीक है। अब कहो, क्या कहना चाहती हो ?"

"मेरा विचार है कि इस छोटी-सी बात पर संघर्ष करना उचित नहीं रहेगा। यह आपकी अपयश वृद्धि में ही सहायक होगा।"

"लेकिन उन्होंने हमें चुनौती जो दी है !"

"कहाँ दी है ? वे तो सिर्फ मेरे प्रवेश के विरोधी हैं। आपके प्रति तो उनकी निष्ठा आज भी यथावत् है। ऐसे निष्ठावान, किंतु गुस्सैल साथियों का प्रतिकार शस्त्र से नहीं, नीति से किया जाता है। अच्छा, एक बात बताइए। आप मुझे अपने पास चंद्रमहल में ही तो रखना चाहते हैं न ?"

"हाँ, ताकि तुम हमसे एक पल के लिए भी न बिछुड़ सको।"

"और आपने मेरे लिए वहाँ एक महल भी बनवाया है ?"

"हाँ, वह तुम्हारे आगमन की प्रतीक्षा कर रहा है।"

"तो महाराज, आप ऐसा कीजिए,"—रसकपूर ने मुसकराकर कहा—"कल निर्धारित समय पर आप अपने अंगरक्षकों के साथ अकेले, सदा की तरह चंद्रमहल पहुँचें। उदयपोल पर चाँदसिंह आदि सामंतों से इस प्रकार व्यवहार करें, जैसे आपको उनके इरादों की जानकारी ही न हो। फिर सहज सामान्य रूप से आप चंद्रमहल में पधार जाएँ। वहाँ मैं आपका स्वागत करने के लिए पहले से तैयार मिलूँगी।"

"लेकिन तुम वहाँ कैसे पहुँचोगी?"—महाराज़ का आश्चर्य स्वाभाविक था।

"आपके चेला खवास हीरालाल के साथ, गोविंददेवजी के मंदिरवाले मार्ग से मैं आपसे भी पहले पहुँच जाऊँगी।"

"लेकिन ड्योढ़ियों के ढलैत चोबदार तुम्हें कैसे प्रवेश करने देंगे?"

"हीरालाल के पास आपका आदेश-पत्र मार्ग की प्रत्येक बाधा दूर कर देगा।"

"तब ठीक है।"—योजना समझकर जगतसिंह पुलकित हो उठे—"मैं आदेश-पत्र अभी लिखवा देता हूँ। लेकिन डरता हूँ, मेरे पहुँचने से पूर्व ही तुम्हारे साथ कुछ अप्रिय न घट जाए।"

"आप निश्चिंत रहें। मैं कोई गुड़ की डली तो नहीं, जिसे कोई भी मुँह में रख ले।"

□

यही हुआ। सिरहड्योढ़ी दरवाजे से जलेब चौक में प्रवेश करके महाराजा की सवारी उदयपोल पर अपना स्वागत स्वीकार करने के लिए ठहर गई। वहाँ द्वार पर मार्ग रोके खड़े चाँदसिंह, स्वरूपसिंह, किशनसिंह, बैरीसाल, बाघसिंह आदि के पास ही, किसी अप्रिय घटना के निवारण हेतु गंगासिंह, कायमसिंह, पद्मसिंह, हरिसिंह आदि सामंतों के साथ दीवान मानजीदास, दीनाराम, खुशालीराम और शिवनारायण मिश्र भी खड़े थे। काली अचकन और सफेद चूड़ीदार पायजामे की पोशाक में, पीठ पर ढाल और कमर में तलवार बाँधे, हाथ में बल्लम सँभाले द्वार-रक्षकों का सैनिक अभिवादन स्वीकार करने के लिए महाराजा बग्घी से उतर गए।

सैनिक अभिवादन के बाद उन्होंने कन्याओं द्वारा आरती करवाकर, मंगल कलशों में झाड़शाही रुपए डाले। फिर दीनाराम और खुशालीराम को प्रणाम करके सामंतों की ओर देखा। बग्घी में किसी अन्य को न देखकर, चाँदसिंह सहित सभी सामंत विस्मय से भर उठे। तो उन्हें मिली सूचना गलत थी। रसकपूर को चंद्रमहल में लाने का महाराज का इरादा कभी था ही नहीं। अन्यथा क्या वह साथ नहीं होती? कहीं-न-कहीं कुछ भ्रम अवश्य हुआ है।

महाराज की अपनी ओर उठी दृष्टि से हड़बड़ाकर सामंतों ने बद्धांजलि हो उनका अभिवादन किया। मीठी मुसकान के साथ जगतसिंह बोले—"चाँदसिंहजी! एक लंबे अंतराल के बाद आप सब बंधुओं को एकसाथ देखकर हमें अत्यंत प्रसन्नता हुई है। मैं तो आप लोगों से मिलने के लिए बैठक बुलाने का विचार कर रहा था। अच्छा हुआ,

महल में प्रवेश के समय ही आप सब हमें मिल गए।"

फिर मानजीदास की ओर देखकर बोले—"दीवानजी ! यहाँ से हम दीवानेआम जाएँगे।"

दीवानजी का संकेत पाकर अनुचर दौड़ गए। अपने सामंतों और मंत्रियों के साथ महाराज पैदल ही विजयपोल, जयपोल और गंगापोल होते हुए, विशाल एवं भव्य दीवानेआम की ओर बढ़ गए। आशंकाएँ निर्मूल सिद्ध होने से उत्साहित सामंत भी प्रसन्न मन उनके पीछे-पीछे चल रहे थे।

□

इसी समय एक पालकी 'ढलैतों की ड्योढ़ी' पर आकर रुकी। चंद्रमहल के पिछवाड़े गोविंददेवजी के मंदिर की ओर जानेवाले मार्ग की ड्योढ़ी पर, ढाल बाँधे, जल्लम थामे सतर्क ढलैतों का नायक, खवास हीरालाल को देख मुसकरा उठा—"आओ, हीरालालजी ! पालकी में आज किसे लाए हो ?"

हीरालाल हँस पड़ा—"अब किस-किसके नाम याद रखूँ ? यहाँ तो हर रात नया नाम याद करना होता है।"

"लेकिन आज इधर से क्यों ले जा रहे हो ? हमेशा तो उधर प्रवेश-द्वार से ही पालकियाँ आती-जाती रही हैं।"

हीरालाल ने परिहास किया—"लगता है, आज अफ़ीम की गोली गले से नहीं उतारी है। तभी ऐसी नासमझी की बातें कर रहे हो।"

"क्या मतलब ?"

"अरे ! उधर तो महाराज के स्वागत की तैयारियाँ हो रही हैं। अन्नदाता किसी भी क्षण पधारने वाले ही हैं। ऐसे में वहाँ से पालकी ले जाकर क्या मैं दंड का भागी बनता ? इसीलिए आज इधर से जाना पड़ रहा है।"

तभी दूर से मंगल-वाद्यों की ध्वनि सुनाई पड़ी। हीरालाल हड़बड़ाकर बोला—"लो, अन्नदाता तो पधार गए और मैं अभी यहीं अटका पड़ा हूँ। आज तो मेरी खैर नहीं। हटो, रास्ता छोड़ो।" फिर कहारों को डाँटता हुआ बोला—"चलो, जल्दी करो। सुस्त कहीं के !"

और पालकी ड्योढ़ी में प्रवेश कर, बाईं ओर के रास्ते पर मुड़ गई। सीतारामद्वार के सामने पालकी रखवाकर हीरालाल ने कहारों को बाहर जाने का संकेत किया। फिर पालकी के द्वार पर धीरे से बोला—"यह महाराज के पूर्वज और कुलदेवता भगवान् राम का मंदिर है। महल में प्रवेश से पूर्व इनके दर्शन करके अपने सुखमय जीवन के लिए की गई प्रार्थना अवश्य सफल होगी। महाराज और राजपरिवार का कोई भी मंगल-कार्य इनके बगैर संपन्न नहीं होता। युद्ध में भी इनका हाथी सबसे आगे रखे जाने के कारण ही प्रत्येक युद्ध में जयपुरी सेना की विजय होती रही है। महाराज का कोई भी युद्ध-प्रयाण, सीतारामजी के बगैर आरंभ नहीं होता।"

पालकी का परदा हटाकर रसकपूर बाहर निकली। सीता, लक्ष्मण और हनुमान सहित भगवान् राम के दर्शन करके रसकपूर के नेत्र श्रद्धा-अश्रुओं से भर गए। श्रद्धा-विगलित हृदय से भगवती सीता की ओर देखकर, वह मौन प्रार्थना कर उठी—'माता! प्रिय-विछोह की मर्मांतक पीड़ा से आप भली प्रकार परिचित हैं। अपने प्रियतम से बिछुड़ने से पूर्व ही मृत्यु मेरा आलिंगन कर ले, यही आशीर्वाद चाहती हूँ।'

सीताराम-दर्शन से रसकपूर के मन-प्राण एक नवीन ऊर्जा से स्फुरित हो उठे। पुजारी से चरणोदक प्राप्त कर वह पुनः पालकी में जा बैठी। संकेत पाकर कहार पालकी उठाकर चंद्रमहल की ओर बढ़ गए। वहाँ महाराजा के महल-परिसर में आगमन से सतर्क द्वार-रक्षकों के पास रुककर हीरालाल ने महाराज का आदेश-पत्र दिखाया। फिर पूछा—"अन्नदाता महल में पधार गए क्या?"

"नहीं! वे उधर से ही सामंतों के साथ दीवानेआम में पधार गए हैं।"

"तब ठीक है।"—हीरालाल ने आश्वस्ति की लंबी साँस छोड़ी—"मैं तो घबरा ही गया था। विलंब के कारण आज तो दंडित होने से बाल-बाल बचा हूँ। चलो, जल्दी से द्वार खोलो।"

पालकी के अंदर प्रवेश करते ही द्वार पुनः बंद हो गए। कहारों के पीठ करके खड़े होते ही, संकेत पाकर घूँघट निकाले रसकपूर बाहर निकली और हीरालाल के साथ मंथर, किंतु दृढ़ कदमों से महल में प्रवेश कर गई। अपने निर्धारित महल के मार्ग में मिली दासियों का प्रणाम स्वीकार करती रसकपूर अपने सुसज्जित कक्ष में निर्विघ्न पहुँच गई।

हीरालाल ने कहा—"मैं महाराज को लिवाने जा रहा हूँ। तब तक आप द्वार अंदर से बंद करके साँकल लगा रखें। मेरे अतिरिक्त अन्य किसी के भी कहने पर द्वार न खोलें। यहाँ पग-पग पर खतरे हैं। जरा-सी चूक सारे किए-कराए पर पानी फेर सकती है।"

सुसज्जित महल और मूल्यवान् वस्त्राभूषणों का निरीक्षण करके रसकपूर प्रसन्न हो गई। यह महल अब उसका अपना है। वह रानियों के लिए सुरक्षित चंद्रमहल की सहभागिनी बन गई है। जीवन का सपना साकार हो चला है। हीरालाल का कथन सुनकर पूछा—"खतरा किस बात का है? क्या राजमहल में भी किसी प्रकार का संकट संभव है?"

हीरालाल गंभीर हो गया—"वास्तविक खतरे तो अब सामने आएँगे। राजमहल के आंतरिक संकट ही इतने अधिक हैं कि किसी बाहरी संकट की आवश्यकता नहीं रह जाती। आपके विरुद्ध सामंत ही नहीं, रानियाँ और राजमाताएँ भी संगठित हो गई हैं। उन्हें अभी आपके आगमन का ज्ञान नहीं है। पता चलते ही वे नागिनों की तरह आपको नष्ट करने के लिए फन तान लेंगी। हर पल सतर्कता ही यहाँ सुरक्षा दिला सकती है। आप अकेली हैं। रानियों के आक्रमण से मैं तो क्या, महाराज भी आपकी अधिक रक्षा नहीं कर पाएँगे। राजकुलों से आने के कारण, उनके किसी भी अपराध के लिए महाराज

भी दंडित नहीं कर पाएँगे"—फिर द्वार की ओर देखकर कह उठा—"लीजिए, कुंदन भगतण भी आ पहुँची। अब आप अकेली नहीं रहेंगी।"

कुंदन को द्वार बंद करने का निर्देश देकर हीरालाल बाहर आ गया। वहाँ आठ चेला खवासों को सतर्कतापूर्वक महल की रक्षा करने का आदेश देकर वह स्वयं महाराज को सूचना देने चल दिया।

□

संध्या के दीप जलने तक जगतसिंह प्रसन्नमुख सामंतों की कुशल-क्षेम पूछकर राज्य के नए समाचारों से अवगत होते रहे। दीनाराम बोहरा और खुशालीराम बोहरा जैसे बुजुर्ग ब्राह्मणों के आज्ञा माँगकर जाने के साथ ही खूबसूरत बिल्लौरी जामों में महकते आसवों की परोसगारी आरंभ हो गई। चाँदसिंह ने अपना प्याला ऊँचा करके कहा—"महाराज की दीर्घायु के लिए।" शेष सामंतों ने कहा—"अन्नदाता चिरायु हों।"

"नहीं, आज का मदिरापात्र हमारी दीर्घायु के नाम नहीं,"—जगतसिंह के स्वर ने होंठों की ओर बढ़ते प्यालों को ठिठका दिया—"चंद्रमहल लौटकर आज हम अत्यंत प्रसन्न हैं। यह पात्र उस अयाचित हर्ष के नाम पर रिक्त किया जाए।"

सामंतों को महाराज की प्रसन्नता का कारण अपने बांधवगणों के बीच लौटना ही समझ में आया। मुदित मन वे कह उठे—"महाराज की यह प्रसन्नता अक्षुण्ण रहे। अन्नदाता इसी प्रकार अपनों को प्रतिष्ठा प्रदान करते रहें।"

जगतसिंह मुसकराकर रह गए। झाड़-फानूसों से जगमगाते दीवानेआम में मीठी चुटकियों और हलके ठहाकों के बीच पान-गोष्ठी चलती रही। चाँदी की झारी सँभाले सेवकों की सतर्क दृष्टि सामंतों के पात्रों पर केंद्रित थी। पात्र रिक्त होते ही वह तत्परता से भर दिया जाता था। विभिन्न प्रकार के स्वादिष्ट सामिष व्यंजनों से भरी रकाबियाँ सबके बीच घूम रही थीं। अपनी योजना की सफलता देख जगतसिंह मन-ही-मन मुसकराकर, रसकपूर के चातुर्य की सराहना कर रहे थे। जिसके कारण आशंकित रक्तपात मदिरापान में बदल गया था।

द्वार पर खवास हीरालाल को देखकर महाराजा ने साभिप्राय दृष्टि से उसकी ओर देखा। उसकी मुसकराहट से सभी आशंकाएँ निर्मूल हो गईं। अर्थात्, योजना पूरी तरह सफल सिद्ध हुई। रसकपूर निर्विघ्न चंद्रमहल में प्रवेश कर गई है।

कार्य-सिद्धि का संकेत पाते ही महाराज प्रिय-मिलन के लिए बेचैन हो उठे। अब महफिल में बैठे रहना उन्हें दंड-सा प्रतीत होने लगा। अचानक वे खड़े हो गए। मीठी-तीखी चुटकियों के बीच मद्यपान का आनंद ले रहे सामंतगणों की चुहल बंद हो गई। महाराजा को खड़े देख, वे भी अपने मद्यपात्र रखकर खड़े हो गए। जगतसिंह मुसकराए—"आप लोग जी भरकर पिएँ और हमारी आज की प्रसन्नता अक्षुण्ण बनी रहने की प्रार्थना करें। अब हम विश्राम करने जा रहे हैं।"

सामंतों का अभिवादन स्वीकार कर जगतसिंह दीवानेआम से निकले और तेज

कदमों से चंद्रमहल की ओर बढ़ गए।

चंद्रमहल की दूसरी मंजिल स्थित अपने महल 'सुखनिवास' में रुके बगैर जगतसिंह उससे सटे महल की दूसरी मंजिल की ओर बढ़े, जहाँ उनकी हृदयेश्वरी प्रतीक्षा में पलक-पाँवड़े बिछाए बैठी थी। तभी कुछ शोर जैसा उनके कर्ण-पटलों को झंकृत कर गया। चंद्रमहल में भला शोर का क्या काम? जहाँ ऊँची आवाज में बात करना अथवा तेज कदमों से चलना तक वर्जित था, वहाँ शोरगुल की तो कल्पना भी नहीं की जा सकती थी। अवश्य ही कहीं कुछ अघट घट रहा था।

तेज कदमों से आगे बढ़ते ही एक अनोखा दृश्य देखने को मिला। जनानी ड्योढ़ी की अनेक दासियाँ रसकपूर के महल का द्वार खुलवाने के लिए पूरी शक्ति से धक्के लगा रही थीं। रसकपूर की रक्षा के लिए तैनात चेला खवास तो उन दुस्साहसी दासियों के धक्कों से सहमकर एक कोने में सिकुड़-सिमट गए थे। महाराजा की राठौड़ी रानी के नेतृत्व में हो रहे इस हमले के विरोध का साहस उनमें नहीं रह गया था। एक ओर खड़ी रानी क्रुद्ध स्वर में दासियों को ललकारकर जोश दिला रही थी—"धक्का मारकर द्वार तोड़ डालो और इस तवायफ को घसीटकर महल के बाहर फेंक दो।"

रानियों की विश्वस्त दासियों-बाइयों का जोश बढ़ता जा रहा था। वे चिल्ला-चिल्लाकर रसकपूर को चुनौती दे रही थीं—"छिनाल कहीं की, दरवाजा क्यों नहीं खोलती? दो कौड़ी की औरत, महाराज पर डोरे डालकर यहाँ रानियों की बराबरी करने आई है? अरे, दरवाजा खोलकर तो देख। आज तुझे कौन बचाता है?"

विकट दृश्य देखकर महाराज के कदम थम गए। प्रणयी आँखों में क्रोध के रंग छितराने लगे। उनके महल में उनकी ही प्रियतमा का ऐसा घोर अपमान! नेत्रों के आक्रोश में भस्मासुरी ललाई गहराने लगी।

हीरालाल ने फुरती दिखाई। दोनों हाथों से दासियों को धकेलने के साथ ही उसने ऊँचे स्वर में चेतावनी दी—"अन्नदाता पधार गए हैं।"

सुनते ही जैसे वज्रपात हुआ। चीखती दासियों के स्वर कंठ में ही घुटकर रह गए। आक्रोश से तनी मुट्ठियाँ, पक्षाघात-पीड़ित अंगों की तरह निष्प्राण हो नीचे गिर गईं। महाराज की उपस्थिति से वे पाषाण-मूर्ति बनी खड़ी रह गईं।

राठौड़ी रानी भी इस अप्रत्याशित परिस्थिति के लिए तैयार नहीं थी। वह तो रसकपूर को महल से धकेलने के बाद, राजकोप का सामना जनानी ड्योढ़ी के सामूहिक विरोध के साथ करने का मानस बनाए बैठी थी। सामंती विरोध की योजना असफल हो जाने पर रानियों ने, आनन-फानन बनी इस नई योजना के कार्यान्वयन के लिए राठौड़ी रानी को आगे किया था। लेकिन महाराज के अकस्मात् आगमन से इस योजना की भी अकाल मृत्यु हो गई।

फर्श को रौंदते-से कदमों से चलते हुए महाराज राठौड़ी रानी के पास पहुँचे। क्रुद्ध दृष्टि से देखते हुए बोले—"तो यह सब आपका किया-धरा है? हमारे महल में विद्रोह

करने का साहस आपने किया है ? हमारी विवाहिता हो, इसलिए प्रश्न कर रहा हूँ। अन्य कोई तो अब तक दंडित हो चुकी होती। राजकुल से हो। राजद्रोह का दंड तो जानती ही होगी !"

महारानी काँप उठी। सारा जोश-आक्रोश पलभर में धुल गया। दंड की कल्पना से सिहर उठने के बाद भी साहस बटोरकर कहा—"लेकिन आपका आचरण भी तो राजकुल की प्रतिष्ठा के विपरीत है।"

"अच्छा, तो राजकुल की मर्यादा हमें आपसें समझनी होगी !"—जगतसिंह का स्वर विषैला हो उठा—"उनसे, जिनके पूर्वज अपनी पुत्रवधू से बलात्कार के कारण पुत्र के हाथों मारे जाकर अनोखी मर्यादाएँ स्थापित कर गए थे। मारवाड़ के कुँवर बख्तसिंह ने अपने पिता महाराजा अजीतसिंह की हत्या इसी कारण की थी न ?"

"महाराज !"

"और आप यहाँ रसकपूर को अपमानित करके चंद्रमहल से निष्कासित करने का स्वप्न सँजोकर आई थीं ?"—जगतसिंह फुफकार उठे और हीरालाल की ओर देखकर बोले—"द्वार खुलवाओ।"

लेकिन हीरालाल के आवाज देने के पूर्व ही द्वार की अर्गला खड़की और सुदृढ़ द्वार धीरे-धीरे खुलता चला गया। कुंदन भग़तण ने दरवाजे के पल्लों से हाथ हटाकर रेशमी परदा भी सरका दिया। कक्ष के बीच निश्चल-निर्भीक खड़ी रसकपूर की ओर संकेत कर महाराजा गुर्रा उठे—"लो, यह खड़ी है रसकपूर। साहस हो तो इसे छूकर दिखाओ।"

राठौड़ी रानी के कदम-वाणी जड़ हो गए थे।

तभी जनानी ड्योढ़ी का संरक्षक मोहनराम नादिर भागता हुआ वहाँ आया और महाराज को देख, साष्टांग प्रणाम्र कर बोला—"अन्नदाता ! क्या हुआ ? ये दासियाँ और महारानी साहिबा···मैंने अभी-अभी कुछ अप्रिय समाचार सुना। कहीं मेरे कर्तव्य-पालन में तो कोई त्रुटि नहीं हो गई ?"

"हुई है, मोहनराम। वास्तविक अपराधी तुम्हीं हो।"—महाराज की आँखें भट्ठी बन चली ीं—"नमकहराम ! हमारी जनानी ड्योढ़ी में हमारे विरुद्ध षड्यंत्र पनपता रहा और तूने हमें सूचित तक नहीं किया ? क्या तू भी इनके षड्यंत्र में सम्मिलित था ?"

"अन्नदाता !"—मोहनराम महाराजा के चरणों में लोट गया—"मुझे तो इसका जरा भी पता नहीं था। महाराज ! मैंने आपका नमक खाया है। मुझपर विश्वास करके ही आपने मुझे अपने अंतःपुर का संरक्षक बनाए रखा है। मैं आपके पिता महाराज के समय से ही पूरी वफादारी से सेवा करता आ रहा हूँ। इस बार क्षमा करें। भविष्य में शिकायत का मौका नहीं आने दूँगा।"

"तो ठीक है, इस बार क्षमा करता हूँ"—महाराज ने चेतावनी दी—"अभी जाकर हमारी राजमाताओं, पटरानी, महारानियों, पासवानों, पड़दायतों और रखेलों सहित जनानी

ड्योढ़ी की दासियों-बाइयों तक को बता दो कि रसकपूर का विरोध हमारा विरोध होगा—राजद्रोह होगा। और राजद्रोह का एक ही दंड होता है—प्राणदंड !"

"जो आज्ञा, अन्नदाता ! आपका आदेश अभी प्रचारित हो जाता है !"—नादिर ने हाथ जोड़कर कहा।

कक्ष के मध्य में खड़ी रसकपूर, धीमे परंतु दृढ़ कदमों से बाहर निकली और राठौड़ी रानी के सामने जाकर खड़ी हो गई। हाथ जोड़कर बोली—"अपनी बहन का प्रणाम स्वीकार करें।"

"बहन ?"—राठौड़ीजी के चेहरे पर वितृष्णा फैल गई—"भला तुम मेरी बहन कैसे हो सकती हो ?"

"एक ही पुरुष में अनुरक्त होने के कारण हम सभी में बहनापा सहज रूप से स्थापित हो जाता है।"—रसकपूर ने मुसकराकर कहा।

"पुरुष एक होने पर भी तुम्हारे और हमारे अनुराग में भारी अंतर है। हम अग्नि के फेरे लेकर महाराज के अनुराग बंधन में बँधी हैं। हमारा जीवन अब उनके लिए ही समर्पित है।"—राठौड़ी के स्वर में आक्रोश पुनः घुलने लगा था—"लेकिन तुम्हारा न कन्यादान हुआ, न अग्नि की साक्षी में भाँवरें फिरीं। धर्म का बंधन भी तुम्हारे लिए नहीं। कभी भी यहाँ से मुक्त हो, किसी अन्य पुरुष की भोग्या बनने के लिए स्वतंत्र हो जाओगी। एक पुरुष में निष्ठा ही स्त्री को गरिमा प्रदान करती है। तुम्हारे व्यवसाय में लिप्त स्त्री तो 'निष्ठा' शब्द का अर्थ भी नहीं जानती। अपना शब्दजाल महाराज तक ही सीमित रखो। मुझपर इसका कोई प्रभाव नहीं होगा।"

रसकपूर खिलखिलाकर हँस पड़ी—"किसी पुरुष के प्रति सम्मोहन क्या अग्निकुंड की भाँवरों और कन्यादान का मोहताज होता है? भगवान् शिव के प्रति अनुरक्त माता पार्वती, अपने प्रियतम को प्राप्त करने के लिए भाँवरों और कन्यादान की प्रतीक्षा में तो जन्म-जन्मांतर तक प्रतीक्षिता ही रह जातीं। लेकिन उन्होंने स्वयं को पूर्ण समर्पित कर, प्रिय-प्राप्ति का अनुष्ठान किया और उन्हें प्राप्त करने में सफल हो गईं।"

"ओह ! तो तुम भी माता पार्वती की तरह, महाराज रूपी शिव की प्राप्ति के लिए तपस्या कर रही हो ?"—राठौड़ी रानी के होंठों पर वक्र हास्य तैर उठा।

"हाँ।"—रसकपूर गंभीर स्वर में कह उठी—"वेदांत दर्शन में प्रत्येक पुरुष शिव और प्रत्येक नारी भगवती पार्वती है। शिव और शक्ति का संयोग ही सृष्टि का निर्माण करता है। शिव और शक्ति, पुरुष और प्रकृति ही सृष्टि के मूल तत्त्व हैं। यही सृष्टि के निर्माता भी हैं। मुझ सहित आप सब सृष्टि का शक्ति-तत्त्व हैं। और महाराज सहित समस्त पुरुष शिव रूप। 'तात्त्विक चिंतन' में पुरुष और प्रकृति स्वयं में परम स्वतंत्र हैं। योगियों की उस अवस्था में अपने-पराए का भेद समाप्त हो जाता है। लेकिन सामाजिक मर्यादाओं के बंधनों में भी पुरुष और स्त्री के संबंधों को इसी रूप में, सृष्टि-उत्पादक-स्वरूप में स्वीकारा गया है।"

"पता नहीं क्या ऊल-जलूल बोले जा रही हो।"—राठौड़ी रानी बौखला उठी—"तुम्हारी बातें तो मेरी समझ से बाहर हैं।"

"मैं जानती थी,"—रसकपूर मुसकराई—"उच्च कुल से आने के बाद भी मेरी बातें समझने की क्षमता आपमें नहीं होगी। आप जैसी स्वयंघोषित उच्च कुलीनों ने पुरुष और नारी को परस्पर भोग की वस्तु ही माना है। जबकि वैदिक दर्शन में भोग तो गौण होता है। आप लोगों को घुट्टी पिलानेवाले इस चिंतन से अनभिज्ञ होने के कारण ही आपको इस अमृत-तत्त्व का साक्षात्कार नहीं करा पाए हैं।"

"तवायफ के घर पैदा होकर भी ज्ञान की बड़ी-बड़ी बातें कर रही हो!"

"किसी कुल में जन्म लेना अथवा न लेना जीव के वश में नहीं होता। लेकिन ज्ञान तो कुल-वंश का मोहताज नहीं होता। स्वाध्याय के द्वारा कोई भी उसकी प्राप्ति का अधिकारी बन सकता है। यही कारण है कि आपके लिए महाराज पुरुष मात्र हैं, जिसे भोगने का सामाजिक अधिकार आपको प्राप्त है। जबकि मेरे लिए वे शिव-तत्त्व हैं—प्रकृति को पूर्ण करनेवाला तत्त्व। वे मेरे और मैं उनकी पूरक हूँ। परस्पर विश्वास और प्रेम ही हमें एक-दूसरे से जोड़ रहा है। इन संबंधों में भोग तो अत्यंत सामान्य-सहज प्रक्रिया है।"

"राजमहल में ऐसी विदुषी का आगमन हमारे लिए सौभाग्य का विषय है। किसी दिन जनानी ड्योढ़ी में पधारकर अपने प्रवचन से हमारी अन्य अज्ञानी बहनों को भी ज्ञान-मार्ग दिखाने की कृपा करें।"—राठौड़ी रानी व्यंग्य से हँस पड़ी।

"एक दिन वहाँ भी आऊँगी। उस दिन आपके ज्ञान-चक्षु खुल जाएँगे,"—रसकपूर के स्वरों पर कठोरता का आवरण फैलने लगा—"अभी आप मेरा इतना ही संदेश ले जाकर अपनी भ्रमित बहनों को दे दें कि मैं यहाँ महाराज में अनुरक्त हो, प्राणों को संकट में डालकर आई हूँ। प्राणों से अधिक मूल्यवान् कुछ भी नहीं होता। और प्राणों का मोह त्याग देनेवाले से अधिक साहसी भी कोई अन्य नहीं होता। मुझे अपने प्रियतम से अलग करने की कल्पना भी आप लोगों के लिए प्राणघातक सिद्ध होगी। मैं अपने ही बल पर अपने विरोधियों से निपटने की सामर्थ्य रखती हूँ। आप सब अपने पितृकुल, संबंधियों और सामंतों की बैसाखियों के सहारे खड़ी हैं। जबकि मेरे पास इनमें से एक भी सहारा नहीं है। मैं अपने ही पैरों के बल पर खड़ी हूँ। मुझे छोटी बहन मानने पर आप सब मेरे आदर की पात्र होंगी। लेकिन शत्रुता की स्थिति में भगवान् ही जाने किसके हाथ क्या आएगा। अपने जीवन के अतिरिक्त मेरे पास खोने के लिए और कुछ भी नहीं है, जबकि आपके पास खोने के लिए इसके अतिरिक्त भी बहुत कुछ है। मैं चाहती हूँ कि न आप मुझसे कुछ छीनें और न ही अपना कुछ खोएँ।"

"और यह भी सुन लें,"—महाराज कह उठे—"इस क्षण के बाद रसकपूर की आज्ञा के बिना उसके 'रसविलास' में पैर रखनेवाला कठोर दंड का भागी होगा।"

"रसविलास?"—राठौड़ी रानी चौंकी।

"हाँ, रसविलास ! रसकपूर का निवास आज से रसविलास नाम से जाना जाएगा !" महाराजा की घोषणा के बाद कहने को कुछ भी शेष नहीं रहा था। दासियों के साथ सिर झुकाए पीतमुख, राठौड़ी रानी जनानी ड्योढ़ी के गलियारे में प्रस्थान कर गई।

□

राजमहल का अंतःपुर सौतिया डाह से धधकने लगा। नादिर मोहनराम द्वारा प्रचारित महाराजा की आज्ञा ने अग्नि में घी का काम किया। जो रानियाँ एक-दूसरे का सौभाग्य भी सहन नहीं कर पाती थीं, उनके लिए एक तवायफ का बढ़ता वर्चस्व तो सर्वथा असह्य था। परस्पर विद्वेष और सौतिया प्रतिस्पर्धा को भूल, इस बाहरी आपत्ति का मुकाबला करने के लिए जनानी ड्योढ़ी संगठित होने लगी। पटरानी बीकावतजी के विशाल और भव्य रावळे में रानियों की गुप्त मंत्रणाएँ आरंभ हुईं। रसकपूर से पूर्व महाराज की परम प्रिय महारानी भटियाणी का आक्रोश सर्वाधिक मुखर था—"हमें तत्काल महाराज से मिलकर इसका विरोध करना चाहिए। उन्हें स्पष्ट बता देना चाहिए कि वे हममें और उस तवायफ में से किसी एक को चुन लें।"

राजाओं के अंतःपुर सौतिया डाहों से कभी मुक्त नहीं रहे। जगतसिंह का अंतःपुर भी इसका अपवाद नहीं था। रसकपूर को साझी विपत्ति मान, उसके निराकरण के लिए जुटी रानियाँ भी एक-दूसरे के प्रति ईर्ष्या-भाव से मुक्त नहीं थीं। भटियाणीजी के क्रुद्ध स्वर सुनकर, बीकानेर की तँवरजी ने मुसकराकर पास बैठी मेवाड़ की छोटी राणावतजी से कहा—"रानी साहिबा का क्रोध तो देखो। वह दिन भूल गईं, जब महाराजा की नजरों में चढ़ी होने के घमंड के कारण हम सबको कैसी तिरस्कार की दृष्टि से देखती थीं।"

छोटी राणावतजी मुँह के आगे पल्लू लगाकर हँस पड़ीं—"उस दिन तो इन्होंने पटरानीजी को भी ताना मार दिया था। क्या कहा था उस समय ?"

उदयभानोत रानी मुसकराई—"मुझे याद है। इन्होंने कहा था, 'महाराज को पसंद आनेवाली ही असली रानी होती है। शेष तो जनानी ड्योढ़ी की भीड़ ही होती हैं।' और आज देखो, ये उप 'भीड़' से ही सहायता माँग रही हैं।"

भटियाणीजी का समर्थन करते हुए सीसोदणी रानी बोली—"अन्नदाता को स्पष्ट रूप से बता देना चाहिए कि तवायफ के पास जानेवाला पुरुष हमारा पर्यंक-सहचर नहीं बन सकता। उन्हें दोनों में से किसी एक का चयन करना होगा। क्यों राठौड़ीजी ?"

राठौड़ी रानी अभी तक महाराज की प्रताड़ना से त्रस्त थी। उसने अन्यमनस्क भाव से कह दिया—"मुझे बीच में न घसीटो। आप सब रानियाँ यहाँ बैठी ही हैं। आप लोग ही आपस में विचार करके निर्णय कर लो।"

"क्यों ! महाराज के सामने जाने से डर रही हो अथवा उस तवायफ का जादू चल गया है ?"—भटियाणीजी ने व्यंग्य किया।

राठौड़ कुल की गुस्सैल रानी भड़क उठी। तीखे स्वर में बोली—"जो चाहे समझो, लेकिन मैं अब इस झगड़े में आगे होने की मूर्खता नहीं करूँगी। आप लोगों के

कहने में आकर अभी कल ही तो दंडित होने से बाल-बाल बची हूँ। महाराज की चेतावनी के बाद उसी अपराध की पुनरावृत्ति करके दंडित होने का मुझे कोई शौक नहीं है।"

पटरानी बीकावतजी ने समझाया—"संगठित होने पर हममें से किसी एक को दंडित किया जाना संभव नहीं होगा।"

"संगठन का परिणाम तो मैं अच्छी तरह देख-भुगत चुकी हूँ," —राठौड़ीजी के होंठ वक्र हास्य से सिकुड़ गए—"उस दिन महाराज के क्रोध के सामने मैं अकेली पड़ गई थी। दासियों के सामने मेरा इतना अपमान हुआ, लेकिन आपमें से कोई भी मेरी सहायता करने नहीं आई। जनानी ड्योढ़ी वहाँ से कोसों दूर थोड़े ही थी! वहाँ की आवाजें तो यहाँ तक साफ सुनाई देती रही होंगी।"

"लेकिन अब ऐसा नहीं होगा,"—भटियाणीजी ने आश्वस्त करना चाहा—"अब हम किसी भी परिस्थिति में किसी को अकेला नहीं छोड़ेंगी।"

"तो फिर आप ही हमारा नेतृत्व करें."—राठौड़ीजी ने तेजी से कहा—"हम सब आपके साथ रहेंगी।"

"मैं···मैं भला वरिष्ठ रानियों के रहते आगे रहने का साहस कैसे कर सकती हूँ?"—भटियाणीजी ने अपना बचाव करना चाहा तो उदयभानोत रानी बोल उठी—"महाराज के शयनकक्ष में जाते समय भी तो इस वरिष्ठता का ध्यान रखा होता। उन दिनों तो महाराज की प्रेम-पात्री बनकर आप फूली नहीं समाती थीं।"

छोटी राणावत रानी ने भी फिकरा कस दिया—"उन दिनों तो आप वरिष्ठ रानियों तक को मक्खी-मच्छर जैसी हिकारत के साथ देखती थीं। तब तो आपने पटरानीजी तक का मान नहीं रखा था।"

तँवरी रानी भला क्यों पीछे रहती—"रसकपूर के आने से असली घाटा तो आपको ही हुआ है। आपके ही महाराजा किसी और के हो गए।"

व्यंग्योक्तियों से भटियाणी रानी तिलमिला उठी—"क्या महाराज सिर्फ मेरे ही हैं? आपका उनसे कोई लेना-देना नहीं है?"

अब वरिष्ठ राणावत रानी भी बोल उठी—"हाँ, उन दिनों तो आप महाराज को 'अपना' ही मानती थीं। आप ही उनकी हृदयेश्वरी बनी इठलाती फिरती थीं। हमारी याद तो उन्हें कभी भूले-चूके ही आती थी। हमारे लिए तो उन स्थितियों में आज भी कोई परिवर्तन नहीं हुआ है।"

पटरानी बीकावतजी ने हस्तक्षेप किया—"पुरानी बातों को दोहराने से कोई लाभ नहीं होगा। यह समय तो परस्पर द्वेष-विरोध को भूल, इस नई विपत्ति का समाधान ढूँढ़ने का है।"

कटु स्मृतियों ने रानियों को दो पक्षों में विभक्त कर दिया था। पटरानी बीकावतजी के साथ सीसोदणी रानी के अतिरिक्त, जगतसिंह की भाटी वंशज नौ

भटियाणी रानियों में से पाँच ने खुले रूप से समर्थन दे दिया। राठौड़ी रानी भी उनके ही साथ थी, लेकिन अब वह आगे रहकर मोरचा सँभालने से कतरा गई थी। इसके विपरीत, महाराज के आदेश के विरुद्ध न जाने में ही अपना हित माननेवाली चार भटियाणियों के अतिरिक्त, मेवाड़ की दोनों राणावत महारानियाँ और बीकानेर की तँवरी तथा उदयभानोत रानी मिलकर दूसरा पक्ष बन गई थीं। जगतसिंह की मेड़तणी और अखैराजोत रानियों ने स्वयं को विवाद से अलग रखना ही उचित समझा था।

जनानी ड्योढ़ी की आंतरिक कलह ने रानियों को एकजुट नहीं होने दिया। जगतसिंह की चार पड़दायतों—रूपरेखा, मोहनराय, कुन्नाना और मोती का समर्थन-विरोध महत्त्वहीन होने के कारण रानियों ने उनसे विचार-विमर्श करना उचित नहीं समझा था। और महाराज की रखेलों को तो पूछता ही कौन था?

पाँच

कुंदन भगतण से रनिवासी मंत्रणा के गुप्त समाचार जानकर रसकपूर मुसकरा उठी। उसके आदेश पर महारानियों के लिए उपहार तैयार किए गए। प्रत्येक के लिए एक थाल में मिठाई, फल और मेवे तथा दूसरे में लहँगा, ओढ़नी और काँचली के मूल्यवान् जोड़े के साथ एक-एक स्वर्णाभूषण भी था। पटरानी के लिए दो जोड़े और पाँच आभूषण थे। उपहारों के साथ रसकपूर का प्रणाम और दर्शनों की अभिलाषा भी व्यक्त करने का आदेश था। कुंदन स्वयं उपहार लेकर प्रत्येक रानी के रावळे में पहुँची।

पटरानी फतहकँवर बीकावत ने भेंट अस्वीकार करते हुए कहा—"उपहारों का आदान-प्रदान समान स्तर के व्यक्तियों में ही शोभा देता है। अपने से छोटों से कुछ लेने के स्थान पर उन्हें कुछ देते रहने में ही हमारी शोभा है। उनसे कुछ स्वीकारना हमारी कुल-प्रतिष्ठा के विपरीत होगा। हाँ, प्रणाम तो किसी का भी स्वीकार्य ही होता है। रसकपूर का भी अभिवादन हम स्वीकार करते हैं। दर्शनों के लिए हमारे पास अवकाश होने पर विचार करेंगे।"

सीसोदणी रानी गुलाबकँवर ने तिरस्कारपूर्वक उपहार लौटा दिए—"एक तवायफ की भेंट स्वीकार कर हम अपने-आप को छोटा बनाना नहीं चाहते।"

भटियाणी रानी अहजनकँवरी तो सुनकर शेरनी की तरह बिफर गई। उपहारों को ठोकर मारकर फुफकार उठी—"उस दो कौड़ी की वेश्या की यह मजाल, जो हमें उपहार भेजे! निकल जाओ मेरे रावळे से और भविष्य में कभी उसका नाम लेकर यहाँ आने का साहस न करना।"

कुंदन भगतण खामोशी से सामान उठवाकर बाहर आ गई। महारानियों के इस तिरस्कार से वह हताश हो उठी थी। उसे रसकपूर के ऐसे कड़े विरोध की आशा नहीं थी। लेकिन मीरा की वंशज, मेड़ता की मेड़तणी रानी चाँदकँवरी के व्यवहार से उसे राहत मिली। उपहार स्वीकार करते हुए उस मिठबोली राठौड़ी रानी ने कहा—"भेंट अस्वीकार करना तो भेंटकर्ता का अपमान होता है।" थालों को अपने हाथ से छूकर स्वीकार करते हुए रानी ने गले का हार उतारकर कुंदन को दे दिया—"इसे हमारी ओर से आशीर्वाद के रूप में रसकपूर को देना और कहना कि जब कभी अवकाश मिले, हमारे रावळे में आकर अपना दुःख-सुख, हमारे साथ बाँट सकती है।"

कुंदन जैसे निहाल हो गई। झुक-झुककर प्रणाम करती उदयभानोत रानी

अगरकँवर के रावळे में पहुँची। वहाँ भी उपहारों को तिरस्कृत नहीं होना पड़ा। रसकपूर के प्रणाम के उत्तर में आशीर्वाद और कभी भी भेंट कर लेने की स्वीकृति पाकर मगन मन कुंदन बड़ी राणावत रानी रूपकँवरी के रावळे में प्रवेश करके ठिठक गई। वहाँ छोटी राणावत रानी गुमानकँवरी को भी देख वह एक पल असमंजस में पड़ी, फिर बारी-बारी से दोनों का अभिवादन करके बोली—"महाराज के स्नेह-बंधनों में बँधकर राजमहल में आई रसकपूर ने वरिष्ठ रानियों के चरणों में अपना प्रणाम निवेदन करके दर्शनों की अनुमति माँगी है। उन्होंने कुछ उपहार भी भिजवाकर, छोटी बहन के नाते आशीर्वाद चाहा है।"

फिर छोटी राणावत रानी की ओर देखकर कहा—"आपके लिए भेजा प्रणाम और उपहार यदि आज्ञा दें तो यहीं उपस्थित कर दूँ, अन्यथा अपने रावळे में ही दर्शन देने की कृपा करें।"

अपनी चचेरी बहन से परस्पर संकेतों का आदान-प्रदान कर, जावर (मेवाड़) राणा भूपालसिंह की पुत्री वरिष्ठ राणावत रानी खिलखिलाकर हँस पड़ी—"क्यों? राजमहल में कदम रखते ही उसने रिश्वतें देनी आरंभ कर दीं? हमें भी वस्त्राभूषणों का लालच देकर अपनी ओर करना चाहती है?"

"नहीं, रानी साहिबा!"—कुंदन ने विनीत स्वर में उत्तर दिया—"उनका कहना है कि प्रारब्ध ही उन्हें यहाँ खींच लाया है। अब तो यहाँ के निवासियों के बीच ही जीवन व्यतीत करना है। भारतीय परंपरा में किसी के घर खाली हाथ जाना निषिद्ध रहा है। फिर अपनी बड़ी बहनों को खाली हाथ प्रणाम करना तो अशिष्टता ही मानी जाएगी। इन उपहारों को परिचय-प्रणाम के रूप में ही स्वीकार कर कृपया दर्शन की अनुमति प्रदान करें।"

"बहुत चतुर प्रतीत होती है तेरी स्वामिनी,"—राणावतजी ठठाकर हँस पड़ीं—"आते ही बहन बनने का उपक्रम करने लगी। इस चतुरा को देखने की हमारी भी इच्छा है। जब भी अवसर मिले, हमारे रावळे के द्वार उसके लिए खुले हैं।"

चैन की साँस लेकर कुंदन ने जावर ठाकुर फतहसिंह की पुत्री छोटी राणावत रानी की ओर देखा। उनका उत्तर भी अनुकूल ही मिला—"अब भी मेरा कुछ कहना कहाँ शेष रह गया है? जा, मेरे लिए भेजी सामग्री भी यहीं ले आ। इसके अतिरिक्त जीजी के उत्तर में ही मेरी भावनाएँ भी समाहित मान लेना।"

मुदित मन राठौड़ी रानी श्यामकँवरी के कक्ष में पहुँची कुंदन को पुनः आघात का सामना करना पड़ा। थोब राजकुमारी ने कहा—"रसकपूर का उपहार स्वीकारने अथवा अस्वीकारने के बारे में तत्काल कोई निर्णय लेने में असमर्थ हूँ। अभी इन्हें वापस ले जा। भावी घटनाक्रम ही इसका निर्णय करने में समर्थ होगा। उसके व्यवहार को जाने बगैर उपहारों के आदान-प्रदान को मैं उचित नहीं समझती। अनुकूल भावी परिस्थितियों में मेरे रावळे और उसके 'रसविलास' के बीच के फासले क्षणभर में सिमट जाएँगे।"

वरिष्ठ रानियों की स्वीकृति-अस्वीकृति जानकर ही शेष आठ भटियाणी रानियों में से गुलाबकँवरी, चाँदकँवरी और गुमानकँवरी ने भी उपहार स्वीकार कर कभी भी भेंट करने की अनुमति प्रदान कर दी; किंतु शेष रानियों—अभयकँवरी, सिंगारकँवरी, श्रीकनवारी, चाँदकँवरी (दूसरी) तथा रूपकँवरी ने उपहारों को लौटाकर अपने विरोधी रुख से अवगत करा दिया। अखैराजोत रानी फतहकँवरी ने मेड़तणी रानी की तरह ही उपहार एवं प्रणाम स्वीकार कर, उत्तर में स्वर्णाभूषण के रूप में अपना आशीर्वाद भी दिया।

अपने उपहारों के उत्तर जानकर रसकपूर के होंठों पर संतुष्टि की मुसकान तैर गई। जनानी ड्योढ़ी के परिणाम उसकी आशा के अनुरूप ही मिले थे।

□

रसकपूर अपनी कुशाग्र बुद्धि से चंद्रमहल में अपनी सुरक्षा-व्यवस्था का ताना-बाना बुन रही थी। उपहारों द्वारा प्रदत्त सम्मान द्वारा रनिवास के एक पक्ष की सहानुभूति प्राप्त करने के बाद उसने जनानी ड्योढ़ी की उपेक्षित रखैलों को अपनी विश्वास-भाजन बनाने का प्रयास आरंभ किया। कुंदन भगतण ने इन उपेक्षिताओं में से विश्वास-योग्य स्त्रियों को चुन-चुनकर, उन्हें इन ऊँची पाषाणी दीवारों की कैद से बाहर निकलने का स्वप्न दिखाकर, रसकपूर की सेवा में लाना आरंभ किया। जगतसिंह की ही नहीं, उनके पिता महाराजा प्रतापसिंह की रखेलों को भी रसकपूर आशा-किरण प्रतीत हुई। जनानी ड्योढ़ी के गुमनाम और उपेक्षित जीवन की अपेक्षा रसकपूर की सेविका बनकर जीने का विकल्प उन्हें अधिक रुचिकर लगा। उस स्थिति में इस नरक से मुक्त हो, हास-परिहास और चहल-पहल से जीवंत जीवन को देखने-छूने का अवसर तो मिलेगा। विशाल प्राचीरों में कैद, घुटन-भरी जिंदगी को खुली हवा में साँस लेने का मौका तो मिलेगा!

रसकपूर के सौंदर्य और व्यवहार से अभिभूत हो वे अनायास ही उसे मुक्तिदाता स्वीकार करती चली गईं। शीघ्र ही इन परित्यक्ताओं की ऐसी समर्पित टुकड़ी तैयार हो गई, जिसे रसकपूर के लिए जान देने और जान लेने में भी संकोच न होता। महारानियों की मुँहजोर बाइयाँ उनके हाथों मार खाकर अब दूर से ही निकल जाने में अपनी कुशल मानती थीं। रसकपूर की विरोधी रानियों की दासियों-बाइयों को घेरकर खिजाने और जरा-सा भी प्रतिरोध करने पर पीट देने में इनको बहुत आनंद मिलता था। उनका वश चलता तो वे महारानियों-पड़दायतों तक को ठोक-पीट देने में भी संकोच नहीं करतीं। यह आचरण उनके तिरस्कृत जीवन के घावों पर मरहम जैसी शीतलता प्रदान करता था। उनका प्रतिशोधी मन तो इस महल को आग लगाकर, छार-छार कर देने का होता था, जिसकी पाषाणी दीवारों के पीछे उनके सपनों-अरमानों की दुनिया दफन होकर रह गई थी। अपने नष्टप्राय जीवन के अवसान से पूर्व वे इस वैभवशाली दुनिया में जीनेवालियों के सपनों को भी राख में बदलते देखना चाहती थीं।

रसविलास में जनानी ड्योढ़ी जैसा छोटे-बड़े का भेद, उच्च-निम्न कुल का अलगाव, मर्यादा के नाम पर व्यक्तित्व को दबाने-कुचलने की प्रवृत्ति का नामोनिशान

तक नहीं था। रसकपूर में न रानियों जैसा दर्प था और न ही महाराजा की परमप्रिया होने का अहंकार। वह सबसे सहज और प्रेम-भाव से मिलती थी। भूल होने पर भी मुसकराकर समझा देती थी। दंड देने में सक्षम होने पर भी वह मीठी जबान की मार से दंडित करना ही पर्याप्त समझती थी। उसका मीठा उलाहना सुनकर तो दोषी व्यक्ति का मर जाने को जी करने लगता था।

दिवंगत महाराजा प्रतापसिंह के साथ-साथ जगतसिंह की रखेलें भी धीरे-धीरे सेविकाएँ बनकर अपने मुक्ति-पथ की ओर अग्रसर होने लगीं। जनानी ड्योढ़ी के कारागार से निकलकर रसविलास और फिर संपूर्ण चंद्रमहल में मुक्त विचरण करती हुई वे धीरे-धीरे मर्दाने में भी पहुँचने लगीं। शीघ्र ही रसकपूर की आज्ञा लेकर वे राजमहल के बाहर अपने परिवारों तक जाने लगीं। अपनी पुरानी दुनिया में लौटने के इस अनिर्वचनीय सुख के बदले वे रसकपूर के लिए अपने प्राण तक न्योछावर करने में स्वयं को गौरवान्वित महसूस करती थीं।

जगतसिंह की दुनिया तो रसकपूर तक सीमित थी। अपनी रखेलों का न उन्हें स्मरण था और न उनसे कोई सरोकार रहा था। उनके बारे में निर्णय के संपूर्ण अधिकार रसकपूर को प्राप्त हो गए थे। उस अधिकार का कुशलतापूर्वक उपयोग करके रसकपूर ने न केवल अपने चारों ओर सुदृढ़ रक्षा-व्यवस्था तैयार कर ली थी, अपितु नगर में जाने-आने की छूट मिल जाने के कारण, उनके द्वारा नगर में चल रही चर्चाओं से भी रसकपूर अवगत होती रहती थी। सेविका का दर्जा मिल जाने पर उन्हें न केवल राजकोष से नियमित वेतन मिलने लगा था, अपितु अब वे अपने परिवार के साथ रहकर, विवाह करके गृहस्थ-जीवन की कल्पना करने को भी स्वतंत्र थीं।

□

रसविलास के मखमली गद्दों पर मसनद के सहारे अधलेटे, आसवपान करते जगतसिंह के मन में न जाने क्या आया जो पूछ बैठे—"रस! कभी अपनी माँ याद नहीं आती?"

मन की गहराइयों में यत्नपूर्वक छिपाई पीड़ा जैसे हरहरा उठी। अपरिमित सुखों के बीच भी अपने परिजनों की स्मृति, पराए घर बसी युवती के मन को पीड़ा से ऐंठाती रहती है। रसकपूर का नारी-मन भी अपनी माँ की याद कर-करके न जाने कितनी बार तड़पा-रोया था। लेकिन अपनी पीड़ा का आभास उसने प्रियतम तक को नहीं होने दिया था। आज अचानक महाराज का प्रश्न सुनकर वह चौंक उठी। फिर स्मृतियों के दंशों से व्याकुल हृदय की टीस अनायास ही आँखों में भरभरा उठी। प्रेम-मद छलकाते नेत्र अचानक सजल हो गए।

यह देख महाराज हतप्रभ हो उठे। रसकपूर का हाथ अपने हाथों में लेते हुए उनके स्वर में क्षमायाचना के भाव तैर गए—"हमारे प्रश्न से तुम्हें पीड़ा पहुँची, इसके लिए हम क्षमा माँगते हैं?"

रसकपूर तड़प उठी—"नहीं, महाराज ! क्षमा माँगकर मुझे अपराधी न बनाएँ।"

"तो फिर तुम्हारी आँखों में आँसू क्यों ?"

"आपके अपनत्व-भरे प्रश्न से माँ की याद जो आ गई थी। दो माह से भी अधिक हो गए हैं उन्हें देखे। न जाने कैसी होंगी ? मुझसे अलग होकर कैसे जी रही होंगी !"

"अरे ! तो इसमें व्याकुल होने की क्या बात है ?"—जगतसिंह हँस पड़े—"वे किसी दूरस्थ राज्य की निवासिनी तो हैं नहीं। कल रथ भेजकर उन्हें बुलवा लेना। और हाँ, साथ में पारो को भी बुलवाना न भूलना। तुम्हारी माँ ने यदि तुम्हें पैदा करके हम पर उपकार किया है तो पारो ने तुमसे मिलवाकर हमें कृतार्थ किया है। हम उन दोनों के उपकारों से किंचित् उऋण होने का प्रयास करना चाहते हैं।"

"नहीं, महाराज ! उन्हें यहाँ बुलवाना उचित नहीं होगा,"—रसकपूर ने कहा।

"चलो, न सही ! तो तुम जाकर उनसे मिल आओ।"

"यह भी आपकी प्रतिष्ठा के विपरीत होगा।"

"तो फिर समस्या का निराकरण होगा कैसे ? न तुम वहाँ जाओगी और न उन्हें ही यहाँ बुलाना चाहती हो। फिर तुम्हारे मन की पीड़ा और आँखों का गीलापन कैसे दूर होगा ?"—जगतसिंह बोले। फिर कुछ विचारकर कहा—"फिर तो हमें ही कुछ करना होगा।"

अगले दिन तीसरे पहर, मुदित मन जगतसिंह रसकपूर का हाथ पकड़कर खींचते-से उसे अपने साथ ले चले। विस्मित रसकपूर अपने प्रश्नों को अनुत्तरित पाकर, अंततः सहज रूप से साथ चलने लगी। चंद्रमहल के गलियारे पार करते हुए वे एक कक्ष में पहुँचे। वहाँ प्रतीक्षारत चेला खवास हीरालाल से कहा—"रस को उनकी माँ से मिलवाकर, शाम होने के पहले ही वापस ले आना।"

रसकपूर विस्मित-सी महाराज का मुँह ताकने लगी। यह देख जगतसिंह ठठाकर हँस पड़े। हीरालाल ने एक आदमकद अलमारी का ताला खोला। पल्ले हटाने के साथ ही एक सुरंग का मुँह दिखाई देने लगा।—"यह सुरंग तुम्हें अपनी माँ तक ले जाएगी। उनसे मिलकर संध्या से पूर्व ही लौट आना। हीरालाल तुम्हें वहाँ तक ले जाने और वापस लाने में सहायक होगा।"

रसकपूर का विस्मय अब भी कम नहीं हुआ था—"महाराज ! चंद्रमहल की सुरंग का तवायफों के मुहल्ले से क्या संबंध ?"

अब हीरालाल बोल उठा—"इस सुरंग का दूसरा द्वार जौहरी बाजार की ही एक विशाल हवेली में खुलता है, जिसका निर्माण महाराज प्रतापसिंह ने अपने श्वसुर चंद्रावत ठाकुर लक्ष्मणसिंह के जयपुर-निवास के लिए करवाया था। रानी अपने पिता और भाइयों से मिल सकें, इसलिए यह सुरंग बनवाई गई थी। लेकिन हवेली तैयार होने से पूर्व ही महाराज का स्वर्गवास हो जाने के कारण यह ठाकुर लक्ष्मणसिंह को नहीं सौंपी

जा सकी थी। उस हवेली का पट्टा आज सुबह आपकी माँ को दिया जा चुका है और वे अपनी दासियों तथा साज-सामान सहित दोपहर तक वहाँ पहुँच भी गई हैं। पारो और पं. शिवनारायण मिश्र भी वहाँ आपकी प्रतीक्षा कर रहे हैं।"

हर्षातिरेक से रसकपूर के नेत्र छलछला उठे। भावावेग-रुद्ध कंठ से बस, इतना ही कह सकी 'महाराज' और फूट-फूटकर रो पड़ी। मीठी मुसकान के साथ जगतसिंह उसे अपने भुजबंधन का अवलंब प्रदान कर, अपने उत्तरीय से उसके प्रेमाश्रुओं का सम्मान बढ़ाने लगे।

□

चंद्रमहल की पाँचवीं मंजिल स्थित 'शोभानिवास' की शोभा जैसे द्विगुणित हो उठी थी। स्वर्ण से तैयार रंगों से अलंकृत-चित्रित महल के स्तंभों, मेहराबों, छतों और दीवारों से जैसे स्वर्णवर्षा हो रही हो। बीच-बीच में लाल, हरे, पीले, नीले रत्नों के कलात्मक जड़ाव से, संपूर्ण महल ही एक उत्कृष्ट आभूषण बन गया था। मखमली गद्दों पर गावतकियों और मसनदों के सहारे अधलेटे-से महाराज जगतसिंह अपनी प्रियतमा के मुखचंद्र को तृषित नेत्रों का आलिंगन देते हुए, होंठों से सुगंधित मदिरा-पान कर रहे थे। अपने रूप-मद से बौराए-से प्रियतम को कभी बंकिम कटाक्षों से बरजती और कभी नेह-भरे आमंत्रण से मुसकाती-सकुचाती रसकपूर अपने सौभाग्य पर मन-ही-मन इठला-इतरा जाती थी।

कुंदन के स्वर ने प्रणयी युगल का रस-भंग किया—"अन्नदाता! नवाब वाजिद अली शाह के दरबार की शान, विख्यात पखावजी कुदऊसिंहजी दर्शन की आज्ञा चाहते हैं।"

प्रफुल्लित जगतसिंह बोले—"उन्हें सम्मानपूर्वक ले आओ।" फिर रसकपूर की ओर देखकर कहने लगे—"रस! कुदऊसिंह का नाम शायद तुमने न सुना हो। पखावज-वादन में वे अवध ही नहीं, पूरे उत्तर भारत में प्रतिष्ठा पा चुके हैं। वे आज ही जयपुर आए हैं। तुम्हारे संगीत-प्रेम को दृष्टिगत रखकर ही हमने उन्हें दरबार के स्थान पर यहाँ एकांत में अपनी कला-प्रदर्शन का निमंत्रण दिया है। आज तुम्हें संगीत की एक विभूति को सुनने का अवसर मिल रहा है, उनसे परिचित होने का सौभाग्य प्राप्त हो रहा है। अब हम उनका और क्या परिचय दें? तुमने उनके बारे में सुन रखा होता तो हमें कुछ कहने की आवश्यकता ही नहीं पड़ती।"

रसकपूर के होंठों पर मुसकान की उज्ज्वल रेख खिंच गई। मंद स्वर में कह दिया—"संगीत और कविता की गंगा-जमुनी रस-धाराओं से सदैव सिंचित रहनेवाले नवाब वाजिद अली शाह के दरबार का कोई भी कलाकार बहुमूल्य रत्न से कम नहीं होता। इस पर कुदऊसिंहजी की तो बात ही क्या है? उनकी टक्कर का पखावजी तो पूरे उत्तर भारत में दुर्लभ है। सुना है, उनकी 'गजपरन' सुनकर तो हाथी तक मस्त होकर फीलखाने से बाहर आ जाते हैं। उन्हें जगदंबा का इष्ट है। उनके नाम से अपरिचित

व्यक्ति को तो संगीत-प्रेमी कहना ही संगीत का अपमान होगा।"

रसकपूर के ज्ञान से जगतसिंह झेंप-से गए। हँसकर बोले—"अरे! तुम्हें तो उनके बारे में हमसे भी अधिक जानकारी है। क्या कभी उन्हें सुनने का अवसर भी मिला है?"

"वह तो आपकी कृपा से आज प्राप्त होगा!"—रसकपूर ने हँसकर कह दिया।

सफेद झक्क धोती-कुर्ते में, भव्यता की प्रतिमूर्ति बने कुदऊसिंह के प्रवेश करते ही जहाँ जगतसिंह सँभलकर बैठ गए, वहाँ रसकपूर ने खड़ी होकर बद्धांजलि से उनका स्वागत किया। महाराज को प्रणाम के बाद कुदऊसिंह ने रसकपूर के अभिनंदन का उसी रूप में प्रतिदान कर दिया। उस अनिंद्य सुंदरी को रसकपूर के रूप में पहचानने में कुदऊसिंह को कोई कठिनाई नहीं हुई।

महाराज का संकेत पाकर कुदऊसिंह ने पखावज सँभालकर उस पर थाप लगाई। उत्तर में पखावज से निकली ध्वनि के अनूठे अंदाज से जगतसिंह ही नहीं, रसकपूर भी चौंक उठी। पहली थाप से ही कुदऊसिंह के सिद्धहस्त पखावजी होने का प्रमाण मिलने लगा था। इसके बाद तो वे अपने संगीत-ज्ञान की श्रेष्ठता प्रमाणित करते ही चले गए। सधी हुई अँगुलियों के पखावज पर अभ्यस्त नर्तन से संगीत-मद झरता रहा।

सम्मोहित जगतसिंह आसव-पान भूल गए। रसकपूर तो राग के आरोह-अवरोहों की न जाने किन घुमावदार-पेचीदा गलियों में खो गई थी। ऐसा अनूठा पखावज-वादन इससे पूर्व नहीं सुना था। यह चमत्कार ही था कि पखावज पर कुदऊसिंह की अँगुलियों के नर्तन से व्याख्यायित **'राग'** जैसे चारों ओर व्याप्त हो गया था। महल की दीवारों, गवाक्षों, स्तंभों तक से जैसे रागिनी 'झर' रही थी। संगीत-साधना की यह चरमसीमा थी।

महाराज की सम्मोहित अवस्था देख कुदऊसिंह के नेत्रों में गर्व छलका। होंठों पर खिली मुसकराहट को सायास दबाते हुए उनका मुख सफलता के दर्प से दपदपा उठा। पखावज पर अँगुलियों को विराम देने के बाद भी संगीत-सम्मोहन टूटा नहीं। पखावज के मौन हो जाने पर भी रसवर्षा थमी नहीं थी।

चैतन्य होने पर महाराज मद-मूर्च्छित-से स्वर में कह उठे—"वाह⋯वाह! धन्य हो⋯मन-प्राण तक सम्मोहित कर दिया⋯वाह⋯पखावज-शिरोमणि, आप वास्तव में लखनऊ दरबार के अमूल्य रत्न हैं! जितना सुना था, उससे कहीं बढ़कर पाया।"

राजसी मर्यादा के विपरीत जगतसिंह स्वयं उठकर कुदऊसिंह के पास पहुँचे और अपना स्वर्णहार उतारकर उनके गले में डाल दिया—"जयपुर महाराजा की यह छोटी-सी भेंट स्वीकार करें। यह आपकी कला का पारिश्रमिक नहीं, संगीत-रस के प्रति हमारा कृतज्ञताज्ञापन मात्र है!"

रसकपूर ने भी अशर्फियों की थैली भेंट करते हुए प्रणाम किया। कुदऊसिंह का साधुवाद करते हुए वह कह उठी—"आपकी संगत पर किसी का नृत्य देखकर तो हमारा हर्ष द्विगुणित हो उठता! क्या कभी ऐसा महान् अवसर हमें सुलभ हो पाएगा?"

सुनकर कुदऊसिंह की ग्रीवा गर्व से तन गई। प्रशंसा के अतिरेक ने अहंकार की

सृष्टि कर दी थी। राजसी अदब-कायदों से परिचित होने के बाद भी उनका अहंकार फूट निकला—"आपकी यह इच्छा कभी पूरी नहीं हो सकेगी। इसके लिए मैं क्षमा चाहता हूँ।"

"ऐसा क्यों?"—रसकपूर विस्मित हो गई—"क्या आप फिर कभी जयपुर नहीं आएँगे अथवा आप नृत्य के साथ संगत नहीं करते? या फिर कोई अन्य कारण है?"

"कारण तो एक ही है!"— कुदऊसिंह किंचित् अशालीन हो उठे—"मेरी पखावज पर नृत्य करने का सामर्थ्य किसी में नहीं है। कम-से-कम उत्तर भारत में तो मेरी संगत पर नृत्य करने की योग्यता किसी भी नर्तक-नर्तकी में नहीं है।"

कुदऊसिंह के स्वर में उफनते अहंकार से रसकपूर हतप्रभ-सी रह गई। ऐसे महान् संगीतकार से उसे ऐसी क्षुद्रता की आशा नहीं थी। सुनकर मन कसैला-सा हो उठा। तो भी प्रतिरोधी स्वर को यथासंभव मधुर बनाए रखकर बोली—"यह कहीं आपका भ्रम तो नहीं? संगीत की कोई सीमा नहीं होती। कड़े परिश्रम से कोई भी कहीं तक पहुँच सकता है। फिर आपकी पखावज की संगत पर पदताल बिठाना असंभव ही हो, क्या यह आपका भ्रम नहीं हो सकता?"

"नहीं हो सकता!"—रसकपूर के स्वर में छिपी चुनौती से क्रुद्ध हो चले कुदऊसिंह ने स्पष्ट ही कह दिया—"मैं उत्तर भारत के तो लगभग सभी राज्यों-दरबारों में जा चुका हूँ। अब तक तो ऐसा कोई नर्तक मुकाबले में आया नहीं। एक-दो ने हिम्मत भी की तो आधे रास्ते ही दम तोड़ बैठे। भरी महफिल मेरे पैर छूकर गए थे वे लोग।"

"सरस्वती-पुत्र को इतना अहंकार शोभा नहीं देता!"—रसकपूर ने पुनः प्रतिवाद किया—"प्रतिभाओं का अभाव कभी नहीं रहा। न जाने कहाँ-कहाँ, कितने मौन साधक राजदरबारों से दूर रहकर कला-साधना कर रहे हैं। प्रशंसा-निंदा से दूर रहकर वे राग-रागिनियों को सिद्ध करने के भगीरथ प्रयासों में जुटे हुए हैं।"

उत्तर में खिलखिलाकर हँस पड़े पखावज-शिरोमणि। उपेक्षा से व्यंग्य कर बैठे—"ऐसे किसी साधक से मेरा तो परिचय नहीं हो पाया। यदि आपको जानकारी हो तो बुलवाकर मुकाबला करा दें। इससे आपका भी भ्रम दूर हो जाएगा। आपको पता चल जाएगा कि कुदऊसिंह की ताल पर पद-ताल साधना वस्तुतः असंभव कार्य ही है।"

"सृष्टि में कुछ भी असंभव नहीं होता।"—रसकपूर ने मधुर स्वर में फिर कहा—"यदि आपको आपत्ति न हो और महाराज आज्ञा दें तो मैं आपकी संगत पर नृत्य करने का सौभाग्य प्राप्त करना चाहूँगी।"

कुदऊसिंह के होंठों पर फैली मुसकान की बूँद-बूँद में उपहास छलक उठा। रोकते-रोकते भी शब्दजनित उपेक्षा फूट पड़ी—"क्षमा करें, बाईजी! महाराज के सान्निध्य से आप कहीं बौरा तो नहीं गई हैं? अपने कथन का अर्थ भी समझ रही हैं या नहीं?"

"शब्दों का अर्थ आप समझें। मैं तो मात्र आपकी पखावज पर नृत्य की इच्छा कर रही हूँ,"—रसकपूर की मुसकान यथावत् थी।

झुँझला उठे कुदऊसिंह—"आपकी नादानी से जहाँ मेरा कीमती समय बरबाद होगा, वहीं संगीत के मादक स्पर्श से आनंदित महाराज का भी रस-भंग हो जाएगा..."

"मैं यदि रसभंग न होने का वचन दूँ तो... ?"

"तो मैं कहूँगा कि मेरी पखावज पर यदि आप पंद्रह मिनट भी ताल में रह सकीं तो मैं यहाँ से कोई भी पुरस्कार स्वीकार करने का अधिकारी नहीं रहूँगा!"—कुदऊसिंह जैसे गुर्रा उठे—"ऐसा न कर पाने की स्थिति में आपको यहीं मेरे पैर छूकर अपने व्यवहार के लिए क्षमा माँगनी होगी।"

ऊहापोह में उलझे जगतसिंह पर दृष्टिपात कर रसकपूर कह उठी—"मेरे द्वारा क्षमा-याचना की जाने की शर्त तो उचित है, किंतु पुरस्कार स्वीकार न करने का आपका हठ मेरी दृष्टि में अनुचित है। मैं चाहूँगी कि उस स्थिति में आप अपनी प्रकृति में से सदैव के लिए अहंकार का त्याग कर दें और फिर कभी, कहीं भी आप पृथ्वी को संगीत-पुरोधाओं से शून्य घोषित नहीं करें।"

"ठीक है, आपकी शर्त मुझे स्वीकार है,"—क्रुद्ध कुदऊसिंह ने आज्ञा के लिए महाराज की ओर देखा। उनकी स्वीकृति पाते ही कुंदन रसकपूर के घुंघरू ले आई। और कुदऊसिंह के संकेत पर सेविका ने एक कटोरे में गुँधा हुआ आटा लाकर रख दिया। इधर रसकपूर के घुंघरू बँधे, उधर पखावज की बाईं ओर आटा मढ़कर कुदऊसिंह अपने विशिष्ट कौशल के साथ मुकाबले के लिए तैयार हो गए।

आटामढ़ी पखावज पर पड़ी थाप से जगतसिंह चौंक उठे। इस अनूठी स्वर-चुनौती से रसकपूर भी चौंकी, लेकिन उसका उत्साह और भी बढ़ गया। अपने पैरों में पाँच-पाँच सेर के घुंघरू बाँध वह भी सुर्ख कालीन पर रूपशिखा-सी खड़ी हो गई। कुदऊसिंह की चुनौती का उत्तर घुंघरुओं ने दिया। रसकपूर के पाँव के सधे-सतर्क संचालन ने सैकड़ों घुंघरुओं में से सिर्फ एक घुंघरू को मृदु-मंद स्वर में खनका दिया।

महाराज ही नहीं, कुदऊसिंह ने भी विस्मय से देखा। सैकड़ों में से सिर्फ एक घुंघरू का क्वणन! असंभव नहीं, तो सहज संभव भी नहीं था।

घुंघरुओं के स्वर बढ़ने लगे। एक के बाद दो, पाँच, दस, बीस, पचास, सौ तक पहुँची घुँघरुओं की खनक अकस्मात् सैकड़ों घुँघरुओं को मुखरित कर उठी। इसके साथ ही आरंभ हो गया तीन ताल में सोलह मात्राओं के साथ रसकपूर का **'कथक'** नृत्य। तनिक विस्मित से कुदऊसिंह भी इस **ताल के बोलों** को पखावज पर बड़ी निपुणता के साथ निकालने लगे। छोटे-छोटे **टुकड़े** कहकर जब रसकपूर **'सम'** पर आती तो कुदऊसिंह भी अपनी पखावज पर उसका उत्तर दे उठते। प्रत्युत्तर में घुंघरुओं की गति उनकी पखावज पर ठीक-ठीक उसी तरह सुनाई पड़ जाती थी!

संगीत-मर्मज्ञ महाराज जगतसिंह सँभलकर बैठ गए। रसकपूर की मुद्राओं और भावों के प्रदर्शन के साथ पखावज की संगत, कानों और आँखों में अदृश्य स्वर्ग की सृष्टि कर रही थी। नृत्य-कला के इस अनोखे प्रदर्शन में तीन ताल की संगत का अपूर्व

आनंद आ रहा था। **मात्राओं के बोल-बाँट** और **मुद्राओं के बनाव-शृंगार** महाराज के उत्साह को उत्तेजना में परिवर्तित कर रहे थे।

मुकाबले की अवधि कब समाप्त हो गई, किसी को पता ही नहीं चला। अचानक वस्तुस्थिति का आभास होने पर पहले तो कुदऊसिंह के चेहरे पर तनाव फैल गया। उनका आहत अहंकार फन तानने लगा। तभी उनके कलाकार ने बलपूर्वक उसका दमन कर दिया। कुदऊसिंह सहज प्रसन्नता से भर उठे। सुयोग्य कलाकार के साथ संगत के सुख से आनंदित पखावजी की रसकपूर के प्रति दृष्टि ही बदल चली थी। वे प्रतिस्पर्धा के स्थान पर सहयोग की भावना से संगत करने लगे। फलस्वरूप नृत्य में चार चाँद लग गए। रसकपूर के बेधड़क **'सम'** पर आते ही महाराज खुशी से झूम उठते थे। महफिल में उपस्थित दासियाँ तक अपने कंठों से 'वाह! वाह!' के स्वर बड़ी मुश्किल से रोक पा रही थीं। सारी महफिल और जगतसिंह की दृष्टि रसकपूर के पैरों और कुदऊसिंह की पखावज पर टिकी थी। दो हाथों और दो पैरों के बीच हो रहे संघर्ष से उत्पन्न संगीत-नवनीत से दर्शकों के मन स्निग्ध हो गए थे।

तभी लखनऊ के प्रसिद्ध सारंगी-नवाज उस्ताद मखमूर ने सारंगी पर **'लहरा'** छेड़ दिया। **'राग केदारा'** में बँधा यह लहरा कथक नृत्य के लिए ही बना था। उनके **'मध्यम'** पर जोर देते ही महफिल में अनूठा रस बरस उठता था। कुदऊसिंह भी इस नगमे से प्रभावित होकर, अपनी पखावज का असली हुनर दिखा रहे थे। उनकी तीन ताल की संगत अद्वितीय थी। उसे सुनकर रसकपूर भी उत्साह से भर जाती थी और थके बगैर नई-नई **परनों** और नए-नए **टुकड़ों** को पद-संचालन से निकालने लगती थी। जिस तरह घुंघरू सोलह मात्राओं को लय में बैठाते थे, उसी तरह पखावज पर भी **'धा धिन-धिन ता'** के बोल बड़ी खूबसूरती से निकल रहे थे।

कुदऊसिंह की पखावज सुनकर आरंभ में तो महाराज जगतसिंह सहम-से गए थे। कुछ क्षण तो उन्हें स्पर्धा की अनुमति देने के लिए पछतावा भी होता रहा, किंतु रसकपूर के निर्भीक तेवर और लय का चमत्कार देख वे शीघ्र ही चिंतामुक्त हो गए। झूमते हुए अँगुलियों पर लय की गति गिनते समय, उनके पैरों की अँगुलियाँ भी हरकत कर उठती थीं। रस-सिक्त प्रियतम को देख रसकपूर का उत्साह द्विगुणित हो उठा और वह **'लय'** बढ़ाकर, नए-नए **'टुकड़ों'** और **'परनों'** पर धुआँधार नाचने लगी। लय बढ़ने के साथ ही तीन ताल हवा हो गई तो कुदऊसिंह ने आश्चर्य से रसकपूर के पैरों की ओर देखा। मन-ही-मन सोचा कि क्या इसे किसी देवता का आशीर्वाद प्राप्त है, जो इस तेज लय पर भी इतनी आसानी से नाचती हुई अपने पैरों से मुश्किल परनें भी ले रही है!

कुदऊसिंह भी सावधान होकर संगत करने लगे। यह देख रसकपूर के जोश के साथ, तीन ताल की गति और तीव्र हो उठी। महफिल में उपस्थित जन को विस्मृत कर, वह इस अनहोनी लय पर नाचने लगी। उसके घुंघरू आँधी की तरह उड़ रहे थे। किंतु कुदऊसिंह भी कम नहीं थे। उनकी पखावज पर तीन ताल के बोल, उस तीव्रतम गति पर

भी स्पष्ट चार-चार अलग सुनाई पड़ रहे थे। यही हाल रसकपूर के पैरों का भी था। उन पर **'ना धिन नाधिन ना'** साफ-साफ सुनाई दे रहा था।

रसकपूर पसीने से भीग उठी थी तो कुदऊसिंह के मस्तक से भी स्वेद-धाराएँ बह चली थीं। महाराज को लगा कि इस लय पर देर तक नाचना रसकपूर के लिए संभव नहीं होगा। वे नहीं चाहते थे कि लय में और अधिक वृद्धि, किसी दुष्परिणाम में बदल जाए। कुदऊसिंह और रसकपूर की नजरें भी आपस में मिल जाती थीं। अचानक कुदऊसिंह के मुँह से आशीर्वचन फूट पड़े—"शाबाश ! वाह ! वाह ! सुखी रहो !"

यह देख जगतसिंह की बाँछें खिल गईं। दोनों कलाकार लय के पुतले थे। कुदऊसिंह के लिए ऐसी तेज लय पर बजाना आश्चर्य की बात नहीं थी, किंतु रसकपूर का इस पर नाचना अजूबा ही था ! कुदऊसिंह से मिली शाबाशी के बाद प्रतिस्पर्धा चलाते रहने का कोई औचित्य नहीं था। उन्होंने संगत-समाप्ति के लिए हाथ से संकेत किया तो रसकपूर एक लंबी और मुश्किल परन लेकर **सम** पर अचानक इस ढंग से आई कि सावधान न रहने की स्थिति में कुदऊसिंह **सम** से अलग हो जाते।

प्रतिस्पर्धा समाप्त होने पर कुदऊसिंह अनायास कह उठे—"लड़की क्या है, प्रकृति का आश्चर्य है। यह तो भगवती राधा का साक्षात् वरदान है।"

प्रशंसा से संकुचित रसकपूर ने आगे बढ़कर कुदऊसिंह के चरण-स्पर्श कर लिये—"आप जैसे महान् संगीतज्ञ की संगत पर नृत्य करके मैं तो धन्य हो गई। आपकी इस अनुकंपा के लिए मैं आजीवन ऋणी रहूँगी।"

उत्तर में अधेड़ पखावजी हँस पड़े—"तुम्हारी कला तो निस्संदेह ईश्वर का वरदान है। किंतु इतनी गुणी होने पर भी अभिमान का न होना, उस परमपिता के विशेष स्नेह का परिचायक है। आज तुमने मेरा अहंकार नष्ट कर दिया। सचमुच ज्ञान की कोई सीमा नहीं होती। साधना के बल पर कोई, कहीं तक भी पहुँच सकता है। अभिमान तो अवनति का सूचक है।"

रसकपूर बद्धांजलि हो विनीत स्वर में कहने लगी—"अपने व्यवहार के लिए मैं आपसे क्षमाप्रार्थी हूँ। आपकी अपराधी हूँ। मेरे लिए कोई उपयुक्त दंड निर्धारित करें।"

कुदऊसिंह के होंठों पर मुसकान फूट पड़ी—"यदि अहंकारी का अभिमान नष्ट करना अपराध है तो तुम निस्संदेह अपराधी हो। तब तुम्हारे लिए एक ही दंड है—अपनी इस कला को नष्ट न होने देना। राजमहल के सुखों में डूबकर इसे उपेक्षित न कर बैठना। तुम्हारा सुख-सौभाग्य अक्षुण्ण रहे, बेटी !"

कुदऊसिंह के आशीर्वाद से रसकपूर के मुख पर लाज का अबीर फैल गया। पुनः चरण-स्पर्श कर कह उठी—"आपका आदेश सदैव शिरोधार्य रहेगा। संगीत में तो मेरे प्राण बसते हैं। इसे विस्मृत करने की तो मैं कल्पना भी नहीं कर सकती।"

प्रमुदित मन कुदऊसिंह अपनी प्रतिज्ञा के अनुरूप एक स्वर्णमुद्रा भी स्वीकार किए बगैर उल्लसित कदमों से लौट गए। रसकपूर के रूप में मिली निधि उनके लिए किसी

भी पुरस्कार के कई गुना अधिक थी।

□

रसकपूर के बढ़ते वर्चस्व से जहाँ अंतःपुर सौतिया डाह से धधकने लगा, वहीं दरबारी सामंत एक तवायफ में सांगोपांग अनुरक्त महाराज के प्रति चिंतित होने लगे। उनकी रसकपूर-विरोध की योजना महाराज जगतसिंह द्वारा कौशलपूर्वक असफल कर दिए जाने के बावजूद सामंतों ने हार नहीं मानी थी। यद्यपि वे अनजाने में महाराज को रसकपूर के चंद्रमहल प्रवेश की खुशी की बधाई तक दे बैठे थे, किंतु स्वयं के मूर्ख बन जाने का दंश उनकी आक्रोशवृद्धि में सहायक ही हो रहा था। रसकपूर की चंद्रमहल में उपस्थिति के यथार्थ को वे किसी भी तरह पचा नहीं पा रहे थे।

दूनी ठाकुर चाँदसिंह सहित बगरू, चौमूँ, सामोद और अचरोल ठाकुरों की मनोदशा तो और भी खराब थी। वसंत पंचमी के मुजरे में जिसके अंगों का स्पर्श करके उन्होंने प्रेमोपहार प्रदान किए थे, उसी को अब स्वामिनी के रूप में देखने की कल्पना भी उनके लिए अत्यंत कष्टप्रद थी। अपनी जमींदारियों में मुजरे के लिए बुलवाकर उसे भोगने की प्रबल आकांक्षा के अब मृग-मरीचिका सिद्ध हो जाने की पीड़ा के साथ, उसे राजरानी के रूप में देखना मर्मांतक था। उनका काम-जनित आक्रोश भी रसकपूर-विरोध का एक कारण बन गया था। दूसरी ओर, उनके संस्कारी मन भी इस आक्रोश को द्विगुणित कर रहे थे। तवायफ भोग की वस्तु तो हो सकती है, लेकिन कुलीन राजपूत के लिए उसे सम्मान की पात्रा मानना किसी भी परिस्थिति में उचित नहीं लगता था।

उधर सामंती आक्रोश की उपेक्षा करती रसकपूर मकड़ी की तरह कौशलपूर्वक अपने प्रभाव-रज्जुओं के ताने-बाने से स्वयं को शक्तिशाली बना रही थी। महाराज का खुला समर्थन उसके पथ की अनेक बाधाओं को हटाने में सहायक सिद्ध हो रहा था। चंद्रमहल में स्वयं को शक्ति-संपन्न बनाने के बाद उसने जनानी ड्योढ़ी को तौलने का निश्चय किया। वहाँ अपने से सहानुभूति रखनेवाली महारानियों के साथ ही वैरभाव न रखनेवाली महारानियों के भी रावळों में जाकर उनसे परिचय प्राप्त करने वह जनानी ड्योढ़ी में पहुँच गई। अपनी जुझारू सेविकाओं की सतर्क सुरक्षा में रसकपूर के जनानी ड्योढ़ी में कदम रखते ही जबरदस्त हलचल मच गई। रावळा-दर-रावळा बिजली की तेजी से समाचार फैल गया। आक्रोश-आशंका और सहानुभूति के भावों से जनानी ड्योढ़ी के आवासों की पाषाणी दीवारें तक सहम उठीं। गवाक्षों-वातायनों और परदों की ओट से ताकाझाँकी होने लगी।

कमर में कटारें बाँधे, हाथों में स्वर्णजटित छड़ियों से मार्ग की बाधाएँ दूर करती, चपल-साहसी दासियों से घिरी रसकपूर को डाभसर के ठाकुर सकतसिंह की पुत्री मेड़तणी रानी चाँदकँवरी के रावळे की ओर बढ़ती देख, अनुमान-आशंकाओं की लहर दौड़ गई। रसकपूर के अनुपम सौंदर्य को उसकी साहसिक छवि के साथ स्वीकार करने में कठिनाई अनुभव कर रही महारानियाँ भी गवाक्षों की ओट से झाँकने के लिए विवश

हो गई थीं। उसका जनानी ड्योढ़ी में पटरानी के प्रथम रावळे को छोड़कर सीधे मेड़तणी महारानी के रावळे में पहुँचना भी रहस्यमय ही प्रतीत हो रहा था।

नर्म-मखमली दीवान पर लेटी शृंगारित, सुंदरी मेड़तणी रानी, रसकपूर के अप्रत्याशित आगमन से चौंककर खड़ी हो गई। जगतसिंह की इस युवा महारानी को क्षण-भर आँखों में भरने के बाद अगले ही पल रसकपूर उनके पैरों में झुक गई। चरण-स्पर्श कर मधुर स्वर में बोली—"पायलागी, जीजी !"

रसकपूर के अप्रतिम सौंदर्य के सम्मोहन में बँधी महारानी सम्मान पाकर पुलकित हो उठी। बाँह पकड़कर उठाती हुई, रसकपूर को सीने से लगाकर हँस पड़ी—"बदले में क्या आशीर्वाद दूँ ? महाराज से विवाह कर लेने की स्थिति में तो तुम्हारे सौभाग्यवर्धन की कामना करती।····और वैभव चिरस्थायी होने का आशीर्वाद किसी स्त्री के लिए अधिक महत्त्वपूर्ण नहीं होता। अब तुम्हीं कहो, तुम्हारे लिए कौन-सी मंगल-कामना करूँ।"

रसकपूर ने भी रानी के आलिंगन को दृढ़ता प्रदान करते हुए धीरे से पूछा—"मेरी मनचाही मंगल-कामना करोगी, जीजी ?"

"अवश्य ! कहकर तो देखो।"

मेड़तणी के निश्छल नेत्रों में झाँकती हुई रसकपूर ने कह दिया—"तो जीजी ! मुझ पर अपना यह स्नेह चिरस्थायी रहने का मंगल-आशीर्वाद प्रदान करें।"

मेड़तणी विह्वल हो उठी। रसकपूर को स्नेह-विगलित आलिंगन में भरकर कह उठी—"तुम तो तन के साथ मन की सुंदरता से भी ओतप्रोत हो। कहाँ से पा गई हो इतना सौंदर्य····ऐसी मिठास ?"

"यह तो जीजी के स्नेह-माधुर्य का प्रतिफल है,"—रसकपूर ने हँसकर कहा।

घड़ी-भर मेड़तणी के साथ हास-परिहास के बाद, उन्हें साथ लिये रसकपूर बादल बावड़ी ठाकुर बख्तावरसिंह की पुत्री अखैराजोत रानी के रावळे में पहुँची। वहाँ अपने आराध्य राधाकृष्ण की पूजा में व्यस्त महारानी की प्रतीक्षा भी अत्यंत सुखकर प्रतीत हुई। रसकपूर-यदुकुल-शिरोमणि की युगलमूर्ति को साष्टांग प्रणाम करने के बाद, युवा महारानी की पद-वंदना कर गले मिली। मुसलिम तवायफ के मुँह से कृष्ण-भक्ति के मर्म की व्याख्या सुनकर अखैराजोत रानी फतहकुँवरी स्तब्ध रह गई। माखन-मिश्री के प्रसाद के साथ वह रसकपूर को अपने आशीर्वादों से भी संपन्न कर गई—"भगवान् गोविंद तुम्हें महाराज की प्रेमपात्रा बनाए रखें।"

जनानी ड्योढ़ी में रसकपूर के आकस्मिक आगमन की खबर पाकर अंतःपुर का संरक्षक नादिर मोहनराम घबरा गया। किसी संघर्ष की कल्पना और प्रतिफल में स्वयं के दंडित होने की आशंका से त्रस्त मोहनराम नादिरों के दल के साथ हाँफता-काँपता अखैराजोत रानी के रावळे में पहुँचा। वहाँ रसकपूर को मेड़तणी और अखैराजोत रानियों के साथ निरापद बाहर निकलते देख उसने चैन की साँस ली। महारानियों के साथ

रसकपूर को प्रणाम कर वह शिकायती स्वर में कहा उठा—"आपको इस तरह यहाँ नहीं आना चाहिए था। आने से पूर्व कम-से-कम मुझे तो सूचित करवा दिया होता, ताकि आपकी सुरक्षा का उचित प्रबंध कर दिया जाता। आप नहीं जानतीं, यहाँ आपके लिए कदम-कदम पर खतरे ही खतरे हैं।"

मेड़तणी और अखैराजोत रानियों की ओर देखकर रसकपूर हँस पड़ी—"अपनी बहनों के बीच हमारे लिए खतरे की कल्पना तो आपका वहम ही है। इतनी स्नेहशीला बहनों से किसी भय की बात तो किसी विक्षिप्त मस्तिष्क की कल्पना ही हो सकती है। आप निश्चिंत रहें। हमारे लिए यहाँ कोई संकट नहीं है।"

"लेकिन सूचना मिल जाने के बाद तो आपकी सुरक्षा मेरा दायित्व हो जाता है!"—मोहनराम ने कहा—"इस अंतःपुर का संरक्षक होने के नाते मैं आपको अब और खतरा मोल लेने का मौका नहीं दे सकता। मेरी प्रार्थना है कि अब आप मेरी सुरक्षा में 'रसविलास' वापस पधारने की कृपा करें।"

"क्या यह आपकी आज्ञा है?"—रसकपूर के स्वाभाविक, मृदुल स्वर में कसैलापन उभरने लगा।

"नहीं! आपको आज्ञा देने का साहस तो सिर्फ महाराज ही कर सकते हैं। मेरा तो यह विनम्र निवेदन है।"

"तब ठीक है। मैं अपनी अन्य बहनों से मिलने के बाद ही आपके निवेदन पर विचार करूँगी"—रसकपूर ने अपनी पक्षधर अन्य महारानी के रावळे की ओर कदम बढ़ा दिए।

कुछ तो अपनी अवहेलना के आक्रोश और कुछ महाराज की चेतावनी के भय ने मोहनराम को अवज्ञा के स्तर तक पहुँचा दिया। रसकपूर का मार्ग रोककर बोला—"महाराज की चेतावनी मुझे याद है। उस ओर आपके लिए खतरा है, इसलिए मैं आपको आगे बढ़ने की इजाजत नहीं दे सकता।"

"लेकिन हमें आपकी इजाजत की आवश्यकता नहीं है" —रसकपूर का स्वर रुक्ष हो उठा—"हमारा मार्ग छोड़ो, वरना बाधाओं से निपटना हमें भी आता है!"

"नहीं, आपको यहीं से वापस लौटना होगा। मैं यहाँ का संरक्षक हूँ। यहाँ मेरी बात टालने का साहस कोई नहीं कर सकता।"

अब कुछ कहना शेष नहीं रह गया था। कुछ क्षणों तक प्रतीक्षा के बाद भी मोहनराम के मार्ग न छोड़ने पर सहसा कुंदन का हाथ उठा और मोहनराम के गाल पर तमाचे के रूप में कोप बनकर गिरा। अकल्पनीय-आकस्मिक प्रहार से वह लड़खड़ाया तो रसकपूर की दासियों ने उसे छड़ियों के प्रहारों से धराशायी कर दिया। वे बिफरी शेरनियों की तरह मोहनराम और उसके सहायक नादिरों पर टूट पड़ीं। पूरी शक्ति से किए प्रहारों से वे पलक झपकते जमीन पर गिर पड़े। छड़ियाँ टूट जाने पर दासियों ने, नादिरों के हाथों से छूटे मजबूत डंडे उठा लिये और ठौर-कुठौर की परवाह किए बगैर

अत्यंत निर्ममता के साथ उनके धूल में लोटते शरीरों पर बरसाने लगीं। मोहनराम और उसके साथियों के हाथों छोटी-छोटी बातों पर चाबुक और डंडों की मार खानेवाली जनानी ड्योढ़ी की तिरस्कृत आवासिनियाँ आज रसकपूर के आश्रय में अपने अपमानों और शारीरिक पीड़ाओं का सारा हिसाब मय सूद उसी घड़ी चुकाने को कटिबद्ध हो गई थीं।

जनानी ड्योढ़ी में नादिरों की पिटाई ने अप्रत्याशित दृश्य उत्पन्न कर दिया। चारों ओर चीख-पुकार मच गई। रावळों के गवाक्षों-वातायनों के पट खुलने लगे। महारानियों, पड़दायतों से लेकर दासी-बाँदी तक इस अनहोनी को विस्फारित नेत्रों से देख रही थीं। किसी महारानी के संकेत पर नादिरों को बचाने भागी दासियाँ भी निर्मम प्रहारों की शिकार हो गिरती-पड़ती अपने-अपने रावळों की ओर भाग छूटीं। जबरदस्त कोहराम के बाद भी ड्योढ़ी के बाहर खड़े सशस्त्र सैनिक अंदर प्रवेश करने में असमर्थ थे। नादिरों को पिटने से बचाने का साहस अब किसी में भी नहीं रह गया था। उनके लहूलुहान शरीरों को देख रसकपूर की दासियों की आँखों में भी खून की लालिमा बढ़ती ही जा रही थी। अपने अंजाम की परवाह किए बगैर वे अपनी मानसिक और शारीरिक यंत्रणाओं का हिसाब चुकाने के प्रतिशोध में अंधी हो, नारी-सुलभ कोमलता त्याग, अत्यंत क्रूर-निर्मम हो गई थीं। नादिरों की चीखें, उनके तप्त हृदयों पर शीतल फुहारों का काम कर रही थीं। उनके शरीरों से बहता रक्त अपमान के फफोलों पर मरहम सिद्ध हो रहा था।

क्रुद्ध सिंहनियों के प्रहारों से नादिरों में से कोई मृत्यु को प्राप्त हो जाए, इसके पूर्व ही रसकपूर के संकेत पर दासियों के हाथ रुक गए। हवा में तनी लाठियाँ निष्प्राण हो, धीरे से जमीन पर जा गिरीं। जमीन पर वेदना से छटपटाते मोहनराम को संबोधित कर, रसकपूर ने कठोर स्वर में कहा—"मोहनराम! तू आदर की नहीं, दंड की भाषा ही समझता है। मेरा नाम याद रखना और भविष्य में इस नाम से भी काँपने की आदत डाल लेना। मुझे रोकने का सामर्थ्य महाराज के अतिरिक्त अन्य किसी में नहीं है। इस बार क्षमा करती हूँ। भविष्य में दुस्साहस दिखाने का परिणाम निश्चित मृत्यु समझ लेना।"

फिर जैसे कुछ हुआ ही न हो, ऐसे सामान्य कदमों से चलती हुई वह जावर राणा भूपालसिंह की पुत्री बड़ी राणावत रानी रूपकँवरी के रावळे में जा पहुँची। उसे देखकर महारानी हँस पड़ी—"तो रूपवती होने के साथ-साथ बहादुर भी हो?"

"नहीं, आपकी अनुजा मात्र हूँ"—उनके चरण-स्पर्श करके रसकपूर मुसकरा उठी।

"तुम्हारी चतुराई की प्रशंसा तो मैं तुम्हारे उपहार स्वीकार करते समय ही कुंदन से कर चुकी हूँ। तुम्हें देखने की बड़ी इच्छा थी। वह भी आज पूरी हो गई।"—आत्मीयता के साथ दीवान की ओर बढ़ती हुई राणावत महारानी बोली—"आओ, बैठो!"

महारानी के दीवान पर बैठते ही रसकपूर जमीन पर उनके पैरों के पास बैठ गई। हड़बड़ाकर राणावतजी खड़ी हो गईं—"यह क्या? तुम्हारा स्थान नीचे नहीं, हमारे पास,

हमारे बराबर है।"

"नहीं, यहाँ बैठकर मुझे अधिक सुख मिल रहा है।"

"अब तुम्हारी उम्र तो नहीं रही, लेकिन नादानी करने पर मेरे हाथों पिटे बिना नहीं रहोगी। समझी? बड़ी बहन के नाते तुम पर अपना यह अधिकार मैं आसानी से छोड़ने वाली नहीं हूँ!"—राणावतजी के नेत्रों में वात्सल्य हिलोरें ले रहा था।

आत्मीयता के स्नेहिल स्पर्श से रसकपूर के मन पर पड़ा गंभीरता का कृत्रिम आवरण खंडित हो गया, और वह भरभराकर रो पड़ी। पाषाणी हृदयों और कुटिल षड्‌यंत्रों के बीच अपनत्व की मृदुल छुअन, रुदन की भाषा में अभिव्यक्त हो उठी। महारानी ने उसे बलात् उठाकर अंक में भर लिया। लाड़ से आँसू पोंछते हुए गाल पर मीठी चपत लगाकर कहा—"बाबा रे बाबा! इतनी बहादुर होकर भी अंदर से इतनी कमजोर निकली! तू तो बड़ी अजूबा है री लड़की!"

रसकपूर विह्वल हो महारानी की गोद में सिर रखकर हिलक पड़ी। मन का अवसाद अश्रु बनकर बह निकला।

तभी कुंदन ने आतंकित स्वर में कहा—"अन्नदाता पधार रहे हैं! वे बिना छत्र और अंगरक्षकों के अकेले ही तेजी से इधर आ रहे हैं।"

दुश्चिंता से त्रस्त, बौखलाए-से महाराज जगतसिंह ने तेजी से रावळे में प्रवेश किया। वहाँ रसकपूर को सुरक्षित देख, चैन की लंबी साँस लेकर बोले—"यहाँ हंगामे का समाचार सुनकर तो हमारे होश ही उड़ गए थे। हमें लगा, कहीं कुछ अप्रिय न घट गया हो। यहाँ आने से पूर्व हमें क्यों नहीं बताया? जानती नहीं थीं कि हमारी अधिकांश रानियाँ तुमसे शत्रुता रखती हैं! अवसर मिलने पर उन्हें तुम्हारे प्राण लेने में भी संकोच नहीं होगा। यदि तुम्हें कुछ हो जाता तो हम तो जीते-जी ही मर जाते!"

राणावत रानी मुसकराई—"तब तो महाराज सहानुभूति के ही पात्र हुए। ऐसी कच्चीं-कोमल कमल-नाल में अपने प्राण सुरक्षित रखनेवालों के प्रति तो हमदर्दी ही व्यक्त की जानी चाहिए।"

"हम समझे नहीं!"—महाराज अचकचा उठे।

"महाराज, एक बात बताइए! यह आफत की पुड़िया कहाँ से उठा लाए हैं? इस कच्ची मिट्‌टी-सी सोंधी महक और कोमल मनवाली सुराही में अपनी प्राण-सुधा सहेजते समय भी जरा सावधान ही रहिएगा, वरना सुराही टूट जाने पर कहीं पछताना न पड़ जाए!"—राणावत रानी ठिठोली-भरे स्वर में बोली—"अभी मैंने जरा-सा लाड़-दुलार किया तो भरभराकर रो पड़ी। अधिक दुलराने पर तो शायद यह बिखर ही जाती। महाराज! इसे लाड़ करते समय आप भी सावधान रहिएगा। कहीं प्रेम के अतिरेक से यह पिघलकर बह न जाए।"

"जीजी!"—राणावत रानी के सीने में मुँह छिपाकर रसकपूर शिकायती स्वर में कह उठी—"आप भी मेरा मजाक उड़ाने लगीं!"

सुन-समझकर महाराज ठठाकर हँस पड़े। फिर कुछ याद करके पूछा—"नादिर मोहनराम और अन्य हिजड़ों की दुर्दशा देखकर तो हम घबरा ही गए थे। लेकिन अब लगता है, वह तुम्हारे रक्षा-प्रयासों में घायल नहीं हुआ है। फिर उन लोगों को आहत किसने किया?"

"उनके कर्मों ने!"—राणावत रानी मुसकराई—"वे अपने पिछले कर्मों और आज के दुस्साहस के कारण ही इस अवस्था को प्राप्त हुए हैं। उन लोगों के कारण ही आज जनानी ड्योढ़ी को इस लाजवंती के एक नए रूप से साक्षात्कार करने का भी अवसर मिल पाया है। आप निश्‍चिंत होकर मर्दाने में पधारें। यहाँ सब कुछ सामान्य है। वैसे भी दिन में महाराज को अंतःपुर में देखकर आश्चर्य हो रहा है। यदि यही कृपा महाराज रात्रि में भी करें तो आपका स्वागत करके दासी निहाल हो जाएगी। अब तक तो मेरा रावळा आपकी इच्छा से ही आलोकित होता आया है, लेकिन आज मेरे निमंत्रण पर भी इसे कृतार्थ करने की कृपा करें।"

राणावत रानी की चुहल से महाराज प्रसन्न हो गए—"बहुत ठिठोली करने लगी हैं, आप। किसी दिन आकर एक साथ सारा हिसाब चुका जाऊँगा।"

"मैं पलक-पाँवड़े बिछाकर उस घड़ी की प्रतीक्षा करूँगी, महाराज!"—राणावत रानी की ठिठोली रुकते न देख जगतसिंह ने वहाँ से प्रस्थान करने में ही कुशल समझी।

इसके बाद तो जैसे सब कुछ आसान हो गया था। छोटी राणावत रानी गुमानकँवरी से गले मिलने के बाद, रसकपूर उदयभानोत महारानी अगरकँवर के रावळे में चरण-स्पर्श कर आशीर्वादों से लद गई। बीकानेर की तँवरी रानी गुलाबकँवरी अपनी उत्कंठा न दबा पाने के कारण उदयभानोतजी के रावळे में ही पहुँच गई थीं। रसकपूर के अभिवादन का उत्तर मुँह फुलाकर दिया—"ठीक है, ठीक है! मुँहदेखी मनुहार मत करो। मैं आ गई तो पैर पड़ने लगी। वरना तो शायद सीधे ही निकल जाती।"

रसकपूर हँस पड़ी—"लगता है, जीजी बहुत नाराज हैं। मेरी पिटाई किए बगैर नहीं मानेंगी।"

तँवरी रानी ने हँसकर उसे गले लगा लिया।

शेष रावळों के बंद द्वार, उनमें निवास करनेवाली महारानियों की मनःस्थिति के परिचायक थे। रसकपूर भी उनकी ओर दृष्टिपात किए बगैर, विजेता के से दर्प से आलोकित, जनानी ड्योढ़ी का स्पष्ट विभाजन कर रसविलास में लौट आई। वह जानती थी कि उससे मिलनेवाली रानियाँ अब शेष विरोधी रानियों के लिए 'अछूत' बन जाएँगी। रसकपूर-विरोधी अंतरंग गोष्ठियों में उन्हें बुलाना बंद हो जाएगा। यह उपेक्षा उन महारानियों को रसकपूर के और निकट आने के लिए विवश कर देगी। जनानी ड्योढ़ी का यह विभाजन कुछ ही दिनों में स्पष्ट हो जाएगा। अपनी योजना में मिली सफलताओं से रसकपूर मन ही मन प्रफुल्लित हो उठी।

□

जनानी ड्योढ़ी में रसकपूर का फेरा उसकी आशा के अनुरूप परिणाम देने में सफल नहीं हुआ। मोहनराम की पिटाई ने दासियों-बाइयों को तो आतंकित किया, लेकिन रावळों की स्वामिनियाँ इससे अप्रभावित ही रहीं। राजवंशों में मार-पीट, हत्या आदि सामान्य बातें होने के कारण यह सब तो वे बचपन से ही देखती आ रही थीं। इन सबकी वे अभ्यस्त थीं। हाँ, रसकपूर के अप्रतिम सौंदर्य के अतिरिक्त उसके चातुर्य ने भी उन्हें प्रभावित किया था। वे समझ गई थीं कि उनकी प्रतिद्वंद्विनी भी नितांत सामान्य नहीं है। उसे परास्त करना इतना आसान नहीं होगा।

इस पर भी वे निराश नहीं थीं। उनके साहस में कमी तो आई थी, पर वे नितांत असहाय भी नहीं हो गई थीं। वे जानती थीं कि महाराज के बलबूते पर वह चाहे जितनी कूदफाँद कर ले, अपनी होशियारी दिखा ले, लेकिन महाराज की नजरें फिरते ही रेत की भुरभुरी दीवार की तरह ढह जाएगी। उन्हें पता था कि राजमहलों में षड्यंत्रों के ताने-बाने तो दैनिक कर्म की तरह स्वाभाविक होते हैं। प्रत्येक असफल योजना तत्काल दूसरे षड्यंत्र को जन्म दे जाती है। यहाँ सफलता-असफलता की परवाह किए बगैर, निरंतर योजनाओं में जुटे रहना ही अधिक फलदायी सिद्ध होता रहा है।

रनिवासी षड्यंत्रों और सामंती आक्रोशों के बीच रसकपूर स्वयं को स्थापित करने के प्रयासों को अविराम गति देती गई। राजसी वैभव की अनिवार्य शर्तें उसने स्वीकार कर ली थीं। अपनी अदम्य जिजीविषा के बल पर, अपने ज्ञान-चातुर्य के साथ स्वयं को प्रतिष्ठापित करने के लिए वह कृतसंकल्प हो उठी थी। उच्च कुलों के प्रतिष्ठा-मंडित लोगों को वह बता देना चाहती थी कि निम्न कुल में जन्म लेने के बाद भी, संभावनाओं के द्वार किसी के लिए बंद नहीं होते। अपने संघर्ष-जनित सामर्थ्य के बल पर, उन्नति के किसी भी शिखर पर पहुँचने में उसकी ऊँचाइयाँ बाधक नहीं रह जातीं। रसकपूर —अकिंचन रसकपूर अपने-आप को पहचान, स्वयं को श्रेष्ठ कुलीनों से अधिक योग्य पाकर, संकल्प और दृढ़ निश्चय के बल पर नई सृष्टि के सृजन का निर्णय कर बैठी। रसकपूर के रूप में जैसे नारी का तेजोमय हठ जाग्रत हो उठा था। स्वप्नों की अपनी नई दुनिया बनाने का संकल्प, जिसकी वही सर्वेसर्वा हो।

□

अठारह मार्च को इस रूप में देखने की किसी ने कल्पना भी नहीं की थी। महाराज जगतसिंह की इक्कीसवीं वर्षगाँठ के उछाह में डूबा राजमहल, भोर की प्रथम किरण के साथ ही शहनाइयों की मंगल-ध्वनि से रस-सिक्त हो उठा था। अतिरिक्त चहल-पहल के साथ अधिकारियों, दासियों की व्यस्तता भी बढ़ चली थी। महाराज के पुरोहित भट्टराजा ब्राह्म मुहूर्त में ही सीतारामद्वारा स्थित यज्ञशाला में, हवन-यज्ञ की व्यवस्था में जुट गए थे। सूर्योदय की प्रथम किरण के साथ ही हवन-कुंड में अग्नि प्रज्वलित हो उठी। अनिष्ट-शांति के वैदिक मंत्रों के साथ हविष्य पाकर यज्ञाग्नि धधकने लगी।

सुखनिवास में स्नानादि से निवृत्त हो महाराज नीचे बारहदरी में पधारे। शस्त्र-सज्जित, परंपरागत पोशाक में रणबाँकुरे सामंतों के आगे चलते महाराज, तारावलियों के बीच चंद्रमा के समान सुशोभित हो रहे थे। यज्ञशाला में आहुतियाँ देते समय भी सतर्क-सावधान सामंत उनके पीछे खड़े थे। नवग्रह-पूजन और हवन के बाद महाभारत ग्रंथ के पूजनोपरांत महाराज ने ब्राह्मणों को प्रणाम कर उनसे दीर्घजीवी होने का आशीर्वाद प्राप्त किया।

यज्ञशाला से निकलकर वे सामने अपने पूर्वज और आराध्यदेव भगवान् राम के दर्शन करने **सीतारामद्वारा** पहुँचे। वहाँ श्रीराम, सीता और लक्ष्मण को श्रद्धा-सुमन अर्पण के साथ, उनकी देहरी पर माथा टिकाकर प्रणाम किया। सुरम्य उद्यान के फौवारों के बीच चलते हुए सामंतों सहित **गोविंददेवजी** के मंदिर में पहुँचकर, जयपुर राज्य के दीवान जगतसिंह ने इस राज्य के वास्तविक स्वामी भगवान् कृष्ण की देहरी पर मस्तक टिकाकर, राज्य की सुख-समृद्धि के लिए प्रार्थना की।

जनसमुदाय का अभिवादन, जय-जयकार स्वीकार करते हुए महाराज ने पीछे जयनिवास उद्यान होते हुए **'ईश्वरीसिंह की छतरी'** पर जाकर अपने देवता-पूर्वज को प्रणाम किया। वहाँ से पैदल लौटकर वे चंद्रमहल में पहुँचे और सीधे रसविलास में चले गए। सामंतगण उनके विश्राम और वस्त्र-परिवर्तन के बाद, लौटने की प्रतीक्षा में इधर-उधर बिखरकर बातें करने लगे। इसके बाद महाराज को वर्षगाँठ की मुबारकबाद और नजराने देने की महत्त्वपूर्ण रस्म अदा होनी थी।

महाराज के पुनरागमन के संकेत के साथ ही सामंत-मुसाहिब सावधान हो गए। चंद्रमहल के **सर्वतोभद्र** (दीवानेखास) में रजत-मंडित दो सिंहासन रखे जाते देख विस्मय की लहर दौड़ गई। क्या परंपरा के विपरीत आज महाराज के साथ उनकी पटरानीजी भी पधार रही हैं? लेकिन परदानशीन पटरानी का सामंतों-सरदारों की मर्दानी बैठक में क्या काम? वे तो अब तक जनाने सरदारों की बैठकों में ही उपस्थित होकर मुबारकवादियाँ और नजराने स्वीकार करती रही हैं।

किंतु महाराज के साथ पटरानी जैसी गरिमा और गंभीर कदमों से आती रसकपूर को देख, समस्त अटकलें विस्मयजनित खेद में बदल गईं। जयपुर के प्रतापी राजवंश में ऐसी अनहोनी प्रथम बार हो रही थी। लेकिन उस घड़ी कुछ कहने या विरोध करने का साहस भला किसमें था?

रसकपूर के साथ लाल कालीन पर चलते महाराज सिंहासन के समीप पहुँचे। उसे बाएँ आसन पर बैठने का संकेत कर स्वयं अपने सिंहासन पर आसीन हो गए। जगतसिंह के इस परंपरा-विरुद्ध आचरण से सामंतों की भृकुटियों पर बल तो पड़े, लेकिन वर्षगाँठ के हर्षोल्लास का विचार कर उन्होंने थोड़ी देर में स्वयं को संयत कर लिया। राजकुल की प्रतिष्ठा तो महाराज की चिंता का विषय है। उनके वामांग में पटरानी रहें या एक तवायफ, यह तो महाराज के विचार करने की बात है। सामंतों का इससे क्या

काम? वे तो महाराज को बधाई देने, उनके प्रति अपना समर्पण-भाव व्यक्त करने ही यहाँ आए हैं। अन्य किसी से उनका क्या लेना-देना?

लेकिन जगतसिंह की वामांगी से सामंतों का लेना-देना था, यह पहली जुहार में ही स्पष्ट हो गया। अपने प्रधानमंत्री मानजीदास सहित दीनाराम और खुशालीराम ब्राह्मणों से यज्ञोपवीत के रूप में आशीर्वाद स्वीकार करने के बाद सामंतों की जुहार का क्रम आरंभ हुआ। सर्वप्रथम आए सामोद सामंत बैरीसाल नाथावत। दाहिनी हथेली में पाँच स्वर्ण-मुद्राएँ रखकर नीचे बाईं हथेली से अंजली बाँधे बैरीसाल ने, जन्मदिन की बधाई देते हुए अंजली महाराज के सामने बढ़ा दी। परंपरानुसार महाराज ने खड़े होकर जुहार स्वीकारी। किंतु हथेली में रखी स्वर्णमुद्राओं को अपनी अँगुलियों का स्पर्श देकर ही रह गए। उन्हें अपने हाथ से उठाकर पास खड़े खजांची को नहीं सौंपा।

विस्मय से भरे बैरीसाल कुछ समझ नहीं सके। महाराज को जुहार स्वीकार है अथवा उन्होंने उनका अभिवादन ही अस्वीकार कर दिया था? छोटे सेवकों की जुहारें महाराज हाथ का स्पर्श देकर अवश्य वापस लौटा देते थे, लेकिन सामंतों की जुहारें तो महाराज अपने हाथ से उठाकर स्वीकार करते हैं। इसमें भी ताजीमी सरदारों की जुहार तो महाराज को खड़े होकर स्वीकार करनी होती है। ताजीमी सामंत बैरीसाल के सम्मान में महाराज ने खड़े होकर जुहार स्वीकार तो की, लेकिन मुद्राएँ न उठाकर सभी सामंतों को असमंजस में डाल दिया। अनिश्चय की स्थिति में झूलते सामोद सामंत के कानों से महाराज का स्वर टकराया—"अब ये मुद्राएँ रसकपूर को भेंट करो। वही इन्हें स्वीकार करेगी।"

शब्द खौलते लावे-से कानों में पड़े। श्रद्धावश झुके बैरीसाल सीधे तनकर खड़े हो गए। कुछ पल तो वे इस अनहोनी को ठीक से समझ भी नहीं पाए, फिर अपमान की लालिमा से मुख रक्ताभ हो उठा। नेत्रों में आक्रोश के डोरे खिंचने लगे। मन हुआ कि यहीं, महाराजा के सामने जुहार फेंककर अपनी जागीर को लौट जाएँ। लेकिन अवसर की नज़ाकत ने पैर बाँध दिए। जन्म-दिन के मंगलमय अवसर पर कटुता फैलाना क्या उचित होगा? मन के इस आक्रोश को व्यक्त करने से पूर्व, अन्य सामंतों से भी विचार कर लेना उचित रहेगा? कहीं इस विरोध-प्रदर्शन में वे अकेले न पड़ जाएँ। फिर उनकी अधेड़ आयु में ऐसा आकस्मिक उबाल संभवतः किसी को भी पसंद न आए। उनसे तो सभी नियंत्रित-मर्यादित व्यवहार की आशा करते हैं।

आक्रोश पर प्रौढ़त्व हावी हो गया। विवाद को किसी अन्य उपयुक्त अवसर के लिए टालकर, मन में पीड़ा और नेत्रों में आक्रोश भरे बैरीसाल नाथावत ने उपेक्षापूर्वक अंजली रसकपूर की ओर बढ़ा दी। आशंकाओं से घिरी रसकपूर के होंठों पर मंद मुसकान तैर गई। एक शब्द भी बोले बगैर उसने स्वर्णमुद्राएँ उठाकर, पास रखे थाल में रख दीं।

ठाकुर बैरीसाल नाथावत की ओर से विरोध न होता देख, अन्य सामंतगण भी

अपनी-अपनी जुहारें महाराज के हाथ का स्पर्श करवाकर रसकपूर को सौंपते चले गए। चौमूँ, बगरू, अचरोल और टोडा सामंत के बाद दूनी ठाकुर चाँदसिंह की बारी आई। अन्य कोई विकल्प न देख वे भारी कदमों से महाराज के पास पहुँचे। हथेली में रखी जुहार की स्वर्णमुद्राओं को रसकपूर की ओर बढ़ाते हुए उनके नेत्रों में सुर्ख डोरे गहरा उठे। राजपूती अनुशासन की यंत्रणा से उनके मन-प्राण तक सुलग उठे थे।

इसके बाद तो सब कुछ और भी सहज हो गया था। बाँसखो, नीदड़ और वाटिका ठाकुरों के साथ झिलाय, डिग्गी, सीकर, खेतड़ी, गीजगढ़, मनोहरपुर आदि के सामंतों ने भी अपनी जुहारें रसकपूर को भेंट करने में संकोच नहीं किया। नगर के गण्यमान्य नागरिकों और साहूकारों के नजराने भी रसकपूर ने ही राजसी गरिमा के साथ स्वीकार कर जयपुर राज्य के इतिहास के नए पृष्ठों पर लिखी इस अनूठी इबारत पर अपने सशक्त हस्ताक्षर कर दिए। जयपुर ही नहीं, राजपूताने के इतिहास में भी यह अनूठा अवसर था, जब महाराजा की प्रेयसी ने बिना परदा मर्दाने में आकर, महाराज की वर्षगाँठ जैसे महत्त्वपूर्ण अवसर के नजराने स्वीकार किए थे। यह सम्मान तो आज तक पटरानियों तक को प्राप्त नहीं हो पाया था!

□

असंतोष की ज्वालाओं में जैसे घृत की आहुति पड़ गई। सामंती आक्रोश को रनिवासी प्रतिशोधाग्नि का अवलंब मिल गया। पटरानी बीकावतजी के बुलावे पर, जनानी ड्योढ़ी के बाहरी कक्ष में बैठे चाँदसिंह की प्रतीक्षा के क्षण समाप्त हुए। परदे के पीछे से पटरानी के आगमन की सूचना पाकर किए प्रणाम के उत्तर में दासी स्वर्ण-थाल में लाख का चूड़ा लेकर उपस्थित हो गई। हतप्रभ सामंत को परदे के पीछे पटरानी का भर्राया स्वर सुनाई दिया—"आपके प्रणाम के बदले आशीष की जगह आज तो आपको चूड़ा ही भेंट कर सकती हूँ।"

चाँदसिंह जैसे फुंकार उठे—"इस अपमान का कारण भी बताने की कृपा करें!"

"इसमें अपमान कैसा?"—महारानी का स्वर छलछला उठा—"अब तो तवायफों का राज है। उन्हें खुश करने के लिए हमारे बहादुर सामंतों को कड़े-चूड़ों की जरूरत पड़ती ही होगी।"

राजपूताने के शक्तिशाली जयपुर राजघराने की पटरानी के छलछलाए नेत्रों और रुँधे गले के मार्मिक स्पर्श से शब्द-बाण बने ताने से चाँदसिंह तिलमिलाकर उठ गए—"पटरानीजी! जयपुर राज्य के सामंत स्वामिभक्त होने के बावजूद महाराज से अधिक, राज्य के प्रति वफादार हैं। महाराज के नेत्रों पर भले ही परदा पड़ा हो, लेकिन हमारी आँखें पूरी तरह खुली हुई हैं। हम अपना मान-सम्मान खोकर जीवित रहने के अभ्यासी नहीं, जो किसी तवायफ को प्रसन्न करने के लिए कड़े-चूड़लों की आवश्यकता महसूस करने लगें।"

"यह राज्य तो अब आप सामंतों के बल पर ही सुरक्षित रह गया है"—पटरानी के

स्वरों में छलकते असहाय अनुरोध से चाँदसिंह पुनः मर्माहत हो उठे—"आप स्वयं को कातर न बनाएँ। आप पटरानी हैं। राजा-महाराजाओं के जीवन में कमजोर क्षणों का हावी होना असाधारण बात नहीं। लेकिन हमारे महाराजा अपनी प्रेमिकाओं के प्रति इतने आसक्त तो कभी नहीं रहे। मुझे आसार कुछ ठीक दिखाई नहीं पड़ते। इस पर भी आप निश्चिंत रहें, इस तवायफ को शीघ्र ही उसका वास्तविक स्थान दिखा दिया जाएगा। रसकपूर हमारे सम्मान की पात्रा कभी नहीं हो सकेगी।"

सुनकर पटरानी की पीड़ा को जैसे राहत मिली। आँखों के आँसू पलकों में ही सूखने लगे। जबकि चाँदसिंह के नेत्रों में सुलगती अग्नि, पटरानी के व्यंग्य की आहुति पाकर भभक उठी थी। मन में रसकपूर को समूल नष्ट करने का संकल्प लेकर चाँदसिंह वहाँ से उठ गए।

□

चंद्रमहल की पाँचवीं मंजिल स्थित 'शोभानिवास' में महाराज से विचार-विमर्श करके लौटते हुए बोहरा राजा खुशालीराम का मार्ग, खवास हीरालाल ने प्रणाम करके रोक लिया। खुशालीराम ठहर गए। पूछा—"कैसे हो खवासजी? कई दिनों से दिखाई नहीं दिए। कहाँ रहते हो?"

"पंडितजी! यहीं अन्नदाता की देखभाल में लगा रहता हूँ"—हीरालाल मुसकराया—"आप तो जानते ही हैं कि मेरे बिना तो महाराज जैसे पंगु हो जाते हैं।"

"वह तो मैं देख ही रहा हूँ। तुम्हारे कारण महाराज सचमुच पंगु हो चले हैं!"

बोहराजी का व्यंग्य समझकर भी हीरालाल ने बात बदल दी—"नई रानी आपके दर्शनों की इच्छुक है।"

"नई रानी?"—खुशालीराम चौंके—"महाराज का नया विवाह कब हो गया? कौन है उनकी नई रानी?"

"रसकपूर!"—हीरालाल हँस पड़ा—"आप जैसे सतर्क कूटनीतिज्ञ को तो इसका पता होना चाहिए था।"

"रानी बनने के लिए विवाह आवश्यक होता है"—खुशालीराम गंभीर हो गए—"और महाराज के साथ रसकपूर के विवाह की जानकारी कम-से-कम मुझे तो नहीं है।"

"पंडितजी! मन मिल जाने के बाद हवनकुंड के फेरे तो औपचारिक रस्म-भर बनकर रह जाते हैं"—हीरालाल मुसकराया—"महत्त्व तो विवाह से अधिक महाराज की पसंदगी का है। रसकपूर कहीं से भी महाराज की विवाहिता रानी से कम नहीं है।"

"ठीक है। लेकिन वह मुझसे क्यों मिलना चाहती है?"

"यह तो वे ही जानें। आपके कृपापूर्वक रसविलास में पधारने पर शंका-समाधान में अधिक आसानी रहेगी।"

बोहरा राजा खुशालीराम ने कुछ क्षण विचार किया, फिर बोले—"अच्छा, चलो।

तुम्हारी नई रानी से मिलने में मुझे कोई आपत्ति नहीं है।"

रसविलास में बोहरा राजा का आगमन रसकपूर के लिए उत्सव से कम नहीं था। हड़बड़ाहट में दासियों को अर्घ्य-पाद्य के साथ स्वागत की तैयारी का आदेश देते हुए, स्वयं रसकपूर तेजी से उनकी अगवानी करने पहुँची। रसविलास की निचली मंजिल की बैठक में खड़े वयोवृद्ध तेजस्वी ब्राह्मण को देख उसके पैर एकाएक जड़ हो गए। अस्सी वर्ष से अधिक आयु के बाद भी तेजस्विता में युवकों से प्रतिस्पर्धा करता मुखमंडल, हिमधवल श्वेत शिखा और वैसी ही मूँछों से और अधिक ज्योतिर्मय हो उठा था। गौरवर्ण वक्ष पर शुभ्र यज्ञोपवीत और श्वेत उत्तरीय, कंठ में पड़ी रुद्राक्ष-माला की काषाय आभा का मानो उपहास कर रहे थे। शुभ्र अधोवस्त्र के नीचे ऋषियों जैसी खड़ाऊँ पर टिके पैरों पर दृष्टिपात कर रसकपूर श्रद्धावनत हो उठी। भावातिरेक में वह चरण-स्पर्श के लिए झुकी।

सजग-सतर्क पद-युगलों ने तेजी से अपना स्थान छोड़कर रसकपूर का प्रयास विफल कर दिया। आदर की अवहेलना से वह चौंकी। फिर पूछा—"अभिवादन स्वीकारने में भी संकोच क्यों?"

"मंतव्य जाने बगैर प्रणाम स्वीकार करना अनुचित होता है"—खुशालीराम ने सतर्क उत्तर दिया।

"लेकिन ब्राह्मण तो सदैव ही वंदनीय होता है"—रसकपूर बोली—"उसकी चरण-रज-स्पर्श का अधिकार तो प्रत्येक श्रद्धालु को होता है।"

"हाँ, ब्राह्मण की चरण-रज"—खुशालीराम मुसकराए—"किंतु मैं ब्राह्मण ही नहीं, राजनीतिज्ञ भी हूँ। महाराजा प्रतापसिंह से 'राजा' की उपाधि मुझे ब्राह्मण होने के कारण नहीं प्राप्त हुई थी। जयपुर राज्य का शुभचिंतक होने के कारण, मंतव्य जाने बगैर किसी का प्रणाम स्वीकार करना मेरे लिए संभव नहीं होता।"

"क्या आप प्रत्येक हाथों को उनका मंतव्य जाने बगैर अपने चरणों तक नहीं पहुँचने देते? क्या यह प्रश्न प्रत्येक श्रद्धालु की भावांजलि में व्यवधान बनता है?"

"प्रत्येक के लिए नहीं। लेकिन किसी योजना के अंतर्गत मेरे चरण-स्पर्श करनेवालों के लिए, यह सदैव से यक्षप्रश्न बनकर व्यवधान उपस्थित करता रहा है।"

"आपके अभिवादन में भला मेरी क्या योजना हो सकती है?"

"वह तुम बताओ"—वृद्ध कूटनीतिज्ञ के नेत्रों में किंचित् कठोरता झलकी—"तुमने मुझे यहाँ मात्र प्रणाम करने के लिए तो नहीं बुलाया होगा। इसके पीछे छिपी अपनी योजना की जानकारी तुम्हीं दो।"

रसकपूर को ऐसे उत्तर की आशा नहीं थी। जयपुर राज्य का यह 'चाणक्य' तो कहीं छूने तक का अवसर नहीं दे रहा था। मन की झुँझलाहट को दबाकर मुसकराते हुए कहा—"बाबा! मैं आपका आशीर्वाद चाहती हूँ।"

खुशालीराम के होंठों पर वक्र हास्य तैर उठा—"उचित यह होगा कि तुम मुझे

'बाबा' जैसा आत्मीय संबोधन दिए बगैर ही अपना मंतव्य स्पष्ट करो, बाईजी ! न मैं तुम्हारा पिता हूँ और न तुम मेरी पुत्री। फिर मुझे 'बाबा' कहने के पीछे अवश्य ही तुम्हारा कोई अन्य उद्देश्य छिपा हुआ है। उसे स्पष्ट करो, रसकपूर !"

जितना सुना था, उससे कहीं अधिक कुटिल सिद्ध हो रहा था यह ब्राह्मण। शिवनारायण मिश्र ने उसे 'जयपुर का चाणक्य' ऐसे ही नहीं कह दिया था। चार-चार बार बंदी बनाए जाने के बाद भी हर बार मुक्त होकर पुनः प्रधानमंत्री पद पर ही प्रतिष्ठित होनेवाला व्यक्ति निस्संदेह असाधारण था। तभी तो इसे बंदीगृह में डालने के आदेश में महाराज प्रतापसिंह ने यह भी लिखवाया था कि भविष्य में परिस्थितिवश बोहराजी को कैद से मुक्त करने पर इन्हें बिना किसी प्रतिबंध के प्रधानमंत्री ही बनाया जाए। बंदी बनानेवाले महाराजा का यह निर्देश इस व्यक्ति के असाधारण कौशल और सामर्थ्य का ऐतिहासिक दस्तावेज था।

रसकपूर को यह व्यक्ति दुर्जय चट्टान-सा प्रतीत हो रहा था। अपनी अवहेलना से उसका मन क्षुब्ध हो उठा। किंतु मन की पीड़ा बलपूर्वक दबाकर बोली—"एक ब्राह्मण का आशीर्वाद अपने सुख-सौभाग्य में वृद्धिकारक मानकर ही मैंने आपको यहाँ पधारने का कष्ट दिया है।"

"यदि यही सत्य है, तो तुम्हारा अभिवादन मुझे स्वीकार्य है"—सुनकर रसकपूर का मुरझाया मन-कमल, आश्वासन की सूर्य-रश्मियों का स्पर्श पाकर खिल उठा। लेकिन अगले ही क्षण शब्दों के हिमपात से वह पुनः कुम्हला गया—"आशीर्वाद के लिए एक अन्य ब्राह्मण शिवनारायण मिश्र को तुम्हारे पास भेज दूँगा। हृदय के अंतर से निकला उनका आशीर्वाद संभवतः तुम्हारे लिए अधिक फलदायी सिद्ध होगा।"

रसकपूर अंदर तक काँप उठी। क्या इस ब्राह्मण के लिए उसका कुछ भी गोप्य नहीं ? शिवनारायण मिश्र के साथ उसके संबंधों का ज्ञान उसे किस सीमा तक है ? पता नहीं। कंपित स्वर में पूछ बैठी—"अपने वरद् हस्त के स्थान पर, पंडितजी का आशीर्वाद क्यों दिलाना चाहते हैं ?"

"क्योंकि वही तुम्हारे 'बाबा' संबोधन के वास्तविक अधिकारी हैं"—वृद्ध राजनेता के शब्द किसी विस्फोट से भी अधिक भयानक थे।

"यह आप क्या कह रहे हैं ?"—रसकपूर कंपित हृदय पर नियंत्रण करती बोली—"आपकी पहेलियाँ मेरी समझ में नहीं आ रहीं।"

खुशालीराम ठठाकर हँस पड़े—"यह प्रश्न तुम मुझसे कर रही हो अथवा अपने आपसे ? रसकपूर ! मैं इस राज्य का शुभचिंतक हूँ। इसका नमक मेरे खून में है। इसने मुझे साधारण स्थिति से उठाकर इतनी भारी प्रतिष्ठा दी है। बदले में मैं भी प्राण रहते इसे अप्रतिष्ठित नहीं होने दूँगा। राज्य को अप्रतिष्ठत करनेवाली किसी भी स्थिति से अनभिज्ञ रहना तो मेरी अक्षमता का परिचायक होगा।"

रसकपूर ने मन का आवरण उतार फेंकने का निश्चय कर लिया। इस ब्राह्मण के

सामने राजनीति तो नितांत मूर्खता ही प्रतीत हो रही थी। बोहराजी पर गहन दृष्टिपात कर पूछ लिया—"क्या मैं इस राज्य की अप्रतिष्ठा का निमित्त बन रही हूँ?"

"अब तक तो नहीं।'—खुशालीराम का गंभीर स्वर गूँज उठा—"लेकिन जिस पथ पर अग्रसर हो रही हो, उसमें राज्य के मंगल और अप्रतिष्ठा के बीच सूक्ष्म विभाजक-रेखा है। जरा-सी असावधानी से तुम अमंगल की प्रतिमूर्ति भी बन सकती हो। रसकपूर! मैं तुम्हारा शत्रु नहीं, लेकिन इस राज्य का हितचिंतन मेरा प्रथम कर्तव्य है। इस पर आनेवाली किसी भी विपत्ति का मैं अत्यंत निर्ममता के साथ मूलोच्छेद करूँगा। वह विपत्ति चाहे तुम हो अथवा स्वयं महाराजा। मैं राज्य से बँधा हूँ! राज्य सुरक्षित रहे। राजा तो आते और चले जाते हैं। उनके होने या न होने से अधिक महत्त्वपूर्ण राज्य का सुरक्षित रहना होता है। महाराजा मात्र एक व्यक्ति हैं, जबकि राज्य लाखों-करोड़ों व्यक्तियों का संरक्षक होता है। उसे इस दायित्व से विचलित करने का अधिकार किसी को भी नहीं है। स्वयं महाराजा को भी नहीं।"

सुनकर रसकपूर मुसकरा उठी—"तब तो आप अनायास ही मुझसे दुराव कर बैठे हैं। विश्वास रखें। राज्य की रक्षा में आप मुझे कहीं, कभी शत्रु रूप में खड़ा नहीं पाएँगे। आपकी निष्ठा सम्माननीय है, लेकिन इस निष्ठा के निर्वहन में आप मुझे भी किसीसे पीछे नहीं पाएँगे।"

"तब तुम मेरी ओर से आश्वस्त रहो"—वृद्ध खुशालीराम प्रथम बार मुसकराए—"नहीं, अन्य प्रश्नों की आवश्यकता नहीं। सीधे ही सबके उत्तर सुन लो। जनानी ड्योढ़ी के षड्यंत्रों से, सामंतों की उठा-पटक से मेरा कोई संबंध नहीं। यह सब तो प्रत्येक राजकुल में चला ही आ रहा है। इनसे तुम स्वयं अपने हिसाब से निपटती रहो। लेकिन इस संघर्ष में जयपुर राज्य को क्षति नहीं पहुँचनी चाहिए।"

"आपका आदेश शिरोधार्य है"—रसकपूर ने करबद्ध होकर कहा—"अब तो आपकी चरण-रज लेने की आज्ञा है?"

"सामान्य स्त्री के रूप में तो कोई व्यवधान नहीं, लेकिन रसकपूर को···इस राज्य की एक समर्थ शक्ति को, अपने हाथ वहाँ तक पहुँचाने से पूर्व मुझे अनेक प्रश्नों के अनुकूल उत्तरों से संतुष्ट करना होगा। अनुत्तरित प्रश्न और असंतुष्ट ब्राह्मण किसी की भी यश-वृद्धि का माध्यम नहीं बन सकते"—खुशालीराम अब भी मन से रसकपूर को राज्य-हित में स्वीकार नहीं कर पा रहे थे—"समय ही इसका श्रेष्ठ निर्णायक हो सकेगा।"

"मैं उस समय की प्रतीक्षा करूँगी"—रसकपूर ने प्रणाम की मुद्रा में अपने कोमल हाथ जोड़ दिए।

खुशालीराम किसी प्रकार का अभिनंदन-प्रणाम स्वीकार किए बगैर महाराजा की इस रूपगर्विता से भेंट के बाद किंचित् संतोष के साथ वापस लौट गए।

□

बौरों से लदी आम की शाखाओं के सौरभ को, कोयल के मादक स्वरों के साथ चहुँओर फैलानेवाला वासंतिक पवन फागुनी स्पर्श से स्वयं भी मदमय हो उठा। शिशिर की हिम-शीतल हवाओं से मुक्त तन गुनगुने पवन के झकोरों से प्रफुल्लित होने लगे। गरम वस्त्रों के स्थान पर कुसुमली पतले वस्त्र तन को आलोकित करने लगे। तन के साथ मन भी कुरबक पुष्प के समान प्रफुल्लित हो उठा। फागुनी मद के आवेग में तो वृद्ध स्त्री-पुरुषों तक में काम-संचार की क्षमता होती है। वहाँ युवा स्त्री-पुरुषों का तो इसमें बौरा जाना अत्यंत सहज था।

जयपुर ने भी फागुन के मनुहारी स्वागत में जैसे पलक-पाँवड़े बिछा दिए थे। टेसू के पुष्पों से बनाए रंग और अरारोट में अभ्रक मिली गुलालें तैयार होने लगीं। लाख के पतले 'गुलाल-गोटे' दुकानों पर शोभा पाने लगे। जयपुर के इन 'गुलाल-गोटों' की कारीगरी का ही कौशल था कि इनमें भरा गुलाल फेंके जाने पर लक्ष्यवेध करके साथ ही साथ वातावरण को भी रंगीन बना जाता था। संपन्न वर्ग में इनका प्रचलन अधिक था। जयपुर की होली का भी अपना निराला ही ठाठ था। धूलंडी के दिन निकलनेवाली महाराज की सवारी का स्वागत करने और उनसे होली खेलने की साध लिये जैसे पूरा जयपुर ही त्रिपोलिया बाजार में आ जुटता था। त्रिपोलिया दरवाजे से लवाजिमे के साथ निकलती सवारी में महाराज हाथी पर बैठकर नगर-वासियों को दर्शन देते थे। उनके फेंके गुलाल-गोटों और पिचकारियों की फुहारों से जयपुर-वासियों के मन-प्राण तक तृप्त हो उठते थे। हाथी के पीछे एक छकड़े में गुलाल-गोटे और कई बैलगाड़ियों में रंग की टंकियाँ साथ होती थीं। सवारी के आगे जयपुर के सामंत घोड़ों पर सवार होकर नगर-वासियों से फाग खेलते चलते थे।

चंद्रमहल का विशाल चौक गर्वोन्मत्त अश्वों की चपल टापों से गुंजित हो उठा था। महाराज की सवारी के गजराज की चिंघाड़ और छकड़ों-बैलगाड़ियों के वृषभों के सींग हिलाने से उनके गलों में बँधे घुँघरुओं के मधुर स्वरों के द्वारा राजपशु तक पर्व में अपनी भागीदारी की घोषणा-सी कर रहे थे। श्वेत परिधानों में सज्जित सामंत-मुसाहिबों की दृष्टि रह-रहकर सूर्य की ओर उठ जाती थी। महाराज के पधारने का समय निकट आ रहा था।

प्रधानमंत्री मानजीदास बार-बार व्यवस्था का निरीक्षण कर संतुष्टि का सुख प्राप्त करते हुए, सामंतों से बातचीत भी कर रहे थे। पूर्व निर्धारित कार्यक्रम के अनुसार महाराज को चौक में सामंतों के साथ होली खेलने के बाद हाथी पर बैठकर नगर में होली उत्सव मनाने निकलना था। उनकी सवारी सिंहपोल (पूरबियों की ड्योढ़ी) से निकलकर चाँदनी चौक में होती हुई त्रिपोलिया दरवाजे से निकल कर त्रिपोलिया बाजार में पहुँचेगी। वहाँ से माणक चौक चौपड़ होते हुए सिरहड्योढ़ी बाजार में चलती हुई सिरहड्योढ़ी दरवाजे में प्रवेश कर दुंदुभीपोल से जलेब चौक में प्रवेश करेगी। वहाँ से

उदयपोल, विजयपोल, जयपोल, गंगापोल और **अंबापोल** में होते हुए उसे वापस चंद्रमहल में लौट आना था। मार्ग में महाराज को जयपुर की जनता के साथ होली खेलते हुए चलना था। कार्यक्रम के अनुरूप सभी व्यवस्थाएँ की जा चुकी थीं। अब तो महाराज की प्रतीक्षा ही शेष रह गई थी।

प्रतीक्षा की घड़ियाँ समाप्त हुईं। प्रतिहारी की 'सावधान-सावधान' चेतावनी सुनकर सामंत-मुसाहिब चैतन्य हो गए। उनकी निगाहें 'राजेंद्रपोल' पर केंद्रित हो गईं, जिधर से महाराज चौक में पधारने वाले थे।

सफेद अँगरखे और चूड़ीदार पायजामे में सजे महाराज के सिर पर चुनरी का फेंटा और उसमें लगी स्वर्ण-कलँगी उनके मुखमंडल की ओजवृद्धि कर रही थी। महाराज को देख सामंतों के प्रणाम के लिए उठे हाथ अचानक अनपेक्षित दृश्य देखकर जैसे जड़ हो गए। उनके साथ रसकपूर को देख वे आश्चर्यजनित क्षोभ के साथ, किंकर्तव्यविमूढ़-से हो उठे। महाराजा की पोशाक के अनुरूप ही कामदार श्वेत लहँगा-ओढ़नी में रसकपूर हिमशैल में प्रज्वलित अग्निशिखा-सी दमक रही थी।

रसकपूर की उपस्थिति सभी के लिए रहस्यमय थी। उसे साथ लाने में महाराज का अथवा साथ आने में रसकपूर का क्या उद्देश्य हो सकता था? चौक में महिलाएँ तो आती नहीं थीं, अतः उसका होली खेलने आना भी संभव नहीं था। सामंतों के साथ उसके होली खेलने की तो कल्पना भी नहीं की जा सकती। तब क्या महाराज पर अपना वर्चस्व प्रदर्शित करने के लिए ही वह यहाँ आई है अथवा इसमें उसका कोई अन्य उद्देश्य भी है?

रसकपूर के आगमन का उद्देश्य शीघ्र ही स्पष्ट हो गया। गजराज की पीठ पर कसे गंगा-जमनी हौदे पर महाराज के आसीन होने से पूर्व ही रसकपूर को चढ़ते देख राजपुरुषों के नेत्र आश्चर्य से फैल गए। उन्हें अपनी आँखों पर विश्वास नहीं हो रहा था। होली की सवारी में महाराज के साथ किसी स्त्री की उपस्थिति वे पहली बार देख रहे थे। वह भी रानी या पटरानी के स्थान पर एक रखेल के प्रतिष्ठित होने की तो वे कल्पना भी नहीं कर सकते थे।

लेकिन अकल्पनीय ही साकार हो उठा था। पटरानी के लिए भी दुर्लभ सम्मान रसकपूर को प्राप्त हो रहा था। महाराज के हौदे में आसीन होते ही गजराज उठा। क्रुद्ध-चकित सामंत, मनमारे अनुशासनबद्ध, अपने-अपने स्थानों पर खड़े होने के लिए विवश हो गए। तभी जगतसिंह के हाथों से फेंके गुलाल-गोटे, सामंतों-मुसाहिबों से टकराकर रंग-बिरंगे बादलों की सृष्टि कर उठे। महाराज का रंग-प्रसाद पाकर निहाल हुए सामंत, रसकपूर की उपस्थिति से उत्पन्न विषाद को भूलकर फागुनी मस्ती में डूबने लगे।

त्रिपोलिया दरवाजे से जयपुर के पंचरंगी ,ध्वजवाहक हाथी के निकलते ही सड़क से लेकर दोनों ओर की हवेलियों के बरामदों, मुँडेरों, इकढ़ालियों पर खड़े स्त्री-पुरुषों में हर्ष की लहर दौड़ गई। अपने-अपने हाथों में पिचकारियाँ और गुलाल-गोटे थामकर वे

होली की उमंग में सतर्क हो उठे।

'निसाण के हाथी' के बाद ऊँटनी सवारों की कतारों के पीछे, नक्कारा का घोड़ा था, जिस पर बैठा सवार, नक्कारों पर प्रहार से उन्हें ध्वनित करता चलता था। नक्कारा के घोड़े के बाद अश्वारोही टुकड़ी थी, फिर ताजीमी सरदारों के चपल अश्व मार्ग को टापों से खोदते हुए-से चल रहे थे।

इसके बाद आया महाराज का विशाल दाँतोंवाला गजराज, जिसके गंगा-जमनी हौदे में महाराज जगतसिंह विराजमान थे। 'महाराज की जय' के तुमुल जयघोष से नगर-प्राचीरें तक गूँज उठीं। लेकिन अगले ही पल महाराज के साथ बैठी लावण्यमयी स्त्री को देख, परस्पर फुसफुसाहटें आरंभ हो गईं।

"ये कौन हैं? कहीं पटरानीजी तो नहीं?"

"नहीं, वे भला कैसे हो सकती हैं?"—दूसरा प्रतिवाद कर उठा।

"हाँ भई, पटरानीजी तो क्या, महाराज की रानियाँ तक कभी परदे से बाहर नहीं निकलीं।"

"अरे, उनकी तो पड़दायतें-रखेलें तक कड़े परदे में रहती हैं। मजाल है, जो कोई पुरुष उन्हें देख भी ले।"

"तब फिर ये कौन हैं?"

पुरुषों की तरह ही नगर की स्त्रियों में भी अटकलों का बाजार गरम था—"अरी! आज तो महारानीजी भी पधारी हैं। देख कितनी सुंदर हैं। कहीं नजर न लग जाए।"

"हाँ री, इन सफेद रेशमी कपड़ों में तो वे देवी जैसी लग रही हैं। मैं तो रंग फेंककर इनके रूप को दूषित नहीं करूँगी।"

"मेरा वश चले तो इन पर गुलाबजल की वर्षा करके होली खेलूँ। होली की होली हो जाए और इनका रूप भी खराब न हो।"

ललक-भरी कल्पनाओं के उछाह में सराबोर होती युवतियों को बरजती हुई-सी कोई वृद्धा कह उठी—"ये पटरानी नाँय हैं! मैं बरसन ते महलन में जाती रहीं, पन आजहू तलक बिनके दरसन नाँय कर सकी। तनिक सोचो, ऐसी परदावारी राजरानी का हिंया म्होंडो उघाड़े बीच बजार आमेंगी?"

"अरे, दादी!"—अवगुंठन के पीछे, आश्चर्य से फैले नेत्रों को नचाती कोई अन्य युवती कह उठी—"राजमहल में सेवा-टहल करती रही हो और आज तलक पटरानीजी नहीं देखीं?"

"मैंने देखी हैं"—एक अन्य अधेड़ स्त्री बोली—"एक बार उनके रावळे में 'काँसा' पहुँचाने का मौका मिला था। तब थोड़ी-सी देर उन्हें देखा था। वे भी सुंदर तो हैं, लेकिन इनकी तो बात ही कुछ और है। झूठ न बुलावो तो इन रानीजी के सामने तो पटरानीजी कहीं ठहरती नहीं हैं।"

तभी जगतसिंह का फेंका गुलाल-गोटा युवती के समृद्ध वक्ष से टकराकर फट

गया। लाल गुलाल के उफान से नहाई सुंदरी गुलाल से अधिक लज्जा से लाल हो गई। मन की मीठी सिहरन छुपाते हुए फुसफुसा-सी उठी—"हाय राम! महाराज भी कितने शरीर हैं।"

"और देख निशाना भी कितना पक्का है।"—सखी ने चुहल की।

"धत्, बेशर्म कहीं की!"—युवती शरमाकर मुसकरा उठी।

प्रजा के साथ होली खेलने में रसकपूर महाराज की चपल संगिनी बन गई थी। जब महाराज गुलाल-गोटे फेंकते तो रसकपूर पिचकारी से रंगवर्षा कर नगरवासियों के तन-मन रँग देती थी। महाराज के हाथों में पिचकारी आने पर वह गुलाल-गोटों की झड़ी लगा देती थी। प्रत्युत्तर में प्रजा की ओर से आ रही रंगवर्षा से उसके मन-प्राण तक इंद्रधनुषी हो उठे थे। एक अकिंचन कुल में उत्पन्न स्त्री को इतना सम्मान?

हर्षातिरेक से रसकपूर के नेत्र प्रसन्नाश्रुओं से भर आए। ऐसे जन-सम्मान की तो उसने कभी कल्पना भी नहीं की थी। मन हुआ, वह रजकण बनकर इन श्रद्धालुओं के चरणों के नीचे बिछ जाए। उसका रोम-रोम इस घड़ी के स्थिर हो जाने की प्रार्थना करने लगा। हर्ष के चरमावेग में वह इसी क्षण अपनी मृत्यु की आकांक्षा तक कर बैठी। अब इसके बाद भला क्या देखना-भोगना शेष रह जाता है?

प्रजा पर रंगवर्षा करते जगतसिंह की उल्लसित दृष्टि रसकपूर के नेत्रों में अश्रु भागीरथी देख व्याकुल हो उठी—"यह क्या, रस! तुम्हारी आँखों में आँसू? क्या तुम्हारी मर्यादा, तुम्हारे सम्मान के विपरीत कुछ हो गया?"

"नहीं, प्रिय! ये आँसू पीड़ा के नहीं, आपकी प्रजा से मिले सम्मान के कारण आ गए हैं!"—रसकपूर के होंठों पर मीठी मुसकान थिरक उठी।

"विलक्षण हो तुम भी"—महाराज हँस पड़े—"दुःख में रोते तो देखा-सुना है, लेकिन सुख में रोते तुम्हें ही पाया है। भला प्रसन्नता के क्षणों में भी कोई रोता है?"

"हाँ, महाराज! ऐसे सम्मान-सुख की कल्पना भी न कर पानेवाला अकिंचन व्यक्ति तो इस श्रद्धा का अभिषेक अपने आँसुओं से ही कर सकता है। मुझ दीन-हीन, सामान्य स्त्री के पास, इन श्रद्धा सुमनों के रंगों का प्रत्युत्तर मेरे रंगहीन अश्रु ही तो हो सकते हैं।"

"नहीं, हमारे रंगीन जीवन में आँसू भी रंगहीन नहीं हो सकते"—जगतसिंह की हँसी में शरारत छलक उठी। अगले ही क्षण उछलकर हौदे के सामनेवाले आसन पर बैठ उन्होंने हाथों में थमी पिचकारी रसकपूर की ओर तान दी।

महाराज की आक्रामक मुद्रा और चारों ओर जनसमूह देख लज्जारक्त रसकपूर किंचित् व्याकुल हो उठी—"क्या कर रहे हैं आप! अपनी प्रजा के बीच आपका यह····"

प्रत्युत्तर में पिचकारी से छूटी रंगवर्षा ने रसकपूर को तर-ब-तर कर मौन रहने को विवश कर दिया। पिचकारी की फुहार ने उसके तन ही नहीं, मन को भी रंगीन कर दिया था। रंगसनी ओढ़नी से अपने अंगों को छिपाती हुई वह उपालंभ-भरे स्वर में कह उठी—"आप तो पगला गए हैं! प्रजा का भी खयाल नहीं रहा।"

लेकिन प्रजा को उनका पूरा खयाल था। महाराज की रसप्रियता ने शंका के बादल छाँट दिए थे। जगतसिंह की वामांगी के पटरानी होने में अब कोई संशय नहीं रह गया था। परदा हटने का कारण चाहे जो हो, लेकिन महाराज की ऐसी अंतरंग सहचरी उनकी पटरानी के अतिरिक्त अन्य कोई तो नहीं हो सकती !

उल्लसित पुरुष कंठों से निकला समवेत स्वर गूँज उठा—"महाराज की जय हो !"

प्रत्युत्तर में नारी-कंठ भी अपनी महारानी का जयघोष करने में पीछे नहीं रहे और वे सुरीले स्वरों में गा उठे—"महारानी जी अमर रहें।"

महाराजा-महारानी के जयघोषों का स्वर फैलता ही चला गया। एक बार उठे उद्घोष ने समस्त शंकाओं-अटकलों का निवारण कर रसकपूर को महारानी के रूप में स्वीकार कर लिया था।

जयघोषों से उल्लसित रसकपूर के मन-प्राण स्नेह-तरंगित हो उठे। अपने अभिनंदन का प्रत्युत्तर उसने गुलाल-गोटों से दिया। हर्षावेग से उन्मत्त रसकपूर पगलाई रंगवर्षा से अपनी उपकारी प्रजा को रंगसिक्त-रससिक्त करने लगी। महारानी के इस स्नेहाशीर्वाद से जयपुर की प्रजा भी भाव-विभोर हो, उनकी जयघोषों से त्रिपोलिया बाजार के विस्तीर्ण पथ को गुंजारित कर उठी। इन उद्घोषों में नगर के आबालवृद्धा महिलाओं तक के कंठ-स्वर घुले थे। इनकी सुरीली तीव्रता से महाराजा की जयघोष के पुरुष-स्वर अनायास ही दब-थम-से गए थे।

इन उद्घोषों में प्रजा की भावना निहित थी अथवा ये किसी भावी की ओर इंगित कर रहे थे—यह बात सामंतगण तो क्या, स्वयं प्रधानमंत्री मानजीदास तक नहीं समझ पा रहे थे। रसकपूर को महारानी के रूप में मिल रही प्रतिष्ठा उनका क्षोभ ही बढ़ा रही थी। जबकि महाराज इन सबसे परे मदमस्त हो अपनी प्रजा के साथ होली का उत्सव मनाने में मग्न थे।

माणक चौक चौपड़ से सिरहड्योढ़ी बाजार में घूमकर महाराज की सवारी सिरह-ड्योढ़ी दरवाजे में प्रवेश कर गई। नगरवासियों की रंगवर्षा से भीगा-रँगा रसकपूर का कोमन तन शीत के आवेग से थरथराने लगा। यह देख जगतसिंह शरारत से मुसकरा उठे—"ठंड लग रही है तो आओ, मेरी बाँहों में समाकर इससे मुक्त हो जाओ।"

"धत् !"—शर्म से रसकपूर के कान तक लाल हो उठे—"आपको तो स्थान-मर्यादा का भी ध्यान नहीं रहता।"

जगतसिंह खिलखिलाकर हँस पड़े।

दुंदुभी पोल पर शहनाइयों की मंगल-ध्वनि और नक्कारों की गंभीर ध्वनि सुनकर रसकपूर रोमांचित हो उठी। इस राजमार्ग से राजमहल में प्रवेश का स्वप्न तब तो सामंती विरोध के कारण साकार नहीं हो पाया था, लेकिन आज वही विद्रोही सामंत उसकी सवारी के आगे चलकर जैसे समर्पित हो गए थे। त्रिपोलिया अथवा उदयपोल से राजमहल में प्रवेश का स्वप्न आज साकार होने जा रहा था।

जलेब चौक में बढ़ता राजसी लवाजिमा सुव्यवस्थित रूप से अपने निर्धारित स्थलों पर पहुँचकर, महाराज की सवारी के लिए स्थान खाली करता चला जा रहा था। उदयपोल पर पहुँचकर गजराज ने सूँड़ उठाकर चिंघाड़ मारी और महावत के अंकुशी संकेत पर घुटने टिकाकर जमीन पर बैठ गया। सेवकों ने तत्परता से हौदे के साथ सीढ़ी लगा दी। इस बार सर्वप्रथम महाराजा उतरे। उनके संकेत पर दासियों ने दौड़कर आनन-फानन में गजराज को घेर लिया। कुंदन तेजी से सीढ़ियाँ चढ़कर हौदे में पहुँची और रसकपूर के भीगे बदन को रेशमी चादर से ढककर बोली—"अब नीचे पधारिए, पटरानी साहिबा !"

रसकपूर के नेत्रों में हर्ष-उपालंभ की समवेत सृष्टि हुई—"कुंदन, तुम भी पगला गई हो !"

"हाँ, जब सारी प्रजा ही पागल हो गई हो तो यह कुंदन उससे अछूती कैसे रह सकती है ?"—कुंदन का कुंदकली-सा दंत हास्य मुखर हो उठा।

चादर में लिपटी रसकपूर नीचे उतरकर, सिर झुकाए तेजी से पालकी में जा बैठी। कुंदन के निर्देश पर पालकी उसे लिये तेजी से चंद्रमहल की ओर बढ़ गई।

महाराज जगतसिंह भी अपने सामंतों के साथ पैदल ही विजयपोल, जयपोल होते हुए 'सर्वतोभद्र' (दीवानेखास) में पहुँचे। वहाँ सामंतों का रंग-गुलाल स्वीकार करते महाराज की ओर से सेवकगण रजत-थालों में मदिरा-पात्र लिये तत्परता से आसव-पान कराने में जुट गए। रसोड़े से आती गरम-गरम सामिष और निरामिष व्यंजनों की रकाबियाँ भी चारों ओर घूमने लगीं। मद-पान से उभरा मुक्त परिवेश अनेक सामंतों के गिले-शिकवे बहा ले गया, लेकिन चाँदसिंह के नेत्रों में प्रतिशोध की ज्वालाएँ और धधक उठी थीं।

छह

महाराज के वाम भाग में आसीन होकर होली-उत्सव में भाग लेने के दुस्साहस से रसकपूर के विरुद्ध प्रतिशोधाग्नि और धधक उठी। अंतःपुर में सुलग रहा सौतिया डाह तीव्र हो गया। जगतसिंह की महारानियाँ ही नहीं, पड़दायतें तक रसकपूर के सौभाग्य पर जल-भुन उठीं। सौत का यह काँटा तो उनके हृदयों में प्रतिदिन और गहरा गड़ता जा रहा था। महाराज की इस आसक्ति की चरम परिणति क्या होगी ? आक्रोश, डाह और चिंता से ग्रस्त अंतःपुर को रसकपूर से मुक्ति का कोई मार्ग नहीं सूझ रहा था।

जयपुर की जनता में भी इसकी विपरीत प्रतिक्रिया हुई। अज्ञानवश पटरानी की जयकार करनेवाले मुँह, वास्तविकता जानकर वितृष्णा से विकृत हो उठे। नगर का पुरुष-वर्ग ही नहीं, महिलाएँ तक महाराज की आलोचना करने लगी थीं। जयपुर की गली-चौकड़ियों से लेकर घाट-पनघट तक रसकपूर की ही चर्चा थी। एक तवायफ के प्रति ऐसे अप्रतिम अनुराग की तो कोई कल्पना भी नहीं कर सकता था। आमोद-प्रमोद के लिए कोठों पर जाना और तवायफों को अपने पारिवारिक उत्सवों में बुलवाना तो रईसों के शौक थे, लेकिन तवायफ के कारण गृह-स्वामिनी की उपेक्षा होते ही ये शौक सामाजिक धिक्कार का विषय बन जाते थे। नगरवधू को गृहवधू के समकक्ष प्रतिष्ठा प्रदान करने की तो कल्पना भी नहीं की जा सकती थी।

लखनऊ की तरह जयपुर की संध्याओं के भी अपने ही रंग थे। सूरज ढलने के साथ ही नगर के संपन्न वर्ग से लेकर सामान्य प्रजाजन तक, अपनी-अपनी अभिरुचि और सामर्थ्य के अनुरूप आमोद-प्रमोद में डूब जाते थे। ताश-चौपड़-शतरंज से लेकर मित्रगृहों पर पान-गोष्ठियाँ और बाग-बगीचों में गोठ-घूघरी तक फैले मनोरंजन के माध्यम, सामाजिक उत्सव जैसे बन जाते थे। नगर की छोटी-बड़ी घटनाएँ इनमें ही चर्चा-आलोचना अथवा प्रशंसा पाकर अगले दिन संपूर्ण चारदीवारी में विस्तार पा जाती थीं। होली-उत्सव के बाद रसकपूर चर्चा का स्थायी मुख्य विषय बन गई थी। हर घड़ी किसी न किसी रूप में उसका नाम चर्चा में आता ही रहता था।

राजमहल में रसकपूर का काँटा निकालने के प्रयासों में और गहरा धँसता ही जा रहा था। विरोधों की तीव्रता के अनुरूप ही रसकपूर के प्रति जगतसिंह के अनुराग में भी वृद्धि होती जाती थी। कोई भी युक्ति तनिक भी तो प्रभावी सिद्ध नहीं हो रही थी। रसकपूर के घुँघराले केश-पाश से महाराज को मुक्त कराने का कोई भी मार्ग दिखाई नहीं देता था।

लेकिन मार्ग था और वह दिखाई दिया गीजगढ़ ठाकुर के पोकरण से लौटने के बाद। ठाकुर उम्मेदसिंह वचन पर खरा उतरा था। अपने ज्येष्ठ भ्राता, मारवाड़ के शक्तिशाली पोकरण ठिकाने के सामंत ठाकुर सवाईसिंह चाँपावत को वह अपनी पौत्री चाँदकँवर की सगाई का नारियल भिजवाने के लिए राजी करके ही लौटा था। सवाईसिंह की स्वीकृति के बाद उनके पुत्र सालमसिंह की रजामंदी तो मात्र औपचारिकता ही रह गई थी। परिवार के दो मुखियाओं द्वारा लिये गए निर्णय पर परिवार का कोई भी सदस्य विचार करने का साहस नहीं रखता था, लड़की का पिता भी नहीं। उन्हें अपने पिता पर अगाध विश्वास भी तो था।

सुनकर ठाकुर चाँदसिंह की बाँछें खिल गईं। ठाकुर उम्मेदसिंह को भुजाओं में भरकर हर्षोन्मत्त हो कह उठे—"धन्य है आपके राठौड़ कुल को। आपने अपना वचन पूरा कर दिखाया। जयपुर राज्य आपका सदैव आभारी रहेगा।"

फिर कुछ ठिठककर बोले—"श्रेष्ठ तो यह होता कि आप सगाई का नारियल भी साथ ही लिवा लाते। अब पोकरण तक समाचार भेजने और वहाँ से नारियल आने में तो एक-डेढ़ महीना और लग जाएगा।"

"इस बारे में आप निश्चिंत रहें"—उम्मेदसिंह मुसकराए—"मैं अधूरा काम कभी नहीं करता। पोकरण का खवास सगाई का नारियल लेकर मेरे साथ ही आया है और मेरी हवेली में ठहरा है।"

सुनकर चाँदसिंह के साथ बाघसिंह, किशनसिंह, बैरीसाल और स्वरूपसिंह भी झूम उठे। अपनी योजना फलीभूत होने में अब उन्हें तनिक भी संदेह नहीं रह गया था। रसकपूर का काँटा अब कुछ ही दिनों में स्वयं जड़मूल से उखड़ जाने वाला था।

प्रधानमंत्री मानजीदास से विवाह-प्रस्ताव की सूचना पाकर महाराजा जगतसिंह क्षुब्ध हो गए। सुखनिवास के भव्य कक्ष में जयपुर राज्य के दीवान से नियमित भेंट के समय उक्त सूचना पाकर महाराजा का रसिक मन भी झुँझला गया। रसकपूर के अतिरिक्त अन्य किसी स्त्री के प्रति उनके चंचल मन में अब कोई अनुरागी भाव नहीं रह गया था। नित्य नई कलिका का रसास्वादन करनेवाले जगत-भ्रमर को, रस-मंदार के पराग से आवेष्टित होते ही, अन्य नारी कुसुमों के प्रति अरुचि हो चली थी। मानजीदास की सूचना का प्रतिवाद करने में उन्हें एक क्षण भी नहीं लगा। वे तत्काल अपना निर्णय सुना गए—"दीवानजी ! हम यह प्रस्ताव स्वीकार करने में असमर्थ हैं। आप कोई उचित उत्तर देकर नारियल वापस लौटा दें।"

मानजीदास को ऐसे ही उत्तर की आशा थी, इस पर अपने दायित्व का निर्वहन करते हुए उन्होंने महाराज को सम्मति दी—"यह अनुचित होगा, महाराज ! अकारण विवाह-प्रस्ताव को ठुकराना किसी भी राजकुल के लिए गौरव की बात नहीं होती। फिर ठाकुर सवाईसिंह न केवल प्रतिष्ठित राजपूत कुल के वंशज हैं, अपितु उनकी पौत्री चाँदकँवर भी योग्य, सुशील और रूपवती क्षत्रिय कन्या है। इसके अतिरिक्त उस वंश के

साथ कछवाहों का कभी वैर भी नहीं रहा। राठौड़ों के साथ कछवाहों के विवाह संबंध तो सैकड़ों वर्षों से होते आ रहे हैं। ऐसे में इस प्रस्ताव की अस्वीकृति का कोई उचित कारण नहीं रह जाता।"

"लेकिन हम अब अन्य विवाह करना नहीं चाहते। क्या यह पर्याप्त कारण नहीं ?"

"नहीं है, महाराज! यदि आपने अपने पूर्वज भगवान् राम के समान एक पत्नीव्रत लिया होता तो कठिनाई नहीं थी। बहुविवाह तो आपके कुल की नहीं, राजपूताना के सभी राजवंशों की परंपरा रही है। कछवाहा राजपूतों में भी आपके पूर्वज राजा मानसिंह और महाराज सवाई जयसिंह की रानियों की संख्या तो २६ और २७ तक पहुँच गई थी। इस वंश में किसी भी राजा ने आधा दर्जन से कम विवाह नहीं किए। स्वयं आपके भी तो उन्नीस विवाह हो चुके हैं। ऐसे में बीसवें प्रस्ताव को न स्वीकारने का कोई तर्कसंगत कारण आप स्वयं ही बताएँ तो अधिक उचित रहेगा।"

"हम अपने अंतःपुर की भीड़ और नहीं बढ़ाना चाहते। विवाह करके हम अपनी नई महारानी को उसके भाग का प्रेम न दे सकें तो हमें विवाह करने का कोई अधिकार नहीं रह जाता। वैसे भी हमारा मन अब किसी अन्य स्त्री की ओर आकर्षित नहीं होता"—जगतसिंह के कथन में उनका प्रेमी स्वरूप मुखर हो रहा था।

मानजीदास का मुख गंभीर हो गया—"महाराज! आप राजपूताना के सर्वाधिक शक्तिशाली तीन राजवंशों में से एक के अधिपति हैं। जिस तरह सीसोदिया राजवंश के गौरव की रक्षा का दायित्व मेवाड़ महाराणा और राठौड़ राजवंश की परंपरा-निर्वहन की जिम्मेदारी मारवाड़ महाराजा के कंधों पर है, उसी प्रकार गौरवशाली कछवाहा वंश की प्रतिष्ठा के संरक्षक आप हैं। आप इस विशाल जयपुर राज्य के महाराजा हैं। आपको प्रत्येक निर्णय इस दायित्व को दृष्टिगत रखकर ही लेना होगा। जब सामान्य व्यक्तियों के विवाह तक परस्पर कुलोद्भव और मित्रों की संख्या में वृद्धि के लिए होते हैं, तब एक महाराजा का विवाह इन परिणामों से अछूता कैसे रह सकता है ?"

जगतसिंह चौंक उठे—"तो क्या विवाह भी हमारा व्यक्तिगत मामला नहीं? क्या हमें किसी अनचाहे विवाह के लिए भी विवश होना पड़ सकता है ?"

"यह समय और परिस्थिति पर निर्भर होता है, महाराज!"—अधेड़ मानजीदास राजनीतिज्ञ से अधिक योद्धा थे। इस पद पर नियुक्त होने से पूर्व तक तो वे राज्य के फौज बख्शी थे। प्रधान सेनापति पद के इस दायित्व का निर्वहन वे अब भी करते आ रहे थे। लाग-लपेट के बगैर सीधी-साफ बात कहना उनका सैनिक स्वभाव था। उन्होंने कह दिया—"विवाह का उद्‌देश्य नारी-भोग और संतानोत्पत्ति मात्र नहीं है। यह सब तो इन संबंधों का छोटा-सा पक्ष होता है। इसमें मुख्य विचारणीय विषय तो मित्रों की संख्या-वृद्धि द्वारा स्वयं की बल-वृद्धि ही होता है। मनुष्य जैसा सामाजिक प्राणी अपना समाज बनाए बगैर जीवित नहीं रह सकता। फिर एक शासक इसके अभाव में अधिक समय तक राजा कैसे बना रह सकता है ? मित्रों की संख्या में अधिकाधिक वृद्धि ही राजा

के स्थायित्व का प्रमाण होती है। उसके विवाह भी इसी निमित्त संपन्न होते हैं।"

"विवाह के प्रति आपकी दृष्टि हमारे लिए नई है"—जगतसिंह का क्षोभ सिमटकर महाराजा का चिंतन ओढ़ने लगा था—"इस प्रस्ताव के स्वीकारने अथवा लौटा देने में हमारा क्या हित-अहित हो सकता है?"

आसक्ति के बंधनों से निकलने का प्रयास करते जगतसिंह का महाराजा स्वरूप दीवानजी को अच्छा लगा। वे तनिक उत्साहित-से प्रस्ताव के गुण-दोष की विवेचना करने लगे—"महाराज! चाँदकँवर के बाबा ठाकुर सवाईसिंह मारवाड़ राज्य के स्तंभ माने जाते हैं। जोधपुर महाराजा के रक्त संबंधी इस सामंत का वर्तमान महाराजा मानसिंह पर जबरदस्त प्रभाव है। यह परम क्रोधी और असहिष्णु राठौड़ मन में गाँठ बाँध लेने के बाद आगा-पीछा सोचे बगैर लक्ष्यपूर्ति की दिशा में स्वयं को होम देता है। महाराजा मानसिंह में भी इनके किसी भी प्रस्ताव-परामर्श का उल्लंघन करने का साहस नहीं। वे मारवाड़ राज्य के वास्तविक संचालकों में से एक हैं। उनके साथ स्थापित वैवाहिक मित्रता, आपको एक शक्तिशाली, साधन-संपन्न और समर्पित संबंधी की शक्ति प्रदान करेगी।"

"और अस्वीकृति की स्थिति में...."

"तब ऐसे सामर्थ्यवान् राजपूत की शत्रुता के साथ-साथ आपको अपने सामंतों का विरोध भी झेलना होगा। आपके साम्राज्य के स्तंभ सामंत, इस क्षत्रिय कन्या का अपमान आसानी से नहीं भूल पाएँगे। वंशानुगत स्वामिभक्ति के कारण वे भले ही कोई स्पष्ट विरोध न करें, लेकिन आपके प्रति उनके हृदय में आक्रोश तो उत्पन्न हो ही जाएगा। रसकपूर के कारण वे वैसे ही विक्षुब्ध हैं।"

"रसकपूर ने उनका क्या छीन लिया है जो वे उससे नाराज हैं?"—जगतसिंह उत्तेजित हो गए।

"यह तो वे ही जानें। इस समय विचारणीय प्रश्न पोकरण राजकुमारी का विवाह-प्रस्ताव है"—मानजीदास ने विषय-परिवर्तन बचाते हुए कह दिया—"और इस प्रस्ताव को आपके लगभग सभी सामंतों का अनुमोदन प्राप्त हो चुका है। पोकरण ठाकुर के प्रस्ताव के साथ अपने अधिकांश सामंतों की इच्छा भी जोड़कर इस प्रस्ताव पर विचार करें। इसके साथ यह भी याद रखें की लड़की के छोटे बाबा गीजगढ़ ठाकुर आपके सामंत भी हैं। यह प्रस्ताव उनके ही प्रयासों से आया है।"

"इस बारे में आपकी क्या सम्मति है?"—महाराज चैतन्य हो उठे थे।

मानजीदास का सपाट उत्तर था—"राजनीतिक प्रश्नों पर सम्मति देना फौज बख्शी का काम नहीं। उसका कर्तव्य तो आदेश के बाद उसके पालन के लिए आरंभ होता है।"

"मैंने अपने फौज बख्शी से नहीं, अपने दीवानजी से परामर्श माँगा है। हमारे प्रधानमंत्री इस बारे में क्या सोचते हैं?"

मानजीदास मौन रह गए। कुछ समय तक मन-ही-मन प्रश्नों के उत्तर खोजने के

बाद, दीवानजी ने कहा—"मुझे तो प्रस्ताव स्वीकार करने में ही आपका और जयपुर राज्य का हित दिखाई देता है। आगे जैसी आपकी इच्छा।"

जगतसिंह ने कुछ क्षण विचार करके कह दिया—"ठीक है, दीवानजी। प्रस्ताव के सभी पक्षों पर विचार करने के बाद हम कल आपको अपने निर्णय से अवगत कराएँगे। तब तक पोकरण के खवास को राज्य का अतिथि मानकर, उसके योग्य सभी सुविधाएँ प्रदान कर दी जाएँ।"

"आदेश का तत्काल पालन होगा, महाराज!"—प्रणाम करके मानजीदास उठ गए।

☐

रसकपूर खिलखिलाकर हँस पड़ी। उसकी अकारण हँसी से जगतसिंह झुँझला-से उठे—"यह क्या? इतने गंभीर विषय को हँसी में उड़ा रही हो?"

"विवाह और गंभीर विषय? वह भी एक महाराजा के लिए?"—रसकपूर पुनः खिलखिला उठी—"यह तो आपके लिए आनंद का विषय है। आपके पर्यंक की शोभा बनने एक और सुंदरी आ रही है। यह क्या मुँह लटकाने की बात है?"

"रस! तुम समझती क्यों नहीं हो!"—जगतसिंह झुँझलाए—"मैं यह विवाह नहीं चाहता।"

"अच्छा!"—रसकपूर ठिठोली पर उतर आई—"मन में तो लड्डू फूट रहे होंगे। चाँदकँवर के रूप की कल्पनाएँ बन-बिगड़ रही होंगी। यह ना-नुकर तो ऊपरी मन से ही हो रही है न, महाराज!"

"नहीं फूट रहे हैं लड्डू। नहीं कर रहा हूँ चाँदकँवर के रूप की कल्पना। अब तुम सीधे से हँसी-ठिठोली छोड़कर गंभीर हो जाओ। वरना···"

"वरना क्या करेंगे, महाराज!"—रसकपूर ने आँखें नचाईं।

"अभी बताऊँ या रात्रि को थोड़ा और गहरा जाने दूँ!—जगतसिंह के नेत्रों में भी शरारत का मद पाँव पसारने लगा था। उनके हाथ बढ़ाकर पकड़ने के प्रयास को विफल करते हुए रसकपूर फुरती से थोड़ा खिसक गई—"मनमानी के लिए मैं आसानी से हाथ आने वाली नहीं।"

अकस्मात् झपट्टा मारकर रसकपूर को भुजबंधन में आबद्ध करके जगतसिंह मुसकरा उठे—"आसानी से न सही, लेकिन थोड़े प्रयास के बाद तो तुम्हें पाया ही जा सकता है। अब या तो गंभीर होकर इस मुसीबत से छुटकारे का रास्ता निकालो, नहीं तो कल मैं स्वयं ही स्पष्ट इनकार करके मामला समाप्त कर दूँगा।"

रसकपूर के होंठों पर थिरकती कुंदकली-सी मुसकान सिमटने लगी। नेत्रों का मादक भाव तिरोहित होने लगा। जगतसिंह के भुजबंधन से स्वयं को मुक्त करके वह सीधी बैठ गई—"नहीं, महाराज! आप ऐसा कुछ नहीं करेंगे, जिससे मेरे विरोधियों को षड्यंत्री ताने-बाने फैलाने में सहायता मिले।"

"तुम्हारे विरोधी?"—जगतसिंह चौंके—"इस विवाह-प्रस्ताव का भला तुम्हारे

विरोधियों से क्या संबंध ?"

"अत्यंत घनिष्ठ संबंध है, महाराज ! यह प्रस्ताव आया नहीं, प्रयास करके मँगवाया गया है"—रसकपूर के होंठों पर फैली मुसकान में व्यंग्य का पुट था— "जयपुर के सामंतों ने आपको मुझसे अलग करने के लिए ही गीजगढ़ ठाकुर को पोकरण भेजा था। उन्हीं के प्रयासों से पोकरण ठाकुर सगाई का नारियल भेजने को तैयार हुए हैं।"

"लेकिन तुम्हारा संदेह निराधार भी तो हो सकता है"—जगतसिंह इस रहस्योद्घाटन को आसानी से आत्मसात नहीं कर पा रहे थे।

"यह मेरा संदेह नहीं, निश्चित और पक्की सूचना है। क्या इससे पूर्व भी पोकरण ठाकुर के परिवार से जयपुर महाराजा के लिए कोई वधू आई है ? क्या कभी इस वंश ने आपके किसी पूर्वज महाराजा के लिए विवाह-प्रस्ताव भेजा था ? जयपुर का राजवंश तो पहले भी था। पोकरण जागीर का अस्तित्व भी कोई नया नहीं है। फिर इस बार, और इस समय ही उन्हें वैवाहिक संबंध बनाने की आवश्यकता क्यों प्रतीत हुई ?"

"हूँ, तुम्हारी बात में वजन है"—जगतसिंह गंभीर हो सीधे बैठ गए—"फिर तो तुम्हें यह भी पता होगा कि हमारे विरुद्ध इस षड्यंत्र में हमारे कौन-कौन सामंत लिप्त हैं ?"

"यह आपके विरुद्ध षड्यंत्र नहीं है। इसका निशाना तो मैं हूँ। आपको तो इससे लाभ ही होगा। ठाकुर सवाईसिंह एक समर्थ और बुद्धिमान राठौड़ सामंत हैं। उनका इस षड्यंत्र से कोई संबंध नहीं है। उन्होंने तो अपने छोटे भाई के कहने पर सहज रूप से प्रस्ताव भिजवा दिया है। आपके सामंतों का विचार है कि सैकड़ों मील दूर विवाह करने जाने पर, आने-जाने में ही एक माह लग जाएगा। विवाह होने और बारात बिदा होने आदि में तो आसानी से दो माह निकल जाएँगे। समय का इतना अंतराल और नई रानी का सामीप्य आपको मुझे विस्मृत करने में सहायक होगा"—रसकपूर के नेत्रों में विषाद घुलने लगा—"आपसे प्रेम करके मैंने ऐसा क्या अपराध कर डाला है जो सामंतगण इस तरह मेरे पीछे पड़े हुए हैं ! मुझे आपसे अलग करने के लिए इस तरह षड्यंत्र रच रहे हैं।"

जगतसिंह की मुख-मुद्रा कठोर हो गई—"तुम द्वेष रखनेवाले सामंतों के नाम मुझे बताओ। मैं उन्हें दंडित करूँगा।"

"नहीं, महाराज ! मेरे लिए अपने सामंतों से विरोध करना उचित नहीं होगा। आप मेरे रहें, इससे अधिक मुझे कुछ नहीं चाहिए। अपने उच्च कुल के अहंकार में ये सामंत कुछ भी नहीं सुनेंगे। कोई तर्क, कैसी भी वस्तुस्थिति इन्हें स्वीकार नहीं होगी। उनके दर्द का कारण आपकी एक स्त्री में सांगोपांग अनुरक्ति नहीं है। उनका अभिजात-दर्प मुझ जैसी छोटे कुल की स्त्री का इस श्रेष्ठ स्थान पर आसीन होना पचा नहीं पा रहा है। यही समस्या का मूल कारण है।"

महाराजा जैसे फुंकार उठे—"हमारे सामंतों की पाचन-शक्ति यदि खराब हो चली है,

तो हम उसे ठीक कर देंगे। वे यदि तुम्हारा अस्तित्व स्वीकार नहीं कर पा रहे हैं, तो भविष्य में तो उन्हें और भी बहुत कुछ हजम करने के लिए विवश होना पड़ेगा। तुम निश्चिंत रहो, रस ! कोई भी षड्यंत्र, कैसा भी आकर्षण हमें तुमसे अलग नहीं कर सकेगा।"

सुनकर निहाल हो गई रसकपूर। मन का आनंद उसके नेत्रों में अश्रुबिंदुओं के रूप में तैरने लगा।

☐

दीवानेखास के दरबार में रसकपूर के साथ सिंहासन पर बैठे महाराज जगतसिंह ने अपने सामंतों, मुसाहिबों और अहलकारों पर दृष्टि डाली। सामंतों की निगाहों में रसकपूर के प्रति फैली कड़वाहट उनसे छिपी नहीं रही। सामंतों के चेहरों पर तनाव भी स्पष्ट दिखाई दे रहा था। उन्हें सगाई-प्रस्ताव स्वीकार किए जाने की आशा जो नहीं थी। अस्वीकृति की स्थिति में वे सामूहिक विरोध करने का निश्चय करके आए थे। इसके विपरीत दीनाराम बोहरा और बोहरा राजा खुशालीराम निर्लिप्त भाव से अपने आसनों पर बैठे थे।

प्रधानमंत्री मानजीदास ने अर्ज की—"महाराज ! पोकरण ठाकुर सवाईसिंहजी अपनी पौत्री चाँदकँवर का विवाह आपके साथ करना चाहते हैं। उनका खवास सगाई का नारियल लेकर आया हुआ है। उसके बारे में आज्ञा प्रदान करने की कृपा करें।"

जगतसिंह ने कुछ क्षण विचार करके पूछा—"पोकरण और जयपुर राज-परिवारों में विवाह-संबंध स्थापित होने का यह प्रथम अवसर होगा। मारवाड़ के अन्य राठौड़ों के साथ तो विवाह हमेशा से होते आ रहे हैं, लेकिन पोकरण के राठौड़ कुल ने कभी इस बारे में उत्सुकता दिखाई हो, ऐसा हमें याद नहीं पड़ता।"

उत्तर दिया गीजगढ़ ठाकुर उम्मेदसिंह ने—"अन्नदाता ! संबंधों की शुरुआत तो कभी भी की जा सकती है। जिन कुलों में विवाह संपन्न हुए हैं, उनमें भी कभी-न-कभी तो यही प्रश्न सामने आया होगा। रिश्तेदारियों के लिए नए ठिकानों को स्वीकार करना तो संबंधों का विस्तार ही करता है।"

दूनी ठाकुर चाँदसिंह को लगा कि महाराज नारियल अस्वीकार करने के लिए भूमिका बाँध रहे हैं। उन्होंने तत्काल हस्तक्षेप आवश्यक जानकर कह दिया—"ठाकुर सवाईसिंह का कुल-गोत्र श्रेष्ठ है। वे मारवाड़ महाराजा के बंधु भी हैं। उनकी पौत्री के रूप-गुण की चर्चा भी हमने सुनी है। यद्यपि पोकरण ठिकाने से जयपुर के विवाह संबंध भले ही अब तक न बने हों, लेकिन उनके चाँपावत गोत्र में तो विवाह पीढ़ियों से संपन्न होते आए हैं। इस छोटे से अनावश्यक कारण की आड़ लेकर सगाई अस्वीकार करना उचित नहीं है, महाराज !"

"हमारे सामान्य से प्रश्न का आपने इतना बड़ा अर्थ कैसे लगा लिया, ठाकुर साहब !"—जगतसिंह मुसकराए—"हम तो इस अनपेक्षित प्रस्ताव के बारे में जान-समझ लेने का प्रयास ही कर रहे हैं। विवाह-संबंध बनाने से पूर्व ऐसी सामान्य पूछताछ तो

सभी करते हैं। क्या हमारा प्रश्न अनर्गल था?"

"नहीं, महाराज!"—चाँदसिंह हड़बड़ा उठे—"मुझे ऐसा प्रतीत हुआ कि आप इसका बहाना लेकर प्रस्ताव को अस्वीकार करने का मानस बना रहे हैं।"

"ऐसा आपको क्यों लगा? हमारी आज्ञा सुनने से पूर्व ही आपने कोई धारणा कैसे बना ली? क्या आपके मन में कोई पूर्वग्रह है? या आप ठाकुर सवाईसिंह के कुल को हमारे कुल से नीचा समझते हैं अथवा उनकी पौत्री में कोई कमी है? क्या वह जयपुर राज्य की महारानी बनने के अयोग्य है?"—जगतसिंह ने सीधा हमला किया तो चाँदसिंह बचाव की मुद्रा में आने को विवश हो गए—"मेरा अभिप्राय यह नहीं था। मैंने तो मात्र आशंका के कारण ही ऐसा कहा था।"

"आशंकाएँ हमेशा सत्य नहीं होतीं। आप भी अनावश्यक रूप से आशंकित न रहा करें"—जगतसिंह मुसकराए—"पोकरण ठाकुर के श्रेष्ठ वंश से आए प्रस्ताव से तो हम अनुगृहीत हुए हैं। उन्होंने हमें इस योग्य समझा, इसके लिए हम उनके आभारी हैं। उनका प्रस्ताव हमें शिरोधार्य है।"

अनपेक्षित उत्तर से हतप्रभ सामंतों के मुँह खुले के खुले रह गए। कुछ पल तो वे अपने कानों पर विश्वास ही नहीं कर पाए। विस्मय से एक-दूसरे का मुँह ताकते रह गए। सामंतों की विस्मित दशा देख मुसकराते हुए महाराजा ने कहा—"दीवानजी! सगाई का नारियल झेलने के लिए राज ज्योतिषी से शीघ्र ही शुभ मुहूर्त निकलवाकर हमें सूचित करें। पोकरण ठाकुर का खवास राज्य का अतिथि समझा जाए। वह यदि गीजगढ़ ठाकुर की हवेली में रहना चाहे तो उसे वहीं समस्त सुख-सुविधाएँ उपलब्ध करा दी जाएँ।"

महाराज के जय-जयकार से सर्वतोभद्र गूँज उठा। विरोधी सामंतों की बाँछें खिल गईं। चाँदसिंह ने मुसकराकर रसकपूर की ओर व्यंग्य-भरी दृष्टि डाली। उस दृष्टि में उपहास था, और रसकपूर को पराजित करने का उल्लास भी था।

महाराज ने गीजगढ़ ठाकुर से पूछा—"उम्मेदसिंहजी! आप लड़की के सगे बाबा हैं ना?"

"हाँ, अन्नदाता! चाँदकँवर मेरे सहोदर ज्येष्ठ भ्राता की पौत्री है। इस नाते वह मेरी भी सगी पोती ही है"—उम्मेदसिंह ने विनम्र उत्तर दिया।

"तब आप मेरा भी एक प्रस्ताव स्वीकार करने की कृपा करें। पोकरण यहाँ से कई सौ मील दूर थार मरुस्थल के बीच स्थित है। वहाँ आवागमन के साधनों के अतिरिक्त पानी का भी भारी अभाव है। ऐसे में वहाँ बारात ले जाकर हम न केवल अपने स्वजनों को कष्ट देंगे, अपितु कन्या-पक्ष के लिए भी अनावश्यक भारी परेशानियों का कारण बन जाएँगे।"

"दूरस्थ और रेगिस्तानी क्षेत्र होने के कारण ये असुविधाएँ तो सामान्य बात हैं। वहाँ तो पीने का पानी ही कोसों दूर से लाना होता है, महाराज!"—उम्मेदसिंह ने

रेगिस्तानी जीवन की कठिनाइयाँ स्वीकार कीं।

"ऐसी स्थिति में यह उचित होगा कि जयपुर की छोटी-सी बारात हमारी तलवार के साथ भाँवरें फिराकर दुलहन को बिदा करा लाए। इससे दोनों ही पक्ष अनावश्यक परेशानियों से बच जाएँगे। राजपूतों में विवाह की इस पद्धति से आप अनभिज्ञ तो होंगे नहीं?"

जीती बाजी उलटते देख चाँदसिंह तिलमिलाकर खड़े हो गए—"विवाह की यह पद्धति विशेष परिस्थितियों के कारण प्रचलन में आई थी। वर के किसी सुदूर प्रदेश में व्यस्त होने की स्थिति में ही उसकी तलवार अथवा कटार से विवाह संपन्न कराया जाता है। आपके साथ तो ऐसी कोई समस्या नहीं है।"

चाँदसिंह के हस्तक्षेप से जगतसिंह का स्वर कसैला हो उठा—"क्या बात है, ठाकुर! तुम इस विवाह को लेकर कुछ अधिक ही संवेदनशील दिखाई दे रहे हो। तुम्हारा यह अनावश्यक हस्तक्षेप हमें इस बारे में पुनर्विचार करने को विवश कर सकता है। एक राठौड़ी कन्या में हमारे कछवाहा सामंत की इतनी दिलचस्पी हमें कुछ और ही सोचने के लिए विवश कर रही है। कहीं इसमें तुम्हारी कोई मिलीभगत तो नहीं है?"

"मिलीभगत कैसी?"—चाँदसिंह को ऐसे व्यवहार की आशा नहीं थी। वे हड़बड़ा उठे—"मैं तो यह कहना चाहता था कि विवाह जैसे अवसर पर कन्यापक्ष, वर को अपने घर के चौक में भाँवरें लेते देखना चाहता है। यह सभी की सामान्य इच्छा होती है।"

"तो इसे गीजगढ़ ठाकुर द्वारा व्यक्त होने देते। वे लड़की के बाबा हैं और गूँगे भी नहीं हैं। क्या उन्होंने तुम्हें अपना प्रवक्ता बना दिया है?"—जगतसिंह के स्वरों के कसैलेपन में अब कड़वाहट घुलने लगी थी—"वे स्वयं आपत्ति करते तो हम उन्हें अपनी व्यस्तताओं से उपजी विवशताओं के बारे में बताते। उन्हें दृष्टिगत रख, हमारा सुझाव स्वीकार करने का आग्रह भी करते।"

भरे दरबार उपेक्षा और तिरस्कार से चाँदसिंह भी किंचित् क्रुद्ध हो उठे—"आपकी व्यस्तताओं से तो हम सब भी चिंतित हैं। व्यस्तताओं का इतना बोझ आप अकेले क्यों और कब तक उठाते रहेंगे? इन्हें किसी अन्य विश्वस्त के साथ बाँट क्यों नहीं लेते?"

"आपके इस सुझाव पर हम अपना निर्णय बाद में देंगे"—जगतसिंह का आक्रोशी स्वर पुनः संयत हो चाँदसिंह के लिए 'आप' संबोधन देने लगा। लेकिन उसमें किसी कसाई के स्वर की-सी कृत्रिम मिठास घुली प्रतीत हो रही थी। बकरे को जिबह करने से पूर्व कसाई उसके प्रति कुछ अधिक ही आत्मीय हो उठता है। महाराजा की यह कुटिल मुद्रा रसकपूर के लिए नितांत अपरिचित थी। अनुभवहीन युवक होने पर भी उनमें राजोचित गुणों का अभाव नहीं था। उन्होंने ठाकुर उम्मेदसिंह से पूछा—"इस बारे में आप क्या कहते हैं?"

चाँदसिंह के तिरस्कार से सन्न बैठे सामंतों पर छिपी दृष्टि डालकर उम्मेदसिंह ने

अर्ज की—"महाराज ! हर पिता की साध अपने घर की चौखट पर जामाता का स्वागत करने और वहीं से अपनी पुत्री की डोली बिदा करने की होती है। आप जैसे जामाता का स्वागत करके वे धन्य होना चाहेंगे। फिर विवाह संबंधों के शुभारंभ में ही ऐसी घटना वधूपक्ष का उत्साह भंग ही करेगी।"

"हम आपकी भावनाएँ समझ रहे हैं"—जगतसिंह मुसकराए—"तब ऐसा करें, आपका घर भी तो वधू-गृह है। आप अपने भाई-बांधवों को यहीं बुलवा लें। विवाह आपकी हवेली पर ही संपन्न हो जाए। हम धूमधाम से बारात लेकर आएँगे। इससे आपकी प्रतिष्ठा-वृद्धि के साथ हमारी समस्या भी हल हो जाएगी। यदि इसमें भी आपको आपत्ति हो तो फिर हम सगाई का प्रस्ताव स्वीकार करने में असमर्थ होंगे।"

रसकपूर मन-ही-मन खिल उठी। महाराज ने किस चातुर्य से बाजी उलट दी थी। किस कौशल के साथ विवाह-प्रस्ताव की अस्वीकृति का दायित्व, विरोधियों के कंधों पर ही डाल दिया था। होंठों पर विजयी मुसकान के साथ उसने चाँदसिंह की ओर देखा। अपने व्यंग्य का उत्तर पाकर चाँदसिंह मन-ही-मन कसमसाकर चुप रह गए। उम्मेदसिंह ने विपरीत परिस्थितियाँ देख महाराज का सुझाव स्वीकार करने में ही कुशल समझी—"ठीक है, महाराज ! विवाह-संस्कार मेरी हवेली पर ही संपन्न होंगे। आप शुभ मुहूर्त निकलवाकर सूचित करने की कृपा करें।"

"हमारे दीवानजी आपको इस बारे में शीघ्र ही सूचित करेंगे।"—महाराज ने मुसकराकर आगे कहा—"दूनी ठाकुर चाँदसिंह जयपुर राज्य के विश्वस्त सामंत होने के अतिरिक्त हमारे भाई-बंधु भी हैं। उनकी सम्मति हमारे और जयपुर राज्य के हित-संवर्धन के लिए ही होती है। अभी उन्होंने हमें अपनी व्यस्तताएँ, अपने विश्वस्तों में बाँट लेने का महत्त्वपूर्ण सुझाव दिया था। राज्य की सुरक्षा और प्रजा की समृद्धि के लिए हमें अन्य दूसरी योजनाओं में अधिक व्यस्त रहना पड़ता है। ऐसी परिस्थिति में राज्य के छोटे-मोटे दायित्व हमने दूसरों को सौंप देने का निश्चय किया है ?"

नए अधिकारों की प्राप्ति की आशा से सामंतों के हृदयों में आशा-सुमन खिलने लगे। महाराज अपने कौन-कौन-से अधिकार किस-किस सामंत में बाँटने की सोच रहे हैं, यह जानने के लिए उत्कंठित होकर जगतसिंह की ओर देखने लगे। सत्ता के विकेंद्रीकरण का माध्यम भला उनके अतिरिक्त और कौन हो सकता है ?

महाराज ने आगे कहा—"इसकी शुरुआत हम अपने घर से ही कर रहे हैं। हमने देखा है कि हमारे बहादुर सामंत कई बार छोटी-छोटी बातों को प्रतिष्ठा का प्रश्न बनाकर आपस में झगड़ने लगते हैं। उनके झगड़े सुलझाने में ही हमारा काफी समय नष्ट हो जाता है। फिर ऐसे मामलों पर निर्णय देते समय हम पर पक्षपात का आरोप भी लगना सहज हो सकता है। हमने निर्णय किया है कि हमारे राज्य के सभी सामंती विवादों का निपटारा किसी ऐसे व्यक्ति को सौंप दिया जाए, जो राजपूत कुल-गोत्रों से परे सर्वथा निष्पक्ष हो। वही इन विवादों का अंतिम निर्णायक भी हो।"

सामंतों की दृष्टि दीनाराम और खुशालीराम बोहरा की ओर उठ गई। कुछ दृष्टियाँ शिवनारायण मिश्र की ओर भी उठीं। महाराज ऐसे अत्यंत महत्त्वपूर्ण निर्णयों का अधिकार किसे सौंपने जा रहे हैं? निस्संदेह इन अधिकारों को प्राप्त करनेवाला व्यक्ति महाराज के समकक्ष ही हो जाएगा। कौन होगा वह भाग्यशाली, जिसका संकेत सामंतों के उत्थान-पतन का निर्णायक होगा? सामंतों को अब महाराज के बाद किसके समक्ष विनम्र होकर रहना होगा?

उत्कंठा चरमसीमा पर पहुँचकर जैसे मूर्तिमान व्यग्रता बन गई। महाराज ने घोषणा की—"सामंती विवादों का अंतिम निर्णायक हम रसकपूर को घोषित करते हैं। नए विवादों के अतिरिक्त, विचाराधीन पुराने मामलों पर भी सुनवाई करने और उन पर निर्णय देने का अधिकार आज से रसकपूर का ही होगा। उसके प्रत्येक अनुकूल-प्रतिकूल निर्णय पर हमारी औपचारिक मोहर लगेगी। आशा है, हमारे इस निर्णय से सामंतगण प्रसन्न होंगे। ठाकुर चाँदसिंह तो अपने सुझाव की स्वीकृति से सर्वाधिक आनंदित हुए होंगे।"

यह अप्रत्याशित घोषणा वज्रपात से कम नहीं थी। ऐसे निर्णय की तो किसी ने कल्पना भी नहीं की थी। हतप्रभ सामंतगणों को तो जैसे काठ मार गया। उनके तेवर, उनका शौर्य जैसे जड़ हो गया। किसी को कुछ प्रतिकार करने जैसा सूझ ही नहीं रहा था। कई सामंत तो इस अपमानजनक स्थिति के लिए चाँदसिंह को ही दोषी मानने लगे। उनके बड़बोलेपन ने ही सामंतों को रसकपूर के समक्ष विनम्र रहने के लिए विवश कर दिया है। चाँदसिंह के अनावश्यक हस्तक्षेप से क्रुद्ध होकर ही महाराज ने ऐसा कठोर निर्णय लिया है।

सामंतों की मनोदशा पर मन-ही-मन मुसकराते हुए जगतसिंह सिंहासन से खड़े हो गए। किंतु रसकपूर विभ्रम की स्थिति में बैठी ही रह गई। वह समझ ही नहीं पा रही थी कि यह सब क्या और कैसे हो गया? महाराज द्वारा ऐसे किसी निर्णय की तो उसने भी कल्पना नहीं की थी।

जगतसिंह ने हाथ थामकर उसे सिंहासन से उठाया और अपने साथ लेकर चंद्रमहल की ओर लौट गए।

□

जगतसिंह के आदेश ने सामंतों को हिलाकर रख दिया था। जिससे वे घृणा करते हैं, जिसे राजमहल से निकालकर वापस कोठे पर पहुँचा देना चाहते हैं, अब उसी के सामने न्याय माँगने जाना होगा? उससे अपने पक्ष में फैसला देने की फरियाद करनी होगी? एक तवायफ के सामने हाथ फैलाने से तो मर जाना अच्छा है।

महाराज के दरबार से चले जाने के बाद भी सामंतगण स्तब्ध-से खड़े रह गए। उनकी चेतना-शक्ति लुप्त हो चली थी। अपमान से स्याह हो चले चेहरों को वे एक-दूसरे से छिपाने का प्रयास करने लगे। चाँदसिंह तो सभी की बेधक दृष्टियों का

निशाना बन रहे थे। इस अपमानजनक परिस्थिति के लिए कमोबेश चाँदसिंह को ही जिम्मेदार माना जा रहा था। लेकिन मुँह से कोई कुछ नहीं कह पा रहा था।

निस्तब्ध मौन के शांत जल में अंततः पहली लहर उठी। टोडरी ठाकुर पृथ्वीसिंह खंगारोत ने चाँदसिंह की ओर देखकर कहा—"क्यों ठाकुर साहब! हो गई आत्मा प्रसन्न? आखिर अपने साथ हम सबको भी ले ही डूबे!"

बाँसखो ठाकुर पद्मसिंह खूमबानी ने भी पृथ्वीसिंह का समर्थन किया—"युद्ध में सिर कटाने की परवाह न करनेवाले ठाकुरों के सिर अब एक तवायफ के सामने झुकेंगे।"

"ऐसा करके तो हम लोग इतिहास में अमर हो जाएँगे। हमारे यश में चार चाँद लग जाएँगे!"—भादवा ठाकुर स्वरूपसिंह कुंभावत भी पीछे नहीं रहे—"क्यों, है न ठाकुर?"

सामंती व्यंग्यबाणों से चाँदसिंह की रक्षा का प्रयास किया चौमूँ ठाकुर किशनसिंह नाथावत ने—"इसमें चाँदसिंहजी का क्या दोष है? पोकरण से टीका मँगाने की योजना में तो हम सभी की सहमति थी। अब उसमें पासा थोड़ा उलटा पड़ गया तो दोष सिर्फ चाँदसिंहजी के माथे ही क्यों मढ़ा जा रहा है?"

"नहीं, किशनसिंहजी! आप बात को गलत मोड़ न दें"—लाटवाडा ठाकुर गंगासिंह कल्याणोत ने टोक दिया—"महाराज का यह आदेश टीके का परिणाम नहीं है। यह तो महाराज का अनावश्यक विरोध करने का दंड है।"

"हाँ! महाराज ने नारियल अस्वीकार नहीं किया था। उनके निर्णय देने से पूर्व ही विरोध में खड़ा हो जाना गलत था। इससे नाराज होकर ही महाराज ने हम सबको दंडित किया है"—पृथ्वीसिंह के स्वर में तेजी आने लगी थी।

पद्मसिंह खूमबानी ने तो अपना आक्रोश छिपाने का प्रयास तक नहीं किया—"व्यक्तिगत विद्वेष की प्रतिशोधाग्नि में जलते चाँदसिंहजी ने यह भी विचार नहीं किया कि महाराज ने पोकरण के खवास को पहले ही राजकीय अतिथि की सुविधाएँ प्रदान कर दी थीं। यह आदेश यदि नारियल की स्वीकृति का नहीं, तो अस्वीकार किए जाने का संकेत भी नहीं था। घटनाक्रम अनुकूल घटित हो रहा था। फिर भी रसकपूर से व्यक्तिगत विद्वेष के कारण चाँदसिंहजी ने भरे दरबार, तेज स्वरों में विरोध करके महाराज को क्रुद्ध कर दिया।"

"व्यक्तिगत विद्वेष?"—आरोपों-व्यंग्यों की शर-वृष्टि से घिरे चाँदसिंह बोल उठे—"रसकपूर का विरोध क्या मैं व्यक्तिगत लाभ के लिए कर रहा हूँ? क्या इसमें जयपुर राज्य और आप सबका हित नहीं है?"

"वह तो पता नहीं ठाकुर,"—पद्मसिंह व्यंग्य से मुसकराए—"हमारा और जयपुर का हित किसमें है। लेकिन आपकी चिरसंचित आकांक्षा रसकपूर के वापस कोठे पर पहुँचे बगैर पूरी होने वाली नहीं है, इसीलिए तो आप उसे महल से निकलवाने के लिए इतने व्यग्र हैं।"

"कौन-सी आकांक्षा? पद्मसिंहजी! पहेलियाँ बुझाने के स्थान पर आप सीधी बात कहने की हिम्मत क्यों नहीं कर पा रहे हैं?"—चाँदसिंह के स्वरों में गुर्राहट आने लगी थी।

"बहुत अच्छे, ठाकुर! आपकी याददाश्त कम हो गई या फिर अपने आपको इतना चतुर मान बैठे हो कि हमें आपके असली इरादों की खबर ही नहीं होगी। वसंत पंचमी के मुजरे में आपने रसकपूर का हाथ थामकर कहा था—'बाईजी! अपने यौवन प्रसाद से तुम हमें तृप्त करती रहो। भगवान् तुम्हारा रूप-यौवन बनाए रखे।' मुजरे में सबसे बहुमूल्य उपहार भी आपका ही था, लेकिन रसकपूर के यौवन से तृप्त होने की घड़ी नहीं आई। महाराज के बीच में आ जाने से आपकी साध पूरी नहीं हो सकी। आप इस अनुपम सुंदरी को नहीं भोग पाए। यही आपकी नाराजगी की असली वजह है।"

सुनकर चाँदसिंह सुलग उठे। क्रोध और क्षोभ से उनका कंठ स्वर तीखा हो उठा—"वाह ठाकुर! आप तो बड़े शूर निकले। जिह्वा चलाने में दक्ष आप जैसे सामंतों के कारण ही वह तवायफ हमारे सिर पर चढ़ बैठी है। वैसे भी आपका स्वाभिमान से क्या लेना-देना? आप तो सबसे पहले दौड़कर उसके पैरों में जा गिरेंगे। यह संघर्ष तो स्वाभिमानी ठाकुरों का है। आपका इससे भला क्या सरोकार हो सकता है?"

"यह तो समय बताएगा कि कौन उसके चरणों में गिरता है"—पद्मसिंह की भृकुटि भी तन गई—"मेरी जागीर का तो छोटा-सा ही विवाद विचाराधीन है। मैं उसे वाटिका ठाकुर के साथ बैठकर सुलझा लूँगा। उनके न मानने पर विवादग्रस्त गाँव उन्हें ही दे दूँगा; लेकिन रसकपूर के सामने फरियादी बनकर खड़ा नहीं होऊँगा। आप तो अपनी चिंता करें। आपका क्या होगा? दूनी ठाकुर! आपकी तो पूरी जागीर ही दाँव पर लगी है। आपका दूनी सामंत बना रहना अब रसकपूर की कृपा पर निर्भर हो गया है। मुझे तो सबसे पहले आपका सिर रसकपूर के कदमों में झुका दिखाई दे रहा है।"

"ऐसा कभी नहीं होगा!"—चाँदसिंह फुंकार उठे—"मैं उसके समक्ष याचना करने कभी नहीं जाऊँगा।"

"तब क्या करोगे? दूनी पर अपना अधिकार छोड़कर, उसे उसके वास्तविक अधिकारी को लौटा दोगे?"—पद्मसिंह की हँसी में छुपा व्यंग्य छुरी की धार से भी पैना था।

"दूनी का वास्तविक अधिकारी मैं ही हूँ। मोहनसिंह तो अनावश्यक विवाद उत्पन्न कर रहा है।"

"यह तो आपका कहना है। आखिर जयपुर राज्य की दूसरी सबसे बड़ी जागीर पर कब्जा बनाए रखने का प्रलोभन भला कौन त्याग सकता है? वैसे भी मोहनसिंह के पिता ही तो दूनी सामंत थे। उनकी अकाल मृत्यु के समय गर्भ में होने के कारण ही मोहनसिंह गद्दी पर नहीं बैठ सका था। उस समय विचार करके आपके पिता, जो मोहनसिंह के काका भी थे, को गद्दी पर बैठा दिया गया था। यह संयोग ही था कि

मोहनसिंह के जन्म लेकर बालिग होने के दौरान, आपके पिता की भी मृत्यु हो गई और आप दूनी ठाकुर बन गए। अब मोहनसिंह बालिग है और अपना पैतृक राज्य वापस चाहता है तो आप उसे लौटाने में आनाकानी क्यों कर रहे हैं?"

"मैंने दूनी अपने पिता से उत्तराधिकार में प्राप्त की है। उसे मोहनसिंह को कैसे सौंप दूँ? मेरे पिता किसी वैकल्पिक व्यवस्था के रूप में गद्दी पर आसीन नहीं हुए थे। मोहनसिंह का गर्भ में आ जाना एक संयोग था। इसका पता तो कई महीने बाद चला था। मेरे पिता ने उसकी अच्छी परवरिश की थी। उसके बालिग होने से पूर्व ही मेरे पिता की मृत्यु हो जाने पर उनके ज्येष्ठ पुत्र के नाते मैं गद्दी पर बैठा। ऐसे में गद्दी पर मोहनसिंह का दावा कहाँ शेष रह जाता है? हम जिस राज्य के सामंत हैं, उस जयपुर राज्य में भी तो एक बार ऐसी स्थिति आ चुकी है। तब राजा भारमल को हटाकर, वापस आसकरण के पुत्र को तो राजा नहीं बनाया गया था।"

"हमें तो ऐसी किसी घटना की जानकारी नहीं है"—टोडरी ठाकुर पृथ्वीसिंह ने कहा—"ऐसा कब हुआ था?"

"यह सन् १५४८ की बात है"—चाँदसिंह ने मुसकराकर विजय-गर्व से चारों ओर देखा—"आंबेर नरेश पृथ्वीराज के बारह पुत्रों और हमारे वंश-पुरुषों में ज्येष्ठ भीमसिंहजी आंबेर गद्दी पर बैठे थे। उनकी मृत्यु के बाद सन् १५३७ में उनके ज्येष्ठ पुत्र रत्नसिंह का राज्याभिषेक हुआ। लेकिन उनकी ऐयाशी और अफगान बादशाह शेरशाह सूरी की अधीनता स्वीकार कर लेने के कारण उनके छोटे भाई आसकरण ने जहर देकर उनकी हत्या कर दी और रत्नसिंह के निःसंतान होने के कारण स्वयं गद्दी पर बैठ गया। लेकिन हत्या के षड्यंत्र का पता लगते ही सामंत नाराज हो गए और तेरह दिन बाद ही आसकरण को गद्दी से उतारकर उनके काका एवं राजा पृथ्वीराज के चौथे पुत्र भारमल को आंबेर की गद्दी पर बैठा दिया था। उसके बाद राजा भारमल के पुत्र भगवानदास, फिर उनके पुत्र मानसिंह आदि ही राजा बनते चले गए। आसकरण के पुत्र का आंबेर की गद्दी पर दावा किसी ने भी स्वीकार नहीं किया। ऐसी स्थिति में मोहनसिंह का दूनी पर क्या अधिकार रह जाता है?"

जयपुर राज्य की सप्रमाण परंपरा के बाद तो कहने को कुछ रह ही नहीं जाता था। सभी सामंतगण मौन रह गए थे। चाँदसिंह के पक्षधरों के चेहरे खिल उठे थे। उत्साहित सामोद ठाकुर बैरीसाल नाथावत कह उठे—"इसके बाद तो दूनी का विवाद स्वतः ही समाप्त हो जाता है। चाँदसिंहजी को रसकपूर के समक्ष उपस्थित होने की भी आवश्यकता नहीं रह जाती। देर-सबेर जब भी निर्णय होगा, चाँदसिंहजी के पक्ष में ही होगा।"

सुनकर ठाकुर पद्मसिंह मुसकराए—"और कुछ नहीं कहोगे? दूनी ठाकुर!"

"अब कहने को शेष रह ही क्या जाता है?"—चाँदसिंह मूँछों के बीच मुसकराए।

"शायद कुछ रह गया हो"—पद्‌मसिंह भी मुसकराए—"इसके आगे भी शायद कुछ हुआ हो और वह आपकी जानकारी में न हो।"

"इसके बाद तो आज तक भारमल के वंशज ही आंबेर और जयपुर राज्य के शासक बनते आ रहे हैं।"

"तब आगे की जानकारी आप सब मुझसे लें"—बाँसखो ठाकुर के कथन पर सामंतगण सजग हो उत्सुकता के साथ उनकी ओर देखने लगे—"राजा मानसिंह, मुगल बादशाह अकबर के विश्वस्त सेनापति थे। उनके ज्येष्ठ पुत्र जगतसिंह की उनके जीवन-काल में ही मृत्यु हो गई थी। ऐसे में परंपरा के अनुसार, जगतसिंह का पुत्र महासिंह आंबेर की गद्‌दी पर बैठना चाहिए था; लेकिन बादशाह जहाँगीर ने मानसिंह के तीसरे पुत्र भावसिंह को राजा बना दिया। महासिंह को प्रसन्न करने के लिए बादशाह ने उनका मनसब बढ़ाने के साथ ही दक्षिण में मांडू की जागीर भी दे दी। वहीं पर अधिक मदिरापान के कारण मई सन् १६१७ में उनका देहांत हो गया। इसके चार वर्ष बाद शराबखोरी के कारण ही भावसिंह की भी बालापुर में मृत्यु हो गई। इसके बाद आंबेर की गद्‌दी पर भावसिंह का पुत्र बद्रीसिंह नहीं, महासिंह के ज्येष्ठ पुत्र मिर्जा राजा जयसिंह का ही राज्यारोहण हुआ था। यह भी जयपुर राजवंश की परंपरा है जो देश-भर के राजवंशों में मान्य होती आ रही है। ऐसे में आपका दावा सर्वथा विवादहीन कैसे हो सकता है?"

"ये गड़े मुरदे उखाड़कर आप क्या कहना चाहते हैं?"—चाँदसिंह की झल्लाहट में आक्रोश भरा था।

"यही दूनी ठाकुर!"—पद्‌मसिंह ने मुसकराकर कहा—"कि रसकपूर के सामने झुकने के लिए सर्वप्रथम आप जाएँगे। आपकी यह कमजोर दलील रसकपूर की कृपा के बगैर ताकतवर नहीं बन सकती। अपना भला चाहते हो तो वैर-विरोध भूलकर, रसकपूर के शरणागत होने की तैयारी करो। नहीं तो एक झटके में दूनी सामंत के गौरवपूर्ण पद से गिरकर साधारण राजपूत भर बन जाओगे। जाओ ठाकुर! जाओ और अपने समर्पण की तैयारी करो।"

व्यंग्यबाणों से आहत चाँदसिंह जैसे फुंकार उठे—"तो यहाँ उपस्थित सब सामंतगण सुनें। मैं रसकपूर के समक्ष उपस्थित होने की जगह दूनी जागीर का छिन जाना अधिक पसंद करूँगा। मैं जागीर ही नहीं, जीवन के मूल्य पर भी इस तवायफ के साथ कोई समझौता नहीं करूँगा। यह मेरी प्रतिज्ञा है।"

बात बहुत बढ़ गई थी। उत्तेजना चरम सीमा पर पहुँचने लगी थी। किसी भी क्षण तलवारों के म्यानों से बाहर चमक उठने की आशंका पैदा हो चली थी। ऐसे में अचरोल ठाकुर कायमसिंह बलभद्रोत ने हस्तक्षेप किया—"राजपूतों की यही कमी हमें मुगलों, पठानों और अफगानों का गुलाम बनाती आ रही है। हम जितनी तत्परता आपस में लड़ने में दिखाते हैं, उतना सामंजस्य विरोधी को पछाड़ने में नहीं बैठा पाते। अभी

देख लो, इस साझी विपत्ति का मुकाबला करने के स्थान पर, हम लोग आपस में ही लड़ने लगे हैं। इस प्रकार तो कर ली आपने अपने सम्मान और राज्य की रक्षा।"

लटवाडा ठाकुर गंगासिंह ने भी दोनों को शांत करते हुए कहा—"हमारी साझी विपत्ति रसकपूर नहीं, महाराज का अविवेकी मोह है। इसके रहते रसकपूर का उन्मूलन संभव नहीं होगा। एक के बाद दूसरी रसकपूर आती रहेगी। काम-मोहित महाराजा हर किसी को हमारी प्रतिष्ठा के साथ खिलवाड़ करने का सामर्थ्य प्रदान करते रहेंगे। इसका सामूहिक विरोध करना आवश्यक है। इसके लिए हमें आपसी विवादों से बचकर संगठित होना पड़ेगा।"

दूदू ठाकुर जीवनसिंह खंगारोत ने तो संकल्प ही प्रस्तुत कर दिया—"यह किसी की अकेली लड़ाई नहीं, हमारा सामूहिक संघर्ष है। हम प्रतिज्ञा करें कि हममें से कोई भी अपने विवादों को सुलझाने रसकपूर के सामने नहीं जाएगा।"

सामंतों ने एक स्वर में संकल्प बाँधकर, रसकपूर को न्यायाधीश स्वीकार न करने का निश्चय कर लिया।

□

लेकिन ऐसा हो नहीं पाया। सामंतों द्वारा रसकपूर के न्यायालय के बहिष्कार का निर्णय उनके विरोधी पक्षों को स्वर्णावसर प्रतीत हुआ। वे रसकपूर के समक्ष अपना पक्ष प्रस्तुत कर मामला तत्काल निपटाने की प्रार्थना करने लगे। तामील कुनिंदाओं के द्वारा कई बार भेजे गए न्यायालय में उपस्थित होने के आदेशों के बाद भी सामंतों की अनुपस्थिति ने रसकपूर को निर्णय सुनाने के लिए विवश कर दिया। उपस्थित पक्ष के तर्कों को ही प्रमाण मानकर, उसने निर्णय सुनाने आरंभ कर दिए। दो-तीन फैसले होते ही सामंती खेमे में हलचल मच गई।

चाँदसिंह को भी अपना पक्ष प्रस्तुत करने के लिए तामील कुनिंदा द्वारा सूचना भिजवाई जा चुकी थी, लेकिन वे हर बार आदेश की उपेक्षा कर, रसकपूर के सामने हाजिर नहीं हुए थे। रसकपूर अपने कट्टर विरोधी इस सामंत के साथ भी अन्याय नहीं करना चाहती थी। निर्णय देने से पूर्व उनका पक्ष भी जान लेना चाहती थी। लेकिन चाँदसिंह तो सामूहिक प्रतिज्ञा के अतिरिक्त, स्वाभिमान के बंधनों में जकड़े थे। इसके विपरीत मोहनसिंह पूरी मुस्तैदी के साथ अपने वकील के माध्यम से अपना पक्ष प्रस्तुत करते हुए रसकपूर से शीघ्र ही निर्णय सुनाने की प्रार्थना कर रहा था।

मुकदमे में अपनी कमजोर स्थिति से चाँदसिंह अनभिज्ञ नहीं थे। वे जानते थे कि एक बार रसकपूर से मिल लेने के बाद फैसला निश्चयपूर्वक उनके पक्ष में ही हो जाएगा। उन्हें पता था कि दूनी ठाकुर के मानमर्दन के लिए ही महाराजा ने ऐसा कठोर निर्णय लिया था। इसका एकमात्र उद्देश्य उन्हें रसकपूर के समक्ष समर्पण करने के लिए विवश करना था। सामंती विरोध का नेतृत्व कर रहे चाँदसिंह के समर्पण के बाद फिर किस सामंत का साहस बना रह सकता था?

लेकिन अब मामले को और अधिक टालना भी संकट का विषय बन सकता था। विश्व-प्रसिद्ध तीन हठों में से त्रिया-हठ के भी अनेक गंभीर परिणाम इतिहास के पृष्ठों में दर्ज हैं। यदि रसकपूर ने भी हठ कर लिया तो परिणामों पर फिर किसी का भी नियंत्रण नहीं रह जाएगा। उसका फैसला चाँदसिंह को दूनी ठाकुर के सम्मान और शक्ति से वंचित कर, एक सामान्य राजपूत बना देगा। तब जयपुर की राजनीति में उनका क्या महत्त्व रह जाएगा? उनका संपूर्ण उत्कर्ष पलक झपकते धूल में मिल जाएगा।

और यह सब होगा रसकपूर के हाथों। एक तवायफ उनकी भाग्य-विधाता बन गई है। उसके हाथों अपमानित होने की अपेक्षा आत्मघात कर लेना अधिक प्रतिष्ठावर्धक रहेगा। जीवन और प्रतिष्ठा का आकर्षण आत्मसम्मान के समक्ष फीका पड़ गया। चाँदसिंह ने समर्पण के स्थान पर सम्मानपूर्वक मृत्यु का चयन कर अनूठा निर्णय लिया और अगले दिन दरबार में महाराजा जगतसिंह के सामने हाथ जोड़कर खड़े हो गए।

महाराजा ने पूछा—"कुछ कहना चाहते हो, दूनी ठाकुर?"

"हाँ, अन्नदाता! एक अर्ज करनी है"—चाँदसिंह ने संयत स्वर में कहा।

"कहो, क्या कहना है?"

"मेरी जागीर के विवाद का निर्णय आप ही करने की कृपा करें।"

दूनी ठाकुर के इस निवेदन से दरबार के सामंत, मुसाहिब, अहलकार, बख्शी, अमीर सहित प्रधानमंत्री मानजीदास और दीनाराम, खुशालीराम, शिवनारायण मिश्र आदि भी सावधान हो गए। बगरू, लाटवाड़ा, चौमूँ, सामोद, अचरोल, टोडरी, बाँसखो, भादबा, नींदड, वाटिका के सामंतों के साथ झिलाय, डिग्गी, दूदू, सीकर, खेतड़ी, गीजगढ़, मनोहरपुरा आदि के ठाकुरों के चेहरों पर भी उत्सुकता झलकने लगी। दूनी ठाकुर के निवेदन में उन सबकी भावनाएँ निहित जो थीं।

जगतसिंह मुसकराए—"चाँदसिंहजी! आपको तो स्मरण होगा कि हमने अपने सामंतों के विवादों का निर्णायक रसकपूर को बनाया हुआ है। हमने यह निर्णय आपके सुझाव पर ही लिया था। वस्तुतः इसके बाद हमारी व्यस्तताओं में काफी कमी आई है। फलस्वरूप अब हम राजकार्य के लिए अधिक समय निकाल पाते हैं। आपके इस अमूल्य सुझाव के लिए हम हृदय से आभारी हैं।"

"महाराज! मेरे मुकदमे का निर्णय आप ही करें"—चाँदसिंह का स्वर अविचलित था।

"क्यों? रसकपूर ठीक से सुनवाई नहीं कर रही है क्या?"—जगतसिंह ने सिंहासन पर सटकर बैठी रसकपूर की ओर मुसकराकर देखा—"क्या बात है? दूनी सामंत को तुमने नाराज क्यों कर रखा है?"

रसकपूर मुसकराई—"नाराजगी की तो बात ही नहीं है। मैंने विवाद में उन्हें अपना पक्ष प्रस्तुत करने के लिए तीन बार सूचनाएँ भिजवाईं, लेकिन वे तो अभी तक

अपनी बात कहने आए ही नहीं। मैं तो इस दरबार में, आपके माध्यम से पुनः उनसे अपना पक्ष प्रस्तुत करने का आग्रह कर रही हूँ। वे आएँ, अपनी बात कहें। मैं विश्वास दिलाती हूँ कि इसके बाद उन्हें कोई शिकायत नहीं रह जाएगी।"

चूहे-बिल्ली जैंसे इस खेल से सामंतों की भृकुटियाँ तनने लगी थीं। भरे दरबार, मधुरता में लिपटा अपमान सबके लिए नितांत अनोखी घटना थी। लेकिन दूनी ठाकुर के चेहरे पर अपूर्व शांति थी। उत्तेजनाविहीन स्वर में उन्होंने एक ही वाक्य दोहराया—"मेरे मुकदमे का निर्णय अन्नदाता ही करें।"

जगतसिंह हँस पड़े—"ऐसा प्रतीत होता है कि या तो आपको रसकपूर में विश्वास नहीं है अथवा आप हमारे आदेश का पालन नहीं करना चाहते। हाँ, मामले में कोई विशेष रियायत चाहते हो तो सीधे कहो, हम आपकी सिफारिश कर देंगे।"

रसकपूर की ओर देखकर महाराजा मुसकराए—"रस, दूनी ठाकुर हमारे विश्वस्त सामंत हैं। हम इन्हें दूनी की गद्‌दी पर बैठे देखना चाहते हैं। यदि कोई अधिक कठिनाई न हो तो मुकदमे का निर्णय देते समय हमारी इच्छा का ध्यान अवश्य रखना।"

दूनी ठाकुर की आँखों में लाल डोरे उभरने लगे। लेकिन स्वर में उनके उग्र स्वभाव के विपरीत अनोखी शांति थी—"मेरे मुकदमे का निर्णय महाराज ही करें।"

"चाँदसिंहजी! अपना निर्णय भला हम ही कैसे बदल सकते हैं?"—महाराज के होंठों पर खिली मुसकान से झरते शब्दों में वधिक के छुरे जैसी धार का आभास हो रहा था—"अब तो हमने आपकी सिफारिश भी कर दी है।"

भरे दरबार में निरंतर अपमान से चाँदसिंह के जबड़े भिंच गए। फिर भी स्वर में उत्तेजना लाए बगैर उन्होंने अपना निवेदन चौथी बार दोहराया—"मेरे मुकदमे का फैसला महाराज स्वयं ही करें।"

"नहीं, फैसला तो रसकपूर ही करेगी। उसी के समक्ष अपना निवेदन करो"—महाराज का राज-हठ मुखर होने लगा तो उधर राजपूती आन तन उठी। चाँदसिंह के हिमशीतल शब्दों से अकस्मात् विद्युत् स्फुलिंग झड़ने लगे—"नहीं, महाराज! सामंतों और अमीरों के दिल बहलानेवाली बाईजी मेरे मुकदमे का फैसला नहीं कर सकतीं। मेरे विरुद्ध निर्णय देकर चाहे मुझे सड़क पर ला खड़ा करें लेकिन मेरा फैसला आप ही करें।"

दूनी ठाकुर से ऐसी जबानदराजी की उम्मीद किसी को नहीं थी। रसकपूर का चेहरा स्याह हो गया। दरबारी काँप उठे। महाराज दहाड़े—"चाँदसिंह! इतनी लंबी जुबान का परिणाम जानते हो?"

"जानता हूँ, सिर कलम करवा देंगे। आज्ञा हो तो अपने हाथों अपना सिर काटकर आपके चरणों में चढ़ा दूँ, लेकिन किसी तवायफ के सामने मेरा सिर नहीं झुकेगा। आप मेरे प्राण ले सकते हैं, लेकिन पगड़ी के पेच नहीं दूँगा। मेरा खानदान इतना बेगैरत नहीं हुआ कि एक तवायफ से याचना करूँ। मैं आपका वफादार हूँ, किसी ऐरी-गैरी औरत का

नहीं।"

दरबार में सन्नाटा छा गया। चाँदसिंह के दुस्साहस ने उनकी मृत्यु निश्चित कर दी थी। जगतसिंह भी स्तब्ध थे। इससे पूर्व किसी का इतना साहस नहीं हुआ था। सामंतों पर नजर डाली तो हर चेहरे के पीछे चाँदसिंह ही दिखाई दे रहे थे। उनकी जबानें खामोश थीं, लेकिन आँखें दूनी ठाकुर का ही समर्थन कर रही थीं।

हतप्रभ महाराज ने पूछा—"तुम रसकपूर से घृणा करते हो?"

"मैं किसी से घृणा नहीं करता, लेकिन अपने सम्मान से प्यार करता हूँ!"—चाँदसिंह के उत्तर में स्वाभिमान का दर्प छलक रहा था—"मेरा मस्तक सिर्फ आपकी रानी के सामने ही झुक सकता है।"

"रसकपूर हमारी रानी से कम नहीं है।"

"आप उसे चाहे जो मानें, लेकिन दूसरों को उसे उसी रूप में स्वीकारने के लिए विवश नहीं कर सकते। वह न तो कुलीन है और न ही राजपुत्री। अज्ञात कुल-गोत्र की स्त्री सम्मान की पात्रा कैसे हो सकती है?"

घटनाक्रम ने विकट मोड़ ले लिया था। चाँदसिंह के साहस से बाजी उलट चली थी। दूनी ठाकुर भरे दरबार में रसकपूर को अनावृत्त करने में सफल हो गए थे। चाँदसिंह के प्रश्न का उत्तर महाराज के पास भी नहीं था। किसी महाराजा की प्रेयसी बन जाने से ही तो कोई स्त्री कुलीन नहीं हो जाती। आनबान के लिए सिर कटा देनेवाले राजपूतों के सम्मान की पात्र तो नहीं बन सकती। महाराज का प्रगाढ़ प्रेम भी उसे राजपुत्री बनाने में अक्षम था। सामंतों की व्यंग्यदृष्टियों से बिद्ध रसकपूर के लिए मखमली सिंहासन अचानक कंटकाकीर्ण हो उठा। उसका मन वहाँ से भाग जाने का होने लगा। लेकिन राजसी मर्यादा उसे बैठे रहने के लिए विवश कर रही थी। जगतसिंह भी निरुपाय-निस्सहाय-से अपनी प्रतिष्ठा बचाने का मार्ग ढूँढ़ रहे थे। लेकिन कहीं, कोई भी तर्क, चाँदसिंह के प्रश्न का उत्तर बनने का सामर्थ्य नहीं रखता था।

अब शिवनारायण मिश्र उठे। सामंतों को अपनी दृष्टि के तराजू में तौलते हुए-से वे बोले—"ऐसा प्रतीत होता है कि विवाद रसकपूर के कुल-गोत्र पर ही केंद्रित हो गया है। दूनी ठाकुर को रसकपूर से नहीं, उसकी कुल-गोत्र-विहीनता के प्रति नाराजगी है। उनका आक्रोश उचित भी है। आनबान का धनी ठाकुर किसी हीनकुल की स्त्री को अपने आदर की पात्र कैसे स्वीकार कर सकता है?"

सुनकर रसकपूर सिहर उठी। संकट की इस बेला में मिश्रजी भी अचानक पराए हो गए। उसे गोद में खिलानेवाले, कदम-कदम पर हाथ थामे जीवन के पथ पर अग्रसर करते पंडितजी भी क्या विरोधियों से जा मिले? क्या मानव-स्वभाव इतना अस्थिर होता है?

शिवनारायण के प्रश्न का समर्थन पाकर चाँदसिंह के आक्रोश-भरे स्वर में किंचित् कोमलता उभरी—"पंडितजी! आप तपोधन ब्रह्मर्षि दधीचि के वंशज हैं। आप जैसा

श्रेष्ठ कुलीन ब्राह्मण ही कुल और मान की वेदना समझ सकता है। इस यथार्थ से आप महाराज को भी अवगत कराने की कृपा करें।"

"आपका कथन उचित है। लेकिन महाराज को अपनी सम्मति देने से पूर्व मैं आपसे जानना चाहता हूँ, कि भविष्य में महाराज के किसी कुलीन स्त्री के साथ हुए संपर्क को तो आप लोग इस तरह दरबार में अपमानित नहीं करेंगे।"

चाँदसिंह हँस पड़े—"महाराज की कुलीन प्रेयसी तो स्वतः ही हमारे आदर की पात्र होगी, पंडितजी!"

"तब इसी क्षण से आप लोग रसकपूर को भी आदरणीया स्वीकार करें!"—शिवनारायण मिश्र का स्वर अचानक तीक्ष्ण हो उठा—"मैं इसी क्षण उसे अपनी धर्मपुत्री घोषित कर, अपना कुल-गोत्र प्रदान करता हूँ। रसकपूर अब श्रेष्ठ ब्राह्मण कुल की स्त्री है।"

घटनाक्रम में ऐसे अप्रत्याशित परिवर्तन की तो किसी ने कल्पना भी नहीं की थी। सामंतगणों के साथ महाराज तक स्तब्ध रह गए। अपने पिता के प्रति आए संदेह की मन-ही-मन भर्त्सना करती हुई रसकपूर ने शिवनारायण मिश्र को अपने सजल नेत्रों का अर्घ्य प्रदान कर महाराज की ओर देखा। मिश्रजी की घोषणा से उत्साहित जगतसिंह रसकपूर की साभिप्राय दृष्टि का विलक्षण उत्तर दे बैठे—"और मिश्रजी की इस पुत्री को मैं आंबेर का आधा राज्य देकर राजकुल में सम्मिलित करता हूँ। आधे राज्य की स्वामिनी होने के नाते राज्य में न्याय, प्रबंध, वित्त, सेना आदि के वैधानिक अधिकार उसे इसी क्षण से प्राप्त हो गए हैं।"

प्रत्युत्तर में जैसे शत-सहस्र विषैले नाग फुंकार उठे। अब चाँदसिंह भी गरज उठे—"तो महाराज, मैं भी प्रतिज्ञा करता हूँ कि जिन महफिलों-दरबारों, होली-दीपावली के उत्सवों में रसकपूर शामिल होगी, मैं उनमें पाँव नहीं रखूँगा।"

जगतसिंह का चेहरा स्याह पड़ गया। उन्हें दरबारियों-सामंतों के आक्रोश का आभास हो गया था। लेकिन अब तो प्रतिष्ठा का प्रश्न था। तमतमाए महाराजा ने चाँदसिंह पर दूनी की चार वर्ष की आय के बराबर, चार लाख रुपए जुर्माना कर दरबार समाप्त कर दिया।

□

उस रात रसविलास में जगतसिंह के भुजबंधन में आबद्ध रसकपूर का मन कहीं और भटक रहा था। सत्ता के दाँव-पेंच तो उसके कुंचित केशपाशों से भी अधिक कुटिल सिद्ध हो रहे थे। अपने प्रियतम की चिरप्रिया बने रहने के प्रयासों की सहज गति ही उसे सत्ता-प्राप्ति की ओर धकेल रही थी।

सामंतों का व्यवहार जहाँ उसे क्षुब्ध कर जाता था, वहाँ जगतसिंह और शिवनारायण मिश्र जैसे आत्मीयजनों की उपस्थिति ने उसे नए विश्वास से ओतप्रोत किया था। उन दोनों ने आज दरबार में अकल्पित को मूर्त कर डाला था। दुनिया की

भला किस स्त्री को इतना गौरव प्राप्त हुआ होगा? विश्व के किस महाराजा ने अपना राज्य बाँटकर प्रेम को ऐसी नई परिभाषा प्रदान की होगी? राज्य-प्राप्ति के लिए स्वजनों तक का निर्मम वध कर देने, सहस्त्रों व्यक्तियों के रक्तकुंड में स्नान कर राज्यासीन होने की घटनाओं से तो इतिहास के पृष्ठ रँगे पड़े हैं। उन पृष्ठों से टपकता रक्त आज भी ताजा और गाढ़ा है। प्रतिदिन इसमें नए-नए रक्तरंजित पृष्ठ जुड़ते ही जाते हैं। लेकिन जगतसिंह ने तो इतिहास में एक नए ही अध्याय की रचना कर डाली थी। प्रेम के लिए राज्य का परित्याग, कम-से-कम भारत में तो अनूठी घटना थी। इससे पूर्व किस राजा की महारानी, रानी, पड़दायत, रखेल या प्रेमिका को ऐसा अलभ्य सम्मान प्राप्त हो पाया है?

मुगल बादशाह जहाँगीर की बेगम नूरजहाँ भी, राजकार्य में अपना सिर्फ दखल रखती थी। निर्णयों में उसका प्रभावी हस्तक्षेप होता था। फिर भी वह राज्य की वैधानिक स्वामिनी तो नहीं बन पाई थी। महारानी लक्ष्मीबाई, अहिल्याबाई आदि नारीरत्नों को तो पति की अल्पायु मृत्यु के कारण गद्दी पर आसीन होने के लिए विवश होना पड़ा था। पुरुष उत्तराधिकारी की नाबालिगी की अवस्था में वे राजसिंहासन पर अन्य किसे आसीन करतीं? रजिया सुल्तान की भी यही स्थिति थी।

लेकिन वह न तो महाराज की पटरानी, महारानी अथवा रानी है, और न ही किसी राजकुल से संबंध रखती है। कोठे पर घुँघरू खनकाकर रईसों का मनोरंजन करनेवाली एक अत्यंत साधारण ही नहीं, हीन कुलोत्पन्न स्त्री के लिए तो यह कल्पनाओं की चरम सीमा से भी परे की बात थी। दरबार में महाराज की घोषणा पर उसे स्वयं ही विश्वास नहीं हो पाया था। कुछ पल तो वह इसे अपने कानों का भ्रम ही मानती रह गई थी।

जगतसिंह का यह नया रूप उसे उद्वेलित करने के साथ, मन-प्राण को अनोखी शीतलता भी प्रदान कर गया था। महाराज ने अपने प्रेम की अभिव्यक्ति भी किस अनूठे अंदाज में की है। उनके नेह में कहीं कोई कमी नहीं, कोई राजसी दिखावा नहीं। मुँहदेखी मनुहार या नारी-मन को जीतने का छलावा जैसा कुछ भी तो नहीं था। जगतसिंह की रंगीनमिजाजी, हर रात नई स्त्री को भोगने की आकांक्षा के बारे में उसने बहुत कुछ सुन रखा था। वह जानती थी कि किसी भी दिन वह शरीर के वस्त्रों की तरह बदली जा सकती है। अब तक वह कौशलपूर्वक स्वयं को वस्त्र बनने से बचाती आ रही थी। अपने चातुर्य पर उसे यदाकदा गर्व भी हो आता था।

लेकिन आज तो उसका चातुर्य-जनित गर्व खंड-खंड हो गया था। महाराज उसके सौंदर्य, विलास, संगीत-प्रवणता अथवा चातुर्य से नहीं बँधे थे। वे तो अपने ही प्रेम-बंधन में आबद्ध थे। उन्हें बाँधने के लिए किसी अन्य रँज्जु की आवश्यकता ही नहीं थी। महाराज का प्रेम तो उसकी कल्पना से भी अधिक गहरा सिद्ध हुआ है। अपने समर्पण की तुलना में वह जगतसिंह के अनुराग को आरंभ से ही कम महत्त्व देती आ रही थी। लेकिन आज तो उस अनुराग के सामने रसकपूर के नैष्ठिक समर्पण का गर्व भी खंडित हो गया था!

कल्पनाओं के हरित मादक कुंज में विचरण करती रसकपूर की तंद्रा टूटी। अपना भुजबंधन दृढ़तर करते हुए जगतसिंह का स्वर कानों में पड़ा—"कहाँ खो गई हमारी प्रियतमा? जाग रही हो या खुली आँखों के किसी स्वप्न-सम्मोहन में डूब गई हो?"

रसकपूर चैतन्य हुई। अपनी मृणाल सरीखी कोमल भुजाओं से जगतसिंह का कंठ आवेष्टित करती कह उठी—"आपके कपट-व्यवहार के बारे में ही सोच रही थी।"

"कपट-व्यवहार? और तुमसे?"—जगतसिंह चौंके—"भला बताओ तो, हमने कब तुम्हारे साथ ऐसा किया है?"

"अब तक यही तो करते आ रहे हैं"—रसकपूर मुसकराई—"अपने प्रेम की गहनता को मुझसे छिपाए रखा। यह तो आज अचानक ही आपकी पोल-पट्टी सामने आ गई। वरना न जाने कब तक मुझे इसकी हवा भी नहीं लगने देते। और मैं इसी भ्रम में रहती कि हम दोनों के प्रेम-प्रतिदान में मेरे प्रेम का पलड़ा अधिक भारी है। लेकिन आज तो आपने स्थिति ही उलट दी। आपकी तुलना में मेरा प्रेम तो कुछ भी नहीं। मेरा वह विश्वास तो भ्रम मात्र सिद्ध हुआ।"

जगतसिंह के चकोर नेत्र रसकपूर के मुख-चंद्र पर केंद्रित हो गए। प्रियतमा के अनुरागी स्पर्श से मादक हो चले नेत्रों में गांभीर्य तैर गया—"नहीं, रस! प्रेम-प्रतिदान में किसी का भी समर्पण कम या अधिक नहीं होता। अनुराग नापने का कोई मापदंड आज तक नहीं बन पाया है। मैं समझता हूँ कि तुम्हारा प्रेम मुझसे अधिक श्रेष्ठ है। जबकि तुम स्वयं के प्रतिदान को मुझसे कम आँक रही हो। यही प्रेम की पराकाष्ठा है।"

"प्रियतम...महाराज!"—विह्वल रसकपूर के होंठ थरथराकर रह गए— "मैंने आपको क्या दिया है? मैं अकिंचन आपको दे भी क्या सकती हूँ?"

"वही, जो तुम्हारे पास है!"—जगतसिंह के होंठों से अनुराग-भरे स्वर छलके—"मैं जानता हूँ, तुमने अपना सर्वस्व मुझे सौंपा है। शरीर से अधिक निष्ठा, प्रेम, समर्पण, अपनत्व—वह सब कुछ जो तुम्हारा नितांत अपना था। वह सब तुम्हारे दिए बगैर, विश्व का कोई भी पुरुष प्राप्त करने में अक्षम था। रस! तुमने मुझे अपना अंतर दिया है। अंतर में छिपा प्रत्येक भाव मुझे दिया है। इसी समर्पण ने मुझे बाँधा है। उसी ने मुझे तुम्हारी शिरीष-पुष्प-सी कोमल भुजाओं का बंदी बनाया है, जबकि तुम मुझे अपने रूप-यौवन का अनुरागी भ्रमर मात्र ही मानती रही हो।"

रसकपूर के नेत्रों में पश्चात्ताप का जल तैर गया—"हाँ, महाराज! मैं आपकी अपराधिनी हूँ। पुनः स्वीकार करती हूँ कि आपके प्रेम की गहनता, आपके अंतर में छिपे अनुराग को मैं पूरी तरह नहीं पहचान पाई। स्पष्ट है, मेरे ही समर्पण में कहीं कमी थी। वरना क्या मैं आपकी ही तरह हृदय के अंतरतम प्रदेश में पुष्पित मनोभावों से अवगत नहीं हो जाती? मेरा समर्पण अपूर्ण है, प्रियतम! इसके लिए मुझे दंडित किया जाना चाहिए था, लेकिन आपने तो मुझे पुरस्कृत कर डाला।"

जगतसिंह को ठिठोली सूझी। चौंकते-से रसकपूर को भुजबंधन से मुक्त करके वे

कह उठे—"यह तो गजब हो गया। यह राजसी मर्यादा के विरुद्ध है। दो राजा भला इस तरह गले मिलते हैं? और वह भी इतने समय तक? नहीं, नहीं, यह तो राजोचित शिष्टाचार के एकदम विरुद्ध है।"

सुनकर रसकपूर पहले तो चौंकी, फिर समझकर शरमा गई—"आप तो बनाने लगे। मेरा भला राज्य से क्या लेना-देना? मैं तो आपकी चरण-रज हूँ।"

"ऐसी बात फिर न कह देना, वरना लोग हँसेंगे"—जगतसिंह की ठिठोली बंद नहीं हुई थी—"आंबेर के वैभवशाली राज्य के महाराज···नहीं···नहीं···महाराज संबोधन तो पुरुषों के लिए होता है, फिर तुम्हें क्या कहें? महारानी? ···नहीं वह तो महाराज की रानी मात्र हुई···फिर ···हाँ ···महाराज्ञी! यह संबोधन उचित है। आंबेर की महाराज्ञी रसकपूर, जयपुर महाराजा की हृदय-सम्राज्ञी तो हो सकती है, लेकिन चरण-रज बन पाना उसके लिए संभव नहीं है।"

"अच्छा तो मैं आंबेर की महाराज्ञी हूँ?"—रसकपूर के नेत्रों में भी शरारत की चमक उभरने लगी।

"हाँ, आज जारी हुए पट्टे के अनुसार, अब हम सिर्फ जयपुर के महाराजा रह गए हैं। जयपुर राज्य की प्राचीन राजधानी आंबेर सहित दिल्ली मार्ग के उत्तर दिशा का प्रदेश अब महाराज्ञी रसकपूर के शासन में चला गया है। इस आधे जयपुर राज्य की राजधानी आंबेर होगी, जबकि दिल्ली मार्ग के दक्षिणी प्रदेश की राजधानी जयपुर रहेगी। फिलहाल सुरक्षा के लिए जयपुर की सेना ही दोनों राज्यों की रक्षा करेगी, लेकिन आंबेर महाराज्ञी अपनी स्वतंत्र सेना भी तैयार करने की अधिकारिणी होंगी। जयपुर की टकसाल को उनके लिए नए सिक्के ढालने के आदेश दिए जा चुके हैं, जिसमें एक ओर महाराज्ञी का चित्र भी अंकित होगा।"

"और कुछ शेष रह गया हो तो वह भी बता दें, ताकि आंबेर महाराज्ञी, जयपुर महाराजा के प्रति अपना व्यवहार निर्धारित कर सके"—रसकपूर के होंठों के वक्र हास्य में शरारत बढ़ने लगी थी।

"अब क्या शेष रह गया है? पट्टे पर जयपुर महाराजा के हस्ताक्षर हो चुके हैं। अपने राज्य के प्रधानमंत्री, सेनापति आदि नियुक्त करने के वैधानिक अधिकार महाराज्ञी को प्राप्त हो गए हैं"—यह सब बताते हुए जगतसिंह का मुखमंडल हर्ष से प्रदीप्त हो उठा।

"तब आंबेर महाराज्ञी अपने पड़ोसी राज्य के साथ अपने संबंधों का निर्धारण करती हैं"—रसकपूर झपटकर जगतसिंह के गले से लिपट गई—"दोनों राज्यों के अधिपतियों का परस्पर संबंध इस प्रकार रहेगा। यह आंबेर महाराज्ञी का आदेश है।"

खिलखिलाकर जगतसिंह ने रसकपूर को प्रगाढ़ आलिंगन में आबद्ध कर लिया।

सात

आधे जयपुर राज्य की स्वामिनी बन जाने से रसकपूर जयपुर की जनता में 'अर्धराजिन' संबोधन से विख्यात होने लगी। जन-मानस में विख्यात होने तक यह संबोधन जयपुरी भाषा में 'अधराजण' बन गया था। घटनाक्रमों की अठखेलियाँ भी कुछ ऐसी होतीं कि नगर के चौपड़-चौराहों पर प्रातः से सायंकाल तक किसी-न-किसी रूप में, अधराजण ही चर्चा का विषय बनी रहती। राजमहल में काम करनेवाले सेवकों, रसोइयों, बागवानों आदि के माध्यम से निकलनेवाली बातें, कुछ ही पहरों में विश्वसनीय समाचार का रूप ले लेती थीं। रसकपूर से संबंधित छोटी-से-छोटी बात भी नगर-भर में फैल जाती और महाराजा के खबरनवीस यही खबरें 'ख़बर पर्चा' द्वारा महाराजा और रसकपूर तक जन-प्रतिक्रिया के साथ भिजवा देते थे। 'खबर पर्चा' पढ़कर रसकपूर खिलखिला उठती थी।

एक-दूसरे के प्रति समर्पित प्रेमी-युगल के दिन जैसे पंख लगाकर उड़ रहे थे। परस्पर नेह के आदान-प्रदान के साथ, अपने-अपने राज्यों के प्रबंध में बढ़ती व्यस्तता के कारण, सूर्य के उदय और फिर अस्ताचलगामी होने का पता ही नहीं चल पाता था। साँझ ढले प्रेमी-युगल के मिलन के साथ ही आरंभ होनेवाली नृत्य-संगीत की गोष्ठियों में, स्वर्ण-पात्रों में ढलकते आसव के दौर और स्वादिष्ट व्यंजनों की मनुहारें प्रतिदिन विलास के नए रंग बिखेर जाते थे। साँझ के ढलकर मध्यरात्रि में बदल जाने का आभास तो नेत्रों में उतरनेवाली नींद की खुमारी से ही हो पाता था। उनके दिन स्वर्णिम और रात्रि रजत-आवरण ओढ़े व्यतीत हो रही थीं। वे जीते-जी ही स्वयं को स्वर्ग में पा रहे थे।

लेकिन किसी का भी स्वर्ग कभी स्थायी नहीं रहा। पुण्य-क्षय होने पर जहाँ पुण्यात्माओं का भी स्वर्ग से निष्कासन उनकी नियति रही है, वहाँ पृथ्वी का स्वर्ग तो पल-पल बनता-बिगड़ता रहता है। तनिक-सा सुख-दुःख, उसके सृजन-विनाश का कारण बन जाता है। फिर जगतसिंह-रसकपूर का अपना स्वर्ग कैसे स्थायी हो सकता था? उनके स्वप्न-सौरभ को सुखाने के लिए भी जेठ का आतप फुंकारता हुआ आ रहा था।

मेवाड़ महाराणा भीमसिंह की अनिंद्य सुंदरी षोड्शी पुत्री कृष्णाकुमारी का विवाह-प्रस्ताव अपने सुरभित मलय के अंदर झंझावात समेटे आया। राजपूताना के श्रेष्ठतम राजपूती कुल सीसोदिया राजवंश से आया विवाह-प्रस्ताव, जयपुर के लिए न केवल गौरव की बात थी, अपितु राजनीतिक दृष्टि से भी उसका भारी महत्त्व था। राजपूताना के

तीनों सर्वाधिक शक्तिशाली राजवंश मेवाड़, मारवाड़ और जयपुर परस्पर विवाह-संबंधों के द्वारा संगठित रहते चले आ रहे थे। आंबेर-नरेश भारमल द्वारा अपनी पुत्री का विवाह बादशाह अकबर के साथ करने के साथ ही, स्वाभिमानी, हिंदूकुल-सूर्य, मेवाड़ राजवंश ने आंबेर के साथ विवाह-संबंध तोड़ लिये थे। लगभग दो सौ वर्ष बाद, जयपुर के निर्माता सवाई जयसिंह, मुगल बादशाह बहादुरशाह के खुले विरोध के साथ मुगलों की ताबेदारी अस्वीकार करके इन संबंधों की पुनर्स्थापना करने में सफल हुए थे। मेवाड़ से आया कोई भी विवाह-प्रस्ताव जयपुर के लिए गौरव की बात समझी जाती थी।

इसके अतिरिक्त, महाराणा की पुत्री राजपूताना की सर्वश्रेष्ठ सुंदरी भी थी। उसके रूप-यौवन की चर्चा सुनकर तो राजपूताने के राजा-महाराजा ही नहीं, मराठा सेनापति दौलतराव सिंधिया तक उससे विवाह करने को इच्छुक था। लेकिन महाराणा भीमसिंह ने अपनी देवकन्या सदृश रूपवती पुत्री का विवाह मारवाड़ के महाराजा भीमसिंह के साथ निश्चित कर दिया था। सन् १७९९ में विधिवत् सगाई का टीका जोधपुर भिजवाकर महाराणा ने इसे कार्यरूप में परिणित भी कर डाला था। लेकिन विवाह होने से पूर्व ही अक्तूबर १८०३ में महाराजा भीमसिंह की मृत्यु हो जाने के कारण यह विवाह नहीं हो सका। भीमसिंह के बाद उनके चचेरे भाई मानसिंह जोधपुर की गद्दी पर बैठे। परिवर्तित परिस्थिति में महाराणा ने विवाह-प्रस्ताव मानसिंह के लिए भिजवा दिया।

लेकिन मानसिंह के क्रोधी और जिद्दी स्वभाव के कारण घटनाक्रम ने नया ही मोड़ ले लिया। उन्होंने घाणेराव जागीर पर कब्जा करके वहाँ के ठाकुर को जागीर से बाहर निकाल दिया था। घाणेराव ठाकुर, महाराणा भीमसिंह का निकट संबंधी था। इससे अप्रसन्न हो महाराणा ने मानसिंह के साथ की गई सगाई तोड़कर कृष्णाकुमारी का विवाह महाराजा जगतसिंह के साथ करने का निश्चय कर लिया। निर्णय लेने के बाद महाराणा ने विवाह-प्रस्ताव जयपुर भेजने में विलंब नहीं किया।

उदयपुर से आए प्रस्ताव से रसकपूर-विरोधी सामंतों सहित जनानी ड्योढ़ी तक में राहत की लहर-सी दौड़ गई। कृष्णाकुमारी के अद्भुत सौंदर्य की चर्चाएँ उन तक भी पहुँचती ही रहती थीं। लेकिन जोधपुर महाराजा भीमसिंह के साथ हुआ वाग्दान, बाद में उनके उत्तराधिकारी मानसिंह के साथ यथावत् रहने के कारण कोई उस बारे में सोच भी नहीं सकता था। अकस्मात् आया प्रस्ताव उन्हें दैवी अनुकंपा ही प्रतीत हुआ। कृष्णाकुमारी से विवाह हो जाने के बाद तो महाराज रसकपूर की ओर आँख उठाकर देखना भी पसंद नहीं करेंगे। एक बार महाराज की दृष्टि फिरने की देर है, फिर तो उसे दिया आधा राज्य, दुर्लभ पोथीखाना और सारा मान-सम्मान छीने जाने में अधिक कठिनाई नहीं होगी। यह भी संभव है कि बिना कुछ किए-धरे, महाराज स्वयं ही उससे सब-कुछ छीनकर उसे 'पड़दायत' की सीमाओं के साथ जनानी ड्योढ़ी में भेज दें।

रसकपूर के रूप-सम्मोहन से जगतसिंह को मुक्त कराने के लिए दो-दो अनुकूल अवसर अनायास ही उपलब्ध हो रहे थे। पोकरण ठाकुर सवाईसिंह की पौत्री के

अतिरिक्त, मेवाड़ महाराणा की भुवनमोहिनी पुत्री के साथ अभिसारों में डूबे महाराज आसानी से उबर नहीं पाएँगे। ऐसे में हीरे की कनी बनी रसकपूर को पत्थर की ठीकरी बनते देर नहीं लगेगी।

दरबार में अधिक कुछ विचार-विमर्श होना ही नहीं था। सामंतों ने ही नहीं, दीनाराम बोहरा और प्रधानमंत्री मानजीदास तक ने महाराणा का प्रस्ताव प्रतिष्ठावर्धक माना। प्रस्ताव के विरोध की बात तो दूर, किसी ने इस पर विचार-विमर्श करने तक की आवश्यकता महसूस नहीं की। महाराज के साथ बैठी रसकपूर के मुखमंडल पर अवश्य चिंता की परछाइयाँ अपने डैने फैलाने लगी थीं। कृष्णाकुमारी के अद्‌भुत सौंदर्य से उपजी चिंता अकारण नहीं थी। कहीं वह, रसकपूर से उसका जगतसिंह तो नहीं छीन लेगी? महाराज कहीं उसी के होकर तो नहीं रह जाएँगे?

लेकिन जगतसिंह के नैष्ठिक प्रेम का स्मरण आते ही चिंता की स्याह परछाइयाँ प्रसन्नता की गुलाबी रंगत में बदल गईं। उसके प्रियतम को दुनिया की कोई शक्ति उससे नहीं छीन सकती। प्रसन्नवदन उसने भी कह दिया—"प्रस्ताव की स्वीकृति भिजवाने में महाराज को विलंब नहीं करना चाहिए। मेरे विचार में तो टीका लाने के लिए सुरक्षा हेतु हमें एक सैनिक टुकड़ी तत्काल उदयपुर के लिए रवाना कर देनी चाहिए।"

किंतु बोहरा राजा खुशालीराम ने व्यवधान उपस्थित कर दिया—"महाराज! प्रस्ताव स्वीकार करने से पूर्व इसके सभी पक्षों पर विचार किया जाना आवश्यक है। हमें यह नहीं भूलना चाहिए कि इससे पूर्व यह प्रस्ताव जोधपुर के वर्नमान महाराजा मानसिंह के लिए भेजा गया था और उन्होंने इसे स्वीकार भी कर लिया था। ऐसी स्थिति में जयपुर महाराज के साथ अपनी वाग्दत्ता का विवाह वे अपना अपमान भी मान सकते हैं। फलस्वरूप, जोधपुर के साथ विग्रह की परिस्थिति भी उत्पन्न होने की पूर्ण संभावना है। प्रस्ताव के इस पक्ष पर भी विचार किया जाना आवश्यक है।"

अपनी प्रतिज्ञा के कारण दरबार से अनुपस्थित दूनी ठाकुर के स्थान पर रसकपूर-विरोधी मुहिम का संचालन चौमूँ ठाकुर किशनसिंह नाथावत कर रहे थे। कार्य-सिद्धि में व्यवधान आते देख वे तेजी से बोल उठे—"बोहराजी की आशंका कल्पना मात्र है। घाणेराव के ठाकुर दुर्जनसिंह पर आक्रमण करते समय महाराजा मानसिंह ने जब अपने श्वसुर महाराणा के संबंधों की रंचमात्र परवाह नहीं की तो महाराणा को भी उनके साथ संबंधों पर पुनर्विचार करने का स्वाभाविक अधिकार प्राप्त हो जाता है। वैसे भी प्रत्येक पिता को अपनी पुत्री का विवाह कहीं भी करने या न करने का नैसर्गिक अधिकार है। इसमें महाराज मानसिंह को आपत्ति नहीं होनी चाहिए।"

"और यदि आपत्ति हुई तो!"—बाँसखो ठाकुर पद्‌मसिंह बोल उठे।

"तो हम उसे अमान्य कर देंगे"—उत्तर बगरू ठाकुर बाघसिंह ने दिया।

बोहरा राजा ने पूछ लिया—"लेकिन यदि बात बढ़कर युद्ध की नौबत आ गई,

तब हम क्या करेंगे?"

"तो युद्ध की जिम्मेदारी महाराजा मानसिंह पर डालकर हम सैन्य प्रतिकार करेंगे। जोधपुरी सेना को उसके दुस्साहस का मजा चखा देंगे"—सामोद ठाकुर बैरीसाल फुंकार उठे।

"क्या एक सुंदर स्त्री के लिए हम अपने हजारों भाई-बंधुओं को मृत्यु के मुँह में धकेल देंगे? राज्य के विकास के लिए जनता से प्राप्त धन को युद्धाग्नि में झोंकना क्या न्याय-संगत माना जाएगा?"—अचरोल ठाकुर कायमसिंह भी चुप नहीं रह सके थे।

"तो क्या शत्रु की चुनौती सुनकर हम कायर बने चुपचाप बैठे रहेंगे?"—किशनसिंह का स्वर आक्रोशी हो उठा।

अब शिवनारायण मिश्र ने भी विरोध कर दिया—"जोधपुर महाराज हमारे शत्रु कब से हो गए? उनके साथ तो पीढ़ियों से रोटी-बेटी का संबंध होता आया है। अब क्या यह भी स्मरण कराना आवश्यक है कि जोधपुर के दिवंगत महाराजा विजयसिंह की पौत्री का विवाह, हमारे स्वर्गीय महाराज प्रतापसिंह के साथ और बाद में प्रतापसिंहजी की बहन की भाँवरें जोधपुर के दिवंगत महाराज भीमसिंह के साथ हुई थीं। इस प्रकार जहाँ जोधपुर राजकुमारी हमारे महाराज की सौतेली माँ हैं, वहीं महाराज की बुआ जोधपुर की राजमाता हैं। इसके अतिरिक्त वर्तमान महाराजाओं के बीच नई रिश्तेदारी की संभावनाएँ भी समाप्त नहीं हुई हैं।"

"लेकिन चुनौती देनेवाला तो संबंधी नहीं, शत्रु ही होता है।"

"किंतु उन्होंने चुनौती दी कहाँ है?"—शिवनारायण मिश्र हँस पड़े—"हम तो एक संभावना पर विचार कर रहे हैं। प्रस्ताव के दूरगामी परिणामों और लाभ-हानि का आकलन कर रहे हैं। संभव है, जोधपुर महाराज को कोई आपत्ति ही न हो। किंतु उन्हें आपत्ति हो सकती है, यह नहीं भूलना चाहिए। और उस स्थिति में हमारा व्यवहार अभी से सुनिश्चित कर लिया जाना चाहिए।"

"कुछ मैं भी अर्ज करना चाहता हूँ,"—गीजगढ़ ठाकुर उम्मेदसिंह बोल उठे—"महाराणा के प्रस्ताव पर आपत्ति करने का मानसिंहजी को कोई भी अधिकार नहीं है। एक तो वे छल से जोधपुर के महाराज बने हैं। उन्होंने मारवाड़ की राज-परंपरा का उल्लंघन तो किया ही है, गद्दी के वास्तविक उत्तराधिकारी को दर-दर की ठोकरें खाने के लिए भी विवश कर दिया है।"

"आप इस बारे में विस्तृत विवरण देना पसंद करेंगे, ठाकुर साहब!"—उत्सुक रसकपूर बोल उठी।

उम्मेदसिंह कहने लगे—"जोधपुर महाराजा विजयसिंह के सात पुत्रों में से ज्येष्ठ भौमसिंह मारवाड़ के उत्तराधिकारी थे। महाराज के जीवनकाल में ही उनकी मृत्यु हो गई थी। इस कारण महाराज के देहांत के बाद भौमसिंह के पुत्र भीमसिंह गद्दी पर बैठे। इससे नाराज होकर विजयसिंह के पाँचवें पुत्र गुमानसिंह के आत्मज मानसिंह ने जालौर

गढ़ में रहते हुए स्वयं को गद्दी का वास्तविक हकदार घोषित कर दिया। सन् १८०३ में असामयिक निधन के समय महाराज भीमसिंह निःसंतान थे। इस अवसर का लाभ उठाकर मानसिंह ने गद्दी पर कब्जा कर लिया। उस समय भीमसिंह की देवरारी रानी गर्भवती थी। वह भयभीत हो, गर्भ-रक्षा के लिए चौपासनी चली गई। उस स्थिति में १० नवंबर, १८०३ को मानसिंह ने एक लिखित वचन-पत्र, चौपासनी के गोस्वामी को भिजवाया, जिसमें रानी के पुत्र होने पर उसे ही गद्दी का स्वामी मानकर, मानसिंह के वापस जालौर लौट जाने की प्रतिज्ञा थी। भीमसिंह-समर्थक सरदारों को इससे बड़ी राहत मिली और वे तनाव-मुक्त हो, कड़ी सुरक्षा के साथ रानी के प्रसव की प्रतीक्षा करने लगे। मेरे बड़े भाई पोकरण ठाकुर सवाईसिंह इन सरदारों के अग्रणी थे।

"उपयुक्त समय पर रानी ने पुत्र को जन्म दिया। समाचार सुनकर, लिखित प्रतिज्ञा के विपरीत मानसिंह उसे नष्ट करने के लिए प्रयत्नशील हो गया। यह देख सवाईसिंह ने रानी और उसके नवजात पुत्र को अपनी सैन्य सुरक्षा में खेतड़ी पहुँचा दिया तथा स्वयं शिशु के अधिकारों की रक्षा के लिए शक्ति-संग्रह करने पोकरण चले गए। अब स्थिति यह है कि मानसिंह अपने वचन से विमुख होकर धौकलसिंह को नकली सिद्ध करने का प्रयास कर रहे हैं। महाराज! मिश्रजी ने अभी ठीक ही कहा था कि महाराज विजयसिंह ने अपने पुत्र कुँवर फतहसिंह की पुत्री का विवाह हमारे दिवंगत महाराजा प्रतापसिंह के साथ किया था। महाराज के देहांत के समय वे अपने मैके जोधपुर में थीं। निधन के समाचार से शोकाकुल हो उनकी पगड़ी के साथ वे वहीं सती हो गई थीं। दूसरी ओर, महाराज विजयसिंह के बाद जोधपुर की गद्दी पर बैठे भीमसिंहजी के साथ अपनी बहन का विवाह करके महाराज प्रतापसिंह ने उन्हें भी जयपुर राज्य का संबंधी बना लिया था। इस नाते भीमसिंहजी की रानियाँ हमारे महाराज की बुआएँ और उनके पुत्र फुफेरे भाई हुए। भीमसिंहजी की देवरारी रानी से उत्पन्न पुत्र धौकलसिंह हमारे महाराज का भाई है। उसकी सहायता करना जयपुर का कर्तव्य है। इससे दोनों राजवंशों के संबंधों में और प्रगाढ़ता आएगी।"

खेतड़ी राजा अभयसिंह ने उम्मेदसिंह के कथन का समर्थन कर दिया—"गीजगढ़ ठाकुर का कथन सही है। धौकलसिंह मेरी जागीर में सुरक्षित है। आज भी उसे सुरक्षा प्रदान करना मेरा दायित्व है। लेकिन अपनी अधिकार-प्राप्ति के लिए तो उसे ही संघर्ष करना होगा। खेतड़ी तो एक सीमा तक ही इसमें सहायक हो सकता है।"

शेखावतों के नेता मनोहरपुर ठाकुर ने भी समर्थन कर दिया—"धौकलसिंह की माता हमारी रक्त-संबंधी हैं, इस नाते हमने बालक धौकल की अधिकार-प्राप्ति के लिए संघर्ष आरंभ भी कर दिया है। मेरे साथ खेतड़ी, झुनझुनूँ, नवलगढ़, सीकर और फतहपुर के शेखावतों ने मिलकर जोधपुर महाराज धौकलसिंह के नाम पर डीडवाना पर हमला किया और कुछ महीने पूर्व जुलाई १८०५ में उस पर अधिकार कर लिया था। डीडवाना का हाकिम वहाँ से भाग निकला था।"

"अरे !"—जगतसिंह विस्मय से भर उठे—"इतनी बड़ी घटना की हमें सूचना तक नहीं मिली। दीवानजी, आपने भी हमें नहीं बताया !"

"कैसे बताता, महाराज ?"—मानजीदास के स्वर में विद्रूप झलका—"आपने अपने दर्शनों की अवधि इतनी सीमित रखी थी कि उसमें राज्य की ही संपूर्ण जानकारी नहीं दी जा सकती थी। अत्यंत महत्त्वपूर्ण विषयों पर भी संक्षिप्त बात ही हो पाती थी। ऐसे में राज्य से बाहर के विषयों की सूचना देने का समय और आपको सुन पाने का अवकाश ही कहाँ रहता था ?"

महाराज झेंप-से गए। तत्काल बात बदलकर बोले—"हमारे शेखावतों ने यह बड़ा भारी काम कर दिखाया। जोधपुर राज्य के डीडवाना जैसे महत्त्वपूर्ण नगर पर ही कब्जा कर लिया। लेकिन क्या जोधपुर महाराज ने कोई कार्यवाही नहीं की ?"

"कार्यवाही भला क्यों नहीं करते ?"—मनोहरपुर ठाकुर ने कहा—"डीडवाना पर अधिकार का समाचार पाकर जोधपुर नरेश ने दीवान ज्ञानमल मुहनोत और कुचामन ठाकुर शिवनाथसिंह के नेतृत्व में तीस हजार सेना भेजी, जिसमें मीठड़ी, मारोठ और बूडसू के ठाकुर भी सम्मिलित थे। इसके विपरीत हमारी संख्या मात्र पाँच हजार ही थी। ऐसी स्थिति में डीडवाना खाली कर देने के अतिरिक्त कोई उपाय नहीं था। वैसे भी हमारा मुख्य उद्देश्य तो पूरा हो ही चुका था। हमने धौकलसिंह को जोधपुर की गद्दी का दावेदार घोषित कर दिया था।"

गीजगढ़ ठाकुर ने पुनः निवेदन किया—"अब आपसे भी प्रार्थना है कि आप बालक धौकलसिंह को उसका अधिकार दिलाने में सहायता करें। आपके संरक्षण से सत्ता प्राप्त कर, यह बालक सदैव ही आपका अनुगामी रहेगा। यही मेरे बड़े भाई पोकरण ठाकुर की भी इच्छा है।"

जयपुर को जोधपुर के साथ अनावश्यक विग्रह की दिशा में धकेले जाते देख दीनाराम बोहरा चुप नहीं रह सके। वे तीव्र स्वर में प्रतिवाद कर बैठे—"क्या पोकरण ठाकुर कन्यादान का शुल्क चाहते हैं ? महाराज ! मैं बोहरा राजा के मत का समर्थन करता हूँ। एक सुंदर स्त्री के लिए जोधपुर जैसे मित्र राज्य के साथ विग्रह करना उचित नहीं है। दूसरों के फटे में पाँव अटकाकर युद्ध आमंत्रित करना तो राजनीतिक मूर्खता ही मानी जाएगी। आप विवाह की दिशा में ही प्रयत्नशील रहें। उसमें महाराज मानसिंह का रुख देखकर ही आगे की योजना तैयार करें। धौकलसिंह को समर्थन देकर तो आप महाराज मानसिंह को संघर्ष के लिए ललकारेंगे। हाँ, विवाह-प्रकरण में जोधपुर से विग्रह होने की स्थिति बनती हो तो इस पर भी विचार किया जा सकता है। लेकिन वर्तमान परिस्थिति में मानसिंह को व्यर्थ ही शत्रु बनाना नितांत अनुचित होगा।"

दीनाराम बोहरा का तर्क प्रबल था। अन्य सामंतों की रुचि भी कृष्णाकुमारी को लाकर रसकपूर का प्रभाव नष्ट करने तक ही सीमित थी। जोधपुर के साथ व्यर्थ का झगड़ा कोई भी नहीं चाहता था।

महाराज ने अपना निर्णय सुना दिया—"हमें महाराणा का प्रस्ताव स्वीकार है। टीका लाने के लिए दारोगा कुशलसिंह के नेतृत्व में दस हजार सेना उदयपुर के लिए प्रस्थान करे। वह मेवाड़ी सेना के साथ मिलकर सुरक्षा प्रदान करते हुए सगाई का टीका जयपुर ले आए।

"इसके अतिरिक्त हमने एक और निर्णय किया है"—जगतसिंह ने सामंतों पर दृष्टिपात करते हुए कहा—"हमारे दीवान मानजीदास पुरोहित सुयोग्य प्रधानमंत्री होने के साथ कुशल सेनापति भी हैं। कई महीनों से वे इन दोनों महत्त्वपूर्ण पदों के दायित्वों का प्रशंसनीय निर्वहन करते आ रहे हैं। महाराणा के प्रस्ताव के कारण जोधपुर के साथ युद्ध की आशंका से इनकार नहीं किया जा सकता। यदि युद्ध हुआ तो वह हमें अपने ही बल पर लड़ना पड़ेगा। हमारे साथ मैत्री-संधि में बँधे अँगरेज भी हमारी कोई सहायता नहीं कर पाएँगे। संधि के अनुसार बाहरी आक्रमण, और वह भी खासतौर पर मराठों या पिंडारियों के हमलों की स्थिति में ही अँगरेज सेना हमारी सहायता करेगी। जोधपुर के साथ संघर्ष में वे हमारी सहायता करना शायद पसंद न करें। ऐसी परिस्थिति के लिए हमें अभी से तैयारी करनी होगी। जयपुर की सेना को सुदृढ़ और प्रभावी बनाना होगा।

"मानजीदासजी ने अब तक दोहरे दायित्वों का कुशलतापूर्वक निर्वहन किया है, लेकिन संघर्ष छिड़ने पर दोनों पदों के अनुरूप कार्य कर पाना उनके लिए संभव नहीं होगा"—मानजीदास की ओर देखकर महाराज ने कहा—"हम चाहते हैं कि आप दोनों में से अपनी पसंद का पद चुन लें। बताइए, आप जयपुर के दीवान पद पर रहना चाहेंगे अथवा प्रधान सेनापति बने रहकर युद्धक्षेत्र में जाने की इच्छा रखते हैं?"

कुछ पल विचारकर मानजीदास ने कह दिया—"मैं मूलतः योद्धा हूँ। सैनिक गतिविधियाँ ही मुझे अधिक रुचिकर रही हैं। मैं सेनापति ही बना रहना चाहता हूँ, महाराज!"

"तब ठीक है। आप आज से ही सेना को सुदृढ़ बनाने में जुट जाइए। इस कार्य में अर्थाभाव बाधक नहीं होगा"—जगतसिंह ने आगे कहा—"जयपुर के दीवान पद पर मैं पुरोहित रामचंद्र को नियुक्त करता हूँ। इस बारे में उन्हें तत्काल राजाज्ञा भिजवा दी जाए।"

दरबार बरखास्त करके रसकपूर के साथ चंद्रमहल की ओर बढ़ते जगतसिंह में आज कुछ नए ही उत्साह का दर्शन हो रहा था। राजकार्य-संचालन में उनका एक नया ही रूप सामने आ रहा था। औत्सुक्य और विस्मय के साथ जगतसिंह की ओर देखती रसकपूर साथ चल रही थी। उसके लिए महाराजा को समझना कठिन होता जा रहा था। घटनाक्रमों के कारण उनके ऐसे रूप सामने आ रहे थे, जो एक महाराजा के रूप तो हो सकते थे, लेकिन उनमें जगतसिंह की कल्पना करना किसी के लिए भी संभव नहीं था। कामी महाराजा में श्रेष्ठ प्रेमी का दर्शन और अब एक सक्षम महाराजा के रूप में उभरता व्यक्तित्व, एक नए ही जगतसिंह के दर्शन करा रहा था। इस महाराजा के और न जाने

कितने रूप हैं, जिन्हें देखना शेष रह गया है। विस्मित-प्रफुल्लित रसकपूर, उल्लसित महाराज का हाथ थामे रसविलास में जा पहुँची।

□

जयपुरी सेना के प्रस्थान से पूर्व ही एक विश्वस्त अश्वारोही गीजगढ़ ठाकुर का पत्र लेकर जोधपुर की ओर कूच कर गया। तीव्र गति से मंजिलें पार करता हुआ पाँचवें दिन वह जोधपुर में ठाकुर सवाईसिंह के सामने जा खड़ा हुआ। धूलि-धूसरित अश्वारोही को देख सवाईसिंह ने पूछा—"कहाँ से आ रहे हो, सवार?"

"जयपुर से ताबड़तोड़ कूच करता हुआ आपकी सेवा में उपस्थित हुआ हूँ।"

"इस हड़बड़ी का कारण? क्या कुछ अघट जैसा घट गया है?"—सवाईसिंह चौंके।

"जो कुछ भी हुआ है, वह अघट जैसा न होकर भी चिंतनीय तो है ही। विस्तृत विवरण जानने से पूर्व अपने छोटे भाई का पत्र पढ़ लें"—सवार ने पत्र उन्हें सौंप दिया।

पत्र पढ़कर पोकरण ठाकुर गंभीर हो गए—"तो जयपुर महाराज ने हमारी इतनी-सी बात भी नहीं मानी? वे जोधपुर की गद्दी के वास्तविक अधिकारी की सहायता किए बगैर ही पोकरण की लड़की ब्याह लेना चाहते हैं?"

"इससे उलटा सवाल जयपुर दरबार में दीनाराम बोहरा ने उठाया था"—संदेशवाहक ने बताया—"उन्होंने पूछा था कि क्या पोकरण ठाकुर अपनी पौत्री का 'विवाह-शुल्क' चाहते हैं? उनके ही कारण अनुकूल पड़ता पासा एकाएक उलट गया। गीजगढ़ ठाकुर ने तो धौकलसिंह को उनका फुफेरा भाई बताते हुए, भावुक और अनुभवहीन महाराज को सहायता के लिए लगभग तैयार ही कर लिया था।"

"तब तो महाराज के साथ संबंध बनाने की हमारा योजना ही व्यर्थ हो गई।" सवाईसिंह की त्योरी चढ़ने लगी—"उम्मेदसिंह की इस बारे में क्या राय है?"

"उनका कहना है कि धौकलसिंह के सहायता-प्रस्ताव पर विचार अभी तो मात्र स्थगित हुआ है, सदैव के लिए अमान्य नहीं। कृष्णाकुमारी के साथ विवाह-प्रकरण में, जोधपुर महाराज के रुख को देखकर ही आगे विचार किया जाना निश्चित हुआ है। महाराजा मानसिंह की ओर से किसी प्रकार की विरोधी कार्यवाही होने पर कोई भी निर्णय लिया जा सकता है।"

"जोधपुर महाराजा को महाराणा के प्रस्ताव का इतना ही खयाल होता तो वे घाणेराव पर आक्रमण करके महाराणा को नाराज ही नहीं करते"—सवाईसिंह के स्वर में चिंता का आभास था—"मुझे नहीं लगता कि कृष्णाकुमारी के जगतसिंहजी के साथ विवाह पर मानसिंह कोई आपत्ति करेंगे। वैसे जयपुर महाराज इस बारे में क्या सोचते हैं?"

"उनके मन की बात तो वे ही जानें। फिर भी उन्होंने दीवान और फौजबख्शी का संयुक्त कार्य देख रहे मानजीदास को सिर्फ सेना को ही सुगठित करने का आदेश दिया

है। इस कार्य में धनाभाव न आने का आश्वासन भी दिया है। इससे लगता है कि महाराज को जोधपुर महाराज की ओर से विवाद खड़ा करने की पूरी आशंका है।"

"तब ठीक है,"—सवाईसिंह मुसकराए—"उनकी आशंका को सत्य सिद्ध करना अब मेरा दायित्व है। जाओ! अतिथिगृह में तुम्हारे भोजन-विश्राम की व्यवस्था है। जयपुर लौटकर उम्मेद को कहना कि वह महाराज को मानसिंह की ओर से निरंतर शंकालु बनाता रहे। यहाँ का मोरचा मैं सँभाल लूँगा।"

"जैसी आज्ञा, अन्नदाता!"—संदेशवाहक प्रणाम करके चला गया।

□

मेहरानगढ़ का भव्य राजप्रासाद। छत पर लगी सत्तर सेर वजनी सोने की कलात्मक विशाल जाली के साथ, दीवारों-स्तंभों पर भी स्वर्णिम चित्रकारी से जगमगाता जोधपुर महाराज का दीवानेखास। हाथीदाँत-मंडित पायों के मखमली सिंहासन पर आसीन, बाईस वर्षीय युवक महाराजा मानसिंह के दाहिनी ओर उनके गुरु आयस देवनाथ और बाईं ओर प्रधानमंत्री ज्ञानमल भंडारी बैठे थे। दरबार में मानसिंह के विश्वस्त सरदारों में आसोप ठाकुर केसरीसिंह, नीमाज ठाकुर सुल्तानसिंह, लांबिया ठाकुर जवानसिंह, आहोर ठाकुर औनाडसिंह, पीपलाद ठाकुर रत्नसिंह मेड़तिया, जोजावर ठाकुर श्यामसिंह चहुवान और साथीण ठाकुर जसवंतसिंह भाटी के अतिरिक्त कंटालिया के शंभूसिंह, आऊवा के बख्तावरसिंह, चंडावल के विष्णुसिंह, कुचामन के शिवनाथसिंह, रास के जवानसिंह, हरसोलाव के जालिमसिंह, बगड़ी के केसरीसिंह, खींवसर के प्रतापसिंह, पोकरण के सवाईसिंह आदि सरदार भी उपस्थित थे। दरबार में बिलाड़ा, मेड़ता, सांतलमेर, नागौर, जालौर, दौलतपुरा, घाणेराव, सिवाना, शिवानंद और उमरकोट के सामंतों की विभिन्न कारणों से अनुपस्थिति से सवाईसिंह का मित्र-पक्ष दुर्बल था। फिर भी वे सतर्क-सावधान अपनी योजना के लिए उपयुक्त अवसर की प्रतीक्षा कर रहे थे।

आसियाँ के चारण ठाकुर बाँकीदास से प्रशस्ति के नए छंद सुनने के बाद महाराजा मानसिंह ने राजकार्य पर चर्चा आरंभ की। सामान्य कार्य निपटाने के बाद सवाईसिंह ने अर्ज की—"महाराज! मैं दो माह के लिए दरबार से अनुपस्थिति की आज्ञा चाहता हूँ।"

"इतना लंबा अवकाश किसलिए चाहते हैं?"—मानसिंह ने पूछा।

"मेरी पौत्री चाँदकँवर का विवाह जयपुर महाराजा जगतसिंह के साथ तय हुआ है। विवाह के कारण ही मुझे इतने लंबे अवकाश की आवश्यकता है।"

"यह तो शुभ समाचार है। जयपुर महाराज के यहाँ आने पर हमें भी उनसे मिलने का अवसर प्राप्त होगा। अपने समवयस्क महाराज से मित्रता करने के लिए हम भी उत्सुक हैं। कब आएगी जयपुर महाराज की बारात?"

"नहीं, महाराज! जयपुर से बारात पोकरण नहीं आएगी। मैं ही सपरिवार जयपुर जा रहा हूँ। विवाह वहीं संपन्न होना निश्चित हुआ है।"

"क्या ?"—मानसिंह के मस्तक पर बल पड़ गए—"आप अपनी पौत्री का डोला भेज रहे हैं ?"

"जयपुर महाराज की व्यस्तता के कारण उनका बारात लेकर इतनी दूर आना संभव नहीं था, महाराज !"—सवाईसिंह ने स्पष्ट किया—"इसलिए हमें ही कन्या को लेकर जयपुर जाना होगा।"

"व्यस्त ?····और जयपुर महाराज ?"—मानसिंह हँस पड़े—"उनकी व्यस्तता तो संपूर्ण राजपूताने में चर्चा का विषय बनी हुई है। रसकपूर ही है न उस तवायफ का नाम, जिसके कारण महाराज को महल से बाहर निकलने तक का अवकाश नहीं मिल पाता। उसके सम्मोहन में उचित-अनुचित की चिंता किए बगैर, अब तो आधा राज्य देकर उसे 'अर्धराजन' भी बना दिया है। ऐसे कामांध के साथ अपनी पौत्री का विवाह करके आप कहीं उसका जीवन तो नष्ट नहीं कर रहे हैं ?"

सवाईसिंह सुलग उठे। धौकलसिंह के प्रति सहानुभूति रखने के कारण उनसे महाराजा मानसिंह मन-ही-मन अप्रसन्न तो थे, लेकिन मन की नाराज़गी इस तरह भरे दरबार में अपमान के रूप में सामने आएगी, इसकी तो उन्होंने कल्पना भी नहीं की थी। उत्तर में वे भी प्रत्याक्रमण से स्वयं को नहीं रोक पाए—"रसकपूर के बारे में मैंने भी सुना है, महाराज ! लेकिन इसमें दोष भी क्या है ? राजा-महाराजाओं का विलासी होना कोई नई बात तो नहीं। आप भी तो अपनी रखेल सुखसेजराय के प्रेम में अनुरक्त हैं।"

"हमारे साथ तुलना क्यों करते हो ?"—स्वयं पर लगे आक्षेप से मानसिंह की भृकुटियों पर बल पड़ गए—"हमने प्रेम में पड़कर अपना राज्य उसे थोड़े ही दे दिया है !"

"कुछ देने के लिए उदारतापूर्ण साहस चाहिए। फिर राज्य तक दे डालने के लिए तो सवा हाथ का कलेजा चाहिए। प्रेयसी के प्रति निश्चल और पूर्ण समर्पित अनुराग चाहिए। महाराज ! स्त्री के साथ वासनापूर्ति तो सभी कर लेते हैं, लेकिन उसे अंतःकरण से प्रेम करनेवाला तो कोई बिरला ही होता है। जयपुर महाराज जैसे प्रेमी तो सदियों के बाद जन्म लेते हैं।"

इस सीधे प्रहार से मानसिंह तिलमिला उठे। तो भी कोई कड़ी बात प्रयासपूर्वक रोककर व्यंग्य से पूछा—"ऐसे महान् प्रेमी के रनिवास में जाकर आपकी पौत्री को भला क्या मिलेगा ? वह तो पति के दर्शन तक को तरस जाएगी।"

"प्रत्येक व्यक्ति को अपने भाग्य के अनुरूप ही सुख-दुःख प्राप्त होता है। उसके हिस्से का सुख उसे अवश्य मिलेगा। आखिर जोधपुर महाराज की महारानियाँ भी तो अपने प्रारब्ध का सुख बटोर ही लेती हैं। सुखसेजराय में अनुरक्त होने के बाद भी आप उनके लिए अनुपलब्ध तो नहीं हो गए।"

"पोकरण ठाकुर !"—भरे दरबार सवाईसिंह के आक्षेपपूर्ण उत्तरों से मानसिंह का क्रोध भड़कने लगा—"आपका व्यवहार धृष्टता की सीमा छूने लगा है।"

"नहीं, महाराज! मैं तो आपके संदेहों के निराकरण का प्रयास कर रहा हूँ," —सवाईसिंह के संयत स्वर में भी व्यंग्य की रेशमी धार-सा प्रहार जारी था—"मेरी पौत्री के भविष्य के प्रति चिंतित महाराज को चिंतामुक्त करना मेरा दायित्व है। आसानी से समझ में आ सकने योग्य उदाहरण देकर, मैंने परिस्थिति को स्पष्ट करने का प्रयास ही किया है।"

"हमारी वास्तविक चिंता आपकी पौत्री के भविष्य से अधिक राठौर कुल की प्रतिष्ठा को लेकर है,"—मानसिंह ने पैंतरा बदला—"लड़की का 'डोला पद्धति' से विवाह करना, राठौड़ों के सम्मान के प्रतिकूल है। जयपुर महाराज के यहाँ आकर विवाह करने पर तो राठौड़ों की प्रतिष्ठा-वृद्धि होती। लेकिन जयपुर जाकर विवाह करने से तो हेठी ही होगी।"

"लेकिन डोला पद्धति से विवाह राठौड़ों में असम्मान का कारण कब से बनने लगा है?"

"क्यों? यह सम्मानजनक भी कब रहा? सामान्य व्यक्तियों तक की कन्या का वरण करने के लिए वर को उसके द्वार पर आना होता है। छोटे-से-छोटा व्यक्ति भी अपनी कन्या लेकर वर के द्वार पर नहीं जाता। यही परंपरा है। राठौड़ भला इसके अपवाद कैसे हो सकते हैं?"

"क्षमा करें, महाराज!"—सवाईसिंह मूँछों में मुसकरा उठे—"सामान्य व्यक्तियों की परंपरा राठौड़ कब से स्वीकारने लगे? आम राठौड़ की बात नहीं करता। वह तो अब भी अपनी आन-बान के लिए प्राण देने और लेने के लिए तत्पर रहता है। लेकिन राजवंश के राठौड़ तो अपनी परंपरा स्वयं बनाते आए हैं। वे जन-परंपराओं के पिछलग्गू कभी नहीं रहे।"

"आखिर आप कहना क्या चाहते हैं?"—मानसिंह ने उलझे स्वर में पूछा।

"आपके अप्रसन्न होने के भय से, एक सीधी-सी बात को कहने योग्य शब्द तलाश कर रहा हूँ,"—सवाईसिंह के शब्दों से अधिक उनमें छिपा भाव मारक था—"कोई उपयुक्त उदाहरण देने के स्थान पर एक सीधा-सा प्रश्न पूछता हूँ कि जोधपुर राजवंश के मुगल बादशाहों के साथ स्थापित वैवाहिक संबंधों में क्या कभी किसी बादशाह ने जोधपुर आकर किसी राठौड़ कन्या के साथ विवाह किया है? अकबर से लेकर फर्रुखसियर तक किसी भी बादशाह के जोधपुर आकर विवाह करने का कोई उल्लेख नहीं मिलता, लेकिन विवाह तो हुए थे। वे विवाह राठौड़ों की किस परंपरा का निर्वाह करते हुए संपन्न हुए थे, महाराज!"

इस सीधे प्रहार से मानसिंह उत्तेजित हो गए। तीव्र स्वर में बोले—"राठौड़ राजवंश मुगलों का सूबेदार होने के कारण उनकी इच्छा के विरुद्ध नहीं जा सकता था। लेकिन आप तो जयपुर के सूबेदार या मातहत नहीं। आप भला क्यों राठौड़ों को अपमानित करने पर तुले हुए हैं?"

अत्यंत अनुकूल अवसर देख सवाईसिंह ने मानसिंह के मर्म पर प्रहार कर ही दिया—"क्षमा करें, महाराज ! राठौड़ों का अपमान मेरे नहीं, स्वयं आपके कारण हो रहा है। और आप भय के कारण चुपचाप बैठे, अपमान का विष-पान, अपने साथ हमें भी करा रहे हैं।"

"पोकरण ठाकुर ! अपनी जबान को लगाम दो वरना परिणाम ठीक नहीं होगा," —जोधपुर महाराजा गर्ज उठे—"बताओ, हम किससे डर रहे हैं ? कौन-से अपमान का विष-पान कर रहे हैं ?"

"तो सुनिए महाराज ! परिस्थितिवश अपने किसी अन्य घर से कन्या का विवाह करना, कहीं भी अपमानजनक नहीं होता। मेरे छोटे भाई का घर जयपुर में है। वह जयपुर राज्य में गीजगढ़ जागीर का प्रतिष्ठित सामंत है। वह भी मेरा ही घर है। मेरी पौत्री उसकी भी पोती है। जयपुर महाराज वहाँ बारात लेकर आएँगे। द्वार पर तोरण मारकर, मेरे घर के चौक में पाणिग्रहण करेंगे। वधू की डोली मेरे घर से उठेगी। उस घर से विवाह करना मेरी अथवा राठौड़ों की प्रतिष्ठा के जरा भी विरुद्ध नहीं । लेकिन····"

"लेकिन क्या ? शीघ्र बोलो !"—मानसिंह ने तीव्र स्वर में पूछा।

"लेकिन महाराणा भीमसिंह ने अपनी पुत्री की आपके साथ संपन्न सगाई तोड़कर, जयपुर महाराज को दामाद बनाने का निश्चय किया है। आपकी वाग्दत्ता अब जयपुर महाराजा की महारानी बनेगी। राठौड़ों का इससे बड़ा अपमान और क्या होगा ? महाराणा ने सगाई तोड़कर राठौड़ों को नीचा दिखाया है,"—पोकरण ठाकुर ने तीखा प्रहार कर महाराजा का मर्म-स्थल विदीर्ण कर ही डाला।

"सवाईसिंह !"—क्रोध से मानसिंह फुंकार उठे।

पोकरण ठाकुर गरम लोहे पर चोट करते ही चले गए—"महाराजा भीमसिंह के लिए आया विवाह-प्रस्ताव, यदि उनकी मृत्यु के साथ ही समाप्त हो जाता, तो और बात थी। लेकिन उनके देहांत के बाद महाराणा ने यह कहकर कि जोधपुर महाराजा के लिए भेजा प्रस्ताव वर्तमान महाराजा के लिए भी है, आपकी स्वीकृति भी प्राप्त कर ली थी। अब वे सगाई तोड़कर अपनी पुत्री का विवाह जयपुर महाराजा के साथ करने जा रहे हैं। जोधपुर महाराजा और राठौड़ों का इससे अधिक अपमान और क्या होगा ? मारवाड़ राजवंश की शोभा बननेवाला रमणीरत्न जयपुर के कछवाहे छीनकर ले जा रहे हैं और हमारे महाराज कायरों की भाँति मुँह छिपाकर बैठे हैं ! राठौड़ राजवंश पर लगे इस कलंक के लिए इतिहास आपको कैसे क्षमा करेगा ?"

"बस करो, सवाईसिंह ! अब यह विवाह नहीं होगा,"—मानसिंह दहाड़ उठे—"मेवाड़ी राजकुमारी का विवाह जगतसिंह के साथ नहीं होगा। ऐसा करने से पहले उन्हें हमारी तलवार का पानी चखना पड़ेगा।"

"यदि बातों से ही काम बन जाते, तो हर कोई विश्व-सम्राट् होता,"—सवाईसिंह के प्रहार जारी थे—"आप यहाँ घोषणा करते रहेंगे और उधर विवाह संपन्न भी हो

जाएगा। उदयपुर से सगाई का टीका भेजने की सभी तैयारियाँ हो चुकी हैं। टीके की सुरक्षा के लिए दारोगा कुशलसिंह के सेनापतित्व में दस हजार जयपुरी सेना उदयपुर के लिए रवाना हो चुकी है। संभवतः वह उदयपुर पहुँच भी गई हो।"

क्रोधी महाराज का तन-मन सुलग उठा। क्रोध के भीषण आवेग ने महाराज की विचार-शक्ति छीनकर उन्हें भयानक प्रतिशोधी बना दिया। फुफकारते हुए से उन्होंने प्रधानमंत्री को आदेश दिया—"महाराणा भीमसिंह को तत्काल पत्र लिखकर यह रिश्ता न करने के लिए चेतावनी दे दो। उन्हें स्पष्ट बता दिया जाए कि हमारी वाग्दत्ता का अन्यत्र विवाह करना तो दूर, इस पर सोचना भी उनकी मूर्खता होगी। कृष्णाकुमारी का रिश्ता जोधपुर महाराज के लिए आया था। अब हम इस गद्दी पर आसीन हैं। अतः कृष्णा का विवाह हमारे साथ ही होना चाहिए। महाराणा को यह भी लिख दिया जाए कि महाराज भीमसिंह की मृत्यु के बाद, आपने ही आगे होकर हमारे लिए भी इस प्रस्ताव को दुहराया था। अब इससे पीछे हटने से पूर्व राठौड़ी तलवार का स्मरण भी कर लें।"

मानसिंह का यह तो सीधा युद्ध-आमंत्रण ही था। इसके बाद युद्ध छिड़ने में कसर ही क्या रह जाती है? दरबार में उपस्थित सरदार इस युद्ध-निमंत्रण पर स्तब्ध थे, लेकिन सवाईसिंह के नेत्र हर्ष से चमक उठे। अपनी योजना को सफलता की दिशा में अग्रसर होते देख, उनके होंठों पर संतोष की मुसकान फैल गई।

महाराज का क्रोधावेग अभी थमा नहीं था। अपना आदेश पूर्ण करते हुए वे कह रहे थे—"और कछवाहा जगतसिंह को भी पत्र लिखकर इस विवाह से बाज आने की चेतावनी दे दी जाए। उन्हें बता दिया जाए कि कृष्णाकुमारी का हाथ थामने के लिए उन्हें रक्त का सागर तैरकर पार करना होगा। वे रसकपूर के ही योग्य हैं, और उसी के रूप-सागर में डूबे रहें। जोधपुर महाराज की मंगेतर के साथ विवाह करने की कल्पना भी न करें।"

दरबार बरखास्तगी के समय इस अनावश्यक युद्ध-संभावना से जोधपुर के वफादार सरदारों के चेहरों पर चिंता झलक रही थी, पर महाराजा के मुँहलगे सरदार उनके साहस की प्रशंसा करके उन्हें प्रोत्साहित कर रहे थे। इन सबसे परे सवाईसिंह गंभीरता का आवरण ओढ़े, प्रसन्न मन वहाँ से रवाना हो गए।

☐

महाराजा मानसिंह के आक्रोश-भरे विरोध का न तो महाराणा भीमसिंह पर और न ही महाराज जगतसिंह पर कोई असर हुआ। थोड़े-बहुत होनेवाले असर को सवाईसिंह के पत्रों ने समाप्त कर दिया था। महाराणा को मानसिंह की धमकी से पूर्व ही सवाईसिंह का पत्र मिला; जिसमें उन्होंने मेवाड़ी आन, बान और सम्मान का स्मरण कराते हुए, अपने वचन पर दृढ़ रहकर सीसोदिया वंश की गौरव-रक्षा करने का आग्रह किया था। अपने पूर्वज राणा सांगा और महाराणा प्रताप के शौर्य के उल्लेख से भीमसिंह की मूँछें भी तन गईं। उन्होंने धमकी के समक्ष कुछ भी सुनने से इनकार कर दिया। महाराजा मानसिंह

का पत्र भरे दरबार फाड़कर फेंकते हुए महाराणा गरज उठे थे—"उस छोकरे की इतनी हिम्मत कि हमें आँखें दिखाकर हमारी पुत्री का हाथ माँगने का दुस्साहस कर रहा है? क्या उसके धड़ पर दस-पाँच सिर हैं या हमारी तलवारों में अब धार नहीं रही? कह देना अपने महाराजा से, कि याचना करने पर तो संभवतः हम अपने प्रस्ताव पर पुनर्विचार भी करते। लेकिन अब, ऐसे अपमानजनक पत्र के बदले तुम्हें जिंदा जाने देकर ही हम जोधपुर महाराज पर उपकार कर रहे हैं। जा, भाग जा दूत! हमारे राज्य की सीमाओं से तत्काल बाहर निकल जा। अपने महाराज को कह देना कि अब तो कृष्णा का विवाह जयपुर नरेश के साथ ही होगा।"

सवाईसिंह का पासा जयपुर में भी सीधा ही पड़ा। उसके पत्र पर जयपुर के सामंतों की अनुकूल प्रतिक्रिया ही रही। उम्मेदसिंह ने तो स्पष्ट कह दिया था—"अब पीछे कदम हटाना कछवाहों की धवल कीर्ति पर कलंक सिद्ध होगा। टीके की सुरक्षा के लिए गई जयपुरी सेना को वापस बुलाने पर जयपुर न केवल राजपूताने में उपहास का पात्र बन जाएगा, अपितु अँगरेज और मराठे भी हमें निर्बल मान, मैत्री संबंध बनाने से इनकार कर सकते हैं।"

मानसिंह की धमकी ने दीनाराम बोहरा को भी मौन कर दिया था। अनावश्यक युद्ध की संभावना से बोहरा राजा खुशालीराम भी चिंतित थे, जबकि दीवान रामचंद्र की तो नींद ही उड़ गई थी। प्रधानमंत्री का पद सँभालते ही युद्ध में उलझ जाने पर तो सब कुछ गड़बड़ा जाएगा। अभी तो वह जयपुर की शासन-व्यवस्था को ठीक से जान-समझ भी नहीं पाया था। राजनीति की चौसर पर अपने अनुकूल और प्रतिकूल मोहरों को ठीक से पहचान भी नहीं पाया था। फिर युद्ध तो सदैव ही अंतिम उपचार होते हैं। इसकी अभी कोई आवश्यकता भी प्रतीत नहीं होती। अभी तो सद्‌भावी वार्त्ताएँ और कूटनीतिक गतिविधियाँ इस विनाश को काफी दूर रख सकती हैं। क्रोधी मानसिंह के सभी सरदार तो ऐसे नहीं होंगे। उनमें से कुछ तो समझदार भी निकलेंगे। क्या उनसे बातचीत करके युद्ध को टाला नहीं जा सकता?

रसकपूर का चिंतन भी अपने अनुकूल पाकर रामचंद्र का उत्साह द्विगुणित हो गया। सामंती आक्रोश और निंदाओं के बाद भी रसकपूर उन्हें एक सुलझे दिमाग की बुद्धिमान युवती प्रतीत हुई थी, जो महाराज के प्रेम-बंधन को ही अपना सर्वस्व मानकर उनके प्रति पूर्ण समर्पित थी। अपने कौशल से चंद्रमहल परिसर में वर्चस्व स्थापित करने के बाद, वह महाराजा से प्राप्त आधे राज्य की व्यवस्था भी भलीभाँति देख रही थी। शासन का अनुभव न होने पर भी उसका व्यवहार और कार्यकलाप किसी अनुभवी शासक से कम नहीं थे।

दीवान रामचंद्र से चर्चा के दौरान उसका प्रथम प्रश्न था—"दीवानजी! क्या यह अनावश्यक युद्ध टाला नहीं जा सकता?"

प्रश्न में घुली पीड़ा से रामचंद्र चौंक उठे थे। युद्ध को लेकर यह क्यों चिंतित

है? युद्ध के होने अथवा न होने का इस पर क्या प्रभाव पड़ने वाला है? किसी भी स्थिति में युद्ध का परिणामँ जयपुर महाराज की सत्ता-समाप्ति के रूप में तो सामने आ नहीं सकता, और जगतसिंह के महाराजा रहते इसके राज्य-वैभव आदि के लिए कोई संकट संभव नहीं। फिर इसे युद्ध के बारे में इतनी चिंता क्यों है?

प्रधानमंत्री की शंका-निवारण के दौरान रसकपूर की भावुकता बह निकली—"दीवानजी! दोनों महाराजाओं के द्वंद्व-युद्ध से झगड़े का निपटारा होने की स्थिति में तो मैं इतनी व्यथित नहीं होती। युद्ध में महाराज की जय-पराजय को अपना भाग्य समझकर, हर्ष अथवा रुदन के साथ स्वीकार कर लेती। लेकिन युद्ध होगा दोनों राज्यों के सैनिकों के बीच, जो इस विवाद से पूर्ण अनभिज्ञ, मात्र स्वामिभक्ति के कारण अपने सिर कटाने युद्ध-क्षेत्र में जा खड़े होंगे। उनका तो इस झगड़े से कोई लेना-देना नहीं है। फिर भला राजाओं की अहंकार ज्वाला की आहुति वे क्यों बनें? दीवानजी! उन्हें भी जीने का अधिकार है। अपने बच्चों को गले से चिपकाकर परिवार को आनंद प्रदान करते रहने का हक है। महाराजाओं की झूठी प्रतिष्ठा का तर्पण वे अपने रक्त से क्यों करें?"

सुनकर रामचंद्र भौंचक्के से रह गए थे। राजनीति में इतनी संवेदनशील स्त्री उन्होंने पहले कभी नहीं देखी थी। यह उसका आडंबर नहीं हो सकता। छल-भरा व्यवहार करनेवाले के मुख पर ऐसी व्याकुल मनुहार नहीं होती। परायों के लिए इतनी पीड़ा नहीं होती।

रसकपूर कह उठी—"दीवानजी! आपकी योग्यता के बारे में बहुत कुछ जान चुकी हूँ। यह आपके लिए भी परीक्षा की घड़ी है। आपकी योग्यता-क्षमता की कसौटी है। इसके साथ ही व्यर्थ का युद्ध टालकर, हजारों निर्दोषों की प्राण-रक्षा का पुण्य भी आपको मिलेगा। उनके परिवार आपको दुआ देंगे।"

भाव-विभोर हो उठे दीवान रामचंद्र। विस्मय और हर्ष की लहरों के सुखद स्पर्श ने उन्हें अंतःकरण तक रससिक्त कर दिया था। अपने पद के गुरुतर दायित्व का आभास उन्हें किसी भी अनपेक्षित घटना से टकराने का साहस प्रदान कर गया। उल्लसित दृढ़ स्वर में प्रतिज्ञा जैसे स्वर में वे कह उठे—"आप निश्चिंत रहें। इस प्रकार उद्विग्न न हों। मैं युद्ध टालने के ही नहीं, दोनों महाराजाओं के मध्य युद्ध की संभावना को निर्मूल करने का भी प्रयास करूँगा। महाराज के अतिरिक्त आपने भी मुझ पर इतना विश्वास करके मेरा मान बढ़ाया है। मैं स्वयं को इसके अनुरूप सिद्ध करने का प्रयास करूँगा।"

"भगवान् धूर्जटि आपकी सहायता करें।"—रसकपूर की ऐसी शुभकामना भी उनके लिए विस्मयजनक थी। एक मुसलिम युवती के मुँह से भगवान् शंकर के आशीर्वाद की सदेच्छा? यह तो किसी कुलीन हिंदू परिवार की सदस्या प्रतीत हो रही है। सामंतों ने व्यर्थ ही इसका हौवा बना रखा है। यह तो एक सीधी, सरल, कुलीन स्त्री मात्र है। इससे भला किसे भय हो सकता है?

दीवान रामचंद्र नए संकल्पों के साथ रसविलास से लौटे।

□

जयपुर राज्य की जन्म-कुंडली के पाप-ग्रहों की दृष्टि जैसे क्रूर हो चली थी। अँगरेजों के साथ संधि के बल पर मराठों-पिंडारियों के आक्रमणों से सुरक्षित जयपुर के आमोद-प्रमोद पर ग्रहण की छाया फैलने लगी। जोधपुर के साथ संघर्ष छिड़ने से पूर्व ही एक वज्राघात हो गया। 'ईस्ट इंडिया कंपनी' के भारतीय गवर्नर जनरल सर जार्ज बालों का संदेश लेकर कर्नल स्टीवेन्सन, जयपुर दरबार में किसी पूर्व सूचना के बगैर ही उपस्थित हो गया। भरे दरबार में अँगरेजों के साथ हुई जयपुर राज्य की संधि को भंग करने की घोषणा करते हुए उसने कहा—"गवर्नर जनरल इस पैक्ट को रद्द करते हुए खुश नहीं। लेकिन संधि पर अमलदारी दोनों ओर से होनी चाहिए थी। जयपुर ने इसका कभी पालन नहीं किया। मजबूरन ईस्ट इंडिया कंपनी को यह पैक्ट खत्म करने का फैसला लेना पड़ा।"

सुनकर महाराज जगतसिंह उत्तेजित हो उठे—"हमने कब संधि का पालन नहीं किया, जो हम पर संधि तोड़ने का आरोप लगाया जा रहा है ?"

"इसके लिए आप गवर्नर जनरल से फिर दरख्वास्त कर सकते हैं,"—कर्नल स्टीवेन्सन ने अदब से कहा—"मुझे, आपको पैक्ट खत्म करने की खबर देने का काम सौंपा गया था। अब मुझे जाने की इजाजत दी जाए।" और किसी भी आज्ञा से पूर्व सैल्यूट करके वह दरबार से चला गया।

कंपनी सरकार का निर्णय वज्राघात से कम नहीं था। इस निर्णय से तो सारे समीकरण ही बदल गए थे। परिस्थितियों में आमूलचूल परिवर्तन आ गया था। जयपुर की सुरक्षित सीमाएँ पुनः मराठों और पिंडारी लुटेरों के लिए खुल गई थीं। दो वर्षों तक बजी चैन की बंशी के स्वर जैसे रुँधने लगे थे। संधि के रहते जोधपुर के साथ विग्रह की स्थिति में अँगरेजों का तटस्थ रहना तो संभावित था, लेकिन संधि-भंग से तो खतरों के दूसरी दिशाओं से भी आने की प्रबल आशंका उत्पन्न हो गई थी। फिर से आक्रांताओं के साथ सामयिक समझौते, अवसर पाकर उनका उल्लंघन और पुनः आक्रमण होने पर नए सिरे से समझौते करने की पुनरावृत्ति की आशंकाएँ जाग उठीं।

स्वर्णिम चित्रकारी से अलंकृत शोभानिवास में मखमली मसनदों के सहारे बैठे जगतसिंह के मुख पर चिंता की रेखाएँ स्पष्ट दिखाई दे रही थीं। रसकपूर के मादक सामीप्य से चिंतामुक्त होना संभव होता तो जगतसिंह अब तक कभी के उल्लसित मन, रागरंग में डूब गए होते। लेकिन समस्या सामान्य नहीं थी, भावी संकट की स्पष्ट चेतावनी थी। प्रधानमंत्री रामचंद्र, बोहरा राजा खुशालीराम, दीनाराम बोहरा और बख्शी मानजीदास के आने पर मंत्रणा आरंभ हुई। जगतसिंह ने दीनारामजी से पूछा—"बोहराजी ! अँगरेजों के साथ हुई इस संधि के मूल में आप थे। आपने ही प्रयास करके अँगरेजों को ही नहीं, हमें भी समझौते के लिए तैयार किया था। अब आप ही बताइए,

उन्होंने हमारे साथ विश्वासघात क्यों किया ? हमसे बात किए बगैर ही संधि क्यों भंग कर दी ?"

महाराज के स्वर की तीव्रता में छिपी वेदना और आशंका किसी से छिपी नहीं रही। वस्तुतः यह भारी चिंता का विषय था भी। उत्तर में दीनाराम बोले—"महाराज! राजनीति में ऐसे अप्रत्याशित अवसर आते ही रहते हैं। संधियों के पीछे सामयिक परिस्थितियाँ होती हैं, जिनके बदलते ही समझौते कागज के टुकड़े मात्र रह जाते हैं। इस संधि-भंग से इतना विचलित होने की आवश्यकता नहीं है। अँगरेजों के साथ पुनः समझौते के द्वार सदैव के लिए बंद थोड़े ही हो गए। आखिर मराठों के साथ भी हम संधियाँ करते और समय बदलने पर उन्हें भंग भी करते ही आ रहे हैं।"

बोहरा राजा खुशालीराम के स्वर भी समर्थन कर उठे—"अँगरेजों का आचरण उचित न होने पर भी, इस मामले में सारा दोष उनका ही नहीं है। परिवर्तित घटनाक्रम के अतिरिक्त, राजपूताना के अन्य राजाओं का आचरण भी इसमें कम दोषी नहीं है।"

"वह कैसे? हमने तो संधि की शर्तों का पूरी तरह पालन किया था,"—जगतसिंह का स्वर उत्तेजना से लरज रहा था।

"बात जयपुर की नहीं, राजपूताना के अन्य राजाओं की है,"—बोहरा राजा ने कहा—"अँगरेजों ने मराठों के आएदिन के आक्रमणों और लूटपाट से बचाने के लिए ही, राजपूताना के राजाओं के साथ संधियाँ करके एक सशक्त गुट बनाना चाहा था। निस्संदेह, इसकी आड़ में देशी राजाओं की सहायता से वे स्वयं भी शक्तिशाली होना चाहते थे। वे राजाओं के आंतरिक मामलों में हस्तक्षेप किए बगैर और उनसे कोई खिराज लिये बिना, बाहरी आक्रमण के समय सैन्य सहायता देने के लिए वचनबद्ध हुए थे।

"लेकिन गवर्नर जनरल लार्ड वेलेजली के आदेश पर, अँगरेज सेनापति लार्ड लेक द्वारा भेजे गए इस संधि-प्रस्ताव पर, जोधपुर की प्रतिक्रिया एकदम विपरीत रही थी। महाराजा मानसिंह ने पहले तो संधि के बदले साँभर और अजमेर प्रदेश दौलतराव सिंधिया से छीनकर दिलाए जाने की माँग की, फिर अँगरेजों का उत्तर आने से पूर्व ही १७ जनवरी, १८०४ को उन्होंने मराठा सेनापति यशवंतराव होल्कर के साथ संधि भी कर ली। होल्कर द्वारा साँभर और अजमेर दिलाने का आश्वासन ही इस संधि का एकमात्र कारण था।

"यह जोधपुर महाराज का अविवेकपूर्ण निर्णय था, क्योंकि इसके पंद्रह दिन पूर्व, बार-बार की पराजयों से परेशान दौलतराव सिंधिया ने अँगरेजों के साथ मैत्री-संधि कर ली थी। ३० दिसंबर, १८०३ को 'सुरजी अर्जन' गाँव में हुई इस संधि में सिंधिया ने, अँगरेजों की संधि से बँधे राजाओं पर आक्रमण न करने के अतिरिक्त, उनसे खिराज भी वसूल न करने का वचन दिया था। इस स्थिति में सिंधिया के कब्जे से साँभर और अजमेर प्रदेश दिलाने का सामर्थ्य, होल्कर से अधिक अँगरेजों में था। लेकिन महाराज

मानसिंह का निष्कर्ष भिन्न था। सिंधिया की अँगरेजों के साथ मैत्री हो जाने पर उन्होंने अँगरेजों से इस बारे में सहायक होने की आशा छोड़ दी और वे तत्काल होल्कर की ओर झुक गए थे।"

बोहरा राजा ने आगे कहा—"देशी राजाओं और अँगरेजों की संधि से आशंकित यशवंतराव होल्कर को इस संधि से नया संबल मिल गया। अक्तूबर १८०३ में वह उज्जैन लूट ही चुका था। अब उत्साहित हो वह तेजी से जयपुर की ओर बढ़कर उसकी सीमा में लूटपाट करने लगा। महाराज! आपको स्मरण होगा कि उस समय हमने अपनी सेना भेजने के स्थान पर अँगरेजों से सहायता माँगी थी। परिणामस्वरूप प्रधान सेनापति लार्ड लेक ने सेना के साथ होल्कर के विरुद्ध कूच कर दिया था। अँगरेजी सेना के एक भाग ने कर्नल मानसन के सेनापतित्व में दूसरी ओर बढ़कर, मई १८०४ में होल्कर के रामपुरा पर कब्जा कर लिया। इससे विवश होकर होल्कर जयपुर के दक्षिण की ओर हट गया और जयपुर को मराठों की लूट से मुक्ति मिल गई थी।

"जून के अंत में जनरल लेक सेना सहित कानपुर लौटने से पूर्व, कर्नल मानसन को बूँदी और लाखेरी के मार्गों की रक्षा करने के आदेश देता गया था। होल्कर के मालवा भाग जाने से उत्साहित मानसन चंबल पार कर, हिंगलाजगढ़ की ओर से होल्कर के प्रदेश में पहुँच गया। १ जुलाई को हिंगलाजगढ़ पर कब्जा कर लेने का समाचार पाकर, होल्कर ने दुर्ग वापस लेने के लिए अँगरेज सेना पर आक्रमण किया। आशा के विपरीत, गुजरात की ओर से कर्नल मरे की सेना के न आने से कर्नल मानसन का सारा उत्साह भंग हो गया और वह पराजित हो मुकुंदरा घाटी से पीछे हट गया। दयनीय स्थिति में बची-खुची सेना के साथ वह कोटा, बूँदी और रामपुरा होता हुआ हिंडौन-बयाना मार्ग से अगस्त १८०४ में आगरा पहुँच गया था।"

अब सेनापति मानजीदास भी कह उठे—"महाराज! होल्कर के विरुद्ध प्रयाण से पूर्व और बाद में भी अँगरेजों ने संधि की शर्तों के अनुरूप, हमसे तत्काल सैनिक सहायता भेजने के लिए बार-बार कहा था। लेकिन आपने तो अँगरेजों और होल्कर को आपस में लड़कर कमजोर हो जाने की कल्पना करके सहायता भेजने से रोक दिया था। यह संधि की शर्तों के विपरीत था।"

बोहरा राजा आगे बोले—"मानसन की पराजय से उत्साहित होल्कर, मथुरा पर अधिकार करके अक्तूबर १८०४ में दिल्ली पर टूट पड़ा। लेकिन लार्ड लेक द्वारा सेना संगठित कर आक्रमण करते ही, वह पीछे हटकर यमुनापार डीग के किले में पहुँच गया। लेक द्वारा डीग का किला घेर लेने पर, भरतपुर के जाट राजा रणजीतसिंह ने संधि के विपरीत, होल्कर की सहायता की। लेकिन भयंकर हत्याकांड के बाद १३ दिसंबर, १८०४ को अँगरेज सेना ने डीग पर कब्जा कर ही लिया। होल्कर और रणजीतसिंह भागकर भरतपुर पहुँच गए, तो ७ जनवरी, १८०५ को लेक ने भरतपुर किला भी घेर लिया। तीन माह की जबरदस्त गोलाबारी के बाद भी अँगरेजी सेना विजयी तो नहीं हुई, लेकिन जाट राजा ने

परेशान होकर १७ अप्रैल, १८०५ को उनसे संधि करके अपना पीछा छुड़ाया। होल्कर अकेला रह जाने के कारण जान बचाकर इधर-उधर भागने लगा। लेकिन बाद में टोंक के नवाब अमीरखाँ की सहायता पाकर वह पुनः अँगरेज सेना के साथ छिटपुट युद्ध करने लगा।

"मानसन की पराजय और भरतपुर दुर्ग की विजय में मिली असफलता के कारण, ब्रिटिश मंत्रिमंडल में लार्ड वेलेजली की आलोचना होने लगी। इससे 'ईस्ट इंडिया कंपनी' के डायरेक्टर्स भयभीत हो गए। भारत के देशी राज्यों के प्रति अपनाई नीति को लेकर उनके लार्ड वेलेजली से तीव्र मतभेद हो गए। फलस्वरूप, वेलेजली ने त्यागपत्र दे दिया। ३० जुलाई, १८०५ को लार्ड कार्नवालिस ने उसके स्थान पर कंपनी का शासन-भार सँभाला। वह देशी राज्यों के मामलों में हस्तक्षेप न करने का कट्टर समर्थक होने के अतिरिक्त, राजपूताना के राजाओं के साथ की गई सभी संधियों को रद्द करने के भी पक्ष में था। होल्कर के साथ युद्ध की समाप्ति भी उसका लक्ष्य था। अपनी नीतियों के क्रियान्वयन के लिए यद्यपि वह स्वयं जीवित नहीं रहा, लेकिन उसके उत्तराधिकारी गवर्नर जनरल सर जार्ज बार्लो ने कठोरतापूर्वक इसका पालन किया। २२ नवंबर, १८०५ को कंपनी ने दौलतराव सिंधिया के साथ संधि करने के बाद २४ दिसंबर को उसने होल्कर से भी समझौता कर लिया। होल्कर के टोंक, रामपुरा और लाखेरी के परगने भी उसे लौटा दिए गए। परिवर्तित परिस्थितियों में अँगरेजों की राजपूताना में अधिक रुचि नहीं रह गई थी। कर्नल मानसन को सहायता न देने का बहाना ही जयपुर के साथ संधि-भंग का पर्याप्त कारण था। ऐसे में अँगरेजों को ही इसके लिए दोषी ठहराना उचित नहीं।"

बोहरा राजा का राजनीतिक विश्लेषण, प्रत्यक्ष-परोक्ष रूप से जगतसिंह के शासन की कमियों को ही इंगित कर रहा था। महाराज के साथ रसकपूर भी वस्तुस्थिति से अनभिज्ञ नहीं थी। लेकिन यह समय बीते हुए पर वाद-विवाद के स्थान पर, भविष्य की असीम संभावनाओं के साथ जुड़कर राज्य की रक्षा करने का था। रसकपूर ने पूछ लिया—"इन परिस्थितियों में अब हमें करना क्या चाहिए, पंडितजी!"

खुशालीराम के होंठों पर वक्र हास्य तैर उठा—"जिन प्रश्नों के उत्तर स्वयं ज्ञात हों, उन्हें पूछने से भला क्या लाभ? समस्या के मूल से अनभिज्ञ जैसी भोली तुम हो नहीं और समस्या जानकर उसका समाधान न ढूँढ़ पाने की अक्षमता का तुम दिखावा भले ही करो, वस्तुतः उतनी अयोग्य तुम हो नहीं। समस्या का हल तुम्हीं सुझाओ, रसकपूर!"

जगतसिंह की भौंहों पर बल पड़ गए। जयपुर की अर्धराजिन को मिले सम्मानविहीन संबोधन से खिन्न होकर वह बोल उठे—"बोहराजी! रसकपूर आधे जयपुर राज्य की स्वामिनी भी है।"

"मुझे ज्ञात है, महाराज!"—खुशालीराम का स्वर एकाएक सर्द हो उठा। जयपुर के चाणक्य समझे जानेवाले वयोवृद्ध ब्राह्मण के स्वर की शीतलता में ज्वालामुखी दाह का आभास पाकर रसकपूर शीघ्रता से कह उठी—"इनके सामने तो मैं सदैव बच्ची ही

रहूँगी। बुजुर्गों के सामने बच्चों के पद और गौरव का भला कोई अर्थ होता है, महाराज! इनकी और बाबा दीनारामजी की तो डाँट भी मेरे लिए पुरस्कार से कम नहीं है।"

जगतसिंह चौंक उठे—"दीनारामजी तुम्हारे बाबा कब से हो गए? कब बना लिया गुपचुप उनसे यह रिश्ता?"

रसकपूर मुसकराई—"यह तो बाबा और बेटी ही जानें, महाराज! क्यों है न बाबा?"

दीनारामजी के नेत्रों में वात्सल्य तैर गया। डाँटने के स्वर में कह उठे—"अपनी चतुराई दिखाए बगैर नहीं मानेगी?"

"आपके सामने कैसी चतुराई?"—रसकपूर इठला गई—"आप और बोहरा राजा का स्नेह तो मेरा शीतल नंदन कानन है, जहाँ पहुँचकर मन के सारे ताप स्वतः ही सुखद शीतलता में परिवर्तित हो जाते हैं। बाबा और दादा के रहते मुझे कोई पीड़ा छू भी कैसे सकती है?"

खुशालीराम चौंक उठे—"तुम्हारे बाबा तो दीनारामजी हुए, लेकिन ये दादा का संबोधन किसके लिए है?"

"आपके लिए,"—रसकपूर मुसकराई—"क्या आप मेरे दादा नहीं हैं?"

बोहरा राजा को निर्णय लेने में देर नहीं लगी। तत्काल कह उठे—"तुम्हारे बाबा या दादा बनने का सामर्थ्य बोहराजी में ही है। रिश्तों की मर्यादा समझ, उसके अनुरूप आचरण करने की क्षमता भी उनमें ही है। अनावश्यक रिश्ते स्वीकारना और उन्हें निबाहना मेरे लिए संभव नहीं होता, रसकपूर! उचित तो यह होगा कि हम परस्पर रिश्तेदारियाँ बनाने की जगह, वर्तमान समस्या के समाधान की दिशा खोजें।"

आहत रसकपूर ने तत्काल महाराज्ञी का आवरण ओढ़ लिया। जगतसिंह की ओर देखकर बोली—"महाराज, अँगरेजों द्वारा हाथ खींच लेने की स्थिति में हमें अपना मित्र-बल बढ़ाने के अतिरिक्त, उत्पाती मराठों से भी संबंध मधुर बनाए रखने चाहिए। आखिर वे भी तो हमारे भारतीय बंधु ही हैं। किसी विदेशी की अपेक्षा कहीं अधिक विश्वास के पात्र हैं वे। समय आने पर वे हमारे अधिक आत्मीय सिद्ध होंगे।"

"मराठे और आत्मीय?"—मानजीदास मुसकरा उठे—"भला डाकू-लुटेरे भी किसी के सगे हुए हैं? डाकू तो अपनी उदरपूर्ति के लिए यदाकदा डाका डालता है, लेकिन इनकी लूटपाट तो वैभव-वृद्धि के लिए होती है। डाकू तो धन मिल जाने पर प्राण नहीं लेता, लेकिन इनके 'परचम' के साथ खिराज वसूली करनेवाले इनके पिंडारी तो पहले नरसंहार करते हैं, फिर उन्हें लूटने का खयाल आता है। आदमी की हत्या करने के बाद उसका कोष टटोलते हैं। स्त्री और बच्चों पर भी इन्हें दया नहीं आती। लूट के बाद बस्तियों को जलाकर राख कर देने के बाद ही वे आगे बढ़ते हैं। ऐसे नृशंस लुटेरों से अपनत्व की आशा बालू में तेल खोजने के समान है।"

"लेकिन यह अनाचार पिंडारी करते हैं। मराठा सरदार, राजाओं और संपन्न

नागरिकों पर भले ही दबाव डालें, सामान्य नागरिकों को तो वे कभी कुछ नहीं कहते,"—रसकपूर ने प्रतिवाद किया—"इसके अतिरिक्त वे भी राजपूत हैं। उच्चकुलीन होने के कारण भी वे हमारे स्वाभाविक मित्र हैं।"

अब जगतसिंह बोल उठे—"नहीं, रस! मराठा पेशवा एवं सरदारों को राजपूताने का कोई भी राजा असली राजपूत नहीं मानता। उनके साथ विवाह-संबंध भी विवशता-वश ही हुए हैं, अन्यथा वे राजपूत तो हैं ही नहीं।"

"और मेवाड़ महाराणा का वंश?"—रसकपूर मुसकरा उठी—"वे तो असली राजपूत हैं न? अथवा इसमें भी कोई संदेह है?"

जगतसिंह झुँझला उठे—"कैसी बचपने की बातें कर रही हो? महाराणा का सीसोदिया कुल तो राजपूतों का सिरमौर है। हम लोगों ने भले ही विपत्ति से समझौता किया हो, लेकिन मेवाड़ प्रत्येक तूफान में अडिग ही रहा। मर्यादा-विरुद्ध समझौता उसने किसी भी आक्रांता से नहीं किया।"

"तब फिर ऐसे प्रतिष्ठित कुल के वंशज इतने अप्रतिष्ठित कैसे हो गए? जो आप लोग उन्हें राजपूत मानने से ही परहेज करने लगे।"

"क्या? मराठे और महाराणा के वंशज?"—जगतसिंह खिलखिलाकर हँस पड़े—"अन्य किसी के सामने न कह देना, वरना लोग हँसी उड़ाने लगेंगे।"

"नहीं, महाराज! मेरे कथन पर आप भले ही हँस लें, लेकिन इतिहास के ज्ञाता चारण और भाट अपनी बहियों के द्वारा मेरे कथन की पुष्टि करेंगे। वे बताएँगे कि राणा अजयसिंह द्वारा अपने कायर पुत्रों सज्जनसिंह और क्षेमसिंह के स्थान पर, राणा गढ़-लक्ष्मणसिंह के पौत्र हमीरसिंह को अपना उत्तराधिकारी घोषित किए जाने से नाराज होकर, सज्जनसिंह-क्षेमसिंह अपने साथियों के साथ मेवाड़ त्यागकर दक्षिण की ओर चले गए। वहाँ अपने बाहुबल से ग्राम-नगर जीतकर उन्होंने छोटे से राज्य की स्थापना की, जिसे उनके वंशजों ने शक्तिशाली मराठा साम्राज्य में बदल दिया। औरंगजेब को नाकों चने चबवानेवाले छत्रपति शिवाजी और बाजीराव पेशवा भी सीसोदिया राजपूत ही थे।"

जगतसिंह विस्मय से रसकपूर की ओर देखते रह गए। अपना कथन जारी रखते हुए अर्धराजिन ने कहा—"आंबेर नरेश मिर्जा राजा जयसिंह ने शिवाजी के विरुद्ध फौजकशी करके, उन्हें समर्पण के लिए विवश अवश्य किया था। लेकिन औरंगजेब द्वारा उनके प्राण लेने के प्रयासों की नाकामी के पीछे भी आंबेर नरेश ही थे। उनके आदेश पर कुँवर रामसिंह ने भरे दरबार, शिवाजी को मृत्युदंड से बचाकर अपने संरक्षण में ले लिया था। बाद में अवसर पाकर उन्होंने मुगल सेना की आँखों में धूल झोंक, मिठाई के टोकरों में छिपाकर शिवाजी और संभाजी को आगरा से फरार करवा दिया था।

"शिवाजी और संभाजी के सुरक्षित निकल जाने से औरंगजेब बिफर उठा था। उसने रामसिंह को मृत्युदंड तक देने का निर्णय ले लिया था। लेकिन मिर्जा राजा के भय से उसे क्रियान्वित करने का साहस नहीं जुटा पाया। उत्तराधिकार के संघर्ष में जिस राजा के तटस्थ

रहने पर ही औरंगजेब बादशाह बन सका था, और जिसने अजेय शिवाजी को समर्पण के लिए विवश कर दिया था, उस दुर्धर्ष योद्धा और विलक्षण कूटनीतिज्ञ आंबेर नरेश के पुत्र को मृत्युदंड देना तो दूर, बंदी बनाने तक का साहस बादशाह नहीं कर सका।"—रसकपूर इतिहास की परतें खोल रही थी—"इस पर भी औरंगजेब बादशाह था। रामसिंह को दंडित करने के लिए उसने, उन्हें असम का सूबेदार बनाकर विद्रोहियों का दमन करने भेज दिया था। बादशाह का कोई भी सेनापति असम जाना नहीं चाहता था। बीहड़ वनों से घिरा पर्वतीय प्रदेश, असम विद्रोहियों को तो प्राकृतिक सुरक्षा प्रदान करता था, लेकिन मुगल सत्ता के प्रतिनिधियों को वहाँ अनेक असाध्य रोगों से पीड़ित हो प्राण त्यागने पड़ते थे। बादशाह की कोप-दृष्टि का शिकार सामंत ही वहाँ भेजा जाता था।"

चमत्कृत-से जगतसिंह ने पूछ लिया—"तुम्हें यह विलक्षण जानकारी कहाँ से प्राप्त हुई? इसका तो हमें ही नहीं, हमारे दरबारियों और भाटों तक को ज्ञान नहीं है।"

प्रशंसा से रसकपूर के कपोल आरक्त हो उठे। मुसकराकर बोली—"यह सब तो आपका ही कृपा-प्रसाद है। आपके 'पोथीखाना' में संगृहीत हजारों अलभ्य ग्रंथों में अपार ज्ञान भरा है। शिवाजी की मुक्ति का रहस्य कुँवर रामसिंह ने असम में कुछ मित्रों के बीच खोला था। इसके आधार पर असमी कवि द्वारा लिखित 'भूयान बुरंजी' में संपूर्ण घटनाक्रम को लिपिबद्ध किया गया था। वही शिवाजी प्रकरण की मेरी इस जानकारी का स्रोत है।"

"और उनके सीसोदिया कुलीन होने का प्रमाण?"

"वह तो लगभग चार सौ वर्ष ही पुरानी बात है। उस काल की सभी भाटबहियों में इसका उल्लेख मिल जाता है।"—रसकपूर पुनः विषय की ओर लौटी—"यह तो विषय-परिवर्तन हो गया। हमारा विचार-बिंदु तो वर्तमान घटनाक्रमों में जयपुर राज्य को सुरक्षित रखना था।"

बख्शी मानजीदास ने टोका—"और इस पर आप अपनी सम्मति दे रही थीं, जो विषय-परिवर्तन के कारण अधूरी रह गई। पहले उसे पूरा करना उचित रहेगा।"

"हाँ, मेरे विचार में एक ओर, हमें सिंधिया और होल्कर के साथ मैत्री के लिए सुयोग्य वकील भेजने चाहिए, दूसरी ओर, मित्रों की संख्या में वृद्धि की दिशा में भी प्रयास करने आवश्यक हैं"—अपना कथन जारी रखते हुए रसकपूर ने कहा—"वैवाहिक संबंधों द्वारा स्थापित मैत्री किसी भी अन्य मैत्री-संधि से अधिक स्थायी होती है। हमारे समक्ष ऐसे दो प्रस्ताव हैं भी। मेवाड़ महाराणा की पुत्री और पोकरण ठाकुर की पौत्री के विवाह के साथ ही, ये दोनों जयपुर राज्य के संबंधी बन जाएँगे। इन विवाहों में अब विलंब नहीं होना चाहिए।"

जगतसिंह सहित सभी चौंक उठे। रसकपूर के कथन पर उन्हें सहसा विश्वास नहीं हुआ। पोकरण राजकुमारी को तो नहीं, लेकिन कृष्णाकुमारी जैसी अनुपम सुंदरी को लाकर अपना भविष्य संकट में डालने का साहस कोई सामान्य स्त्री नहीं कर सकती। सौत, और वह भी कृष्णाकुमारी जैसी विलक्षण सुंदरी, जिसके देवकन्या-से सौंदर्य की

चर्चा से राजपूताना के राजा-महाराजा ही नहीं, मराठा सेनापति दौलतराव सिंधिया तक उसका विवाहाकांक्षी बन बैठा है। जगतसिंह के विलासी स्वभाव को जानते हुए भी; कृष्णाकुमारी के साथ उनके विवाह का आग्रह तो आत्मघात जैसा है। कहीं रसकपूर बौरा तो नहीं गई है।

चेहरों पर उभरे प्रश्न-चिह्नों को पढ़कर रसकपूर के होंठों पर निर्मल हास्य तैर गया—"आप लोगों का आश्चर्य स्वाभाविक है। किसी भी स्त्री से इस प्रकार के बलिदान की आशा नहीं की जा सकती। पुरुष के प्रेम में किसी भागीदार को स्वीकारना विवशता तो हो सकती है, लेकिन पति-पर्यंक में किसी को सहभागिनी बनाने की स्वैच्छिक अनुमति कोई नारी नहीं दे सकती। लेकिन मेरे प्राणाधार जयपुर के महाराजा भी हैं। किसी एक आँचल के छोर में उन्हें बाँधना जयपुर राज्य के साथ अन्याय होगा। ये विवाह जयपुर के हित में हैं। इन्हें शीघ्रातिशीघ्र संपन्न कराने की दिशा में प्रयास होने ही चाहिए।"

दीवान रामचंद्र ने प्रथम बार मुँह खोला—"आपकी सदेच्छा प्रशंसनीय है। किंतु लक्ष्य-सिद्धि में अनेक कठिनाइयाँ भी हैं। जोधपुर महाराजा मानसिंह ने पत्र भेजकर कृष्णाकुमारी का टीका स्वीकार न करने की माँग की है। कृष्णाकुमारी से विवाह करने की स्थिति में जोधपुर के साथ विग्रह की प्रबल संभावनाएँ हैं। युद्ध तक संभव है। ऐसी स्थिति में जोधपुर सामंत होने के कारण पोकरण ठाकुर भी अपनी पौत्री के विवाह पर पुनर्विचार कर सकते हैं। तब दोनों विवाहों के ही खटाई में पड़ जाने की आशंका है।"

"नहीं, दीवानजी! पोकरण ठाकुर का प्रस्ताव तो प्रत्येक परिस्थिति में स्थिर रहेगा"—बोहरा राजा बोल उठे—"प्रथम तो जयपुर महाराजा के साथ वैवाहिक संबंध उनकी गौरव-वृद्धि करनेवाला है, दूसरी ओर, धौकलसिंह को जोधपुर की गद्दी पर आसीन करवाना सवाईसिंह के लिए जयपुर की सहायता के बगैर संभव नहीं होगा। वह अत्यंत चतुर और साहसी राठौड़ है। विवाह-प्रस्ताव उसने यूँ ही नहीं भेजा होगा। उनके दिमाग में अवश्य ही कोई दूरगामी योजना होगी।"

"दादा का संदेह अकारण नहीं है"—बोहरा राजा की नाराजगी की उपेक्षा कर रसकपूर उन्हें 'दादा' का आत्मीय संबोधन देते हुए बोली—"पोकरण का प्रस्ताव किसी योजना के अंतर्गत आया है, यह आपमें से किसी से भी छिपा नहीं है। सवाईसिंह जैसा चतुर राठौड़, मात्र भाई के अनुरोध को ही इतना मान दे जाए, यह बात आसानी से गले नहीं उतरती। मारवाड़ का सामंत होकर भी जोधपुर महाराजा का विरोध करने की क्षमता रखनेवाला यह सामंत, इतना सीधा-सरल नहीं हो सकता। ऐसे चतुर सामंत के किसी भी कदम के पीछे उसकी सुनिश्चित योजना अवश्य होगी और उसी योजना का ज्ञान हमारे लिए अत्यावश्यक है।"

उत्तर में दीवान रामचंद्र कह उठे—"पोकरण ठाकुर की योजना का मुझे आभास है। परिस्थितिवश मानसिंह को गद्दी पर बैठाने के बाद भी सवाईसिंह उन्हें सिंहासन का

वैकल्पिक उत्तराधिकारी ही मानते रहे हैं। दिवंगत महाराजा की देवरारी रानी के गर्भ से उत्पन्न धौकलसिंह को पाकर वे पुनः उत्साहित हो, गद्दी के वास्तविक अधिकारी को उस पर आसीन कराने के लिए तत्पर हो उठे हैं। इस विषय पर दरबार में पहले भी चर्चा हो चुकी है। मेरे सूत्रों की सूचना भी इसकी पुष्टि ही करती है। वे जयपुर के साथ अपनी एवं अन्य राठौड़ सामंतों की शक्ति जोड़कर, धौकलसिंह को जोधपुर महाराजा बनाना चाहते हैं।"

जगतसिंह को संबोधित कर रसकपूर बोली—"महाराज! इस प्रबल व्यक्ति को मित्र अवश्य बनाएँ। लेकिन संबंधों के निर्वहन में सदैव सतर्क रहें। यह राठौड़ सरदार कभी परिस्थितिवश अथवा परिस्थिति पैदा करके, अपना मनचीता कराने का प्रयास करेगा। उस स्थिति में जयपुर को अपने हित-अहित के प्रति सतर्क रहना होगा।"

"और महाराजा मानसिंह की चेतावनी के बारे में क्या निर्णय है?"—दीवान रामचंद्र ने पूछा।

उत्तर रसकपूर ने दिया—"यह नाजुक मामला है। जरा-सी भी असावधानी दोनों राज्यों में युद्ध का कारण बन सकती है! दीवानजी! आप जैसा चतुर राजनीतिज्ञ, इस दिशा में कूटनीतिक प्रयास करके युद्ध टालने में सफल हो सकता है। आपका प्रथम लक्ष्य युद्ध की परिस्थितियों को मैत्री-भाव में परिवर्तित करने का होना चाहिए। अन्य निर्णय लक्ष्य की अनुकूलता-प्रतिकूलता को दृष्टिगत रखकर ही लिये जाएँ। जयपुर की सैन्य शक्ति के पुनः बलशाली होने तक, उसका किसी भी युद्ध में उलझना, जयपुर राज्य के लिए घातक सिद्ध होगा। यह भी याद रखें कि समस्त संधियों के बाद भी, अँगरेज हमारे मित्र नहीं हो सकते। मराठे भी सामयिक मित्र ही सिद्ध होंगे। जबकि राजपूताने के राजवंश, जयपुर के सहज आत्मीय, भविष्य में भी अपने बने रहेंगे। हमारी राजनीति की प्राथमिकताएँ भी इसी के अनुरूप होनी चाहिए।"

महाराजा जगतसिंह ने आदेश दे दिया—"दीवानजी! आप सिंधिया और होल्कर के पास अपने वकील भेजकर मैत्री-संबंधों को पुनर्जीवित करें। इसके साथ ही हमारे विवाह-प्रस्तावों का पुनः सूक्ष्मता से अध्ययन कर, अपना कर्तव्य निर्धारित करें। जोधपुर के साथ युद्ध टालते हुए मेवाड़ राजकुमारी के साथ विवाह की योजना बनाएँ। यह आपकी राजनीतिक और कूटनीतिक क्षमताओं की परीक्षा है।"

"मैं इस परीक्षा में उत्तीर्ण होने का प्रयास करूँगा।"—दीवानजी ने गंभीर स्वर में उत्तर दिया।

आठ

दीवान रामचंद्र परीक्षा में खरे उतरे। उदयपुर और जयपुर की उपेक्षा से क्रुद्ध मानसिंह १९ जनवरी, १८०६ को अपनी सेना के साथ टीका रोकने के लिए जोधपुर से मेड़ता के लिए रवाना हुए। शेखावाटी में बैठे ज्ञानमल सिंघवी और सिरोही स्थित जोधपुरी सेना को तत्काल मेड़ता पहुँचने के आदेश का त्वरित पालन हुआ। अन्य राठौड़ सामंतों-ठाकुरों के भी अपनी-अपनी सेना सहित मेड़ता पहुँचने पर, मानसिंह के नेतृत्व में पचास हजार सेना एकत्रित हो गई थी। इस भारी सैन्य शक्ति के बाद भी जोधपुर महाराजा ने किशनगढ़, बूँदी, जैसलमेर आदि राजपूत राज्यों के साथ-साथ मराठा सरदार दौलतराव सिंधिया और यशवंतराव होल्कर से भी सैनिक सहायता माँगी। दूसरी ओर उनके कूटनीतिक प्रयास भी जारी थे। मेवाड़ के चूँड़ावत सरदारों द्वारा आए विवाह प्रस्ताव की प्रतिष्ठा बनाए रखने के लिए मानसिंह ने देवगढ़, सलूंबर और कुरावड के चूँड़ावत सामंतों को पत्र लिखकर, महाराणा पर दबाव डालने का अनुरोध भी किया, जिसे चूँड़ावतों ने स्वीकार भी कर लिया था।

इन समस्त विरोधों की उपेक्षा कर महाराणा भीमसिंह ने मेवाड़ी टुकड़ी के संरक्षण में टीका रवाना कर दिया। जयपुर की दस हजार सेना इसकी रक्षा कर रही थी। तीव्र गति से मार्ग तय करते हुए, वे शाहपुरा (भीलवाड़ा) के पास खारी नदी के तट पर पहुँच गए। यह देख क्रुद्ध मानसिंह घायल सिंह के समान गर्जते हुए आक्रमण के लिए सन्नद्ध हुए। तभी प्रधान सेनापति इंद्रराज सिंघवी ने निवेदन कर दिया—"इस साधारण-से सैन्य अभियान में स्वयं आपका जाना जोधपुर की प्रतिष्ठा के विपरीत होगा। आपको तो जयपुर महाराजा के विरुद्ध युद्ध में उतरना ही शोभा देता है।"

"वह तो ठीक है"—मानसिंह फुंकार उठे—"लेकिन टीका रोकने का कोई अन्य उपाय भी तो नहीं है।"

"उपाय तो अनेक हैं, महाराज!"—इंद्रराज मुसकराए—"आप हममें से जिसको भी आदेश दें, वह टीका रोकने में सफल हो जाएगा। लेकिन मेरी प्रार्थना है कि यह कार्य आप मुझे सौंपने की कृपा करें। मैं टीका अब एक कदम भी जयपुर की ओर नहीं बढ़ने दूँगा।"

इंद्रराज के चातुर्य और शौर्य से परिचित मानसिंह ने फिर आनाकानी नहीं की। फरवरी १८०६ में सूरजमल महता के अतिरिक्त आउवा, आसोप, कुचामन आदि सामंतों

के साथ तीस हजार सेना लेकर इंद्रराज खारी नदी की ओर बढ़े। नदी के किनारे धनोप ग्राम में सैन्य शिविर लगाने के बाद, टीके की संरक्षक सेना को आगे न बढ़ने की चेतावनी दे दी गई। अपने से तीन गुनी सेना देख, जयपुर-मेवाड़ संयुक्त वाहिनी का घबरा जाना स्वाभाविक था। १४ अप्रैल को गंगाराम भंडारी के सेनापतित्व में पहुँची जोधपुरी सेना के बाद तो उन्हें मुकाबले के स्थान पर पलायन ही श्रेयस्कर प्रतीत हुआ और उन्होंने समीप के शाहपुरा में शरण ले ली। दोनों सेनाओं में संघर्ष टालने के लिए शाहपुरा के राजा ने मेवाड़ी सेना के सरदार की स्वीकृति से, इंद्रराज सिंघवी को टीका वापस उदयपुर भेज देने का लिखित आश्वासन दे डाला।

यह मूर्तिमान आश्चर्य ही था। जो कार्य मानसिंह की धमकी नहीं कर सकी, दौलतराव सिंधिया के जयपुर-उदयपुर को चेतावनी के साथ स्वयं सेना सहित कूच कर देने पर भी जो कार्य नहीं हो पाया था, उसे इंद्रराज सिंघवी ने चुनौतीपूर्वक रास्ता रोककर स्वीकार करने को विवश कर दिया था। मानसिंह द्वारा सहायता माँगे जाने पर सिंधिया ने जहाँ एक ओर जगतसिंह को जोधपुर के विरुद्ध सैनिक कार्यवाही न करने के लिए लिखा, वहीं दूसरी ओर, महाराणा पर दबाव डालने के लिए सेना सहित उदयपुर की ओर रवाना भी हो गया था। किंतु सिंधिया से आशंकित महाराणा ने, उसके राजपूताने में रहते, जयपुरी सेना हटाने से इनकार कर दिया था। इस असफलता के बाद, अपनी मध्यस्थ की प्रतिष्ठा बनाए रखने के लिए सिंधिया ने, जगतसिंह और मानसिंह को महाराणा की एक-एक पुत्री से विवाह कर लेने का प्रस्ताव रखा। एक अन्य प्रस्ताव, किसी पड़ोसी राजा को पंच बनाकर विवाद सुलझाने का भी रखा गया। पंच फैसला होने तक दोनों ही पक्षों को अपने दावे छोड़ने का अनुरोध भी इसमें समाहित था।

वस्तुतः सिंधिया स्वयं कृष्णाकुमारी से विवाह का इच्छुक था। वह समझौते के प्रपंच में बाँधकर दोनों ही महाराजाओं को विवाह का हठ त्यागने के लिए तैयार कर रहा था। एक बार कैसा भी समझौता होकर जयपुरी सेना के उदयपुर से हट जाने के बाद, महाराणा पर दबाव डालकर कृष्णाकुमारी से विवाह कर लेना उसे आसान प्रतीत हो रहा था।

लेकिन ऐसा नहीं हो पाया। न तो महाराणा भीमसिंह जयपुरी सेना को हटाने के लिए तैयार हुए और न ही जगतसिंह-मानसिंह ने महाराणा की अन्य पुत्रियों से विवाह करना स्वीकार किया। किसी अन्य छोटे राजा को पंच मानने का तो प्रश्न ही नहीं उठता था।

किंतु सिंधिया की असफलता को इंद्रराज सिंघवी ने अपने कौशल से सफलता में बदल दिया था। इसके साथ ही दोनों राज्यों के बीच समझौता वार्त्ताएँ आरंभ हुईं। जयपुर सामंत खेतड़ी राजा अभयसिंह, सामोद रावल बैरीसाल, डिग्गी ठाकुर मेघसिंह खंगारोत, दूदू ठाकुर जीवनसिंह खंगारोत आदि अठारह सरदार महाराजा मानसिंह से मिलने आए, तो इंद्रराज सिंघवी राठौड़ सामंतों के साथ दीवान रामचंद्र से भेंट करने

गए। वार्त्ताओं का सिलसिला चलता रहा। अनेक बार नाजुक मोड़ आए और आखिर समझौता-वार्त्ता टूटने की स्थिति में जा पहुँची। लेकिन इंद्रराज और रामचंद्र की बुद्धिमत्ता के कारण, समस्त बाधाएँ पार होकर २६ जून, १८०६ को दोनों राज्यों में समझौता हो ही गया। इसके अनुसार दोनों ही महाराजाओं ने कृष्णाकुमारी से विवाह न करने का निश्चय कर, परस्पर वैवाहिक संबंध स्थापित करने का निर्णय लिया। मानसिंह की पुत्री सिरहकँवर का विवाह जगतसिंह के साथ और जगतसिंह की बहन सूरजकँवर का विवाह मानसिंह के साथ करना तय हुआ। इसके साथ ही दोनों के शत्रु-मित्र, एक-दूसरे के भी शत्रु अथवा मित्र माने जाने की प्रतिज्ञा की गई। १० जुलाई, १८०६ को दोनों ओर से टीकों का आदान-प्रदान होने के साथ ही दोनों राज्यों के बीच युद्ध की आशंका समाप्त हो गई। कृष्णाकुमारी का टीका तो बहुत पहले ही वापस लौटाया जा चुका था।

□

समझौते की खुशी में आयोजित विशेष दरबार में दीवान रामचंद्र की प्रशंसा करते हुए महाराज जगतसिंह ने, उन्हें सिरोपाव के साथ बीस हजार रुपए वार्षिक आय की जागीर प्रदान कर सम्मानित किया। बिना एक बूँद खून बहाए समझौता हो जाने से सभी सामंत प्रसन्न थे। युद्ध के परिणाम तो सदैव ही अनिश्चित होते आए हैं। फिर इस युद्ध का नतीजा जयपुर के पक्ष में ही होता, यह कैसे संभव था?

रात्रि को सामंतों के साथ आसव-गोष्ठी में भी समझौता ही चर्चा का विषय रहा। प्रशंसाएँ सुन-सुनकर जगतसिंह की छाती फूल उठी थी। उन्हें प्रतीत हुआ कि जोधपुर ने घबराकर ही यह संधि की है। वरना जयपुर की सेना उन्हें अच्छा सबक सिखा सकती थी। जितने मुँह उतने ही विचार, और हर विचार के साथ दाहिने-बाएँ झकोरे खाता जगतसिंह का अस्थिर राजसी स्वभाव। अचरोल ठाकुर ने युद्ध टलने पर प्रसन्नता व्यक्त की तो महाराज बोल उठे—"इसलिए ही तो हमने दीवानजी को पुरस्कृत किया है।"

"यह तो महाराज की उदार प्रवृत्ति है, वरना तो उन्होंने अपने नमक का हक ही अदा किया था"—डिग्गी, दूदू और सामोद ठाकुरों ने प्रशंसा का क्रम आगे बढ़ाया, तो महाराज मुसकराकर रह गए।

अवसर देख गीजगढ़ ठाकुर ने चिनगारी फेंक ही दी—"समझौता तो ठीक हुआ, अन्नदाता! लेकिन कृष्णाकुमारी का टीका लौटाने की कसक तो हमें सालती ही रहेगी। आखिर महाराज मानसिंह अपना मनचीता करवाने में सफल हो ही गए।"

सुनकर महफिल की हँसी-ठिठोली थमक गई। सामंतगण सतर्क हो महाराजा और उम्मेदसिंह के चेहरे देखने लगे। जगतसिंह भी स्तब्ध रह गए। किंचित् क्षोभ-भरे स्वर में पूछा—"कहना क्या चाहते हो, ठाकुर!"

"कुछ विशेष नहीं, महाराज!"—घाघ उम्मेदसिंह ने महाराज की कमजोर नस पर अँगुली धर दी—"मुझे लगा कि समझौते का असली लाभ तो जोधपुर महाराज को ही मिला। दोनों राजवंशों के परस्पर विवाहों में जहाँ उन्होंने कन्या दी, वहाँ दूसरे हाथ हमारी

राजपुत्री ले भी ली। इसके अतिरिक्त वे आपसे वह प्रस्ताव स्वीकार कराने में सफल हो गए, जिसे आपने सिंधिया के दबाव के बाद भी अस्वीकार कर दिया था। जयपुर की शक्तिशाली सेनाओं के बाद भी हमें कृष्णाकुमारी का टीका लौटाने के लिए विवश होना पड़ गया। यह महाराज मानसिंह की अतिरिक्त उपलब्धि है।"

"यह उनकी उपलब्धि कैसे हुई?"—डिग्गी ठाकुर ने तीव्र हस्तक्षेप किया—"दोनों ही महाराजा कृष्णाकुमारी से विवाह न करने के लिए वचनबद्ध हुए हैं। परस्पर विवाह करने का प्रस्ताव तो इस सौहार्द को अक्षुण्ण बनाए रखने के लिए ही रखा गया था।"

"शायद आप ही ठीक हैं,"— उम्मेदसिंह व्यंग्य छलकाती, रहस्यपूर्ण मुसकान के साथ चुप हो गए।

यह देख जगतसिंह बोले—"आपकी बात संभवतः अधूरी रह गई है। कुछ और कहना चाहते हो तो संकोच न करें।"

"एक ही विचार के पक्षधरों की अधिकता से, स्वयं को गलत समझ लिये जाने का सहज संकोच मुझे मौन कर गया था; लेकिन आपके अभयदान से मुझे अपनी आशंका व्यक्त करने का अवसर मिला है।"—गीजगढ़ ठाकुर ने कहा—"मुझे ऐसा लगा कि टीका लौटाने से जयपुर की प्रतिष्ठा पर विपरीत प्रभाव ही पड़ा है। महाराज मानसिंह ने धमकी और चतुराई से, आपको इस विवाह से अलग कर, अपना मार्ग निष्कंटक कर लिया। मेवाड़ महाराणा अब अपनी पुत्री किसे ब्याहेंगे? अधेड़ सिंधिया को अथवा अपने से छोटे किसी अन्य राज्य के राजा को? आपकी इनकारी के बाद, उच्च कुल की इस राजकुमारी को यदि आजन्म अविवाहित नहीं रहना है तो, उस स्थिति में जोधपुर महाराज से श्रेष्ठ वर अन्यत्र उपलब्ध नहीं होगा। आपके परस्पर विवाहों के बाद, किसी दिन यह सुनकर आपको आश्चर्य नहीं होना चाहिए कि जोधपुर महाराज ने मेवाड़ महाराणा की पुत्री कृष्णाकुमारी से विवाह कर लिया है। उस स्थिति में आप मौन रहने के अतिरिक्त और क्या कर पाएँगे? विवाह हो जाने के बाद तो कोई भी कुछ नहीं कर पाएगा, महाराज!"

सुनकर सामंत स्तब्ध रह गए। उन्हें लगा कि समझौता कहीं अभी मदिरा पात्रों में घुलकर विसर्जित न हो जाए। आशंकित दूनी ठाकुर ने तीव्र हस्तक्षेप किया—"यह आपका वहम है, गीजगढ़ ठाकुर! भला दो राज्यों के समझौते-संबंध कहीं इस तरह भंग होते हैं?"

उम्मेदसिंह ने भी उसी तेजी से उत्तर दिया—"इसे अपनी आशंका तो मैं आरंभ में ही कह चुका हूँ। साथ ही इसके असत्य निकलने की ईश्वर से प्रार्थना भी करता हूँ। फिर भी आशंका तो है ही। ऐसा संभव भी तो है। आशंकाएँ सदैव ही तो निर्मूल नहीं होतीं। और फिर भावी नीतियाँ ऐसे संदेहों, संभावनाओं को दृष्टिगत रखकर ही निश्चित की जाती हैं। मेरे संदेह के निराधार होने की स्थिति में क्षति तो कुछ भी नहीं होगी,

लेकिन कहीं यह सत्य सिद्ध हो गई, तो भारी अनर्थ हो जाएगा। जयपुर की तो नाक ही कट जाएगी, महाराज!"

आशंका और समाधान की बहस के बीच पान-गोष्ठी समाप्त हुई। महाराज जगतसिंह सामंतों से बिदा लेकर रसविलास की ओर रवाना हुए। सुरापान के दौरान उत्पन्न कटुता को सप्रयास झटककर, अपनी प्राणप्रिया को अंक आबद्ध करने की मादक कल्पनाओं से मुदित मन, वे रसविलास में पहुँचे। प्रतीक्षारत रसकपूर के द्वार पर ही अगवानी से महाराज के मन-प्राण हरे हो गए।

मखमली गद्दे पर गाव तकिए के सहारे अधलेटे जगतसिंह, सुवासित सुरा के घूँट भरते, सामंत-गोष्ठी की आद्योपांत चर्चा कर गए। पूर्ण विवरण जानकर रसकपूर मुसकराकर रह गई।

प्रत्युत्तर में महाराज के होंठों पर भी मुसकान खिल उठी—"तो गीजगढ़ ठाकुर की आशंका का कोई अर्थ नहीं? वे अनावश्यक रूप से स्वयं चिंतित होकर, हमें भी उलझन में डाल रहे हैं। क्यों, यही बात है ना, रस!"

"मैंने गीजगढ़ ठाकुर की आशंका को निराधार कब कहा, महाराज!"—रसकपूर की मुसकान यथावत् थी।

"तो क्या तुम भी मानती हो कि मानसिंह हमें नीचा दिखाने का यह प्रयास कर सकते हैं?"—जगतसिंह के स्वर में उत्तेजना के भँवर उभरने लगे।

"मैंने यह भी कब कहा?"—रसकपूर अब भी मुसकरा रही थी।

महाराज झुँझला उठे—"यह भी नहीं कहा, वह भी नहीं कहा, तो आखिर तुम कहना क्या चाहती हो?"

"यही कि, महाराज! रात्रि के इस प्रहर में अनावश्यक चिंतित होकर अपने विहार में विघ्न न डालें,"—रसकपूर ने हँसकर जगतसिंह का सिर अपने उन्नत वक्ष में समेट लिया—"अपनी समस्त चिंताएँ मुझे सौंपकर आप मेरे प्रणयी प्रियतम बने रहें। शेष सब मैं सँभाल लूँगी।"

जगतसिंह खिलखिलाकर हँस पड़े—"प्रिया आलिंगन से ही किसी समस्या का निदान होने की स्थिति में तो लोग अपनी प्रेमिकाओं से पल-भर भी अलग नहीं होते। यह राजनीति है। यहाँ कामिनियों के मृणाल भुजबंधन के स्थान पर सजग-त्वरित कूटनीति ही अनुकूल परिणाम देती है, रस!"

रसकपूर के होंठों की मृदु मुसकान तिरोहित हो गई। महाराज से परे सरककर, उनके नेत्रों में झाँकती हुई, वह गंभीर स्वर में कह उठी—"गीजगढ़ ठाकुर अपने भाई की उद्देश्यपूर्ति के लिए आपको भड़का रहे हैं, महाराज! किंतु उनका उद्देश्य भिन्न होने पर भी, समझौते की यह परिणति कोई असंभव बात नहीं। जोधपुर महाराज के मन की तो वे जानें, लेकिन उनके ऐसे किसी भी कदम के निराकरण की व्यवस्था करके ही यह समझौता किया गया है।"

जगतसिंह सँभलकर बैठ गए। नेत्रों में विस्मय छलक उठा—"तो क्या तुम्हें पहले से ही इसकी आशंका थी?"

"आशंका नहीं""विश्वास कहिए। आरंभ से ही मेरा सुविचारित मत था कि महाराजा मानसिंह अपने तेज-तर्रार सेनापति इंद्रराज सिंघवी के माध्यम से जयपुर को नीचा दिखाने का प्रयास कर सकते हैं। ईश्वर करे, मेरा संदेह निर्मूल निकले। लेकिन समझौता, शंका के इसी निर्धूम अग्निकुंड के बीच संपन्न हुआ है।"

सुनकर जगतसिंह के मुख पर हर्ष और क्षोभ के मिश्रित भाव उभरे—"इस स्थिति में तो संबंधों-समझौतों का मूल्य ही क्या रह जाएगा? संदेह के शूलों से बिंधे संबंध भला कब लाभकारी हुए हैं?"

"लेकिन ये संबंध, अपने हिस्से का लाभ अवश्य प्रदान करेंगे।"—रसकपूर के मादक मुखमंडल पर किसी कुशल कूटनीतिज्ञ की छाया पंख फैलाने लगी—"महाराज मानसिंह चाहकर भी मेवाड़ राजकुमारी को नहीं पा सकेंगे। इसकी सुदृढ़ व्यवस्था आरंभ में ही कर दी गई थी। मेवाड़ के प्रधानमंत्री मौजीराम हमारे साथ हैं। वे, मानसिंह के किसी भी प्रस्ताव को महाराणा द्वारा स्वीकृत करने से पूर्व ही, हमें सूचित कर देंगे। उस स्थिति में समझौता भंग करके, कृष्णाकुमारी से आपका विवाह करने के लिए हम भी स्वतंत्र होंगे।"

"लेकिन टीका लौटा दिए जाने की स्थिति में, हमारा तो उस प्रस्ताव पर कोई अधिकार नहीं रह जाएगा। जबकि मानसिंह ने प्रस्ताव को अब तक अस्वीकार नहीं किया है। ऐसे में उनका दावा अधिक प्रबल नहीं होगा क्या?"—जगतसिंह ने संदेह व्यक्त किया।

"महाराज! जयपुर ने टीका कभी नहीं लौटाया। उसे तो शाहपुरा राजा के परामर्श पर मेवाड़ी सेना स्वयं ही वापस ले गई थी। जयपुर की सेना तो उसकी रक्षा के लिए सदैव सन्नद्ध थी। हमने उन्हें टीका लौटा ले जाने के लिए कभी नहीं कहा। इसके विपरीत, जयपुर की ओर बढ़ने की स्थिति में, कछवाही सेना उन्हें पूर्ण संरक्षण प्रदान करती। लेकिन वे तो वापस लौट गए। इसमें भला हमारा क्या दोष है? हम तो आज भी उनके विवाह-प्रस्ताव की प्रतीक्षा कर रहे हैं।"

"यह तर्क तो ठीक है, लेकिन जोधपुर महाराज को बहनोई बना लेने के बाद क्या हम इस प्रकार का विरोध कर पाएँगे? और तब क्या यह सब उचित रहेगा?"

रसकपूर खिलखिलाकर हँस पड़ी—"कौन महाराजा और कैसा बहनोई? समझौता हो जाने मात्र से न तो मानसिंह आपके बहनोई हो गए और न आप उनके दामाद। ये विवाह तो जोधपुर महाराज की नेकनीयती स्पष्ट होने पर ही संपन्न होंगे। दिखावे के लिए सगाई के टीकों का आदान-प्रदान भी हो जाए। लेकिन विवाह तो पूर्ण आश्वस्त होने के बाद ही संपन्न हो पाएँगे। जयपुर के संबंधी बनकर, उसकी प्रतिष्ठा के साथ खिलवाड़ करने का अवसर जोधपुर महाराज को हम नहीं देंगे।"

कुशल व्यूह-रचना से सम्मोहित हो जगतसिंह ने रसकपूर को बाँहों में भर लिया।

होंठों से अपने प्रेमातिरेक की पुष्टि-सी करते महाराज कह उठे—"प्रिये ! तुम्हें पाकर मैं धन्य हो गया। मेरा जीवन कृतार्थ हो गया। रूप और बुद्धि, अपना नैसर्गिक वैरभाव त्याग, तुम्हारे स्वरूप में साकार प्रतीत हो रहे हैं। किस कूटनीतिक कौशल से तुमने दीवानजी को दिशा निर्देश देकर जयपुर को युद्ध की विभीषिका से बचाया है, उसके लिए तो रामचंद्र के स्थान पर तुम्हें पुरस्कृत किया जाना चाहिए था।"

रसकपूर के मुख पर जैसे पीड़ा घनीभूत हो उठी। व्यथित स्वर में कह उठी—"युद्ध टल जाने पर ही मुझे पुरस्कृत करने का विचार करना, प्रिय।"

जगतसिंह चौंक उठे—"अर्थात्''''अब भी युद्ध की आशंका है ?"

"हाँ, महाराज ! प्रबल संभावना तो युद्ध की ही है। मुझे लगता है कि कृष्णाकुमारी के रहते, जयपुर-जोधपुर के बीच कोई स्थायी संधि संभव नहीं। उसका सम्मोहन आप दोनों को संबंधी नहीं बनने देगा। युद्ध की स्थिति में संगठित सेना और मित्रों का बल ही निर्णायक सिद्ध होगा। इसी को दृष्टिगत रख, मैंने सैन्य तैयारियों में किसी भी प्रकार की ढील न आने के निर्देश दे दिए हैं।"

"और मेरे लिए अर्धराजिन का क्या निर्देश है ?"—मदोन्मत्त महाराज के नेत्रों में शरारत छलक उठी।

"वे अपनी प्रिया के साथ कोमल शय्या पर विश्राम करें,"—रसकपूर ने खिलखिलाकर आदेश सुना दिया।

□

रसकपूर की आशंका सत्य सिद्ध हुई। अपनी पौत्री का विवाह करने जयपुर आए पोकरण ठाकुर सवाईसिंह, अपने साथ नई योजनाएँ भी लाए थे। दुलहन की तरह सजी 'गीजगढ़ हवेली' के द्वार पर, महाराजा जगतसिंह की बारात का स्वागत करके, सवाईसिंह उन्हें विवाह-मंडप में लाए। पवित्र अग्नि की साक्षी में कुँवर सालमसिंह ने अपनी पुत्री चाँदकँवर का हाथ, जगतसिंह के हाथ में सौंप दिया। विवाह संपन्न होने पर, श्वसुर पितामह के चरण-स्पर्श को झुके जामाता महाराज की बाँहें थामकर, सवाईसिंह ने उन्हें छाती से लगा लिया।

विवाह के उपलक्ष्य में चली दावतों और पान गोष्ठियों के दौर में पखवारा कब निकल गया, पता ही नहीं चला। हर रात किसी-न-किसी सामंत की ओर से दावत का आयोजन होता था। वहाँ से लौटे मस्त-प्रसन्न महाराज सर्वप्रथम रसविलास में जाते। वहाँ रसकपूर के सान्निध्य में अंगूरी आसव का एक जाम खाली करके विश्राम करने को उद्यत होने से पूर्व ही, अधराजन द्वारा लगभग धकेलकर ही वे नवपरिणीता के रावळे में पहुँचाए जाते थे। अपने प्रियतम को किसी अन्य स्त्री शयनागार में पहुँचाने की पीड़ा को अंतस्तल में ही बलात् दबाकर रसकपूर नवोढ़ा चाँदकँवर के प्रति अपने दायित्वों का निर्वहन कर रही थी। चाँदकँवर भी इससे अनभिज्ञ नहीं थी। इससे रसकपूर अनायास ही उसके आदर की पात्र बन चली थी।

विवाहोपलक्ष्य में आयोजित दावतों का क्रम थमने के साथ ही सवाईसिंह बिदा लेने के बहाने जगतसिंह के समक्ष उपस्थित हो गए। वार्त्तालाप के दौरान राठौड़ सामंत ने अपनी लक्ष्यसिद्धि के लिए शब्दबाण चला ही दिया—"कुँवरजी! कृष्णाकुमारी का टीका लौटने से हुए जयपुर के भारी अपमान का प्रतिकार करने की दिशा में भी कुछ सोचा है? क्या आपके प्रशस्त ललाट पर यह कलंक स्थायी बनकर रह जाएगा?"

"लेकिन टीका हमने तो लौटाया नहीं। मेवाड़ी सेना स्वयं ही उसे वापस ले गई थी।"—जगतसिंह ने रसकपूर का तर्क दोहरा दिया।

सुनकर सवाईसिंह मुसकरा उठे—"जयपुरी सेना का संरक्षण मिलने की स्थिति में तो वे कभी वापस नहीं लौटते।"

"किंतु उन्होंने तो सुरक्षा माँगी ही नहीं। माँगे जाने पर जयपुर की सेना उन्हें पूर्ण संरक्षण प्रदान करती।"

"तब आपकी सेना उदयपुर क्या करने गई थी?"

"टीके को सुरक्षा प्रदान करने।"

"और टीके के साथ क्यों आ रही थी?"

"उसे सुरक्षित जयपुर तक पहुँचाने के लिए।"

"क्या इस घोषित उद्देश्य के बाद भी, मेवाड़ी सेना द्वारा किसी अन्य तरीके से सहायता माँगा जाना आवश्यक रह गया था?"—सवाईसिंह हँस पड़े—"स्वयं को समझाने के लिए तर्कों का कभी अभाव नहीं होता। लेकिन दूसरे भी उन्हें स्वीकार कर लें, यह आवश्यक नहीं। सच तो यह है कि बिना लड़े ही मैदान छोड़ देने के कारण जयपुर की भारी बदनामी हो रही है।

"दूसरी ओर, जयपुर के सामर्थ्य की थाह मिल जाने से उत्साही मानसिंह नए सिरे से सैन्य तैयारियाँ करके, कृष्णाकुमारी के साथ विवाह करने की योजना बना रहे हैं,"—सवाईसिंह ने अपना कथन जारी रखते हुए कहा—"इसीलिए वे अभी तक मेड़ता में ही रहकर सेना संगठित कर रहे हैं। यदि विवाद समाप्त हो ही गया और मानसिंह के मन में कोई अन्य योजना नहीं है, तो वे अपनी राजधानी जोधपुर क्यों नहीं लौट गए? क्यों उदयपुर के निकट इस नगर में पड़ाव डाले बैठे हैं?"

इस सूचना से जगतसिंह के मस्तक पर बल तो पड़े, किंतु मन के भावों पर नियंत्रण कर, सहज स्वर में पूछ बैठे—"इस स्थिति में हमें क्या करना चाहिए? आप क्या सम्मति देते हैं?"

"अब तो उदयपुर जाकर मेवाड़ी राजकुमारी से विवाह किए बगैर जयपुर की खोई प्रतिष्ठा वापस प्राप्त होने वाली नहीं है। इससे राजपूताने की श्रेष्ठतम सुंदरी का पति बनने के साथ-साथ, आपको मेवाड़ महाराणा से मैत्री का लाभ भी मिलेगा।"

"किंतु तब जोधपुर महाराजा हमारे शत्रु भी तो हो जाएँगे। एक को मित्र बनाने के लिए दूसरे को शत्रु बना लेना तो समझदारी की बात नहीं होगी।"

"नहीं, कुँवरजी! उस स्थिति में जोधपुर महाराजा तो आपका चरणानुदास होगा। आपका अनुयायी, चिरकृतज्ञ। जयपुर के सामंतों जैसी ही स्थिति होगी उसकी।"—सवाईसिंह ने चारा फेंका।

"यह भला कैसे संभव है?"—जगतसिंह की उत्कंठा बढ़ने लगी।

सवाईसिंह ने रास्ता सुझाया—"आप मानसिंह को गद्‌दी से हटाकर, मारवाड़ के वास्तविक स्वामी धौकलसिंह का राज्याभिषेक करवा दें। वह बालक महाराजा सदैव आपका ऋणी रहेगा।"

जगतसिंह खिलखिलाकर हँस पड़े—"वाह ठाकुर साहब! क्या आसान उपाय सुझाया है। मानसिंह तो जैसे गुड़ की डली हो गए, जिसे मुँह में डालो और हजम कर जाओ। किसी छोटी जागीर का सामंत भी इतनी आसानी से काबू में नहीं आता। फिर वे तो मारवाड़ जैसे शक्तिशाली राज्य के महाराजा हैं। उन्हें गुड़ की डली समझने की मूर्खता, कम-से-कम हम तो नहीं कर सकते।"

"आपका सोचना अपनी जगह ठीक है। लेकिन परिस्थितियाँ ही व्यक्ति को निर्बल और बलशाली बनाती हैं। मानसिंह इस समय सचमुच गुड़ की डली ही हैं,"—सवाईसिंह ने रहस्यमय स्वर में कहा—"कान के कच्चे और परम संदेहशील मानसिंह ने दरबारियों के बहकावे में आकर इंद्रराज सिंघवी और गंगाराम भंडारी जैसे नीतिज्ञ और शूरवीर सेनापतियों को कारागार में डलवा दिया है। दूसरी ओर उनके व्यवहार से अपमानित अधिकांश सामंत मन-ही-मन उनके विरोधी हो गए हैं। किसी भी अनुकूल अवसर पर वे महाराज का साथ छोड़कर हमारे पक्ष में आ मिलेंगे।"

सुनकर जगतसिंह स्तब्ध-से रह गए। इस परिस्थिति की तो उन्होंने कल्पना भी नहीं की थी। सवाईसिंह के कथन पर पूर्ण विश्वास न होने पर भी, एकदम अविश्वास करने का भी कोई कारण नहीं था। जगतसिंह के हृदय में गड़ी टीका लौटाने की फाँस, अचानक पीड़ा देने लगी। मन में प्रतिशोध के नाग फन तानने लगे।

लोहा गरम होता देख, घाघ सवाईसिंह ने एक और चोट की—"इसके अतिरिक्त, बीकानेर महाराज सूरतसिंह भी हमारे साथ आ गए हैं। बदलू ठाकुर शार्दूलसिंह, रास ठाकुर जीवनसिंह आदि सामंत तो आरंभ से ही धौकलसिंह के पक्ष में हैं। जयपुर राज्य के खेतड़ी राजा अभयसिंह और सीकर आदि के सामंत तो धौकलसिंह को अपने संरक्षण में रखकर, उसके नाम पर डीडवाना पर पहले अधिकार भी कर चुके हैं। इस समय परिस्थितियाँ चारों ओर से आपके पक्ष में हैं। मौका चूक जाने पर ऐसा अवसर फिर कभी नहीं आएगा।"

जगतसिंह का मन सतरंगी फुहारों से भीगने लगा। जोधपुर-विजय के साथ कृष्णाकुमारी से विवाह, जयपुर के अपयश को धो-पोंछकर, द्विगुणित यश की आभा से आलोकित कर जाएगा। मन में नए-नए संकल्प उभरने लगे। पूछा—"धौकलसिंह ही महाराज भीमसिंह का पुत्र है, इसका कोई प्रमाण भी है अथवा उत्तराधिकार का विवाद

खड़ा करने के लिए किसी को भी ऐसे ही खड़ा कर दिया है ?"

"आपके संदेह का निराकरण तो महाराजा भीमसिंह की विधवा, धौकलसिंह की माँ—देवरारी रानी ही कर सकेंगी। आप स्वयं उनसे बात करके संदेहमुक्त हो जाएँ।"

"लेकिन इस समय वे कहाँ होंगी ? वे हमारे निमंत्रण पर आएँगी भी या नहीं ? और मात्र पूछताछ के लिए स्वयं हमारा वहाँ जाना भी उचित नहीं होगा।"

"नहीं, कुँवरजी ! इसके लिए आपको कहीं नहीं जाना होगा,"—सवाईसिंह के पास प्रत्येक बाधा का निराकरण था—"देवरारी रानी मेरी पौत्री के विवाह में सम्मिलित होने के लिए अपने पुत्र के साथ यहीं आई हुई हैं और गीजगढ़ हवेली में ठहरी हैं।"

सुनकर जगतसिंह चौंक उठे—"जोधपुर राजमाता हमारे राज्य में और हमें सूचना तक नहीं ? यह आपने ठीक नहीं किया। राज्य की ओर से उनका सत्कार न करके तो हम अपने कर्तव्य से च्युत ही हुए हैं। जयपुर में उनके अनुरूप सम्मान न दिए जाने से हम कलंकित ही होंगे।"

"आपकी भावनाएँ श्रेष्ठ हैं, महाराज !"—सवाईसिंह ने कह दिया—"किंतु निर्वासिता का भला क्या मान-सम्मान ? हम तो मारवाड़ सामंत होने के कारण विषम परिस्थिति में भी उनका सम्मान करते रहेंगे, लेकिन अन्य किसी से तो यह अपेक्षा नहीं की जा सकती। पता लगने पर भी सम्मान न मिले तो अधिक पीड़ा होती है, इसलिए मैंने उनका आगमन गुप्त ही रखा था।"

इसके बाद तो कहने से अधिक कर दिखाने की आवश्यकता थी। राजमहल से गए सेवक उपहारों के साथ राजमाता का स्वागत कर, उन्हें पालकी में चंद्रमहल ले आए। रसकपूर के माध्यम से देवरारी रानी से वास्तविकता जानकर, महाराज ने दरबार में बालक धौकलसिंह का हाथ थामकर अपने साथ सिंहासन पर बैठाया। फिर दोपहर भोजन के समय उसे अपने ही काँसे में जिमाकर, उसकी वैधानिकता पर मोहर भी लगा दी।

दिवंगत महाराजा भीमसिंह के प्रति समर्पित सवाईसिंह, उनके पुत्र का ऐसा मान-सम्मान देख पुलकित हो गए। गद्‌गद स्वर में कह उठे—"कुँवरजी, आप तो सचमुच महान् निकले। अब इतनी ही प्रार्थना है कि इस बालक महाराजा का हाथ थामा है, तो इसे इसका अधिकार दिलाने में भी सहायता कीजिए।"

□

किंतु रसकपूर की योजना इससे भिन्न थी। वह जोधपुर महाराजा को परास्त कर, कृष्णाकुमारी से विवाह करने की पक्षधर तो थी, लेकिन धौकलसिंह को जोधपुर की गद्‌दी पर बैठाने के लिए वहाँ तक जाने से सहमत नहीं थी। दीवान रामचंद्र की सम्मति भी यही थी। उनका मानना था कि राज्यों के परस्पर छोटे-बड़े युद्धों में, जय-पराजय के लिए सैन्य शक्ति का अधिक विनाश नहीं होता; क्योंकि तब प्रश्न हानि-लाभ तक ही सीमित रहता है, जिसकी क्षतिपूर्ति संभव हो सकती है। लेकिन सत्ता से हटाने के मनसूबों के साथ छिड़े युद्ध में तो सर्वस्व की बाजी लग जाती है। अपनी सत्ता बचाए रखने के

लिए शासक अपना सर्वस्व दाँव पर लगा देता है। अपना सर्वस्व नष्ट होता देख, वह अत्यंत भयानक हो उठता है। ऐसा युद्ध सर्वाधिक विनाशकारी हो जाता है।

रसकपूर और रामचंद्र ही नहीं, बोहरा राजा खुशालीराम और दीनाराम बोहरा भी युद्ध को सीमित रखने के पक्ष में थे। मानसिंह की तैयारियाँ भी उनसे छिपी नहीं थीं। जयपुर के साथ संभावित युद्ध में सहायता के लिए उन्होंने, बीकानेर महाराजा सूरतसिंह, जैसलमेर के रावल, अलवर के रावराजा प्रतापसिंह, चुरु के कुशलसिंह राठौड़, किशनगढ़ के प्रतापसिंह राठौड़ के अतिरिक्त ईडर, सीतामऊ और रतलाम के राजाओं को भी खास रुक्के भेजे थे। साथ ही सिंधिया और होल्कर से भी सैन्य सहायता माँगी थी। जयपुर सिंहासन के दावेदार, ग्वालियर के राजा मानसिंह तक को उन्होंने नहीं छोड़ा। जनवरी सन् १८०७ में अपने वकील फतहराम व्यास को भेजकर, अँगरेजों से भी सहायता की माँग की गई। लेकिन राजपूताने में हस्तक्षेप न करने की नीति के कारण अँगरेजों ने किसी भी पक्ष की सहायता करने से स्पष्ट इनकार कर दिया। वैसे भी संधि स्वीकारने के कारण जयपुर ही अँगरेजी सेना की सहायता का प्रथम अधिकारी था। जोधपुर ने तो उनके साथ संधि में टालमटोल करते हुए, बाद में होल्कर के साथ संधि कर ली थी।

इंद्रराज सिंघवी और गंगाराम भंडारी के सत्परामर्शों से वंचित मानसिंह सहायता के प्रत्येक मोरचे पर मात खा रहे थे। वहीं दीवान रामचंद्र और रसकपूर की कूटनीतिक पहल, जयपुर के मित्रों की संख्या में वृद्धि कर रही थी। कुख्यात पिंडारी अमीरखाँ भी जयपुर के पक्ष में हो गया था। इस सहायता से उसे तात्कालिक और दूरगामी लाभों की आशा थी। रसकपूर का अनुरोध स्वीकार करने से जहाँ एक ओर मुसलिम स्त्री का जयपुर राज्य में प्रभाव बढ़ता था, वहीं सैनिक खर्च के बदले उसे एक लाख रुपए भी मिलने वाले थे। इसी प्रकार, नियमित सैनिक खर्च के अतिरिक्त एक मोटी रकम के बदले दौलतराव सिंधिया की सहायता भी प्राप्त कर ली गई। बीकानेर महाराजा सूरतसिंह की सहायता का दायित्व सवाईसिंह ने ले रखा था। इतनी सैन्य शक्ति के बाद तो मानसिंह के सामंतों की सहायता न मिल पाने पर भी, सुनिश्चित विजय के प्रति तनिक भी आशंका नहीं रह गई थी।

रसकपूर की योजना भिन्न थी। वह भारी सैन्य बल का भय दिखाकर ही कार्य सिद्ध कर लेने के पक्ष में थी। आवश्यकता होने पर छोटी-मोटी मुठभेड़ों से भी परहेज नहीं था। लेकिन किसी बड़े रक्तपात की वह प्रबल विरोधी थी। मेवाड़ महाराणा की मैत्री के लिए, वह मारवाड़ महाराजा से शत्रुता मोल लेना नहीं चाहती थी। दीवान रामचंद्र सहित बोहरा राजा, दीनारामजी, शिवनारायण मिश्र और बख्शी मानजीदास भी इस पर एकमत थे। उनकी योजना के अनुसार, मानसिंह को जयपुरी सेना की विशालता से आतंकित कर, और आवश्यकता पड़ने पर छोटी-मोटी झड़पें करके भी, जोधपुर लौट जाने के लिए विवश करना था। ताकि महाराज जगतसिंह सीधे उदयपुर पहुँचकर कृष्णाकुमारी से विवाह करने में सफल हो जाएँ। सिंधिया और अमीरखाँ को दी

जानेवाली मोटी रकमें दी जानी थीं, पर वह भी एक तरह से लाभ का ही सौदा था। युद्ध में होनेवाली जन-धन की भारी क्षति के मुकाबले, यह दी जानेवाली राशि बहुत कम थी।

□

१४ जनवरी सन् १८०७। मकर-संक्रांति का मांगलिक पर्व। भोर में ही शय्या-त्याग, स्नानादि से निवृत्त हो रसकपूर मांगलिक अनुष्ठानों की व्यवस्था में जुट गई थी। सूर्योदय के साथ ही सीतारामद्वारा में नवग्रह पूजन के बाद यज्ञ-हवन आरंभ हो गया था। दूसरी ओर ब्रह्मपुरी के विख्यात तांत्रिक गंगाधर भट्ट स्वयं 'शत्रुंजय-अनुष्ठान' कर रहे थे। जयपुर के विद्वान् ब्राह्मणों ने ग्रह, नक्षत्र, वार, तिथि की गणना करके, सैन्य-प्रयाण का यही मुहूर्त निकाला था। उनका दावा था कि इस दिन अभिजित मुहूर्त में प्रस्थान करने पर, तीन माह उन्नीस दिन तक महाराज प्रत्येक कदम पर विजयश्री का ही वरण करेंगे। स्वयं रुद्र भी शत्रु की सहायता करके शत्रु का पराभव न रोक सकें—ऐसा बलशाली योग उपस्थित हो गया था।

किंतु इसके बाद तो ग्रहों की वक्रदृष्टि महाराज के लिए निरंतर अनिष्टकारी सिद्ध होने वाली थी। अपयश, पराजय ही नहीं, सिंहासन तक हिल जाए, ऐसे कुपित हो उठेंगे ग्रह। राहु की महादशा में बैठा वृहस्पति बुद्धि को भ्रमित कर, अपने ही हाथों जो भी अनिष्ट करा दे, कम ही होगा। महाराज अपने ही लोगों का विनाश करने पर उतारू हो जाएँ, ऐसा भी संभव है। यही नहीं, उन्हें सिंहासन से भी उतारा जा सकता है।

घनघोर संकटों में भी आनंद के पल तलाश लेने की क्षमता रखनेवाली रसकपूर ने, इन भविष्यवाणियों के बीच भी अपना सुख खोज निकाला था। महाराज के विवाह कर, सकुशल लौटने के बाद जो कुछ भी होगा, देखा जाएगा। बस वे लौट आएँ। ग्रहों की विपरीत स्थिति तो तीन माह बाद आरंभ होनी है। जबकि यह सारा झगड़ा तो अधिक-से-अधिक एक माह में निपट जाएगा।

आश्वस्त रसकपूर महाराज के हाथों तिलदान आदि कराने की व्यवस्था में जुट गई।

गलता तीर्थ के पवित्र जल से स्नान के बाद वस्त्राभूषणों से अलंकृत महाराज महल से उतरे। हवन की पूर्णाहुति के बाद वे तांत्रिक अनुष्ठान में जा बैठे। अनुष्ठान की निर्विघ्न समाप्ति के बाद विजयाशीर्वाद के साथ लौटकर, महल में हाथ का स्पर्श देकर सवा मन तिल से बनी वस्तुओं का दान किया। दीन-दुखियों को मुक्त हस्त अन्न, वस्त्र, धन दिए। दक्षिणा से संतुष्ट वेदपाठी ब्राह्मणों के चरण-स्पर्श कर उनके आशीर्वाद प्राप्त किए।

जगतसिंह वीरवेश में सजने लगे। राजसी पोशाक के स्थान पर उन्होंने अंतःवस्त्रों के ऊपर रुई का काला लबादा पहना, जिसमें रूई की पर्तों में फौलाद की पत्तियाँ कुशलतापूर्वक सिली गई थीं। इसके ऊपर 'चार आइना' के चारों टुकड़े; सीना, पीठ और दोनों बगलों पर फीतों से बाँधकर इस भाग को किसी भी शस्त्र के वार से दोहरी सुरक्षा

प्रदान कर दी गई। मोटे कपड़े पर सिले धातु के इन मजबूत टुकड़ों को बेधकर, महाराज के मर्मस्थल को विदीर्ण कर पाना, शत्रु के किसी भी शस्त्र के लिए संभव नहीं था। ऊपर से शरीर-सुरक्षा की तीसरी व्यवस्था के लिए, लोहे की छोटी-छोटी कड़ियों से बुना, शेरवानी जैसा फौलादी जिरहबख्तर पहनाकर, महाराज का शरीर किसी किले के समान अभेद्य बना दिया गया था।

भुजाओं की सुरक्षा के लिए जिरहबख्तर की आस्तीनों के अतिरिक्त, हाथों की रक्षा के लिए धातु के दस्ताने पहनाकर, उन्हें फीतों से कस दिया गया था। पैरों में रूई के अस्तर में सिली धातु की पत्तियों का पायजामा पहनाकर, उसके ऊपर लोहे की कड़ियों से बना फौलादी जिरहबख्तर का पायजामानुमा अधोवस्त्र धारण करा दिया था। लोहे की कड़ियों से बनी जुर्राबें पहन लेने पर, पैर भी पूरी तरह सुरक्षित हो गए थे।

इसके बाद कमर में मखमलमढ़ा, साँभर की खाल का कमरपट्टा बाँधकर, दाहिनी बगल में फौलाद के सीधे फलवाली दुधारी तलवार 'धूप' और बाईं बगल में फौलाद के टेढ़े फल की 'तलवार' टाँग दी गई। महाराज जगतसिंह की ४२ अंगुल लंबी 'धूप', शस्त्र-विज्ञान के अनुसार युद्ध में विजयश्री का वरण करानेवाली मानी जाती थी। उसकी 'चूती' जमीन से एक बालिश्त ऊपर रहती थी, जबकि 'कंठी' कमरपट्टे से तीन अंगुल ऊपर निकली हुई थी। जिसके बाहर 'धूप' का रत्नजटित 'गिलोटा' (मूठ) चमक रहा था।

जगतसिंह की तलवार भी ३६ अंगुल लंबी, सौभाग्यवृद्धि करने वाली थी। ठोस सोने के पत्तरों पर मनोहर मीनाकारी के काम से अलंकृत उसका 'गिलोटा', आँखें चकाचौंध कर जाता था। सिरोही की यह तलवार प्रथम बार शत्रु-रक्त का आस्वादन करने को तत्पर हुई थी। पेट पर कमरपट्टे के खाँचों में बूँदी की तीखी छुरियाँ फँसाने के साथ-साथ, तीक्ष्ण कटार भी म्यान सहित फँसा दी गई थी।

पीठ पर कसे दो विशाल तरकशों में क्षुरप्र, भल्ल, नाराच, वराहकर्ण, नालीक और अंजलिक बाणों के अतिरिक्त, पल-भर में शत्रु का मस्तक काट लेनेवाले अर्धचंद्र बाण भी रखे हुए थे। धातु का बना धनुष, छोटा होने पर भी कठोर होने के कारण, पूरी शक्ति से खींचे जाने पर दूरी तक शर-संधान करने में सक्षम था।

जगतसिंह की लोहे की विशाल ढाल, शत्रु के किसी भी प्रहार को निष्फल करने में सक्षम थी। उस पर लगी चार स्वर्णमंडित 'चूचियाँ' सीधे वार को तिरछा करके प्रहार का वेग कम कर देती थीं।

शरीर के अंग-प्रत्यंग को कवचयुक्त करने के बाद मस्तक पर लोहे का विशाल शिरस्त्राण रखते ही, जगतसिंह का सैन्य वेश पूर्ण हो उठा। शिरस्त्राण की लौह कड़ियाँ झूलकर जहाँ गरदन की सुरक्षा कर रही थीं, वहाँ आगे बनी 'नकसी' नाक की रक्षा करने में सक्षम थी। शिरस्त्राण पर लगी राजसी सुनहरी कलँगी, इस काले परिवेश में अलग ही दपदपा रही थी।

अपने हाथों महाराज को वीरवेश सज्जित कर रसकपूर ने थोड़ा पीछे हटकर भर

नजर उन्हें देखा, तो ठगी-सी देखती रह गई। जगतसिंह का यह रूप उसके लिए अनूठा था। निर्निमेष नेत्रों से देखते रहने पर भी मन तृप्त नहीं हो रहा था। आँखों में वीर-पत्नी का-सा तेजस्वी अनुराग छलकाती, रसकपूर की पलकें गिरना ही भूल गईं। निर्निमेष नेत्रों से वह प्रियतम के ओजस्वी स्वरूप का पान करती रह गई। किंतु प्यास थी कि कम होने के स्थान पर बढ़ती ही जा रही थी। प्रियतम के इस स्वरूप को समर्पित अनुरागमयी दृष्टि से बाँधने के प्रयास में जुटी रसकपूर को देख जगतसिंह मुसकराए। प्रेम-भाविता सहचरी को मृदु स्पर्श से टहोका—"कहाँ खो गई हो, रस ! क्या हमें पहली बार देख रही हो ?"

रसकपूर चैतन्य हुई। होंठों पर समर्पित मृदु हास्य थिरक उठा—"हाँ, आपका यह रूप पहली बार ही तो देख रही हूँ। वीरवेश में आप कितने सम्मोहक हो गए हैं। भगवान् आपको बुरी नजर से बचाए।"

अनुरागिता अर्धराजिन ने कवचबद्ध महाराज के मस्तक पर काला टीका लगाकर एक और कवच प्रदान कर दिया। प्रेमातिरेक से जगतसिंह के मन-प्राण तक स्निग्ध हो उठे। रसकपूर को भुज-बंधन में आबद्ध कर बोले—"प्रिये ! मन करता है कि सैन्य-अभियान को समाप्त कर यहीं रह जाऊँ। हमें भला कौन-सा अभाव है, जिसकी पूर्ति के लिए इतना बखेड़ा करना पड़ रहा है। मेवाड़ राजकुमारी को ब्याहने में हमारी कोई रुचि नहीं है।"

रसकपूर के मुख पर बिखरा अनुरागी अबीर अचानक तिरोहित हो गया। उसके स्थान पर फैल गई स्वाभिमान की तेजस्वी आभा—"महाराज ! यह सब किसी सुंदर राजकन्या की प्राप्ति के लिए नहीं, अपितु जयपुर के ललाट पर लगे पराजय के कलंक को धोने के लिए किया जा रहा है। अभियान का उद्देश्य, जोधपुर महाराज को उनकी धृष्टता का दंड देकर, जयपुर की शक्ति को पुनः प्रतिष्ठित कराना है। स्वयं को शक्तिशाली सिद्ध किए बगैर हम महाराज मानसिंह के तो क्या, किसी भी राजा के वास्तविक संबंधी नहीं बने रह सकेंगे। शक्ति के मंच पर बैठकर ही संबंध सुदृढ़ रखे जा सकते हैं।"

जगतसिंह देखते रह गए। कहाँ से पाई है उसने यथार्थ की ऐसी शिक्षा ? बहुत से लोग अपना पूरा जीवन खर्च करके भी जिस सत्य से परिचित नहीं हो पाते, वह इसने इस छोटी उम्र में ही कैसे जान लिया ? क्या ये उसके पूर्वजन्म के संस्कार हैं ? या देवलोक की शापित कोई देवकन्या अथवा अप्सरा अपना निर्वासित जीवन व्यतीत करने यहाँ आ गई है ?

वीरवेश में सज्जित महाराज को रसकपूर ने हाथ पकड़कर बलात् माधोनिवास में पटरानी बीकावतजी की ड्योढ़ी पर ले जाकर खड़ा कर दिया। युद्ध के लिए प्रयाण से पूर्व विजय-तिलक और मंगल आरती का अधिकार तो पटरानी का ही होता है न। महाराज की ना-नुकर काम नहीं आई। उन्हें फतहकँवर की ड्योढ़ी पर बिदा लेने पहुँचना

ही पड़ा, जहाँ पूर्व सूचना पाकर पटरानी अन्य रानियों सहित मंगल-कलशों के साथ, आरती का थाल लिये व्याकुल प्रतीक्षा कर रही थीं। रसकपूर को साथ देख उनकी त्योरियाँ चढ़ीं, लेकिन अवसर की नजाकत के कारण मौन रह गईं। मांगलिक गीतों के बीच पटरानी ने प्रसन्नवदन महाराज के प्रशस्त ललाट पर रोली-चंदन का विजय-तिलक लगाकर, मंगल-आरती के साथ उनकी विजय-कामना की। अन्य रानियों ने भी बारी-बारी से आरती करके, उनके विजयी होकर शीघ्र ही लौटने की भगवान् गोविंददेव से प्रार्थना की।

अपनी रानियों से बिदा लेकर महाराज रसकपूर के साथ रसविलास में लौट आए। चंद्रमहल के बाहर जलेब चौक से घोड़ों की हिनहिनाहट और मदमस्त हाथियों की चिंघाड़ें रसविलास तक पहुँच रही थीं। प्रयाण की घड़ी निकट आने के साथ ही, धीर-गंभीर रसकपूर के अनुरागी मन में बिछोह की पीड़ा पाँव फैलाने लगी। जगतसिंह की भी ऐसी ही दशा थी।

शीघ्र ही दोनों ने अपने मनोभावों को नियंत्रित कर लिया। तांत्रिक अनुष्ठान से आया रक्षा-सूत्र जगतसिंह की दाहिनी कलाई पर बाँधते हुए, रसकपूर ने मृदु हास्य और आश्वस्त दृष्टि से उनकी विजय-कामना की, तो महाराज ने उसका कोमल कर अपने पुष्ट हाथों में थामकर कहा—"भगवान् गोविंद, हमें शीघ्र ही इन कमल-युगलों के स्पर्श का पुनः आनंद प्रदान करें।"

रसकपूर के साथ महल से उतरते ही बगरू, चौमूँ, सामोद, अचरोल, बाँसखो, झिलाय, डिग्गी, दूदू, गीजगढ़, दूनी आदि के सामंतों के साथ सेनापति मानजीदास और दीवान रामचंद्र ने उनकी अभ्यर्थना की। दीनारामजी और बोहरा राजा भी वहाँ उपस्थित थे। उन्हें प्रणाम करके महाराज ने विजय का आशीर्वाद प्राप्त किया। वीरवेश में सज्जित सामंतों के साथ रवाना होने से पूर्व महाराज ने बोहराजी से कहा—"राजमहल सहित जयपुर, आपकी और रसकपूर की सुरक्षा में छोड़े जा रहा हूँ। हमारे शूरवीर सामंत दूनी ठाकुर, अपनी सेना के साथ आपके आदेशों का पालन करेंगे। वे रसकपूर से नाराज हैं, इसलिए आप, दोनों के बीच सेतु बनकर नगर की सुरक्षा करें। हमें आशा है कि आप सभी अपने दायित्वों का सजगता के साथ निर्वहन करेंगे।"

आदेश सुनकर चाँदसिंह के जबड़े भिंच गए। रसकपूर के आदेशों का पालन तो उनके लिए मृत्यु से भी अधिक पीड़ादायक होगा। यह तवायफ उन पर हुक्म चलाए और वे उसका पालन करें, यह किसी भी स्थिति में संभव नहीं होगा। प्रतिवाद के लिए मुँह खोलने से पूर्व ही महाराज कह उठे—"दूनी ठाकुर! आपका वंश सदैव से राजभक्त रहा है। इसकी रक्षा के लिए आपके पूर्वजों ने प्राणोत्सर्ग तक किया है। इस अविचल राजनिष्ठा के कारण ही हम यह गुरुतर दायित्व आपको सौंप रहे हैं। हमें विश्वास है कि आप अपने व्यक्तिगत मनोभावों से ऊपर उठकर, इस महत्त्वपूर्ण कार्य को पूर्ण मनोयोग से संपन्न करेंगे। संभव है, एक साथ काम करके ही आपकी रसकपूर के प्रति कड़वाहट

दूर हो जाए।"

अब कहने को शेष क्या रह गया था ? चाँदसिंह ने आज्ञा स्वीकार कर प्राण रहते जयपुर की सुरक्षा पर आँच न आने देने की प्रतिज्ञा कर, सभी को हर्षित कर दिया।

तभी मंगल वाद्य बज उठे। उन्हें सुनकर जलेब चौक में रणसिंघा की गूँज के साथ विशाल नगाड़े पर थाप पड़ी। चंद्रमहल से लेकर जलेब चौक तक रणवाद्यों की गूँज से दीवारें-प्राचीरें तक वीरस-सिक्त हो उठीं।

मांगलिक शंख-ध्वनि के साथ महाराज ने प्रस्थान के लिए कदम बढ़ाया। तभी उत्तर-पूर्व दिशा से उड़ता हुआ नीलकंठ पक्षी महाराज के ऊपर से परिक्रमा-सी करता हुआ, चंद्रमहल पर लहराते विशाल जयपुरी ध्वज पर जा बैठा। नीलकंठ ने शुभ संकेत देकर जयपुर की विजय की घोषणा कर दी थी। यह देख महाराज सहित सभी सामंत-सरदारों के चेहरे खिल उठे। रसकपूर के नेत्रों में हर्ष की सतरंगी आभा तैर गई।

जलेब चौक में उदयपोल के बाहर महाराज के कज्जलकूट विशालकाय गजराज पर भी जैसे रण-मद छाया हुआ था। वह बेचैनी से आगे-पीछे पैर हिलाता हुआ, बार-बार सूँड़ ऊँची करके चिंघाड़ उठता था। उसकी चिंघाड़ भी आज असामान्य हो, चुनौती जैसी प्रतीत हो रही थी। संभवतः स्वयं को कवचबद्ध किए जाते देख, वह जैसे सब कुछ समझ गया था। आज सुबह ही तो महावत ने उसे खूब नहलाकर, मीठे गन्ने खाने को दिए थे। फिर उसकी पीठ पर विशाल गद्दे बाँधकर, सुनहरी झूल लटकाई थी। यहाँ तक तो सब कुछ सामान्य था। लेकिन जब बीस आदमी लोहे की मोटी कड़ियों से बना भारी-भरकम जिरहबख्तर उठाकर लाए, तो उसने अपने महावत की ओर घूमकर देखा, मानो अपने संदेह की पुष्टि करना चाह रहा हो। अपने मस्तक पर महावत की स्नेह-भरी थपकियाँ पाकर वह जैसे सब कुछ समझ गया था।

जिरहबख्तर के द्वारा उसके पेट, पीठ और पैरों को सुरक्षित कर, पीठ पर राजसी गंगा-जमनी हौदा ठीक से जमा, उसे भारी रस्सों से कस दिया गया। महाराज को धूप आदि से बचाने के लिए इस पर 'अंबावाड़ी' लगाने के बाद, गजराज के मस्तक पर बड़ी-बड़ी लौह पत्तियों की 'सिरी', कानों की रक्षा के लिए 'कुंदल' और पैरों में लंबे-लंबे लोहे की काँटोंवाली 'नेवरियाँ' पहना दी गईं। नेवरियों से एक तो हाथी का पैर जल्दी उठने लगता था, साथ ही इसकी ठोकर खानेवाला तत्काल यम-द्वार पहुँच जाता था।

गजसेना के अन्य हाथी भी, इसी प्रकार कवच से लैस पंक्तिबद्ध खड़े हो गए थे। उनके हौदों पर चाँदी-सोने के गंगा-जमुनी काम का अभाव था, और उन पर 'अंबावाड़ी' भी नहीं थी। प्रत्येक पर चार योद्धाओं द्वारा युद्ध करने के लिए, लंबे बाँसों के सिरों पर जड़े नुकीले भाले और बाण वर्षा के लिए प्रचुर मात्रा में विभिन्न प्रकार के तीर रखे थे। अनेक हाथियों की पीठों पर विशाल बंदूकें 'गजनाल' भी लगी थीं, जो युद्ध में तीव्र गति से मोरचा बदल-बदलकर, शत्रु-सेना को आधात पहुँचानेवाली हलकी तोपों जैसा कार्य करती थीं।

ऊँटों के कूबड़ों पर स्थापित हो, गजनाल जैसा ही कहर बरपा करनेवाली 'जुजरबा' तोपें भी साफ-सफाई कर शुतरों पर लगा दी गई थीं। कुशल शुतर-सवार एक ओर नकेल द्वारा अपने चपल ऊँट को अपनी इच्छानुकूल नियंत्रित करता था, वहीं पीछे बैठा योद्धा 'जुजरबा' से छर्रे बरसाकर, दूर तक शत्रु सेना को धराशायी करता चलता था। तीव्रगामी शुतर की गति और ऊँचाई के कारण ही उसे जिरहबख्तर न पहनाकर, सिर्फ पैरों को मोटे चमड़े के 'घुटनों' से रक्षित कर दिया गया था। पीठ और पेट पर बँधे मोटे गद्दे उसके इस प्रदेश की और गरदन पर लगा 'साज' उसकी लंबी गरदन की रक्षा कर जाता था। लंबी थूथनी पर लोहे का 'मोहर्रा' भी लगाया गया था। सैकड़ों चपल शुतर लंबी नकेलों के द्वारा अपने सवारों के नियंत्रण में पंक्तिबद्ध खड़े प्रयाण की प्रतीक्षा कर रहे थे।

किंतु चपल अश्वों की शोभा सबसे निराली थी। पीठ पर काठी कसे, लोहे की छोटी-छोटी कड़ियों से बने, जमीन तक झूलते जिरहबख्तर के बाद भी, तीव्र गति से दौड़ते-उछलते अश्वों के पैरों की अतिरिक्त सुरक्षा के लिए, खुर से पेट तक मोटे चमड़े के 'घुटने' बाँधे गए थे। मुँह की सुरक्षा के लिए लोहे के 'मोहर्रे' के अतिरिक्त, बहुत से अश्वों को हाथी की नकली सूँड़ भी पहिनाई गई थी। हाथियों पर आक्रमण करनेवाले इन अश्वों को, हाथी अपनी ही जाति का समझकर आक्रमण नहीं करता था। इनकी पीठों पर जिरहबख्तरों में कसे, दो-दो तलवारें लटकाए, पीठ पर तरकस बाँधे, जुझारू राजपूत योद्धा, चमड़े की लगामों से अपने अश्वों को नियंत्रित करते, प्रयाण की प्रतीक्षा में एक ओर कतार में खड़े थे।

विशाल जलेब चौक में ही नहीं, आगे दुंदुभीपोल और सिरहड्योढ़ी बाजार से आगे माणक चौक और त्रिपोलिया तक सेना की विभिन्न टुकड़ियाँ अपने-अपने सरदारों-नायकों के नेतृत्व में प्रयाण की प्रतीक्षा कर रही थीं। जिरहबख्तरों में सुरक्षित विभिन्न शस्त्रधारी सेना के शस्त्र सूर्य-किरणों से चमककर, जयपुर-वासियों की आँखें चकाचौंध कर रहे थे। कहीं भाला-बल्लम या नेजाधारी टुकड़ियाँ पीठ पर ढाल कसे, चमकते फलवाले शस्त्र थामे खड़ी थीं, तो कई एक फर्शी, सेल या बरछी में सिद्धहस्त होने के कारण अपने प्रिय अस्त्र सँभाले हुए थे। गदाधारी सैनिकों की छटा सबसे निराली थी। वे अपने शक्ति-सामर्थ्य के अनुसार भारी-भारी गदाएँ कंधों पर धरे, त्रेतायुगीन भगवान् राम की गदाधारी वानर सेना का स्मरण करा रहे थे। कइयों की गदा गोल थी, तो बहुतों में नोक पर तीक्ष्ण भालेनुमा फल लगे थे। कुछ की गदाओं पर लोहे के काँटे लगे थे, जो प्रहार को और अधिक मारक बना देते थे।

पीठ पर बँधे तरकसों में तीक्ष्ण बाण भरे, कंधों पर विशाल धनुष लटकाए, कवचबद्ध धनुर्धारियों के कमरपट्टे में, एक ओर तलवार और दूसरी ओर विशाल ढाल भी लटक रही थी। आपातस्थिति में तीर समाप्त हो जाने पर तलवार युद्ध में सहायक होती थी।

उदयपोल के बाहर बैठे गजराज की पीठ पर कसे हौदे में महाराज जगतसिंह के सवार होते ही, अंकुश का संकेत पाकर हाथी खड़ा हो गया। रसकपूर प्रफुल्लित मन, प्रियतम को करबद्ध प्रणाम द्वारा बिदा दे, द्वार के पास खड़ी हो गई। छत्रधारी महाराज के हाथी के आगे घुड़सवारों और शुतरसवारों की पंक्तियों के साथ युद्ध-प्रयाण हुआ। जयपुरी सेना में २०,५० अश्वारोही और २९,९९० पैदल सैनिक थे। तीन हजार ऊँटों पर बैठे शुतरसवार हलकी तोपें कसे, किसी भी रेगिस्तानी युद्ध में जौहर दिखाने को तत्पर थे। पाँच सौ हाथियों की पीठों पर दूर तक मार करनेवाली तोपें, किसी भी युद्ध का पासा पलटने में सक्षम थीं।

युद्ध में निश्चित पराजय को भी विजय में बदल देने की क्षमता रखनेवाला जयपुर का शक्तिशाली तोपखाना, सेना के बीचोंबीच चल रहा था। जयगढ़ के तोप कारखाने में ढली जगतबाण, शक्तिबाण, सिंहबाण, रामबाण और अग्निबाण तोपों में तो ढाई-तीन मील दूर तक के लक्ष्य को भी वेधने की क्षमता थी। अष्टधातु की नौ फीट लंबी शक्तिबाण, सवा छह फीट लंबी जगतबाण और सवा सात फीट लंबी अग्निबाण तोपें, नौ एवं दस इंच व्यास के गोले तीन मील दूर तक फेंकने में सक्षम थीं। दस फीट लंबी अग्निबाण तो अपना नाम सार्थक करते हुए, सुदृढ़ दुर्ग की किसी भी प्राचीर अथवा लौहद्वार को, भीषण प्रहारों से पलक झपकते ढहा देने का कौशल अनेक बार दिखा चुकी थी।

इन भारी तोपों के अतिरिक्त एक-डेढ़ मील तक मार करनेवाली मँझली तोपें भैरवी, धूमबाण, कड़क बिजली, नाहरमुखी, रणचंडी, बणजारी, मच्छबाण, बदली, रामबाण और शिवबाण आधा सेर से एक सेर बारूद तक के विस्फोट से ५-६ इंच व्यास के गोले फेंककर, शत्रु-सेना में तबाही मचा देती थीं। युद्धरत शत्रु सैनिकों को यम-द्वार दिखानेवाली, दो-सवा दो फीट लंबी हलकी तोपें फतहजंग, मुल्क मैदान, शेरजंग, नागिन आदि पाव भर बारूद से, ३०० गज तक अपने मार्ग में आ जानेवाले सैनिकों को चटपट नष्ट कर, तत्काल पुनः गोले उगलने के लिए तत्पर हो जाती थीं।

इन तोपों में प्रयुक्त होनेवाले लोहे और सीसे के गोले भी भारी मात्रा में छकड़ों में लादकर ले जाए जा रहे थे। बड़े लक्ष्यवेध के लिए विशाल तोपों में लोहे के गोले काम आते थे। जबकि निकट-युद्ध में सीसे के गोलों का प्रयोग किया जाता था। लट्ठे की तीनलड़ी थैली में भरी सीसे की गोलियाँ, बारूद के धमाके के साथ उछलकर शत्रु सैनिकों पर ओलावृष्टि-सी गिरतीं और उन्हें तत्काल मृत्युमुख में धकेल देती थीं।

जयपुर के पश्चिमी द्वार 'चाँदपोल' से सेना के बाहर निकलते ही, अनेक शुभ शकुनों ने उनका स्वागत किया। कभी नीलकंठ, सारस और क्रौंच पक्षी सेना के बाईं ओर उड़ने लगते, तो कभी गीध, बाज, बगुले, कौए आदि भयानक पक्षी चोंच में मांस दबाए उनके आगे उड़ानें भरकर, विजय के शुभ संकेत दे जाते थे। धूल आदि से मुक्त निर्मल दिशाएँ इन शुभ शकुनों की पुष्टि कर रही थीं।

जयपुर से ६ मील दूर 'झोटवाड़ा' में सेना का प्रथम पड़ाव हुआ। वहाँ खेतड़ी राजा अभयसिंह के नेतृत्व में बारह हजार शेखावतों की वाहिनी भी, जगतसिंह के सैन्य सागर में आ मिली। अभयसिंह अपने साथ बालक धौकलसिंह को भी लाए थे, जिसे जगतसिंह ने किसी महाराजा के समान ही सम्मान देकर, एक बार फिर मारवाड़ का वास्तविक अधिकारी स्वीकार कर लिया।

१७ जनवरी को आगे कूच कर, मार्ग में भंभूरी, गुढ़ा और रींगस में सैन्य शिविर लगाते हुए जगतसिंह, फरवरी १८०७ में पलसाना पहुँच गए। वहीं बीकानेर महाराजा सूरतसिंह भी सेना सहित नापासर, बीदासर, मलसीसर के बाद सीकर होते हुए जगतसिंह से आ मिले। उनके साथ सीकर सामंत लक्ष्मणसिंह भी अपनी सेना सहित आए थे।

दीवान रामचंद्र के माध्यम से रसकपूर की योजना पूर्व निश्चित परिणाम दे रही थी। पलसाना से दाँता रामगढ़ की ओर प्रस्थान करती इस विशाल सेना में, अमीरखाँ पिंडारी भी अपने बीस हजार रक्तपिपासु, निर्मम, लुटेरे सैनिकों के साथ आ जुड़ा। पोकरण ठाकुर सवाईसिंह की राठौड़ सेना तो पलसाना में ही जगतसिंह के साथ हो गई थी। बालाराव डूँगले के सेनापतित्व में आई सिंधिया की मराठा सेना और होल्कर को छोड़कर आए हैदराबादी पठानों के बाद तो जयपुरी सेना की संख्या बढ़कर एक लाख बीस हजार तक पहुँच गई। ऐसी भारी सेना तो राजपूताने के किसी भी राज्य का मान-मर्दन करने में सक्षम थी।

इस भारी सैन्य शक्ति के बाद भी मराठा सेनापति यशवंतराव होल्कर का काँटा दूर नहीं हुआ था। अवसरवादी होल्कर किशनगढ़ से बारह मील दूर हरमाड़ा में जमा बैठा था, जो जगतसिंह और मानसिंह के सैन्य शिविरों से अधिक दूर नहीं था। सहायता माँगे जाने पर वह एक ही दिन में किसी भी पक्ष को अपनी सैनिक-सेवा देने में सक्षम था। जयपुरी सेना के मुकाबले होल्कर की क्षमता नगण्य होने पर भी, उसकी सहायता से मानसिंह प्रबल हो सकता था। इस आशंका को समाप्त करने के लिए दीवान रामचंद्र ने, होल्कर को वहाँ से चले जाने के लिए दस लाख रुपए देने की पेशकश की। होल्कर की स्वीकृति मिलने पर उसे उक्त राशि की हुंडियाँ दे दी गईं, जो कोटा में भुनाई जा सकती थीं। फलस्वरूप, संतुष्ट होल्कर सेना सहित ग्वालियर की ओर कूच कर गया। मार्ग में वह कोटा के साहूकारों से हुंडी का धन प्राप्त करता हुआ, राजपूताने की सीमा से बाहर चला गया।

मानसिंह को चारों ओर से असहाय बनाकर जगतसिंह ने मरोठ की ओर प्रयाण किया और १३ मार्च, १८०७ को वहाँ पहुँचकर अपना सैन्य शिविर स्थापित कर दिया।

□

जोधपुर महाराजा मानसिंह चोट खाए सर्प की तरह फुंकार उठे। जयपुर की व्यूह-रचना की चुनौती से उनका राठौड़ी शौर्य उफन उठा। घायल शेर की तरह वे दहाड़ उठे—"तो जगतसिंह खरीदी हुई भीड़ के बल पर हमारी जुझारू सेना का मुकाबला

करना चाहता है? भाड़े के टट्टुओं को लेकर हमारे राज्य में घुस आया है? उसके इस दुस्साहस का दंड तो देना ही होगा। उसे बताना होगा कि साँप की बाँबी में हाथ डालकर, सोए साँप से खिलवाड़ करने का क्या दुष्परिणाम होता है।"

सुनकर सामंतगण सन्न से रह गए। जयपुरी सेना के मरोठ पहुँच जाने का समाचार पाकर बुलाई गई विश्वस्त सरदारों की गोष्ठी में मानसिंह का निश्चय अधिकांश सामंतों को पसंद नहीं आया। मारवाड़ी आनबान के लिए युद्ध करते हुए प्राणोत्सर्ग निस्संदेह गौरव की बात है, लेकिन विवेकहीन साहस तो कभी, किसी की यशवृद्धि में सहायक नहीं हुआ। कभी-कभी अनुकूल अवसर की प्रतीक्षा में शस्त्र को विश्राम देना भी हितकारी सिद्ध हुआ है। जोधपुर के लिए वर्तमान परिस्थितियाँ निस्संदेह प्रतिकूल थीं। इन्हें अनुकूल होने तक विग्रह के स्थान पर संधि ही राजनीति थी।

लेकिन महाराज को कौन समझाए? उनके परम क्रोधी और अविश्वासी स्वभाव से परिचित सामंत, उनके निर्णय के विपरीत सम्मति देकर, राजकोप को आमंत्रित करना नहीं चाहते थे। फिर भी कुचामन ठाकुर शिवनाथसिंह मौन नहीं रह सके। मानसिंह के क्रोध की परवाह किए बगैर कह उठे—"जयपुरी सेना को उसके दुस्साहस के लिए अवश्य दंडित किया जाना चाहिए। लेकिन वर्तमान स्थितियों में उन्हें दंड देने से अधिक महत्त्वपूर्ण, राज्य की सुरक्षा है!"

"हाँ, महाराज!"—रास सामंत जवानसिंह ने भी समर्थन कर दिया—"परिस्थितियों के अपने पक्ष में होने तक हमें संधि-नीति से काम चलाना चाहिए।"

"अर्थात्, शत्रु गरजता हुआ हमारे द्वार तक आ जाए और हम कायर बनकर उससे समझौते की भीख माँगें?"—मानसिंह व्यंग्य से मुसकराए—"यही परामर्श दे रहे हैं न हमारे शूरवीर सामंतगण?"

"नहीं, महाराज! हमारा अभिप्राय यह नहीं है"—आउवा सामंत माधोसिंह ने भी हस्तक्षेप किया—"हम आपके विश्वस्त सरदार हैं। अनेक बार परीक्षा के बाद भी हमारी स्वामिभक्ति हर बार असंदिग्ध ही सिद्ध होती रही है। इस बार भी हम आपके शुभचिंतक के नाते ही यह राय दे रहे हैं।"

आसोप ठाकुर केसरीसिंह ने भी कह दिया—"आपने हमें विचार-विमर्श के लिए बुलाया है, इसलिए हम ईमानदारी से अपनी बात कह रहे हैं। अंतिम निर्णय तो आपको ही करना है। विचार के दौरान हमारी सम्मतियाँ भिन्न हो सकती हैं, लेकिन निर्णय लेने के बाद, उसकी कार्यान्विति में हम सब मन-प्राण से आपके साथ होंगे।"

मानसिंह की त्योरियों के बल कम होने लगे। चेहरे की कठोरता के साथ कोमलता के भाव भी उभरने लगे। मंत्रणागृह में उपस्थित सामंतों पर दृष्टिपात कर वे बोले—"हमें न तो आप लोगों की स्वामिभक्ति पर संदेह है, और न हम विपरीत परिस्थितियों से ही अनभिज्ञ हैं। हमें पता है कि सहायता प्राप्त करने के हमारे सभी प्रयास निष्फल सिद्ध हुए हैं। न हम सिंधिया और होल्कर को अपने पक्ष में कर पाए और

न ही कम-अधिक धनराशि पर अपना ईमान बदलनेवाले अमीरखाँ को ही खरीदने में सफल हो सके। अँगरेजों से तो वैसे भी सहायता की आशा नहीं थी, लेकिन स्वयं को जयपुर का असली स्वामी कहनेवाला सिंधिया सामंत मानसिंह भी ग्वालियर से सहायता करने नहीं आया।

"हमारी कूटनीतिक असफलताओं के पीछे किसका दिमाग काम कर रहा है, यह भी हमसे छिपा नहीं,"—मानसिंह ने आगे कहा—"महाराज जगतसिंह की प्रेमिका से उठकर आधे जयपुर की सम्राज्ञी बन बैठनेवाली रसकपूर की योजना को, उनके दीवान रामचंद्र ने अत्यंत कुशलता से कार्यान्वित कर, हमारे लिए यह परिस्थिति पैदा की है। जहाँ एक ओर, जयपुरी सेना शक्ति में हमसे तीन गुनी है, वहीं दूसरी ओर धौकलसिंह के पक्ष में पोकरण ठाकुर हमारे कई सामंतों की भी सहानुभूति बटोरने में सफल हो गया है। वे सामंत कब हमें धोखा दे जाएँ, कोई नहीं जानता। लेकिन मेरा राठौड़ी स्वाभिमान, निश्चित पराजय की संभावनाओं के बाद भी, मुझे लड़कर मर जाने अथवा सम्मानपूर्वक राज्य करने की दिशा में ही प्रेरित कर रहा है। हम महाराज जगतसिंह के साथ तो फिर भी कोई ऊँचा-नीचा समझौता करने की सोच सकते थे, लेकिन रसकपूर के समक्ष घुटने टेक देने का हमारा कोई इरादा नहीं है। उस स्थिति में हम जीने के स्थान पर मृत्यु अधिक पसंद करेंगे।"

अब कहने को कुछ भी शेष नहीं रह गया था। रसकपूर की कूटनीतिक योजना के अनुरूप समर्पण का तो प्रश्न ही नहीं उठता था। अब तो संघर्ष ही एकमात्र विकल्प रह गया था। युद्धाग्नि में प्राणों की आहुति देने का निश्चय कर, अपनी चालीस हजार सेना के साथ मानसिंह ने परबतसर से दो मील दूर स्थित 'गिंगोली' की ओर प्रस्थान किया। १३ मार्च, १८०७ को दोनों सेनाएँ आमने-सामने आ गईं। जगतसिंह ने सवाईसिंह, अमीरखाँ और हैदराबाद रिसाले की अस्सी हजार सेना को मुकाबले के लिए भेजा। घमासान युद्ध में प्राण देने और प्राण लेने का संकल्प लिये दोनों सेनाएँ आगे बढ़ीं और रणसिंघों की तुमुल ध्वनि सुनते ही एक-दूसरे पर टूट पड़ीं। विशालकाय हाथी की पीठ पर कसे हौदे पर बैठे मानसिंह स्वयं अपनी सेना का संचालन कर रहे थे।

तलवारें खिंचीं, भाले उछले और तोपों की गर्जना के साथ युद्धभूमि में गोले बरसने लगे। सैनिकों की गर्जना, घोड़ों की हिनहिनाहट और हाथियों की चिंघाड़ों से दिशाएँ गूँज उठीं। सैनिकों के पदाघात और अश्वटापों से उड़ी धूल-वृष्टि से दोनों सेनाएँ ढक-सी गईं। शत्रु-मित्र की पहचान कठिन हो चली थी। युद्धारंभ से पूर्व सदैव से ऐसा ही होता आया है, किंतु कुछ देर के युद्ध के बाद योद्धाओं के रक्त से यह मिट्टी स्वयं ही जम जाने वाली थी।

लेकिन ऐसा नहीं हुआ। अचानक जोधपुरी तोपों की गड़गड़ाहट बंद हो गई। मारो-काटो की ललकारें धूल-वृष्टि में खो गईं। जयपुरी सेना को मिलनेवाले चुनौती के स्वर लुप्त-से हो गए।

यह देख सवाईसिंह के होंठों पर मुसकराहट तैर गई। उनका संकेत पाते ही, जयपुरी तोपखाने की आग उगलती तोपों ने भी तत्काल मौन ओढ़ लिया। जयपुर की सेना अपने-अपने नायकों का आदेश पाकर वहीं निश्चल खड़ी रह गई। युद्धारंभ के साथ ही युद्ध रोक देने के आदेश से चकित सैनिक, एक-दूसरे की ओर प्रश्निल दृष्टि से देखने लगे। घोड़ों पर सवार, पास-पास खड़े सवाईसिंह और दीवान रामचंद्र के नेत्रों में सफलता का उन्माद झलकने लगा था। जयपुरी सेना निश्चल खड़ी थी। लेकिन जोधपुरी सेना में हलचल अचानक तीव्र हो चली थी। पूर्व निर्धारित योजना के अनुरूप, मारवाड़ के सामंत, महाराज मानसिंह का पक्ष त्याग, सवाईसिंह के पक्ष में आने लगे थे।

सर्वप्रथम आए हरसोलाव के ठाकुर जालिमसिंह। अपने पाँच हजार सैनिकों के साथ वे सवाईसिंह से आ मिले। फिर आए बगड़ी ठाकुर केसरीसिंह। खींवसर के प्रतापसिंह और चंदावल के बख्शीराम के अतिरिक्त, ज्ञानसिंह कूँपावत एवं आठ अन्य सरदार भी मानसिंह का पक्ष त्यागकर धौकलसिंह के पक्ष में आ गए। जबकि बिलाड़ा मेड़ता, सांतलमेर, कंटालिया, चंडालिया, उमरकोट आदि के सामंतों ने स्वयं को युद्ध से तटस्थ करके, मानसिंह की स्थति और अधिक दयनीय बना दी थी। किसी चमत्कार की तरह, मानसिंह की चालीस हजार सेना में से आठ हजार अश्वारोही और बीस हजार पदातिकों ने अलग होकर, मानसिंह के लिए समर्पण की परिस्थिति उत्पन्न कर दी। शेष रहे दस हजार सैनिकों द्वारा किसी तरह सुरक्षित बचकर तो भागा जा सकता था, किंतु उनके बल पर युद्ध करने की तो कल्पना भी संभव नहीं थी।

किंतु मानसिंह अकल्पनीय ही करने को तत्पर हो गए। वे शेष बची सेना के बल पर ही युद्ध करने का दृढ़ निश्चय कर, हाथी से उतरकर चपल अश्व पर सवार हो गए। दुधारी नग्न तलवार चमकाते हुए, शत्रु-सेना पर टूट पड़ने के लिए उन्होंने घोड़े को एड़ लगाई। पेट पर लगी लोहे की ठोकर से अश्व उछला। किंतु अपने अश्व द्वारा मार्ग रोककर खड़े रास सामंत जवानसिंह से टक्कर बचाने के लिए, उन्हें लगाम खींचकर अपना अश्व नियंत्रित करना पड़ गया। क्रुद्ध मानसिंह फुंकार उठे—"मार्ग छोड़ो, रास ठाकुर! विश्वासघातियों को सबक सिखाने के मार्ग में बाधक मत बनो।"

किंतु जवानसिंह ने मार्ग नहीं छोड़ा। इसके विपरीत, घोड़े दौड़ाते हुए आउवा, आसोप, नीमाज, कुचामन आदि के सरदारों ने भी मानसिंह को दृढ़ व्यूह में घेर लिया। कुचामन ठाकुर शिवनाथसिंह ने सैनिक अभिवादन करके कहा—"महाराज! हम बिना लड़े ही युद्ध हार चुके हैं। हमारी प्रार्थना है कि आप तत्काल यहाँ से सुरक्षित निकल जाएँ।"

"नहीं!"—मानसिंह गरज उठे—"युद्ध में पलायन के स्थान पर हम युद्धभूमि में प्राण देना अधिक सम्मानजनक मानते हैं। हम अंतिम क्षण तक युद्ध करेंगे। आप लोग प्राणों के भय से साथ छोड़ना चाहें, तो अन्य सामंतों की तरह इसके लिए स्वतंत्र हैं। लेकिन हम रणभूमि से पलायन नहीं करेंगे।"

आउवा ठाकुर माधोसिंह ने अर्ज की—"महाराज ! समझदारी से काम लें। आपके सुरक्षित रहने पर तो इस पराजय का बदला लिया भी जा सकता है, लेकिन आपके न रहने पर हम किसके नेतृत्व में इस अपमान का प्रतिकार कर पाएँगे ?"

नीमाज सामंत सुलतानसिंह ने नंगी तलवार चमकाते हुए कहा—"हमारे होते आपको युद्ध करना शोभा नहीं देता। आप जोधपुर पधारें। हम शत्रु-सेना को राठौड़ी तलवार का स्वाद चखाकर आते हैं।"

आसोप ठाकुर केसरीसिंह तो जैसे युद्ध के लिए अधीर ही हो रहे थे। अपने चपल अश्व पर कठिनाई से नियंत्रण रखते हुए बोले—"महाराज ! आपकी सुरक्षा के प्रति आश्वस्त होते ही मैं शत्रु-सेना पर टूट पड़ूँगा। मेरा वेग यह मुट्ठी-भर सेना भला क्या सह पाएगी ? आपके यहाँ रहने पर मेरा चित्त आपकी सुरक्षा में लगा रहेगा। आपके चले जाने पर मैं निश्ंचित होकर, पूर्ण मनोयोग से युद्ध कर सकूँगा। विजयी हुआ तो ठीक, लेकिन युद्ध में मारा गया तो आप पुनः सेना संगठित करके इसका बदला लेना।"

सामंतों के पक्षद्रोह से खिन्न, निराश मानसिंह के मन-प्राण अपने वफादार सामंतों की निष्ठा से हरे हो गए। फिर भी युद्धभूमि से पलायन का अपयश निर्णय में बाधक सिद्ध हो रहा था। असमंजस देख जवानसिंह ने कहा—"महाराज ! यह पलायन नहीं, परिस्थितियों को अपने पक्ष में करने का कूटनीतिक कदम है। पराजय का प्रतिकार लिया जाएगा, और वह बदला महाराज जगतसिंह को इससे भी बदतर हालत में पहुँचा देगा। उसके बाद जयपुर नरेश भविष्य में जोधपुर की प्रतिष्ठा से खेलने की सोच भी नहीं पाएँगे।"

जवानसिंह के कथन को मिले समर्थन ने मानसिंह को निर्णय की स्थिति में पहुँचा दिया—"ठीक है। आप लोगों की सम्मति का आदर करके हम युद्धभूमि त्याग रहे हैं। लेकिन आप सबको भी मेरे साथ ही चलना होगा। हम अपने किसी भी वफादार को युद्ध का ग्रास बनने के लिए नहीं छोड़ेंगे। इस पलायन का बदला हम सब मिलकर लेंगे।"

आँखों ही आँखों में विचार कर सामंतों ने निर्णय कर लिया। अगले ही क्षण जोधपुरी तोपें गरज उठीं। मारो-काटो के शोर से गिंगोली की रणभूमि गूँजने लगी। सवाईसिंह सहित सभी के लिए यह अकल्पनीय था। छोटी-सी सेना के द्वारा अपने से पंद्रह गुनी सेना का मुकाबला करने की कल्पना भला कौन कर सकता था ? यह तो आत्मघात है। महाराज मानसिंह क्या पागल हो गए हैं ? उनके सामंतों ने क्या अफीम सटक ली है ?

क्षणिक ऊहापोह के बाद सवाईसिंह ने अपना कर्तव्य निर्धारित कर लिया। संकेत पाते ही एक ओर से सवाईसिंह और दूसरी ओर से अमीरखाँ के सैनिक आगे बढ़े। धूलवृष्टि के बीच मार्ग तलाशते, शस्त्र चमकाते सतर्क सैनिक आगे बढ़ने लगे। किंतु

प्रतिरोध कहाँ था? मार्ग में तो सिर्फ धूल ही धूल थी, अथवा प्रतिरोध कर रहे थे तोपों के गोले, जिनकी अनवरत मार आगे बढ़ते सैनिकों का मार्ग रोक रही थी।

जयपुरी सेना का दबाव बढ़ता गया। एक-एक कर जोधपुरी तोपें खामोश होती चली गईं। मार्ग में कोई सैनिक, कोई अश्वारोही नहीं मिला। कहाँ गई शेष जोधपुरी सेना? सवाईसिंह भौंचक्के-से रह गए। लेकिन अगले ही पल वे सब कुछ समझ गए। तो तोपखाने की गोलीबारी से युद्ध का भ्रम उत्पन्न कर, मानसिंह सेना सहित सुरक्षित निकल जाने में सफल हो गए हैं।

किंतु तब तक बहुत देर हो चुकी थी। मानसिंह उनकी पहुँच से दूर सुरक्षित मेड़ता की ओर बढ़ रहे थे।

शिकार को हाथ से निकलते देख, सवाईसिंह ने निर्णय लेने में देर नहीं की। मानसिंह की छोड़ी हुई तोपों और खजाने आदि का लोभ उन्हें बाँध नहीं पाया। अपने अश्वारोहियों के साथ वे तत्काल मेड़ता की ओर उड़ चले। अमीरखाँ ने भी अपनी सेना की एक टुकड़ी को जोधपुरी माल पर कब्जा करने के लिए छोड़, सवाईसिंह का अनुसरण किया।

अपनी दस्यु-प्रवृत्ति के कारण अमीरखाँ, सवाईसिंह के अभियान में बाधा बन रहा था। सवाईसिंह तीव्र गति से निरंतर बढ़कर, भागते हुए मानसिंह को दबोच लेना चाहते थे। लेकिन अमीरखाँ मार्ग में पड़े ग्रामों को लूटे बगैर आगे बढ़ने को तैयार नहीं था। सवाईसिंह का यदि अपना लक्ष्य था, तो अमीरखाँ का लक्ष्य अधिकाधिक धन-प्राप्ति था। पिंडारी अमीरखाँ को छोड़कर आगे बढ़ने का अर्थ सवाईसिंह भली प्रकार जानते थे। उस स्थिति में न केवल वे अकेले पड़ जाते, अपितु अमीरखाँ को लूटपाट के लिए स्वतंत्र छोड़ने पर मारवाड़ को भारी क्षति पहुँचने की आशंका भी थी। दुविधा में फँसे सवाईसिंह, अमीरखाँ की सुविधानुसार, मानसिंह का पीछा करने के लिए विवश हो गए थे।

गिंगोली से पलायन कर मानसिंह अगले दिन १४ मार्च को, मेड़ता पहुँच गए। वहाँ से जालौर पहुँच, पुनः सेना संगठित करने का उनका इरादा जान, कुचामन ठाकुर ने विरोध कर दिया—"नहीं, महाराज! हमें जालौर नहीं, जोधपुर ही जाना चाहिए।"

"लेकिन जालौर हमारे लिए शुभ रहा है। वहीं से उठकर हम सीधे जोधपुर सिंहासन पर आसीन हुए थे।"—मानसिंह ने बताया—"वहीं हमें गुरु आयस देवनाथजी ने, जालौर दुर्ग न छोड़ने की स्थिति में, हमारे मारवाड़ महाराजा बनने की भविष्यवाणी की थी। आज हम पुनः राज्यभ्रष्ट हो गए हैं। इसलिए जालौर पहुँचकर, वहाँ से पुनः राज्य-प्राप्ति के प्रयास आरंभ करना चाहते हैं।"

शिवनाथसिंह ने तत्काल प्रतिवाद कर दिया—"महाराज! आपके राज्यारोहण में जालौर दुर्ग की नहीं, स्वयं आपके भाग्य की मुख्य भूमिका रही थी। यदि महाराज भीमसिंह का आकस्मिक देहावसान न होता, तो आप तो दीपावली के बाद दुर्ग खाली करके अन्यत्र चले जाने की पेशकश कर ही चुके थे। इस बीच यदि महाराज भीमसिंह

की मृत्यु न होती, तो क्या आपको घेरे में कसे बैठा सेनापति इंद्रराज सिंघवी आपको संरक्षण प्रदान कर जोधपुर का महाराज बनाता? नहीं, महाराज! आपके लिए शुभ जालौर नहीं, मेहरानगढ़ है। आप अब भी जोधपुर महाराज हैं। यहाँ से चलकर अपनी राजधानी सँभालिए। जालौर जैसे सैकड़ों दुर्गों पर अकेला मेहरानगढ़ भारी है। वह न केवल अजेय दुर्ग है, अपितु मारवाड़ की सत्ता का प्रतिनिधि भी है। इतिहास साक्षी है कि मेहरानगढ़ का स्वामी ही मारवाड़ का अधिपति बना रह सका है। इससे बाहर रहकर किसी ने कितनी भी उठा-पटक की हो, लेकिन वह मारवाड़ महाराज कभी नहीं बन पाया। सो आप यहाँ से तत्काल रवाना होकर मेहरानगढ के गिरि-व्यूह में सुरक्षित हो, अपने राज्य की रक्षा का प्रयास करें।"

इसके बाद तो कहने को कुछ भी शेष नहीं रह गया था। संकेत पाकर लुटी-पिटी जोधपुरी सेना, जोधपुर की ओर उड़ चली। पाँच दिन बाद १९ मार्च को जोधपुर पहुँचकर मानसिंह ने राजधानी की सुरक्षा व्यवस्था सुदृढ़ की और सैनिक महत्त्व के सभी मोरचों का सूक्ष्म अवलोकन किया। महत्त्वपूर्ण केंद्रों पर तोपें चढ़ाकर, मेहरानगढ़ की बुर्जियों पर तैनात विशाल तोपों का परीक्षण भी कर लिया गया। अब वे किसी भी संभावित आक्रमण का प्रतिकार करने में सक्षम थीं। उन तोपों के संरक्षण में दुर्भेद्य मेहरानगढ़ अजेय हो गया था।

नौ

महाराज जगतसिंह की विजय का समाचार पाकर जयपुर खुशी से झूम उठा। हजारों दीपकों के प्रकाश में जयपुर-वासियों की प्रसन्नता छलक उठी। चंद्रमहल से लेकर नगर के गली-कूचे, मकान-मंदिर तक दीपछटा से आलोकित होने लगे। पर्व के बगैर ही मनी इस दीपावली में जयपुर की विजय का दर्प छलछला रहा था। आतिशबाजी की सतरंगी फुहारों से नगर का कोना-कोना आलोकित हो उठा। गली, मोहल्ले, चौकड़ी-चौराहों पर सर्वत्र महाराज की विजय की ही चर्चा थी।

रसकपूर तो जैसे पगला ही उठी। उसने अपने हाथों से राजकोष के कपाट खोल दिए। गरीबों को अन्न-वस्त्र बाँटे जाने लगे। मंदिरों में प्रतिदिन जानेवाला चढ़ावा दुगुना हो गया। सामंतों-मुसाहिबों के घर मिठाई के थाल पहुँचने लगे। जनानी ड्योढ़ी में यह सुसंवाद देने रसकपूर स्वयं पहुँची। अकेली, सिर्फ कुंदन भगतण को साथ लिये 'माधोनिवास' की ड्योढ़ी पर आई रसकपूर को देख हलचल मच गई। दासियाँ बौखलाई-सी पटरानी बीकावतजी को सूचना देने भागीं। युद्ध-प्रयाण करते महाराज को विजय-तिलक करवाने 'माधोनिवास' में लाने के कारण रसकपूर के प्रति पटरानीजी के मन में जमी कटुता की परतें जैसे उखड़ने लगी थीं। उनके पद को दूसरी बार सम्मान प्रदान कर रसकपूर ने, शत्रुता के प्रस्तर खंडों में आत्मीयता का कोमल-किसलय-प्रस्फुटन कर ही दिया था। उसके आगमन का समाचार पाकर बीकावतजी ने तत्काल अंदर बुला लेने का आदेश दे दिया।

पटरानी की अनुमति पाकर रसकपूर पैरों में पंख-से लगाए उनके सामने जा खड़ी हुई। अगले ही पल चरण-स्पर्श कर कह उठी—"ज्येष्ठा के चरणों में छोटी बहन का प्रणाम।"

नितांत अकल्पनीय ही तो था। बीकानेरी राजकुमारी फतहकँवर के लिए अपनी आँखों पर विश्वास करना कठिन हो गया। मर्दों को भी धूल चटानेवाली रसकपूर उसके पैरों पड़े, भला कैसे संभव है? लेकिन यही असंभव तो आज संभव हो गया था। पटरानी के हृदय का कठोर आवरण हटने लगा। अंतर के कोमल भाग में प्रवेश का मजबूती से बंद किया लौह द्वार, रसकपूर के लिए खुलने लगा। पैरों में झुकी अर्धराजिन को बाँहें पकड़कर उठाते हुए मुसकराकर पूछा—"क्या बात है? बहुत प्रसन्न दिख रही हो। क्या युद्ध का कोई समाचार आया है?"

"हाँ, जीजी ! वही तो सुनाने आई हूँ।"—रसकपूर का मन-गात हर्ष से काँप रहा था—"महाराज का अभियान सफल रहा। उन्होंने बिना किसी क्षति के जोधपुर महाराज को परास्त कर, उन्हें युद्ध से पलायन करने के लिए विवश कर दिया। पराजित मानसिंह अपनी बची-खुची सेना के साथ मेड़ता की ओर भाग निकले हैं।"

अकल्पनीय सुसंवाद से फतहकँवर जैसे किंकर्तव्यविमूढ़ हो गई। फिर रसकपूर को बाँहों में भरकर प्रसन्नातिरेक से नाच-सी उठी। हड़बड़ी में लगभग चिल्लाकर बोली—"अरी दासियो ! ऐसे चुपचाप क्यों खड़ी हो? शंख-ध्वनि करो, मंगल-वाद्य बजाओ। जनानी ड्योढ़ी में सबको विजय की खबर करो। दान-पुण्य करो। मंदिरों में सीधे भिजवाओ।"

दासियों-बाइयों के जैसे पंख लग गए। एक भागती, चार भागीं और कुछ ही पलों में जनानी ड्योढ़ी के रावळे शंख-ध्वनियों से गूँज उठे। जगतसिंह की महारानियाँ अपनी राजसी गरिमा त्याग, नंगे पैरों ही 'माधोनिवास' की ओर लपक पड़ीं। कुछ ही क्षणों में पटरानी का रावळा, उत्सुक-उत्फुल्ल महारानियों से भर गया। जगतसिंह की पड़दायतें भी स्वयं को नहीं रोक पाईं। विजय के सुसंवाद का विवरण जानने, महारानियों के पीछे ही वे भी पहुँच गईं।

वहाँ रसकपूर को भुजबंधन में आबद्ध कर, नर्तन-सा करती पटरानी को देख वे स्तंभित रह गईं। किंकर्तव्यविमूढ़ बनी, कुछ पल एक-दूसरे को ताकती महारानियों को अनिश्चय की स्थिति से निकाला अगरकँवर उदयभानोत ने। उन्होंने 'महाराज की जय' के उद्घोष के साथ, नववधू पोकरण राजकुमारी चाँदकँवर को बाँहों में भर लिया। फिर तो जैसे हड़कंप मच गया। महारानियाँ एक दूसरे की भुजमाल धारण कर, हर्षातिरेक से झूमती नाचने लगीं। एक के आलिंगन से छूट, दूसरी की मृणाल-भुजाओं में समाती महारानियाँ अपना कुल-गौरव, मान-मर्यादा का आडंबर विस्मृत कर, नारी के स्वाभाविक परिवेश में आ गई थीं, जहाँ सिर्फ मस्ती और आनंद था। रसकपूर को बबुआ-सी घुमाती, लाड़ लड़ाती महारानियाँ जैसे दूध-शक्कर हो उठी थीं। आंतरिक प्रसन्नता के आवेग से खिलखिलाते कंठ-स्वरों में अनूठी मादकता भरने लगी थीं। वसन, व्यजन-सी मुक्त हिलोरें लेने लगे। आभूषण-शृंगार अव्यवस्थित हो चला। किसी को तन-वस्त्र की सुध नहीं रही। कोई देख पाता तो दाँतों तले अँगुली दबा लेता। राजसी अदब-कायदों में पली-बढ़ी राजकुमारियों के जीवन में मर्यादाएँ इस प्रकार रच-बस गई थीं कि उन्हें सहज, सामान्य नारी के रूप में देखने की कल्पना भी असंभव प्रतीत होती थी। वे ही महारानियाँ आज आडंबर त्याग, मात्र नारी बन, इस अयाचित प्रसन्नता को सहज-स्वाभाविक रूप में भोग-बाँट रही थीं।

हर्षावेग कम हुआ। ललाट पर श्रम-बिंदुओं के मोती सजाए, एक-दूसरी की बाँहों का आश्रय लिये, मखमली आसनों पर गिरकर श्वासों के तीव्र आरोह-अवरोह को नियंत्रित करने लगीं। भुज-बंधन से मुक्ति की रसकपूर की प्रार्थना पटरानी ने ठुकरा

दी—"इतनी आसानी से नहीं छोड़ूँगी। बड़ी मुश्किल से तो आज पकड़ में आई हो।"

फिर जैसे तरस-सा खाती हुई कह उठीं—"अच्छा, एक शर्त पर छोड़ सकती हूँ। हमें युद्ध के पूरे समाचार बताओ। महाराज को यह विजय कैसे प्राप्त हुई?"

उत्सुक महारानियाँ रसकपूर के चारों ओर सिमट आईं। किसी पुरखिन को घेरकर कहानी सुनने को उत्सुक बालिकाओं जैसा उत्साह आँखों में छलक रहा था। रसकपूर ने जयपुर से आरंभ हुए सैन्य-अभियान में, खेतड़ी राजा अभयसिंह के बाद बीकानेर महाराजा सूरतसिंह, सीकर सामंत लक्ष्मणसिंह, अमीरखाँ पिंडारी, पोकरण ठाकुर सवाईसिंह, सिंधिया की सेना और हैदराबाद रिसाले के पठानों के आ मिलने से सागर की उत्ताल तरंगों-सी हिलोरें लेती जयपुरी सेना के मारोठ पहुँचने के बारे में विस्तार से बताया। इसके विपरीत, चालीस हजार सेना के साथ गिंगोली के मैदान में उतरे मानसिंह का, उनके हरसोलाव, बगड़ी, खींवसर, बिलाड़ा, मेड़ता, सांतलमेर, कंटालिया, चंडालिया, उमरकोट आदि सामंतों ने युद्ध आरंभ होते ही साथ छोड़कर, जोधपुर नरेश की दशा किस तरह दयनीय बना दी थी और महाराज मानसिंह को कैसे दुम दबाकर बची-खुची सेना के साथ मेड़ता की ओर भागना पड़ गया था, यह सब बताया, फिर बोली—"वे तो अपनी तोपें और खजाना तक छोड़ भागे थे!"

रसकपूर के रोचक वर्णन से महारानियाँ आशंका, औत्सुक्य, आश्चर्य और भय के भावों में डूबती-उतराती, पराजित मानसिंह के पलायन पर हर्षविभोर हो उठीं। भागते मानसिंह की कल्पना कर, वे खिलखिलाकर हँस पड़ीं। तोपें और खजाना तक छोड़कर भाग छूटने की बात सुनकर तो अपनी हँसी नियंत्रित करने का असफल प्रयास करती हुई, वे पेट पकड़कर एक-दूसरी पर ढेर होने लगीं। माधोनिवास हँसी से दुहरी होती महारानियों के कोकिल कलरव से रससिक्त हो उठा।

"मेरे ताऊ महाराज सूरतसिंह के बारे में भी तो बताओ,"—बीकानेर महाराजा के छोटे भाई राजा अजबसिंह की पुत्री पटरानी बीकावतजी पूछ बैठीं—"उन्होंने युद्ध में क्या किया?"

"वे भला क्या करते? जीजी! वहाँ किसी को भी कुछ करने का मौका ही कब मिला? महाराज मानसिंह तो युद्ध आरंभ होते ही भाग छूटे थे।"—रसकपूर को भी जैसे हँसी की छूत लग गई थी। उसकी खिलखिलाहट में अपनी हँसी के मोती गूँथती पटरानी कह उठी—"कोई लड़ता भी कैसे? तुम किसी को लड़ने ही कहाँ दे रही थीं?"

सुनकर खिलखिलाहटें सिमटती हुई अकस्मात् थम गईं। पटरानी के कथन का अर्थ समझने के लिए महारानियाँ अपनी हँसी रोक, उत्सुकता से उनकी ओर देखने लगीं। रसकपूर भी इस टिप्पणी पर किंचित् हतप्रभ हो उठी—"मैं समझी नहीं?"

"समझी नहीं? या हमें समझाना नहीं चाहती?"—पटरानी की मुसकान रहस्यमय हो उठी थी—"अपना कारनामा भी तो सुनाओ। यह भी तो बताओ कि युद्ध आरंभ होने के साथ ही समाप्त भी हो जाने की योजना तो वास्तव में तुम्हारी ही बनाई हुई थी।

महाराजा मानसिंह के इस प्रकार मैदान छोड़ भागने की जड़ में तुम हो, अधराजण !"

सुनकर रसकपूर मन-ही-मन खिल उठी। किंतु प्रशंसा से उत्पन्न मनोभावों को दबाकर बोली—"आपको किसी ने भ्रमित कर दिया है, जीजी ! महाराज की कृपा के कारण राजमहल में भले ही मेरा कुछ प्रभाव हो, लेकिन युद्ध-भूमि में मैं भला कैसे प्रभावी हो सकती थी ? वहाँ तो थे एक से एक चतुर-शूरवीर राजा, सामंत, मराठे, पिंडारी। वे भला मुझे क्या गिनते ? और फिर मैं तो वहाँ थी भी नहीं। तब युद्ध के परिणामों पर मेरा नियंत्रण कैसे संभव था ?"

पटरानी फतहकँवर खिलखिलाकर हँस पड़ीं—"हमें ही भुलावा दे रही हो ? वहाँ दीवान रामचंद्र जो बैठे हैं, तुम्हारी योजनाओं को कार्यान्वित करने के लिए। सचमुच तुमने असाधारण काम किया है। इस युद्ध में दोनों पक्षों के विनाश का पता तो युद्ध-समाप्ति के बाद ही चलता। इस पर भी आर्थिक रूप से जर्जर इन राज्यों के लिए तो वह महाविनाश से कम नहीं होता। तुमने युद्ध से बचाकर दोनों राज्यों का कल्याण किया है। रसकपूर ! तुम सचमुच प्रशंसा की पात्र हो।"

रसकपूर समझ गई कि पटरानी बीकावतजी अन्य महारानियों की तरह मात्र रानी ही नहीं हैं। उन्हें भी राज्य की गतिविधियों की बाह्य और आंतरिक जानकारी रहती है। उसकी अपनी गतिविधियाँ भी उनसे छिपी नहीं रह सकीं। उसे पटरानी से ऐसे चातुर्य की आशा नहीं थी। इस पर भी अपनी प्रशंसा के उत्तर में उसने कह दिया—"अब मेरी प्रशंसा जीजी नहीं करेंगी तो भला और कौन लाड़ करेगा ? उनकी बात भी भला कभी गलत हो सकती है ? तो भी मैं बताना चाहूँगी कि युद्ध की समस्त योजना महाराज ने ही तैयार की थी। मैंने तो अपनी बुद्धि के अनुसार यदा-कदा अपना परामर्श ही दिया था और वह भी माँगे जाने पर। विजय का संपूर्ण श्रेय महाराज को ही है।"

"चलो तुम्हारी ही बात सच मान लेते हैं,"—अमरगढ़ ठाकुर बख्तावरसिंह की पुत्री सरदारकँवर जादम ने मुसकराकर पूछ लिया—"लेकिन अब तो यह बताओ कि हमारे महाराज कब तक वापस लौट रहे हैं ?"

"हाँ, इसकी जानकारी हमें तुमसे ही मिल सकती है। उनके स्वागत के लिए हम बेचैन हो उठी हैं।"—बोसा की तीनों भटियानी महारानियाँ एक साथ कह उठीं। इन चचेरी बहनों ने एक-दूसरे के पीछे-पीछे जगतसिंह से भाँवरें लेकर महारानियों के रावळे आबाद किए थे। बोसा ठाकुर जोरावरसिंह की पुत्री चाँदकँवर और शक्तिसिंह की पुत्री रूपकँवरी के विवाह एक दिन आगे-पीछे होने के कारण चाँदकँवर वरिष्ठ और रूपकँवर कनिष्ठ महारानी हो गई थी। बोसा के ही ठाकुर फतहसिंह की पुत्री का नाम भी चाँदकँवरी ही था। उसके महारानी बनने से पूर्व ही किशोरसिंह भाटी की पुत्री विजयकँवर से विवाह हो जाने के कारण वह आठवीं भटियाणी रानी कहलाने लगी थी। आपस में चचेरी बहनें होने के कारण बोसा राजकुमारियों को सौतिया डाह कहीं छू भी नहीं गया था। इस पर भी रसकपूर को लेकर वे भिन्न मत रखने लगी थीं। वरिष्ठ

चाँदकँवर और रूपकँवर जहाँ रसकपूर विरोधी थीं, वहाँ फतहसिंह की पुत्री चाँदकँवर ने उसे भी अन्य महारानियों-पड़दायतों की तरह सहज रूप में स्वीकार कर लिया था।

बोसा बहनों का समवेत प्रश्न सुनकर रसकपूर के होंठों पर स्वप्निल मुसकान खिल उठी। महाराज की प्रतीक्षा तो स्वयं उसे भी थी। वह भी तो उनके गले लगकर, विरहाग्नि को शीतल करने के लिए विकल थी। बोली—"बहुत जल्दी महाराज हमारे बीच होंगे। गिंगोली से वे सीधे उदयपुर जाकर मेवाड़ राजकुमारी से विवाह करेंगे, फिर नवपरिणीता महारानी के साथ जयपुर के लिए प्रस्थान कर देंगे। अधिक-से-अधिक एक माह में वे जयपुर लौट आएँगे।"

"ओह! अभी एक माह और प्रतीक्षा करनी होगी।"—जाजऊ ठाकुर बुद्धसिंह तँवर की हँसोड़ पुत्री नवलकुमारी ने सीने पर हाथ रखकर आह भरी, तो महारानियाँ खिलखिलाकर हँस पड़ीं। अहजनकँवर भटियाणी ने कहा—"देखो, आह तो ऐसे भर रही हैं जैसे महाराज आते ही सीधे इन्हीं के रावळे में पधारनेवाले हों।"

"किंतु महाराज ने यदि जोधपुर जाकर धौकलसिंह को गद्दी पर बैठाने का निश्चय किया तब उनकी शीघ्र वापसी कैसे संभव हो पाएगी?"—पटरानी द्वारा शंका व्यक्त करने पर रसकपूर बोली—"नहीं, ऐसा नहीं होगा। मेड़ता में बैठे मानसिंह को भागने के लिए जालौर की दिशा ही खुली रह गई है। वे जालौर दुर्ग में पहुँच स्वयं को संगठित कर, पुनः जोधपुर पर आक्रमण करने का विचार कर सकते हैं। उनका पीछा करते सवाईसिंह, अमीरखाँ और महाराज सूरतसिंह, अरक्षित जोधपुर पर कब्जा कर, आसानी से धौकलसिंह को मारवाड़ महाराजा के पद पर अभिषिक्त कर देंगे। हमारे महाराज को उस दिशा में जाना तो दूर, सोचने की भी आवश्यकता नहीं होगी।"

□

नारी होकर भी रसकपूर नारी-मन की थाह नहीं ले पाई। जनानी ड्योढ़ी में पटरानी और महारानियों के गले लग, उनके छलकते स्नेह से भीग, रसकपूर रनिवास के कंटकाकीर्ण रावळों-गलियारों को निष्कंटक मान बैठी। पटरानी की स्नेहपगी छेड़छाड़ के बाद तो कलुषता का अवशेष भी नहीं रह गया था।

यहीं रसकपूर चूक गई। नारी-मन की थाह ले पाने में असमर्थ वह यह नहीं समझ सकी कि महाराज की परमप्रिया से अर्धराजण बनकर, उसने पटरानी के जिस अधिकार और सम्मान का हरण किया था, वह भला कैसे उसकी स्नेहपात्र बन सकती थी?

जनानी ड्योढ़ी में विजयोत्सव के बाद रसकपूर के बिदा होते ही, एक-एक कर महारानियाँ भी पटरानी को प्रणाम कर, अपने-अपने रावळों की ओर रवाना होने लगीं। किंतु भटियाणी महारानी अहजनकँवरी और अभयकँवर किसी विशेष कारण से बैठी ही रहीं, जबकि पोकरण राजकुमार चाँदकँवर चाँपावत को पटरानी ने ही संकेत से रोक लिया था। एकांत होते ही अहजनकँवर जैसे फट पड़ी—"वाह जीजी! खूब निबाहा अपने पट्टमहिषी पद का दायित्व। गले लगाकर नाचने को वह पातुर ही रह गई थी?"

"हाँ, जीजी ! भला आपको यह क्या सूझी ?"—अभयकँवर के स्वरों में भी भर्त्सना का भाव मुखर हो रहा था—"उसने तो वैसे ही महाराज को हमसे छीन रखा है। आपके भी इस समर्पण के बाद तो वह हमारा जीना भी दूभर कर देगी।"

किंतु रसकपूर से प्रभावित होने के कारण पोकरण राजकुमारी ने दबे स्वर में प्रतिवाद किया। विवाह के बाद हर रात, रसकपूर का महाराज को हाथ पकड़कर उसके शयनकक्ष में छोड़ जाना, वह भूली नहीं थी। उसने दबे स्वर में कहा—"आप लोग व्यर्थ ही उनसे नाराज हैं। वे तो बहुत खुशमिजाज और दूसरों का खयाल रखनेवाली हैं।"

सुनकर अहजनकँवर जैसे बिफर गई—"सँभलकर रहना, नई महारानी ! हाथी के दिखावटी दाँतों की खूबसूरती में उलझकर मत रह जाना। उसके असली दाँतों से सामना होने पर तुम कहीं की नहीं रहोगी। उसकी मीठी मुसकान में छिपे विष से अनभिज्ञ रहकर तुम आत्मघात कर रही हो।"

"भटियाणी रानी ठीक कह रही हैं, चाँद !"—पटरानी बीकावतजी बोलीं—"मीठी मुसकान के छलावे में आने पर तो जीवन-भर रोना ही शेष रह जाएगा।"

सुनकर जहाँ भटियाणी रानियों के चेहरे पर हर्ष की रेखाएँ खिंच गईं, वहाँ चाँदकँवरी चौंक उठी—"पटरानी जीजी ! आप भी ऐसा सोचती हैं ?"

"हाँ री, बावली ! तू अभी बच्ची है। महाराज के स्पर्शसुख से बौराई हुई है। उसने महाराज को एक-आध बार तेरे रावळे में लाकर छोड़ दिया, तो तू उसी की हो गई। उसके असली रूप का पता तो तब चलेगा, जब तू भी हमारी ही तरह अपने पति के दर्शनों को तरस जाएगी। हाथ पकड़कर तेरे शयनकक्ष में छोड़ जानेवाली यह नागिन, महाराज को अपने 'रसविलास' से आगे नहीं आने देगी !"

"पटरानी जीजी !"—पोकरण राजकुमारी पति विरह कल्पना से थरथरा-सी उठी।

"हाँ री ! यही सचाई है,"—पटरानी की आँखों में दर्द का जैसे सागर ही उमड़ आया था—"यही अनुग्रह उसने मुझ पर भी किया था। युद्ध में जाने से पूर्व वह महाराज को विजय-तिलक दिलाने मेरे पास लेकर आई थी। उस घड़ी मन तो हुआ था कि आरती का थाल पटककर, महाराज को रावळे से निकल जाने को कह दूँ।····वे स्वयं नहीं आए थे चाँद ! बल्कि वह तवायफ, उन्हें मेरे आरती के थाल में भिक्षा के रूप में देने लाई थी।····लेकिन वे मेरे पति थे···· थाल पटककर उनकी अमंगलकामना मैं कैसे कर सकती थी ?····वे युद्ध में जा रहे थे। वचन और कर्म की बात तो दूर···मैं तो मन से भी उनका अहित नहीं सोच सकती थी। सीने पर पत्थर रखकर···उस तवायफ के अस्तित्व को विस्मृत कर···मैंने अपने पति को विजयतिलक लगाकर बिदा दी···महाराज चले गए···लेकिन हमारे अस्तित्व को चुनौती देकर। अब उनकी पत्नियों के अधिकार भी उस तवायफ की इच्छा के मोहताज हो गए। ऐसे जीवन से तो मृत्यु अधिक सुखकर है।"

पटरानी बीकावतजी की आँखों में घनीभूत पीड़ा, अश्रुबिंदों के रूप में तैर उठी। यशस्वी जयपुर राज्य की पटरानी की आँखों के आँसू तो राज्यों को उलट-पलटने का

सामर्थ्य रखते थे। फिर किसी व्यक्ति की तो बात ही क्या थी? भटियाणियों के साथ, चाँपावत रानी ने भी उनके हाथ पर हाथ रखकर मन, वचन, कर्म से साथ देने की प्रतिज्ञा कर डाली।

"हमें क्या करना होगा, जीजी!"—अहजनकँवर के प्रश्न का पटरानी ने विचित्र उत्तर दिया—"महाराज को उदयपुर के स्थान पर जोधपुर के लिए रवाना करवाना होगा। उनकी विजय पराजय में बदलनी होगी।"

"क्या?"—आश्चर्य से चाँदकँवर का मुँह खुला रह गया—"आप स्वयं महाराज के अमंगल का प्रयास करेंगी?"

"इसमें भला अमंगल कैसा?"—पटरानी ने समझाया—"हमारे 'बहादुर महाराज' तो युद्ध से वैसे भी कोसों दूर रहते हैं। युद्ध तो उनके सामंत और जयपुर की सेना ही लड़ती है। पराजय की स्थिति में मारे भी वे ही जाएँगे। महाराज के जीवन को तो रंचमात्र भी भय नहीं होगा। ये कोई राठौड़ महाराज थोड़े ही हैं, जो युद्ध में सबसे आगे रहकर, अपने प्राण संकट में डालें। पराजय की स्थिति में कोई-न-कोई समझौता करके कुछ दे-लेकर वे निरापद वापस लौट आएँगे।"

"किंतु इससे होनेवाली जन-धन की भारी क्षति की पूर्ति कौन करेगा? हजारों सैनिक मारे जाएँगे, अभियान पर खर्च किया गया लाखों रुपया व्यर्थ चला जाएगा। उसका क्या होगा, जीजी!"—चाँदकँवरी पराजय की कल्पना से काँप उठी थी।

फतहकँवर खिलखिलाकर हँस पड़ी—"बावली है तू तो! अरे सैनिकों के जीवन-मृत्यु की भी भला कोई चिंता करता है? प्रत्येक शासक स्वार्थों की रक्षा के लिए इन्हें पालता है और उनकी पूर्ति के लिए ही सैनिकों को युद्ध में झोंकता रहता है। अब बताओ, यह युद्ध किसलिए आवश्यक हो गया था? इसीलिए न कि मेवाड़ राजकुमारी राजपूताने की सबसे सुंदर युवती है। हमारे विलासी महाराज उसे भोगने के लिए व्याकुल हो उठे हैं। लेकिन क्या जनानी ड्योढ़ी में सुंदर स्त्रियों का अभाव है? कृष्णा कुमारी में पता नहीं कौन से लाल जड़े होंगे। लेकिन हम सभी की गिनती सुंदर स्त्रियों में ही होती है। हमारा रूप-यौवन किसी भी पुरुष को सम्मोहित करने का सामर्थ्य रखता है। फिर भी महाराज, हम परिणीताओं को छोड़, नई-नई स्त्रियों के पीछे भागते रहते हैं। यह युद्ध उनकी इसी कामवासना का परिणाम है।"

"पटरानी जीजी ठीक ही तो कह रही हैं। जब महाराज अपनी वासनापूर्ति के लिए इतना कुछ दाँव पर लगा सकते हैं, तो हमें भी अपनी प्रतिष्ठा और पत्नी के अधिकारों की रक्षा के लिए इन्हें दाँव पर लगाने का अधिकार क्यों नहीं है?"—अभयकँवरी ने समर्थन कर दिया।

"और फिर यह क्यों भूल जाती हो कि इस युद्ध की संपूर्ण योजना रसकपूर ने दीवान रामचंद्र के सहयोग से तैयार की है। इसमें सफल हो जाने पर तो उसका प्रभाव इतना अधिक बढ़ जाएगा कि हम तो दूर खड़ी उसे ताकते रहने के अतिरिक्त और कुछ

करने योग्य ही नहीं रह जाएँगी,"—पटरानी के स्वर में घृणा और चेतावनी का भाव भर गया—"इस नागिन के विषदंत अभी तोड़ने होंगे, अन्यथा अवसर आने पर यह हमें डसे बगैर नहीं रहेगी।"

"तो मुझे क्या करने के लिए कहती हैं आप ?"—चाँदकँवरी ने पूछा।

"वही जो तुम्हारा अपने पीहर के प्रति कर्तव्य भी है"—पटरानी मुसकराईं—"अपने बाबा और पिता को संदेश भेजो कि वे धौकलसिंह के जोधपुर महाराजा के पद पर अभिषिक्त हुए बगैर, महाराज को उदयपुर की ओर न जाने दें। आखिर इस उद्देश्य के लिए ही तो उन्होंने तुम्हारा विवाह महाराज के साथ किया था।"

"और भटियाणी रानियो! आप दोनों महाराज की विजय पर बधाई भेजते हुए, उनसे जोधपुर न जाने की प्रार्थना करो। उन्हें बताओ कि उस ओर बढ़ना खतरे से खाली नहीं है। अपने व्यंग्य-बाणों से उन्हें जोधपुर की ओर ही रवाना होने के लिए उकसाओ।"

"और आप क्या करेंगी, जीजी ?"—अहजनकँवर ने पूछ लिया।

उत्तर में पटरानी के होंठों पर विषैली मुसकान तैर उठी—"मैं वह करूँगी, जो इस नागिन के विषदंतों के साथ इसे ही समूल नष्ट करने में सहायक बनेगा।"

ताली की आवाज पर आई दासी को पटरानी ने आदेश दिया—"चाँदसिंहजी को संदेश भिजवा दिया जाए कि वे कल सुबह बीकानेर से आए हमारे भाई को लेकर, ड्योढ़ी पर उपस्थित हो जाएँ।"

"आपके भाई यहाँ आए हुए हैं और हमें खबर भी नहीं,"—भटियाणी रानियों की शिकायत पर बीकावतजी खिलखिलाकर हँस पड़ीं—"थोड़ा धीरज रखो। पहले कार्यसिद्धि तो होने दो। फिर यदि रसकपूर की गति पसंद आ जाए, तो तुम्हें भी उससे मिलवा दूँगी।"

□

अकस्मात् बिना किसी पूर्वसूचना के पटरानी को रसविलास में प्रवेश करते देख, रसकपूर की दासियों-बाँदियों में हड़कंप-सा मच गया। सभी उन्हें झुक-झुककर प्रणाम करने लगीं। तेज से प्रदीप्त मुख पर, मंद हास्य की थिरकन के साथ पट्टमहिषी ने पूछा—"अरी दासियो, कहाँ है तुम्हारी स्वामिनी ? क्या सात तालों में छिपी बैठी है ?"

घबराई दासियों में कुछ तो उनके चरणों में मस्तक रख प्रणाम करने लगीं और कुछ ऊपर रसकपूर को सूचना देने भागीं।

सुनकर रसकपूर भी हड़बड़ा ही तो उठी। यह अकल्पनीय परिस्थिति तो संपूर्ण संभावनाओं से परे थी। वह तेजी से वस्त्र व्यवस्थित करती-सी उठी, तो द्वार पर पटरानी के स्वर ने जैसे जड़ कर दिया—"कहाँ भाग रही हो, अधराजण! हमसे छुपकर। हम तो तुम्हें पकड़ने यहीं आ गए।"

हड़बड़ाहट में फतहकँवर के चरण-स्पर्श कर रसकपूर शिकायत कर उठी—"यह

क्या? जीजी! आप मेरे यहाँ पधारें और वह भी बिना सूचना के। मुझसे ऐसा क्या अपराध हो गया जो इस प्रकार दंडित कर रही हैं? तनिक-सी सूचना पाते ही मैं स्वयं नंगे पैरों भागती, आपकी सेवा में उपस्थित हो जाती।"

"अपराध तो तुमसे हुआ ही है और उसी के लिए दंडित भी करने आई हूँ"—पटरानी के होंठों पर मृदुल हास्य थिरक उठा—"अपने स्नेहिल व्यवहार से हमारे मन का आक्रोश धोकर, हमारी बहन बन जाने के अपराध का ही यह दंड है। बहनों के यहाँ आने-जाने में भी भला राजसी औपचारिकताएँ आड़े आती हैं? जब तुम बिना सूचना या निमंत्रण मेरे यहाँ आ सकती हो, तो मैं क्या किसी की कैदी हूँ, जो अपनी बहन से मिलने के लिए किसी आमंत्रण की प्रतीक्षा करूँ?"

"जीजी!"—पटरानी के अनपेक्षित स्नेहिल व्यवहार से रसकपूर की आँखें भर आईं। उनके चरणों में सिर रखकर भीगे स्वर में बोली—"यह मान देकर तो आपने मुझे खरीद ही लिया। मेरी कुटिया को अपनी चरण-धूलि से पवित्र कर दिया। जीजी! भविष्य में भी इसी प्रकार अपने कृपाप्रसाद से मुझे कृतार्थ करती रहना।"

"ठीक है, लेकिन इसमें समय का कोई बंधन तो नहीं होगा?"—पटरानी के मुख पर शरारत तैर उठी।

"आपके लिए भला कैसा बंधन? आप तो संपूर्ण महल की स्वामिनी हैं"—रसकपूर ने उत्तर दिया।

"तब ठीक है। किसी अर्धरात्रि को संगीत-नूपुर की ध्वनियाँ शांत हो जाने के बाद, चुपचाप दबे पैरों आकर महाराज के साथ तुम्हारे अभिसार में विघ्न डाल दूँगी, तब पता चलेगा!"—फतहकँवर की शरारत बढ़ती जा रही थी।

"जीजी!"—शरमाकर रसकपूर ने पटरानी के वक्ष में मुँह छिपा लिया—"आप तो हँसी करने लगीं।"

"हाँ, और यह हँसी उस समय तुझे बहुत कड़वी लगेगी। तब तो मन-ही-मन मुझे गालियाँ ही देगी न?"

"सच बताऊँ, उस समय मैं क्या करूँगी"—पटरानी के कान से होंठ जोड़कर रसकपूर फुसफुसा उठी—"तब मैं आपको महाराज की बाँहों में धकेल, अपने वस्त्र उठाकर दूसरे कक्ष में भाग जाऊँगी। जाते-जाते द्वार की बाहर से साँकल लगाना भी नहीं भूलूँगी।"

परस्पर हास-परिहास के बीच अल्पाहार करती हुई पटरानी को जैसे अकस्मात् कुछ याद आ गया। चौंककर बोलीं—"अरे! जिस काम के लिए आई थी, वह तो बताना ही भूल गई।"

"आप आदेश करें, मेरी सामर्थ्य में होने पर तत्काल पालन होगा।"

"दरअसल मेरा चचेरा भाई रत्नसिंह बीकानेर से यहाँ आया हुआ है। रेगिस्तानी प्रदेश होने के कारण एक तो वहाँ रोजगार के साधन ही बहुत सीमित हैं, फिर महाराज

सूरतसिंह का भतीजा होने के कारण बीकानेर में उसे न तो कोई नौकरी देगा और न उसका किसी सामान्य प्रजाजन की नौकरी करना महाराज ताऊजी को पसंद ही आएगा। महत्त्वाकांक्षी होने के कारण वह बीकानेरी सेना में छोटी-मोटी वृत्ति पाने का इच्छुक भी नहीं। जोधपुर वह जा नहीं सकता, क्योंकि बीकानेर महाराज धौकलसिंह का पक्ष लेकर, जोधपुर महाराजा के विरुद्ध युद्ध छेड़े हुए हैं। ऐसी स्थिति में वह यहाँ आ गया। लेकिन यहाँ भी महाराज नहीं हैं। ऐसे में उसे उसकी योग्यता के अनुरूप नौकरी कौन दे?"—पटरानी ने कह दिया।

"किंतु आप पटरानी हैं। आपका आदेश टालने की धृष्टता भला कौन कर सकता है?"

"नहीं बहन! मुझे मेरे सामर्थ्य की सीमाओं का ज्ञान है। माधोनिवास में भले ही मेरी इच्छा के बगैर पत्ता भी न खड़के, लेकिन उसके बाहर तो मैं सिर्फ शोभा की वस्तु हूँ। जनानी ड्योढ़ी के उत्सवों, महाराज के मांगलिक कार्यों आदि के अवसरों तक सीमित मेरे सम्मान में सिर्फ प्रदर्शन है, अधिकार कुछ भी नहीं!"—पटरानी के नेत्रों में व्यथा की हिलोर उठी—"महाराज होते तो अपने भाई के लिए उनसे निवेदन करती, लेकिन उनकी अनुपस्थिति में किससे कहूँ?"

"आप व्यर्थ में दुखी न हों, जीजी! आपके भाई को नौकरी मिल जाएगी।"—रसकपूर ने पटरानी का हाथ अपने हाथों में लेते हुए कह दिया।

"वह क्या मेरा ही भाई है?"—फतहकँवर ने कृत्रिम आक्रोश के साथ कह दिया—"जब तुम मेरी बहन हो, तो क्या वह तुम्हारा भाई नहीं हुआ? मुझसे-तुमसे तो वह उम्र में भी छोटा है। जनानी ड्योढ़ी में पुरुष प्रवेश वर्जित न होता तो मैं उसे अपनी सेवा में रख लेती। नौकरी के साथ उसे बड़ी बहन की सेवा का पुण्य भी मिलता रहता। चलो, फिर भी वह भाग्यशाली ही रहा। मेरी न सही, अपनी दूसरी बहन की सेवा करके तो अपना जीवन धन्य कर लेगा।"—पटरानी के होंठों पर मुक्त हास्य थिरकने लगा—"वैसे भी मेरी सेवा से उसे कोई जागीर तो मिल नहीं जाती। लेकिन अधराजण बहन को खुश करके तो वह उन्नति की किसी भी ऊँचाई तक पहुँच सकता है। तुम्हारे कल के व्यवहार से आशान्वित होकर ही मैं तुमसे यह सब कहने का मनोबल जुटा पाई हूँ। तुम्हारे निश्छल अनुरागी स्वभाव ने मुझे जीत लिया है, अधराजण! इसी से तुम्हें, तुम्हारे भाई को अपनी छत्रछाया में ले लेने का अनुरोध करने चली आई हूँ।"

अपनी निजी सेवा में नौकर रखे जाने के प्रस्ताव पर रसकपूर थोड़ी झिझकी। यद्यपि उसके महल में जनानी ड्योढ़ी की तरह पुरुष प्रवेश वर्जित तो नहीं था, तो भी वहाँ नियुक्ति से पूर्व विश्वसनीयता की परीक्षा तो की ही जानी चाहिए। दबे से स्वर में कहा—"रत्नसिंह को चंद्रमहल में नौकरी दे दी जाए तो कैसा रहेगा?"

"इसमें अनुचित तो कुछ भी नहीं है। किंतु वह स्वाभिमानी लड़का परिचय दिए बगैर, स्वयं के सामर्थ्य-बल पर ही उन्नति का मार्ग खोलना चाहता है। फिर मैं भी नहीं

चाहती कि वह पटरानी के भाई के रूप में जाना जाकर भी सामान्य नौकरी करे, या फिर उसके बल पर अनावश्यक रौब गाँठता फिरे। अपरिचय की स्थति में जहाँ कभी उसके सम्मान को आघात पहुँच सकता है, वहाँ अपने बहनोई महाराजा के कार्यकलाप देखकर उनके बारे में गलत राय भी बना सकता है,"—पटरानी ने कोमल प्रतिवाद किया—"तुम्हारी सेवा में रहने पर उसे दोनों ही भय नहीं रहेंगे। अधराजण बहन की प्रसन्नता और औदार्य का लाभ उसके लिए अतिरिक्त होगा।"

रसकपूर को निर्णय लेने में अधिक देर नहीं लगी। अपनी विश्वस्त सेविकाओं और चंद्रमहल के सेवकों के बीच, एक अपरिचित युवक से किसी प्रकार के भय की तो संभावना ही नहीं थी। इस पर पटरानी के भाई को अपनी सेवा में रख पाने के गौरव से रसकपूर का मन गुदगुदा उठा। परस्पर प्रेम-प्रदर्शन के बाद भी वे थीं तो सौतें ही। सौत का भाई और वह भी पटरानी जैसी सौत का भाई, दूसरी सौत की नौकरी करे, यह भी किसी स्त्री के लिए कम सुखदायी नहीं होता। फिर वह तो अपनी इच्छा से उसे नौकर रखने नहीं जा रही। स्वयं पटरानी के अनुरोध के कारण उस पर पटरानी के भाई को उपेक्षित अवस्था में रखने का आरोप भी नहीं लग पाएगा।

निर्णय लेकर रसकपूर ने पूछ लिया—"रत्नसिंह आपके कौन से काका के पुत्र हैं?"

"बीकानेर के दिवंगत महाराज और मेरे बाबा रत्नसिंह के अठारह पुत्रों में से मेरे पिता राजा अजबसिंह पाँचवें और काका खुमाणसिंह बारहवें पुत्र हैं। रत्नसिंह काका खुमाणजी का ही मँझला पुत्र है।"—फतहकँवर ने रत्नसिंह का परिचय दे दिया।

"वे इस समय कहाँ हैं?"—रसकपूर ने पूछा।

"बेचारा इतनी देर से दूनी ठाकुर के कार्यालय में बैठा, मेरी आज्ञा की प्रतीक्षा कर रहा है। आज उसके मिलने आने पर, मैं उसे वहाँ इंतजार करने के लिए कहकर सीधे तुम्हारे पास आ गई थी।"

रसकपूर ने फिर विलंब नहीं किया। आदेश पाकर कुंदन उड़ती-सी मर्दाने में गई और उसी गति से उलटे पैरों लौट भी आई। उसके पीछे सुंदर, सजीला, जवानी की रेखा पार करता, शर्मीला-सा युवक भी नजरें झुकाए आ खड़ा हुआ। सुगठित देहयष्टि, पतली कमर और होंठों के ऊपर फूटती कोमल रेख ने उसे और सुदर्शन बना दिया था। मसनद के सहारे अधलेटी पटरानीज़ी को देख उसने चरण-स्पर्श किया—"जीजी, प्रणाम।"

हाथ बाँधे, नजरें झुकाए खड़े रत्नसिंह को देख फतहकँवर हँस पड़ी—"अरे! अपनी दूसरी बहन के पैर नहीं छुएगा? यह अधराजण रसकपूर है। मेरी छोटी बहन होने के कारण आज से तेरी भी बहन हुई। इसके कारण ही तुझे नौकरी मिली है।"

रत्नसिंह ने फिर विलंब नहीं किया। दोनों हाथों से रसकपूर के पैर दबाता हुआ निश्छल हास्य के साथ कह उठा—"जीजी! मेरा प्रणाम स्वीकार करें। आपकी सेवा करके मैं धन्य हो जाऊँगा। कभी कोई गलती हो जाए तो छोटा भाई समझकर क्षमा कर देना।"

अपनत्व की रसवर्षा से रसकपूर के मन-प्राण तक रससिक्त हो उठे। स्नेह-विगलित स्वर में कह उठी—"भैया रत्नसिंह ! आज इसी क्षण से रसविलास की ड्योढ़ी तुम्हारी हुई। अब तुम्हीं उसकी रक्षा करोगे।"

"मैं कृतार्थ हुआ, जीजी !"—रत्नसिंह ने पुनः रसकपूर के चरण-स्पर्श कर आभार व्यक्त किया।

तुष्ट-प्रसन्न पटरानी अपनी योजना की सफल कार्यान्विति कर मगन मन अपने रावळे में लौट गईं।

□

मरोठ में जयपुरी सेना के शिविर के बीच महाराज जगतसिंह का खेमा दूर से ही दिखाई दे रहा था। जयपुर का विशाल पंचरंगा ध्वज महाराज की उपस्थिति के कारण सवाया होकर लहरा रहा था। जयपुर से आए दूत को तत्काल महाराज की सेवा में प्रस्तुत किया गया। प्रणाम कर दूत ने कहा—"जोधपुरी सेना पर आपकी विजय का समाचार सुनकर, जयपुर में आपकी प्रजा ने बिना अवसर के ही दीपोत्सव मना डाला। महाराज ! नगर का प्रत्येक गली-कोना आपकी विजय-प्रभा से आलोकित हो उठा था। चंद्रमहल और जनानी ड्योढ़ी तो जैसे दुलहन ही बन गई थीं। मंदिरों में भेंट के अतिरिक्त गरीबों को भी खुले हाथों अन्न-वस्त्र का वितरण किया गया।"

सुनकर जगतसिंह प्रसन्न हो गए, हँसकर बोले—"हमारी अर्धराजन कैसी है ?"

"आपके बिछोह के दुःख के अतिरिक्त वे सब प्रकार से सुखी हैं। उन्होंने आपके चरणों में प्रणाम भी कहलाया है।"

प्रेयसी के अभिवादन से जगतसिंह खिल उठे। उत्सुक भाव से पूछा—"कुछ संदेश भी भिजवाया है क्या ?"

"हाँ, महाराज ! उन्होंने कहा है कि आप यहाँ से निश्चिंत हो, पूर्ण विजय प्राप्त करके ही वापस लौटें। उन्होंने यह भी कहा है कि ईश्वर-कृपा से हमें बिना क्षति पहुँचे मानसिंह की हुई जबरदस्त पराजय का लाभ उठाकर, यह काँटा सदैव के लिए निकाल फेंकना चाहिए। मानसिंह को हटाकर, धौकलसिंह को जोधपुर की गद्दी पर बैठाने का इससे अच्छा अवसर फिर नहीं आएगा। बालक धौकलसिंह इस कृपा के बदले जीवन-भर जयपुर का ताबेदार बना रहेगा।"

"किंतु हमारी योजना के विपरीत मानसिंह तो भागकर जालौर की बजाय, जोधपुर चला गया। रसकपूर की योजना तो उसे परास्त करने के बाद, सवाईसिंह आदि को उसके पीछे लगाकर, हमारे उदयपुर की ओर कूच करने की थी। अब रसकपूर विपरीत परामर्श क्यों दे रही है ?"

"अधराजन ने कहलाया है कि तब ऐसी आसान विजय की आशा नहीं थी। बदली हुई परिस्थितियों में रणनीति बदलकर, जोधपुर को अपना मातहत राज्य बना लेने का सुअवसर हमें नहीं खोना चाहिए।"—पटरानी का विश्वस्त दूत महाराज के मुख पर

आ रहे भावों को गौर से देखते हुए बोला—“उनका संदेश मैंने दे दिया। आगे निर्णय आपके हाथ में है।”

“ठीक है, लौटकर रसकपूर को उसके परामर्श के लिए धन्यवाद कहना। दूनी ठाकुर से कहना कि वे अर्धराजन की सुविधा और सुरक्षा का पूरा ध्यान रखें।”

“उसकी तो अब अधिक आवश्यकता नहीं रह गई है, अन्नदाता!”—दूत के स्वर में कुटिलता घुलने लगी—“अधराजन ने अपनी सुविधा और सुरक्षा की स्वयं ही पर्याप्त व्यवस्था कर रखी है। इसके लिए उन्होंने रसविलास में एक तरुण राजपूत को सेवा में रख भी लिया है।”

जगतसिंह चौंके—“तरुण राजपूत और रसविलास में? वहाँ तो सिर्फ दासियाँ ही नियुक्त होती हैं। कौन है वह राजपूत और वहाँ क्या काम करेगा?”

“उस तरुण का परिचय सभी से गोपनीय रखा गया है। उसका कुल, गोत्र, नाम आदि सभी अज्ञात है। उसके रत्नसिंह नाम का पता भी अधराजन द्वारा इस नाम से पुकारने के कारण ही चल पाया है। उनकी अप्रसन्नता का विचार करके ही दूनी ठाकुर भी इस बारे में कोई खोजबीन नहीं कर रहे हैं।”

“किंतु महल में नियुक्ति से पूर्व तो व्यक्ति की कड़ी जाँच-पड़ताल की जाती है। फिर इस अपरिचित को अचानक कैसे नियुक्त कर लिया गया?”—महाराज के मस्तक पर सलवटें पड़ने लगीं—“क्या दूनी ठाकुर को पता नहीं कि रसविलास के पास से ही हमारा अंतःपुर आरंभ हो जाता है। फिर उन्होंने इसकी स्वीकृति कैसे दे दी? उस राजपूत का वेतन कहाँ से दिया जा रहा है?”

“उसका वेतन तो अधराजन अपने निजी कोष से ही देंगी। महल के आंतरिक मामलों में दूनी ठाकुर हस्तक्षेप करने से हिचकते हैं। वैसे भी आपने उन्हें रसकपूर के निर्देशों का पालन करते हुए, जयपुर नगर की सुरक्षा का आदेश दिया था। वे उसी का पालन कर भी रहे हैं। अधराजन को वे आपका ही स्थानापन्न मानकर कार्य कर रहे हैं।”

“किंतु, उन्हें अपने विवेक का उपयोग भी तो करना चाहिए। राजमहल में किसी अपरिचित की नियुक्ति अस्वीकार कर देनी चाहिए थी!”—महाराज झुँझला उठे। वे हाथ मलते हुए-से उद्विग्न मन खेमे में अनावश्यक चहलकदमी करने लगे। कुछ क्षण बाद तेजी से पूछा—“देखने में कैसा है वह राजपूत?”

“सजीला, बाँका नौजवान है। चौड़ी छाती, पतली कमर, पुष्ट भुजदंड, भरी हुई स्वस्थ पिंडलियाँ और सिंह जैसी गरदन। मुख का मर्दाना सौंदर्य तो किसी भी कामिनी का हृदय विचलित कर दे। वह तो सामंत-सरदार होने योग्य है, महाराज!”—दूत ने सावधानी से धीरे-धीरे विष-वमन आरंभ किया—“किंतु है बड़ा निष्ठावान। रसविलास की ड्योढ़ी का एक भाग जैसा बनकर, दिन-रात वहाँ मुस्तैदी से पहरा देता रहता है।”

“रात्रि को भी रसविलास के द्वार पर ही रहता है?”—महाराज के मन में संदेहों की नागफनी उगने लगी—“फिर वह सोता-खाता कहाँ है?”

"अधराजन के रसोड़े में खाकर, वहीं एक कोठरी में विश्राम कर लिया करता है। विश्राम भी क्या, बस कमर सीधी कर लेता है।"

"तो वह रहता-खाता भी वहीं है?"

"हाँ, अन्नदाता! अधराजन बहुत उदार हैं। उन्होंने कृपा करके अपने महल की ड्योढ़ी से सटी कोठरी उसे रहने के लिए दे दी है। अकेला आदमी कहाँ बनाए-खाए? सो अपने रसोड़े से थाल बख्श कर उसे इस चिंता से भी मुक्त कर दिया है।"

महाराज के हृदय में संदेह का सर्प फन तानने लगा। राजपुरुषों की तरह नारी-मन का भी तो कोई विश्वास नहीं। कब किधर झुक-पलट जाए। वह अपरिचित सेवक जैसे प्रतिद्वंद्वी प्रतीत होने लगा। अनायास ही स्वर में कड़वाहट-सी घुल गई—"एक साधारण सेवक को राजमहल के राजसी व्यंजन?"

गरम लोहा देख दूत ने चोट कर दी—"यह तो अधराजन की उदारता है, अन्नदाता! पौष्टिक भोजन से पुष्ट हुआ शरीर ही तो सेवक को सेवाकार्य में अधिक सक्षम बनाता है।"

अचानक जगतसिंह सँभल गए। अपनी प्रेयसी के चरित्र पर इस साधारण दूत के सामने चर्चा करके तो वे स्वयं अपना ही अपमान कर रहे हैं। तत्काल बात बदलकर पूछा—"हमारी पटरानी और महारानियाँ कैसी हैं? क्या उन्होंने कोई संदेश नहीं भिजवाया?"

"वे सभी कुशलपूर्वक आपकी विजय से प्रमुदित हैं। सभी ने आपको बधाई भिजवाकर, शीघ्र दर्शन देने की प्रार्थना की है,"—दूत ने विनम्र भाव से प्रहार का दूसरा मोरचा खोल लिया था—"हाँ, जाखन की आपकी भटियाणी महारानियों की प्रार्थना में उनकी चिंता विशेष रूप से झलकती है।"

"उन्हें किस चिंता ने घेर लिया है?"—महाराज मुसकरा उठे—"क्या संदेश भेजा है, अहजनकँवरी और अभयकँवरी महारानियों ने?"

"उन्होंने कहा है कि महाराज इस विजय को ही उपलब्धि मानकर, जोधपुर की जगह उदयपुर रवाना होकर कृष्णाकुमारी से विवाह करें। जोधपुर की ओर प्रयाण करने के परिणाम 'गिंगोली' से भिन्न भी हो सकते हैं। फिर वैसे भी अनावश्यक युद्ध में क्या रखा है? रणभूमि में शस्त्रों की झनकार की बजाय, रमणी के कंकणों-पायलों की ध्वनि अधिक सुखकारी होती है। इन क्वणन ध्वनियों के अभ्यस्त महाराज को व्यर्थ युद्ध के प्रपंच में पड़ने की आवश्यकता भी क्या है?"

"तब धौकलसिंह को दिए हमारे वचन का क्या होगा?"—जगतसिंह के मस्तक पर पुनः बल पड़ने लगे।

"इस बारे में उनका कहना है कि वचन का क्या है? राजा लोग आएदिन संधि-समझौते करने के बाद, अवसर मिलते ही उन्हें भंग करते रहते हैं। फिर धौकलसिंह के मामले में वचन-भंग से परहेज क्यों? राजा को अपनी सुविधा देखनी चाहिए। दूसरों

की सुविधा देखना उसका काम नहीं होता।"—दूत अपने पूर्ण चातुर्य के साथ पटरानी का कार्य सिद्ध कर रहा था—"फिर मानसिंह जैसे जंगली महाराजा से उलझना भी आपको शोभा नहीं देता। वह क्रोधी राठौड़ कब दुर्दांत हो उठे, कोई नहीं जानता। राठौड़ जन्मजात सिरफिरे होते हैं। बिफर जाने पर अपनी और शत्रु की जान एक कर देते हैं। इनके एक पूर्वज बख्तसिंह तो अपने पाँच हजार सैनिकों के साथ ही, महाराज सवाई जयसिंह की एक लाख सेना पर टूट पड़े थे। बिफरे शेर की तरह वे धसारा करते हुए, उस सेना को चीरते हुए दूसरे छोर पर पहुँच गए थे, और वहाँ से मारकाट के द्वारा सेना को चीरते हुए वापस अपने स्थान पर लौट भी आए थे। हाँ, इस दौरान वे पाँच हजार से घटकर तीन सौ ही रह गए थे। बख्तसिंह स्वयं भी बुरी तरह घायल हो गए थे। इसी कारण सवाई जयसिंह को जोधपुर महाराज अभयसिंह से संधि करके वापस लौटना पड़ गया था।"

दूत का कथन जारी रहा—"मानसिंह भी उन्हीं बख्तसिंह के वंशज हैं। इनके पागलपन का कोई ठिकाना नहीं। कब बिफरकर प्राण देने और लेने पर आमादा हो जाएँ। ऐसे में प्राप्त हुई विजय का यशोगान कराते हुए, आपको वापस लौट आना चाहिए।"

जगतसिंह जैसे सुलग उठे—"यह महारानियों का संदेश है अथवा हमारे सामर्थ्य पर व्यंग्य?"

"संदेश ही है, महाराज!"—दूत ने तत्परता से उत्तर दिया—"इसमें उनकी आशंका अवश्य मिश्रित हो गई है।"

"तो लौटकर महारानियों को कह देना कि हम सूर्यवंशी क्षत्रिय हैं। हमारे वचन की भी प्रतिष्ठा है।"—महाराज जैसे फुंकार उठे—"धौकलसिंह को जोधपुर महाराज स्वीकार करने के बाद, हम उन्हें वह सम्मान दिलाने के लिए प्रतिज्ञाबद्ध हो चुके हैं। हमें मानसिंह से भयभीत करने की आवश्यकता नहीं है। अब हमारी सेना जोधपुर की ओर रवाना होकर, कुछ ही दिनों में महारानियों का भय निर्मूल कर देगी।"

उत्तर में दूत प्रणाम करके वहाँ से चला गया।

□

पोकरण ठाकुर सवाईसिंह को प्रणाम कर दूत ने हँसकर कह दिया—"आपके लिए अब कोई संदेश नहीं है। भट्टियाणी रानियों के व्यंग्य ने आपका काम पहले ही पूरा कर दिया है। ऐसे में महारानी चाँदकँवर का संदेश देना आवश्यक नहीं रह गया है।"

"क्या संदेश भिजवाया था हमारी पौत्री ने?"—सवाईसिंह ने हँसकर पूछा—"वह कुशलपूर्वक तो है न?"

"ठाकुर साहब, शारीरिक कष्ट तो उन्हें कुछ भी नहीं है। किंतु मन की पीड़ा क्या दुखदायी नहीं होती? संदेश में उनका मानसिक संताप ही मुखर हुआ है।"

"ऐसा कौन-सा संताप है, जो हमारी पौत्री को साल रहा है? पता चलने पर हम

उसका निराकरण करके ही रहेंगे।"—पोकरण सामंत किंचित् व्यग्र हो उठे।

"ठाकुर साहब! महाराज धौकलसिंह को जोधपुर के सिंहासन पर आसीन कराने में आ रही बाधा पर विचार करके ही महारानीजी व्यथित हो उठी हैं।"—दूत ने बताया—"उनका कहना है कि जिस उद्देश्य की प्राप्ति के लिए आपने मेरा बलिदान किया, वह पूरा न होने पर तो मेरी आहुति ही व्यर्थ हो जाएगी।"

"तो चाँदकँवर समझती है कि धौकलसिंह को महाराज बनाने के लिए हमने उसकी बलि दी है?"—सवाईसिंह का स्वर तीखा हो उठा।

"हाँ, ठाकुर साहब! महारानीजी का कहना है कि धौकलसिंह के पक्ष में, जयपुर जैसे शक्तिशाली राज्य की सहायता पाने के लिए ही, आपने मेरा विवाह महाराज के साथ किया था। इसीलिए मैं भी चुपचाप इस नरक में आ गई थी। आपकी इच्छा के सामने मैंने अपना सिर झुका दिया था। वरना तो इस राजसी नरक का वैभव भोगने के स्थान पर, मैं किसी गरीब राजपूत के झोंपड़े में चूल्हा फूँककर अधिक सुखी रहती। इस पर भी मैं शिकायत नहीं कर रही, लेकिन प्रार्थना है कि मेरी बलि व्यर्थ न चली जाए। धौकलसिंह, इसी अभियान में जोधपुर महाराज बनने चाहिए।"

सुनकर सवाईसिंह जैसे फुंकार उठे—"चाँदकँवर को कहना कि उसकी इच्छा अवश्य पूरी होगी। महाराज जगतसिंह अपने हाथों से धौकलसिंह का राजतिलक करेंगे। कृष्णाकुमारी से विवाह करने के लिए, वे इसके बाद ही रवाना हो सकेंगे।"

□

उन्हीं पैरों दूत बीकानेर महाराज सूरतसिंह के दर्शन करके, उनकी भतीजी पटरानी फतहकँवर का संदेश भी दे आया—"दाता! रसकपूर का काँटा तो दिन-प्रतिदिन गहरा धँसता जा रहा है। उसके निकलने तक मैं चैन से जी नहीं सकूँगी। रसकपूर की योजना सफल होने पर तो, हम सभी महारानियाँ जीते-जी मर जाएँगी। जयपुर को विजय, अधराजन की कूटनीति से नहीं, आपकी योजना से मिलनी चाहिए। रसकपूर अब महाराज को उदयपुर के लिए प्रस्थान करते देखना चाहती है। अपनी स्वार्थ सिद्धि के बाद, धौकलसिंह को गद्दी पर बैठाने के प्रश्न पर, वह आप लोगों को अकेला छोड़ देना चाहती है। किंतु ऐसा नहीं होना चाहिए। जयपुर महाराज को भी कार्य संपूर्ण होने तक आपके साथ ही रहना चाहिए। राठौड़ों को परस्पर संघर्ष में छोड़कर अपना काम साध लेने की रसकपूर की योजना पूरी नहीं हो। जयपुर महाराज भी सेना सहित आपके साथ ही जाएँ, इसी में हम सबका हित है।"

सुनकर सूरतसिंह मुसकराए—"ऐसा ही होगा, दूत! हमारी भतीजी महारानी को कहना कि ऐसा होकर ही रहेगा। हमें मझधार में छोड़कर महाराज जगतसिंह अपना ब्याह रचाने उदयपुर नहीं जा सकेंगे। कृष्णाकुमारी की बारात हमारे सम्मिलित हुए बगैर रवाना नहीं होगी। और हम धौकलसिंह को जोधपुर महाराजा बनाने से पूर्व अन्य कुछ भी करने को तैयार नहीं हैं।"—फिर कुछ याद करके पूछा—"रत्नसिंह जयपुर

पहुँच गया या नहीं ?"

"हाँ, महाराज !"—दूत मुसकराया—"वह न केवल पहुँच गया, अपितु उसे उसके कार्य में नियुक्त भी किया जा चुका है। किंतु अपने दायित्व का निर्वहन वह कितना कर पाता है, यह देखना शेष रह गया है। "

बीकानेर महाराज ठठाकर हँस पड़े—"उसकी चिंता मत करो। वह गोला-दारोगा है। राजपूतों की दोगली नस्ल, जो निष्ठा और स्वामिभक्ति में असली राजपूत से भी बढ़कर है। स्वामी की कार्य-सिद्धि में वे अपने प्राणों की भी परवाह नहीं करते। वह हमारी कल्पना से भी अधिक हमारी योजना को अमली जामा पहनाएगा।"

□

इसके बाद तो जैसे सब कुछ आसान हो गया था। भटियाणी महारानी के शब्द-बाणों से आहत महाराजा जगतसिंह को, जोधपुर की ओर कूच कराने के लिए, सवाईसिंह आदि को अधिक परिश्रम नहीं करना पड़ा। निर्णय सुनकर दीवान रामचंद्र हतप्रभ रह गए। महाराज की बुद्धि पर तरस के साथ-साथ क्रोध भी आया। यह तो जीती हुई बाजी हारने की तैयारी हो रही थी। मेहरानगढ़ में सुरक्षित मानसिंह को जीतना अब इतना आसान नहीं रह गया था। इसके विपरीत, जयपुर महाराज का बड़प्पन इसी में था कि मानसिंह को पराजय के घावों पर मरहम-पट्टी करने के लिए छोड़ वे उदयपुर के लिए कूच कर जाते।

दीवान रामचंद्र का कोई भी तर्क-परामर्श काम नहीं आया। सवाईसिंह और सूरतसिंह के हाथों में कठपुतली से बने जगतसिंह ने, सेना को जोधपुर की ओर कूच करने का आदेश दे दिया। गिंगोली युद्ध के छठे दिन १९ मार्च, १८०७ को मानसिंह के जोधपुर पहुँचने के साथ ही, जगतसिंह भी परबतसर के लिए रवाना हो गए। वहाँ से साँभर, नाँवा, डीडवाना, जैतारण, सोजत, मेड़ता और नागौर पर अधिकार करने के बाद वे जोधपुर की ओर बढ़े। सवाईसिंह, अमीरखाँ और हैदराबाद रिसाले के साथ सबसे आगे चल रहे थे। मार्ग में पड़नेवाले मारवाड़ के सैकड़ों ग्रामों-नगरों को लूटते हुए, ३० मार्च को वे जोधपुर जा पहुँचे। वहाँ सवाईसिंह ने सिनगोरी पहाड़ी पर नागौरी फाटक के पास 'कागा' में अपना शिविर लगाया। जबकि अमीरखाँ ने 'अखैराज के तालाब' पर कब्जा कर, अपना मोरचा जमा लिया।

अगले दिन १ अप्रैल को मुख्य सेना के पहुँचने पर, जगतसिंह ने 'राई का बाग' और सूरतसिंह ने 'गुलाब सागर' पर अपने सैनिक शिविर लगा दिए। चैनपुरा, बालसमंद और मंडोर में भी सैनिक-सन्निवेश स्थापित हो जाने पर तो जोधपुर पूरी तरह घिर गया। मानसिंह के पास अब भी यद्यपि छोटा-सा क्षेत्र रह गया था, किंतु घिर जाने के कारण उस क्षेत्र के जालौर, दौलतपुरा, घाणेराव, सिवाना शिवानंद, उमरकोट आदि से वे कोई सहायता प्राप्त नहीं कर सकते थे।

जयपुर की इस विशाल सम्मिलित सेना का मुकाबला करने के लिए मानसिंह के

पास सिर्फ दस हजार सैनिक उपलब्ध थे। इनमें नियमित राठौड़ सैनिकों के अतिरिक्त, किराए पर बुलाए गए पठानों और स्वामियों की टुकड़ियाँ भी थीं। कुछ ही दिनों के युद्ध में मानसिंह की समझ में आ गया कि इस सेना के बल पर जोधपुर की रक्षा संभव नहीं। नगर को लूटपाट से बचाने के लिए समझौता-वार्त्ता चलाने का निर्णय करते ही, उन्होंने सिंघवी जीतमल, सूरजमल और शंभूदान को कारावास से मुक्त कर, जीतमल और सूरजमल को अपना दीवान नियुक्त कर दिया। लेकिन प्रलोभन में आकर उनके सवाईसिंह से मिल जाने पर, १६ अप्रैल को इंद्रराज सिंघवी, गंगाराम भंडारी और नथकरण ड्योढ़ीदार को कारावास से मुक्त करते हुए मानसिंह ने अपने दुर्व्यवहार के लिए खेद प्रकट किया, तो इंद्रराज ने बीच ही में टोक दिया—"महाराज! राजनीति में विश्वास-अविश्वास के क्षण तो आते ही रहते हैं। सत्ता के शीर्ष पर रहनेवालों का कैदखाने से सीधा संबंध रहता आया है। विश्वास-अविश्वास की स्थिति में कुरसी और कैद का उपहार तो राजनीतिज्ञों की सहज परिणति है। वफादार मानकर आपने मुझे अपना प्रधान सेनापति बनाए रखा, तो अविश्वास होने पर कारागार का द्वार भी दिखा दिया।"

मानसिंह लज्जित हो गए—"हमें कुछ सामंतों ने आपके विरुद्ध भड़का दिया था। वरना क्या हम भूल सकते थे कि आपके ही सहयोग से हम इस सिंहासन पर आसीन हो सके थे।"

"वह तो खैर आप भूल ही गए थे, महाराज!"—इंद्रराज के होंठों पर छलकी मुसकान में व्यंग्य की तीखी धार किसी को भी चीर देने में सक्षम थी—"आज संकट में न फँसते, तो शायद जीवन-भर यह उपकार याद भी नहीं आता। इस पर भी मुझे आपसे कोई शिकायत नहीं। मैं मारवाड़ राज्य का वफादार हूँ। इसकी रक्षा के लिए कितना भी अपमान सहकर, पुनः अपनी सेवाएँ देने को तत्पर हो सकता हूँ। आप इस राज्य के प्रतीक हैं, इसीलिए आपकी रक्षा मेरा दायित्व हो जाता है। कहिए महाराज! किस संकट में घिरकर आपने हम लोगों को कारामुक्त किया है?"

लज्जित से मानसिंह ने आद्योपांत कथा सुनाकर कहा—"यदि मेरे सिंहासन छोड़ने से जोधपुर लूट से बच सके, तो मैं इसके लिए भी तैयार हूँ।"

इंद्रराज के मन का कोई कोना भीग उठा। चारों ओर शत्रुओं से घिरे मानसिंह की दीन अवस्था से सिंघवी द्रवित हो गए। जिन लोगों ने उनके विरुद्ध महाराज के कान भरे थे, वे ही आज साथ छोड़ शत्रुओं की पंक्ति में जा खड़े हुए। मारवाड़ के महाराजा को ऐसी लज्जाजनक स्थिति में पहुँचा दिया। ये सामंत स्वयं को समझते क्या हैं? क्या अब जोधपुर महाराजा इनके बनाए बनेंगे? और क्या इनके चाहने मात्र पर गद्दी से उतार फेंके भी जाएँगे? यह भी ठीक ही रहा कि इनके चेहरे इतनी शीघ्र निरावरण हो गए। महाराज को उनकी वास्तविकता का पता चल गया।

इंद्रराज की वणिक-बुद्धि में सत्ता का पूरा गणित घूम गया। अपने विरोधियों को

धूल चटाकर, महाराज का पुनः विश्वास-भाजन बनने का इससे श्रेष्ठ अवसर फिर नहीं आएगा। मन-ही-मन आकंठ संकट में फँसे मानसिंह की सहायता का संकल्प करके इंद्रराज ने कह दिया—"महाराज! स्थितियाँ पूरी तरह बिगड़ जाने के बाद आपने मुझे याद किया, उसके लिए तो कृतार्थ हूँ। इन परिस्थितियों में मैं कितना कुछ कर पाऊँगा, निश्चित रूप से नहीं कह सकता। इस पर भी वचन देता हूँ कि घटनाक्रम चाहे जो करवट ले, किंतु आपके सामंतों और जीतमल सिंघवी आदि की तरह मैं विपक्षियों के पक्ष में नहीं जाऊँगा। मैं जीऊँगा तो आपके साथ और मरूँगा भी तो आप ही के लिए।"

सुनकर निहाल हो गए महाराज। विश्वासघातियों की इस भीड़ में कोई तो विश्वासपात्र मिला। किसी ने तो मन-कर्म से साथ रहने की प्रतिज्ञा की। सुनकर उनके नेत्रों की चमक बढ़ गई। प्रफुल्लित स्वर में कह उठे—"हमें आपसे यही आशा थी।"

"किंतु मेरी एक शर्त है।"—इंद्रराज ने स्पष्ट किया—"आप मुझ पर अविश्वास किए बगैर, मेरी योजना के प्रत्येक चरण को स्वीकृति प्रदान करते रहेंगे। चाहे वह आपको अनुकूल लगे अथवा प्रतिकूल। मेरे प्रयासों को अपनी सुविधा की दृष्टि से स्वीकार अथवा अस्वीकार करेंगे तो उस स्थिति में, मैं कुछ भी नहीं कर पाऊँगा।"

मानसिंह ने कुछ क्षण विचार किया। राज्य हाथ से निकलना तो लगभग तय हो ही चुका है। ऐसे में इंद्रराज की शर्त स्वीकार करने में भला और किस अहित की आशंका हो सकती है? उन्होंने शर्त स्वीकार कर कह दिया—"मारवाड़ के हित के लिए आपके प्रत्येक निर्णय पर हमारी सहमति होगी।"

"तब ठीक है, महाराज! अपनी ओर से वार्त्ता का अधिकार-पत्र देकर मेरे और गंगाराम की सवाईसिंह के पास जाने की व्यवस्था करवा दें। हम अभी से अपने प्रयास आरंभ करना चाहते हैं।"—इंद्रराज ने कह दिया।

□

कागा स्थित अपने सैन्य शिविर में सवाईसिंह चाँपावत ने भुज-बंधन में आबद्ध कर इंद्रराज और गंगाराम का स्वागत किया। मानसिंह की बदहाल स्थिति में, थोड़ा-सा सम्मान-अपनत्व जताकर इन कूटनीतिज्ञों को भी जीतमल आदि की तरह अपने पक्ष में कर लिया जाए तो जोधपुर महाराजा को एक और आघात पहुँचाने में सफल हो सकते हैं।

अपने सम्मान के प्रति आभार प्रकट करते हुए इंद्रराज और गंगाराम द्वारा समझौता-वार्त्ता आरंभ करने पर सवाईसिंह हँस पड़े—"समझौता तो बराबरवालों में होता है। क्या मानसिंह इस स्थिति में समझौता-वार्त्ता करने की हैसियत रखते हैं? उन्हें तो समर्पण की शर्तों पर वार्त्ता आरंभ करनी चाहिए।"

सुनकर जैसे सुलग ही उठे इंद्रराज और गंगाराम। किंतु मनोभावों को नियंत्रित कर इंद्रराज ने सामान्य स्वर में कहा—"यह तो आपका मानना है। संभवतः महाराज

आपके निष्कर्ष से सहमत न हों। वैसे भी अभी उनके पास जोधपुर के अतिरिक्त जालौर, घाणेराव, सिवाना, दौलतपुरा आदि इलाके हैं। इनके सामंत महाराज के साथ ही हैं।"

"सिर्फ सामंत ही, और वे भी हमारी घेराबंदी के कारण मानसिंह के साथ नगर में कैद हो गए हैं"—सवाईसिंह व्यंग्य से मुसकराए—"यदि ऐसा नहीं है, तो इन परगनों से सहायता क्यों नहीं मँगवा लेते ?"

"वह सब तो महाराज जानें। हमें तो अभी-अभी कैदखाने से निकालकर समझौते की शर्तें जानने के लिए भेजा गया है। उचित होगा कि हम उन पर ही विचार करके युद्ध टालने का प्रयास करें।"

"तो ठीक है। हमारी दो शर्तें हैं। एक तो मानसिंह जोधपुर छोड़कर जालौर चले जाएँ और दूसरे युद्ध की क्षतिपूर्ति के लिए बाईस लाख रुपए का जुर्माना भी भरें।"

"मैं समझ गया, ठाकुर साहब !"—इंद्रराज मुसकराए—"आपका मानस समझौते का नहीं, समर्पण कराने का है। स्पष्ट है कि आपकी शर्तें महाराज को स्वीकार नहीं होंगी और आप इससे कम कुछ भी स्वीकार नहीं करेंगे।"

अब गंगाराम भंडारी बोल उठे—"इससे तो युद्ध होकर ही रहेगा। क्या इसे किसी तरह टाला नहीं जा सकता ?"

"यह भी संभव है। यदि आप लोग मानसिंह का साथ छोड़ दें तो उनका बचा-खुचा मनोबल भी टूट जाएगा और वे युद्ध करने का साहस खो बैठेंगे।"—सवाईसिंह ने चारा फेंका—"तब युद्ध न केवल अपने-आप टल जाएगा, अपितु जोधपुर भी तबाह होने से बच सकेगा।"

इंद्रराज और गंगाराम ने असहाय दृष्टि से एक-दूसरे की ओर देखा। बचाव का कोई रास्ता नहीं रह गया था। द्विविधा-भरे स्वर में इंद्रराज ने कहा—"ठाकुर साहब ! हम दोनों के अतिरिक्त, महाराज का साथ दे रहे सामंतगण भी मारवाड़ राज्य के प्रति निष्ठावान हैं। महाराजा पद पर बैठा व्यक्ति ही हमारा स्वयमेव स्वामी हो जाता है। अब इस वार्धक्य में अपनी निष्ठा परिवर्तन का पाप तो हमसे नहीं होगा। आप धौकलसिंह को जोधपुर महाराज बनाना चाहते हैं, तो अवश्य बनाएँ। किंतु सिंहासन के प्रति हमारी निष्ठा, हमें इसमें सहायक होने से रोकती है। वर्तमान महाराज को हटाकर, किसी अन्य को आसीन करने का राजद्रोह हम नहीं कर सकेंगे। किंतु राजवंशों में सदियों से चली आ रही सत्ता की दौड़ के अनुरूप, धौकलसिंह के इस पद पर आसीन हो जाने पर हम अपनी निष्ठा के पुष्प उनके चरणों में अर्पित अवश्य कर देंगे।"

"तब ठीक है। आप लोग राजगद्दी के प्रति अपनी निष्ठा बनाए रखें। हम अपने बल पर ही सिंहासन प्राप्त कर लेंगे।"—सवाईसिंह मुसकराए—"किंतु इस संघर्ष में मानसिंह के पक्ष में युद्ध करनेवाले तो हमारे शत्रु ही होंगे न ? तब विजयी होने पर हमें उन्हें दंडित भी करना ही होगा। दंड से बचने के लिए किसी भी परिस्थिति में उनका निष्पक्ष बने रहना आवश्यक है।"

"किंतु दुर्ग में रहते उनका युद्ध से तटस्थ रहना कैसे संभव होगा? उस स्थिति में क्या वे महाराज का कोप-भाजन बनने से बच सकेंगे?"

तो वे युद्ध से पूर्व ही किसी बहाने नगर से बाहर निकल जाएँ और हमारी विजय के बाद वापस आकर, नए महाराज के प्रति अपनी निष्ठा व्यक्त कर दें। उस स्थिति में उनकी वर्तमान मान-प्रतिष्ठा यथावत् रखने का दायित्व मेरा होगा।"

"हमें आप पर पूरा विश्वास है। किंतु महाराज जगतसिंह का विश्वास कैसे करें? कहीं बाहर निकलते समय अचानक बंदी बनाकर हमें मौत के घाट न उतार दिया जाए!"—गंगाराम ने स्वाभाविक शंका व्यक्त की।

"ऐसा नहीं होगा। यह मेरा वचन है। यदि आप एक छोटा-सा काम कर दें तो मैं महाराज जगतसिंह को इसके लिए मना लूँगा।"—सवाईसिंह भी कम धूर्त नहीं था—"आप लोग मिलकर किसी तरह जोधपुर नगर हमारे हवाले करवा दें, तो इस आधार पर महाराज को तैयार करने में मुझे आसानी रहेगी।"

इंद्रराज और गंगाराम ने कुछ क्षणों प्रस्ताव पर विचार किया, फिर कह दिया—"हम अपनी ओर से भरपूर प्रयास करेंगे।"

"तो आपके प्रयास सफल होते ही, आपके साथ नगर से जानेवाले प्रत्येक व्यक्ति की सुरक्षा का मैं वचन देता हूँ। भले ही आपके साथ स्वयं मानसिंह ही क्यों न हों!"—सवाईसिंह अपनी योजना की सफलता पर मुसकरा दिए। अपने बचे-खुचे सामंतों का भी साथ छोड़ देने पर मानसिंह स्वयं को किसी लौह दुर्ग में भी सुरक्षित कर ले, तब भी इस विशाल सेना के बल पर उससे समर्पण करा लेना बाएँ हाथ का काम ही तो रह जाएगा।

दस

इंद्रराज सिंघवी और गंगाराम भंडारी की कूटनीति की थाह पाना सवाईसिंह के वश की बात नहीं थी। अपनी योजना की सफलता के मद में वे समझ ही नहीं पाए कि इन चतुर बनियों ने किस तरह उसे अपनी योजना में सहायक बना लिया था। युद्ध के बगैर ही जोधपुर नगर पर अधिकार की सुखद कल्पना से गुदगुदाते सवाईसिंह को क्या पता था कि वे इंद्रराज के फेंके जाल में अनायास ही फँस गए हैं। इसका आभास तो उन्हें बहुत बाद में हुआ।

इंद्रराज का प्रस्ताव सुनकर मानसिंह बौखला उठे—"जोधपुर भी दे देने के बाद हमारे पास क्या रह जाएगा?"

"मेहरानगढ़!"—इंद्रराज ने गूढ़ स्वर में कहा—"उस स्थिति में भी आप अजेय मेहरानगढ़ में सुरक्षित होंगे, महाराज! दूसरी ओर, इस घेराबंदी में फँसकर निष्क्रिय बने हम सामंतगण, तब मुक्त होकर बाहर से सहायता प्राप्त करने के प्रयासों में जुट सकते हैं। अब यही एकमात्र मार्ग शेष रह गया है।"

महाराज मानसिंह चिंतामग्न हो गए। मन में संदेह भी हुआ कि कहीं ये लोग भी साथ छोड़ने का मार्ग तो नहीं तलाश रहे हैं? तभी इंद्रराज कह उठे—"आपकी शंका स्वाभाविक है, महाराज! और मैं यह भी जानता हूँ कि ये सामंत आपका साथ छोड़कर, मेरे साथ जाने को तैयार नहीं होंगे। किंतु मुझ पर विश्वास रखकर, मेरी योजना के अनुरूप इन्हें इस घेराबंदी से बाहर निकल जाने का आदेश दें। पराजय तो आँखों के सामने स्पष्ट ही है। सामंतों के यहाँ रहने पर भी परिणाम भिन्न होने वाले नहीं हैं। लेकिन ऐसे में भी शायद मेरी यह योजना इन परिणामों को बदल पाने में सफल हो सके।"

फिर तो मानसिंह को निर्णय लेने में देर नहीं लगी। जोधपुर नगर की रक्षा में तैनात संपूर्ण युद्ध-सामग्री और सैनिकों को मेहरानगढ़ में ले आने के बाद, १८ अप्रैल को मानसिंह ने जोधपुर नगर शत्रु-सेना के हवाले कर दिया। इसके साथ ही थोड़े-से अंगरक्षकों के साथ निमाज, आउवा, आसोप, कुचामन, बूड़सू और लांबिया सामंतों के साथ इंद्रराज सिंघवी और गंगाराम भंडारी जयपुरी सेना की घेरेबंदी से बाहर निकल गए। जाने से पूर्व इंद्रराज ने महाराज को बार-बार कहा—"महाराज! आप मुझ पर विश्वास रखकर किसी भी परिस्थिति में मेहरानगढ़ पर अपना अधिकार बनाए रखें। हमें

अपने साथ मानते हुए, पूरी शक्ति से युद्ध करें और किले का पतन बचाएँ। इस पर अधिकार बने रहने पर यही आपको शीघ्र ही पुनः संपूर्ण मारवाड़ का स्वामी बना देगा।"

जयपुरी सेना की घेराबंदी से बाहर निकलते समय इंदराज ने सवाईसिंह को पुनः आश्वासन दिया कि धौकलसिंह के गद्दी पर बैठते ही, वे सब नए महाराज के प्रति अपनी निष्ठा व्यक्त करने उपस्थित हो जाएँगे।

किंतु ऐसा नहीं हुआ। अगले दिन, १९ अप्रैल को धौकलसिंह को जोधपुर महाराजा के पद पर अभिषिक्त कर देने के बाद भी उनमें से कोई नहीं आया। स्वयं महाराजा जगतसिंह ने बालक धौकलसिंह के ललाट पर तिलक लगाकर सिंहासन पर आसीन किया। जोधपुर के सामंतों ने जुहारें देकर, नए महाराजा को अपना स्वामी स्वीकार किया। जय-जयकार के उद्घोषों के बीच भरपूर खुशियाँ मनाई गईं। दावतों के दौर चलने लगे। नृत्य-पान गोष्ठियाँ जमने लगीं।

इस सफलता ने जगतसिंह को आत्मविश्वास से भर दिया। उन्हें लगा कि रसकपूर या दीवान रामचंद्र की सहायता के बगैर भी वे सफलता के सोपान तय करने की क्षमता रखते हैं। इन दोनों का कहना मानकर तो वे इस ऐतिहासिक उपलब्धि से वंचित रह जाते। इन लोगों से अधिक लाभकारी निर्णय लेने का सामर्थ्य तो मुझमें ही है। ठीक है, भविष्य में अंतिम फैसले अब हम ही किया करेंगे।

इस बार जयपुर के समाचार लेकर आसूसिंह आया। विजय के उपलक्ष्य में पटरानी और महारानियों की बधाइयों के साथ उसने बोहरा राजा और दीनारामजी के विजय-आशीर्वाद भी दिए। इनमें रसकपूर का संदेश न पाकर महाराज ने पूछ लिया—"अर्धराजन कैसी हैं? उन्होंने शुभकामना नहीं भेजी?"

"महाराज! जयपुर से रवाना होने से पूर्व मैंने अधराजनजी से संदेश प्राप्त करना चाहा था। लेकिन पूरे दिन प्रतीक्षा करने पर भी उनके दर्शन नहीं हो पाए।"

"क्यों? कहाँ चली गई थीं वे?"—महाराज किंचित् व्यग्र हो गए—"उन्हें तुम्हारे यहाँ आने की खबर तो मिली थी न?"

"हाँ, अन्नदाता! दासियों के द्वारा मैंने कई बार दर्शन देने की प्रार्थना भिजवाई। लेकिन कोई उत्तर नहीं मिला"—आसूसिंह बताने लगा—"सायंकाल रत्नसिंह ने आकर बताया कि विश्राम करने के कारण आज उनसे मिलना संभव नहीं होगा।"

"सायंकाल···और विश्राम! क्या वे अस्वस्थ थीं?"

"शारीरिक रुग्णता की स्थिति में तो राजवैद्य को बुलाया जाना चाहिए था। दासियों में हड़बड़ी मच जानी चाहिए थी। किंतु वहाँ ऐसा कुछ भी दिखाई नहीं दिया। रत्नसिंह भी बस, संक्षिप्त सूचना देकर वापस चला गया था।"

"रत्नसिंह!"—अनायास ही महाराज की मुट्ठियाँ भिंचने लगीं—"तो वह युवक अभी तक रसविलास में नौकरी कर रहा है? उसके बारे में कुछ पता लगा? वह कौन है? कहाँ से आया है? रसकपूर ने उसे अपने महल में नौकर क्यों रखा है?"

"आपके आदेश पर चाँदसिंहजी ने उसके बारे में पता लगाने का प्रयास किया था। रत्नसिंह को भी बुलाकर पूछा था; किंतु अन्नदाता! वह तो बहुत ही हैंकड़ निकला। उसने चाँदसिंहजी के किसी भी प्रश्न का उत्तर नहीं दिया। उलटे धमकी दे गया कि परेशान करने पर अधराजन से शिकायत करके वह उन्हें ही नौकरी से निकलवा देगा।"

"इतना बदतमीज हो गया है वह? उसने दूनी ठाकुर से इस प्रकार बात की और वे खामोश रहे?"—महाराजा की भृकुटियों पर बल पड़ गए—"उसके दुस्साहस के लिए दंडित क्यों नहीं किया?"

चाँदसिंह का विश्वस्त अनुचर अत्यंत सावधानी से विष-वमन कर रहा था—"अन्नदाता! अपनी अवहेलना से क्रुद्ध दूनी ठाकुर ने उसे दंडित करने के लिए एक बार तो उसकी गरदन पकड़ ली थी, फिर उन्हें विचार आया कि यह साधारण-सी बात कहीं तूल न पकड़ ले। आखिर वह अधराजन का परम विश्वस्त सेवक है। और चाँदसिंहजी तो वैसे ही रसकपूर के विरोधी माने जाते हैं।"

"दूनी ठाकुर ने रसकपूर से बात नहीं की?"

"की थी, अन्नदाता! ठाकुर साहब ने उनसे भी इस उद्‌दंड युवक की शिकायत करते हुए उसका परिचय पूछा था"—आसूसिंह अंतिम चोट देने से पूर्व लोहे की आँच बढ़ा रहा था—"कहते हुए जबान कटती है, लेकिन आपसे छिपाना भी तो अपराध है न, महाराज। दूनी ठाकुर की बात सुनकर अधराजन आपे से बाहर हो गईं। उन्होंने कहा कि रत्नसिंह के बारे में पूछताछ करने की न तो कोई आवश्यकता है, और न ही यह उनके अधिकार-क्षेत्र में आता है। वह मेरा सेवक है, इतना ही जान लेना आप लोगों के लिए पर्याप्त है। यही नहीं, उन्होंने तो यहाँ तक कह दिया कि जब महाराज भी मेरे कार्य-कलाप के बारे में पूछने का साहस नहीं रखते, तब आप जैसे सामंतों की तो औकात ही क्या है?"

क्रोध और आश्चर्य के मिले-जुले भाव महाराज के तेजस्वी मुख पर धधक उठे। स्वर की कठोरता को यथासंभव दबाते हुए कहा—"रसकपूर तो मृदुभाषिणी थी। अपने विरोधी को भी वह कटु शब्द नहीं कह पाती थी। फिर उसमें अचानक इतना परिवर्तन कैसे आ गया?"

"अन्नदाता! जान की सुरक्षा मिले तो कहना चाहूँगा कि आसार कुछ अच्छे नहीं हैं। वह कड़ियल, बाँका नौजवान इस ठसके से रसविलास में घुसा रहे, तो महाराज, चार मुँह बात फैलती ही है। बात भले कुछ भी न हो, लेकिन बदनामी तो होती ही है।"—तपते लोहे पर आसूसिंह की इस चोट से चिनगारियाँ उछलीं। महाराज जैसे फुंकार उठे—"तो उस छोकरे को तत्काल रसविलास से निकाल बाहर किया जाए।"

दूत के जाने के बाद जगतसिंह घायल शेर की तरह छटपटा उठे। विश्वास करने का मन नहीं होता, पर अविश्वास की भी गुंजाइश कहाँ रह गई थी? उस अपरिचित युवक को

इतनी आत्मीयता के साथ रसविलास में रखने का और क्या अर्थ हो सकता है?

तो क्या रसकपूर उनके प्रति निष्ठावान नहीं रही?

क्या बिछोह की इस छोटी-सी अवधि में ही काम-वश हो वह अन्य पुरुष से संबंध जोड़ बैठी?

वह प्रेम, मनुहार, लाड़-चावले सब छलना मात्र सिद्ध हुए?

जगतसिंह का मन द्विविधा में झूलने लगा।

'रसकपूर विश्वासघात नहीं कर सकती।'—प्रणयी मन ने विश्वास व्यक्त किया।

'वह तवायफ है। और तवायफें भला किसी की सगी हुई हैं?'—विवेक ने विश्वास की धज्जियाँ उड़ा दीं।

'वह मेरे प्रति मन, वचन, कर्म से समर्पित रही है।'

'अपने प्रत्येक प्रेमी को ऐसे ही सम्मोहन में फँसाए रखने का कौशल, तवायफ को घुट्टी में मिला होता है!'

'मैंने रसकपूर को वह सब दिया, जिसकी कोई कल्पना भी नहीं कर सकता था। अपना सर्वस्व ही उसे सौंप दिया था।'

'मूर्ख प्रेमियों का सर्वस्व हरण ही तो तवायफों का लक्ष्य होता है।'

संदेह-जनित तर्क-वितर्क से उपजी पीड़ा से मुक्ति पाने के प्रयास में आसव-पात्र खाली होते गए। अति मद्यपान से मूर्च्छित हो महाराज रात्रि के अंतिम प्रहर में वहीं गद्दे पर लुढ़क गए। पूरे शिविर में समाचार फैल गया कि जोधपुर-विजय की प्रसन्नता के अतिरेक में, महाराज मर्यादा छोड़ इतनी पी गए कि खाने-पीने की भी सुध नहीं रही और बैठक में ही मद-मूर्च्छित हो सो गए।

□

महाराज का मद उतरा अगले दिन दोपहर में। मद्य के अतिरेक का प्रभाव अब भी शेष था। सिर घूम रहा था, हाथ-पैर शिथिल थे। किसी तरह नित्यक्रिया से निवृत्त हो, भोजन करने पर पूर्ण चैतन्य हुए। रात्रि की घटना, आसूसिंह की बातें, हृदय की बढ़ती पीड़ा, उससे मुक्त होने के प्रयास में सीमाहीन आसव-पान सभी कुछ स्मरण आने लगा।

जगतसिंह का प्रेमी मन विषाद में डूब गया। अपनी प्रेयसी के प्रति अविश्वास का स्मरण होते ही, वे स्वयं को धिक्कारने लगे। क्या यही उनका प्रेम था"कुछ उड़ती-सी खबरें सुनीं और सारा प्रेम कपूर की तरह उड़ गया। बिना किसी प्रमाण के, उसे चरित्रहीन तवायफ मान बैठे, जिसके महावरी पैरों पर उन्होंने अपना जीवन रख दिया था"इतने वर्षों में एक बार भी तो उसके तवायफ जैसे चंचल चरित्र की झलक तक नहीं मिली थी"और वही अब अचानक किसी युवक के साथ विलासमग्न हो रही है"क्या इस पर इतनी आसानी से विश्वास किया जाना चाहिए था? अच्छा हुआ, रसकपूर बहुत दूर है, वरना उनका संदेह जानकर तो वह अपने प्राण ही दे देती।

अल्हड़ प्रेमी की मनस्थिति में डूबते-उतराते जगतसिंह, सहसा प्रिया-मिलन के लिए व्याकुल हो उठे। नवयुवक प्रेमी-युगलों की मानसिकता कुछ और ही किस्म की होती है। एक पल परस्पर मिलने के लिए आकुल-व्याकुल, तो संदेह के तनिक-से काँटे को पलक झपकते नागफनी के छत्ते में बदल जाने में भी देर नहीं लगे। तब प्राण देने या ले लेने तक को तत्पर हो उठे। जगतसिंह भी यौवन के उसी संधिकाल से गुजर रहे थे। रसकपूर के साथ गुजारे वर्षों की याद आते ही मन शंकाओं को भस्म कर, रससिक्त हो उठता। वहीं रत्नसिंह का स्मरण होने पर मन पुनः शंकाओं के कँटीले झाड़ों में फँस लहूलुहान हो जाता। वास्तविकता जाने बगैर मन को चैन नहीं मिल सकता और जयपुर पहुँचे बगैर सचाई से परिचित हों भी तो कैसे?

अब जोधपुर-प्रवास असह्य हो चला था। मानसिंह पर बहुत क्रोध आया। सब कुछ तो हाथ से निकल गया, लेकिन एक अकेले मेहरानगढ़ पर कब्जा किए बैठा है। क्यों नहीं इसे भी छोड़कर जालौर चला जाता, ताकि युद्ध समाप्त कर, वे उदयपुर होते हुए शीघ्रता से जयपुर लौट जाते। धौकलसिंह के बालक होने के कारण मानसिंह का काँटा समूल निकाले बगैर, सवाईसिंह सहित सभी राठौड़ सामंत उनके जोधपुर छोड़ने के विरोधी थे, लेकिन मानसिंह तो मेहरानगढ़ में छिपा बैठा था।

अगले पखवारे जयपुर से आए केसरसिंह के अभिवादन करते ही, नागफनी के कँटीले फन पुनः तन गए। महाराज ने छूटते ही पूछा—"रत्नसिंह को रसविलास से निकाल दिया गया या नहीं?"

अनुकूल उत्तर की आशा से आश्वस्त जगतसिंह अनपेक्षित उत्तर से चौंक उठे—"नहीं अन्नदाता! वह अभी तक रसविलास में अधराजन की सेवा कर रहा है।"

"क्यों?"—महाराज दहाड़-से उठे—"हमारे आदेश का पालन क्यों नहीं हुआ?"

"अन्नदाता!"—केसरसिंह जैसे काँप उठा था—"आसूसिंह से आपका आदेश प्राप्त होते ही दूनी ठाकुर साहब ने अधराजन को इससे अवगत करा दिया था।"

"फिर भी हमारी आज्ञा खाली क्यों चली गई?"

"महाराज! चाहे मारें या छोड़ें; लेकिन आपसे कुछ भी छिपाना मेरे लिए पाप होगा,"—केसरसिंह ने हाथ जोड़कर कहा—"दूनी ठाकुर ने तो मुझे इस बारे में कुछ भी न बताने का आदेश दिया है। लेकिन मैंने आपका अन्न खाया है। आपसे कोई भी बात छिपाकर मैं पाप का भागी नहीं बनना चाहता।"

"क्या कहना चाहता है तू! जल्दी से कहता क्यों नहीं?"—महाराज उत्तेजित होने लगे।

"अन्नदाता! आपका आदेश सुनकर अधराजन ने हँसकर कहा था कि रत्नसिंह मेरा सेवक है। मेरे राज्य का कर्मचारी है। इसकी नियुक्ति और बरखास्तगी का अधिकार सिर्फ मुझे है। मैंने महाराज का आदेश सुन लिया। अब इस पर अंतिम निर्णय सिर्फ मैं लूँगी।"

"और उसका निर्णय हमारे आदेश के विरुद्ध रहा ?"—जगतसिंह क्रुद्ध हो उठे।

"अभी तक तो ऐसा ही प्रतीत होता है,"—केसरसिंह भी तो चाँदसिंह और पटरानी का विश्वस्त सेवक था। अनुकूल अवसर देख उसने नया शब्दवेधी चला दिया—"किंतु इसमें चिंता की कोई बात नहीं। रत्नसिंह अब संभवतः रसविलास में नहीं रह पाएगा। केशव उसे वहाँ रहने भी नहीं देगा।"

"केशव ! यह कौन है ?"—जगतसिंह गुर्रा उठे—"कहीं तुम एक और रत्नसिंह के बारे में तो नहीं बताने जा रहे हो ? किसी अज्ञात कुल-देश का कोई अनजान युवक।"

"नहीं, महाराज !"—केसरसिंह ने जल्दी से बात सँभाली—"यह कोई अज्ञात नहीं, जाना-पहचाना जयपुर का ही केशव है। अधराजन की किशोरावस्था से लेकर युवावस्था तक का प्रगाढ़ मित्र। 'काँचमहल' में दोनों साथ ही संगीत का अभ्यास किया करते थे। उस ब्राह्मण-पुत्र को देखकर तो आँखें जैसे शीतल हो जाती हैं। गौरवर्ण, दीर्घ देहयष्टि, पुष्ट अंग-प्रत्यंग, कंधे पर उज्ज्वल यज्ञोपवीत और मस्तक पर शिखा धारण करने से उसकी शोभा द्विगुणित हो उठती है। वेद-वेदांग के अतिरिक्त संगीत और नृत्य का भी उसे अच्छा ज्ञान है।"

"क्या वह भी रसकपूर से मिलने महलों में आने लगा है ?"—जगतसिंह के स्वर में नागफनी के दंश की पीड़ा उभर आई थी।

"नहीं, अन्नदाता ! उसकी क्या मजाल जो वह महल की एक भी ड्योढ़ी लाँघ सके। इतना कड़ा पहरा-चौकी देखने-भर के लिए थोड़े ही हैं। रत्नसिंह की बात और है। वह तो महल में ही रहता है न, सो उसे रोक पाने में कठिनाई आती है। बाहरी आदमी को रोकना भला क्या कठिन है ? नहीं महाराज !····केशव तो महल में पाँव भी नहीं रख सकता।"

"तब तूने कैसे कहा कि केशव ब्राह्मण इस रत्नसिंह को महल में नहीं रहने देगा ?"—जगतसिंह के स्वर में गुर्राहट उभरने लगी थी—"जो व्यक्ति रसकपूर से मिल भी नहीं पाता, वह रत्नसिंह को निकाल पाने में कैसे सफल हो सकेगा ?"

"महाराज ! केशव और अधराजन के न मिल पाने की बात तो मैंने कभी नहीं की। मैंने तो सिर्फ यही निवेदन किया था कि केशव महल में नहीं आता।"—केसरसिंह की शरारत चरम सीमा पर पहुँचने लगी—"उसे वहाँ आने की जरूरत भी क्या है ? अधराजन स्वयं ही उससे मिलने जो चली जाती हैं।"

"रसकपूर उससे मिलने जाती है ? कब ? कहाँ मिलती है उससे ?"

"मिलन का स्थान और मार्ग तो महल से अलग होने के बाद भी, सुरंग के कारण महल का ही हिस्सा बनकर रह गया है।"—केसरसिंह के स्वर में उभरी धूर्तता से उसका एक-एक शब्द जैसे कराल बाण बन गया था—"मुझे इसका कोई अधिक ज्ञान तो नहीं है। मैं ठहरा साधारण-सा, आपके टुकड़ों पर पलनेवाला नौकर। मुझे भला इस बारे में कौन बताएगा ? फिर भी सुना है कि राजमहल से एक सुरंग जौहरी बाजार की उस

हवेली तक जाती है, जिसमें अब अधराजन की माँ रहने लगी है। केशव भी ज्यादातर वहीं पड़ा रहता है। उसी सुरंग से रसकपूर के जाने-आने की बात सुनी है मैंने। वहाँ जाते समय तो हर घड़ी साए की तरह साथ रहनेवाला रत्नसिंह भी नहीं होता। मुझे तो विश्वास नहीं हुआ, महाराज, भला राजमहल में ऐसी सुरंग का क्या काम? जरूर किसी ने अधराजन को बदनाम करने के लिए यह बात उड़ाई होगी।"

जगतसिंह का मन जैसे भट्ठी बन गया। उन्होंने स्वयं ही तो नूरी बेगम को वह हवेली देकर, रसकपूर को वहाँ तक ले जानेवाली सुरंग से परिचित कराया था। लेकिन तब उसके ऐसे उपयोग की तो उन्होंने कल्पना भी नहीं की थी।

क्या उनकी प्रियतमा सचमुच विश्वासघातिनी निकली?

यदि यह सच न भी हो, तो हर बार मिल रही सूचनाओं में से सभी तो गलत नहीं हो सकतीं। तिल का ताड़ तो बनाया जा सकता है, लेकिन उस स्थिति में तिल-भर दोष तो होगा ही। रसकपूर के अन्य पहाड़ जैसे अपराध भी क्षम्य हो सकते हैं, लेकिन परपुरुष में अनुरक्ति का तिलमात्र दोष भी अक्षम्य होगा। प्रमाणित हो जाने पर यही दोष उसका अधिकार-वैभव ही नहीं, जीवन तक छीन सकता है।

कहीं, कुछ तो होगा ही, जिसकी व्यस्तता में रसकपूर महाराज तक को भूल बैठी है। एक माह से उसका कोई संदेश भी नहीं आया। जबकि इससे पूर्व, प्रति सप्ताह उसका संदेशवाहक आकर दोनों के बीच सेतु बन जाया करता था। रसकपूर की यह उपेक्षा संदेह-वृद्धि में सहायक ही हो रही है। महाराज के अंतस्तल में संदेह का दावानल धधकने लगा। प्रेमी मन में प्रतिशोधी गुँजलकें फैलने लगीं। इन अजगरी पाशों के चितकबरे धब्बों जैसा रंग-बदरंग हो उठा महाराज का अनुरागी मन।

फिर मन के झंझावात को मन ही में दबाने का असफल प्रयास करते हुए कह उठे—"दूनी ठाकुर को आदेश देना कि वे रसकपूर की जानकारी में आए बगैर उस पर नजर रखें। अधराजन को भी याद दिलाना कि पिछले एक माह से उसका कोई भी संदेश हमें नहीं मिला है। हम उसके संदेश की प्रतीक्षा करते रहते हैं।"

"मैं अर्ज कर दूँगा, अन्नदाता!"—प्रणाम करके केसरसिंह बाहर निकल गया।

□

मद्य की मात्रा के साथ, महाराज का मन भी मदमत्त गजराज-सा मर्यादा त्यागने लगा। वेदना, व्यथा में परिवर्तित होती हुई, आक्रोश में ढलने लगी। उसी के साथ उभरने लगी रसकपूर की छवि—महाराज के मादक नेत्रों के पसरे पथ के हर कोने को रससिक्त करती हुई। दृष्टि के हर ठहराव का केंद्र वही बन रही थी। बिल्लौरी शीशे के सुरापात्र से लेकर मसनद, गद्दे, कालीन, चौकी, व्यंजन ही नहीं, सिर पर चल रहे रंग-बिरंगे कपड़ों की गोट से सज्जित खस के विशाल पंखे में भी उन्हें रसकपूर ही दिखाई देने लगी थी। अपनी सुपरिचित मोहिनी मुसकान से प्रेमी महाराज के मन-ताप को शीतल करती हुई। जगतसिंह का विरही मन उसे अंकपाश में बाँधने को मचल

उठा।

तभी कोई गौरवर्ण सुदर्शन युवक, अधराजन की मृणाल-भुजाओं का कंठहार पहने दिखाई देने लगा। उसी के साथ दिखाई दी, उसकी शिलाखंड-सी छाती को, अपने कठोर उरोजों के प्रहार से विदीर्ण करने के प्रयास में जुटी रसकपूर। परपुरुष के साथ प्रगाढ़ आलिंगन में आबद्ध अपनी प्रेयसी को देख, जगतसिंह का मन ज्वालामुखी बनने लगा। मन का स्पंदन बढ़ता हुआ, भूकंप बन गया। फिर गड़गड़ाहट के मर्मांतक आवेग के साथ, मन-पर्वत के किसी कोने में प्रसव-वेदना की लहरें उठने लगीं। तीव्र से तीव्रतर होती हुई पीड़ा की ऐंठन ने, अपनी मुक्ति का मार्ग खोज ही लिया। मन में खौल रहा लावा हहराकर फूट निकला। विश्वासघातिनी का पापाचार आँखों से देख लिया। अब इसे नहीं जीने दूँगा।

वह जीने योग्य नहीं रही।

मदमत्त महाराज का हाथ तलवार की रत्नजटित मूठ पर जा पड़ा। चमचमाता खड्‌ग म्यान से बाहर आकर अपना लक्ष्य खोजने लगा। जगतसिंह के इस रौद्र रूप से आतंकित सेविकाओं में छिपने का स्थान तलाश करने की होड़ मच गई। कोई मसनद के पीछे, तो कोई कालीन के नीचे ही जा दुबकी। किसी ने गावतकिए की आड़ ली, तो कोई शिविर के कोने में प्रस्तर-प्रतिमा-सी खड़ी हो, उन्माद का तूफान गुजर जाने की मनौती मनाने लगी।

हाथ में नग्न खड्‌ग लिये, विश्वासघातिनी अधराजन को, उसके प्रेमी के साथ ही अपने हाथों मृत्युदंड प्रदान करने के लिए, महाराज लड़खड़ाते कदमों से शिविर का प्रत्येक कोना नाप गए। छलना बनी रसकपूर अपने प्रेमी के साथ कभी कहीं, तो अगले ही पल किसी और स्थान पर दिखाई देने लगती। क्रोधावेग में दाँत पीसते महाराज उसे दंडित करने का जैसे प्रण कर बैठे थे।

अचानक रसकपूर छत से लटके खस के विशाल पंखे पर जा लेटी। सेवक द्वारा खेमे के बाहर से खींचे जा रहे पंखे में रसकपूर का अभिसार दृश्य जीवंत हो उठा। रंगीन कपड़ों की झालरों से बने रसकपूर के वस्त्र, खस की उज्ज्वल अधराजन के शरीर से न जाने कौन उतार-उढ़ा रहा था? तभी दिखाई दिया उसके ऊपर लेटा, गंदमी काष्ठ-दंड, जिसके सहारे लटका पंखा महाराज को शीतल हवा से सुख पहुँचा रहा था।

मद-मूर्च्छित नेत्रों में रसकपूर का अभिसार प्रत्यक्ष हो गया। प्रतिशोधाग्नि के ज्वालामुखी का मुँह खुल गया। हहराती अग्नि ज्वालाएँ जैसे आकाश तक को भस्म करने के लिए लपकीं। विद्युत्‌गति से हाथ उठा और खड्‌ग का भरपूर प्रहार पंखे को दो भागों में विभक्त कर गया। भीषण ध्वनि के साथ पंखा टूटकर जमीन पर गिर पडा।

अनपेक्षित गर्जना से आशंकित सशस्त्र सेवकों की पूरी टुकड़ी ही अंदर भाग आई, किंतु उससे पूर्व ही धमाके के कारण महाराज की चेतना लौट चुकी थी। अपने कृत्य पर लज्जित-से होते हुए वे खड्‌ग फेंक, लड़खड़ाते पैरों से वापस मखमली गद्‌दे पर

जा बैठे। सैनिकों की आँखों में उभरे मूक प्रश्न और सेविकाओं के नेत्रों में उगी भय की फसल से जगतसिंह शर्मिंदा से हो उठे। उन सबको खेमे से बाहर चले जाने का संकेत कर, वे स्वयं मसनद में मुँह छिपाकर लेट गए।

□

"अब क्या होगा? दूनी ठाकुर!"—पटरानी फतहकँवर के स्वरों में किंचित् भय की छाया उभर उठी थी—"महाराज के आदेश का पालन कैसे होगा?"

"वैसे ही, जैसे अब तक होता आ रहा है, पटरानीजी!"—चाँदसिंह मुसकरा उठे।

चिलमन की ओट से यह देख पटरानी झुँझला उठी—"आप मुसकरा रहे हैं, ठाकुर साहब! लेकिन महाराज तक पहुँचा रसकपूर का एक भी दूत, हमारी योजना का भंडाफोड़ कर देगा। दूसरी ओर, उनके आदेश के बाद भी दूत के न पहुँचने पर, उन्हें संदेह हो जाने की आशंका है। तब तो वैसे ही हमारे अब तक के किए-धरे पर पानी फिर जाएगा।"

"आप कुछ अधिक ही चिंतित हो रही हैं!"—दूनी ठाकुर पुनः मुसकराए—"यह सब मुझ पर छोड़िए। मैं सब सँभाल लूँगा।"

"लेकिन रसकपूर के भेजे दूतों में से एक भी महाराज तक पहुँच गया, तो हमारी पूरी योजना ही चौपट हो जाएगी।"

"आप आश्वस्त रहें। उनमें से कोई भी वहाँ तक पहुँचने की स्थिति में नहीं है।"

"यानी कि…"

"हाँ, पटरानीजी! मुरदे गवाही देने नहीं आते।"

"लेकिन अब…महाराज के आदेश का पालन कैसे होगा?"

"वह भी हो जाएगा। खवास लादूराम रसकपूर का दूत बनकर चला जाएगा। अधराजन के पत्र के साथ मौखिक संदेश ले जानेवाला लादूराम, महाराज को पत्र तो रसकपूर का, लेकिन संदेश हमारा देगा।"—चाँदसिंह के नेत्रों में कुटिलता आ गई थी।

"तब ठीक है। तो भी आप इस बारे में अधिक सावधान रहें।"—पटरानी ने उठते हुए आदेश दिया।

"ऐसा ही होगा। आप निश्चिंत रहें!"—प्रणाम कर चाँदसिंह भी उठ गए थे।

□

एक माह की कड़ी घेराबंदी के बाद भी मेहरानगढ़ के द्वार नहीं खुल सके थे। विषम परिस्थिति में भी मानसिंह ने समर्पण तो दूर, इस दिशा में कोई संकेत तक नहीं दिया था। इसके विपरीत यदा-कदा तोपों के मुँह खोलकर, वह अब भी स्वयं के जोधपुर महाराजा होने की घोषणा करता रहता था। धौकलसिंह के समर्थन में जुटी एक लाख सेना का उपहास उड़ाता मानसिंह, जगतसिंह की योजना में जैसे मूर्तिमान बाधा बन गया था। इस काँटे का मूलोच्छेद किए बगैर उनका उदयपुर रवाना होना संभव नहीं था। इधर, अब तक चली सभी समझौता-वार्ताएँ और कूटनीतिक चालें भी निष्प्रभावी ही सिद्ध

हुई थीं। महाराज जगतसिंह का क्रोध भड़क उठा और उन्होंने मेहरानगढ़ पर आक्रमण का आदेश दे दिया।

जयपुर की सम्मिलित सेना ने भीम वेग से आक्रमण किया, किंतु दुर्गम और सीधी पहाड़ी पर बने मेहरानगढ़ ने आसानी से उसे निष्फल कर दिया। किले में सतर्क मानसिंह की छोटी-सी सेना भी, अपनी सुरक्षित स्थिति के कारण, बड़ी-से-बड़ी सेना का सफल प्रतिरोध करने में सक्षम थी। तभी सवाईसिंह की सेना ने सिनगोरी पहाड़ी की ओर से जबरदस्त आक्रमण किया।

तोपों के गोले भीम वेग से किले की अजेय प्राचीरों को खंड-मंड करने के लिए बरसने लगे। पाँच-पाँच सेर के लौहपिंडों की जैसे झड़ी लग गई। किंतु किले में इस मोरचे पर डटा जालिमसिंह भी शूरवीर राठौड़ था। अपने असाधारण साहस और शौर्य से युद्ध लड़ते हुए उसने सवाईसिंह का आक्रमण निष्फल कर दिया। इस भयंकर युद्ध में दोनों ही पक्षों की भारी क्षति हुई। सैकड़ों योद्धा वीरगति को प्राप्त हो गए थे।

क्रुद्ध जगतसिंह ने अब 'जसवंत थड़ा' की ओर से गोलाबारी आरंभ कर दी। नौ फीट लंबी शक्तिबाण तोप के साथ अग्निबाण और जगतबाण तोपें भी परकोटा तोड़ने की प्रतिस्पर्धा-सी करती, लोहे के दस-दस सेर वजनी गोले फेंकने लगीं। उनके साथ ही विभिन्न पहाड़ियों पर मोरचा लिये मँझोली तोपें भैरवी, धूमबाण, कड़क बिजली, नाहरमुखी, रणचंडी, बणजारी, मच्छबाण, बदली, रामबाण और शिवबाण भी आग उगलने को तैयार थीं। किले की प्राचीर भंग होने के बाद, काल बनी राठौड़ी सेना के बाहर निकलने पर उनका कार्य आरंभ होना था। बड़ी तोपों के प्रहार-क्षेत्र का चप्पा-चप्पा इनके निशाने पर था। इनकी सहायता के लिए हलकी तोपें फतहजंग, मुल्क मैदान, शैरजंग, नागिन आदि भी किले के समीप मोरचा लगाए जमी थीं। तीन सौ गज तक विपक्षी सेना के सैनिकों को बलात् मौत के मुँह में धकेल देनेवाली इन तोपों का काम तो सबके बाद आरंभ होना था।

लेकिन मेहरानगढ़ टस-से-मस नहीं हो रहा था। सीधी और अजेय चट्टानें उसका सुरक्षा-कवच बनी हुई थीं। जयपुरी सेना का कोई भी हमला कारगर सिद्ध नहीं हो रहा था। तोपों के सफल न होने पर, बारूद बिछाकर दुर्ग की प्राचीर उड़ाने का निर्णय लिया गया। जबरदस्त गोलाबारी के बीच, कंधों पर बारूद के थैले लादे सैनिक किले की ओर बढ़े। उनकी सुरक्षा के लिए बंदूकों और तीर-कमान से लैस कवचधारी योद्धाओं ने, किले के कोट पर मोरचा लिये राठौड़ सैनिकों पर निकट से प्रहार आरंभ किए। घमासान युद्ध में पटापट लाशें गिरने लगीं। राठौड़ी सैनिकों के जबरदस्त प्रतिरोध के बाद, भी जयपुर के सैनिक बारूद बिछाने में सफल हो गए।

विस्फोट हुआ। जबरदस्त धमाके से किले की दीवारें काँप उठीं। पत्थरों के टुकड़े उछलकर दूर-दूर तक जा गिरे। किंतु अरावली की कड़ी चट्टानों ने दुर्ग की रक्षा कर ली। इस जबरदस्त विस्फोट से भी चट्टानों को ही मामूली क्षति पहुँची, जबकि दुर्ग को

तो खरोंच तक नहीं आई थी। 'फतहपोल' और 'जयपोल' पर किया जयपुरी सेना का आक्रमण पूरी तरह निष्फल सिद्ध हुआ।

यही स्थिति लखनापोल के बाहर रासोली और रानीसर में भी रही। वहाँ भी भीषण युद्ध के बावजूद, अमीरखाँ की सेनाएँ विजय की दिशा में छोटी-सी उपलब्धि भी हासिल कर पाने में असफल रहीं। दोनों पक्षों के हताहतों की संख्या यहाँ भी बहुत अधिक थी।

□

जयपुर से आए रसकपूर के दूत को देखते ही जगतसिंह ने तीखे स्वर में पूछा—"फुरसत मिल गई तेरी स्वामिनी को समाचार भिजवाने की?"

खवास लादूराम ने प्रणाम कर, रसकपूर का पत्र महाराज को सौंप दिया। पत्र में सामान्य कुशलक्षेम के बाद, युद्धभूमि के समाचार न भेजने के लिए महाराज को उलाहना था, और थी युद्ध में विजयी हो शीघ्र वापस लौटने की मनुहार। पढ़कर जगतसिंह हँस पड़े। उनके हास्य में व्यंग्य छलक रहा था। बोले—"यह अच्छा तरीका है, अपने आपत्तिजनक आचरण पर परदा डालने का। समाचार हमने नहीं भिजवाए या अधराजन को हमारे बारे में जानने का अवकाश ही नहीं था?"

लादूराम मौन रहा। महाराज ने पूछ लिया—"क्या करती रहती है अधराजन सारे दिन? किस कार्य में व्यस्त रहती है?"

"व्यस्तता तो कुछ विशेष नहीं है, अन्नदाता! भरती का काम तो रोडारामजी देख ही लेते हैं। अधराजनजी तो सुबह-शाम उनसे भरती में हुई प्रगति के बारे में जान लेती हैं। शेष तो अवकाश ही रहता है। हाँ, संध्या के बाद अवश्य नृत्य-संगीत की महफिलों के कारण वे व्यस्त हो जाती हैं।"

भरती की बात सुनकर महाराज चौंके। पूछा—"भरती कैसी? किसकी भरती हो रही है?"

"नई सेना की, अन्नदाता!"—लादूराम ने बता दिया।

"नई सेना?"—महाराज उलझन में पड़ गए—"हमने तो ऐसा कोई आदेश नहीं दिया। फिर यह भरती कैसे हो रही है?"

"आपके आदेश की आवश्यकता ही नहीं थी, अन्नदाता! भरती जयपुर की सेना में नहीं हो रही, बल्कि आंबेर राज्य की नई सेना गठित की जा रही है। उस राज्य की सम्राज्ञी तो अधराजण ही हैं ना। सो आपसे आज्ञा लेने की आवश्यकता ही कहाँ रह जाती है? वैसे भी, महाराज! प्रत्येक राज्य की अपनी अलग सेना तो हमेशा से होती आई है।"

जगतसिंह को एकाएक कोई उत्तर नहीं सूझा। अचकचाए-से स्वर में बोले—"यह तो ठीक है कि हमने रसकपूर को आधा राज्य दिया है। लेकिन इसका यह अर्थ कैसे हो गया कि उस राज्य में उसे शासन के निरंकुश अधिकार भी प्राप्त हो गए हैं। हम अपने

विश्वस्त सेवकों को ही नहीं, प्रसन्न हो जाने पर किसी सामान्य व्यक्ति तक को जागीरें देते ही रहते हैं। किंतु इससे वे जागीर के स्वामी थोड़े ही हो जाते हैं? उन्हें तो उस जागीर की आय से राज्य का कर चुकाने के बाद, शेष राशि को अपने उपयोग में लेने-भर का अधिकार ही मिलता है। वे उस जागीर में स्वेच्छाचार करने के लिए स्वतंत्र नहीं होते। फिर सैन्य गतिविधियाँ···वह भी हमारी आज्ञा के बिना···इसकी तो कल्पना भी नहीं की जा सकती।"

"आपका फरमाना सही है, अन्नदाता!"—लादूराम ने विनीत स्वर में कहा—"अन्य जागीरें, जयपुर राज्य को वार्षिक कर देने के कारण उसके शासन के अंतर्गत आती हैं। किंतु क्षमा करें, महाराज! आंबेर राज्य तो जयपुर राज्य को कोई कर नहीं देता। आपके पट्टे में भी इस प्रकार का कोई प्रावधान नहीं है। इसके विपरीत, पट्टे में नए राज्य की सेना, वित्त, प्रबंध, न्याय आदि सभी अधिकार स्वतंत्र रूप से अधराजण को प्राप्त हुए हैं। ऐसे में यदि वे अपने राज्य की स्वतंत्र सेना गठित करती हैं, तो महाराज को भला क्यों आपत्ति होनी चाहिए?"

"वह तो ठीक है, लेकिन उसे स्वतंत्र सेना की क्या आवश्यकता पड़ गई? हमारे होते उसे किससे भय है? जयपुर की सेना तो उसकी सहायता के लिए सदैव तत्पर है ही।"

"अन्नदाता! हर राज्य के अपने बखेड़े, अपनी सीमाएँ और अपने शत्रु-मित्र होते हैं। कब कौन मित्र अथवा शत्रु बन जाए, राजनीति में यह सदैव ही अनिश्चित रहता आया है। इस नई सेना का गठन, अपने वर्तमान और भावी शत्रुओं से सुरक्षित रहने के लिए ही किया जा रहा है। वैसे भी संकट के समय, शक्तिशाली मित्र पड़ोसी की उपस्थिति का लाभ तो मिलता ही है।"

"और विग्रह हो जाने की स्थिति में वही शक्तिशाली पड़ोसी, सिरहाने का साँप भी तो बन बैठता है!"—महाराज व्यंग्य से मुसकराए—"आंबेर की इस सेना का सेनापति किसे बनाया गया है?"

"रोडाराम दर्जी को, महाराज!"—लादूराम ने शीघ्रता से बताया—"नई सेना की भरती भी वही कर रहे हैं।"

"कैसा योग्य सेनापति ढूँढ़ा है अधराजन ने। दर्जी···और सेनापति? बहुत अच्छा!"—महाराज खिलखिलाकर हँस पड़े।

"किंतु रोडारामजी तो पहले भी जयपुर के सैन्य अभियानों में भाग लेते आए हैं। सुना है वे अत्यंत योग्य सेनापति रहे हैं।"—खवास लादूराम के धीमे स्वर में हलका-सा प्रतिरोध भी था।

"हाँ, उसकी बहादुरी से भला कौन परिचित नहीं। हमारे पिता महाराज प्रतापसिंह के समय, उसे खंडेला के विरुद्ध सैन्य अभियान में भेजा गया था। खंडेला के दोनों सामंत तो जयपुर राज्य के कारागार में बंदी थे। इन विपरीत परिस्थितियों के बाद भी

उनका भाई बाघसिंह, शेखावाटी की थोड़ी-सी सेना के साथ मुकाबले में उतरा और उसने जार्ज थामस की सूझबूझ से, जयपुरी सेना को आसानी से पराजित कर दिया था। भयभीत रोडाराम, जयपुर की तोपें तक छोड़कर मैदान से भाग निकला था। उसने तो शेखावाटी में जयपुर की प्रतिष्ठा ही समाप्त करवा दी थी। लेकिन चौमूँ सरदार रणजीत-सिंहजी ने बची हुई सेना एकत्रित कर, पुनः आक्रमण किया। जार्ज थामस के गोलों की परवाह न करते हुए उनकी तोपों पर धावा मारकर, उनका मुँह बंद कर दिया। जयपुर के लिए वह युद्ध बहुत महँगा पड़ा था। चौमूँ ठाकुर किसी तरह जयपुर की तोपें तो छुड़ा लाए, लेकिन स्वयं अनेक शूरवीरों के साथ मारे गए। खंगारोत सामंत बहादुरसिंह और पहाड़सिंह भी बुरी तरह जख्मी हुए थे। ऐसा बहादुर है तुम्हारा नया सेनापति।"

"इन सब बातों का अधराजण को भला क्या पता? उन्होंने तो महाराज प्रतापसिंह का पूर्व सेनापति जानकर ही रोडारामजी को सेनापति बनाया है।"

महाराज के होंठों पर वक्र मुसकान तैर गई—"राजपूताना ही नहीं, दक्षिण के मराठों तक की राजनीति समझनेवाली रसकपूर को जयपुर के ही एक मुसाहिब का अतीत ज्ञात न हो, भला विश्वास योग्य है? खैर, नए राज्य में इसके अतिरिक्त भी तो नियुक्तियाँ हुई होंगी।"

"हाँ, अन्नदाता! केशव ब्राह्मण को आंबेर राज्य के 'गुणीजनखाने' का अध्यक्ष और रत्नसिंह को अंतःपुर का संरक्षक नियुक्त किए जाने का विचार है। भैंरुलाल नाई को शहर कोतवाल और धनजी बनिया को मुख्तार तो बनाया भी जा चुका है। अधराजण के पुराने दिनों के और भी विश्वस्तों को महत्त्वपूर्ण पद सौंपे गए हैं।"

"हूँ!"—सुनकर जगतसिंह की मनगुहा में संदेह के विषैले सर्प फुफकार उठे—"तो केशव और रत्नसिंह अब तक रसकपूर के निकट बने हुए हैं। हमारे आदेश के बाद भी रत्नसिंह को निकालना तो दूर, केशव को भी खुलेआम और निकट ले आया गया। हमारे आदेश के उल्लंघन का परिणाम तो उसे ज्ञात होगा न?"

"उससे भला कौन अनभिज्ञ होगा, महाराज!"—खवास लादूराम ने भयभीत-से स्वर में उत्तर दिया—"स्वयं इंद्र भी रक्षा न कर पाए, ऐसा कोप है अन्नदाता का। फिर भला अधराजण इससे अनजान कैसे हो सकती हैं? इस पर भी वे स्वयं को आपके समान ही स्वामित्व-संपन्न महाराजा मानती हैं। और अन्नदाता! एक राजा, दूसरे राजा को आदेश नहीं दिया करते।"

"एक राजा का दूसरे के प्रति कैसा व्यवहार होना चाहिए, वह तो हम युद्ध से लौटकर बताएँगे। हम विजयी होकर शीघ्र ही जयपुर लौटने वाले हैं। तब तक रसकपूर को भी अधराजन का सुख भोग लेने दो!"—विषैली मुसकान के साथ महाराज जगतसिंह उठ गए।

□

अत्यंत आसान समझी जानेवाली जोधपुर विजय, धीरे-धीरे मृग-मरीचिका बनने

लगी थी। गिंगोली युद्ध में जबरदस्त पराजय से टूटे-बिखरे मानसिंह को जोधपुर से खदेड़ देना किसी को भी कठिन नहीं लगा था। जयपुरी सेना के दबाव से जोधपुर नगर खाली कर देने के बाद तो मानसिंह का समर्पण कुछ ही दिनों की बात प्रतीत हो रहा था। लेकिन समर्पण था कि हो ही नहीं रहा था। विषम परिस्थितियों में भी मानसिंह किला छोड़ने को तैयार नहीं था। जगतसिंह के हमले तो उसे और ज़िद्दी बना रहे थे। स्पष्ट दिखाई दे रहा था कि जयपुरी सेना के लौटते ही, मानसिंह किले से निकलकर बालक धौकलसिंह की सेना पर टूट पड़ेगा। तब सवाईसिंह और उसके समर्थक राठौड़ सामंतों की सेनाएँ, उसका प्रतिरोध नहीं कर पाएँगी।

किंतु मेहरानगढ़ विजय तो सपना ही बनता जा रहा था। दिन-प्रतिदिन नई घटनाएँ, जयपुरी सेना के मनसूबों पर पानी फेरने लगी थीं। गिंगोली युद्ध से पूर्व हुई संधि का पालन होने की संभावनाएँ धूमिल होते देख, मराठा सरदार दौलतराव सिंधिया, अपने लाभ की नई दिशाएँ खोजने लगा था। उस समय मानसिंह को सैन्य सहायता न देने के बदले सिंधिया को दस लाख रुपए और धौकलसिंह द्वारा नियमित खिराज दिए जाने का वचन दिया गया था। इसी कारण सिंधिया ने अपने सेनापति बालाराव डूँगले के नेतृत्व में थोड़ी-सी मराठा सेना, जयपुर के पक्ष में भिजवा दी थी। इसके विपरीत सिंधिया को न तो दस लाख रुपए मिले और न ही धौकलसिंह का जोधपुर महाराज बन पाना आसान दिखाई दे रहा था। असमंजस की स्थिति में सिंधिया स्वयं सेना सहित जोधपुर की ओर बढ़ा।

परिणाम उसकी आशा के अनुरूप ही निकले। अंबाजी डूँगले और जीन बैपटिस्ट के नेतृत्व में आ रही मराठा सैन्य शक्ति को अपने पक्ष में करने के लिए, दोनों ही पक्ष सौदेबाजी के प्रस्ताव भेजने लगे। मानसिंह की आर्थिक दुरवस्था के कारण, जहाँ इंद्रराज सिंघवी ने सिर्फ खिराज की बकाया रकम शीघ्र ही चुका देने का वचन ही भिजवाया, वहाँ सवाईसिंह ने जयपुर की ओर से १२ लाख रुपए और धौकलसिंह के महाराज बन जाने पर जोधपुर की ओर से ७ लाख रुपए भी देने का आकर्षक प्रस्ताव भेजा था। ऐसे में सिंधिया का जगतसिंह के पक्ष में आना स्वाभाविक ही था। ८ जून, १८०७ को मराठा सहायता मिल जाने पर जोधपुर का घेरा और दृढ़ हो गया।

किंतु इसके साथ ही, जगतसिंह की सेना में वैमनस्य भी उत्पन्न होने लगा था। अमीरखाँ के बढ़ते प्रभाव से आशंकित सिंधिया के सेनापति ने आते ही जगतसिंह पर दबाव डालकर, अमीरखाँ को दिया जानेवाला पाँच हजार रुपए प्रतिदिन का भत्ता बंद करवा दिया। इससे जगतसिंह और अमीरखाँ में भारी मनमुटाव हो गया। अपनी सेना का खर्च वसूलने के लिए वह मारवाड़ के गाँवों को और अधिक निर्ममता से लूटने लगा। अपनी मातृभूमि और देशवासियों के इस भीषण विनाश से राठौड़ सरदारों में आक्रोश फैलने लगा। इंद्रराज सिंघवी जैसा कूटनीतिज्ञ, इस गरम लोहे को, देशभक्ति, विदेशियों की लूट आदि की आँच भड़काकर और तपाता हुआ चोट करता गया।

परिणामस्वरूप, जगतसिंह की सेना में बिखराव आरंभ हो गया। इसकी शुरुआत की बीकानेर महाराजा सूरतसिंह ने। इस विनाश से नाराज हो, वे अपनी सेना सहित बीकानेर लौट गए। शाहपुरा राजा के बाद उमरकोट, सांतलमेर, बिलाड़ा और मेड़ता के राठौड़ सामंत भी अपनी-अपनी जागीरों को चल दिए। सवाईसिंह का प्रत्येक आग्रह निष्फल ही सिद्ध हुआ।

समाचार पाकर मानसिंह के लिए सहायता जुटाने में प्रयत्नशील इंद्रराज सिंघवी के नेत्र चमक उठे। अब उसने असंतुष्ट अमीरखाँ से संपर्क किया। अमीरखाँ के वकील गुलामखाँ के माध्यम से आरंभ वार्त्ता के दौरों में, पृथ्वीराज भंडारी ने भाग लिया। चार लाख रुपए मासिक नकद के साथ, उसके रसोवड़े के व्यय के लिए चार लाख रुपए वार्षिक आय की जागीर देने और अमीरखाँ की तीन हजार सेना को नियमित सेना के रूप में जोधपुर में रखने की शर्त पर समझौता हो गया। इसकी पुष्टि के लिए कुचामन ठाकुर शिवनाथसिंह ने पाँच लाख रुपए का बंधक-पत्र लिखकर हस्ताक्षर कर दिए। फौज खर्च के लिए मानसिंह ने अपने परिवार और सामंतों के आभूषण अमीरखाँ के पास भिजवा दिए। इंद्रराज सिंघवी ने भी किसी प्रकार एक लाख रुपए जुटा दिए। इसके साथ ही अमीरखाँ, जगतसिंह का साथ छोड़कर, बीसलपुर में पड़ाव डाले पड़ी अपनी मुख्य सेना से मिलने रवाना हो गया।

अमीरखाँ के साथ छोड़ देने पर भी मेहरानगढ़ पर दबाव कम नहीं हो पाया था। इसके विपरीत ३१ जुलाई, १८०७ को, जीन बैपटिस्ट के नेतृत्व में पहुँची सिंधिया की एक और मराठी सेना की सहायता से घेराबंदी और कड़ी कर दी गई। १२ अगस्त को रसौली और १४ अगस्त को रानीसर के मोरचे पर पुनः भयंकर युद्ध हुआ। जयपुरी सेना ने इन स्थानों पर भीषण आक्रमण कर दुर्ग में प्रवेश के प्रयास किए, जिन्हें मानसिंह ने अपने राठौड़ सरदार मालूमसिंह, पृथ्वीराज, संग्रामसिंह, जोरावरसिंह, श्यामसिंह भाटी आदि की सहायता से हर बार निष्फल कर दिया।

अब तक के प्रयासों के सार्थक परिणाम न निकलते देख, इंद्रराज सिंघवी ने साहसिक निर्णय ले डाला। जगतसिंह के समर्थकों को तोड़ लेने के बाद भी, मेहरानगढ़ पर दबाव में कमी न आते देख, उसने जयपुर पर आक्रमण करने का अकल्पित निर्णय ले लिया। अपनी राजधानी पर आसन्न संकट से महाराज जगतसिंह को अपनी सैन्य शक्ति विभाजित करने के लिए विवश होना ही पड़ेगा। तब कहीं जाकर मानसिंह दबाव से मुक्त हो सकेंगे।

निर्णय लेने के बाद इंद्रराज ने फिर विलंब नहीं किया। कुचामन ठाकुर शिवनाथसिंह, बूडसू ठाकुर प्रतापसिंह आदि सरदारों के अतिरिक्त, पृथ्वीराज भंडारी के साथ पाँच हजार जुझारू राठौड़ योद्धा, तीव्र गति से कूच करते हुए अमीरखाँ से जा मिले। पुष्कर के मार्ग में सरजेराव घाटके का 'मराठा रिसाला' भी उनके साथ हो गया। जयपुर राज्य के गाँवों का विध्वंस करती यह शक्तिशाली सेना जयपुर की ओर बढ़ने

लगी।

सुनकर जगतसिंह बौखला गए। युद्ध में इस परिस्थिति की तो किसी ने कल्पना भी नहीं की थी। अपने राज्य की रक्षा के लिए बख्शी शिवलाल के सेनापतित्व में अविलंब पचास हजार सेना रवाना कर, जगतसिंह घोर चिंता में डूब गए। जगहँसाई के भय से जहाँ जोधपुर का घेरा उठाते नहीं बन रहा था, वहाँ जयपुर पर आया संकट भी उन्हें व्याकुल कर रहा था। उन्हें भय था कि कहीं सहायता पहुँचने से पूर्व ही अमीरखाँ जयपुर पर विजय प्राप्त न कर ले। वर्तमान स्थितियों में यह एकदम असंभव भी नहीं था। जयपुर की अधिकांश सैन्य शक्ति जोधपुर युद्ध में उलझी होने के कारण, राजधानी की रक्षा-व्यवस्था कमजोर हो गई थी।

किंतु बख्शी शिवलाल भी बड़े जीवटवाला सेनापति सिद्ध हुआ। वह ताबड़तोड़ कूच करता हुआ २ अगस्त, १८०७ की रात्रि में, जयपुर के समीप गोविंदगढ़ पहुँचा, और विश्राम किए बगैर ही अमीरखाँ की सेना पर टूट पड़ा। बख्शी शिवलाल के इतने शीघ्र पहुँचने की किसी को आशा नहीं थी। रात्रि के अंधकार में किया गया अचानक हमला कारगर सिद्ध हुआ और विपक्षी सेना में अव्यवस्था फैल गई। सूर्योदय होने तक तो युद्ध का पासा ही पलट चला था। एक घड़ी बाद तो अमीरखाँ की सेना मैदान छोड़कर हरसोली की ओर भाग निकली। बख्शी शिवलाल ने उन्हें संगठित होने का अवसर दिए बगैर पीछा किया और हरसोली में जा दबोचा। थोड़े से संघर्ष के बाद शत्रु सेना तितर-बितर हो भाग निकली। जयपुर पर आया संकट टल गया। सतर्कतावश अपनी सेना को फागी में ही छोड़ शिवलाल जयपुर चला गया।

विजय के समाचार पाकर महाराज जगतसिंह प्रसन्नता से उछल पड़े। राठौड़ों और मराठों के साथ अपनी प्रसन्नता बाँटने के लिए उन्होंने खास दरबार किया। संगीत और घुँघरुओं की कर्णप्रिय ध्वनियों से, परोसे जा रहे आसव का मद द्विगुणित हो उठा। नशे के आधिक्य के साथ-साथ जगतसिंह के जयघोषों में भी वृद्धि होती गई। झूमते सामंत, महाराज के शौर्य का बखान करते हुए, मानसिंह को उनके कदमों में ला पटकने की शेखी बघारने लगे।

किंतु नशे में बघारी शेखियाँ, यथार्थ के धरातल पर निर्वीर्य ही सिद्ध हुईं। विजय के हर्षावेग में मेहरानगढ़ पर किए गए आक्रमण, पूर्व की तरह निष्फल ही रहे। जयपुरी सेना की विजय का समाचार पाकर भी मानसिंह ने धैर्य नहीं खोया और अंतिम साँस तक युद्ध करने के संकल्प के साथ, प्रत्येक आक्रमण का मुँहतोड़ उत्तर देता रहा।

अंततः मानसिंह का आत्मविश्वास और दृढ़ संकल्प ही फलीभूत हुआ। अमीरखाँ और इंद्रराज सिंघवी अपनी सेनाओं को पुनः संगठित कर फागी पहुँचे। संगठित युद्धनीति अपनाते हुए अमीरखाँ ने अपने 'रामपुर रिसाले' सहित महताबखाँ की सेना को अपनी दाहिनी ओर रखा। जबकि शिवनाथसिंह की राठौड़ी सेना, सरजेराव घाटके और हीरासिंह के रिसालों को अपनी सेना के बाएँ भाग की रक्षा का दायित्व सौंपा गया।

जयपुर की सेना द्वारा वीरतापूर्वक युद्ध करने के बावजूद, १८ अगस्त, १८०७ को शिवलाल बुरी तरह परास्त हुआ। युद्ध में जयपुरी सेना के हजारों सैनिक मारे गए थे।

फागी के निर्णायक युद्ध में विजय के बाद, शिवनाथसिंह और पृथ्वीराज भंडारी के साथ अमीरखाँ जयपुर की ओर बढ़ा। नगर के बाहर झोटवाड़ा में अपना सैन्य शिविर स्थापित कर, अगले दिन उसने तोपों के मुँह जयपुर की ओर कर दिए। ३० अगस्त को आरंभ हुई गोलाबारी पूरे चौबीस घंटे चली। जयपुर की तोपें इनका कोई प्रतिरोध नहीं कर पा रही थीं।

अब पासा पलट गया था। शिवलाल की पराजय का समाचार पाकर जगतसिंह की आँखों के आगे अँधेरा-सा छा गया। उन्हें अब जाकर अपने निर्णय की भूल का पता चला था। रसकपूर और दीवान रामचंद्र की सलाह के अनुरूप कार्य करके अनायास मिली विजयश्री, उनके विपरीत निर्णय लेने के कारण शर्मनाक पराजय में बदल गई थी। रसकपूर का स्मरण आते ही उनके मुख पर सदैव तैर उठनेवाले स्नेहिल भाव के स्थान पर, आक्रोश झलक उठा। रहा होगा उसका परामर्श कैसा भी लाभप्रद""किंतु वह तो दुश्चरित्र निकली""जयपुर जाते ही सर्वप्रथम उसके आचरण की जाँच करानी होगी"" आरोप सच निकलने पर वह मेरा कोप झेलेगी""अब तक निर्बाध प्रेम देखा""अब बाधाहीन घृणा भी भोगेगी""

दीवान रामचंद्र के परामर्श पर अब जगतसिंह ने विलंब नहीं किया। १४ सितंबर की अर्धरात्रि में चुपचाप मेहरानगढ़ का घेरा उठाकर, वे सेना सहित जयपुर की ओर रवाना हो गए। इसी के साथ सवाईसिंह के सपने धूल में मिल गए। वह भी धौकलसिंह को साथ लेकर चुपचाप नागौर की ओर चल दिया।

□

बख्शी शिवलाल की पराजय का समाचार सुनकर रसकपूर का मन रो पड़ा। घटनाओं पर उसका नियंत्रण जैसे समाप्त हो गया था। महाराज के युद्ध-प्रयाण तक तो सब कुछ ठीक था। फिर न जाने कैसे सब कुछ गड़बड़ाने लगा था। महाराज के संदेश, युद्ध-भूमि के समाचार, धीरे-धीरे कम होते चले गए। गिंगोली युद्ध के बाद तो वह अपने प्रियतम की कुशल-क्षेम जानने तक को तरस गई थी। उसके भेजे हरकारों में से एक ने भी लौटकर उत्तर नहीं दिया। नगर दूनी ठाकुर चाँदसिंह की सुरक्षा में था। उनसे पूछने पर एक ही उत्तर मिलता था—"यह युद्ध-काल है। युद्ध में सब कुछ अस्त-व्यस्त हो जाता है। कोई भी कार्य, कोई भी संदेश समय-बद्ध नहीं रह पाता। अपने हरकारे भेजने से पूर्व कम-से-कम मुझे तो बता दिया होता, ताकि उनकी सुरक्षा-व्यवस्था कर दी जाती। कौन जाने वे मार्ग में ही शत्रु के हाथों पड़ गए हों। युद्ध के कारण इन दिनों लूटपाट भी तो बढ़ गई है। क्या पता, डाकुओं ने ही उन्हें लूटकर मार डाला हो। या फिर वे महाराज के किसी अन्य आदेश का पालन करने में लगा दिए गए हों। युद्ध-काल में कुछ भी संभव है। अब तो उनके आने पर ही कारण ज्ञात हो सकेगा।"

रसकपूर को लग रहा था कि कहीं कुछ गड़बड़ अवश्य है। लेकिन कहाँ है, इसका पता नहीं चल पा रहा था। रनिवास में तो पटरानी सहित अधिकांश महारानियाँ उसके पक्ष में हो चुकी हैं। पटरानी बीकावतजी तो उसके कितने लाड़-चावले करने लगी हैं। सहोदरा भगिनी जैसा स्नेह उमड़ता है उनकी आँखों में।

और चाँदसिंह? वे भी तो अब उतने गुस्सैल नहीं रह गए हैं। प्रतिज्ञाबद्ध होने के कारण दूनी ठाकुर उसके सामने तो नहीं आते, लेकिन प्रतिदिन कुंदन से उसकी सुख-सुविधा के बारे में अवश्य पूछ जाते हैं।

इस पर भी कहीं-न-कहीं, कुछ गड़बड़ की आशंका होने लगती थी। सब कुछ सामान्य होने पर भी न जाने क्यों कुछ असामान्य की अनुभूति हो रही थी। क्या यह सामान्य बात है कि जहाँ युद्ध का प्रत्येक समाचार सर्वप्रथम उसे प्राप्त होता था, वहाँ अब समाचारों के लिए वह पराश्रित-सी हो चली थी। चाँदसिंह द्वारा प्राप्त समाचार तो उससे कई दिन पूर्व, अपनी सेविकाओं के द्वारा और भी विस्तृत रूप में मिल चुका होता था। नगर में अपने संबंधियों से मिलने जानेवाली दासियाँ लौटकर वहाँ फैल रही चर्चाओं से अवगत करा देती थीं। यदा-कदा शिवनारायण मिश्र भी मिलने आ जाते थे। उनसे भी अनेक नए समाचार ज्ञात हो जाते थे।

सतर्क रसकपूर ने समाचारों में आए विलंब के बारे में चाँदसिंह से सफाई माँगना बंद कर दिया था। एक बार पूछने पर दूनी ठाकुर ने कुंदन भगतण को जैसे फटकार ही तो दिया था—"तुम लोग दिन-भर अधराजन को न जाने क्या-क्या उलटा-सीधा बताती रहती हो। उन्होंने जो भी सुना, झूठ है। वहाँ युद्ध हो रहा है और तुम लोग अफवाहें उड़ा रही हो। भविष्य में ऐसी कोई बात पता चलने पर, मैं तुम लोगों का नगर में आना-जाना ही बंद कर दूँगा।"

सुनकर रसकपूर सतर्क हो गई थी। दूनी ठाकुर की धमकी के बारे में पटरानी फतहकँवर बीकावत से चर्चा करने पर, वे खिलखिलाकर हँस पड़ीं—"बावली हुई है क्या? दूनी ठाकुर अक्खड़ हैं। लेकिन मन के साफ हैं। उनका कहना-सुनना मुँह पर होता है। आमने-सामने की लड़ाई करते हैं वे, और वह भी मर्दों से। औरतों से लड़ना तो वे ही क्या, कोई भी राजपूत पसंद नहीं करता। तुझे कम पसंद करते हैं, या शायद नापसंद करते हों, इसीलिए ऐसे मुँहफट जवाब दे देते हैं। मैं उन्हें कहलवा दूँगी। तुम तो निश्चिंत हो महाराज की वापसी के दिन गिनो।"

इसके तत्काल बाद चाँदसिंह का व्यवहार बदल जाने से, रसकपूर की शंका को और बल मिला। महाराज की धमकी के सामने भी सिर न झुकानेवाले दूनी ठाकुर, जादू की किस छड़ी के स्पर्श से अचानक विनम्र बन गए? पटरानी जीजी ने उन्हें भला ऐसा क्या कहलाया होगा कि गुस्सैल ठाकुर एकदम मोम बन गए। अपनी जागीर पर आए संकट के बावजूद दरबार में वह विषैले सर्प-सा फुंकार उठा था। अपने प्राणों तक की परवाह नहीं की थी उसने। वही पटरानी के कहने मात्र पर झुक गया। स्वयं महाराज तक

की अवहेलना कर देनेवाला ठाकुर, महारानी के समक्ष इतना विनीत कैसे हो गया?

शंका ही तो थी। अब उत्पन्न हो गई थी, तो उसकी जाँच भी आवश्यक थी। उसके सभी संदेशवाहक इस तरह गायब नहीं हो सकते। और फिर महाराज उसे एकदम ही विस्मृत कर बैठे हों, ऐसा भी तो संभव नहीं। उससे घड़ी-भर दूर रहने से ही जो जगतसिंह बैचेन हो उठते थे, वे महीनों तक कोई संदेश न भेजें, क्या यह विश्वास करने की बात है? यदि संदेश भिजवाए थे, तो फिर उन हरकारों का क्या हुआ? उसके पास तो महीनों से कोई नहीं आया था।

तब क्या चाँदसिंह कुछ गड़बड़ कर रहे हैं? उनकी आज्ञा के बगैर किसी का भी नगर प्रवेश, प्रवास तथा निष्क्रमण संभव नहीं था। उनसे कुछ भी तो गोपनीय नहीं रह सकता। अवश्य ही वे सब कुछ जानते हैं।

लेकिन क्या? दूनी ठाकुर क्या जानते हैं? यह तो रसकपूर को भी पता नहीं था। कहीं वे स्वयं ही तो उसके विरुद्ध कोई षड्यंत्र नहीं रच रहे हैं? उसे उखाड़ फेंकने की कोई योजना तो नहीं बना रहे हैं? किंतु महाराज के रहते उसे पदच्युत करने का सामर्थ्य भला किसमें है? तब क्या स्वयं महाराज को भी चुनौती देने की तैयारियाँ हो रही हैं? क्या उनकी सत्ता-सामर्थ्य के लिए संकट के ताने-बाने बुने जा रहे हैं? स्पष्ट है कि महाराज का जोधपुर आक्रमण सफल नहीं होगा। कोई चमत्कार ही उन्हें विजयी बना सकता है। और पराजित होकर लौटने की स्थिति में वे पहले जैसे प्रभावशाली नहीं रह पाएँगे। पराजय की कालिमा उनका तेजहरण कर चुकी होगी। ठाकुर-सामंत भी तब उतने विनयी नहीं रहेंगे। दरबार में महाराज के निर्णयों की आलोचना भी आरंभ हो सकती है।

उस समय उनके एक निर्णय का तो मुखर विरोध होना ही है। रसकपूर को आधा राज्य दिए जाने का फैसला किसी ने भी पसंद नहीं किया था। उस स्थिति में इस निर्णय को तो किसी-न-किसी रूप में चुनौती मिलनी ही थी। हत्तेज, हतप्रभ महाराज तब क्या इस चुनौती का सक्षम प्रतिकार कर पाने में समर्थ होंगे?

संभवतः नहीं। पराजित महाराज का ध्वस्त सैन्य-सामर्थ्य उन्हें कुछ करने भी नहीं देगा। उस घड़ी महाराज को ही नहीं, स्वयं उसे भी सुरक्षा की आवश्यकता होगी। राजदरबार और रनिवास के षड्यंत्रों में महाराजा की हत्या हो जाना भी कोई अनहोनी बात नहीं। जगतसिंह के ताऊ महाराज पृथ्वीसिंह की भी तो ऐसे ही हत्या कर दी गई थी। जगतसिंह के साथ उसकी पुनरावृत्ति असंभव कैसे हो सकती है? और रसकपूर को मौत के घाट उतारने में तो किसी को रत्ती-भर भी संकोच नहीं होगा।

महाराज और स्वयं की सुरक्षा के प्रति शंका उत्पन्न हो जाने के बाद रसकपूर ने फिर देरी नहीं की। अपने विश्वस्त सेवकों और सेविकाओं के साथ, बिना किसी को सूचित किए वह अचानक आंबेर जा पहुँची और किले के द्वार बंद करवाकर चारों ओर सख्त पहरा बैठा दिया। पिंजरे में कैद चिड़िया के अचानक उड़ जाने से चाँदसिंह

भौंचक्के रह गए। महल के पहरेदारों पर बहुत गरजे-बरसे, लेकिन उनका भला क्या दोष था? रसकपूर न तो कैदी थी और न ही उसके बाहर जाने-आने पर कोई प्रतिबंध ही लगाया गया था। फिर वह महाराज के समान आधे जयपुर की सम्राज्ञी भी थी। उसे रोकने का साहस भला कौन कर सकता था?

रसकपूर के पास भेजे संदेश-वाहक का उत्तर भी आशानुकूल ही मिला। अर्धराजन ने कहलवा दिया कि महाराज के अभाव में रसविलास उन्हें और उदास कर जाता है। मन बहलाने के लिए वे आंबेर आई हैं। कुछ समय बाद, मन ठीक हो जाने पर वे स्वयं ही चंद्रमहल लौट आएँगी।

इसके साथ ही, आंबेर नगर के विशाल परकोटे के दिन-भर खुले रहनेवाले द्वार भी बंद करवा दिए गए। अर्धराजन की आज्ञा के बगैर कोई भी बाहर या अंदर नहीं आ-जा सकता था। इसी के साथ आरंभ हो गया सेना में नई भरती का अभियान। महाराज प्रतापसिंह के समय सेनापति रहे रोडाराम दर्जी को आंबेरी सेना का मुख्य सेनापति बनाकर, आसपास के देहातों से आए तरुणों को शस्त्र-संचालन सिखाया जाने लगा। आंबेर के लुहार दिन-रात शस्त्र-निर्माण में जुट गए। सेना के गठन में रसकपूर ने अपने खजाने का मुँह खोल दिया था। देखते-ही-देखते मीणों और अन्य जातियों की सैनिक टुकड़ियाँ तैयार होने लगीं। आंबेर को तिहरी सुरक्षा प्रदान करनेवाले, २७ मील लंबे परकोटों पर सतर्क सैनिकों की संख्या बढ़ने लगी थी।

तभी व्यवधान उत्पन्न हो गया। फागी में शिवलाल की पराजय के बाद अमीरखाँ की फौजें झोटवाड़ा आ पहुँचीं। इसी के साथ आरंभ हो गई जयपुर नगर पर तोप के गोलों की बरसात। बेचैन रसकपूर ने जयगढ़ और सुदर्शनगढ़ के किलेदारों को जवाबी गोलाबारी करने के आदेश भिजवाए। किंतु किलों पर महाराज का स्वामित्व होने के कारण, किलेदारों ने उसका आदेश मानने से इनकार कर दिया। महाराज के अभाव में उन्हें, राजधानी की चौकी-पहरा के सेनापति चाँदसिंह का आदेश चाहिए था। किंतु आदेश दिया नहीं जा रहा था। रसकपूर ने भी एक के बाद एक कई संदेश भिजवाए, किंतु प्रत्येक संदेश अनुत्तरित ही रहा।

रसकपूर के समक्ष अब सारा षड्यंत्र स्पष्ट हो गया था। तो महाराज की पराजय चाहनेवालों में दूनी ठाकुर भी शामिल थे। जयपुर पर आक्रमण का समाचार पाकर महाराज जोधपुर का घेरा उठाकर वापस लौटने को विवश तो हो जाएँगे, किंतु उनके पहुँचने से पूर्व ही अमीरखाँ की सेना जयपुर को जीतकर, उसे भरपूर लूट चुकी होगी। सामान्य प्रजा से लेकर राजमहल तक, कुछ भी तो सुरक्षित नहीं रहेगा। करोड़ों की दौलत के साथ, सैकड़ों स्त्रियों का शील भी इन बर्बर लुटेरों के हाथों लुट जाएगा। जयपुर का खजाना लुट जाने से भी अधिक घातक सिद्ध होगा प्रजा का विश्वास खंडित हो जाना। राजधानी को असुरक्षित छोड़कर एक स्त्री के लिए युद्ध छेड़ने का अपराध स्वयं महाराज को ही 'युद्ध-अपराधी' बना देगा।

प्रजा की भर्त्सना का शिकार बने, साधनहीन महाराज को सिंहासन से हटाना तब क्या कठिन होगा? उनकी हत्या हो जाना भी कुछ असंभव नहीं होगा। कौशलपूर्वक बुना गया षड्यंत्रों का ताना-बाना, दिन-प्रतिदिन और मजबूत होता जा रहा था। निरुपाय रसकपूर जानती थी कि आंबेर की मँझोली तोपें, अमीरखाँ की गोलाबारी का उत्तर देने में असमर्थ हैं। एक ओर, उनकी मारक क्षमता काफी कम थी, दूसरी ओर, उसकी तोपों और अमीरखाँ के बीच ऊँची पहाड़ी पर बने जयगढ़ और सुदर्शनगढ़ बाधक बन जाते थे। इन किलों की बुर्जियों पर तैनात तोपें आसानी से गोलाबारी का प्रतिकार कर सकती थीं। जयगढ़ स्थित विश्व की सबसे बड़ी तोप 'जयबाण' के साथ ही, बत्तीस बैलों से खींची जानेवाली 'बजरंग बाण' जैसी विशाल तोपें तो बीस मील दूर तक अचूक प्रहार करने में सक्षम थीं। इन किलों की बुर्जियों पर तैनात अन्य तोपों की संयुक्त गोलाबारी, अमीरखाँ की तोपों का मुँह बंद कर, जयपुर को विनाश से बचा सकती थी। लेकिन गोलाबारी का आदेश देने का अधिकार सिर्फ चाँदसिंह के पास था। और दूनी ठाकुर को तो जैसे साँप सूँघ गया था! वे तो सभी को सिर्फ प्रतीक्षा करने का आदेश दे रहे थे।

उद्विग्न रसकपूर अपनी सद्यसंगठित सैन्य-शक्ति से भी अपरिचित नहीं थी। इन नए सैनिकों की छोटी-सी सेना, अमीरखाँ के शक्तिशाली सैन्य-सागर में तिनके से अधिक महत्त्व नहीं रखती थी। सैनिक-शक्ति से उसका प्रतिकार संभव नहीं था।

किंतु प्रतिकार तो करना ही था। अमीरखाँ के हाथों जयपुर का विनाश बचाना ही था। शत्रुओं के मनसूबे पूरे नहीं होने देने का संकल्प ले, रसकपूर तनकर खड़ी हो गई। कुंदन को बुलवाकर, वह कक्ष का द्वार अंदर से बंद करके बैठ गई।

□

झोटवाड़ा शिविर में दो बुर्कापोश औरतें अमीरखाँ से मिलने की तमन्ना लिये, एक के बाद एक पहरों के अवरोध पार करती, उसके खेमे के बाहर जा खड़ी हुईं। बाँदियों की जाँच-पड़ताल से आगंतुकाएँ स्त्री ही प्रमाणित हुईं, तब उन्हें अमीरखाँ के सामने पेश किया गया। कठोर मुखाकृतिवाले दुर्दांत पिंडारी की प्रश्न-भरी दृष्टि का मधुर उत्तर मिला। बुर्के से मिश्री की डली-सा मीठा स्वर उभरा—"आदाब, भाईजान!"

स्नेहिल संबोधन के उत्तर में अमीरखाँ सँभलकर बैठ गया। चेहरे की कठोर रेखाओं में स्फुरण-सा होने लगा। रूक्ष कंठ-स्वर को तनिक मृदु बनाते हुए उत्तर दिया—"खुश रहो। लेकिन आप कौन हैं? हम आपको पहचान नहीं पा रहे हैं।"

उत्तर में संगमरमरी अँगुलियों ने सहसा नकाब उलट दी तो खेमे में जैसे उजाला हो गया। अपने समक्ष अनुपम सुंदरी को देख अमीरखाँ स्तब्ध-सा रह गया। मुँह से अनायास निकल पड़ा—"सुभान अल्लाह! क्या नूर पाया है! चौदहवीं का चाँद भी फीका लगे, ऐसी खूबसूरत है हमारी बहन।"

उत्तर में आगंतुका के गालों पर लाज का अबीर फैल गया। सिर झुकाकर मीठा उलाहना दे बैठी—"आप तो हँसी उड़ाने लगे, भाईजान!"

अधेड़ अमीरखाँ मन-ही-मन विस्मित था। कौन है यह खूबसूरत दोशीजा, जिसे देखकर मन में उत्तेजना की जगह, एक अनोखी ठंडक-सी महसूस हो रही है। पूछ लिया—"हमें अपनी बहन का परिचय नहीं मिला।"

"वाह भाईजान! बहन कह रहे हो, और परिचय भी पूछ रहे हो!"—युवती मुसकराई—"क्या इस रिश्ते का और भी कोई परिचय होता है?"

अमीरखाँ मुसकरा उठा—"खूबसूरती के साथ हाजिरजवाब भी हो। लेकिन बहन का भी कोई नाम तो होता है न। चलो अपना नाम ही बताओ।"

"भाई और वालिद के लिए लड़की सिर्फ बहन और बेटी ही होती है। उनके लिए उसका यही नाम भी होता है और रिश्ता भी!"—युवती के रक्तिम होंठों पर कुंदकली-से दाँतों की शुभ्र छटा बिखर गई—"इस पर भी भाई का हुक्म बजा लाना हर बहन का फर्ज होता है।''''मैं ''''रसकपूर हूँ, भाईजान!"

जैसे विस्फोट हुआ हो। बौखलाकर अमीरखाँ खड़ा हो गया। विस्फारित नेत्रों से देखते हुए बोला—"रसकपूर'''' अधराजन!'''' आंबेर की महाराजा! जिसकी सालों से चर्चा सुनता आया हूँ''''गिंगोली के मैदान में भी जिसकी कूटनीति के चर्चे सुने थे''''क्या वही रसकपूर हो तुम'''' ?"

"भाईजान!"—तनिक शिकायती स्वर में रसकपूर ने कहा—"आप फिर हँसी उड़ाने लगे।"

"नहीं बहन!"—अमीरखाँ गंभीर हो गया—"तुम्हारे बारे में इतना कुछ सुन रखा है कि तुमसे मिलने की तमन्ना करने लगा था। लेकिन यह मुलाकात यूँ होगी, इसका गुमान भी न था। अच्छा बताओ, ऐसे पोशीदा ढंग से किसलिए आना हुआ?"

रसकपूर भी गंभीर हो गई—"किसी भी औरत के कदम घर से बाहर निकलने की वजह उसका शौहर ही होता है। या तो शौहर के हाथों धक्के खाकर या फिर अपने सुहाग की रक्षा करने के लिए ही औरत अपनी देहरी लाँघती है।"

"इस समय तुम्हारी हैसियत कौन-सी है? शौहर से दुत्कारी हुई या''''"

"''''सुहाग की रक्षा के लिए आपके दर पर आई हूँ, भाईजान!"—रसकपूर ने कह दिया।

अमीरखाँ ठठाकर हँस पड़ा—"जगतसिंह ही हुआ न, तुम्हारा सुहाग? क्या बताओगी, उसके साथ तुम्हारा निकाह कब हुआ? कब दी है उसने तुम्हें शादीशुदा जैसी इज्जत? उसने तो तुम्हें महज रखैल बनाकर रख छोड़ा है।"

आक्षेप सुनकर रसकपूर का मुख तमतमा उठा। प्रतिवाद-भरे स्वर में बोल उठी—"नहीं, भाईजान! कुछ रिश्तों के कोई नाम नहीं होते। लेकिन वे नामधारी रिश्तों से ज्यादा अहम होते हैं। हम दोनों एक ही माँ के गर्भ में पैर पसारे बगैर, आज भाई-बहन कैसे बन गए? क्या इस रिश्ते में भी कोई आडंबर है?"

"अपनी बात और है,"—तीखे उत्तर से हड़बड़ाए अमीरखाँ ने अपने बचाव का

प्रयास किया—"हम दोनों मुसलमान हैं। इसलाम के बंदे होने के नाते, हम तो वैसे ही भाई-बहन हो जाते हैं। लेकिन जगतसिंह तो हिंदू है। तुम्हारे मुसलमान होने के कारण ही उसने तुमसे बाकायदा शादी नहीं की। यह तो हमारी कौम की सरासर बेइज्जती है।"

उत्तर में रसकपूर मुसकरा उठी। पूछा—"अच्छा भाईजान! एक बात बताइए। क्या आप हमारी भाभी बेगम से वाकई मोहब्बत करते हैं?"

बेगम का स्मरण आते ही अमीरखाँ का कठोर चेहरा रससिक्त हो उठा। आँखों में अनुराग के साथ, होंठों पर प्रेमपगी मुसकान फैल गई—"तुम्हारी भाभी में तो मेरे प्राण बसते हैं, बहन।"

"फिर तो आपने उन्हें काफी बड़ी जागीर दे रखी होगी? है न भाईजान!"

"अरे! उन्हें जागीर की क्या जरूरत है? सब कुछ उनका ही तो है। वे जो भी माँगती हैं, मैं फौरन हाजिर कर देता हूँ।"

"बस यही अंतर है आपमें और हमारे महाराज में। मोहब्बत करने के बाद भी आप भाभी बेगम को अधिकार नहीं दे सकते, लेकिन महाराज प्रेम करने पर अपना सब कुछ दे डालते हैं। जर्रे को आफताब बनाकर, सिर पर बैठा लेते हैं।"—रसकपूर ने कहा—"दुनिया की नजर में मेरी हैसियत चाहे रखैल की हो, अथवा प्रेमिका की; लेकिन महाराज की कोई भी ब्याहता महारानी ही नहीं, स्वयं पटरानी भी, एक क्षण विचार किए बगैर मुझसे स्थान बदलने को तैयार हो जाएँगी। महाराज का अगाध प्रेम पाने के लिए, वे इससे भी नीचा संबोधन स्वीकार कर लेंगी।"

सुनकर अमीरखाँ का हृदय भी भीग उठा। रसकपूर के सिर पर हाथ रखकर बोला—"अल्लाहताला तेरी झोली की खुशियाँ महफूज रखे! अच्छा बता, बहन, मैं तेरे लिए क्या कर सकता हूँ?"

"भाईजान! आपकी तोपें चौबीस घंटों से जयपुर पर गोले बरसा रही हैं, लेकिन जयगढ़ की जयबाण और बजरंगबाण जैसी शक्तिशाली तोपें खामोश हैं। सुदर्शनगढ़ की तोपें भी बदले में आग क्यों नहीं उगल रही हैं? आपको पता है?"

"इसका तो हमें भी आश्चर्य है। क्या वजह हो सकती है इसकी?"

"भाईजान! इसकी असली वजह मैं हूँ। जोधपुर रवाना होने से पहले महाराज जयपुर की रक्षा की जिम्मेदारी मुझे सौंप गए थे। मैंने महाराज को राय दी थी कि जोधपुर महाराज को छोटी-मोटी मात देकर सीधे उदयपुर चले जाएँ। वहाँ महाराणा की बेटी से विवाह करके जयपुर लौट आएँ। गिंगोली तक तो सब कुछ ठीक रहा, किंतु उसके बाद न जाने क्या हुआ कि महाराज उदयपुर की जगह जोधपुर जा पहुँचे। मेरी योजना को असफल करने में किन लोगों की साजिश थी, यह तो बाद में पता लगेगा। लेकिन अब मेरे संरक्षण में छोड़े गए जयपुर की पराजय तो मुझे कहीं का नहीं छोड़ेगी। दूनी ठाकुर चाँदसिंह मेरा घोर विरोधी है। उसी के षड्यंत्रों से बचने के लिए मैं अपने राज्य आंबेर में चली जाने को मजबूर हो गई हूँ।"

"दूनी ठाकुर चाँदसिंह !"—अमीरखाँ के रक्ताभ नेत्रों के डोरे गहरे हो गए—"वह तो पूरा जहरीला साँप है, बहन ! उस पर कभी विश्वास मत करना। वह तुम्हारा दुश्मन है, तो लगे हाथों मैं उसका काम ही तमाम कर जाता हूँ।"

"नहीं भाई ! आप सिर्फ जयपुर को बख्श दें। बाकी सब मैं खुद सँभाल लूँगी,"—रसकपूर ने अपना दुपट्टा फैला दिया।

दुर्दांत दस्यु अमीरखाँ ने सजल नेत्रों से दुपट्टे के छोर थाम लिये। संकेत पाकर बाँदियों ने संदूकों से कीमती जेवर, अशर्फियाँ निकाल-निकालकर दुपट्टे को ऊपर तक भर दिया। रसकपूर की पेशानी चूमकर अमीरखाँ ने कहा—"जा बहन, अपने भाई की इस छोटी-सी सौगात के साथ सुखी रह। देख तेरे हुक्म का पालन हो गया है। मेरी तोपों की गड़गड़ाहट बंद हो गई है।"

"भाईजान !"—कहकर गले लगी रसकपूर की आँखें भी अयाचित हर्ष से भीग उठीं।

ग्यारह

मेहरानगढ़ का घेरा उठाकर तेजी से जयपुर लौटते महाराज जगतसिंह का दुर्भाग्य भी छाया की तरह साथ चल रहा था। अमीरखाँ द्वारा जयपुर का घेरा उठा देने का समाचार उन्हें मिल चुका था। इस पर भी वे शीघ्रातिशीघ्र जयपुर पहुँचने के लिए व्यग्र थे। राजा-महाराजाओं के अनुरूप ही कान के कच्चे जगतसिंह के लिए जयपुर में अब रह भी क्या गया था? बिना जाँचे-परखे दूतों की बातों पर विश्वास करके वे मन की शांति खो बैठे थे। बस, एक ही धुन थी कि जयपुर पहुँचकर सबसे पहले रत्नसिंह का गला पकड़कर, उस बेहया के सामने ही कत्ल करूँ, तभी जगतसिंह कहाऊँ। वरना जीना व्यर्थ है।....और वह केशव! वह भी अधराजन का यार बना हुआ है। उसे कैसे छोड़ा जाएगा? जयपुर पहुँचते ही सबसे पहले दोनों का काम तमाम करना होगा। उसके बाद ही रसकपूर से स्पष्टीकरण माँगा जाएगा।

अभी बहुत दमखम है उनमें। जोधपुर नहीं जीत सके तो क्या हुआ? वे किसी से हारे भी तो नहीं हैं। धोखाधड़ी के कारण जयपुर पर संकट नहीं आया होता तो वे मानसिंह को छोड़ने वाले नहीं थे। उसे झुकाकर ही मानते।

तब जगतसिंह आसन्न विपत्ति से कहाँ परिचित थे! उन्हें क्या पता था कि अभी तो उन्हें अपमान और पराजय के इससे भी कड़वे घूँट पीने शेष हैं। विवशताओं के दलदल में फँसकर, इच्छा-विरुद्ध फैसले करने हैं। क्रोधावेश में फुंकारते जगतसिंह को शेखावाटी में प्रवेश के साथ ही नई विपत्ति का सामना करना पड़ा। अमीरखाँ और इंद्रराज सिंघवी की सेनाओं ने उनका मार्ग रोक लिया। उधर मानसिंह भी मेहरानगढ़ से निकलकर, शक्ति एकत्रित करते हुए अपने इलाकों पर तेजी से कब्जा कर रहे थे। दिन-प्रतिदिन बढ़ता सामंतों का सहयोग, उनकी सैन्य-शक्ति में वृद्धि कर जाता था। जोधपुर महाराज भी जैसे जगतसिंह को सबक सिखाने के लिए ही पीछे-पीछे बढ़े चले आ रहे थे।

चारों ओर से घिरे जगतसिंह को न चाहते हुए भी रुकना पड़ा। सीकर के पास लोसल के मैदान में हुआ युद्ध भी भला कोई युद्ध था। तीन घंटे के युद्ध ने ही परिणाम स्पष्ट कर दिए थे। महाराज जगतसिंह का अपना जीवन भी संकट में पड़ गया था।

दीवान रामचंद्र पहल करके इंद्रराज सिंघवी से मिले। जयपुर के वृद्ध प्रधानमंत्री का समुचित आदर करते हुए सिंघवी ने जगतसिंह को सही सलामत निकल जाने देने के

लिए अपनी शर्तें रख दीं। गिंगोली युद्ध में लूटा जोधपुर का सारा सामान-तोपें आदि लौटाने के अतिरिक्त, एक लाख रुपया जुर्माना भरकर ही महाराज सुरक्षित जयपुर पहुँच सकते हैं।

सौदेबाजी की कोई गुंजाइश नहीं थी। लेकिन एक लाख रुपए भी कहाँ रखे थे? इस सैनिक अभियान में एक करोड़ बीस लाख रुपए खर्च कर देनेवाले जयपुर महाराजा के पास, अपनी मुक्ति के लिए एक लाख रुपए जैसी छोटी राशि भी नहीं रह गई थी। जयपुर राज्य जैसे दीवालियेपन की कगार पर आ खड़ा हुआ था। उसकी धूलि-धूसरित प्रतिष्ठा को बचाने के लिए दीवान रामचंद्र ने ही दौड़-धूप की। पाँच दिनों तक वे शेखावाटी के सामंतों से राशि एकत्रित करने के लिए भागते फिरे। अंत में वांछित राशि एकत्र कर इंद्रराज को सौंपने के बाद ही, महाराज जगतसिंह को जयपुर की ओर प्रस्थान करने की अनुमति मिली। इन पाँच दिनों वे राठौड़ी सेना के बंधक जैसे बने रहे थे।

इस शर्मनाक पराजय ने जगतसिंह के सारे मनसूबों पर पानी फेर दिया था। नगर-प्रवेश करने में भी उन्हें लज्जा आ रही थी। अर्धरात्रि में थोड़े से अंगरक्षकों के साथ चाँदपोल दरवाजा खुलवाकर महाराज राजमहल में आ गए। प्रातःकाल चंद्रमहल की सातवीं मंजिल पर फहराते पंचरंगे जयपुरी ध्वज के ऊपर सवाया ध्वज देखकर ही जयपुरवासियों को महाराज के नगर आगमन का पता चला।

□

महाराज के आगमन का समाचार पाकर पटरानी बीकावतजी अर्धरात्रि में ही महाराज का स्वागत करने पहुँच गई थीं। गले लगकर उलाहने-उपालंभ होने लगे। जनानी ड्योढ़ी और राजमहल की सामान्य कुशल-क्षेम पूछते हुए जगतसिंह को रसकपूर का स्मरण हो आया। उन्हें ध्यान आया कि उन्हें महल में आए इतना समय हो गया, लेकिन जिस रसकपूर के सबसे पहले आने की संभावना थी, उसका अब तक कहीं पता नहीं था। पटरानी से पूछ ही लिया—"अधराजन कैसी है? वह अब तक क्यों नहीं आई?"

उत्तर में फतहकँवर व्यंग्य से हँस पड़ी—"वह यहाँ है ही कहाँ, जो आपका स्वागत करने आती। वह तो आंबेर में अपना राजपाट सँभाल रही है।"

"आंबेर कब चली गई वह?"—महाराज को आश्चर्य हुआ।

"वह तो आपके युद्ध में पधारने के कुछ दिनों बाद ही यहाँ से प्रस्थान कर गई थी।"

"किंतु हम तो उसे जयपुर की रक्षा का दायित्व भी सौंप गए थे। दूनी ठाकुर ने उसके आदेशों का पालन भी स्वीकार कर लिया था, फिर वह आंबेर क्यों चली गई?"

पटरानी खिलखिलाकर हँस पड़ीं—"वाह महाराज! आपका भी जवाब नहीं। कैसे सुयोग्य-पराक्रमी व्यक्ति के कंधों पर जयपुर का सुरक्षा दायित्व सौंपा था। वह तो चाँदसिंहजी के कारण नगर की रक्षा हो गई, वरना तो अमीरखाँ नगर के साथ हम सबको

भी लूटकर कंगाल बना जाता। दूनी ठाकुर बहुत बहादुरी से लड़े। लेकिन बख्शी शिवलाल को परास्त कर देनेवाली सेना से लड़ पाना क्या आसान था? अंत में कोई रास्ता न देख, ननदबाई सा और मैंने संदेश भेजकर अमीरखाँ से राजधानी पर रहम करने की प्रार्थना की। तब जाकर उस पिंडारी ने अपना आक्रमण बंद किया था।"

"ननदबाई सा अर्थात् हमारी बहन सूरजकँवर?"—जगतसिंह को विस्मय हुआ—"आप लोगों को उससे रहम की भीख माँगनी पड़ी?"

"विवशता थी, महाराज! हमें अपने से अधिक आपकी प्रजा की चिंता जो थी। पराजय की स्थिति में वे तो अकारण ही मारे जाते। और पराजय सुनिश्चित थी। इतनी कम सेना के बल पर आखिर कब तक लड़ा जा सकता था?"

"सुना है, रसकपूर ने भी नई सेना तैयार की है। क्या उसने युद्ध में भाग नहीं लिया?"

फतहकँवर उपेक्षा से मुसकराई—"वह भला अपनी सेना क्यों भेजती? कौन-सा उसके राज्य पर आक्रमण हुआ था? संकट में तो आप और आपका राज्य था। वह तो मजे से आंबेर में बैठी, हमारी मुसीबत पर मुसकरा रही थी। चाँदसिंहजी ने उसे बार-बार सहायता के लिए संदेश भिजवाए। लेकिन हर बार उसका एक ही उत्तर मिला कि यह सेना आप लोगों की रक्षा के लिए नहीं बनाई गई है।"

"जयपुर की रक्षा के लिए नहीं, तो क्या उसे मात्र शोभा के लिए बनाया गया था?"—जगतसिंह झल्ला उठे—"फिर इसके गठन का प्रयोजन क्या था?"

"प्रयोजन तो अत्यंत गंभीर है, महाराज!"—पटरानी ने रहस्य-भरे स्वर में कहा—"मेरे विचार में तो यह सेना आपके लिए तैयार की जा रही है।"

"हमारे लिए? हम समझे नहीं।"

"सीधी-सी बात है, महाराज! आपको युद्ध में उलझा देख, उसे स्वयं को शक्तिशाली बनने का अवसर मिल गया। आपके दिए पट्टे का उपयोग कर, वह वास्तव में आधे राज्य की स्वामिनी बन बैठी। जबकि पट्टा देते समय आपकी ऐसी मंशा नहीं थी। आपने तो दरबार में अपनी प्रतिष्ठा बचाने के लिए ही उसे आधा राज्य देने की घोषणा कर डाली थी। है न, महाराज?"

जगतसिंह ने कुछ क्षण विचार करके कह दिया—"उस समय संभवतः हमारे मन में ऐसा कुछ रहा हो। लेकिन बाद में तो हमने उसे वास्तव में ही अर्धराजन मान लिया था। हमने दिल से उसे आधा राज्य दिया था।"

सुनकर फतहकँवर मन-ही-मन सुलग उठी। किंतु मनोभाव छिपाकर कहने लगी—"लेकिन वह तो ऐसा नहीं समझती थी। उसने खुद मुझे कहा था कि यह पट्टा तो एक मज़ाक है। महाराज ने सचमुच में मुझे राज्य थोड़े ही दे दिया है।"

"रसकपूर ने ऐसा कहा? और वह भी तुमसे····विश्वास नहीं होता····" जगतसिंह का आश्चर्य स्वाभाविक था।

"हाँ, महाराज! आपको भला मुझ पर विश्वास क्यों होगा?"—पटरानी ने मुँह फुला लिया।

यह देख जगतसिंह हँस पड़े—"लो, तुम तो बुरा मान गईं। मेरे कहने का मतलब तुम पर अविश्वास थोड़े ही था। क्या वास्तव में रसकपूर ने ऐसा कहा था?"

"हाँ, स्वामी! भला मुझे आपसे झूठ बोलने की क्या आवश्यकता है? उसने देखा कि मजाक में दिया राज्य कभी भी वापस लिया जा सकता है। आपको युद्ध में फँसे देख, उसे मौका मिल गया और वह आंबेर का राज्य बाकायदा सँभालकर, नई सेना भी तैयार करने में जुट गई। ताकि आप कभी राज्य वापस लेना भी चाहें तो उसकी सेना आपका सशस्त्र विरोध कर, आपके इरादों पर पानी फेर दे।"

महाराज की भृकुटियों पर बल पड़ गए। कोई भी सत्ताधीश अपनी सत्ता को चुनौती दिए जाने की आशंका मात्र से ही, विषैले भुजंग-सा फन तानकर डसने को उद्यत हो जाता है। जगतसिंह का महाराजा मन भी आशंकाग्रस्त होने लगा।

तभी कुछ और स्मरण आ जाने से, उन्होंने मन के भाव छिपाकर पूछ लिया—"वह रत्नसिंह का क्या किस्सा है? कौन है वह? कल प्रातः उसे हमारे सामने पेश करना।"

"उसे पेश करना तो हमारे लिए संभव नहीं होगा। अधराजन का वह चहेता तो उसी के साथ आंबेर चला गया। वहीं उसकी सेवा कर रहा होगा—" पटरानी के स्वर में व्यंग्य छलक उठा—"कुछ भी कहो, महाराज! रत्नसिंह है बाँका, कड़ियल जवान। मैंने तो देखा नहीं, लेकिन मेरी कई दासियों ने उसकी रूप-जवानी की बहुत बार प्रशंसा की है। उसकी स्वामिभक्ति के बारे में तो सुना जाता है कि अपने आराम का खयाल छोड़कर, वह आधी-आधी रात तक अधराजन के पैर दबाया करता था।"

"क्यों उसकी सारी दासियाँ मर गई थीं क्या जो अपने शयनकक्ष में उससे पैर दबवाने की मजबूरी आ गई थी?"—जगतसिंह का प्रेमी मन प्रतिस्पर्धी की कल्पना से धधकने लगा।

"पुरुष के हाथों से मिलनेवाला सुख, किसी दासी के हाथों में कहाँ से आएगा, महाराज!"—फतहकँवर खिलखिलाकर हँस पड़ी। उसकी तीखी हँसी महाराज के प्रेम-दग्ध हृदय को प्रतिशोधाग्नि से भस्म करने लगी थी।

□

रात्रि के अनंत अंधकार को अपनी किरणों से नष्ट करते हुए, प्राची दिशा से भगवान् भास्कर का अवतरण हुआ। उनकी स्वर्णिम किरणों से पीतवर्णी जयपुर नगर सुनहरा हो उठा। नगर के मध्य स्थित चंद्रमहल से लेकर, गली-मोहल्ले और बाजारों के सभी भवन, हलके पीले रंग से पुते होने के कारण, सूर्य-किरणों के स्पर्श से स्वर्णिम होने का भ्रम उत्पन्न करते थे। इस पृष्ठभूमि में चंद्रमहल पर लहराता पंचरंगी ध्वज मीलों दूर सें दिखाई दे जाता था।

आंबेर की पूर्वी पहाड़ियों की प्राचीर पर बनी सेना की निगरानी चौकी से भी ध्वज दिखाई दिया। उसके ऊपर लगा छोटा-सा ध्वज देख, चौकी के सैनिकों में हलचल मच गई—"अन्नदाता पधार गए···महाराज महलाँ माँय आ पधार्या।" तत्काल विशाल नगाड़े पर थाप पड़ी। थाप की संकेत-ध्वनि को समझ, आंबेर के महलों की छत पर रखे नगाड़े ने संदेश की पुष्टि चाही। टुकड़ी नायक ने पुनः चंद्रमहल के ध्वज को गौर से देखकर, महाराज के जयपुर आगमन की पुष्टि कर दी।

प्रतिहारी से संदेश पाकर, कुंदन भगतण नाचती-सी रसकपूर के पास पहुँची। उसके अंग-प्रत्यंग हर्ष से रोमांचित देख, रसकपूर ने हँसकर पूछ लिया—"तुझे क्या हुआ, कुंदन ! ऐसी बावली-सी कैसी हो रही है ? लगता है कोई गड़ा खजाना मिल गया है। तभी तो खुशी सँभाले नहीं सँभल रही है।"

"बात ही ऐसी है, अधराजन,"—कुंदन सचमुच ही नाचने लगी थी—"आप सुनेंगी तो मुझसे भी ज्यादा पगला जाएँगी।"

"तेरी बातें भी तेरी ही जैसी"—रसकपूर हँस पड़ी—"आखिर ऐसी क्या खबर मिल गई है, जो मेरे भी पागल हो जाने की बात कर रही है।"

"खबर ही ऐसी है···जीजी !"— झूमती कुंदन ने थिरकते पैरों को तनिक विराम देते हुए धीरे से कह दिया—"अन्नदाता जयपुर पधार गए हैं।"

"क्या ?"—गावतकिए के सहारे अधलेटी रसकपूर जल्दी से खड़ी हो गई। अपने कानों पर विश्वास न कर, झूमती कुंदन की बाँहें पकड़कर रोकते हुए पूछा—"क्या कहा तूने ? महाराज पधार गए हैं, यही कहा ध्र न ? बोल, अभी यही बताया था न ?"

"हाँ, हाँ, जीजी बाई ! यही कहा था मैंने।"—कुंदन की मस्ती थम नहीं रही थी।

"तुझे किसने बताया ? क्या महाराज का हरकारा आया है ?"—पूरी तरह आश्वस्त होने के लिए रसकपूर ने पूछ लिया।

"वह तो अब आएगा। अभी तो पूर्वी चौकी के नायक ने चंद्रमहल पर सवाया ध्वज देखकर यह खबर भिजवाई है। बस, अब तैयार हो जाओ, थोड़ी ही देर में महाराज का बुलावा आने वाला है।"

सुनकर सचमुच पगला ही तो उठी थी रसकपूर। कुंदन को बाँहों में भरकर नाच उठी थी। नाचते-नाचते अचानक भरभराकर रो पड़ी। भरी आँखों के खारे आँसू कपोलों पर बहते हुए, होंठों की मीठी मुसकान के स्पर्श से मृदुल हो उठे—"महाराज आ गए··· कुंदन ! सुना तूने···मेरे प्रियतम आ गए। मेरे स्वामी लौट आए···अरी दासियो, नाचो-गाओ, खुशियाँ मनाओ···नगर में उत्सव मनाने का आदेश दे दो···अन्न-वस्त्र के भंडार खोल दो···आज कोई भूखा-नंगा न रहने पाए···मेरे प्रिय लौट आए।"

फिर जैसे कुछ याद आ गया। अपने वस्त्रों की ओर देख, कुंदन को स्नेहिल झिड़की देने लगी—"तू भी बौरा गई है···महाराज आ पधारे और मैं अभी ऐसी ही बैठी हूँ···अभी उनका बुलावा आता होगा···इतने महीनों बाद उनके दर्शन करूँगी···और ऐसे

मैले-कुचैले वस्त्रों में? क्या सोचेंगे वे भी""कैसी फूहड़ हो गई है उनकी रस""। अरी अक्ल भी है, या ऐसे ही मेरा मुँह देखती रहेगी""या मुझे महाराज को मुँह दिखाने लायक भी बनाएगी? बातें तो ढेर सारी बना लेती है""लेकिन काम के नाम पर एकदम कच्ची। मेरा क्या है""महाराज की डाँट तुझे ही पड़ेगी। फिर मैं भी तुझे बचाने वाली नहीं हूँ।"

हँसती-खिलखिलाती कुंदन के जैसे पर लग गए। चटपट स्नान, शृंगार की तैयारियाँ होने लगीं। उबटन लगाते कुंदन के हाथों का तिरस्कार-सा करती रसकपूर कह उठी—"अब तू उबटन ही लगाती रह जाना और वहाँ से हरकारा चल भी पड़ा होगा।"

हँसकर कुंदन मुँह पर मलाई-नींबू का लेप करने लगी।

केसर-मिश्रित जल से स्नान कर? रसकपूर का मोहक गात संदली हो उठा। भीनी-भीनी सुगंधि उसकी देह-गंध से मिलकर, किसी को भी मदमत्त कर देने में समर्थ थी—वस्त्राभूषण धारण कराते समय भी विरहिणी अधराजन बार-बार झुँझला उठती थी, "अरे! तुम्हारे हाथों को वातरोग हो गया है क्या? जो जल्दी चलते ही नहीं। अच्छी तरह समझ लेना""महाराज के दूत को प्रतीक्षा करनी पड़ी तो तुम्हारी खैर नहीं""अरे! तुममें से कोई ड्योढ़ी पर चली जाओ और हरकारे को आते ही मेरे पास ले आना।"

अर्धराजन की उद्विग्नता देख कुंदन मुसकरा उठी—"अपनी ही अपनी सोचे जा रही हो, जीजी! थोड़ा हमारा भी तो खयाल किया होता। आपके शृंगार से महाराज को खुश करके हम भी तो उनसे इनाम चाहेंगी। आपकी जल्दबाजी से हमारा तो नुकसान ही होगा न""ठीक से शृंगार नहीं किया तो अन्नदाता चोटी पकड़कर महल से ही निकलवा देंगे""वैसे बाहर ड्योढ़ी को ही नहीं, घाटी दरवाजे की सैन्य टुकड़ी के नायक को भी मुस्तैद किया जा चुका है। महाराज के हरकारे के आंबेर सीमा में प्रवेश करते ही हमें सूचना मिल जाएगी।"

"बहुत चतुर हो गई है तू"—रसकपूर का लाड़ उमड़ आया—"ले, कर ले शृंगार जैसा भी, जितना भी तेरा मन करे।"

थोड़ी देर चुपचाप रहने पर फिर कुछ याद आ गया—"क्या खाक इंतजाम है तेरा। किसी को भेजकर 'महाडोल' तो तैयार करवा। वरना ऐन वक्त पर कहारों की ढूँढ़ मचेगी।"

बरबस कुंदन हँस पड़ी—"आप जयपुर तक 'महाडोल' में पधारेंगी? इस समय पालकी में और आप""फिर तो मारे गए कहार। उनकी धीमी गति पर क्रुद्ध हो आप रास्ते में ही, दंडित कर, स्वयं किसी अश्व पर सवार हो न चल दें तो कहना""। अधराजन जीजी! आपके लिए पालकी नहीं""बग्घी का इंतजाम किया गया है""और बग्घी में भी कुम्मैती घोड़े जुड़वाए हैं जो पलक झपकते आपको महाराज तक पहुँचा देंगे।"

आश्वस्ति की मुसकान के साथ, रसकपूर ने स्नेहिल दृष्टि से कुंदन को देखा—

"बहुत समझदार हो गई है तू। महाराज से तुझे आज विशेष पुरस्कार दिलवाऊँगी।"

"वह तो मैं लूँगी ही"—कुंदन इठलाकर बोली—"पहले महाराज का बुलावा तो आने दो।"

□

लेकिन महाराज का हरकारा पहुँचा तीसरे प्रहर। दिन के प्रथम प्रहर में किया रसकपूर का शृंगार उपेक्षित ही रहा। व्याकुल प्रतीक्षा में उसने दोपहर का भोजन भी नहीं किया था। कुंदन की सभी मनुहारें निष्फल रहीं। पानी का घूँट तक नहीं उतार पाई अधराजन कंठ से नीचे। आकुल-व्याकुल मन से, स्वाति बूँद की चातकी-सी प्रतीक्षारत रसकपूर के मन-प्राण पर जैसे अमृत वर्षा हुई। महाराज के हरकारे का आगमन सुन वह अंतरतम तक चैतन्य हो उठी।

दूत ने प्रणाम कर निवेदन कर दिया—"महाराज सकुशल राजधानी लौट आए हैं। उन्होंने आपके कुशल-समाचार पूछते हुए, आपके सेवक रत्नसिंह को तत्काल भेजे जाने का आदेश दिया है। मुझे आदेश हुआ है कि मैं उसे अपने साथ ही लेकर आऊँ।"

"और क्या कहा है महाराज ने?"—उत्सुक रसकपूर कर्णप्रिय शब्दों की प्रतीक्षा में पूछ बैठी।

"मुझे तो बस इतना ही आदेश हुआ है।"

"मेरे लिए कुछ नहीं कहलवाया महाराज ने?"

"मुझे तो सिर्फ रत्नसिंह को साथ लेकर तत्काल लौटने का आदेश हुआ है, अधराजन!"

रसकपूर का दीर्घ निःश्वास निकल गया। रत्नसिंह को बुलावा और उसकी उपेक्षा? यह तो महाराज का संदेश नहीं हो सकता। कम-से-कम उन प्रणयी जगतसिंह का तो कतई नहीं···लेकिन रत्नसिंह यहाँ कहाँ है? वह तो चंद्रमहल में ही रह गया था···फिर उसकी खोज यहाँ क्यों की जा रही है···अवश्य दाल में कुछ काला है।

उपेक्षाजनित मन की पीड़ा को दबाकर रसकपूर ने कह दिया—"रत्नसिंह को हम यहाँ अपने साथ नहीं लाए थे। उसे हमने चंद्रमहल में ही छोड़ दिया था। उसके बारे में पटरानीजी को पता होगा। वे ही रत्नसिंह के बारे में बता सकेंगी।"

"जैसी आज्ञा, अधराजन, मैं महाराज को निवेदन कर दूँगा।"—हरकारा प्रणाम करके लौट गया।

आकुल-व्याकुल रसकपूर का मन संदेश सुनकर हतप्रभ रह गया था। प्रतीक्षा के सम्मोहन से स्वयं को बलात् मुक्त कर वह पुनः अर्धराजन बन गई। संदेश में आ रही षड्यंत्र की बू ने उसे चैतन्य कर दिया था। तो महाराज भी चाँदसिंह के षड्यंत्र-जाल में फँस गए प्रतीत होते हैं। लंबी साँस लेकर वह शिथिल हाथों से स्वयं को शृंगारविहीन करने लगी।

□

रसकपूर का उत्तर सुनकर महाराज ने अपने सरदारों की ओर देखा। चाँदसिंह ने उनकी प्रश्निल दृष्टि के समाधान में विलंब नहीं किया—"यही उत्तर तो अपेक्षित था। आपके आदेश पर वह अपने प्रेमी को मरने के लिए थोड़े ही भेज देती? और फिर क्या पता, आपके आगमन का समाचार पाकर उसे फरार ही कर दिया हो?"

"किंतु हम रत्नसिंह की वास्तविकता जानना चाहते हैं। रसविलास में वास्तव में ऐसा कोई युवक था और उसके अधराजन से प्रेम-संबंध थे, इसका कोई प्रमाण तो होना चाहिए।"—जगतसिंह का अनुरागी मन कभी शिकायतों को सच मानकर घायल बाघ-सा बर्बर हो उठता था, तो कभी सब कुछ असत्य समझ, अपनी प्रेयसी के प्रति अनुराग से छलकने लगता था।

सुनकर चाँदसिंह की त्योरी चढ़ गई। विषैले सर्प से फुंकारते स्वर में बोले—"तो महाराज! मैं और ये सामंतगण क्या झूठ बोल रहे हैं? हमारी बात जाने दें, पटरानीजी पर तो विश्वास करें। क्या उस तवायफ के कारण, पटरानीजी सहित हम सभी आपको झूठे नजर आने लगे हैं?"

"दूनी ठाकुर! हमारे सामने शिष्ट भाषा का प्रयोग करो"—जगतसिंह अपनी प्रेयसी के लिए हलके शब्द नहीं सुन सके—"रसकपूर अभी भी आधे राज्य की स्वामिनी है। उसके बारे में बोलते समय सामंतों को राजसी मर्यादा का ध्यान रखना चाहिए।"

सुनकर चाँदसिंह का आक्रोश द्विगुणित हो उठा—"महाराज, आप चाहे उसे आधे की जगह पूरे राज्य की स्वामिनी बना दें, लेकिन वह रहेगी तो तवायफ ही। उसके संस्कार कहाँ जाएँगे? आपके जाते ही उसने एक यार घर में पाल लिया और दूसरे से मिलने खुद चली जाती थी। ऐसी दुश्चरित्रा का सम्मान करने के लिए कहकर आप हमारा अपमान कर रहे हैं।"

पराजय के आंतरिक घावों से क्षत-विक्षत जगतसिंह का विरोध भी उनकी ही तरह निर्बल था—"दूनी ठाकुर, हम किसी का अपमान नहीं कर रहे। लेकिन किसी भी आरोप को प्रमाणित करने के लिए प्रमाण अवश्य चाहते हैं। उसके लिए रत्नसिंह की गवाही अत्यावश्यक है। वह कोई चींटी नहीं, जो ढूँढ़ी न जा सके। जाओ और उसे ढूँढ़कर लाओ, ताकि हम उसे दंडित कर सकें। यह आपकी योग्यता की परीक्षा भी होगी।"

"किंतु उसका दूसरा प्रेमी तो यहीं है। उसे तो अभी दंडित किया जा सकता है।"—चाँदसिंह ने कहा।

"ठीक है, उसे पकड़कर हमारे सामने पेश किया जाए।"

चौमूँ ठाकुर ने प्रतिवाद किया—"महाराज! उस टुच्चे आदमी को आपके सामने लाने की क्या आवश्यकता है? आप तो दंड सुना दें। हम उसका पालन कर देंगे।"

"उसका अपराध जाने बगैर ही दंड कैसे सुना दें? यह कौन-सा न्याय है, चौमूँ ठाकुर?" —जगतसिंह ने तीखी दृष्टि से देखा, तो सामोद ठाकुर बैरीसाल ने कह

दिया— "लगता है, महाराज को हम लोगों से अधिक उस तवायफ के चरित्र पर भरोसा है। तब फिर हम लोग यहाँ क्या कर रहे हैं? चलो, अपनी-अपनी जागीरों को लौट चलो। यहाँ का राज्य तो अब तवायफें ही चलाएँगी।"

बगरू ठाकुर बाघसिंह बोले, तो जैसे बाघ गुर्रा उठा—"महाराज, अब हमें भी अपनी सेवा से मुक्त करें। बहुत चाकरी कर ली, इस राजवंश की। जयपुर महाराज की सेवा से तो अब भी इनकार नहीं, लेकिन किसी तवायफ की नौकरी हमसे नहीं होगी। आपको आपकी बदचलन प्रेमिका मुबारक। हम जितना भी जिएँ, सम्मान से जीना चाहते हैं।"

सामंतों के विद्रोही तेवर देख, महाराज के कस-बल ढीले पड़ गए। वे समझ गए कि जयपुरी झंडे को मिल रही चुनौती में उनकी लोसल-पराजय का मुख्य हाथ है। विजयी होकर लौटने की स्थिति में ये सब हाथ बाँधे खड़े रहते। लेकिन इस विपरीत परिस्थिति में तो आत्मसंयम ही उनका सहायक होगा। क्रुद्ध सामंतों को कुछ उत्तर देने से पूर्व ही अचरोल ठाकुर कायमसिंह बलभद्रोत बोल उठे—"आप लोगों का ऐसा आचरण, आपकी कुल-प्रतिष्ठा के अनुरूप नहीं है। अपनी बात मनवाने के लिए महाराज पर दबाव डालना नितांत अनुचित है। इसके साथ ही, यह भी जान लें कि आप लोगों के स्वरों में छिपी चुनौती का उत्तर देने का सामर्थ्य अभी इस पंचरंगे ध्वज में है।"

टोडरी ठाकुर पृथ्वीसिंह खंगारोत ने भी कह दिया—"महाराज के भाई-बंधु हो जाने से ही किसी को उन्हें चुनौती देने का अधिकार प्राप्त नहीं हो जाता। अन्नदाता से इस स्वर में बात करना कोई भी बरदाश्त नहीं करेगा।"

अब डिग्गी ठाकुर मेघसिंह खंगारोत भी बोल पड़े—"रसकपूर को हममें से शायद कोई भी पसंद नहीं करता, लेकिन उसके कारण कोई महाराज की अवज्ञा करे, यह भी बरदाश्त के बाहर की बात है। अपनी बात मर्यादा में रहकर भी कही जा सकती है।"

सामंतों के वाद-विवाद से, महाराज को अपने पक्षधरों और विपक्षियों का ज्ञान होता जा रहा था। रसकपूर के सभी विरोधी हैं, यह तो स्पष्ट हो गया था। लेकिन स्वयं उनके पक्ष-विपक्ष में कौन, किस सीमा तक जा सकता है, यह देखना शेष रह गया था। तभी बोहरा राजा ने व्यवधान उपस्थित कर दिया। अब तक चुपचाप विवाद सुन रहे खुशालीराम ने हस्तक्षेप किया—"आप लोग एक निरर्थक विवाद में उलझ रहे हैं। जयपुर राज्य की रक्षा का दायित्व आपके कंधों पर होने के कारण, आप लोगों की सम्मति का अपना महत्त्व होता है। इससे किसी को इनकार नहीं। मैं समझता हूँ, आपकी सामूहिक नापसंदगी को महाराज भी अपनी पसंद नहीं बनाएँगे····इस पर भी वे अपनी पसंदगी-नापसंदगी के लिए किसी के मोहताज हो जाएँ····ऐसा भी संभव नहीं होगा। उचित तो यह होगा कि आप लोग निःसंकोच अपनी बात कह दें, फिर महाराज की जैसी भी आज्ञा हो, उसका पालन करें।"

अपने विरोध से नम्र हो चले चाँदसिंह ने कह दिया—"महाराज तो हमारे

अन्नदाता हैं। उनसे विरोध करने पर तो हमें नरक में भी स्थान नहीं मिलेगा। बस, रसकपूर को हम बरदाश्त नहीं कर पाएँगे।"

"इसके लिए महाराज ने मार्ग सुझाया तो है!"—अब दीनाराम बोहरा भी बोल उठे—"केशव को पकड़कर महाराज के सामने उपस्थित करो, ताकि उससे आरोपों की सत्यता का पता चल सके। इसके साथ ही, दूसरे प्रमाण रत्नसिंह की भी खोज जारी रखी जाए। पता लगते ही उसे भी पकड़कर उपस्थित कर दिया जाए। इन दोनों की गवाहियों से अपराध प्रमाणित हो जाने पर तो स्वयं महाराज ही रसकपूर को आपकी कल्पना से भी अधिक भयानक दंड दे डालेंगे।"

दीनाराम बोहरा ने जैसे महाराज का ही निर्णय सुना दिया था। सामंतगण जगतसिंह को प्रणाम कर उठ गए।

□

किंतु केशव के स्थान पर उसका मृत शरीर आया। उसका रक्तरंजित शव दिखाते हुए चाँदसिंह ने कहा—"इसने भाग निकलने के प्रयास में राज्य के सैनिकों पर ही आक्रमण कर दिया था। आत्मरक्षा में शस्त्राघात से यह मारा गया। मैंने तो इसे जीवित ही मँगवाना चाहा था, लेकिन इसके हिंस्र व्यवहार के कारण यह संभव नहीं हो पाया।"

केशव के क्षत-विक्षत शव पर दृष्टिपात कर महाराज संदेह से भर गए। चाँदसिंह की आँखों में सत्य खोजते-से कह उठे—"क्या वस्तुतः यह सैनिकों द्वारा आत्मरक्षा में ही मारा गया है? किस शस्त्र से आक्रमण किया था इसने सैनिकों पर?"

"खड्ग से महाराज!"—चाँदसिंह ने बताया।

"क्या हमारा कोई सैनिक आहत हुआ?"

"सतर्क न रहने की स्थिति में आहत तो क्या, उनमें से कोई-न-कोई अवश्य ही मृत्यु को प्राप्त हो जाता।"

"इसे पकड़ने कितने सैनिक भेजे गए थे?"

"दस सैनिकों की टुकड़ी गई थी, महाराज!"

"आक्रमण में इसका और भी कोई साथी था?"

"नहीं, यह अकेला ही खड्ग निकालकर सैनिकों पर टूट पड़ा था।"

"बड़ा दुर्दांत निकला, यह वेदपाठी ब्राह्मण।"—जगतसिंह के होंठों पर फैली मुसकान में व्यंग्य छलक रहा था—"इसे बंदी बनाने गई सैन्य टुकड़ी कहाँ है?"

"बाहर पारितोषिक की प्रतीक्षा में खड़ी है, महाराज!"

"तो हमारी ओर से उन्हें पुरस्कृत करो। उन सबको तत्काल सेवामुक्त कर दिया जाए।"—महाराज गुर्रा उठे—"उन्हें यह भी बता देना कि मृत्युदंड से बच जाना ही उनका पुरस्कार है।"

"महाराज!"—अनपेक्षित आदेश से दूनी ठाकुर हतप्रभ रह गए—"वफादार सैनिकों की सेवा का यह पुरस्कार?"

"यह कम प्रतीत हो रहा हो तो पुरस्कार बढ़ा दें ? उन्हें तत्काल मृत्युदंड प्रदान कर दें ?"

"लेकिन उनका अपराध क्या है ?"

"अपराध··· ? हमसे पूछ रहे हो, दूनी ठाकुर !"—जगतसिंह गुर्रा उठे—"युद्ध में, प्रशिक्षित शत्रु के शस्त्राघातों-प्रतिघातों का सफल प्रतिकार करने का प्रशिक्षण-प्राप्त हमारे दस-दस सैनिक भी मिलकर, एक अप्रशिक्षित वेदपाठी ब्राह्मण को जीवित बंदी नहीं बना सके। इसके लिए क्या उन्हें पुरस्कृत किया जाना चाहिए ? राज्य के सबसे बड़े मुकदमे के सर्वाधिक महत्त्वपूर्ण गवाह की हत्या करके भी वे जीवित बचे रहने की तो दूर, हमसे पुरस्कार की कामना करते हैं ?"

"महाराज !"—दूनी ठाकुर के स्वर में भी आक्रोश झलका—"एक अपराधी के कारण अपने वफादार सैनिकों को दंडित करना अन्याय होगा।"

"लेकिन वह अपराधी प्रमाणित कहाँ हुआ था ? हो सकता है, वह निर्दोष रहा हो।"

"हमारे कथन का विश्वास न करके आप बार-बार हमारा अपमान कर रहे हैं। यह अब हमारी बरदाश्त की सीमा से बाहर होता जा रहा है।"—चाँदसिंह के तीखे स्वर के उत्तर में महाराज जैसे दहाड़ उठे—"बस ठाकुर ! अपनी सीमा में रह ! कहीं तू ही तो हमारे विरुद्ध कोई षड्यंत्र नहीं कर रहा है ? ऐसा प्रतीत होता है कि रक्षा की आवश्यकता सैनिकों को नहीं, तुझे और तेरे साथियों को रही होगी। लेकिन याद रखना, लोसल युद्ध हारने से पूर्व हमने गिंगोली युद्ध में शानदार विजय भी प्राप्त की थी। विजय का सिलसिला अभी समाप्त नहीं हुआ है। हम इतने अशक्त नहीं हुए कि तुम्हारे जैसे सामंतों की मनमर्जी देखकर भी चुप रह जाएँ। इस बार क्षमा करता हूँ····भविष्य में आचरण ठीक न रखने पर परिणाम की जिम्मेदारी तुम्हारी ही होगी।"

चाँदसिंह के होंठों पर विषैली मुसकान फैल गई—"नहीं, महाराज ! मेरा इतना अपमान करना आज की स्थिति में आप बरदाश्त नहीं कर पाएँगे। इस पर आप पुनः विचार करना। मैं जयपुर का सामंत हूँ। शायद आपको अभी मेरी सहायता की आवश्यकता हो।"

"नहीं चाहिए मुझे तेरी सहायता। मैं स्वयं अपने राज्य की रक्षा करने में समर्थ हूँ"—महाराज जगतसिंह गुर्रा उठे।

□

लेकिन ऐसा नहीं था। विपरीत परिस्थितियों ने जयपुर महाराजा को अपने सामंतों का मुँह देखने को विवश कर ही दिया। जोधपुर युद्ध में सहायता के बदले दौलतराव सिंधिया को पाँच लाख रुपए देना निश्चित हुआ था। लोसल युद्ध में पराजित जगतसिंह के जयपुर लौटने के कुछ समय बाद ही, सिंधिया ने हरकारा भेजकर उक्त राशि के भुगतान की माँग कर डाली। किंतु अर्थाभाव से ग्रस्त जगतसिंह ने धन देने से इनकार कर दिया। इस पर सिंधिया का सेनापति बापूजी सिंधिया सेना सहित जयपुर राज्य में

घुस आया और लूटपाट आरंभ कर, एक मुश्त दस लाख रुपयों के भुगतान की माँग करने लगा। उसे रोकने के लिए भेजी गई जयपुरी सेना को जून १८०८ में परास्त करने के बाद, मराठा सेनापति ने निवाई, लूणेरा, बीजवाड़ा आदि किलों पर कब्जा कर लिया। निरुपाय जगतसिंह द्वारा दौलतराव के पास संधिवार्त्ता के लिए दूत भिजवाने के बाद ही यह लूटपाट रुक पाई थी।

किंतु रूखे-सूखे आश्वासनों से दौलतराव शीघ्र ही उकता गया और खिराज वसूली के लिए जनवरी १८०९ में स्वयं एक बड़ी सेना के साथ, हाड़ौती के मार्ग से जयपुर राज्य की सीमा में प्रविष्ट हो गया। अपनी चढ़ी रकम की वसूली के लिए मार्ग में पड़नेवाले गाँवों को लूटते हुए, सिंधिया ने दूनी के किले को जा घेरा। नौ सप्ताह की घेराबंदी में दूनी सामंत चाँदसिंह के कस-बल निकल गए और उन्होंने महाराज जगतसिंह को इस संकट से उबारने की प्रार्थना भिजवाई। चुनौती देनेवाले सामंत के इतने शीघ्र पराभव की आशा महाराज को नहीं थी। मन-ही-मन मुसकराते हुए जगतसिंह ने सिंधिया के पास अपना दूत भेजकर, खिराज संबंधी सभी मामले तय करने की पेशकश की। तब कहीं जाकर दूनी संकट-मुक्त हो पाया। २५ अप्रैल, १८०९ को आरंभ हुई समझौता-वार्त्ता में कुल पंद्रह लाख रुपए देना निश्चित हुआ। किश्तों में किए जानेवाले इस भुगतान की प्रथम किस्त के रूप में, तीन लाख रुपए तत्काल दे दिए गए। संतुष्ट सिंधिया १४ मई, १८०९ को मेवाड़ की ओर प्रस्थान कर गया।

लेकिन इसके बाद भी शांति कहाँ थी? सिंधिया के जाते ही अमीरखाँ आ धमका। जोधपुर से लौटा अमीरखाँ पिंडारी धूम्रकेतु की तरह जयपुर के नभमंडल पर अपने सर्वनाशी स्वरूप के साथ उजागर हो गया। जयपुर पर आक्रमण के द्वारा की गई सहायता के बदले, जोधपुर महाराजा ने उसका राजसी स्वागत किया था। आपस में पगड़ियाँ बदलकर भाई बनाने के बाद उन्होंने, अमीरखाँ को सिंहासन पर अपने साथ बैठाने का दुर्लभ गौरव भी प्रदान किया था। २४ अक्तूबर, १८०७ को फौज खर्च के लिए 'नावाँ' का परगना देते हुए, महाराज मानसिंह ने उसे 'नवाब' की पदवी से भी विभूषित कर दिया। दुर्दांत पिंडारी को ऐसा सम्मान इससे पूर्व कभी प्राप्त नहीं हुआ था।

उपकृत अमीरखाँ ने भी कृतज्ञ प्रतिदान किया। ३० मार्च, १८०८ को उसने षड्यंत्रपूर्वक सवाईसिंह और उसके साथियों को अपने शिविर में बुलवाकर उनकी हत्या करवा दी। चंदावल के बख्शीराम और पाली के ज्ञानसिंह भी इनमें शामिल थे। उनके सिर टोकरों में भरकर, जोधपुर महाराजा के पास भिजवा दिए गए। इसके साथ ही धौकलसिंह का काँटा पूरी तरह निकल जाने से मानसिंह पूरी तरह संकटमुक्त हो गए थे। कृतज्ञ महाराजा ने उसे नावाँ के बाद परबतसर, मारोठ, डीडवाना और साँभर परगने भी दे दिए। फौज खर्च के चार लाख पचास हजार रुपए मासिक तो बदस्तूर मिल ही रहे थे। इसके अतिरिक्त अमीरखाँ की एक सेना को जोधपुर में तेरह लाख रुपए वार्षिक पर

अपनी स्थायी सेवा में भी रख लिया गया। प्रसन्न मानसिंह ने जहाँ अमीरखाँ के सेनापति मुहम्मदशाहखाँ कों भी 'नवाब' उपाधि से अलंकृत किया, वहीं उसके मुंशी दाताराम को भी एक गाँव का पट्टा देकर पुरस्कृत किया था।

धन और सम्मान से लदे-फँदे अमीरखाँ ने अब जयपुर की ओर कूच किया। राज्य की सीमा में प्रवेश करते ही उसने हत्या, लूट, आगजनी और बलात्कार का बर्बर सिलसिला आरंभ कर दिया। मार्ग में पड़नेवाले गाँवों में विध्वंस-लीला करता हुआ, वह आराम से आगे बढ़ रहा था। जयपुर पर आक्रमण उसका उद्देश्य नहीं था। वह तो जगतसिंह को आतंकित करके, उन्हें जोधपुर महाराज से सुलह के लिए विवश करना चाहता था।

और यही हुआ। सामंतों के विद्रोही तेवर देखते हुए, जगतसिंह को अमीरखाँ का प्रतिकार असंभव प्रतीत हुआ। जोधपुर महाराज के 'पगड़ीबदल भाई' को रोकने के लिए जगतसिंह ने अपना वकील मानसिंह के पास भेजा। वह अपने साथ दोनों राज्यों में सुख-शांति के लिए समझौते का प्रस्ताव भी लेकर गया था। जोधपुर महाराज के गुरु आयस देवनाथ और प्रधान सेनापति इंद्रराज सिंघवी ने प्रस्ताव का स्वागत किया। उन्होंने मानसिंह को बीकानेर की ही तरह जयपुर से भी शांति-संधि कर लेने का परामर्श दिया। फलस्वरूप संधि की शर्तें तय करने के लिए, फतहराज सिंघवी और सूरजमल मेहता के साथ नींमाज ठाकुर सुलतानसिंह तथा आसोप ठाकुर केसरीसिंह को भी जयपुर भेज दिया गया।

इसके साथ ही अमीरखाँ की विनाश-लीला थम गई। वह कूच करता हुआ बीसलपुर में अपनी मुख्य सेना से जा मिला।

समझौता-वार्त्ता चलती रही। जयपुर की ओर से बोहरा राजा खुशालीराम, दीनाराम बोहरा तथा दीवान रामचंद्र के साथ, अचरोल ठाकुर कायमसिंह और डिग्गी ठाकुर मेघसिंह ने भी वार्त्ता में भाग लिया। लंबी बातचीत के बाद मई १८१० में दोनों पक्षों में समझौता हो गया। संधि की शर्तों में प्रमुख निर्णय धौकलसिंह और कृष्णाकुमारी को लेकर किए गए। यह निश्चित हुआ कि भविष्य में जयपुर दरबार धौकलसिंह को ही नहीं, पिछले युद्ध में उसकी सहायता करनेवाले सामंतों को भी किसी प्रकार का संरक्षण नहीं देगा। इसके साथ ही दोनों महाराजा कृष्णाकुमारी से विवाह का निश्चय त्याग, आपस में वैवाहिक संबंध स्थापित करेंगे। इसके लिए जगतसिंह की बहन सूरजकँवर का विवाह मानसिंह से और मानसिंह की पुत्री सिरहकँवर का विवाह जगतसिंह के साथ किया जाएगा। ये विवाह एक ही दिन और एक ही स्थान पर संपन्न होंगे।

समझौते की अन्य शर्तों में, अँगरेज और मराठों के साथ दोनों राज्यों को समान नीति अपनाने, सीमा-विवादों का शांतिपूर्ण वार्त्ता से निपटारा करने और एक-दूसरे के शत्रु अथवा मित्र के साथ उसी के अनुरूप व्यवहार करने की प्रतिज्ञा भी की गई। गिंगोली युद्ध में लूटी गई शेष युद्ध-सामग्री और मूल्यवान् सामान जोधपुर को लौटा देने पर तो

सहमति आरंभ में ही हो चुकी थी। समझौता कराने में अमीरखाँ की मुख्य भूमिका होने के कारण वह भला घाटे में कैसे रहता? उसे भी छः लाख रुपए फौज खर्च के नाम पर देना निश्चित हुआ।

यह समझौता होते ही, अमीरखाँ ने चालीस हजार सेना के साथ उदयपुर पर चढ़ाई कर दी। उसने महाराणा भीमसिंह को आदेश भिजवाया कि अपनी पुत्री कृष्णाकुमारी का विवाह जोधपुर महाराज के साथ नहीं करने की स्थिति में, उसकी हत्या करके झगड़े की इस जड़ को खत्म ही कर दिया जाए, अन्यथा मेवाड़ की ईंट-से-ईंट बजा दी जाएगी। अनेक दरबारियों के विरोध के बावजूद, भयभीत महाराणा ने दूसरा मार्ग चुना। पिता की इच्छा जानकर २१ जुलाई, १८१० को सुकुमार कृष्णाकुमारी ने विष-पान करके प्राणोत्सर्ग कर दिया।

मारवाड़ और जयपुर के बाद, राजपूताना के तीसरे सर्वाधिक शक्तिशाली राज्य मेवाड़ को भी रौंद डालने से, अमीरखाँ का कद विराट् हो गया। राजपूताना में उसके नाम से भय न खानेवाला अब कोई नहीं बचा था। एकमात्र शक्ति बन जाने से वह और अधिक स्वेच्छाचारी हो गया। अपने शक्ति-मद में चूर, लूटपाट करता हुआ, वह पुनः जयपुर के समीप आ धमका और आतंकित जगतसिंह के पास हरकारा भेजकर, उसने संधि में निश्चित हुआ फौज खर्च दिए जाने की माँग कर डाली। इसमें उसने अपना उदयपुर जाने-आने का खर्च भी जोड़कर राशि दस लाख रुपए कर दी थी।

आतंकित महाराजा जगतसिंह ने जान छुड़ाने के लिए उक्त राशि देना स्वीकार कर, एक लाख बीस हजार रुपए हाथोंहाथ भिजवा दिए। जयपुर के दिवालिए खजाने में इतनी राशि न मिलने पर, दीनाराम बोहरा ने समृद्ध व्यवसायी पुरोहित सूरतराम से साठ हजार रुपया दिलवाकर इसकी भरपाई करवाई थी। जौहरी बाजार स्थित अपनी हवेली के चारों ओर 'पुरोहितजी का कटला' के निर्माण में व्यस्त होने के कारण सूरतराम इससे अधिक धनराशि की व्यवस्था करने में असमर्थ थे।

किंतु अमीरखाँ इससे संतुष्ट नहीं हुआ। शीघ्र ही उसका एक और हरकारा आ गया। उसके द्वारा अमीरखाँ ने इस छोटी-सी राशि पर असंतोष प्रकट करते हुए कहलवाया कि अर्थाभाव की स्थिति में मेरे हिस्से की राशि चुकाने में तो मोहलत दी जा सकती है, लेकिन मेरा सेनापति मोहम्मदशाहखाँ अपना फौज खर्च फौरन अदा करने की माँग कर रहा है। मेवाड़ और मारवाड़ के सैन्य अभियानों का नेतृत्व उसी ने किया था। उसकी माँग तो सात लाख रुपयों की है। लेकिन आपका अर्थाभाव देखते हुए, मैंने उसे छः लाख रुपए लेने के लिए राजी कर लिया है। इस रकम का भुगतान तो फौरन ही करना होगा। आप पर बोझ न पड़े, इसका भी रास्ता मैंने खोज लिया है। मोहम्मदशाह को यह राशि आप अपने शेखावाटी के जागीरदारों से वसूल करने की इजाजत दे दें। फिर वह जाने और आपके जागीरदार। इससे आप पर जरा-सा भी आर्थिक भार नहीं पड़ेगा। ऐसा न होने की स्थिति में अपने असंतुष्ट सेनापति को रोक पाना मेरे लिए

असंभव हो जाएगा।

यह धमकी ही थी, इसमें किसी को संदेह नहीं था। जगतसिंह जानते थे कि अपने सेनापति के नाम पर अमीरखाँ न केवल अधिक धनराशि वसूलना चाहता है, अपितु इसके बहाने वह जयपुर राज्य के इन सीमांत जागीरदारों को भी रौंद डालने का इच्छुक है। इस वसूली के द्वारा शेखावत जागीरदारों पर वह जयपुर महाराज के स्थान पर अपना अघोषित वर्चस्व स्थापित कर लेना चाहता है। इसके बाद तो जयपुर के ये जागीरदार, महाराज के स्थान पर अमीरखाँ के आदेशों का पालन करने के लिए विवश हो जाएँगे और वह अनायास ही जयपुर का अघोषित महाराजा बन बैठेगा।

जोधपुर पर आक्रमण की भूल के दुष्परिणामों से जगतसिंह का अब कदम-कदम पर साक्षात्कार हो रहा था। इस युद्ध के कारण आर्थिक और सामरिक शक्ति से जर्जर जयपुर राज्य 'गरीब की जोरू' बन चला था, जिसके साथ कोई भी साहसी छैला 'भाभी' कहते हुए छेड़छाड़ पर उतारू हो जाता था। अमीरखाँ की तो बात ही क्या, अब तो माचेड़ी रावराजा बख्तावरसिंह की भी सैन्य तैयारियों के समाचार मिल रहे थे। लेकिन चहुँमुखी संकटों और रिक्तप्राय राजकोष के कारण जगतसिंह ने अमीरखाँ का सुझाव स्वीकार कर, उसे जागीरदारों से छः लाख रुपए वसूल करने की स्वीकृति दे दी।

इसके साथ ही मोहम्मदशाहखाँ अपनी दुर्दांत सेना के साथ शेखावाटी को रौंदने लगा। उसके दूत जागीरदार की आर्थिक स्थिति से अधिक की माँग लेकर जाते। माँगपूर्ति न होने पर वह सेना सहित चढ़ बैठता और जागीरदार को जी भरकर लूट लेता। उनकी हवेलियों और गढ़ों की तलाशी के बहाने वह अंतःपुर तक में बेधड़क घुस जाता था। ठकुरानियों के जेवर-वस्त्र छीनने के लिए उसके सैनिक महिलाओं के साथ अभद्र व्यवहार तक कर जाते थे।

अपमानित जागीरदारों को खून का घूँट पीकर रह जाना पड़ता था। जयपुर महाराज के वसूली आदेश के कारण, उनके प्रति परंपरागत सम्मान, अब घृणा में बदलने लगा था। अमीरखाँ के निर्देश का पालन करते हुए मोहम्मदशाह, इन गर्वीले राजपूतों के सामने ही उनकी स्त्रियों को अपमानित तो करता था, लेकिन बलात्कार जैसे कुकर्म से दूर ही रहता था। कारण स्पष्ट था। अत्याचार की शिकायत होने पर अमीरखाँ यह कहकर अपने सेनापति को बचा सकता था कि यदि बलात्कार हुआ है तो उसकी शिकार स्त्री को बतौर सबूत सामने लाएँ। बलात्कार न होने की स्थिति में कौन किसे पेश करता और अमीरखाँ सभी शिकायतों को झूठी करार देकर आसानी से पल्ला झाड़ लेता। तब जगतसिंह भी उसे कुछ नहीं कह सकते थे, जबकि इस बीच वे अपने सामंतों की घृणा के पात्र बन चुके होते थे। जोधपुर महाराज द्वारा असंभवप्राय सम्मान-प्राप्ति से कृतज्ञ अमीरखाँ मन से उन्हें अपना मान चुका था। उनकी सत्ता को चुनौती देनेवाले धौकलसिंह के प्रबल समर्थक, शेखावाटी के शेखावत जागीरदार ही रहे थे। उन्हें सबक सिखाने के लिए ही अमीरखाँ ने धन-वसूली के लिए शेखावाटी के धौकलसिंह समर्थक

जागीरदारों को चुना था। उसका साथ न देनेवाले जागीरदारों को तो मोहम्मदशाह ने छुआ भी नहीं था।

सब कुछ जान-समझकर भी जगतसिंह के समक्ष मौन के अतिरिक्त अन्य कोई विकल्प नहीं था। मोहम्मदशाह की वसूली राशि भी सुरसा-मुख हो चली थी। एक के बाद एक, दर्जनों जागीरदारों को लूटने के बाद भी, उसकी पूर्ति नहीं हो रही थी। जयपुर राज्य के विशाल शेखावाटी प्रदेश के अधिकांश छोटे-बड़े जागीरदार, इस पिंडारी लूट के शिकार बने। अँगरेजों के संरक्षण में होने के कारण, सिर्फ कोटपुतली का जागीरदार ही बच सका था। उसे लूटकर अमीरखाँ अभी अँगरेज शक्ति से उलझना नहीं चाहता था। जयपुर राज्य के प्रमुख सामंत भी इस लूट से बच गए थे। उन्हें भी छेड़कर अमीरखाँ का अभी जयपुर राज्य के सभी सामंतों से संघर्ष मोल लेने का इरादा नहीं था। उसका विचार शेखावाटी के जागीरदारों के बाद ही अन्य सामंतों को पददलित करने का था।

जयपुर के सामंत भी इस खतरे को समझ चुके थे। रसकपूर के विरुद्ध अभियान बंद कर, सामंतगण अपनी सुरक्षा के लिए योजना बनाने में जुट गए। रामचंद्र शाह की वृद्धावस्था का तर्क देकर, उनके स्थान पर डिग्गी ठाकुर मेघसिंह खंगारोत को जयपुर का दीवान बनवाया गया। लेकिन नतीजा शून्य रहा। मेघसिंह के प्रधानमंत्री बनते ही, अमीरखाँ ने अपनी बकाया राशि का तकाजा कर दिया। अब उसने दस लाख की जगह तीन किश्तों में पंद्रह लाख रुपए की माँग की थी। अपनी माँग का औचित्य सिद्ध करने के लिए उसने समय-समय पर जयपुर भेजे अपने हरकारों के खर्चे भी बढ़ा-चढ़ाकर जोड़े थे। निरुपाय जगतसिंह ने उसकी माँग स्वीकार करते हुए जुलाई, १८११ में मेघसिंह के स्थान पर फिर से बोहरा राजा खुशालीराम को ही प्रधानमंत्री बना दिया।

अमीरखाँ तो जैसे हर नए दीवान का मानमर्दन ही करने पर उतारू था। इस बार उसका हरकारा दो किस्तों में बीस लाख रुपए देने की माँग लेकर आया। 'शोभानिवास' की गुप्त बैठक में बोहरा राजा ने स्पष्ट कह दिया—"मैं इस लुटेरे को एक पैसा भी नहीं दूँगा। आखिर किस सेवा के बदले वह हमसे इस भारी धनराशि की माँग कर रहा है?"

जगतसिंह का दीर्घ निःश्वास निकल गया—"वह ताकतवर है, जबकि हम जोधपुर युद्ध और मराठों की लूट के कारण शक्तिहीन हो गए हैं। ऐसी स्थिति में वह जयपुर राज्य को न लूटकर ही बहुत बड़ी सेवा कर रहा है। इसे इसी का पारिश्रमिक मान लें।"

"लेकिन माँगपूर्ति के साथ-साथ उसका लालच भी तो बढ़ता जा रहा है। लालच की तो कोई सीमा होती नहीं। आखिर कब तक हम उसकी लूट के शिकार बनते रहेंगे?"—बोहरा राजा ने प्रतिवाद किया।

"जब तक हम वापस शक्तिशाली नहीं हो जाते,"—जगतसिंह ने धीरे से कह दिया।

"और इस लूट के चलते हम कभी शक्तिशाली नहीं हो पाएँगे, महाराज! कभी सिंधिया, कभी होल्कर और फिर हर समय छाती पर सवार यह पिंडारी। इन्हें खिराज

चुकाते-चुकाते ही जयपुर का खजाना खाली हो गया है। फिर सैनिक शक्ति बढ़ाने के लिए धन कहाँ से आएगा?"

"लेकिन किया भी क्या जाए? हम तो तात्कालिक समझौते करके जैसे-तैसे संकटों को टालते आए हैं। इनके स्थायी समाधान की दिशा में सोचने और कुछ करने का तो हमें अवसर ही नहीं मिल पाता।"—महाराज के स्वर में वेदना थी।

उत्तर में वृद्ध प्रधानमंत्री का तेजस्वी स्वर गूँज उठा—"प्रतीक्षा करने से अवसर हाथ नहीं आता। उसे आगे बढ़कर समय से छीनना होता है। कभी न कभी तो हमें कठोर निर्णय लेने ही होंगे। फिर इसकी शुरुआत आज से ही क्यों न हो? क्यों नहीं अमीरखाँ को धन देने के स्थान पर, उसके विरुद्ध सैनिक तैयारियाँ आरंभ की जाएँ?"

"किंतु इससे तो पिंडारी नाराज हो जाएगा। फिर न जाने वह क्या करे? तब हम न जाने और कितनी भारी धनराशि देकर जान छुड़ाने को विवश हो जाएँ।"—महाराज के कथन में भय के साथ क्षोभ भी था—"हमारे सभी सामंतों के साथ होने की स्थिति में तो फिर भी इस बारे में सोचा जा सकता था। लेकिन चाँदसिंह जैसे अनेक सामंत मन-ही-मन हमारे विरोधी हैं। अवसर आने पर उनसे पूर्ण सहयोग की आशा करना व्यर्थ होगा।"

"नहीं, महाराज!"—बोहरा राजा ने प्रतिवाद कर दिया—"दूनी ठाकुर आपके नहीं, रसकपूर के विरोधी हैं। आपके प्रति तो उनकी निष्ठा आज भी अविचल है। रसकपूर को महत्त्व न देने की स्थिति में वे हर तरह से आपके साथ होंगे। यही स्थिति उन सभी सामंतों की है, जिन्हें आप भ्रमवश अपना विरोधी मान बैठे हैं।"

"किंतु जोधपुर से लौटने के बाद तो हमने उसे देखा भी नहीं है।"—महाराज के स्वरों में व्यथा छलछला उठी—"न जाने कैसी होगी वह····मेरी उपेक्षा के बाद भी उसका जीवित रहना, किसी आश्चर्य से कम नहीं है। मैं तो पुरुष हूँ, और महाराजा भी····मेरे मन बहलाव के तो सैकड़ों साधन हैं····सुंदर स्त्रियों का भी अभाव नहीं····लेकिन उसके एकनिष्ठ प्रेम ने मेरे अतिरिक्त अन्य किसी को स्वीकर नहीं किया होगा, यह हम जानते हैं।"

विषय परिवर्तन से खुशालीराम झुँझला उठे—"महाराज! यह समय रसकपूर का नहीं, अमीरखाँ की आसन्न विपत्ति के स्मरण का है। आप व्यर्थ ही भावुक हो रहे हैं। आंबेर के महलों में वह भी मस्त-प्रसन्न है। स्त्रियों का चरित्र विचित्र होता है। रत्नसिंह और केशव के बारे में तो आपने सुना भी है।"

"सच कहिए, बोहरा राजा! क्या आपको इन आरोपों पर विश्वास है?"—जगतसिंह ने वृद्ध राजनीतिज्ञ की आँखों में झाँकते हुए प्रश्न किया—"क्या आपका मन कहता है कि रसकपूर दुश्चरित्र है?"

प्रश्न को टालते हुए-से दीवानजी ने कह दिया—"यह मन से अधिक, तथ्यों का विषय है। उपलब्ध प्रमाणों से ही आप इसका निर्णय करें।"

"और प्रमाण कोई उपलब्ध नहीं कराता।"—जगतसिंह ने दीर्घ निःश्वास लिया—"सब जबानी आरोप लगाकर ही उसे दंडित करा देना चाहते हैं।"

"तो आप उसे दंडित न करें। यह आपकी नितांत व्यक्तिगत समस्या है। इसे आप अपनी इच्छानुसार सुलझाएँ-उलझाएँ। आप अपना प्रणय-व्यापार देखें और मुझे अमीरखाँ को देखने दें।" बोहरा राजा ने कह दिया—"मैं उसके विरुद्ध युद्ध की तैयारियाँ आरंभ कर रहा हूँ।"

व्यथित-थकित महाराज कुछ कह नहीं सके। एक के बाद एक, निरंतर विपत्तियों के कारण विस्मृत हो चली अपनी प्रेयसी के अकस्मात् स्मरण से, जगतसिंह के थकित प्राण स्नेह-तरंगित हो उठे। यादों के सुरभित झोंके, मन बगिया के पात-पुष्पों को दुलार उठे।

□

प्रेम में मिली उपेक्षा से रसकपूर, पाला मारी कमलिनी-सी कुम्हला गई। शृंगार, वस्त्र, आभूषण सब कुछ धीरे-धीरे छूटते चले गए। महाराज के जयपुर आगमन से उल्लसित रसकपूर का शृंगार, प्रियतम की उपेक्षा का दंड भोगने लगा। दिवस का प्रत्येक अवसान, उसकी आशा-वल्लरी को और कुम्हला जाता था। उसी के साथ छूटते जाते थे उसके शृंगार, नृत्य, संगीत और पान-गोष्ठियाँ। अब न केसर-मिश्रित जल से स्नान होता था और न ही अगरु के धुएँ से नितंबचुंबी सघन केश सुखाए जाते थे। प्रतिदिन बना उबटन बिना लगे ही रह जाता था। कुंदन आलता तैयार कर घंटों मनुहार करती, लेकिन रसकपूर अपने कोमल पैर आगे बढ़ाती ही नहीं थी। गुलाबजल में सनी महावर का कटोरा भी अछूता ही लौट जाता था। हीरे-मोती माणिक-पन्ने के स्वर्णाभूषण तो उसके अंग-स्पर्श को तरस ही गए थे। साथ ही तरस गया था शीशमहल—केवड़ा जल से तर पान की गिलौरियों, महकते आसव के बीच थिरकती घुँघरुओं की पदतालों और सुरीले कंठ-स्वरों को। अब न वह रसकपूर के कोकिल कंठ की मखमली छुअन से लरजता-भीगता था और न ही लखनऊ, बनारस या दिल्ली घराने के कलावंतों को वहाँ आना नसीब होता था। राग-रंग, महफिलें सभी कुछ अतीत बन गए थे। प्रियतम जगतसिंह से मिली उपेक्षा की राहु-दृष्टि ने उन्हें भी ग्रस लिया था।

शीशमहल में बिछे पर्यंक के मखमली गद्दों में अचानक ही तीखे काँटे उग आए थे। उस पर लेटते ही, इसी कक्ष में प्रियतम के साथ गुजारे दिन, सप्ताह, पखवाड़े, स्मृतियों के कोष से निकलकर आँखों में आ बसते थे। वह छेड़छाड़, प्रेमालाप, मान-मनुहार, अभिसार सभी कुछ तो यादों के वातायन से निकलकर, बंद पलकों में सजीव हो उठता था। दुस्साहसी प्रियतम के निर्लज्ज आचरण से सहमी-आतंकित-मुग्धा रसकपूर का बरबस अपने अंगों को वस्त्र की ओट देना और महाराज का पुनः बलात् उन्हें अनावृत्त कर देना, सभी कुछ तो आँखों के सामने बार-बार सजीव हो उठता था। कल तक यही स्मृतियाँ उसे सुख से भर देती थीं। एकांत में खिलखिलाती-शरमाती, पुनः

प्रिय-मिलन के सुखद स्वप्नों में डूबकर, वह रात्रि के न जाने किस प्रहर में सुखद निद्रा में डूब जाती थी।

लेकिन इन स्मृतियों में अब जैसे शूल बुन गए थे। प्रियतम की उपेक्षा से यादें दावानल बन उठी थीं, जिसके प्रचंड ताप में मन का रस वाष्प बनकर उड़ गया था। उन पलों को अपने आँसुओं से सिक्त करने के प्रयास में उसका अश्रु-कोष ही रिक्त हो चला था। दासियों-सेविकाओं के समक्ष धीर-गंभीर बनी रहनेवाली रसकपूर, इन ऐकांतिक क्षणों में सामान्य स्त्री बनकर रह जाती थी। रात-रात-भर हिलक-हिलककर रोने की चुगली, सुबह उसका कुम्हलाया मुख कर जाता था। तब रुलाई रोकने के प्रयास में, आँचल मुँह में ठूँसती कुंदन की हिचकियाँ बँध जाती थीं। उसकी व्याकुलता देख रसकपूर की सूनी आँखों में सप्रयास थोड़ा-सा अनुराग तैर उठता—"पागल तो नहीं हुई है कुंदन! तुझे क्या हुआ है?"

आत्मीय स्पर्श से कुंदन बिलख ही तो उठती थी—"क्या अपराध है आपका? क्यों तिरस्कृत कर रहे हैं महाराज, आपको?"

उत्तर में रसकपूर फीकी मुसकान के साथ मौन रहकर उसके आँसू पोंछने लगती थी।

उस दिन तो कुंदन ने कह ही दिया—"आपकी पीड़ा मुझसे देखी नहीं जाती। आपके भेजे सभी हरकारे दुष्ट निकले। किसी ने भी लौटकर महाराज का उत्तर नहीं दिया। आज मैं स्वयं महाराज के पास जाऊँगी। उनसे इस उपेक्षा का कारण पूछूँगी। मुझे विश्वास है, जीजी! आपकी अवस्था का ज्ञान होते ही, महाराज मेरे साथ ही दौड़े चले आएँगे।"

घबराकर रसकपूर ने कुंदन को सीने से लगा लिया—"नहीं, कुंदन! तू वहाँ जाने की कभी सोचना भी मत। वहाँ भेजकर मैं तुझे भी खोना नहीं चाहती।"

"अधराजन जीजी!"—अभिप्राय समझकर कुंदन की जैसे चीख-सी निकल गई, "तो क्या अब तक भेजे गए आपके हरकारे भी⋯?"

"हाँ, कुंदन!"—रसकपूर के होंठों पर फीकी मुसकान फैल गई—"वे सब या तो मारे गए अथवा कारागार की अँधेरी कोठरियों में मृत्यु की प्रतीक्षा कर रहे हैं। अब मैं समझ गई हूँ कि युद्ध के दौरान भेजे गए मेरे हरकारों की भी यही दशा हुई होगी⋯तभी तो उस दिन चाँदसिंह ने तुझे कहा था कि यह युद्धकाल है। अकेले हरकारे डाकुओं अथवा शत्रुओं के हाथों में पड़कर मारे भी जा सकते हैं।⋯यही कहा था ना तुझसे दूनी ठाकुर ने?"

"हाँ, जीजी! गुस्से से तमतमाते हुए उन्होंने यही कहा था"—कुंदन को दूनी ठाकुर का उत्तर याद आ गया था—"तो क्या इसका अर्थ⋯?"

"हाँ, कुंदन! मेरे हरकारों को दूसरे लोक पहुँचानेवाले डाकू या शत्रु यही दूनी ठाकुर थे। महाराज का कोई भी संदेश इनके ही कारण मुझे नहीं मिल पाया था। और मैं

यही सोचती रही कि युद्ध में व्यस्तता के कारण महाराज मेरे लिए समय नहीं निकाल पा रहे होंगे। मैं यह भी नहीं सोच पाई कि अपनी प्रेयसी को न सही, लेकिन जिसकी योजना के अनुसार महाराज रवाना हुए थे, उससे तो योजना के अगले चरणों के लिए परामर्श लिया जाना चाहिए था''''अब लगता है कि महाराज ने तो भावी योजना पर विचार के लिए हरकारे भेजे होंगे''''लेकिन दूनी ठाकुर ने उन्हें मुझ तक नहीं पहुँचने दिया था। क्या पता, उन्हें मेरी ओर से क्या उत्तर दिए गए हों''''जिनसे क्षुब्ध हो महाराज ने मुझे उपेक्षित जीवन जीने के लिए छोड़ दिया है।"

"ऐसा ही कुछ हुआ होगा, जीजी! वरना आपके प्रति मन-प्राणों तक अनुरक्त महाराज का अचानक ऐसा निष्ठुर हो जाना सामान्य बात नहीं है।"—कुंदन ने सहमति व्यक्त की।

"और मुझे तो इस षड्यंत्र में पटरानीजी का भी हाथ प्रतीत होता है। मुझसे घोर घृणा करनेवाली पटरानी, अकस्मात् मुझ पर इतनी स्नेहिल कैसे हो उठीं? निमंत्रण के बगैर ही वे मेरे आवास पर चली आईं और ऐसी आत्मीयता जताने लगीं जैसे मैं किसी दुर्घटना में बिछुड़ी उनकी सगी बहन होऊँ। अब तो मुझे रत्नसिंह पर भी संदेह हो रहा है। पटरानी अपने भाई को नौकरी दिलाने मेरे पास आएँ और वह भी खासतौर से मेरे ही महल में नौकरी देने के लिए दबाव डालें''''! अब लगता है कि रत्नसिंह का वह अतिविनीत आचरण भी, किसी षड्यंत्र का ही अंग था। मुझे बार-बार 'बहन-जीजी' के अनावश्यक संबोधन देकर वह मुझसे क्या चाहता था?''''पता नहीं, कहीं उसे भी तो मेरे विरुद्ध किसी प्रकार इस्तेमाल नहीं किया गया है? ''''न जाने क्या-क्या कहा गया होगा महाराज से मेरे विरुद्ध''''वरना तो इतनी आसानी से वे मुझसे मुँह मोड़ने वाले नहीं थे।"

"यही हुआ है, रस! तुम्हारी ही तरह मुझे भी इस षड्यंत्र का पता बहुत देर से चल पाया"—द्वार की ओट से मुसकराते जगतसिंह किसी छलावे की तरह सामने आ खड़े हुए। अश्रुपूरित नेत्रों की धुँधली दृष्टि के कारण ठिठककर खड़ी रसकपूर, अपने प्रियतम को अकस्मात् पहचान नहीं सकी। किंतु कंठ-स्वर पहचानने में कोई भूल नहीं हुई। तत्काल दुपट्टे के छोर से अश्रुओं को सहेजकर देखा, तो अपने चिरवियोगी प्रेमी को सामने देख तन-मन सिहर उठा। सात्त्विक उत्तेजना से शरीर की रोमावली खड़ी हो गई। नेत्रों पर अविश्वास कर, बार-बार उन्हें दुपट्टे से पोंछती हुई, निश्चय-अनिश्चय की द्विविधा में स्तंभित-सी खड़ी रह गई। वेशभूषा, कंठ-स्वर, सब कुछ वही, लेकिन चेहरे पर विचित्र ढंग से फैली दाढ़ी, पहचान में बाधा बनकर आ खड़ी हुई। पहले तो दाढ़ी नहीं थी। अब कैसे आ गई? क्या पता स्वयं महाराज हैं अथवा रात्रि की तरह आज भी दिवास्वप्न देख रही है।

मन को तर्क-वितर्क के ऊहापोहों से मुक्त किया स्वयं जगतसिंह ने। मुसकराकर बाँहें फैलाते हुए कह उठे—"नहीं रस! यह स्वप्न नहीं है। मैं''''तुम्हारा जगत''''आ गया हूँ। इतने लंबे बिछोह की क्षमा माँगते हुए''''तुम्हारे प्रेम की भिक्षा के लिए झोली फैलाए

खड़ा है, तुम्हारा चिरप्रेमी।"

अकस्मात् धुंध छँट गई। संशय-संदेहों के बादल तिरोहित हो, मन का आकाश शुभ्र तारा-पंक्तियों से भर उठा। उस गगन में प्रियतम के मुखचंद्र की छटा से मन तरंगित हो उठा। नेह के व्याज से रोमावलि सिहर उठी। देह से पसीना छूटने लगा। प्रियतम को पहचान, उनके अर्घ-पाद्य के लिए अश्रु-भागीरथी भरभरा उठी। पैरों में हुआ कंपन, अगले ही क्षण समूची रसकपूर को प्रियतम का भुज-आलंब दे गया। वर्षों से दबी घनीभूत पीड़ा, स्नेहिल कंधे का स्पर्श पाकर, द्रवित हो नेत्रों के रास्ते बह निकली।

कैसा अद्‌भुत था प्रेमी-युगल का यह मूक समर्पण। अपना सामर्थ्य खो बैठे शब्दों ने नेत्रों का आश्रय ले लिया था। अश्रुओं का अवरोध भी अब बाधक नहीं रह गया था। उन्हें हटाए बगैर भी वे एक-दूसरे के अंतर को देख-पहचान रहे थे। प्रेयसी को आलिंगनबद्ध किए जगतसिंह के नेत्रों की सावनी गंगा के बाद, उनके किसी भी प्रायश्चित्त की आवश्यकता नहीं रह गई थी; जबकि रसकपूर की अश्रु-भागीरथी में समस्त संदेह-लांछन कभी के बह चुके थे। महाराजा-सम्राज्ञी के आडंबरों से दूर, दोनों निर्मल-निष्पाप प्रेमी बनकर रह गए थे।

नेत्रों से ही परस्पर पीड़ा, क्षमा, अनुराग, समर्पण बाँटते-समेटते प्रेमियों के बीच शब्दों ने पैर पसारने का दुस्साहस किया। जगतसिंह के होंठों से स्वर फूटे—"रस"''मेरी सर्वस्व''' ।" किंतु अगले ही क्षण अधराजन ने, शब्दों के इस दुस्साहस को हथेली के मृदुल स्पर्श से बाँध-समेटकर, मन की गहन गहराइयों में धकेल दिया। जगतसिंह के होंठों से फूटते शब्दों को हथेली से रोक, रसकपूर मौन-वाचाल नेत्रों से ही प्रियतम से बोलने-बतियाने लगी।

पल-पहर थम गए थे। तृषित नेत्रों की अनुरागी प्यास बुझती ही नहीं थी। सम्मोहित दृष्टि से प्रेयसी की रूखी-उलझी अलकावलि, विरहाग्नि में तपा पीताभ मुख, निरंतर अश्रुपात से सूजे हुए नेत्र, तप्त साँसों से फीके पड़े होंठों को देख जगतसिंह मन-ही-मन न जाने कितने प्रायश्चित्त कर गए। पाला मारी कमलिनी-सी मुरझाई हृदयेश्वरी को देख, मन का क्षोभ बढ़ता ही जा रहा था।

प्रिय-आगमन की आशामात्र से पगला जानेवाली रसकपूर के मन-गात अनायास ही शिथिल हो चले थे। लंबे सफर पर चलते पथिक के थके पैर अकस्मात् आई मंजिल की गोद में जिस तरह पसर जाते हैं; कष्ट भोगती देह, अवलंब का सहारा पाकर जिस तरह ढह-सी जाती है; रसकपूर भी वैसे ही क्लांत-श्लथ-सी प्रिय के भुज-आलंब में बिखर गई थी। विरह के मरुस्थल में तृषित-थकित मन-प्राण को जैसे नखलिस्तान का जीवंत आश्रय मिल गया था।

कुंदन यदा-कदा चिलमन की झिरी से झाँककर, दूसरे लोक में विचरते प्रेमियों के इस लोक में लौटने की प्रतीक्षा कर रही थी, ताकि वह भी महाराज के स्वागत के अपने दायित्व पूरे कर सके। प्रतीक्षा की घड़ियाँ समाप्त न होते देख कुंदन को ठिठोली सूझी।

उसके संकेत पर दासियाँ वीणा और मृदंग ले आईं। कुंदन ने अपने मीठे गले से माँड छेड़ा—'**केसरिया बालम, आओ जी पधारो म्हारे देस!**'

सुनकर प्रेमी-युगल चैतन्य हुआ। कुंदन के स्वरों में केसरिया बालम के घर लौटने पर की जानेवाली मनुहारें सुनकर, रसकपूर को भी अपना दायित्व-बोध हो आया। उसके बालम तो पधारे हुए हैं और वह बौराई हुई उनकी मनुहार, उनका स्वागत करना ही भूल गई। लंबी प्रतीक्षा के बाद घर लौटे साजन, इस उपेक्षा से नाराज हो कहीं लौट न जाएँ। हड़बड़ाकर प्रियतम की बाँहों से मुक्त हो, दासियों को आवाजें देने लगी—"अरी चंपा, ''''राधा''''बिजली''''कम्मो''''सब की सब कहाँ चली गईं? ''''कुंदन कहाँ है?''''अरे! तुमको बाघ उठा ले गया''''या मावठे में जा कूदी हो'''' ?"

बौराई-सी रसकपूर की आवाज के साथ ही दासियाँ भागती-सी चली आईं। कुंदन भी माँड बंद कर अंदर आई और महाराज को प्रणाम करके अधराजन के प्रसन्नता से खिले मुख के साथ उसका पगलाया व्यवहार भी देखा—"और तू कहाँ चली गई थी, कुंदन!''''तुझे पता नहीं महाराज पधारे हैं''''न जाने कब से आए हुए हैं''''और तू अपने साथ सभी को लेकर क्या मावठे में डूब गई थी?''''देख, प्यास और गरमी से मुँह कैसा सूख गया है''''अरी! बादाम का ठंडा शरबत लाओ''''गुलाबजल से भिगोकर पंखा झलो''''अरे! मेरा मुँह क्या देख रही हो'''' ? ठीक है''''तुमसे कुछ नहीं होगा''''निकम्मी हो सबकी सब''''आज ही नौकरी से निकाल बाहर करूँगी''''"—फिर स्वयं ही आकुल-व्याकुल, अपने दुपट्टे से प्रियतम के ललाट पर छलका पसीना पोंछकर, दुपट्टे से ही हवा करने लगी।

दासियों में मची भगदड़ के बावजूद कुंदन मंद मुसकान के साथ चुपचाप खड़ी थी। उसे देख रसकपूर झल्लाई—"अरी तू कैसे खड़ी रह गई''''क्या तूने कुछ नहीं सुना'''' ? पत्थर की मूरत-सी खड़ी क्या है''''मुझे गुस्सा आ गया तो फिर देखना''''"

"आपका गुस्सा तो मैं झेल लूँगी, जीजी!"—कुंदन मुसकराई—"लेकिन महाराज की नाराजगी से मुझे कोई नहीं बचा पाएगा। अब आप रूखे-उलझे बाल, मैले-सिकुड़न-भरे वस्त्र और शृंगारविहीन अधिक देर यहाँ बैठी रहीं, तो महाराज आप पर नहीं, मुझ पर नाराज होंगे। कहेंगे कि कैसी मूर्ख है यह कुंदन, जो अधराजन को''''उनकी आँख की पुतली को सजा-सँवार भी नहीं पाई। पुरस्कार की तो बात ही जाने दें, उलटे आज आप मुझे महाराज से दंडित करवाकर ही छोड़ेंगी।"

जगतसिंह खिलखिलाकर हँस पड़े—"कुंदन ठीक कह रही है, रस! अपना नहीं तो उसी का खयाल करो। उसे दंडित होने से बचा लो''''जाओ कुंदन! अधराजन के स्नान-शृंगार की व्यवस्था करो।"

"इंतजाम तो कभी का हो चुका है, बस जीजी के पधारने की देर है,"—मुसकराती कुंदन हाथ का सहारा देकर अधराजन को अपने साथ ले गई।

स्नानघर में उबटन मलती कुंदन की ठिठोलियाँ आरंभ हुईं। रसकपूर शरमाती-

झुँझलाती उसकी छेड़छाड़ पर मुसकराती-बरजती रही। लेकिन कुंदन भला कहाँ मानने वाली थी!

झुँझलाकर रसकपूर ने कुंदन को धकेल ही दिया—"बहुत वाचाल हो गई है तू। न जाने क्या अनाप-शनाप बके जा रही है।....नहीं नहाना है तेरे हाथों से! जा, मैं तो स्वयं ही नहा लूँगी।"

"ठीक है।"—मुँह फुलाती-सी कुंदन जाने का उपक्रम करने लगी—"मैं जाकर महाराज को बता देती हूँ कि आपकी प्रेयसी को तो शृंगार से ही परहेज है। शायद उन्होंने आपका अपराध अभी क्षमा नहीं किया है।"

"अरी ओ कुटनी की बच्ची!"—बौखलाकर रसकपूर ने जाती हुई कुंदन की चोटी पकड़ ली—"ज्यादा बकबक की तो लाल कर दूँगी।"

"औरत हो ना, लाल ही करोगी!"—कृत्रिम लंबी साँस लेती हुई कुंदन फिर ठिठोली कर बैठी—"तुम्हारी जगह कोई मर्द होता तो मुझे 'हरी' करने की धमकी देता।"

झुँझलाकर रसकपूर ने कुंदन पर उबटन का कटोरा ही उलट दिया। सुगंधित अंगराग से कुंदन का मुख, हाथ, वक्ष सभी लिप्त हो गए। हाथों से मुँह का उबटन साफ करती कुंदन एकाएक गंभीर हो कह उठी—"यह आपने ठीक नहीं किया, जीजी! बहुत गलत काम किया है आपने।"

सकपका उठी रसकपूर। उसकी विश्वस्त-प्रिय सखी को क्या बुरा लग गया? उद्विग्न हो पूछ लिया—"क्या कर दिया है मैंने, जो तू नाराज हो रही है?"

"यह अंगराग महाराज की अंकशायिनी के लिए तैयार किया गया था, जो आपने मेरे लगा दिया!"—कुंदन के होंठों पर मुसकान की क्षीण-सी रेखा भी नहीं थी—"लेकिन साफ कहे देती हूँ। मैं महाराज की शय्या पर जाने वाली नहीं हूँ। उनका सामना तो आपको ही करना होगा।"

"दुष्ट कहीं की! अब तुझे मार से कोई नहीं बचा सकता।"—कुंदन को पकड़ने लपकी रसकपूर, कमर में लिपटे एकमात्र वस्त्र के खिसक जाने से अकस्मात् निर्वस्त्र हो गई। झेंपती-लजाती, वस्त्र व्यवस्थित करती पुनः चौकी पर बैठ, आँखें तरेरकर बोली—"अभी जी भरकर सता ले। लेकिन बाद में सारी कसर निकाल लूँगी। तेरी एक-एक शैतानी का तगड़ा बदला लूँगी।"

"हाय!"—सीने पर हाथ रखकर लंबी साँस लेती कुंदन कह उठी—"काश, यह धमकी महाराज ने दी होती तो जन्म ही सफल हो जाता।"

हँसती, ठिठोली करती कुंदन के हाथों रसकपूर का विरह-दग्ध यौवन पुनः महकने लगा। उबटन-अंगराग, स्नान, आलता, महावर के बाद रेशमी वस्त्रों में अलंकृत रसकपूर का दुग्ध-धवल शरीर, हीरे, पन्ने और माणिक के स्वर्णाभूषण धारण कराते ही और दमक उठा। कुंदन का सहारा लिये, लजाती-सकुचाती प्रियतमा का अप्रतिम रूप देख जगतसिंह भौंचक्के से रह गए। पाँच वर्षों का विरही अंतराल जैसे कभी आया ही नहीं था। वे

एक-दूसरे से कभी अलग हुए ही नहीं थे। उसी अनुरागी मद से छलक उठे महाराज के नेत्र। आगे बढ़कर हाथ थाम लिये और सहारा-सा देते हुए अपनी ही मसनद के सहारे धीरे से बैठा दिया।

अपने हाथों से एक-दूसरे के मुँह में कौर देते; मुसकानों, मोहक कटाक्षों के साथ काँसा आरोगने के बाद पान-सुपारी पेश हुई। विश्राम के क्षणों में प्रिय से सटी रसकपूर जैसे कुछ स्मरण कर जोर से कह उठी—"हाय राम! मैं तो यह पूछना ही भूल गई थी। आप ऐसे चुपचाप महल में कैसे आ सके थे? मैंने तो घाटी दरवाजे की टुकड़ी तक को आदेश दे रखा था कि आपके आगमन पर वह नगाड़े द्वारा तत्काल हमें सूचित कर दे, ताकि आपके स्वागत की तैयारियाँ की जा सकें। इस प्रमाद के लिए मैं आज ही उस टुकड़ी को बरखास्त कर दूँगी।"

"नहीं प्रिये! इसमें उनका कोई दोष नहीं।"—जगतसिंह हँस पड़े, "एक तो राजसी ताम-झाम के साथ न आने के कारण द्वाररक्षकों को हमारे आगमन का पता ही नहीं चला। मात्र चार अंगरक्षकों के साथ घोड़ों पर जयपुर महाराज के आने के बारे में तो कोई सोच भी नहीं सकता था। घाटी दरवाजा खुलवाते समय टुकड़ी को पता चला तो उसने नगाड़े द्वारा सूचना भिजवानी चाही। लेकिन हमने उन्हें रोक दिया। किले के द्वार और महल की ड्योढ़ी पर भी यही हुआ। हम अचानक पहुँचकर तुम्हें आश्चर्यचकित जो कर देना चाहते थे। पहरेदारों-दासियों को संकेत से चुप कराते हुए, हम तुम्हारे कक्ष तक आ पहुँचे। कहो, कैसी रही, हमारी योजना?"

रसकपूर भी हँस पड़ी—"अब भी अपनी शरारत से बाज नहीं आए आप।"

"तुमने हमारी शरारत अभी देखी ही कहाँ है!"—जगतसिंह के नेत्रों में मद छलक उठा—"रात आने दो। हमारी असली शरारतें तो तब देख पाओगी।"

रसिक महाराजा का अभिप्राय समझ, रसकपूर ने शरमाकर अपना मुँह प्रियतम के वक्ष में ही छुपा लिया।

बारह

महाराज की रसकपूर में पुनः अनुरक्ति के समाचार से राजदरबार और रनिवास सुलग उठे। यत्नपूर्वक दबा-दफनाया काँटा, पुनः शूल बनकर उभर आया था। उसे फिर से उखाड़ फेंकने की योजनाएँ बनने लगीं। नए-नए षड्यंत्रों के ताने-बाने बुने जाने लगे। षड्यंत्रकारियों के लिए अवसरों का अभाव नहीं था। जर्जर जयपुर राज्य की दुरवस्था अपने आप में सांगोपांग अनुकूल परिस्थिति थी। इस पर अमीरखाँ की लूट कोढ़ में खाज बन रही थी। सर्वनाश संपन्न करने के लिए माचेड़ी का बख्तावरसिंह नरूका भी जयपुर पर चढ़ आया। महाराज के रक्त-संबंधी माचेड़ी राव जयपुर के अधीन सामंत थे। किंतु महाराजा प्रतापसिंह की नाबालिगी के समय फैली अव्यवस्था का लाभ उठाकर, माचेड़ी राव प्रतापसिंह ने अपना स्वतंत्र अलवर राज्य स्थापित कर लिया था। प्रतापसिंह के बाद गद्दी पर बैठा बख्तावरसिंह भी अपने पिता के समान ही महत्त्वाकांक्षी निकला। उसने भी जयपुर की जर्जर अवस्था का लाभ उठाकर, सिकराय और दुब्बी पर कब्जा कर लिया। इसके साथ ही वह जयपुर पर भी अधिकार जमाने के लिए रवाना हुआ।

इस संकट से मुक्ति का मार्ग सुझाया रसकपूर ने। उसके परामर्श पर जगतसिंह ने दीनाराम बोहरा को दिल्ली के अँगरेज रेजीडेंट के पास भेजा। अँगरेजों के साथ अपने पुराने संपर्कों का लाभ उठाकर बोहराजी, रेजीडेंट को पिंडारियों की बढ़ती शक्ति का मुकाबला करने के लिए जयपुर, जोधपुर, उदयपुर जैसी बड़ी रियासतों का अस्तित्व बने रहने की आवश्यकता समझाने में सफल हो गए। फिर तो विलंब नहीं हुआ। रेजीडेंट ने बख्तावरसिंह को जयपुर के इलाके खाली कर, माचेड़ी लौट जाने का सख्त आदेश भिजवा दिया। उसे यह भी कह दिया गया कि वापस न लौटने पर उसके विरुद्ध सैनिक कार्यवाही होगी, जिसका खर्चा उससे वसूल किया जाएगा।

लेकिन रावराजा आदेश की उपेक्षा कर जयपुर की ओर बढ़ता गया। जयपुर से सिर्फ बीस मील दूर रह जाने पर, रेजीडेंट ने नाराज हो अपनी सेना माचेड़ी पर कब्जा करने के लिए भेज दी। परिणामस्वरूप, बख्तावरसिंह जयपुर के इलाके खाली कर माचेड़ी लौटने को विवश हो गया। इसके साथ ही उसे अँगरेजों को पचास हजार रुपए फौज खर्च के लिए भी देने पड़ गए थे।

□

निर्बल जयपुर राज्य को एक और चुनौती मिली ग्वालियर से। जयपुर के दिवंगत

महाराजा पृथ्वीसिंह का पुत्र मानसिंह स्वयं को जयपुर का वास्तविक महाराजा घोषित कर जगतसिंह को गद्दी से हटाने के लिए सैनिक तैयारियाँ करने लगा। उसकी पीठ पर दौलतराव सिंधिया था। १६ अप्रैल, १७७८ को नवयुवक महाराज पृथ्वीसिंह की हत्या के समय, उनकी गर्भवती महारानी अपने पीहर किशनगढ़ में थी। हत्या में लिप्त राजमाता चूँड़ावतजी और उनके प्रेमी फीरोज महावत के षड्यंत्रों से भयभीत हो वह जयपुर नहीं लौटी और वहीं पुत्र मानसिंह को जन्म दिया। तत्कालीन प्रधानमंत्री बोहरा राजा खुशालीराम ने किशनगढ़ जैसी छोटी-सी रिसायत में उसे सुरक्षित न मान, मराठा सेनापति महादजी सिंधिया के संरक्षण में ग्वालियर पहुँचा दिया था। वहीं उसका यथोचित पालन-पोषण हुआ। सिंधिया के लिए वह तुरुप का पत्ता था, जिसे चलकर जयपुर महाराजा से कभी भी धन वसूल किया जा सकता था।

वही हुआ। पृथ्वीसिंह के बाद जयपुर की गद्दी पर बैठे उनके सौतेले भाई प्रतापसिंह से जुलाई १७८९ में धन वसूली के लिए महादजी सिंधिया ने, मानसिंह को जयपुर सिंहासन पर आसीन कराने की धमकी दे ही डाली। महाराजा प्रतापसिंह ने बोहरा राजा खुशालीराम को मानसिंह समर्थक होने के कारण ही प्रधानमंत्री पद से हटाकर कारागार में डलवा दिया था। महादजी के द्वारा मानसिंह के गुजारे के लिए दी गई जागीर में उसके उत्तराधिकारी दौलतराव सिंधिया ने भी वृद्धि करके, इस विवाद को जीवित रखा था।

अब अवसर पाकर ३४ वर्षीय मानसिंह ने पुनः अधिकार का प्रश्न उठाते हुए, अपना जयपुर राज्य प्राप्त करने की घोषणा कर डाली। सिंधिया के इस छोटे से जागीरदार की गर्जना के पीछे सिंधिया का बल स्पष्ट दिखाई दे रहा था। लेकिन यहाँ भी रसकपूर का चातुर्य रंग लाया। दीनाराम बोहरा के तर्कों से संतुष्ट ब्रिटिश रेजीडेंट ने, इस संकट से भी जयपुर को उबार लिया। रेजीडेंट ने 'ईस्ट इंडिया कंपनी' के साथ मैत्री-संधि में बँधे सिंधिया को, राज्य में इस प्रकार की गतिविधियों पर रोक लगाने का निर्देश देते हुए स्पष्ट कर दिया कि चौंतीस वर्षों तक जयपुर की गद्दी से वंचित रहने के कारण, मानसिंह का अब राजगद्दी पर कोई दावा नहीं रह जाता है।

इसके साथ ही यह भी स्पष्ट हो गया था कि माचेड़ी राव को हमले के लिए उकसाने और मानसिंह का विवाद खड़ा करने के पीछे जयपुर के ही कुछ सामंतों का हाथ था। किंतु विपरीत परिस्थितियों के कारण उनको दंडित करने का अर्थ, सभी सामंतों में असंतोष उत्पन्न करना था। रसकपूर ने महाराज को ऐसा कोई भी कदम उठाने से मना कर दिया था।

किंतु अमीरखाँ के प्रश्न पर रसकपूर भी द्विविधा में फँस गई। जुलाई १८११ में नियुक्त प्रधानमंत्री बोहरा राजा तो अमीरखाँ को एक पैसा भी न देने की घोषणा कर, उसके विरुद्ध सैन्य तैयारियों में जुट गए थे। रसकपूर भी जानती थी कि लालची अमीरखाँ को बार-बार संबंधों की दुहाई देकर नहीं मनाया जा सकता। जयपुर पर गोले

बरसाते समय उसका उद्देश्य जयपुर को लूटने से अधिक, जगतसिंह को आतंकित कर मेहरानगढ़ का घेरा उठा लेने के लिए विवश करना था। शायद इसलिए ही उसने रसकपूर की प्रार्थना तत्काल स्वीकार कर, लगे हाथों उसे भी उपकृत कर डाला था। किंतु अब तो उसके समक्ष लाखों रुपयों के प्रलोभन के साथ, जयपुर राज्य में अपनी शक्ति-विस्तार का भी लक्ष्य था। इसकी प्राप्ति के लिए तो वह अपने रक्त-संबंधों तक की उपेक्षा कर सकता था। रसकपूर तो वैसे भी उसकी माँजायी बहन नहीं थी। उसने तो इतना ही मान रखकर उस पर बड़ा अनुग्रह किया था।

अमीरखाँ के बढ़ते तकाजों और इस प्रश्न पर रसकपूर के मौन ने महाराज को चिंतित कर दिया। एक दिन अधिक कुरेदने पर अधराजन ने कह ही दिया—"इस प्रश्न पर आप स्वयं ही निर्णय लें तो अधिक अच्छा रहेगा।"

"क्यों? अमीरखाँ से डरती हो या इस समस्या पर जान-बूझकर अपनी राय नहीं देना चाहतीं?"—जगतसिंह ने हँसकर पूछ लिया।

रहस्य को अनावृत्त करने का निश्चय करके वह कह उठी—"यह बात नहीं है। मैं जहाँ आपके प्रति वफ़ादार हूँ, वहाँ अमीरखाँ भी मेरे भाई हैं। किसी के भी विरुद्ध योजना बनाने का काम मुझसे नहीं हो पाएगा।"

सुनकर बुरी तरह चौंक उठे जगतसिंह—"वह पिंडारी और तुम्हारा भाई? कब और कैसे जुड़ गया उससे तुम्हारा यह रिश्ता?"

"जब उनकी तोपें जयपुर पर गोले बरसा रही थीं, और हमारी जयबाण, बजरंगबाण जैसी प्रलयंकारी तोपें भी रहस्यमय खामोशी ओढ़े निष्प्राण पड़ी थीं। मेरे बार-बार आदेश देने के बाद भी, जयगढ़ और सुदर्शनगढ़ के किलेदार गोले बरसाकर अमीरखाँ की तोपों को खामोश कर देने के लिए तैयार नहीं हुए, क्योंकि उन्हें दूनी ठाकुर का आदेश चाहिए था, और दूनी ठाकुर न जाने क्यों बार-बार प्रतीक्षा करने की रट लगा रहे थे,"—रसकपूर बताने के लिए विवश हो गई थी—"चौबीस घंटों की गोलाबारी से नगर के कई मकान ध्वस्त हो गए थे। जनजीवन संत्रस्त होकर अराजकता की ओर बढ़ रहा था। दूनी ठाकुर जवाबी कार्यवाही के लिए तैयार नहीं थे, और मैं यहाँ आंबेर के महलों में थी। मेरे पास हरकारे भेजने के अतिरिक्त अन्य कोई मार्ग नहीं था। मैं स्वयं भी जयपुर नहीं जा सकती थी। उनके षड्यंत्रों से स्वयं की रक्षा करने के लिए ही तो मैं अचानक, चुपचाप आंबेर आ गई थी। इस गोलाबारी के बीच जयपुर लौटने पर वे लोग आसानी से मेरी हत्या करके, गोला लगने से हुई मृत्यु बताकर, उस पर लीपापोती कर डालते।"

"यह दूनी ठाकुर तो आस्तीन का साँप निकला। अब हम उसे नहीं छोड़ेंगे!" जगतसिंह के मुख पर क्रोध तैर उठा—"इसे हमने जयपुर का रक्षक बनाया था और वही भक्षक बन बैठा। विश्वासघाती निकला यह तो!"

"इस बारे में इतनी शीघ्रता से निर्णय न लें। दूनी ठाकुर को अभी और जाँचें-

परखें। संभव है, उन्होंने मेरे प्रति आक्रोश के कारण ही यह सब किया हो।"—रसकपूर ने समझाना चाहा।

लेकिन जगतसिंह भी अपनी जगह ठीक थे—"तुम्हारे प्रति आक्रोश की बात तो समझ में आती है, लेकिन व्यक्तिगत कारणों से पूरे जयपुर को ही शत्रु की दया पर छोड़ देना तो हर प्रकार से राजद्रोह है। इस सर्प के विषदंत दिनोंदिन और अधिक विषैले होते जा रहे हैं। इन्हें न उखाड़कर तो हम स्वयं को और अपने राज्य को भी संकट में डाल रहे हैं।"

"नहीं, महाराज! अब ये विषदंत इतने पैने नहीं रह गए हैं। दूनी किले की घेराबंदी करके, दौलतराव सिंधिया ने इनका अधिकांश जहर निचोड़ डाला है। तब इसी गर्जन-तर्जन करनेवाले, अपने शौर्य के खम ठोकनेवाले दूनी सामंत की सारी बहादुरी धरी रह गई थी, और वह आपसे रक्षा की प्रार्थना करने के लिए विवश हो गया था। अब भविष्य में वह आपके सामने अकड़ दिखाने योग्य नहीं रह गया है। आप भी अपनी कमजोर स्थिति के कारण पिछली बातों पर परदा ही डाले रखें। समय की माँग भी यही है।"

"ठीक है। लेकिन बात चल रही थी अमीरखाँ के तुम्हारे भाई बनने की। इन सब बातों का इससे क्या संबंध है?"—महाराज ने मूल विषय पर लौटते हुए पूछा।

"इनका ही तो संबंध है, उस रिश्ते से।"—रसकपूर कहने लगी—"चारों ओर निराशा का अंधकार व्याप्त था। जयपुर की रक्षा का दायित्व आप मुझे सौंप गए थे। दूनी ठाकुर को तो मेरे निर्देशों के अनुरूप ही कार्य करना था। उन्होंने मेरे आदेश नहीं माने। लेकिन मुझे तो अपना जयपुर बचाना था। अपने प्रियतम की राजधानी सुरक्षित रखनी थी। तब मैंने एक दुस्साहसी निर्णय लिया।"

"क्या किया तुमने?"—अचकचाकर जगतसिंह ने पूछा।

"मैंने स्वयं अमीरखाँ से मिलकर इस विनाश को रोकने का फैसला किया और कुंदन को साथ लेकर मैं अमीरखाँ के शिविर में जा पहुँची।"

सुनकर सिहर उठे जगतसिंह—"यह क्या किया तुमने? इतना बड़ा संकट मोल ले लिया? यह जानते हुए भी कि अमीरखाँ मनुष्य के रूप में किसी राक्षस से कम नहीं है। वह तुम पर अत्याचार भी कर सकता था।"

"उसकी तो हम दोनों ही व्यवस्था करके गई थीं। अपमानित होने से पूर्व ही, विष की पुड़िया हमें उसकी पकड़ से मुक्त करा देती!"—रसकपूर के मुख पर आत्मविश्वास का दर्प छलक रहा था—"लेकिन सुन रखा था कि बर्बर इनसान के अंदर भी कहीं दया-ममता अवश्य छिपी होती है। हिंसक पशुओं में भी कुछ संबंधों के प्रति कोमलता देखी ही जाती है। फिर अमीरखाँ क्रूर, लालची और रक्त-पिपासु होने पर भी था तो मानव ही। उसके भी हृदय के किसी कोने में मानवीय संवेदनाएँ अवश्य जीवित होंगी। मुझे उसके जीवन में बहन के अभाव का पता था। मेरे निश्छल मन से भाईजान कहते

ही, संवेदनाओं का वह सोता फूट पड़ा और मैं उसमें नहाकर धन्य हो गई। इतना अपनत्व तो माँजाया भाई भी नहीं देता जितना उस अपरिचित, और आपकी दृष्टि में क्रूर-हत्यारे व्यक्ति ने अनायास ही मुझे दे डाला था।"

रसकपूर की आँखों के सामने वह दृश्य साकार हो उठा था—"उन्होंने आपके और मेरे संबंधों को लेकर अनेक प्रश्न किए। मैं उनकी शंकाओं का समाधान करती गई। अंत में उनके हाथ मेरे कंधों पर आ टिके। मेरी पेशानी चूमकर भाईजान ने मेरा सुख-सौभाग्य बनाए रखने के लिए अल्लाह ताला से दुआ की। मेरे फैले हुए दुपट्टे के छोर अपने हाथों से थामकर, उसे हीरे-मोती जड़े स्वर्णाभूषणों से भर दिया था। महाराज! उस समय तक जयपुर पर कहर बरसानेवाली उनकी तोपें भी खामोश हो चुकी थीं। मेरे भाईजान ने बहन की प्रार्थना ठुकराई नहीं थी।"

अमीरखाँ के इस नए रूप के अनावरण से जगतसिंह स्तब्ध रह गए। समस्त राजपूताने में जल्लाद से भी क्रूर समझे जानेवाले पिंडारी के मन का यह पक्ष नितांत अविश्वसनीय था। किंतु रसकपूर के कथन पर अविश्वास का भी तो कोई कारण नहीं था। अमीरखाँ की गोलाबारी अकस्मात् बंद हो जाने का समाचार पाकर, तब वे स्वयं भी विस्मित रह गए थे। लेकिन जयपुर लौटने पर उन्हें इसका एक अन्य ही कारण बताया गया था। शंका-निवारण के लिए महाराज ने पूछ ही लिया—"पटरानी फतहकँवर ने तो बताया था कि हमारी बहन सूरजकँवर और स्वयं उनकी प्रार्थना पर अमीरखाँ ने गोलाबारी बंद की थी।"

सुनकर अर्धराजन के होंठों पर व्यंग्य-भरी मुसकान फैल गई—"तब तो वे ही ठीक होंगी। लेकिन कभी अवसर निकालकर अपनी बहन से ही इस बारे में पूछ लेना। मुझे विश्वास है, वह भोली लड़की इनके षड्यंत्रों में शामिल नहीं रही होगी।"

रसकपूर के संकेत पर कुंदन आबनूस की बड़ी-सी पेटी उठा लाई। अर्धराजिन ने ताला खोलकर पेटी उलटी तो जगतसिंह के सामने स्वर्णाभूषणों का ढेर-सा लग गया—"ये हैं वे आभूषण जो भाईजान ने मुझे उपहार में दिए थे।"

उत्सुकतावश जगतसिंह उन्हें उलट-पलटकर देखने लगे। फिर मुसकराकर बोले—"तुम ठीक कह रही हो, प्रिय! आभूषणों की पहचान तो संभव नहीं, लेकिन जोधपुर राज्य की स्वर्ण मोहरें और चाँदी के कलदार रुपए तो अलग ही दिखाई दे रहे हैं। हमें पता है कि अमीरखाँ को हमसे विमुख करने लिए महाराज मानसिंह ने पर्याप्त मोहरें और रुपए न होने पर, अपनी रानियों के स्वर्णाभूषण तक भिजवा दिए थे। यह उसी धनराशि का भाग प्रतीत होता है।"

नेत्रों में अर्धराजिन प्रियतमा के प्रति प्रशंसा-भाव के साथ जगतसिंह कह उठे—"तुमने अद्भुत कार्य संपन्न किया है, रस! अमीरखाँ को भाई बनाकर, उसे इस क्रूर कर्म से विरत करने के इस सफल प्रयास पर शायद ही कोई विश्वास कर पाए। तुम विलक्षण हो, प्रिये!"

सुनकर अर्धराजिन शरमा गई—"व्यर्थ की प्रशंसा करना तो कोई आपसे सीखे।"

"हमसे तो इसके अतिरिक्त भी बहुत कुछ सीखा जा सकता है!"—जगतसिंह के स्वरों में शरारत घुलने लगी थी।

□

लंबी ऊहापोह के बाद अमीरखाँ के प्रश्न पर जगतसिंह ने निर्णय ले ही लिया। राजपूताने के तीनों शक्तिशाली राज्यों का मान-मर्दन कर चुके इस पिंडारी का सैनिक प्रतिकार यदि असंभव नहीं तो आसान भी नहीं था। परस्पर युद्धों और भोग-विलास में अनाप-शनाप खर्च से आर्थिक दीवालियेपन की सीमा पर पहुँचे राज्यों को अमीरखाँ, पुनः शक्ति-संपन्न नहीं होने दे रहा था। खिराज वसूली के नाम पर की जानेवाली उसकी लूट, स्वावलंबन की दिशा में तनिक से भी अग्रसर राज्य को बलात् वापस विपन्नता के गहरे गर्त में धकेल देती थी।

आर्थिक दुरवस्था के चक्रव्यूह में फँसे जगतसिंह ने भी समझौते से ही काम चलाने का निर्णय लिया। किंतु प्रधानमंत्री बोहरा राजा इसके लिए तैयार नहीं थे। अठासी वर्ष की वृद्धावस्था में भी वे अमीरखाँ से दो-दो हाथ कर लेने के लिए व्यग्र हो उठे थे। जयपुर राज्य के प्रति अपना अंतिम सेवा-कार्य मानकर ही वे प्राणोत्सर्ग के मूल्य पर भी इस पिंडारी को जयपुर की शक्ति का लोहा मनवा देने का संकल्प कर बैठे थे।

किंतु सफलता के प्रति आशंकित जगतसिंह ने बोहरा राजा को ही पद से हटा दिया। अमीरखाँ को दो लाख रुपए भिजवाते हुए, जगतसिंह ने शेष राशि भी सुविधानुसार भिजवाते रहने का वायदा कर, संकट से तात्कालिक मुक्ति प्राप्त की। बोहरा राजा की सैन्य तैयारियों के समाचारों के बीच इस राशि की प्राप्ति को ही गनीमत समझकर अमीरखाँ चुप रह गया। अपनी धर्मबहन के पुनः प्रभावी होने के समाचार भी उसे प्राप्त हो चुके थे। जयपुर महाराजा को खिराज की अगली किस्त समय पर देने की चेतावनी देकर, वह अपने पगड़ीबदल भाई से मिलने जोधपुर रवाना हो गया। खिराज वसूली के लिए उसका सेनापति मोहम्मदशाहखाँ टोंक में ही रह गया था।

□

पाँच वर्षों तक अँधेरे में डूबा रसकपूर का भाग्य सितारा अपनी पुरानी चमक वापस प्राप्त करने लगा था। बोहरा राजा को दीवान पद से हटाने के बाद, किसी योग्य व्यक्ति की तलाश में जगतसिंह की नजरें घूमती-भटकती रसकपूर पर ही जा टिकीं। उसने समस्या को अत्यंत सहज रूप में लिया—"इसमें सोचना क्या है? आप जिसे भी इस पद पर बैठा देंगे, वही काम करने लगेगा। दीवान तो महाराज के अनुरूप ही कार्य करता है। उसकी सफलता-असफलता भी महाराज में ही निहित रहती है। आप जिसे चाहें, जयपुर का दीवान बना दें।"

"फिर भी हम तुम्हारी सम्मति जानना चाहते हैं। तुम भी तो कोई नाम सुझाओ, प्रिय!"—महाराज के स्वर में मनुहार अधिक थी।

"विश्वस्त व्यक्तियों के लिए सुरक्षित इस पद पर, आप अपने सभी विश्वस्तों को तो नियुक्त कर ही चुके हैं। लेकिन एक व्यक्ति अभी शेष रह गया है; जिसने किसी प्रतिदान की इच्छा के बगैर, एक समय भरे दरबार आपकी प्रतिष्ठा की रक्षा कर, स्वयं को आपका पक्षधर सिद्ध किया था!"—रसकपूर ने मुसकराकर कह दिया।

"कौन? पं. शिवनारायण मिश्र····तुम्हारे धर्मपिता?"—जगतसिंह को स्मरण हो आया—"हाँ, उन्हें तो हम भूल ही गए थे। वस्तुतः उनका यह भारी उपकार भी तो हम पर ऋण ही है।"

"वह सब आप जानें। मैंने तो आपको सुझाव मात्र दिया है।"

"तुम्हारा सुझाव भी मेरे लिए आदेश से कम नहीं है।"—मुसकराकर जगतसिंह ने तत्काल सुलेखक को बुलवाकर, दीवान पद पर पं. शिवनारायण मिश्र की नियुक्ति का आदेश लिखवा दिया।

□

शिवनारायण मिश्र की नियुक्ति के कारण सामंतों से लेकर रनिवास तक असंतोष की नई लहर दौड़ गई। मिश्रजी से किसी को नाराजगी नहीं थी, किंतु नियुक्ति के पीछे रसकपूर का प्रभाव किसी से छिपा नहीं था। किसी तेली-तमोली को इस पद पर बैठा देने पर भी आक्रोश का ऐसा उफान नहीं उठता, जैसा ज्वालामुखी मिश्रजी की नियुक्ति से फट पड़ा था। मन-ही-मन उन्हें हर कदम पर असफल करने की प्रतिज्ञाएँ होने लगीं। उसी के अनुरूप योजनाएँ भी बनने लगी थीं।

सिंधिया द्वारा दूनी किले की घेराबंदी से अपमानित चाँदसिंह, चाहकर भी इस योजना का मुखर नेतृत्व नहीं कर पा रहे थे। अपने किले की रक्षा के लिए महाराज के समक्ष याचना करने के बाद, उनमें विरोध का मनोबल शेष नहीं रह गया था। पुनः प्रतिष्ठा-प्राप्ति के लिए उन्होंने साहसिक निर्णय लिया। अमीरखाँ के जोधपुर प्रवास के दौरान उसके सेनापति मोहम्मदशाहखाँ ने खिराज की अगली किस्त का तकाजा किया और रकम न मिलने पर जयपुर राज्य के गाँवों को लूटना आरंभ कर दिया। चाँदसिंह ने इसे अपने शौर्य-प्रदर्शन का अनुकूल अवसर समझ, अपनी सेना के साथ मोहम्मदशाह पर चढ़ाई कर दी। आक्रमण से पूर्व उसने महाराज जगतसिंह से आज्ञा लेना तो दूर, उन्हें सूचित तक करना आवश्यक नहीं समझा था। वे तो मोहम्मदशाह की सीमित सेना को परास्त करने के बाद, अपनी खोई प्रतिष्ठा वापस प्राप्त करके ही जयपुर दरबार में उपस्थित होना चाहते थे।

नवंबर १८१२ में किए चाँदसिंह के इस अनपेक्षित आक्रमण से असावधान मोहम्मदशाह को शिकस्त मिली और वह भागकर टोंक के पास 'अमीरगढ़' में जा छुपा। दूनी ठाकुर ने किला घेर लिया। लेकिन भरपूर प्रयासों के बाद भी वह अमीरगढ़ पर अधिकार नहीं कर सका। इसके विपरीत, आक्रमण की सूचना पाकर क्रुद्ध अमीरखाँ जोधपुर से रवाना हुआ और ताबड़तोड़ कूच करता हुआ जयपुर की सीमा पर आ

पहुँचा। अमीरखाँ के आगमन का समाचार पाकर चाँदसिंह घेरा उठाकर दूनी की ओर कूच कर गया, किंतु इससे अमीरखाँ का क्रोध कम नहीं हुआ। उसने बर्बरतापूर्वक जयपुर के गाँवों को लूटना और उजाड़ना आरंभ कर दिया। अपने सामंत की इस करतूत की कोई भी सफाई देने में अक्षम महाराज जगतसिंह ने समझौता-वार्त्ता आरंभ की। पाँच लाख रुपए अतिरिक्त जुर्माना भरकर अमीरखाँ की बर्बर लूट से मुक्ति पाने के साथ ही, जगतसिंह ने चाँदसिंह को अपने मुसाहिब (मंत्री) पद से बरखास्त कर दिया। यह जुलाई १८१३ की बात थी।

□

शिवनारायण मिश्र की प्रधानमंत्री पद पर नियुक्ति के कुछ समय बाद ही रसकपूर ने जगतसिंह का निवेदन स्वीकार कर लिया और आंबेर के सुरक्षित आवास को छोड़कर प्रियतम-साहचर्य के मीठे सपने सँजोए पुनः 'रसविलास' में आ पहुँची। अगले दिन ही वह पटरानी के 'माधवनिवास' में धड़धड़ाती पहुँच गई। किसी औपचारिक अनुमति के बगैर, दासियों-बाँदियों को लाँघती हुई, वह सीधे पटरानी के कक्ष में जा धमकी। इतने वर्षों के बाद अर्धराजिन को सकुशल, क्रुद्ध मुद्रा में सामने खड़ी देख पटरानी बौखला-सी गई।

विषैली मुसकान फेंकती रसकपूर ने पूछा—"आज गले नहीं मिलोगी, पटरानी! अब नहीं करोगी लाड़-दुलार, हँसी-ठिठोली?"

"क्···· क्···क्या अभिप्राय है तुम्हारा?"—रसकपूर के तेवर से पटरानी सकपका उठी थी।

"इतनी भोली तो नहीं हो, फतहकँवर!"—पटरानी को नाम से संबोधित करके रसकपूर विषैली नागिन-सी फुफकार उठी—"कहाँ है तुम्हारा भाई रत्नसिंह? जिसे तुम प्रार्थना करके मेरे महल में नौकर रखवा गई थीं।"

"मु···मुझे क्या पता? उसे तो तुम अपने साथ ही ले गई थीं!"—पटरानी बौखला उठी।

"कहाँ? आंबेर के महलों में? यही कहना चाहती हो न?"—रसकपूर गुर्राई—"लेकिन जाते समय उसे मैं यहीं छोड़ गई थी। उसे तो मेरे जाने का पता तक नहीं था।"

"तब मुझे क्या पता, वह कहाँ गया? मैं तो समझी थी कि वह तुम्हारे साथ ही गया हुआ है।"—पटरानी का साहस अब लौटने लगा था। रसकपूर को आरोपित करने के इरादे से वह लगभग चिल्ला ही तो उठी—"कहाँ है मेरा भाई? मेरा मातृहीन गुलगोदना भैया कहाँ है? कहीं तुमने उसे मरवा तो नहीं डाला? महाराज के कोप से बचने के लिए उसकी बलि तो नहीं दे दी?"

"ऐसा हो भी गया हो तो क्या फर्क पड़ता है?"—रसकपूर कुटिलता से मुसकराई—"आखिर कौन-सा वह तुम्हारा माँजाया भाई था? काका का बेटा ही तो था। भला क्या नाम बताया था उसके पिता का?"

"काका खुमाणसिंह,"—पटरानी लगभग चीख उठी—"दुष्टा ! क्या काका का बेटा सगे भाई से कम होता है ?"

"नहीं होता, यदि वह वास्तव में काका का बेटा हो,"—छलावे की तरह महाराज जगतसिंह ने कक्ष में प्रवेश किया—"तुम्हारे काका खुमाणसिंह तो निःसंतान हैं, फिर रत्नसिंह उनका पुत्र कैसे हो गया, पटरानी ?"

हतप्रभ पटरानी ने दोनों की मिलीभगत देख, तत्काल त्रिया-चरित्र का आवरण ओढ़ लिया। चिल्लाकर महाराज से बोली—"तो यह सब आपकी शह पर हो रहा है ? इस दो कौड़ी की बदमाश औरत के कारण अपनी विवाहिता पत्नी, इस राज्य की पटरानी को अपमानित कर रहे हो। इसके परिणाम अच्छे नहीं होंगे, महाराज ! मेरे राठौड़ों में अपनी बहन-बेटियों की मर्यादा-रक्षा का अभी बहुत सामर्थ्य है, महाराज !"

"फतहकँवर !"—पटरानी के अपमानजनक व्यवहार से महाराज भी गरज उठे—"अपनी जबान को लगाम दो, वरना हमारे कोप से तुम्हारे ताऊ बीकानेर महाराज तो क्या, जोधपुर महाराज मानसिंह भी नहीं बचा पाएँगे। वे कुछ ही माह बाद हमारे संबंधी बनने वाले हैं, और बीकानेर महाराज की ताकत का तो तुम्हें पता ही है। हमारा एक सामंत ही उन्हें दुड़काने के लिए पर्याप्त होगा।"

आग्नेय नेत्रों से पटरानी को घूरते हुए जगतसिंह, रसकपूर का हाथ थामे चलने को उद्यत हुए। किंतु ड्योढ़ी से बाहर कदम रखने से पूर्व ही पटरानी के प्रतिज्ञा जैसे स्वर उनके कानों में पड़े—"इसे अपने कलेजे में छिपाकर रखना, महाराज ! मैं असली राठौड़ कुल की होऊँ, तो इसे आपके कलेजे से खींचकर, धूल में मिलाकर ही आपको मुँह दिखाऊँ। मेरे महल में आकर मेरा अपमान करने के दंड से इसे अब आप स्वयं भी नहीं बचा पाएँगे। यदि सामर्थ्य हो तो बचाकर देख लेना।"

चुनौती सुनकर महाराज के बढ़ते कदम रुक गए। मुड़कर बिफरी हुई पटरानी की ओर देखा। उसकी चुनौती के उत्तर में वे भी गुर्रा उठे—"हमें चुनौती दे रही हो ? इसका परिणाम भी जानती हो ? जीवन से मोह नहीं रहा क्या ?"

"नहीं रहा। इस अपमान के बाद तो मेरे जीवन को धिक्कार है। इसका बदला न लेने तक मैं इस पृथ्वी का बोझ ही बढ़ाऊँगी !"—फतहकँवर बिफरी शेरनी-सी खूँखार हो उठी थी—"अपनी इस खूबसूरत नागिन का भला चाहते हो तो मुझे अभी मृत्युदंड दिलवा दो। नहीं···बंदी बनाने से ही काम नहीं चलेगा। मैं कैद में रहकर भी इसके नाश के उपाय करती रहूँगी। मृत्युदंड··· सिर्फ मेरी मृत्यु ही अब इसे जीवित रख पाएगी···वरना इसकी रक्षा असंभव है, महाराज !"

"आवश्यकता होने पर वह भी दे दिया जाएगा। तुम्हारे शत्रुवत् आचरण के लिए हम राजकुल की परंपरा तोड़कर, अपनी पटरानी को दंडित करने में भी संकोच नहीं करेंगे।"—आग्नेय नेत्रों से फतहकँवर को घूरते हुए जगतसिंह, रसकपूर के साथ माधव-निवास से निकल गए।

□

जयपुर और जोधपुर की शत्रुता को मैत्री-संबंधों में बदलने में विलंब अब घातक हो सकता था। रसकपूर ने पहल करने का निर्णय लिया। महाराज ने जोधपुर दूत भेजकर, विवाहों की व्यवस्था के लिए इंद्रराज सिंघवी और शिवचंद भंडारी को जयपुर भेजने के लिए कहलवाया तो उत्तर में इन दोनों के साथ आउवा ठाकुर बख्तावरसिंह, आसोप ठाकुर केसरीसिंह और नींमाज ठाकुर सुलतानसिंह के साथ पुरोहित श्रीकृष्ण जोशी भी जोधपुर से रवाना हो गए। मई १८१३ में उनके जयपुर पहुँचने पर महाराज जगतसिंह स्वयं उनकी अगवानी करने गए। इंद्रराज सिंघवी को तो और भी विशेष सम्मान दिया गया था।

दीर्घकालीन विचार-विमर्श के बाद दोनों विवाहों के सभी पक्षों पर विस्तारपूर्वक निर्णय लिये गए। दोनों पक्षों के ज्योतिषियों ने गणना करके इन विवाहों के लिए विक्रम संवत् १८७० की अष्टमी एवं नवमी तिथियों (३ व ४ सितंबर, १८१३) को सर्वश्रेष्ठ मुहूर्त घोषित किया। यह निश्चित हुआ कि ३ सितंबर को महाराजा मानसिंह जगतसिंह की बहन सूरजकँवर से और ४ सितंबर को महाराजा जगतसिंह मानसिंह की पुत्री सिरहकँवर से विवाह करेंगे। ये विवाह जयपुर और जोधपुर से हटकर 'मारवाह' और 'रूपनगर' में संपन्न होने निश्चित हुए। सभी बातें सुनिश्चित कर अगस्त १८१३ में इंद्रराज सिंघवी जोधपुर लौट गए।

विवाह की तैयारियों के लिए समय बहुत कम था, किंतु रसकपूर के तो जैसे पंख ही लग गए थे। वह पूरे चंद्रमहल में हवा-सी उड़ती फिरती थी। कभी नए जेवरों के नमूने पसंद करती, कभी दर्जियों के सुघड़ हाथों से तैयार की जा रही पोशाकों पर नजर मार जाती, तो कभी रसोवड़े के प्रधान रसोइए को बुलाकर विवाह के दिन और बाद की दावतों में बनाए जानेवाले सामिष-निरामिष व्यंजनों का निर्धारण करने लगती। विवाह-स्थल पर निवास-व्यवस्था का रसकपूर द्वारा अनुमोदन होते ही सैकड़ों कारीगर, बढ़ई, मजदूर अनगिनत बैलगाड़ियों में सामान लादकर, जयपुर राज्य की सीमा पर बसे 'मारवाह' के लिए रवाना हो गए।

दिन-रात अनवरत काम करके कारीगरों ने वहाँ जैसे नगर ही बसा डाला था। एक बार रसकपूर स्वयं भी जाकर निर्माण-कार्य देख आई थी। २५ अगस्त को वधू को साथ लिए राजपरिवार, सामंत, मुसाहिब, अहलकार आदि जयपुर से रवाना हुए और अगले दिन मारवाह पहुँचकर अपने-अपने कार्यों में जुट गए। उसी दिन जोधपुर से महाराज मानसिंह भी अपनी पुत्री सिरहकँवर एवं राज-परिवार के साथ रूपनगर के लिए रवाना हुए। उनके साथ सामंतों, सरदारों के अतिरिक्त पोकरण का नया सामंत सालमसिंह भी था। अमीरखाँ द्वारा सवाईसिंह की हत्या के बाद उनका पुत्र सालमसिंह पोकरण की गद्दी पर बैठा था। मानसिंह की बारात में किशनगढ़ महाराजा कल्याणसिंह और मसूदाराव ठाकुर देवीसिंह भी सम्मिलित हुए थे।

दोनों पक्षों से मिले निमंत्रण स्वीकार कर अमीरखाँ भी टोंक से रवाना होकर विवाह-स्थल पर आ पहुँचा। अजमेर के सूबेदार गोमाजी सिंधिया की ओर से तांत्या माधवराव और बीकानेर महाराज का प्रतिनिधित्व करने पुरुषोत्तम आचार्य एवं सवाईराम भी विवाह में भाग लेने आ पहुँचे। इन सभी के डेरे रूपनगर में लगाए गए थे।

३ सितंबर को रूपनगर से महाराज मानसिंह की बारात रवाना हुई। सात मील का मार्ग तय करके बारात के मारवाह पहुँचते ही मंगल-वाद्य बज उठे। शंख-ध्वनि से वातावरण पवित्र हो गया। महाराज जगतसिंह ने आगे बढ़कर वर का स्वागत किया। द्वाराचार के बाद, महिलाओं के सुमधुर कंठ-स्वरों से वातावरण को रसमय बनानेवाले विवाह-गीतों का आनंद लेते हुए मानसिंह विवाह-मंडप में पहुँचे। वैदिक मंत्रों का सस्वर त्रुटिहीन उच्चारण करते पंडितों ने वधू को मंडप में बुलवाकर, कुछ ही समय में उसके जीवन की डोर, वर मानसिंह के हाथों में सौंप दी।

पुष्प-वृष्टि के साथ मंडप में बधाइयों के स्वर गूँज उठे। वधू के माँडे में लौट जाने के बाद, मानसिंह भी अपने साले जगतसिंह के साथ बाहर मंडप में आ विराजे। वर और बारात के मनोरंजन के लिए, नृत्य-संगीत के साथ महकते आसव-पात्रों की भी गहमागहमी मचने लगी। पचासों सतर्क सेवक हाथों में झरियाँ थामे, बारातियों के आसव-पात्र रिक्त नहीं होने दे रहे थे। इसके साथ ही सामिष और निरामिष व्यंजनों की भाप उठाती रकाबियाँ भी चारों ओर घूम रही थीं।

अपना सुरा-पात्र उठाने से पूर्व मानसिंह ने खोजती दृष्टि से चारों ओर देखा। जगतसिंह भी उनकी दृष्टि का अनुसरण कर, अमीरखाँ को खोजने लगे। लेकिन दुर्दांत पिंडारी वहाँ कहाँ था? वह तो विवाह-मंडप के एक कोने में अपनी बहन के प्रेमाश्रु पोंछते हुए, स्वयं भी रो रहा था। उसके सदैव के रक्तवर्ण नेत्रों में, अश्रुपात के कारण बढ़ी लालिमा से झरते आँसू, रक्त-सरोवर में दमकते मोती-से प्रतीत हो रहे थे। अंतःकरण तक को पवित्र कर देनेवाली इस अश्रुगंगा की धाराएँ, उसके कठोर मुख पर फैली घनी दाढ़ी में विलीन हो चली थीं।

अकस्मात् चेतना लौटने पर, रसकपूर को तनिक धकेलकर वह जैसे गुर्रा उठा—"अब कभी नहीं मिलूँगा तुझसे। जब भी मिलती है, रुला जाती है। लड़की! कहाँ से पा गई है तू अपनेपन में बाँध लेने का यह हुनर?"

"इतना प्यार देकर तो आप मुझे मार ही डालेंगे, भाईजान!"—रसकपूर फिर भरभराकर रो पड़ी।

"तू मर गई तो जैसे मैं तो जीवित ही रह जाऊँगा।"—अमीरखाँ ने कहा तो व्याकुल रसकपूर की हथेली ने उसके होंठों से निकलते शब्द-प्रवाह का मार्ग अवरुद्ध कर दिया—"ऐसी अशुभ बात मत बोलो। आपको तो मेरी भी उम्र लग जाए। आप सौ साल जिएँ। चाँद-सूरज रहें, तब तक आपकी शोहरत फैली रहे। मेरी तकदीर के सारे सुख आपको, और आपके सारे गम मुझे मिल जाएँ। जुग-जुग जीए मेरा भैया...."—

रसकपूर के होंठों से दुआओं का अनवरत प्रवाह फूट निकला।

हँसकर अमीरखाँ ने टोक दिया—"सारी दुआएँ मेरे लिए माँग लेगी या अपने लिए भी कुछ बचाकर रखेगी? जानता हूँ····अपने लिए कभी कुछ नहीं माँगेगी···तू भला माँगे भी क्यों? माँगने के लिए तेरा यह भाई जो बैठा है····।"

अमीरखाँ ने वहीं घुटनों के बल बैठकर, अपनी शेरवानी का पल्ला दोनों हाथों में पकड़कर फैला दिया—"या पाक परवरदिगार···दोनों दुनिया के मालिक···तेरा यह गुनहगार बंदा अपनी इस बहिन की खुशियों की दुआ माँगता है····अल्लाहताला! मेरी दुआएँ कुबूल करके इस मासूम को हर रुसवाई से बचाना।"

झरते आँसुओं के बीच दुआएँ माँगते अमीरखाँ का चेहरा, निर्दोष शिशु-सा चमक उठा था। राजपूताने का आतंक माने जानेवाले बर्बर पिंडारी का यह भोलापन रसकपूर देखती रह गई।

तभी जगतसिंह के संकेत पर अमीरखाँ को ढूँढ़ने निकले सेवकों ने व्यवधान डाल दिया। दोनों को प्रणाम करते हुए कहा—"व्यवधान के लिए क्षमा चाहते हैं। बाहर महफिल में नवाब साहब की प्रतीक्षा हो रही है। अन्नदाता और जँवाई महाराजा दोनों ही के सुरा-पात्र हुजूर के बगैर खाली होने को तैयार नहीं हैं।"

सुनकर हँस पड़ा अमीरखाँ। दोनों महाराजाओं का उसकी प्रतीक्षा में बैठे रहना जानकर अच्छा लगा। सेवकों को जाने के लिए कहकर अमीर ने रसकपूर की ओर देखा—"आओ, बहिन! महाराजा हमारी प्रतीक्षा कर रहे हैं।"

अभिप्राय समझकर रसकपूर सकुचा उठी—"मेरा वहाँ क्या काम? आप तशरीफ ले जाएँ। वहाँ आपका ही तो इंतजार हो रहा है।"

"और हम अपनी बहिन के बगैर नहीं जाएँगे।"—अमीरखाँ ठिठोली पर उतर आया और जाजम पर बैठता हुआ बोला—"हम यहीं तुम्हारे पास बैठकर खाना खाएँगे।"

सुनकर निहाल ही तो हो गई अर्धराजिन। फिर अगले ही क्षण चपल-चंचल बहिन बन बैठी। हाथ पकड़कर बलपूर्वक अमीरखाँ को उठाते हुए बोली—"आप तो एकदम बच्चों जैसे जिद्दी हैं, भाईजान! न जाने भाभी बेगम आपको कैसे सँभाल पाती होंगी। अच्छा, चलिए! मुझे ही आपको जबरदस्ती महफिल में पहुँचाना होगा।"

अपने बाएँ बाजू में रसकपूर को समेटे अमीरखाँ के महफिल में पहुँचे ही सन्नाटा-सा छा गया। मानसिंह और जगतसिंह भी उसके स्वागत में खड़े हो गए। रसकपूर को साथ देख जहाँ जगतसिंह मुसकरा उठे, वहाँ ऐसी अप्रतिम सुंदरी को देख मानसिंह ठगे-से खड़े रह गए। ऐसी लजीली, नख-शिख तक निर्दोष रूप की स्वामिनी युवती उन्होंने इससे पूर्व नहीं देखी थी। सम्मोहित महाराजा को टोकते हुए अमीरखाँ ने मुसकराकर पूछा—"कहाँ खो गए बिरादर! आलिम हो, शायर हो। जरा सोचकर तो बताओ, यह कौन है?"

मानसिंह उलझन में पड़ गए। दुर्धर्ष योद्धा मानसिंह का कविमन उड़ान भरने लगा। लेकिन यह सुंदरी तो असीम गगन-सी रहस्यमय हो चली थी। भला कौन हो सकती है, जिसे अमीर भाई इतनी आत्मीयता से अपने साथ ले आए और यह भी निःसंकोच उनके साथ चली आई। वह भी मर्दानी बैठक में, जहाँ स्त्रियों का प्रवेश वर्जित है।

"नहीं पहचान पाए न ?"—अमीरखाँ खिलखिलाकर हँस पड़ा—"तुम पढ़े-लिखे विद्वानों से तो मैं अनपढ़-गँवार ही अच्छा निकला। जिसने इसे पहली बार देखते ही पहचान लिया था। यह है····हमारी बहिन····रसकपूर !"

सुनकर जहाँ जगतसिंह के होंठों पर संतुष्टि की मुसकान तैर गई, वहाँ मानसिंह तो जैसे उछल ही पड़े—"रसकपूर?····अर्धराजिन? जिसके बारे में इतना कुछ सुन रखा है!····जिसने हमें बिना युद्ध के ही पराजित कर दिया था····वही रसकपूर····? देखकर विश्वास नहीं होता····अमीर भाई!····आप सच तो कह रहे हैं न ?"

अमीरखाँ खिलखिलाकर हँस पड़ा—"क्यों चकरा गए न महाराज! परदे के पीछे रहकर हम सबकी नकेलें खींच-खींचकर, अपना मनचीता करवा लेनेवाली यही है। इतनी चतुर चालाक है कि इसने तो जयपुर पर गोले बरसाती मेरी तोपों के मुँह तक बंद करवा दिए थे····वह भी खुद मेरे हाथों····खुदा बचाए इस सलोनी गुड़िया-सी लड़की के मोहजाल से····जब मिलती है, रोने-रुलाने के साथ, अपनेपन की डोर में और कसकर बाँध जाती है।····तुम बचकर रहना, भाई मानसिंह !"

"सबके सामने मेरा मजाक उड़ा रहे हो, भाईजान! मैं जाती हूँ।"—रूठती-सकुचाती रसकपूर के लौटने से पूर्व ही, ठठाकर हँसते हुए अमीरखाँ ने रोक लिया—"कैसी छुईमुई-सी है, हमारी बहिन !"

मानसिंह भी ठठाकर हँस पड़े—"अच्छा, अमीर भाई! ये आपकी तो बहिन हो गई। लगे हाथों इनके साथ हमारा भी तो रिश्ता तय करा दीजिए।"

"आप पगड़ी बदलकर हमारे भाई बने हैं, तब हमारी बहिन आपकी क्या होनी चाहिए? आप खुद ही फैसला कर लें!"—अमीरखाँ ने कह दिया।

"ऐसे में भगिनी के अतिरिक्त अन्य क्या संबंध बन सकता है?"—मानसिंह ने मुसकराकर कह दिया—"रसकपूर हमारी भी तो छोटी बहिन ही हुई।"

"क्यों मंजूर है यह रिश्ता?"—अमीरखाँ ने वात्सल्य पगी दृष्टि के साथ रसकपूर से पूछा।

अपनों के बीच रसकपूर का चांचल्य पुनः जाग उठा। शरारत से मुसकराकर बोली—"रिश्ता तो मंजूर है, लेकिन क्या इसके अमल में एक दिन की मोहलत मिल सकती है?"

"क्या मतलब ?"—अमीरखाँ ही नहीं, सुनकर मानसिंह भी अचकचा उठे—"एक दिन की मोहलत किसलिए?"

शरमाती-सकुचाती रसकपूर कह गई—"जोधपुर महाराज अभी-अभी तो हमारे ननदोई बने हैं। उनके लाड़-चावले, छेड़-मनुहार की साध तो अभी अधूरी ही है। एक दिन तो उन्हें ननदोई के रूप में पा लूँ, फिर अगले दिन ज्येष्ठ भ्राता मानकर उनके पैर छू लूँगी।"

हँस पड़े मानसिंह—"अमीर भाई! हमें भी एक दिन सलहज की छेड़-मनुहार का आनंद ले लेने दो। अब पता नहीं, जयपुर महाराज और अर्धराजिन में से यह किसकी शरारत है कि हमें एक दिन भी महाराज जगतसिंह का बहनोई नहीं रहने दिया। अपना बहनोई बनाने के साथ ही, रसकपूर के माध्यम से वे स्वयं हमारे बहनोई बन बैठे....आज की रात हम दोनों साले-बहनोई और सलहज की....कल तो महाराज, हमारे सम्मानित जँवाई राजा बन जाएँगे।"

फिर रसकपूर की ओर स्निग्ध दृष्टि से देखते हुए कह उठे—"सलहज साहिबा! अब आप अंदर पधारकर अपना मनचाहा करने की तैयारी करें।"

रसकपूर के जाते ही मद्यपान आरंभ हो गया। हलकी-फुलकी हँसी-मजाक, चुहल-ठिठोली के बीच सुरापान चलता रहा। अर्धरात्रि में भोजन की मनुहार हुई। प्रमुदित-प्रफुल्लित जोधपुर महाराजा, अमीरखाँ को साथ लिये 'काँसा' आरोगने पधारे। स्वर्ण-मंडित चौकी पर, स्वर्णथाल में वर महाराजा के लिए परोसगारी होने लगी। उनके दोनों ओर जगतसिंह और अमीरखाँ के स्वर्णथाल थे। सामंतों-जागीरदारों की भी, उनके पद-हैसियत के अनुरूप चौकियाँ लगी थीं। विभिन्न स्वादिष्ट व्यंजनों की परोसगारी होने लगी। जगतसिंह की पाकशाला के प्रधान रसोइए के हाथों में थाल उठवाए रसकपूर स्वयं वर महाराजा के पास आई। थाल में से गरमागरम एक बड़ी-सी पूरी उठाकर मानसिंह के काँसे में रखते हुए उसने मीठा कटाक्ष कर दिया—"सुंदर सलहज ने यह नमकीन पूरी अपने ननदोई के लिए खासतौर से तैयार करवाई है!"

सुनकर खिल उठे मानसिंह—"तब तो मिठाई की जगह, पहले हम इसे ही चखेंगे। हमारा विश्वास है कि मदुभाषी सलहज की अँगुलियों की मिठास से यह भी मीठी हो गई होगी।"

खाने के लिए फूली हुई पूरी का कौर तोड़ते ही, मानसिंह ने अचकचाकर हाथ खींच लिया। अलादीन के जिन की तरह उस गरम पूरी में से छोटी-सी फाख्ता फड़फड़ाती और पूरी को तोड़ती-बिखराती उड़कर मंडप में चक्कर लगाने लगी। स्तब्ध-विस्मित मानसिंह के कुछ समझने से पूर्व ही, परदों के पीछे से नारी-कंठों की मोहक खिलखिलाहट गूँज उठी। रसकपूर ने भी मुसकराकर कटाक्ष कर दिया—"कुँवरजी! अपने काँसे में रखी पूरी की रक्षा नहीं कर पाए, तो हमारी सलोनी ननदबाई को कैसे सहेजकर रख पाओगे?"

इस अनोखी ठिठोली से मानसिंह मंडप में सभी की आँखों के केंद्र बन गए थे। उपहास का शिकार बनने की शर्म से उनका चेहरा लाल हो उठा। शरारत रसकपूर की

थी, यह वे भली प्रकार समझ गए थे। उसका समुचित उत्तर देने की माथापच्ची में उलझे मानसिंह को नारी-कंठों के व्यंग्यबाणों ने बेधना शुरू कर दिया :

"ननदोईजी की पूरी ही चिड़िया उड़ा ले गई।"

"हाय राम! अपने काँसे में रखी पूरी की रक्षा न कर पानेवाले भला अपने राज्य की रक्षा कैसे करते होंगे?"—महारानी रूपकँवरी का व्यंग्यबाण उछला।

"लगता है, हमारी ननदबाई के साथ तो अपनी सेना भी भेजनी पड़ेगी। इन ननदोईजी से उनकी रक्षा की आशा क्या करें?"—अहजनकँवर भटियाणी भी पीछे नहीं रही।

सुनकर श्यामकँवरी राठौड़ डपटती-सी बोली—"रहने दो अपने तेवर। ननदोईजी राठौड़ हैं, तो मैं भी राठौड़ी महारानी हूँ। वे अपनी पूरी नहीं बचा पाए तो क्या हुआ, ननदबाई की रक्षा के लिए मैं स्वयं साथ चली जाऊँगी।"

"वह तो ठीक है, लेकिन तुम्हारी रक्षा के लिए साथ कौन जाएगा?"—सिंगारकँवरी और रूपकँवर भटियाणी महारानियों की सम्मिलित हँसी उछली—"अपनी पूरी की चिड़िया तो भले ही न सँभले, लेकिन दूसरी चिड़ियों पर जाल फेंकने में सबसे आगे हैं हमारे कुँवरजी। तुम्हें फंदे से बचाने के लिए तो हम दोनों को भी साथ ही जाना पड़ेगा।"

"फिर तो हो चुकी ननदबाई की बिदाई!"—वरिष्ठता को तिलांजलि दे महारानी अगरकँवर भी परिहास में सम्मिलित हो गईं—"हमारे बाँके-सजीले ननदोई तुम्हारी आँखों में बस गए लगते हैं।"

"हैं तो बाँके, लेकिन उनके साथ जाकर क्या करें···जिनकी पूरी ही चिड़िया···" —समवेत कंठ-स्वरों से फूटती मिश्रीघुली हँसी से मानसिंह के कान तक लाल हो उठे। खिसियानी हँसी के साथ रसकपूर की ओर देखा, तो वह भी परिहास कर बैठीं—"नहीं कुँवरजी! मैं नहीं जाने वाली आपके साथ···कोई पूरी-सा ही मुझे भी उड़ा ले गया तो···न यहाँ की रहूँगी···न वहाँ की···मैं तो माफी चाहती हूँ, ननदोईजी!"

ऐसा विचित्र परिहास प्रथम बार देखने को मिला था। गरमागरम पूरी में से जीवित चिड़िया के निकल उड़ने का, आँखों से देखे बगैर विश्वास करना संभव नहीं था। मानसिंह का कौतूहल शांत किया जगतसिंह ने। मुसकराते हुए उन्होंने बताया—"यह 'फाख्ता पूरी' हमारे रसोवड़े के प्रधान रसोइए का हुनर है। बड़ी-सी पूरी को कड़ाही में तलकर पूरी तरह फुला लेने के बाद, उसे ठंडी करके सफाई से चीरा लगाया जाता है। उसमें छोटी-सी फाख्ता बंद करके आटे की पतली परत से चीरा बंद कर देते हैं। फाख्ता को ठंडक पहुँचाने के लिए पूरी में बर्फ की छोटी-सी डली भी रखी जाती है। परोसने के कुछ पल पूर्व ही पूरी को कड़ाही में डालकर, आटे का पैबंद भी सेंक देते हैं। गरमागरम पूरी को परोसने का परिणाम तो आप देख ही चुके हैं। अपने विशिष्ट संबंधी से छेड़छाड़ के लिए बननेवाली इस पूरी को बनाने में ही सर्वाधिक कौशल है। हमारे

रसोवड़े का प्रधान ही इस कला में पारंगत है।"

सुनकर विस्मित हो उठे थे मानसिंह। तत्काल रसोइए को बुलवाकर जोधपुर नरेश ने पुरस्कार में पाँच अशर्फियाँ प्रदान करते हुए उसकी पाक कला की भूरि-भूरि प्रशंसा की। इसके साथ ही हास-परिहास का पटाक्षेप-सा करती रसकपूर अचानक विनयी हो उठी। दोनों हाथ जोड़कर विनीत स्वर में बोली—"हमारी अविनय क्षमा करें, कुँवरजी! नारी-स्वभाव के कारण ही आपसे हँसी-ठिठोली कर बैठीं, वरना तो हम आपकी चरण-रज पाने के योग्य भी नहीं हैं। अब आप कृपा करके भोजन आरंभ करें।"

मृदुल कंठ-स्वरों से निकली गुदगुदा देनेवाली गालियाँ सुनते हुए मानसिंह सहित बारातियों ने भोजन किया। भोर से पूर्व ही बहिन को पालकी में बैठाकर बिदा करते हुए, जगतसिंह की आँखें नम हो गईं। रसकपूर तो भाव-विह्वल हो रो पड़ी थी। सूरजकँवर को गले लगाकर अश्रुपात करती कह उठी—"बहुत दुःख दिया है मैंने आप सबको। हो सके तो मुझे क्षमा कर देना।"

उत्तर में सूरजकँवर भी रोती हुई अर्धराजिन के गले से लिपट गई—"नहीं, भाभी! आपके बारे में क्या-क्या उलटा-सीधा सुन रखा था; लेकिन आप तो माँ जैसी ममतामयी निकलीं।"

'भाभी' संबोधन से रसकपूर का मन-गात रोमांचित हो गया। स्नेहिल संबोधनों से धोखा खाती आई अर्धराजिन न चाहते हुए भी अपनत्व-भरे उस संबोधन से बिखर-सी गई। सूरजकँवर को बाहुपाश में जकड़, फूट-फूटकर रो पड़ी। रसकपूर के इस निश्छल अनुराग से अन्य महारानियों के नेत्र भी सजल हो गए थे; जबकि पटरानी फतहकँवर बीकावत पैर पटकती, पल्लू झटकती, फुफकारती-सी वहाँ से चली गई थीं।

□

अगले दिन ४ सितंबर को, महाराज जगतसिंह दूल्हा बने मानसिंह की पुत्री ब्याहने बारात लेकर रूपनगर के लिए रवाना हुए।

प्रातः अपनी विदाई से पूर्व महाराज मानसिंह रसकपूर के कान में फुसफुसाते-से कह गए थे—"सलहज साहिबा! याद है न कल रात का अपना वायदा? यहाँ से हमारे रवाना होते ही, आप हमारी बहिन हो जाओगी। कल तुम्हारी भतीजी का ब्याह है। बुआ न आए तो, न भाई को चैन मिलेगा और न ही भतीजी को। मैं बग्घी भिजवाऊँगा। बारात पहुँचने से पूर्व ही तुम मेरे यहाँ आकर सब कुछ सँभाल सकोगी।"

"मैं जरूर आऊँगी, भैया!" अयाचित हर्ष से रसकपूर के नेत्र उत्फुल्ल हो उठे थे।

जगतसिंह की बारात रवानगी के साथ ही मानसिंह की कुम्मैती अश्व जुती बग्घी आ खड़ी हुई। रसकपूर आवश्यक वस्त्र-आभूषणों के साथ कुंदन को लेकर रूपनगर के लिए रवाना हो गई। उसके अनपेक्षित-असूचित प्रस्थान से जनाने और मर्दाने में खुसफुसाहटों का दौर आरंभ हो गया।

रूपनगर में महाराज मानसिंह के साथ किसी अनुपम सुंदरी के आगमन का

समाचार अंतःपुर में तीव्र उत्सुकता का कारण बन गया। कौन है ऐसी अनूठी युवती, जो बिना घूँघट मर्दाने में आ गई थी। शायद कोई फिरंगी मेम? लेकिन अँगरेजों से घृणा होने के कारण, महाराज ने तो किसी अँगरेज को निमंत्रण तक नहीं भेजा था। उत्सुकता शांत की स्वयं महाराज ने। अपनी चूँड़ावत पटरानी के सामने उसे खड़ा करके कह उठे—"महारानीजी! आपको खटकनेवाला ननद का अभाव, हमने आज पूरा कर दिया। अपनी इस सुंदर-सलोनी ननद से मिलो। यह हमारी बहिन''''रसकपूर है।"

पटरानी ही नहीं, अंतःपुर में उपस्थित सभी महारानियों का चौंकना स्वाभाविक था। जगतसिंह की प्रेयसी से जयपुर के आधे राज्य की स्वामिनी बनते ही, वह पूरे राजपूताने में चर्चा का विषय बन गई थी। गिंगोली युद्ध में मानसिंह की पराजय के इस मूल कारण से भी वे अनभिज्ञ नहीं थीं। वही अचानक ननद बनी सामने आ खड़ी होगी, इसकी तो उन्होंने कल्पना भी नहीं की थी। मानसिंह की स्नेहिल दृष्टि ने उनकी समस्त शंकाओं का समाधान कर दिया। पटरानी ने गले लगाकर उसे अपनों की भीड़ में खींच ही तो लिया। संतुष्ट-प्रसन्न महाराज बाहर चले गए। फिर तो अंतःपुर की स्त्रियों में घुलने-मिलने में रसकपूर को देर नहीं लगी। वधू सिरहकँवर के मासूम चेहरे की बलैया ले, अपने गले का स्वर्णहार पहनाकर बरबस गले लगाती रसकपूर, अनायास ही उसके निकट पहुँच गई थी। सौत की जगह, बड़ी बहन जैसी निश्छल लगी रसकपूर उसे। फिर तो कुछ ही देर में दोनों दूध-शक्कर बनी, एक-दूसरे से हँसी-ठिठोली कर रही थीं।

द्वाराचार के समय, घूँघटों में छिपी मानसिंह के रनिवास की स्त्रियों के बीच रसकपूर को देख, जगतसिंह चौंक उठे। भला इसका यहाँ क्या काम? और आई भी कैसे? बारात की रवानगी के समय तो यह मारवाह में थी, फिर बारात से पूर्व यहाँ कैसे पहुँच गई? इसकी माया यही जाने। अजब जादूगरनी है यह।

भाँवरों से लेकर बिदा होने तक, रसकपूर साये की तरह वधू के साथ बनी रही। बारात के बिदा होते ही अपनी बग्घी में बैठने से पूर्व चूँड़ावत पटरानी से लेकर अंतःपुर की सभी स्त्रियों ने उसे उपहारों से लाद दिया। एक रात्रि के संपर्क में ही उसने सबको अपना सहज संबंधी बना लिया था। महाराज के चरण-स्पर्श कर बिदा लेती रसकपूर के सिर पर हाथ रखते हुए, मानसिंह के नेत्रों में भी नमी तैर गई। कंपित स्वर में कह उठे—"पिछले जन्म का ही कोई नाता इस जन्म में भी तुझसे मिला गया है। कभी, कैसी भी जरूरत पड़े''''निःसंकोच इस भाई को याद कर लेना। अपनी आँखों की पुतली सिरह-कँवर के प्रति मैं निश्चिंत हुआ''''तेरे वहाँ होते मुझे अब क्या चिंता हो सकती है?"

"भैया,''''इस बारे में आप निश्चिंत रहें''''सिरहकँवर की खुशियों के लिए तो मैं स्वयं को भी उसके मार्ग से हटा लूँगी।"—भावुक रसकपूर कह उठी।

स्नेह से मानसिंह ने उसका सिर थपथपा दिया—"जीती रहो, सुखी रहो। लेकिन इसकी आवश्यकता नहीं है। ऐसा करना भी मत। बेटी का सुख, बहिन के दुःख की बात जानकर, वापस कष्ट में बदल जाएगा। मेरे लिए तो तुम दोनों ही सुखी रहो।"

अमीरखाँ से बिदा लेते समय रसकपूर के छलछलाए नेत्रों को देख, दुर्दांत पिंडारी खिलखिलाकर हँस पड़ा—"दो बार बहुत रुला चुकी है। अब पक्का हो गया हूँ। सबके सामने रोकर अपना प्रभाव कम नहीं होने दूँगा। तू जा, खुश रह ! लेकिन यह तो बता, अपनी भाभी से मिलने कब आएगी ?"

"जब आप बुलाएँगे, भाईजान !"—आँसू पोंछते हुए रसकपूर मुसकरा उठी—"फिलहाल, उन्हें मेरा आदाब और बच्चों को प्यार कहना न भूलिएगा।"

नेहरस से छलकती, बिदा का माधुर्य बटोरे, रसकपूर बग्घी में सवार हो बारात पहुँचने से पूर्व ही मारवाह जा पहुँची। उसे ढेरों उपहारों के साथ उतरते देख, महारानियों के मन शंकालु हो उठे। महाराज की अनुपस्थिति का लाभ उठाकर वह किसी प्रेमी से मिलने तो नहीं चली गई थी ! जहाँ रात-भर अभिसार के बदले ये उपहार समेट लाई है।

जितने मुँह, उतनी बातें। लेकिन अर्धराजिन तो पूरे मनोयोग से नवदंपती के स्वागत की तैयारियाँ कर रही थी। बारात आने से पूर्व ही वह आरती का थाल सजाए द्वार पर जा खड़ी हुई। नववधू का आँचल अपने दुपट्टे के छोर से बाँधे जगतसिंह, द्वार पर खड़ी रसकपूर को देख चौंक उठे। आँखें मलकर भी देखा। वही थी। यह औरत है या छलावा ? यहाँ भी, और वहाँ भी···हर जगह कैसे पहुँच जाती है यह ?

मुसकराकर रह गई थी अर्धराजिन। मंगलाचार के बाद नवयुगल को अंतःपुर में पहुँचा दिया गया। कुछ ही देर बाद महाराज अपने दरबार में, सामंतों के बीच बैठे बधाइयाँ स्वीकार कर रहे थे। रसकपूर भी उनके साथ सिंहासन पर आसीन थी। बधाइयों के क्रम में राजकवि पद्‌माकर ने जगतसिंह की प्रशस्ति में नया पद सुनाया :

दाता जगतेश दो बात न कीनी कबहूँ।
बैरिन को पीठ अरु दीठ परनारी को॥

सुनकर सामंतगण 'वाह-वाह' कर उठे। परम विलासी और लोसल युद्ध के भगोड़े जगतसिंह भी अपने चरित्र और शौर्य की ऐसी झूठी प्रशंसा सुनकर मुसकरा उठे। लेकिन रसकपूर से रहा नहीं गया। मीठे स्वर में व्यंग्य करती-सी कह उठी—"वाह कविराज ! कल्पना की उड़ान तो कोई आपसे सीखे। लेकिनं कल आपको क्या हो गया था ? ओसियाँ के चारण ठाकुर बाँकीदास के साथ हुए मुकाबले के समय आपकी कल्पना-शक्ति कहाँ उड़ गई थी ? उधर महाराज मानसिंह ने अपने चारण बाँकीदास को 'कविराज' की उपाधि दी हुई है, जबकि हमारे 'कविराज' आप हैं। लेकिन मुकाबले में आप तो एकदम उन्नीस निकले !"

भरे दरबार अपनी गत रात्रि की पराजय स्मरण से पद्‌माकर की गरदन झुक गई। कोई उत्तर देते नहीं बना उनसे। अनुत्तर की स्थिति से उन्हें उबारा स्वयं जगतसिंह ने। हँसकर बोले—"अरे भई ! प्रतियोगिता में एक विजयी और दूसरा पराजित होता ही है। बाँकीदास की विजय के लिए हमने उन्हें 'हाथी सिरोपाव' से सम्मानित भी तो किया था। फिर कभी ऐसा अवसर आने पर देख लेना, हमारे कविराज ही विजयी होंगे।"

"बशर्ते ये अपने कवि-कर्म के प्रति ईमानदार रहें। निंदा-स्तुति में अतिरेक से अपनी काव्य-प्रतिभा को बचाकर रखें।"—रसकपूर ने टिप्पणी कर ही डाली।

□

परस्पर विवाहों के कारण ठहरी रसकपूर-विरोधी मुहिम, विवाह संपन्न होते ही पुनः आरंभ हो गई। विवाहों में रसकपूर के वर्चस्व ने तो विरोध की चिनगारियों को लपटों में बदल दिया था। कुछ ही समय में ये लपटें भीषण ज्वालाएँ बन उठीं। राजदरबार से लेकर रनिवास तक एक ही आवाज उठने लगी, 'रसकपूर को हटाओ⋯ अर्धराजिन का प्रभाव समाप्त करो'। चौमूँ, सामोद, बगरू, दूनी और वाटिका ठाकुर तो उसके खुले विरोधी थे ही, अर्धराजिन के बढ़े हुए वर्चस्व से अचरोल, लाटवाड़ा, टोडरी, बाँसखो, नींदड, दूदू, झिलाय आदि के सामंत भी अब उसके विरुद्ध हो चले थे। विरोधी सामंतगण डिग्गी ठाकुर मेघसिंह को भी यह समझाने में सफल हो गए कि दीवान पद से उनकी बरखास्तगी का कारण रसकपूर ही थी। बोहरा राजा खुशालीराम तो अपने स्थान पर शिवनारायण मिश्र की नियुक्ति से ही, इसमें रसकपूर का हाथ मानकर उसके विरोधी हो चले थे। किंतु अमीरखाँ के साथ उसके संबंधों की सूचना पाकर तो वे महाकाल-से भयानक हो उठे। उन्हें बिना किसी के बताए ही विश्वास हो गया था कि अमीरखाँ के जयपुर पर हमले में कम-अधिक ही सही, लेकिन रसकपूर का हाथ अवश्य था। फलस्वरूप, जयपुर राज्य के हितों को सर्वोपरि माननेवाले बोहरा राजा भी उसके परम शत्रु हो गए थे।

अर्धराजिन के शत्रु बने राजदरबार ने अपना प्रथम शिकार बनाया दीवान शिवनारायण मिश्र को। सामंतों से लेकर मुसाहिब-अहलकर ही नहीं, सामान्य सेवक तक उनके आदेशों की अवहेलना करने लगे, जबकि आदेश के अनुरूप कार्य न होने का दायित्व मिश्रजी पर थोपा जाने लगा। कार्य में बाधक बननेवाले अधिकारी-कर्मचारी, एक-दूसरे पर जिम्मेदारी डालते हुए, अंत में दीवानजी के दोषपूर्ण आदेश को ही जिम्मेदार ठहरा देते थे। उन अधिकारियों की रक्षा के लिए वे एक स्वर में विरोध कर उठते थे। फलस्वरूप, दरबार में शिवनारायण मिश्र हमेशा अकेले पड़ जाते और जगतसिंह चाहकर भी उनकी कोई सहायता नहीं कर पाते थे।

असहाय मिश्रजी की दीवान पद छोड़ने की पेशकश रसकपूर ने अस्वीकार कर दी थी। उसने स्पष्ट बता दिया था कि इस समय उनके पद-त्याग से विरोधी और मजबूत होंगे। विवश शिवनारायण, भेड़ियों के बीच मेमने की तरह सहमे-सिकुड़े अपने दिन गुजारने लगे। लेकिन शिकंजा तो कसता ही जा रहा था। मुसाहिबों द्वारा राजकोष में किए गए सारे गबन, कौशलपूर्वक मिश्रजी के मत्थे मढ़ दिए गए। निरंतर शिकायतों से महाराज जगतसिंह का मन भी शंकालु होने लगा। एक दिन भरे दरबार भर्त्सना के स्वर में कह ही दिया—"दीवानजी ! रसकपूर की सिफारिश पर विश्वास करके हमने आपको प्रधानमंत्री पद पर नियुक्त किया था। आपका हम पर एक उपकार भी था। किंतु उस

उपकार की आड़ में कहीं आप सचमुच ही राजकोष को क्षति तो नहीं पहुँचा रहे हैं?"

सुनकर शर्म से गड़ ही तो गए थे मिश्रजी। उसके बाद वे दरबार में नहीं लौटे। उसी रात···१३ सितंबर, १८१५ की उस भयानक रात्रि में विषपान करके, कुटिल राजनीति के अग्निकुंड में मिश्रजी ने अपनी आहुति दे डाली।

निधन का समाचार सुनकर थर्रा उठी थी रसकपूर। उसे हाथ से खिसकते शासन का आभास हो गया था। इसके साथ ही अपना धूमिल भविष्य भी उसकी आँखों के सामने तैरने लगा था। निर्वासन, काल कोठरी या मृत्युदंड? सत्ता की परिणति इनमें से किसी भी रूप में संभव थी। फिर भी अंतिम साँस तक संघर्ष करने के संकल्प के साथ उसने मिश्रजी के पुत्र गणेशनारायण को प्रधानमंत्री बनाने का प्रस्ताव रख ही दिया।

अर्धराजिन के प्रस्ताव पर महाराज ने प्रथम बार हलका-सा विरोध किया। अपनी असहमति जताते हुए कह उठे—"ढेर सारे आरोपों में घिरे मिश्रजी के पुत्र को इस पद पर नियुक्त करना क्या उचित होगा?"

"तब और किसे बैठाओगे, इस महत्त्वपूर्ण पद पर?"—रसकपूर ने पूछ लिया।

"क्यों? क्या हमारे दरबार में योग्य व्यक्तियों का अकाल हो गया है?"—जगतसिंह का स्वर कुछ तीखा हो गया था—"क्या गणेशनारायण से अधिक योग्य व्यक्ति हमारे राज्य में उपलब्ध ही नहीं है? कहीं अपने बंधुत्व के मोह में तुम सही-गलत की निर्णय क्षमता तो नहीं खो बैठी हो?"

प्रियतम की शंकालु उपेक्षा से स्तब्ध रह गई रसकपूर। महाराज से ऐसे व्यवहार की आशा नहीं थी। तिरस्कार की वेदना से वाणी अवरुद्ध हो गई। नेत्रों ने मानसिक अवसाद की चुगली कर ही दी। जगतसिंह को अपनी भूल का आभास हुआ। राजनीति के बखेड़ों से क्लांत-परेशान मन, न जाने जिह्वा के रास्ते क्या कुछ कह गया? तत्काल रसकपूर का हाथ अपने हाथों में थाम, विनय-भरे स्वर में पश्चात्ताप-सा कर गए—"अनजाने ही कुछ कटु वाक्य मुँह से निकल गए थे। पग-पग पर फैले अवरोधों-व्यवधानों से मन कड़वा हो चला है।···किंतु तुम्हें लेकर मेरे मन में कुछ भी नहीं है···तुम्हारी इच्छा आज भी सर्वोपरि है···गणेशनारायण ही जयपुर के नए दीवान होंगे।"

किंतु मनचीता होने की प्रसन्नता इस बार रसकपूर के होंठों पर नहीं फैली। वह मौन-स्तब्ध बैठी रह गई। अपने सौभाग्य-सूर्य के अस्ताचल-गमन का आभास पाकर भी वह सहज-सामान्य होने का प्रयास कर रही थी। चारों ओर निराशा का भयानक अंधकार बढ़ता ही आ रहा था। उसके अपने तो कोई थे नहीं···अब प्रियतम जगतसिंह भी अचानक पराए से हो चले थे।

तभी एक और वज्रपात हुआ। दो वर्ष पूर्व विवाह-समारोह में भाई बने जोधपुर महाराजा मानसिंह, अपने 'पगड़ीबदल भाई' के ही विश्वासघात का शिकार बन गए। जयपुर के साथ युद्ध के बाद हुए समझौते के अनुसार, तय राशि की अदायगी में विलंब होते देख, सन् १८१५ में अमीरखाँ १४ हजार सेना के साथ धनवसूली के लिए मारवाड़

पर चढ़ आया। अपने राज्य की आर्थिक दुरवस्था के कारण मानसिंह ने अदायगी के लिए थोड़ी मोहलत माँगी। उत्तर में अमीरखाँ ने बकाया राशि का तत्काल भुगतान न होने की स्थिति में, नागौर और मेड़ता के इलाके उसके सुपुर्द कर देने की माँग की। किंतु दीवान और फौजबख्शी इंद्राराज सिंघवी ने इसे तत्काल अस्वीकार कर दिया।

कुछ तो मानसिंह के परम संदेही स्वभाव के कारण और कुछ इंद्रराज सिंघवी और गुरु आयस देवनाथ के हाथों में सिमटी सत्ता से आऊवा, चंदावल, आसोप, रास, नीमाज, बूडसू आदि ठाकुर इनके विरोधी हो गए थे। इन्हीं के साथ हो गए थे, अखयचंद मेहता, ज्ञानमल मोहता, श्रीकृष्ण जोशी और चतुर्भुज व्यास। सुनकर सहसा विश्वास नहीं हो, किंतु इस विरोधी गुट का नेतृत्व आयस देवनाथ का भाई सूरतनाथ और मानसिंह का इकलौता पुत्र छत्रसिंह कर रहे थे। कुँवर छत्रसिंह की माँ महारानी चावड़ी भी अपने पति के विरुद्ध इनके साथ थी। खिराज की बकाया रकम के साथ सात लाख रुपयों के अतिरिक्त लालच में, अमीरखाँ ने इस विरोधी गुट से समझौता कर लिया और १० अक्तूबर, १८१५ को मेहरानगढ़ में अपने अफगान सैनिक भेजकर, उसने इंद्रराज और आयस देवनाथ की हत्या करवा दी। अपने गुरु और विश्वासी दीवान की हत्याओं के आघात से मानसिंह विक्षिप्त-से हो उठे। अपने एकमात्र पुत्र और पत्नी का भी षड्यंत्र में शामिल होना जानकर तो उनका उन्माद बढ़ने लगा और उन्होंने एकांतवास करते हुए, स्वयं को राजकार्य से अलग कर लिया। कुँवर छत्रसिंह स्वयं मारवाड़ का अधिपति बन बैठा। इनसे नौ लाख पचास हजार रुपए वसूल करके, दिसंबर १८१५ में अमीरखाँ जयपुर की ओर प्रस्थान कर गया।

सुनकर घबरा उठी थी अर्धराजिन। मानसिंह के साथ किए विश्वासघात से अमीरखाँ के प्रति उसका विश्वास डगमगा उठा था। पगड़ीबदल भाई की पीठ में खंजर घोंपनेवाला भला उसका सगा कैसे रहेगा? अवश्य ही वह अब जयपुर की सीमा में प्रवेश कर, लूटपाट आरंभ करेगा। जिसका दुष्परिणाम भोगना होगा स्वयं रसकपूर को। अमीरखाँ की घोषित बहिन बन जाने के बाद अब कोई भी विश्वास नहीं करेगा कि अमीरखाँ को लूटपाट के लिए बुलाने में रसकपूर का हाथ नहीं था। महाराज विश्वास करना न भी चाहें तो भी सामंतों का विरोधी खेमा उन्हें ऐसा करने नहीं देगा। इसके बाद तो संभवतः महाराज भी उसके प्रति अविश्वासी हो उठें।

लेकिन ऐसा नहीं हुआ। अमीरखाँ जयपुर की सीमा पर होता हुआ, अपने राज्य टोंक की ओर चला गया था। सुनकर हर्षविभोर हो उठी थी रसकपूर। मानसिंह के साथ संबंधों के बिगाड़ का कारण तो वे दोनों ही जानें, लेकिन स्वयं उसके प्रति भाईजान का रिश्ता टूटा नहीं था। उसके लिए यह दैवी अनुकंपा से कम नहीं थी। वह अनायास ही अपने विरोधियों के प्रहारों से बच निकली थी।

लेकिन ऐसा नहीं था। रसकपूर-विरोधी मुहिम घटना के अनुकूल-प्रतिकूल होने से चलने अथवा बंद हो जाने की स्थिति से ऊपर उठ चुकी थी। प्रत्येक परिस्थिति में

सबका एक ही लक्ष्य था, 'अर्धराजिन का विनाश…उसके वर्चस्व की समाप्ति'। शिवनारायण मिश्र की ही तरह अब प्रत्येक प्रतिकूल घटना का जिम्मेदार रसकपूर को ठहराया जाने लगा। इसी योजना के अनुरूप गणेशनारायण का भी विरोध किया जा रहा था। जब शिवनारायण जैसे तपे-मँजे राजनीतिज्ञ इन षड्यंत्रों का मुकाबला नहीं कर पाए, तब गणेशनारायण तो अनुभवहीन युवक मात्र था। उसे उखाड़ने में सामंतों को अधिक श्रम नहीं करना पड़ा। वैसे भी दरबार में खेतड़ी राजा अभयसिंह ही उसका एकमात्र सहायक था। शेष सभी तो उसके विरोधी बन बैठे थे। खेतड़ी राजा से मनमुटाव होने के कारण सीकर रावराजा लक्ष्मणसिंह खुलेआम इस विरोध का नेतृत्व कर रहे थे।

परिणामस्वरूप, रसकपूर के न चाहते हुए भी, गणेशनारायण को दीवान पद से हटना पड़ा। यहाँ तक तो फिर भी अधिक नुकसान नहीं हुआ था। लेकिन इसके विरोध में उठाया गया गणेशनारायण का कदम, रसकपूर की स्थिति शोचनीय बना गया। फौज बख्शी मानजीदास पुरोहित पहले दीवान पद से और फिर सेनापति पद से हटाए जाने के कारण पहले से ही असंतुष्ट थे। बरखास्तगी से क्रुद्ध गणेशनारायण ने अपने मित्र खेतड़ी राजा अभयसिंह और मानजीदास के साथ मिलकर विद्रोह कर दिया। समर्थक सैनिकों के साथ, वे अपने शत्रु सीकर रावराजा का इलाका लूटने लगे। पटरानी फतहकँवर बीकावत के आग्रह पर बीकानेर महाराजा सूरतसिंह ने भी इनकी सहायता के लिए अपनी थोड़ी-सी सेना भिजवा दी थी।

विद्रोह की परिस्थितियों पर विचार करने के लिए बुलाए 'खास दरबार' में, सभी सामंतों ने चुनौती को कुचलने की एक स्वर में माँग तो की, किंतु मुहिम के नेतृत्व के प्रश्न पर सामंत-जागीरदार मौन रह गए। शौर्य-प्रदर्शन के अवसरों की बाज जैसी प्रतीक्षा करनेवाले जयपुर के रणबाँकुरे सामंतों ने मौन ओढ़ लिया था। अप्रत्याशित परिस्थिति से अचकचा उठे थे जगतसिंह। यह तो नितांत अविश्वसनीय घटना थी। युद्ध के नाम पर परस्पर प्रतिस्पर्धा करते हुए, एक दूसरे को ठेलकर मुहिम में सबसे आगे रहने का प्रयास करनेवाले सामंत इस छोटी-सी लड़ाई से क्यों कतरा रहे थे? महाराज की चुनौती का उत्तर दिया सामोद ठाकुर बैरीसाल नाथावत ने—"नहीं, अन्नदाता! भय युद्ध से नहीं, आस्तीन की नागिन से है।"

"हाँ, महाराज!"—चौमूँ ठाकुर किशनसिंह नाथावत ने भी कह दिया—"इस विद्रोह को कुचलने से ही आपकी सत्ता को मिलनेवाली चुनौतियाँ समाप्त नहीं हो जाएँगी।"

"राजमहल में पल-पनप रही सर्पिणी और किसी तरीके से विष-वमन करेगी, महाराज!"—बगरू ठाकुर बाघसिंह चुतर्भुजोत भी समर्थन कर उठे।

"किसी भी सामंत या सैनिक के प्राण इतने सस्ते नहीं, जो विषवृक्ष की जड़ के स्थान पर, उसकी डालियाँ-पत्ते काटने के लिए लुटाए जा सकें"—वाटिका ठाकुर स्वरूपसिंह बनबीरपोता के स्वरों में तो आक्रोश झलक उठा था।

सुनकर हतप्रभ रह गए थे महाराज। सामंती आक्रोश का निशाना उनके पास बैठी रसकपूर थी, इसे समझने के लिए किसी पहाड़े की आवश्यकता नहीं थी।

डिग्गी ठाकुर मेघसिंह खंगारोत ने तो सीधा ही प्रहार कर दिया—"आपकी समर्थ अर्धराजिन के रहते, हम सामंतों की भला क्या जरूरत है? आखिर अमीरखाँ पिंडारी की धर्मबहिन हैं वे। आप उन्हें कहकर तो देखें। वे अपने भाई की सेना बुलवाकर, इन विद्रोहियों को पलक झपकते आपके चरणों में ला पटकेंगी।"

सुनकर रसकपूर भी हतप्रभ हो उठी थी। तो सामंती शिकंजा कसता हुआ, अब उस पर आ टिका था। प्रतिवाद के लिए मुँह खोलने से पूर्व ही जगतसिंह के मंद स्वर कानों को जैसे चीर गए—"तुम महल में जाओ, रसकपूर! हम अपने सामंतों से कुछ गोपनीय चर्चा करना चाहते हैं।"

अविश्वसनीय दृष्टि से प्रियतम को देखती अर्धराजिन, इस तिरस्कार को कानों का भ्रम मान अनिश्चय भाव से बैठी रह गई। तभी महाराज का तीखा स्वर सुनाई दिया—"तुमने सुना नहीं, रसकपूर! हमने तुम्हें यहाँ से जाने के लिए कहा है।"

अब भ्रम की कोई गुंजाइश नहीं थी। किंतु महाराज का यह अजनबी संबोधन? सदैव 'प्रिया', 'प्रियतमा', 'अर्धराजिन' या अपनत्व से सराबोर 'रस' संबोधन सुनने के अभ्यस्त कान 'रसकपूर' संबोधन से आहत हो उठे थे। सामंतों की उपहास-भरी दृष्टि झेलती अर्धराजिन, महाराज को करुण दृष्टि से देखती हुई सिंहासन से खड़ी हो गई और थकित-कंपित कदमों से चंद्रमहल की ओर बढ़ गई।

महाराज की इस उपेक्षा से सामंती चेहरों पर हर्ष की आभा फैल गई थी। परस्पर नेत्रों से ही संकेतों का आदान-प्रदान करके वे मुसकरा उठे थे। रसकपूर के जाते ही जगतसिंह ने सामंतों की ओर देखा—"हाँ, अब बताएँ। आप लोगों को किससे क्या शिकायतें हैं? किसे अर्धराजिन की, और किस-किसको हमारी सत्ता अस्वीकार है?"

जगतसिंह के पक्षधर अचरोल ठाकुर कायमसिंह बलभद्रोत बीच-बचाव-सा करते बोल उठे—"महाराज! हम सभी इस जयपुर राज्य के सेवक हैं। आपकी सत्ता को चुनौती देने का तो प्रश्न ही नहीं उठता। सामंतों की नाराजगी की वजह तो रसकपूर है। वे समझते हैं कि गणेशनारायण का विद्रोह रसकपूर के इशारे और सहयोग के बगैर संभव नहीं है। ऐसे में वे अपने और जयपुर के वफादार सैनिकों के प्राण दाँव पर लगाने के पाप से बचना चाहते हैं।"

"अचरोल ठाकुर का कथन ठीक है, महाराज!"—जगतसिंह के अन्य पक्षधर टोडारी ठाकुर पृथ्वीसिंह खंगारोत ने भी समर्थन कर दिया—"यह आपके सभी सामंतों की भावना है। मेरी प्रार्थना है कि आप व्यक्तिगत सम्मोहन से ऊपर उठकर, राज्यहित में निर्णय लेने की कृपा करें।"

"किंतु आप लोगों की शंका निर्मूल भी तो हो सकती है"—जगतसिंह ने हलका-सा प्रतिवाद किया—"संभव है, इस विद्रोह से रसकपूर का कोई संबंध न रहा

हो।"

"तो इसकी ही परीक्षा हो जाने दें"—दूदू ठाकुर जीवनसिंह खंगारोत ने प्रस्ताव रख दिया—"अधराजन के निर्दोष सिद्ध हो जाने पर, सामंतों के भ्रम भी दूर हो जाएँगे। लेकिन विद्रोह में रसकपूर का हाथ सिद्ध हो जाने की स्थिति में क्या आप उसे वर्तमान अधिकारों से वंचित कर पाएँगे? क्या आप उसे अपने माथे से उतारकर, उसकी रखेल की औकात में पहुँचाने का साहस जुटा पाएँगे?"

निर्णय लेने में देर नहीं लगी महाराज को। खास दरबार में घोषणा-सी करते हुए कह उठे—"विद्रोह में रसकपूर का हाथ प्रमाणित होने पर वह रसविलास में नहीं रह पाएगी। उसके अपराध के लिए दंड की व्यवस्था भी हम आप लोगों के परामर्श से ही करेंगे···अब बताओ, गणेशनारायण का विद्रोह कुचलने के लिए हमारा कौन सामंत जाना चाहता है?"

उत्तर में लगभग सभी सामंत खड़े हो गए और स्वयं के भेजे जाने की प्रार्थना करने लगे। इनके बीच चाँदसिंह का स्वर सबसे तीव्र था। सिंधिया के हाथों हुए अपमान से सुलग रहे दूनी ठाकुर ने गरजकर कहा—"कोई भी अन्य सामंत, मेरी लाश पर होकर ही इस युद्ध का नेतृत्व करने जा सकेगा। मैं रणभूमि में प्राण त्यागूँ अथवा यहाँ, इससे कोई अंतर नहीं पड़ता। मेरे अतिरिक्त कोई भी मेरा भाई सामंत विद्रोहियों का सिर कुचलने नहीं जा सकेगा। वहाँ जाने की आज्ञा मुझे ही दी जानी चाहिए।"

चाँदसिंह के ओजस्वी आक्रोश ने सभी को मौन कर दिया था। महाराज भी सुनकर प्रफुल्लित हो उठे। मुसकराकर अपना आदेश सुना दिया—"तो दूनी ठाकुर ही विद्रोहियों के विरुद्ध सेना का नेतृत्व करें। लेकिन हम षड्यंत्र के प्रमाण रूप में विद्रोहियों को जीवित ही हमारे समक्ष पेश होते देखना चाहते हैं। केशव जैसी घटना की पुनरावृत्ति हमें कुछ और ही सोचने के लिए विवश कर देगी।"

"आप निश्चिंत रहें, महाराज! इस बार ऐसी भूल नहीं होगी—" चाँदसिंह ने सतर्क उत्तर से जगतसिंह को आश्वस्त कर दिया।

तेरह

दूनी ठाकुर के सेनापतित्व में जयपुरी सेना के कूच का समाचार पाते ही, बीकानेरी सेना विद्रोहियों का साथ छोड़ अपने राज्य को लौट गई। इस पर भी खेतड़ी राजा और मानजीदास मित्रता का निर्वाह करते हुए गणेशनारायण के साथ जुटे हुए थे। लेकिन चाँदसिंह के प्रथम आक्रमण ने ही उनके पंख-पाँखरे बिखेर दिए। जयपुरी तोपों की प्रचंड गोलावृष्टि ने इन्हें तितर-बितर हो जाने के लिए विवश कर दिया। अपनी सेना का विनाश बचाने के लिए खेतड़ी राजा भी किनारा कर गए। ऐसे में गणेशनारायण के सामने समर्पण के अतिरिक्त कोई मार्ग शेष नहीं रह गया था। समझौता-वार्त्ता आरंभ हुई। चाँदसिंह की एकमात्र शर्त रसकपूर के विरुद्ध गवाही थी, जिसे स्वीकारने पर महाराज से क्षमादान दिलाने के अतिरिक्त दोनों की उच्च पदों पर नियुक्ति का आश्वासन भी था।

धर्मसंकट में फँसे अधेड़ मानजीदास को शर्तें स्वीकार करने के लिए तैयार किया गणेशनारायण ने। अपनी तात्कालिक स्वार्थपूर्ति में निकटतम संबंधों की भी उपेक्षा कर देनेवाले गणेशनारायण ने, दूनी ठाकुर की शर्त स्वीकार करने में तनिक भी संकोच नहीं किया। किंतु मानजीदास किसी भी मूल्य पर असत्य भाषण के लिए तैयार नहीं हुए—न प्राणों के भय से और न ही पद-प्रतिष्ठा के लालच में फँसकर। बहुत समझाने पर वे गणेशनारायण की गवाही के समय मौन रहकर गवाही का प्रतिवाद न करने मात्र के लिए राजी हुए। उनके मौन का कैसा भी अर्थ निकालने का अधिकार चाँदसिंह को मिल गया था।

धौंसा बजाते दूनी ठाकुर ने बंदी विद्रोहियों के साथ चाँदपोल दरवाजे से जयपुर में प्रवेश किया। उनकी विजय की सूचना तो पहले ही जयपुर दरबार तक पहुँच चुकी थी। वे उत्सुकता से उनकी प्रतीक्षा कर रहे थे। सामंतों-जागीरदारों ने त्रिपोलिया दरवाजे पर ही स्वागत किया। बधाइयाँ स्वीकारते चाँदसिंह, उनके साथ पैदल ही 'पूरबियों की ड्योढ़ी' होते हुए दीवानेखास में आ गए। मानजीदास और गणेशनारायण भी बंदी बने उनके साथ थे।

सूचना पाकर महाराज जगतसिंह 'दीवानेखास' में आ पधारे। सामंतों ने खड़े होकर प्रणाम किया। उनके सिंहासन पर आसीन होने के बाद मुसाहिब, सामंत, जागीरदार आदि भी अपने नियत स्थानों पर बैठ गए। बोहरा राजा खुशालीराम ने खड़े होकर

निवेदन किया—"महाराज ! दूनी ठाकुर विद्रोह कुचलने में सफल होकर वापस लौटे हैं। वे अपने साथ विद्रोहियों के नेता मानजीदास और गणेशनारायण को भी बंदी बनाकर लाए हैं।"

"विजय के लिए हमारी भी बधाई स्वीकार करें, दूनी ठाकुर !"—जगतसिंह ने मुसकराकर कहा, तो चाँदसिंह ने हाथ जोड़कर कह दिया—"यह सब तो आपके चरणों का प्रताप है, अन्नदाता !"

महाराज के संकेत पर आए थाल में एक सौ स्वर्ण मोहरें, रेशमी पोशाक और तलवार रखी थी। सेवक के दूनी ठाकुर के पास जाकर खड़ा हो जाने पर महाराज ने मुसकराकर कहा—"अपनी इन सेवाओं के लिए हमारी ओर से पुरस्कार स्वीकार करो, वीर सामंत।"

अनुगृहीत हो उठे चाँदसिंह। जगतसिंह के जीवन में रसकपूर के आने के बाद पहली बार महाराज और दूनी सामंत ऐसे स्नेहिल क्षण तलाश सके थे, वरना तो दोनों के बीच अजाना-सा शत्रु-भाव ही रहता था।

कुछ स्मरण करके जगतसिंह ने पूछ लिया—"विद्रोह का समाचार मिलने पर, तब आप लोगों ने एक शंका व्यक्त की थी। उस बारे में भी कुछ पता चला ?"

"इस बारे में तो दूनी ठाकुर को ही ज्ञात होगा।"—चौमूँ ठाकुर ने कह दिया—"वे ही शंका को पुष्ट अथवा निर्मूल करने में सक्षम हैं।"

महाराज की प्रश्निल दृष्टि का उत्तर दिया चाँदसिंह ने—"आपको जानकर दुःख तो होगा, लेकिन आपके आदेश की अवहेलना भी संभव नहीं है, अन्नदाता ! सामंतों की आशंका ही सत्य सिद्ध हुई है।"

"क्या मतलब ?"—जगतसिंह रहस्योद्घाटन से बुरी तरह बौखला उठे।

"यही कि विद्रोह में रसकपूर का ही हाथ था। उसी के आदेश पर जयपुर के इन वफादारों ने विद्रोह किया था।"—दूनी सामंत ने कह ही दिया।

किसी विस्फोट से कम नहीं थी यह सूचना। अंदर तक हिल गए थे महाराज जगतसिंह। रसकपूर के विश्वासघात की कल्पना मात्र से थर्रा उठे थे वे। इस पर भी विश्वास नहीं कर पाए। कंपित-से स्वर में पूछ लिया—"कहाँ हैं राजद्रोह के अपराधी ?"

"उन्हें बाहर 'गैंडा की ड्योढ़ी' में, सैनिकों के बीच सुरक्षित बैठा रखा है। आज्ञा हो तो दरबार में प्रस्तुत किया जाए।"—सामोद ठाकुर बैरीसाल ने बताया।

"हाँ, तत्काल प्रस्तुत करो, उन्हें हमारे समक्ष।"—महाराज की आज्ञा होते ही प्रहरी दौड़े और बंदियों को अपने साथ लेकर ही वापस लौटे। सशस्त्र सैनिकों से घिरे अपने भूतपूर्व दीवानों वृद्ध मानजीदास और गणेशनारायण को देख, जगतसिंह के मुख पर क्षोभ की स्याही-सी फैल गई। विश्वास करके जिनके हाथों में पूरे जयपुर राज्य की बागडोर सौंपी थी, वे ही अपराधी बने सामने खड़े हैं। मानव-मन भी कितना चंचल होता है। अपने छोटे-छोटे स्वार्थ साधने के लिए विश्वास और भावना की हत्या तक करने से

नहीं चूकता। इन्होंने भी तो यही किया है। उनके विश्वास की हत्या की है। भावनाओं के बहाव से उभरकर महाराज ने मानजीदास से पूछा—"क्यों, कर लिया अपना मनचीता? हमारे भूतपूर्व प्रधानमंत्री और सर्वोच्च सेनापति! यही बदला दिया हमारे विश्वास का? किसलिए किया था यह सब? अपने ही मन से या किसी और के बहकावे में आकर?···· बहकावे में आने जैसी उम्र तो नहीं रही आप लोगों की···फिर भी बताओ, किसलिए चुनौती दी थी हमारी सत्ता को?"

मानजीदास सिर झुकाकर मौन रह गए।

अनुत्तरित प्रश्न का उत्तर पाने के लिए जगतसिंह ने गणेशनारायण की ओर देखा—"तुम्हारे पिता शिवनारायण मिश्र हमारे कितने निकट थे, तुम्हें पता है। उन पर विश्वास करके हमने उन्हें अपना दीवान बनाया था। वे मर गए, लेकिन प्रतिकूल परिस्थितियों में भी हमारा विरोध करने का विचार तक नहीं किया।····और एक तुम हो। अयोग्य होने पर भी, रसकपूर की सिफारिश पर हमने तुम्हें दीवान बनाया।····अपनी योग्यता तो प्रमाणित नहीं कर पाए···लेकिन पद से हटाते ही विद्रोह करने पर उतारू हो गए!····यही पुरस्कार दिया तुमने अपनी धर्मबहिन रसकपूर के स्नेह-भरे विश्वास का···किसलिए किया था ऐसा विश्वासघात···?"

"मैं विश्वासघाती नहीं हूँ।"—गणेशनारायण ने दृढ़ स्वर में प्रतिवाद कर दिया।

"तो क्या राजभक्त हो?"—जगतसिंह व्यंग्य से मुसकराए।

"हाँ, महाराज!"—गणेशनारायण ने निर्भीक दृष्टि से देखते हुए कहा—"पराजित हो जाने के कारण ही यहाँ अपराधी बना खड़ा हूँ। विजेता होता, तो यहीं खड़ा सिरोपाव से पुरस्कृत होता। हार-जीत तो जीवन का सहज क्रम है। विजेता का सम्मान और पराजित का दंडित होना कोई नई बात तो नहीं है, महाराज!"

"विद्रोह सफल हो जाने पर कौन सम्मानित करता तुम्हें?"—महाराज सतर्क, सँभलकर बैठ गए।

"कोई तो होगा, जिसका आशीर्वाद प्राप्त करके ही हमने शस्त्र उठाए थे?"

"वही तो हम जानना चाहते हैं। कौन है वह, जिसने तुम्हें राजद्रोह के लिए उकसाया था?"—जगतसिंह के स्वर में कठोरता उभरने लगी थी। गणेशनारायण के मौन रहने पर वे लगभग गरज ही उठे—"तत्काल मौन भंग न करने पर तुम्हें, बिना कोई अन्य प्रश्न किए बंदीगृह में भेज दिया जाएगा। जहाँ हमारे यंत्रणा-कुशल जल्लाद तुम्हें सिर्फ यंत्रणा देंगे····पूछेंगे कुछ भी नहीं। तब तुम उन्हें बहुत-कुछ बताना चाहोगे····लेकिन उन्हें सुनने की फुरसत नहीं होगी।····वहाँ तुम्हारे चाहने पर तब कुछ भी नहीं मिलेगा···मृत्यु भी नहीं।····वह भी तुम्हारी चीखें नहीं सुनेगी गणेशनारायण···कुछ भी कहने···और कहकर अपने अपराध की गंभीरता कम कराने का अवसर तुम्हें सिर्फ अभी प्राप्त है। हमारे प्रश्न का सम्मान करके तुम स्वयं को क्षमा-दान का पात्र भी सिद्ध कर सकते हो।"

"हाँ, हाँ, मिश्रजी ! कह क्यों नहीं डालते वह सब, जो आपने मुझे बताया था।"—चाँदसिंह ने रहस्यपूर्ण स्वर में संकेत किया।

बोहरा राजा खुशालीराम ने भी समझाया—"तुम्हारे पिता मेरे मित्र थे। इस नाते मैं तुम्हें राजद्रोह के अपराध में प्राणदंड पाता नहीं देख सकता। महाराज ने क्षमादान का संकेत किया है। सत्य बोलने पर मैं भी तुम्हें बचाने का प्रयास करूँगा। तुम्हें विद्रोह के लिए किसने उकसाया था, गणेश !"

"अर्धराजिन ने···आंबेर अधिपति रसकपूर ने मुझे विद्रोह के लिए आदेश दिया था।"—गणेशनारायण चारों ओर के आत्मीय दबावों के समक्ष समर्पण-सा करता हुआ कह उठा।

सुनकर हिल उठे महाराज। यह क्या सुन रहे हैं वे? क्या वास्तव में रसकपूर विश्वासघातिनी निकली? क्या वे सचमुच ही नागिन को दूध पिलाते रहे हैं? प्रमाण सामने होने पर भी मन नहीं मान रहा था। कहीं यह भी कोई षड्यंत्र तो नहीं है? संभव है, ऐसा ही कुछ हो। क्रुद्ध स्वर में पूछा—"इस गवाही का परिणाम जानते हो? अर्धराजिन द्वारा आरोप से इनकारी की स्थिति में, तुम्हें तत्काल मृत्युदंड भी दिया जा सकता है।"

"वह तो पराजय के साथ ही मेरा भाग्य बन चुका है, महाराज"—गणेशनारायण ने भी कह दिया—"समय पर आंबेरी सेना की सहायता मिल जाने पर तो स्थिति ही दूसरी होती। तब तो आप भी इस स्थान पर नहीं होते, महाराज !···किंतु आपका भाग्य प्रबल निकला···मैं बीकानेर और खेतड़ी राजाओं के विश्वासघात का भी शिकार हुआ। वरना तो इस जर्जर राज्य को परास्त करना कौन बड़ा काम था? विद्रोह सफल होने पर अर्धराजिन होती दोनों राज्यों की एकमात्र स्वामिनी और मैं होता उनका परम विश्वस्त दीवान···मानजीदासजी तो मेरे स्नेहवश ही साथ चले आए थे। उन्हें पूरी योजना का ज्ञान नहीं था···मैंने अपनी स्वामिनी के हित में उनकी अपमानित मानसिकता को उकसाया···और वे भी मेरे साथ आ गए थे। आपकी सत्ता उलटने के बाद हमने उन्हें प्रधान सेनापति बनाने का मानस बना रखा था।"

सुनकर सुलग उठे महाराज। तो सचमुच ही रसकपूर उन्हें गद्दी से हटाकर स्वयं पूरे जयपुर राज्य की स्वामिनी बन बैठना चाहती थी। इसीलिए उसने आंबेर में अपनी अलग सेना तैयार की थी। तो उनके विश्वस्त सामंत कभी गलत नहीं थे। गलत थे तो वे स्वयं, जो उस नागिन के मादक लहरों पर मुग्ध हो उसके प्राणांतक विष से अनजान हो बैठे थे। युद्धभूमि से लेकर अमीरखाँ तक के सभी प्रकरण जगतसिंह की आँखों के सामने तैर गए। नहीं···मात्र शंका की बात नहीं···ढेरों विपरीत प्रमाणों के बाद भी वे मोहसागर में डूबे रहे।···और वह अपने विश्वस्तों को उनके विरुद्ध पालती-पनपाती रही। ये दोनों भी उसी के वफादार निकले। विक्षिप्त-से स्वर में महाराज जैसे दहाड़ उठे—"ले जाओ इन दोनों राजद्रोहियों को···और डाल दो हथकड़ी-बेड़ी के साथ

कालकोठरियों में।"

अपने भविष्य की कल्पना कर काँप उठे विद्रोहियों के कुछ बोलने से पूर्व ही चाँदसिंह कह उठे—"महाराज के आदेश का तत्काल पालन होगा। मैं स्वयं इनके लिए व्यवस्था करके आता हूँ।"—उनके आदेश पर सशस्त्र सैनिक दोनों को धकेलते-से दरबार से ले चले। गणेशनारायण की चिल्लाहट उनके शोर में दब गई थी। गुर्राते-गरजते चाँदसिंह तो जैसे उन्हें फाड़कर खा जाना ही चाहते थे।

राजेंद्रपोल से बाहर निकलते ही चाँदसिंह की गुर्राहट, मृदु-मंद स्वर में बदल गई। धीरे से बोले—"क्यों चिल्ला रहे हो, पंडित! सारा बना-बनाया काम चौपट करे दे रहे थे। मैंने सावधानी नहीं बरती होती तो तुम सब गुड़-गोबर करने पर उतारू हो गए थे।"

"वाह, दूनी ठाकुर! आप तो एकदम स्वार्थी निकले"—गणेशनारायण जैसे फट पड़ा—"क्षमादान का आश्वासन दिलाकर मुझसे रसकपूर के विरुद्ध बयान दिलवा दिया, और अब स्वयं ही हमें हथकड़ी-बेड़ी में कसकर, कालकोठरी में डालने के लिए भी साथ आ गए हो। कहाँ गया आपका आश्वासन-वचन?"

"वह तो निश्चित रूप से पूरा होगा, पंडितजी! यह ठाकुर की जुबान है"—चाँदसिंह जैसे गुर्रा उठे—"दो-तीन दिनों में ही मानजीदासजी को जयपुर दीवान के रिक्त पद पर नियुक्त कर दिया जाएगा। हाँ, आपके लिए उचित पद खोजने में थोड़ा विलंब हो सकता है। तब तक आप राजकीय अतिथि बनकर आनंद करें।"

गणेशनारायण का मुँह कसैला हो गया—"व्यंग्य कर रहे हो, दूनी ठाकुर! हथकड़ी-बेड़ी और कालकोठरी में आनंद की कल्पना तो आप ही कर सकते हैं।"

"कैसी हथकड़ी-बेड़ी, पंडितजी?"—चाँदसिंह हँस पड़े—"मेरे रहते आप दोनों पर ऐसा अत्याचार करने का साहस भला किसमें है?"

"किंतु महाराज का आदेश··· ?"

"वे तो अपनी प्रेयसी के वास्तविक स्वरूप से अवगत हो विक्षिप्त हो उठे हैं। भला विक्षिप्तों के आदेशों का भी उनकी इच्छानुरूप पालन होता है?"—चाँदसिंह के होंठों पर रहस्यमय मुसकराहट फैल गई—"आप निर्भय होकर हमारा साथ दें। हम भी हर तरह से आपको लाभान्वित करने का प्रयास करेंगे।"

विशाल 'होली चौक' पार करके, 'गेंडा की ड्योढ़ी' पहुँचकर चाँदसिंह ने साथ आए सैनिकों को लौट जाने का आदेश दिया और ड्योढ़ी पर तैनात कारागार अधिकारी से कहा—"इन दोनों को अपने साथ ले जाकर, कारागार के विशिष्ट कैदियोंवाले कक्षों में ससम्मान रखो। कारागार से बाहर आने के अतिरिक्त इन्हें हर संभव सुविधा प्रदान की जाए। इनके लिए भोजन-वस्त्र आदि इनके घरों से न आने की स्थिति में, आप इनकी आवश्यकतानुसार व्यवस्था करते रहें। यह महाराज का आदेश है।"

कारागार अधिकारी ने प्रणाम करके, बंदियों को अपने संरक्षण में ले लिया। सुनकर गणेशनारायण के साथ मानजीदास के चेहरे भी खिल उठे। रवानगी से पूर्व

चाँदसिंह ने फिर कह दिया—"इन दोनों प्रतिष्ठित बंदियों की प्रत्येक असुविधा-समस्या के लिए सीधे मुझसे ही संपर्क किया जाए। ये मेरे निजी बंदी हैं। यह भी महाराज का आदेश है। पालन में ढिलाई की स्थिति में आप स्वयं दंड के पात्र होंगे।"

प्रसन्नमुख चाँदसिंह 'दीवानेखास' की ओर लौट पड़े। वहाँ फैले मरघटी सन्नाटे को तोड़ते हुए उन्होंने कहा—"महाराज! उन दोनों राजद्रोहियों को आपके आदेशानुसार कालकोठरी में बंद करने की व्यवस्था कर आया हूँ। उन्हें हथकड़ी तो अभी लगवा दी है, बेड़ियाँ कारागार में पहुँचते ही डाल दी जाएँगी।"

"ठीक किया आपने, दूनी ठाकुर!"—व्यथित महाराज का भी दीर्घ मौन भंग हुआ—"देखो तो सही, हमारी आस्तीनें तो जैसे साँपों से ही भर गई हैं। जिस पर भी विश्वास करो, वही अवसर पाकर डस लेता है।"

"अन्नदाता का विश्वासी स्वभाव ही इसका कारण है"—बगरू ठाकुर ने सांत्वना-सी देते हुए कहा।

"ऐसे विश्वासघातियों को पता लगते ही कुचल डालना आवश्यक होता है, महाराज!"—वृद्ध ठाकुर जीवनसिंह खंगारोत भी कह उठे—"इस मामले में अब आपको भी विलंब नहीं करना चाहिए।"

"हाँ, महाराज!"—अचरोल ठाकुर ने भी समर्थन कर दिया—"प्रमाण मिल जाने के बाद भी दंड में विलंब घातक हो सकता है।"

रसकपूर को दंडित करने के प्रश्न पर जगतसिंह हिचकिचाए—"अभियोग चलाने और अपराधी का पक्ष सुने बगैर ही दंडित करना तो पाप हो जाएगा।"

सुनकर जैसे ज्वालामुखी ही फट पड़ा हो। सभी सामंत एक साथ उठ खड़े हुए। दूनी ठाकुर ने स्पष्ट चुनौती देते हुए कह दिया—"तब तो आप सिंहासन त्याग कर ही उसकी सफाई सुनें। इस पर हम किसी अन्य को बैठा देंगे।"

"दूनी ठाकुर!"—क्रुद्ध जगतसिंह दहाड़े। किंतु उनके आगे कुछ कहने से पूर्व ही चौमूँ सरदार किशनसिंह गरज उठे—"मुझसे बात करें, महाराज! आपकी ऐयाशी बहुत देख-भुगत ली। हम क्या आपके क्रीतदास हैं? जो आप जैसे चाहें, हमसे सिर कटाने से लेकर पैर धुलाने तक का काम ले डालें। वह वेश्या ही आपकी सर्वस्व है तो आप उसके साथ उसके कोठे पर जा बैठें।"

"इस राजगद्दी को कलंकित करने का और अवसर हम आपको नहीं देंगे!"—सामोद ठाकुर भी फुफकार उठे।

डिग्गी ठाकुर मेघसिंह ने तो जैसे सभी सामंतों का निर्णय सुना दिया—"दोनों में से एक...सिर्फ एक विकल्प चुनें, महाराज! किसी एक को त्यागना होगा...अभी, इसी घड़ी...विश्वासघातिनी, दुश्चरित्र रसकपूर...या यह राजगद्दी...दोनों में से एक चुन लें।...इनमें से किसी एक तो त्यागने का विकल्प आपके समक्ष है...निर्णय आपको करना है।"

"आपके अनिश्चय की स्थिति में, निर्णय फिर हम लेंगे!"—वाटिका ठाकुर स्वरूपसिंह भी गरज उठे—"जयपुर के भविष्य का निर्णय अभी, इसी क्षण होगा। आप, अथवा आपकी चहेती रसकपूर को हमारा मान-मर्दन करते रहने का और अवसर अब नहीं मिलेगा।"

नितांत अविश्वसनीय ही तो था यह सब। पीढ़ियों से राजभक्त रहते चले आए सामंतों के एक स्वर में विद्रोही हो उठने की तो कभी कल्पना भी नहीं की जा सकती थी। लेकिन वही असंभव···अकल्पनीय आँखों के सामने साकार हो उठा था। आतंकित-से जगतसिंह ने पूछ लिया—"आप लोग रसकपूर को दंडित ही तो कराना चाहते हैं न?"

"इतना बवेला मच जाने के बाद भी क्या यह बात हमें लिखकर देना होगी?"—उत्तेजित चाँदसिंह तो स्पष्ट रूप से अभद्रता पर उतर आए थे।

"किंतु अभियोग चलाए बगैर किस प्रकार किसी को दंडित किया जा सकता है? यह आप लोग हमें बताएँ। मैं रसकपूर का पक्ष नहीं ले रहा। लेकिन आप भी कोई तो ऐसा उदाहरण बताएँ, जब अपराधी पर मुकदमा चलाए बगैर ही उसे दंडित कर दिया गया हो?"—जगतसिंह ने अपने पूर्वग्रह त्याग महाराजा का आवरण ओढ़ लिया था।

निरुत्तर-से सामंतों की ओर से उत्तर दिया बोहरा राजा ने—"तो आप उस पर मुकदमा चलाएँ। किंतु अभियोग की सुनवाई के दौरान अपराधी का स्थान कारागार में होता आया है। यह तो आपको विदित ही होगा। तब आप अपराधी को उसके वांछित स्थान पर पहुँचाने में विलंब न करें। इसके बाद आपके आदेशानुसार मुकदमा चलाने की तैयारियाँ भी आरंभ हो जाएँगी।"

"ठीक है, अपराधी के साथ अपराधी जैसा ही व्यवहार होगा। आप लोग निश्चिंत रहें।"—क्रुद्ध, व्यथित जगतसिंह सिंहासन से उठकर अपने महल की ओर चल दिए।

□

एक घड़ी बाद अंतःपुर का संरक्षक नादर मोहनराम अपने साथ नादरों (हिजड़ों) का दल लिये रसविलास में उपस्थित हो गया। अर्धराजिन की दासियों-बाँदियों को लाँघते हुए, वह सीधा रसकपूर के शयनागार में जा खड़ा हुआ। उसकी अशिष्टता पर क्रुद्ध होने से पूर्व ही मोहनराम ने हाथ जोड़कर कह दिया—"बिना सूचना आ जाने के लिए क्षमाप्रार्थी हूँ। किंतु महाराज के आदेश-पालन में आए अति उत्साह के कारण ही मुझसे यह भूल हुई है। इसके लिए कृपया क्षमा करें।"

महाराज के आदेश की बात सुनकर रसकपूर ने भी अपना क्रोध नियंत्रित कर लिया। रूखे स्वर में पूछा—"ऐसा क्या आदेश दे दिया है उन्होंने, जिसके पालन में तुम ऐसे बदहवास हुए जा रहे हो?"

"हमारे लिए तो महाराज का प्रत्येक आदेश बदहवासी का कारण बन जाता है। उसका पालन न होने तक हमारी साँसें अधर में अटकी रहती हैं।" —मोहनराम ने शिष्ट

स्वर में कहा—"उन्होंने मुझे आपको अपने साथ ले जाने का आदेश दिया है। आदेश सुनते ही सीधा भागा चला आया हूँ। अन्नदाता का आदेश पूरा करने के बाद ही मैं दोपहर का भोजन गले से उतार पाऊँगा।"

"कहाँ ले जाना है मुझे?"—रसकपूर हैरान थी—"महाराज ने तो मुझे कुछ नहीं बताया।"

"अन्नदाता की बात तो वे ही जानें। हो सकता है, आपको आश्चर्यचकित करने के लिए कुछ नहीं बताया हो।"—मोहनराम मुसकराया—"दरअसल उन्होंने आपके लिए एक नए आवास का प्रबंध किया है। इस रसविलास से भी अनूठा, विचित्र निवास। वहीं चलना है आपको।"

"वह तो ठीक है। लेकिन इस बारे में एक बार महाराज से बात तो कर लूँ?"

"अपना नया निवासस्थान देख लेने के बाद ही अन्नदाता से मिलना अधिक उपयोगी रहेगा। तब आप वहाँ रही किसी कमी के बारे में भी बता सकेंगी। अब देर न करें। मेरे साथ चलकर अपने नए महल की ताला-चाबी सँभाल लें।"

"ठीक है। हम अपनी जरूरत के वस्त्राभूषण साथ ले चलते हैं।"—अपने कपड़े-आभूषण सहेजने में जुटने से पूर्व ही रसकपूर को टोकते हुए मोहनराम ने कह दिया—वहाँ सब सुविधा है। यह सामान तो बाद में आता रहेगा। अभी तो आप पहने हुए वस्त्रों में ही मेरे साथ चलें।"

अर्धराजिन के साथ चलने को तत्पर कुंदन और अन्य बाँदियों को मोहनराम ने रोक दिया—"तुम लोग अभी यहीं रहो। पहले अर्धराजिन अपना नया महल देख-पसंद कर लें, फिर तुम सबको तो वहाँ चलना ही है····अब रास्ते से हटो····देरी होने पर महाराज कहीं क्रुद्ध न हो उठें।"

महाराज की नाराजगी से सहमकर सभी पीछे हट गईं। मोहनराम के साथ आए नादरों ने रसकपूर को घेर लिया। जनानी ड्योढ़ी की ओर संकेत करते हुए अंतःपुर के संरक्षक ने कहा—"इधर से पधारें, अधराजनजी!"

जनानी ड्योढ़ी में प्रवेश करते ही 'माधव निवास' की ऊपरी मंजिल के झरोखे में खड़ी पटरानी फतहकँवर बीकावत को देख रसकपूर चौंकी। वे इस समय यहाँ क्यों खड़ी हैं? तभी पटरानी ने व्यंग्य उछाल दिया—"आज जो जुलूस के साथ जा रही हो, अधराजण।"

कोई चुभता-सा उत्तर देने के स्थान पर चुपचाप चले जाना ही उचित समझ, रसकपूर ने पैरों की गति बढ़ाई। लेकिन उसे घेरे चल रहे नादर तो चींटी की चाल चल रहे थे। झल्लाकर बोली—"इतना धीरे क्यों चल रहे हो? तुम लोगों से तेज तो मैं ही चल सकती हूँ।"

"आपकी 'चाल' का भला हम क्या मुकाबला कर सकेंगे?"—मोहनराम मुसकराया—"वैसे 'चाल' मेरी भी बहुत तेज है। लेकिन राजा का नौकर हूँ और मामला

ठहरा आपका। सो धीरे-धीरे सावधानी से चलने के लिए विवश हूँ।"

जनानी ड्योढ़ी में महारानियोंवाले भाग से गुजरते समय रसकपूर का दिल न जाने क्यों धड़कने लगा। रावळों की छतों, झरोखों और द्वारों पर स्त्रियों की कहीं मौन और कहीं व्यंग्य से मुसकराती भीड़ देखकर, मन में कहीं कुछ खटकने लगा। पीछे मुड़कर देखने पर स्वयं को नादरों के झुंड से घिरा पाया। भटियाणी महारानियों के रावळों के सामने से गुजरते समय व्यंग्यबाण कुछ अधिक ही उछलने लगे थे। अहजनकँवर ने फिकरा कसा—"आज तो नए ही अंदाज में है, अधराजण !"

अभयकँवर ने साथ दिया—"दासियों को छोड़कर नादरों का साथ पकड़ लिया दिखता है।"

दूसरे रावळे से खिलखिलाकर हँस पड़ी तीसरी भटियाणी महारानी सिंगारकँवर—"अरे, जैसी बाँदियाँ, वैसे ही नादर। ये भला इसके किस काम आने वाले हैं।"

श्रीकँवरी भटियाणी ने लुकमा लगाया—"शायद इनमें से कोई झूठा-सच्चा-सा ही रत्नसिंह निकल आए।"

सुनकर चौंक पड़ी रसकपूर। उसकी विरोधी महारानियों के ये व्यंग्य उसके साथ होने जा रहे किसी अनिष्ट की पूर्व सूचना दे रहे थे। क्या होने वाला है उसके साथ? तभी पाँचवीं भटियाणी महारानी चाँदकँवर का व्यंग्य कानों में पिघला सीसा-सा डाल गया—"रत्नसिंह नहीं, तो केशव को बुलवा लिया जाएगा।"

"मुरदे भी कहीं मिलने आते हैं?"—रूपकँवर भटियाणी ने तो विस्फोट ही कर दिया।

सुनकर सिहर उठी रसकपूर। रत्नसिंह के साथ केशव का उल्लेख और वह भी मृतक के रूप में? क्या हुआ है उसके केशव को? कहीं सत्ता के दाँवपेच उसका जीवन तो नहीं छीन बैठे?

अपने-अपने रावळों में खड़ी, उसकी पक्षधर भटियाणी महारानियाँ विजयकँवरी, चाँदकँवरी और गुलाबकँवरी का मौन, बहुत कुछ कह रहा था। अगरकँवर उदयभानोत, रूपकँवरी राजावत, गुलाबकँवरी तँवरजी, फतहकँवरी अखैराजोत, गुमानकँवरी राणावत, नवलकुमारी तँवरजी, महताबकँवरी राठौड़, चाँदकँवरी राठौड़ और सरदारकँवरी जादम के नेत्रों में घुमड़ती वेदना के स्वर समझने में उसे देर नहीं लगी। जोधपुर महाराज की पुत्री सिरहकँवर तो उसे देख, फूट-फूटकर रो पड़ी थी। इसके बाद भी समझने को क्या शेष रह गया था? अपने अज्ञात भविष्य की कल्पना कर, रसकपूर मन-ही-मन सिहर उठी। जगतसिंह की पड़दायतों रूपरेखा, मोहनराय, कुन्नाना और मोती के छोटे रावळों से गुजरने के बाद, मोहनराम ने पश्चिम की ओर खुलते द्वार में प्रवेश किया।

"कहाँ ले जा रहे हो मुझे?"—रसकपूर थमककर खड़ी हो गई।

"बस थोड़ा ही शेष रह गया है, आपका सफर।"—मोहनराम मुसकराया—"पैर

दुख चले हों, तो वहाँ सेवा के सभी साधन उपलब्ध हैं।"

ड्योढ़ी पार करते ही रसकपूर ने स्वयं को एक जनविहीन, चौड़े पथरीले मार्ग पर पाया, जिसके दोनों ओर ढेरों द्वार थे। दक्षिण दिशा का विशाल द्वार मजबूती से बंद था। वह समझ गई कि उसे जनानी ड्योढ़ी के दूसरे भाग की ओर ले जाया जा रहा है। उस भाग को देखने का अवसर तो नहीं मिला, लेकिन कुंदन के द्वारा वहाँ की शापित स्त्रियों के बारे में बहुत कुछ जान-समझ चुकी थी। वहाँ की अनेक आवासिनियों को मुक्त करके ही उसने अपने चारों ओर स्त्रियों की सुदृढ़ रक्षा-व्यवस्था तैयार की थी। उसी के द्वारा तो उसने इस निरंकुश अत्याचारी मोहनराम का भी उस दिन मान-मर्दन किया था।

तो क्या वह स्वयं भी उसी खंड की आवासिनी बनने जा रही है? शंका-समाधान भी तत्काल ही हो गया। लंबी सीधी कतारों में बने छोटे-छोटे दो कमरों के आवास, फर्श के पत्थरों की दरारों में उग आए झाड़-झंखाड़ और वर्षों से पुताई का इंतजार कर रही लाल चूने की दीवारें। मरघट-सा सन्नाटा छाया हुआ था वहाँ। सिर्फ उनकी पदचाप ही वातावरण की निस्तब्धता भंग कर जाती थी। आवासों में भी कोई हलचल नहीं थी। जैसे मुरदों की बस्ती हो। मकानों की शक्ल में जैसे पूरा कब्रिस्तान ही उग आया हो।

लेकिन वहाँ भी जीवन का संकेत मिल ही गया। किसी दीवार की ओट से झाँकती एक जोड़ी आँखों पर मोहनराम बरस पड़ा था—"हरामजादी! दीदे फाड़कर क्या देख रही है? मेरा हुक्म नहीं सुना था क्या? अभी साली को नंगी करवाकर, जलते अंगारे धरवाऊँगा तो पनाह माँगने लगेगी।"

सुनकर सिहर उठी थी अर्धराजिन। नादर की इस भयानक और अश्लील धमकी से आतंकित वे दोनों आँखें कहाँ शरण खोज रही होंगी, कल्पना ही की जा सकती थी। चलते हुए एक आवास के सामने ठहर गया मोहनराम। संकेत पर उसके साथ चलकर अंदर पहुँचते ही, रसकपूर को अपने भविष्य का स्पष्ट आभास हो गया। वर्षों से पुताई के लिए तरसती दीवारों का चूना खिरते हुए उन्हें जर्जर बना गया था। उनमें बनाए चूहों के स्थायी बिलों ने, दीवारों को किसी भी समय धराशायी होने की स्थिति में पहुँचा दिया था। छत और दीवारों के कोनों में मकड़ियों के विश्राम-स्थल बने ढेर सारे जाले, किसी नई मक्खी को फँसाकर उसका रक्त चूस लेने की दानवी प्रतीक्षा में थे। वह स्वयं भी तो अब जालों में फँसी असहाय मक्खी ही तो हो चली थी।

"बड़ी मुश्किल से इस जगह का इंतजाम कर पाया हूँ, अधराजण!"—मोहनराम का कंठ स्वर कानों में पड़ा—"यहाँ की आवासिनी जैसे तुम्हारे लिए ही इसे खाली कर गई है। पाँच दिन पहले ही तो मरी है वह। यहाँ इस कोने में प्राण निकले थे उसके।"

सुनकर दहल उठी रसकपूर। यह किस अपराध का दंड दिया है महाराज ने? जान-बूझकर तो उसने कोई अपराध नहीं किया था। अनजाने में हुए किसी अपराध के लिए भी दंडित करने से पूर्व, उससे सफाई तो माँगी होती। आरोप के साथ ही निर्णय भी

सुना देना तो जैसे राजकुल की प्रथा-सी बन चली है। ठीक है। कभी तो भेंट होगी महाराज से। तब वह इस बारे में पूछेगी अवश्य। भला यह भी कोई न्याय है? मेरा पक्ष जाने बगैर ही मेरे विरुद्ध निर्णय भी दे दिया।

मोहनराम के कंठ स्वर ने उसे कल्पना से यथार्थ में ला पटका—"क्यों, पसंद आई या नहीं यह जगह? रसविलास के मखमली बिछौनों से ऊब गई होगी। अब यहाँ पत्थर के फर्श पर लेटकर, राजमहल में ही यह नया सुख भी प्राप्त करो। राजसी पकवान खाने से खराब हो गए पेट को, यहाँ की रूखी रोटियों से स्वस्थ बनाओ।"

परिवर्तित परिस्थितियों में मौन ही श्रेष्ठ कवच प्रतीत हुआ। लेकिन मोहनराम अपना अपमान कहाँ भूला था? बीभत्स हँसी के साथ कह उठा—"हाँ बाईजी! इन ऊँची दीवारों में कैद इस दुनिया में, मैं कब से तुम्हारा इंतजार कर रहा था। जनानी ड्योढ़ी में उस दिन महारानियों के सामने किया मेरा अपमान मैं भूला नहीं हूँ। ये ही वे मेरे साथी हैं, जो उस दिन तुम्हारी दासियों के हाथों पिटे थे। मैं चाहूँ तो अभी उस अपमान का, तुम्हारी कल्पना से भी अधिक भयानक प्रतिकार ले सकता हूँ।"

रसकपूर की क्रुद्ध दृष्टि का हँसकर उपहास करता हुआ वह बोला—"उस दिन तो महाराज की नूर-ए-नजर होने के कारण् मैं हाथ उठाने का साहस नहीं कर सकता था। लेकिन आज…आज तो मेरे लिए कोई बंधन नहीं है। महाराज की नजरों से उतरते ही औरत पत्थर की ठीकरी बन जाती है…उस ठीकरी को ठोकर मारने से मुझे कोई नहीं रोक सकता…चाहूँ तो अपने अपमान का बदला अभी ले सकता हूँ…हम सब हिजड़े होने के कारण और कुछ तो नहीं कर सकते…लेकिन तुम्हें निर्वस्त्र कर, चाबुक के सड़ाके लगाते हुए पूरी जनानी ड्योढ़ी में तो नचा ही सकते हैं।"

सुनकर थर्रा उठी थी रसकपूर। इस पिशाच के बारे में सुना तो था, लेकिन साक्षात् देखने-भोगने का अवसर अब मिला है। यह तो कल्पना से भी अधिक भयानक है। बारह वर्षों तक महारानियों के लिए भी अलभ्य सुख भोगनेवाली अर्धराजन के पास इस नंगी बर्बरता का कोई प्रतिकार नहीं था। अपने वस्त्रों को मुट्ठी में कसती, बाँहों के बंधन से शरीर के साथ बाँधती, सहमी-सी कंपित कदमों से एक कोने में सरक गई। यह देख मोहनराम ने पैशाचिक ठहाका लगाया—"सुनकर ही प्राण सूख गए न अधराजन? ऊँची दीवारों से घिरी इस दुनिया में मेरे नाम से अच्छे-अच्छों के प्राण सूख जाते हैं…लेकिन घबराओ मत! मैं बिना कारण किसी को नहीं सताता…अभी तो तुम्हारी लंबी जिंदगी पड़ी है…इस दौरान बहुत-से ऐसे मौके आएँगे, जब मैं अपने अपमान का बदला ले सकूँगा…इसलिए अभी तो निश्चिंत होकर आराम करो।"

फिर अपने नादिरों को डाँटता हुआ-सा बोला—"यह बिस्तर यहाँ क्यों पड़ा है? मरी हुई के बिस्तर पर यह कैसे सो सकेगी? महाराज की बात तो वे ही जानें, लेकिन मुझसे इतना जुल्म नहीं हो सकेगा। इसे हटाकर, यहाँ नया बिस्तर लगा दो। एक नया मटका, लोटा और थाली-रकाबी के अलावा, नहाने के लिए एक गागर भी रख देना…।

पानी के लिए भी और यहाँ से मुक्ति के लिए भी, उधर कुआँ है। वहाँ डोल रखा है। अपना पानी स्वयं ही खींचकर भरना होगा।····कुएँ में कूदने की मत सोचना····। ऐसा करके तुम अपनी साथिन आवासिनियों को भी मार दोगी।····तुम्हारे गिरने की सूचना मुझे यहाँ आने के बाद ही मिल पाएगी····और मैं हफ्ते-दस दिन में यहाँ आता हूँ।····इस बीच प्यासी औरतें क्या पिएँगी····? तुम्हारी लाश से सड़ा पानी····या फिर प्यास से तड़पती हुई मर जाएँगी।····वैसे भी पुरानी आवासिनियाँ इस कुएँ पर कड़ा पहरा रखती हैं····न जाने कौन, कब अपना उद्धार करने के चक्कर में दूसरों को भी मरने के लिए मजबूर कर जाए।"

बीभत्स हँसी हँसता हुआ मोहनराम, नादरों के दल के साथ चला गया। अब थोड़ा आश्वस्त हो, रसकपूर ने अपने नए आवास को नजर भरकर देखा। अपने अंधकारमय भविष्य की कल्पना कर, उसका मन पीपलपत्ते-सा काँप उठा। क्या उसे भी इन बेजान दीवारों के वहशी वातावरण में घुट-घुटकर मरना होगा? बारह वर्षों तक रानियों के लिए भी अलभ्य सुख भोगने के बाद, कारागार जैसी दीवारों के पीछे जीवन व्यतीत करने की कल्पना मात्र से वह थर्रा उठी। उस रात खाने में खिचड़ी और बाजरे की रोटी थी। राजसी पकवान भी मनुहारों के साथ खाने की अभ्यस्त उस रूपसी ने थाली की ओर नजर उठाकर भी नहीं देखा। सारी रात दीवार का ढासना लगाए काट दी।

□

सूर्योदय के साथ नई आशा का संचार होने लगा। मन की असीमित उड़ानों में आशाओं-संभावनाओं के रंग भरने लगे। निश्चय ही यह आदेश महाराज का नहीं हो सकता। वे तो किसी भी स्थिति में ऐसा कठोर निर्णय लेने की सोच भी नहीं सकते थे। बारह वर्षों में उनके प्रेमी मन को खूब निकटता से देखा-पहचाना है। उसमें तो उसके लिए ऐसी निर्ममता का कहीं स्थान ही नहीं था।

तब फिर क्या वह किसी षड्यंत्र का शिकार हुई है? यही हुआ होगा। रनिवास से लेकर सामंतों तक अधिकांश उसके विरोधी थे। ऐसे में उन्होंने महाराज को किसी षड्यंत्र में घेरकर, उसे रसविलास से बाहर भेजने का आदेश करवा लिया होगा। संभवतः उसे आंबेर भेज देने की बात तय हुई हो। लेकिन इसकी आड़ में षड्यंत्रकारियों ने उसे यहाँ ला पटका हो।

यही हुआ होगा। यह महाराज का आदेश नहीं, षड्यंत्रकारियों की दुरभिसंधि का परिणाम है। इन्हें तो जरा-सा अवसर-भर चाहिए था। फिर तो उस अकेली औरत की बोटियाँ तक नोंच डालने में संकोच नहीं करते वे लोग। धिक्कार है इनके पौरुष पर···· जो एक स्त्री के विरुद्ध संगठित मोरचा बनाते हुए तनिक भी लज्जित नहीं हुए····लेकिन उसके आंबेर न पहुँचने पर महाराज खोजबीन तो करवाएँगे ही। तब सब कुछ सामने आ जाएगा। प्रियतम को उस पर किए अत्याचार का पता चल जाएगा। ····फिर तो वे

तत्काल उसे बुलवा भेजेंगे''''और तब वह उनके गले लगकर उन सबको दंडित करवाए बगैर नहीं रहेगी, जो अभद्रतापूर्वक उसे रसविलास से निकालकर जनानी ड्योढ़ी में पटक गए हैं। उन्होंने तो उसे अपने वस्त्र-आभूषण तक नहीं लेने दिए थे।

कल्पना की पाँखों के सहारे मन की उड़ान, संभावनाओं का पूरा आकाश ही नाप गई। दोपहर से संध्या और फिर रात आ पहुँची। स्वप्नलोक में विचरती रसकपूर को चैतन्य किया मोहनराम नादर के स्वर ने। किसी छलावे की तरह न जाने कब दबे पैरों वह आ खड़ा हुआ था। किसी और दुनिया के सम्मोहन में डूबी रसकपूर का उसने ध्यान भंग कर ही दिया—"चलो, बाईजी ! इस ड्योढ़ी के भाग्य में तुम्हारा इतना ही साथ बदा था। चलो, द्वार पर तुम्हारी प्रतीक्षा हो रही है।"—अपने अपमान का बदला न ले पाने की टीस, बहुत साफ फूट रही थी उसके स्वरों में।

सुनकर किलक उठी रसकपूर। आखिर महाराज को सब पता चल ही गया। तभी तो उन्होंने बुलवा लिया है। बस, अब खैर नहीं इस नादर की।''''इस बार क्षमा नहीं करूँगी। कैसी अश्लील धमकियाँ दे रहा था कल। एक रात में ही वह उस खंड की आवासिनियों की व्यथा-यंत्रणा देख-समझ चुकी थी। अब वह शेष बची स्त्रियों को भी वहाँ नहीं रहने देगी। जनानी ड्योढ़ी के इस अभिशापित भाग को नष्ट ही करवा देगी। लेकिन सर्वप्रथम मोहनराम की बरखास्तगी कर''''उसके स्थान पर किसी अन्य नादर को जनानी ड्योढ़ी का संरक्षक बनवाना होगा। वीरभान में भला क्या कमी है ? बस कुबड़ा ही तो है, लेकिन महाराज के प्रति तो पूरा वफादार है। स्वामी के प्रति निष्ठा तो कोई उससे सीखे''''हाँ, वही होगा अब जनानी ड्योढ़ी का नया संरक्षक।

कल्पना की मीठी उड़ानों में तैरती-उतराती, नादरों से घिरी रसकपूर, जनानी ड्योढ़ी के द्वार पर जा पहुँची। लेकिन यह रसविलासवाला द्वार नहीं, महल के दक्षिण भाग में स्थित विशाल 'होली चौक' था, जहाँ से महाराज के साथ हाथी पर सवार होकर वह प्रथम बार जयपुर की जनता से होली खेलने निकली थी। दक्षिण में त्रिपोलिया दरवाजे के सामने 'पूरबियों की ड्योढ़ी' और पूर्व में 'गैंडा की ड्योढ़ी' से घिरे इस विशाल चौक को 'सर्वतोभद्र' (दीवानेखास) से जोड़ता था, 'राजेंद्रपोल'। यह देख रसकपूर झुंझला उठी। फिर गलत स्थान पर ले आए वे लोग उसे। अब कोई आधा फर्लांग का चक्कर काटकर, राजेंद्रपोल से सर्वतोभद्र होते हुए चंद्रमहल, और तब कहीं जाकर पहुँचेगी वह अपने रसविलास में। नाहक ही उसके पैरों से दुश्मनी की है इन लोगों ने।

सशस्त्र सैनिकों की टुकड़ी के साथ खड़े मुसाहिब को अनदेखा करती हुई, वह तीव्र कदमों से 'राजेंद्रपोल' की ओर बढ़ी। लेकिन मुसाहिब ने टोक दिया—"उधर नहीं बाईजी, इधर तशरीफ ले चलिए।" वह त्रिपोलिया दरवाजे की ओर चलने के लिए कह रहा था।

"लेकिन महाराज का आदेश'''' ?"—रसकपूर ने पूछना चाहा तो मुसाहिब ने उत्तर दे दिया—"उसी का पालन कर रहे हैं। चौक में खड़ा यह वाहन आपकी बाट जोह

रहा है।"

नजरें उठाकर देखने पर, सामने बिना परदों-गद्दों की बहल खड़ी दिखाई दी, जिसमें जुते नागौरी बैल संकेत मात्र से उड़ चलने को तैयार थे। बिना कुछ कहे अर्धराजिन सब कुछ समझ गई। मन की कल्पनाएँ तो भ्रम ही सिद्ध हुई थीं।

बहल में बैठने से पूर्व रसकपूर ने हसरत-भरी नजर से वीरान चौक को देखा। कितनी ही बार इसी चौक से महाराज के साथ हाथी पर बैठकर वह त्रिपोलिया दरवाजे से जयपुर की प्रजा को दर्शन देने निकलती थी। होली पर यह चौक गुलाल से ढक जाता था। दशहरे पर चपल अश्वों पर सवार, शस्त्र सज्जित रणबाँकुरे राजपूत सामंतों की जुहारें स्वीकार करती रसकपूर का मुख दर्प से दमकने लगता था। सदैव रंग-बिरंगे वस्त्रों से आलोकित और घोड़ों की टापों से गुंजित रहनेवाला चौक इतना भयोत्पादक भी हो सकता है, यह रसकपूर ने आज ही जाना।

बहल के साथ अश्व पर चल रहे मुसाहिब से गंतव्य के बारे में पूछने पर उसने बता दिया—"तुम्हें सुदर्शनगढ़ ले जाया जा रहा है।" सुनकर आधे जयपुर राज्य की स्वामिनी रसकपूर थर्रा उठी। जयपुर की उत्तर-पश्चिमी पहाड़ी पर बसा सुदर्शनगढ़, बाहर से जितना सुंदर दिखाई देता था, अंदर से उतना ही भयानक भी था। राजद्रोहियों और भयानक अपराधियों के इस कारागृह में पहुँचने के बाद, अब तक कोई जीवित नहीं लौटा था। एक बार चंद्रमहल की छत पर प्रियतम की बाँहों में बँधी रसकपूर कह उठी थी—"कितना सुंदर दिखाई दे रहा है सुदर्शनगढ़, कभी वहाँ चलें।"

सुनकर महाराज ने मुसकराकर कहा था—"चलना क्या है? किसी अवसर पर यह गढ़ हम तुम्हें ही दे देंगे।"

लेकिन सैनिक महत्त्व के इस किले और उसके बीच सामंती विरोध लगातार व्यवधान बनता रहा। महाराज चाहते हुए भी अपना वादा पूरा नहीं कर सके थे, लेकिन आज अनायास ही उनका वचन सिद्ध हो गया—उन्होंने अपना वादा इस रूप में पूरा कर ही दिया था।

अतीत की स्मृतियों में डूबी रसकपूर को चिंताग्रस्त समझ मुसाहिब ने कह दिया—"तुम्हें तो यह जानकर खुश होना चाहिए था। लेकिन खुश हो भी तो कैसे? तुमको तो पता ही नहीं कि मोहनराम की जनानी ड्योढ़ी से सुदर्शनगढ़ की अँधेरी कोठरी कहीं अधिक आरामदेह है।"

"मैं समझी नहीं। जनानी ड्योढ़ी इस कैदखाने से भी भयानक कैसे हो सकती है?"

"हो सकती है, यदि वहाँ का संरक्षक मोहनराम और आवासिनी रसकपूर हो। तब जनानी ड्योढ़ी किसी 'रौरव नरक' से कम सिद्ध नहीं होनी थी।"—मुसाहिब ठठाकर हँस पड़ा—"आखिर मोहनराम अपना अपमान भूला थोड़े ही होगा। तुमने भी तो महारानियों, पड़दायतों, दासियों-बाइयों के सामने, उसकी साथियों सहित जोरदार पिटाई

करवाकर, उसके रुतबे की ऐसी-तैसी कर दी थी। अब उसका वक्त आया था। अवसर मिलने पर वह तुम्हारी कल्पना से अधिक भयानक सिद्ध होता।"

"मैं उसे मुँह ही नहीं लगाती तो वह मेरा क्या अनिष्ट करता?"—रसकपूर ने कहा—"और फिर उस समय तक भी मैं आधे जयपुर की स्वामिनी जो थी। मुझे हाथ लगाने की हिम्मत उसके पुरखे भी नहीं कर सकते थे।"

खिलखिला उठा मुसाहिब—"वह हिम्मत तो मोहनराम स्वयं ही कर लेता। उसे तनिक-सा भी आभास होता, किसी ने संकेत भी कर दिया होता कि तुम्हें जनानी ड्योढ़ी से दूसरी जगह भी भेजा जा सकता है, तो कल ही तुम उसका विकराल रूप देख लेतीं। तब आज तुम अपने पैरों पर नहीं, दासियों के सहारे लाई जातीं।"

जनानी ड्योढ़ी में मिली मोहनराम की धमकी की उपेक्षा कर, वह पूछ बैठी—"लेकिन वह मेरा कर क्या लेता? खाना नहीं देता, प्यासा रख लेता? लेकिन इससे मैं कोई मर तो नहीं जाती? वैसे भी मैंने कहाँ कुछ खाया-पिया है?"

"इतने वर्ष महलों में ही रही हो, इसीलिए राजमहली चकाचौंध के अँधेरे पक्ष से अनभिज्ञ हो। खूँखार दरिंदे बसते हैं इन महलों में, जो सिर्फ एक ही व्यक्ति का अनुशासन मानते हैं। उसके आदेश पर एक पल तलवे चाटनेवाले, उसकी नजर फिरते ही हिंस्र पशु से भी अधिक भयानक हो उठते हैं। तुम्हारा कोई इस या पिछले जन्म का पुण्य ही काम आ गया जो मोहनराम के चंगुल से इतनी आसानी से बच निकली हो।"

सुनकर विचारमग्न हो गई रसकपूर। पूछ लिया—"जनानी ड्योढ़ी की आवासिनियाँ उससे इतनी भयभीत क्यों रहती हैं? आखिर महाराज का दिल बहलानेवाली स्त्रियों के साथ, उसके ऐसे क्रूर व्यवहार की शिकायत नहीं होती होगी क्या? क्या महाराज जानने के बाद भी उसे दंडित नहीं करते होंगे?"

मुसाहिब की हँसी निकल गई—"यह तो कभी उन आवासिनियों से ही पूछकर देखा होता। तब वे बतातीं कि किस तरह अपना आतंक बनाए रखने के लिए, वह छोटी-छोटी भूलों पर ही क्रूर हो उठता है। भूलें भी क्या? दरअसल, वह तो यंत्रणा देने के बहाने तलाश करता है। शायद स्वयं के अधूरे रह जाने की कुंठा ही उसे प्रतिशोधी बना जाती है। पूरी स्त्री-पुरुष जाति का शत्रु बन बैठता है वह। पुरुषों पर तो उसका वश नहीं चलता, इसलिए ईश्वर के इस अन्याय का आक्रोश वह स्त्रियों पर उतारता है। जनानी ड्योढ़ी की कमनीय कोमलांगियों को निर्वस्त्र कर, चाबुक मारते हुए पूरी जनानी ड्योढ़ी में चक्कर लगवाना तो उसका खास शौक है। अपने कोमल शरीर पर पड़ते सड़ाकों से बिलबिलाती स्त्री, डकराती-चीखती, रक्षा के लिए हर कोना-कोठा फलाँग जाती है। बचाने की हर निष्फल गुहार अंत में मोहनराम के पैरों से लिपटकर क्षमा माँगने पर ही सफल हो पाती है।"

सुनकर काँप उठी रसकपूर। ऐसी ही धमकी कल शाम उसे भी तो दी थी मोहनराम ने। सुनकर कितनी आतंकित हो उठी थी वह। उसे लगा था कि कहीं सचमुच

ही ये दरिंदे उस पर टूट न पड़ें। अपने वस्त्रों की रक्षा के लिए कितना सहम-सिकुड़ उठी थी वह।

मुसाहिब कह रहा था—"निर्वस्त्र कर पेड़ पर या छत के कड़े से उलटा लटकाकर, स्तनों में कीलें ठोक देने के अतिरिक्त, कभी-कभी अधिक क्रुद्ध हो जाने पर वह गुप्तांग पर दहकते कोयले तक रखवा देता है। यह सब, बल्कि इससे भी अधिक, तुम्हें देखना-भोगना पड़ता, रसकपूर! अब कहो, जनानी ड्योढ़ी से सुदर्शनगढ़ की अँधेरी कोठरी आरामदेह होगी या नहीं?"

सुनकर थरथरा उठी अर्धराजिन। यह मोहनराम तो मनुष्य के वेश में दरिंदे से भी भयानक है। इसीलिए आवासिनियाँ उसके नाम से थर-थर काँपती हैं। अपनी शंका निवारण के लिए पूछ लिया—"राजमहल परिसर में होनेवाले इस अत्याचार से महाराज अनभिज्ञ हैं अथवा इसमें उनकी भी परोक्ष सहमति होती है?"

"महाराज तक ये बातें पहुँचती ही कहाँ हैं?"—मुसाहिब ने धीमे स्वर में कहा—"वे तो अपने रागरंग में ही मस्त रहते हैं। हर रात नई स्त्री के साथ अभिसार के बाद, भोर होते ही उसे भूल जाना महाराज का सहज स्वभाव है। अभिसार के बदले जो कुछ भी देना-दिलाना होता है, उसी रात मिल जाता है। भोर होते ही, उन बेजान स्वर्णाभूषणों को निहारते-कोसते अपनी जवानी गलाने के लिए, वे जनानी ड्योढ़ी के दूसरे भाग में पहुँचा दी जाती हैं। जहाँ महाराज के कभी पैर पड़ना तो दूर, उनकी स्मृति तक नहीं पहुँच पाती। अगली रात आनेवाली नई स्त्री, गत रात्रि में भोगी युवती की स्मृति नष्ट कर जाती है।"

"तो क्या महाराज तक कभी कोई शिकायत ही नहीं पहुँची?"

"पहुँची है····एक-दो बार ऐसे भी अवसर आए, जब किसी पुरानी रखैल की याद आने पर महाराज ने उसे बुलवा लिया और उसने अवसर पाकर मोहनराम की शिकायत कर दी। क्रुद्ध महाराज द्वारा मोहनराम को तत्काल बुलवाने पर, वह भागता हुआ पहुँचा और शिकायत जानकर सहज स्वर में कह गया, 'अन्नदाता! इनकी एक आज्ञा का उल्लंघन करने के कारण ये मुझसे क्रुद्ध हो गई हैं। और उस आज्ञा के ब्योरे में उसने ऐसी-ऐसी अश्लील बातें कहीं कि जगतसिंह के नेत्रों में फैला उपहास, शिकायत करनेवाली को लज्जा से सिकुड़ा-सिमटा गया। अगली सुबह जनानी ड्योढ़ी में लौटने पर, मोहनराम का कोप उस पर गाज बनकर गिरा। सब आवासिनियों को चौक में बुलवाकर, उनके बीच उसे निर्वस्त्र करके, दो नादरों ने उसके पैर पकड़कर विपरीत दिशाओं में खींचना आरंभ किया। भयानक वेदना से वह डकराने लगी थी। रहम की भीख माँगने पर भी उसे मुक्ति नहीं मिली। तब अनेक वरिष्ठ आवासिनियों ने मोहनराम से हाथ जोड़कर प्रार्थना की और भविष्य में कभी किसी प्रकार की शिकायत न होने की जिम्मेदारी ली, तभी उसे इस भयानक यंत्रणा से मुक्ति मिल पाई थी।"

इस बीभत्स घटना के बारे में सुनकर ही रसकपूर की झुरझुरी छूट गई।

अंग-प्रत्यंग भय से थरथरा उठे। काफी समय तक तो उसके मुँह से बोल भी नहीं फूटे। रोकते-रोकते भी रह-रहकर उसके शरीर से भय का आवेग झुरझुरी बनकर फूट पड़ता। किसी तरह भय पर नियंत्रण कर धीरे से कहा—"तब तो सुदर्शनगढ़ भिजवाकर महाराज ने मुझ पर उपकार ही किया है।"

"महाराज ने नहीं, बाईजी !"—मुसाहिब मुसकराया—"इसके लिए तो तुम सामंतों का उपकार मानो। वह भी खासतौर से दूनी, चौमूँ, सामोद, वाटिका आदि के ठाकुरों का, जिन्होंने तुम्हें जनानी ड्योढ़ी में रखे जाने का तीव्र विरोध करते हुए, राजद्रोहियों और भयानक अपराधियों के लिए सुरक्षित सुदर्शनगढ़ में कैद करने की माँग की थी। उन्हें मोहनराम के कारनामों का पता जो नहीं था। वरना तो तुम्हें यहाँ से हटाने की जगह, वहीं रखे जाने की माँग करते। लगता है तुम्हारे भाग्य का सितारा अभी पूरी तरह डूबा नहीं है।"

□

सुदर्शनगढ़ के अँधेरे तहखाने में घास के बिस्तर पर बैठी रसकपूर की आँखों में चंद्रमहली सपने अब भी जगमगा रहे थे। वहाँ अब भी नृत्य-पान गोष्ठियाँ हो रही होंगी। महल का कोना-कोना जगमगा रहा होगा। उसके प्रियतम महाराज विलासमग्न होंगे। लेकिन वह हतभाग्या यहाँ अँधेरे तहखाने में, चमगादड़ों के शोर और दुर्गंध के बीच, पुआल पर मलिन वस्त्रों में लिपटी, अपने सौभाग्य-सूर्य का अस्ताचल-गमन देख-भोग रही है। जंगली पशुओं की गुर्राहटों-दहाड़ों से वातावरण और भी भयानक हो चला था। तहखाने के लौह सलाखोंवाले मजबूत द्वार में से चमगादड़ों का निर्बाध प्रवेश, रह-रहकर आतंकित कर जाता था। उसको लगभग छूते हुए उड़ान भर रहे थे, वे मांसाहारी पक्षी। चादर ओढ़कर उनसे मुक्ति पाने का प्रयास गरमी ने निष्फल कर दिया। कुछ ही देर में वह पसीने से नहा उठी। परेशान हो चादर हटाई तो फिर से चमगादड़ों की उड़ानें आरंभ हो गईं।

किले के चारों ओर फैले सघन वन में दूर कहीं बघेरा गुर्राया। उसके जबड़े में फँसे शिकार का आर्त्तनाद रसकपूर को कँपा गया। उसे लगा कि बघेरे के जबड़े में जैसे वह स्वयं ही फँस गई है। एक बघेरा नहीं, बल्कि बघेरों का पूरा दल ही उसे फाड़ खाने को टूट पड़ा है। क्रूर, निर्मम, विश्वासघाती बघेरे जैसे ही तो हैं ये सामंतगण। उसी के अनुरूप प्रकृति पाई है इन्होंने भी। स्वयं का पेट भरा होने पर भी हत्या से बाज न आनेवाले बघेरे की तरह, ये सामंत भी तो बिना कारण ही उसका शिकार कर रहे हैं। वरना क्या छीना था उसने इनका, जो भूखे भेड़ियों की तरह उस पर टूट पड़े हैं? आवश्यकतानुसार, सबको सम्मान ही दिया था उसने। फिर भी वे शत्रु ही बने रहे।

किले की दीवार के नीचे कोई सिंह दहाड़ा। एकदम पास सुनी गर्जना से रसकपूर उछल पड़ी। भय से थर-थर काँपने लगी। लगा कि वह हिंस्र पशु अभी छलाँग लगाकर उसे आ दबोचेगा। वह भूल गई कि किले की ऊँची प्राचीरों को लाँघ पाने का सामर्थ्य

किसी पशु में तो क्या, मनुष्य में भी नहीं है। जीवन में ऐसी भयावहता की उसने कभी कल्पना भी नहीं की थी। कहाँ देखा-सुना था उसने जीवन के इस रंग के बारे में। मेघ-गर्जना से भी डरकर, प्रियतम के वक्ष से चिपक जानेवाली उस भीरु के प्राण, इन भयानक वन्य-प्राणियों की गर्जना से नहीं निकले, यह कम आश्चर्य नहीं था। भय-निवारण के लिए प्रियतम का भुज-आलंब खोज पाने में असमर्थ रसकपूर, कटे पेड़-सी घास पर गिर, फूट-फूटकर रो पड़ी—"महाराज !···मेरे प्रियतम !···क्या अपराध हो गया था मुझसे ?···जिसके लिए इस प्रकार···दंडित कर रहे हो···प्राणाधार ! अनजाने में हुए किसी अपराध के लिए···एक बार मुझसे पूछ तो लिया होता··· । यहाँ···अपने से दूर भेजने की जगह···अपने हाथों से मार डालते···तो धन्य हो जाती मैं··· । विरह की यह प्राणांतक पीड़ा तो नहीं झेलनी पड़ती··· ।"—करुण स्वर में रसकपूर कलप उठी—"हे विधाता !···हे धूर्जटि !···हे कन्हैया !··· हे अल्लाहताला···परवरदिगार ! कोई तो मेरी विनती सुन लो···मुझे अपने पास बुला लो ।···अपने प्रियम से अलग रहकर···मैं जीना नहीं चाहती···अपनी दी हुई जिंदगी वापस ले लो···मेरे कान्हा ! मेरे कैलाशी !···मेरे पाक परवरदिगार··· !"

हिलक-हिलक कर रोते हुए रसकपूर की हिचकियाँ बँध गईं। द्वार की ओट में खड़ा सुदर्शनगढ़ का किलेदार ठाकुर भूरसिंह भी सुनकर स्तब्ध रह गया। विरहिणी रसकपूर का महाराज के प्रति ऐसा अनन्य प्रेम देख, वह विकल हो उठा था। हृदय की गहराइयों तक रचे-बसे प्रेम की कहानियाँ तो सुनी जाती हैं—हीर-राँझा, सोहनी-महिवाल, लैला-मजनूँ ढोला-मारू आदि न जाने कितने नाम और उनका एक-दूसरे के प्रति अनन्य अनुराग। लेकिन यह तो इन सबके समर्पण को भी पीछे छोड़ चली थी। सुनकर चाहे किसी को विश्वास न हो···लेकिन जो कुछ मैंने देखा, वह भला और कौन देख पाएगा··· ? स्वयं महाराज भी नहीं···कहाँ है उनके भाग्य में ऐसे प्रेमार्पित मन-कुसुम की सुरभि में मत्त-मदमूर्च्छित होना। धन्य है यह रसकपूर और सहानुभूति के पात्र हैं महाराज।

रसकपूर की वेदना से नम हो चली अपनी आँखें पोंछता, जगतसिंह का परम विश्वस्त अधेड़-दुर्धर्ष राजपूत योद्धा, निःशब्द वहाँ से प्रस्थान कर गया। हिलक-हिलककर रोती रसकपूर की सुबकियाँ कब निद्रा में बदल गईं, उसे पता ही नहीं चला।

□

अगले दिन जैसे चमत्कार हुआ। अर्धमूर्च्छित-सी पड़ी रसकपूर के सिर पर स्नेहिल हाथों के स्पर्श के साथ, मृदु-कोमल स्वर कानों में पड़ा—"बेटी रसकपूर ! उठो। देखो, दिन चढ़ आया है···उठो बेटी ! नहा-धोकर अल्पाहार कर लो।"

स्वप्न ही तो प्रतीत हुआ यह सब। ये सारे मीठे संबोधन, लाड़-चावले, मान-मनुहार स्वप्न की ही तो बातें रह गई थीं। सुनकर मन गुदगुदा उठा था। तंद्रागुंफन उधेड़ती चेतना को बरबस रोककर, रसकपूर पुनः उसी तंद्रा में डूब गई। यथार्थ नहीं···स्वप्न ही सही···किंतु सुख तो है। कुनमुनाती रसकपूर के रूखे-उलझे केशों पर

हाथ फेरते हुए, भूरसिंह ने अपने रूखे-कठोर कंठ-स्वर में यथासंभव कोमलता घोलते हुए पुनः कहा—"उठोगी नहीं बेटी ! देखो सूरज सिर पर चढ़ आया है।"

'बेटी' संबोधन उसे बचपन के स्मृति-प्रवाह में बहा ले गया। ऐसे ही तो जगाते थे उसे पं. शिवनारायण मिश्र। और वह सिर पर फिरता उनका हाथ, अपने छोटे-छोटे हाथों से दबाकर कह उठती थी, "बाबा ! अभी सवेरा कहाँ हुआ ? मुझे नींद आ रही है।"

सुनकर रो ही तो पड़ा अधेड़ किलेदार भूरसिंह। 'बाबा' कहकर, रसकपूर ने उसका हाथ अपने सिर पर थामकर वही सब कुछ तो कह दिया था। कठोर नेत्रों में छलके अश्रुबिंदु अनायास मोती-से टपक पड़े। कपोलों पर गिरे अश्रुबिंदुओं ने अचानक चैतन्य कर दिया रसकपूर को। सपनों के मादक गुंफन से अनायास ही मुक्त हो, उसने आँखें खोलीं। किलेदार की अधपकी, घनी दाढ़ी-मूँछों में छिपे चेहरे के बीच दिखाई देनेवाली कठोर आँखों में तैरता सागर, रसकपूर को हड़बड़ा गया। चैतन्य हो तेजी से उठ बैठी। किंतु चैतन्यावस्था में भी स्वप्न जैसे पीछा नहीं छोड़ रहे थे। 'बेटी' संबोधन तो भले ही स्वप्न की बात थी, लेकिन किलेदार की आँखों में आँसू ? वह भला क्यों रो रहा था ? कितना कठोर आचरण था कल उसका। एकदम रूखे और नपे-तुले-से अंदाज में, उसने कारागर की बही में उसका नाम दर्ज कर, पूर्वी तहखाने की तीसरी कोठरी में बंद कर आने का आदेश दे दिया था। कोठरी में अन्य कैदियों के समान ही घास का बिछौना, एक मटका, थाली, रकाबी और लोटा था। उसी में धकेलकर बाहर लगा दिया गया था ढाई सेर वजनी ताला। खाने में भी बाजरे की रोटी पर दो प्याज रखकर, जंगले के नीचे से सरका दिए गए थे। वेग से सरकाई गई लोहे की थाली घास के बिस्तर से टकराकर उलट गई थी। रोटियाँ और प्याज धूल में जा गिरे थे।

रसकपूर ने आँख उठाकर भी उस ओर नहीं देखा था। भूख होने पर ही तो रोटियाँ दिखाई देती हैं। उसकी भूख-प्यास तो जनानी ड्योढ़ी में पहुँचते ही मर गई थी। देह का भी अपना धर्म होता है। लेकिन न जाने क्यों, उसकी देह अपने सभी धर्म भूल बैठी थी। भूख-प्यास, स्नान-निवृत्ति आदि सभी कुछ। पूरे दो दिन हो चले थे उसे अन्न-जल ग्रहण किए हुए। किंतु उसे तो इन सबका आभास भी नहीं हुआ था। न भूख लगी और न ही प्यास से कंठ अवरुद्ध हुआ। मन-प्राण का कहीं और जुड़ाव, देह धर्म तक विस्मृत कर बैठा था।

किलेदार को देख तेजी से उठने के प्रयास में वह लड़खड़ा गई, तो भूरसिंह ने उसे सहारा देकर बैठा कर दिया। कोठरी में चारों ओर दृष्टि घुमाकर, अपनी बंदी अवस्था का विश्वास कर लेने के बाद, वह उस जीते-जागते आश्चर्य की ओर देखने लगी। किलेदार के सजल नेत्र किसी विस्मय से कम नहीं थे। अस्फुट स्वर में पूछ बैठी—"किलेदारजी ! आप ! यहाँ ? और इस स्थिति में ? जानते नहीं, मुझे राजद्रोह के अपराध में यहाँ भेजा गया है।"

"राजद्रोहियों को देखते-भुगतते और उन्हें यातना-मृत्युदंड देते हुए ही इस जीवन

के अठारह वर्ष गुजार चुका हूँ। यह सब करते हुए मेरे मन में कहीं कुछ भी नहीं अटकता।"—किलेदार भूरसिंह के होंठों पर क्षीण-सी मुसकान थी—"लेकिन तुझ जैसा राजद्रोही पहली बार देख रहा हूँ। हाँ बेटी! किसी राजभक्त को राजद्रोही के रूप में पहली बार ही तो देख रहा हूँ।"

"किलेदारजी!"—विस्मित रसकपूर कह उठी।

"मेरा नाम भूरसिंह है, विद्रोहिणी!···तू चाहे तो मुझे 'ददुदा' कहकर बुला सकती है।"—आत्मीय संबंध स्थापित करने के प्रयास में अधेड़ किलेदार की आँखें पुनः भीगने लगी थीं।

आँखों से मन का भाव पढ़कर रसकपूर ने धीरे से पूछ लिया—"और तुम्हें 'बाबा' कहूँ तो?"

"तो मैं निहाल हो जाऊँगा, बेटी! मेरी अपनी कोई बेटी नहीं, तेरी जैसी राजद्रोहिणी को बेटी बनाकर मैं धन्य हो जाऊँगा।"—आँखों की कोरों का बाँध तोड़ने को बेचैन आँसुओं को बलपूर्वक रोककर भूरसिंह ने मुसकराते हुए कह दिया।

किले की पाषाणी दीवारों और अपराधियों को मिलती यंत्रणाओं से निकलते वेदना-स्वरों के बीच आत्मीय स्पर्श पाकर रसकपूर बिखर गई। अपने एकांत प्रवास के साथी आँसुओं को किसी अन्य की दृष्टि से बचाए रखने को संकल्पित अर्धराजन, किलेदार के गले लगकर बिलख उठी—"बाबा!···बाबा!···कहाँ से आ गए हो देवदूत-से, मेरे अपने बनकर···इस घड़ी में?···जब मेरी परछाईं ने भी साथ छोड़ दिया।···मेरे एक बाबा को आत्महत्या करनी पड़ी···दूसरे को भगवान् ने बुलाकर···मुझे जीवन के मरुस्थल में ला पटका···नहीं, नहीं···आपको बाबा कहकर···उस नियति की निमित्त नहीं बनूँगी। मेरी काली जुबान···जिसे भी पिता कहती है···वही अचानक हमेशा के लिए दूर चला जाता है।···मैं अपनों को फिर से खोना नहीं चाहती···आप तो मेरे लिए किलेदारजी ही बने रहें।"

लाड़-भरी चपत लगाते हुए भूरसिंह हँस पड़े—"ना री, बावली। तुझे भ्रम है कि तेरे 'पिता' कहने से वे मृत्यु को प्राप्त हुए।···उन्हें तो जाना ही था। दीनारामजी नब्बे वर्ष के हो गए थे···पं. शिवनारायण मिश्र भी साठ से कम के तो क्या रहे होंगे? किंतु राजकोष में गबन के आरोप से घबराकर उन्होंने विषपान कर लिया···लेकिन मैं भावुक ब्राह्मण नहीं···जुझारू राजपूत हूँ।···तू मुझे 'बाबा' कहकर तो देख।···मैं आसानी से मरने वाला नहीं हूँ···कम-से-कम तेरी आँखों के सामने तो नहीं मरूँगा।"

"क्या मतलब?"—चिंहुक उठी रसकपूर—"क्या मेरी जिंदगी इतनी कम··· ?"

"राजद्रोह के अपराधी के जीवन का क्या भरोसा!"—भूरसिंह की आँखें फिर भर आईं—"महाराज को तुम्हारे बारे में कब, क्या निर्णय लेना पड़ जाए, यह तो वे स्वयं भी नहीं जानते।···परिस्थितियाँ···राजनीतिक दबाव···और तुम्हारा अपना भाग्य ही इसमें निर्णायक सिद्ध होंगे।"

फिर भावनाओं पर बलात् नियंत्रण कर हँस उठे—"यह सब तो जब होगा, तब होगा। अभी तो तुम नहा-धोकर तैयार हो जाओ। अब तुम मेरी बेटी बन गई हो, तो इस कोठरी का भी कुछ तो करना ही होगा। नित्यकर्म और स्नान के लिए पानी रखवा दिया है। यहाँ तुम्हारे अतिरिक्त कोई अन्य महिला तो है नहीं···इसलिए आवश्यकता पड़ने पर मुझे ही आवाज दे देना···अथवा इस बूढ़े बदलू को छोड़े जाता हूँ···यह तुम्हारी आवश्यकताएँ पूरी कर देगा।"

तीन दिनों से सुलगते-दहकते मन को शीतल जल से दबाती-बुझाती रसकपूर नहाती ही रह गई। पाँच घड़े जल समाप्त हो जाने पर, बदलूसिंह की दंतविहीन आवाज सुनाई दी—"और नहाना हो तो चलो, किले के तालाब में ही डुबकी लगवा लाऊँ।"

चैतन्य हो उठ बैठी रसकपूर। हाथों से ही गीला बदन पोंछते हुए अचानक उसका ध्यान पास रखे तौलिए और नए वस्त्रों पर पड़ा। चिंहुक उठी वह। कारागार में नए वस्त्रों के साथ तौलिया भी···! फिर कोई स्वप्न आरंभ हो गया प्रतीत होता है। चेहरे पर पानी के छपके देकर स्वयं को चैतन्य किया तो सब कुछ यथार्थ प्रतीत हुआ। सूती थे तो क्या हुआ···थे तो नए वस्त्र। उन्हें पहन, प्रसन्नमन अपनी कोठरी में लौट आई।

कोठरी में प्रवेश करते ही वह स्तंभित रह गई। कायाकल्प हो जाने से कोठरी जैसे उसकी अपनी नहीं रह गई थी। आनन-फानन जाले-धूल साफ कर, फुरती से कलई भी पोती जा चुकी थी। गंदगी साफ हो जाने से ताजा धुला फर्श भी चमक उठा था। उसकी सामने और दोनों ओर की छोटी कोठरियाँ भी साफ-स्वच्छ हो, अपेक्षाकृत जगमगा उठी थीं। उनमें अब वैसा अँधेरा नहीं रह गया था। उसका घास का बिस्तर, मटका, लोटा, थाली आदि सभी गायब थे।

स्तंभित रसकपूर को देख दंतविहीन बदलूसिंह पोपली हँसी हँस दिया—"हाँ, हाँ, यही है तुम्हारी कोठरी। अब तुम किलेदारजी की बेटी हो गई हो ना, इसी से साफ-सफाई करवा दी है। रहना तुम्हें अंत-पंत यहीं होगा।"

बदलूसिंह के जाते ही एक युवक राजपूत भीगे चने और दूध से भरा गिलास लिये आ पहुँचा। हाथ खाली करके प्रणाम किया—"जीजी ! पायलागी।"

संबोधन सुनकर, अपने दीर्घ-सुचिक्कण केश सुलझाती रसकपूर के हाथों से कंघी छूट गई। इस नए स्वजन की ओर देखती रह गई—"क्···कौन हो तुम ?"

"आपका छोटा भाई···रूपसिंह !···किलेदारजी के आदेश से आपके लिए अल्पाहार लाया हूँ।"—युवक के होंठों पर स्मित हास्य तैर उठा।

'रूपसिंह !···रत्नसिंह···रत्नसिंह ···रूपसिंह···' स्मृतियों के थपेड़ों से एकाएक बैचेन हो उठी रसकपूर। अगले ही पल विषैली नागिन-सी फुफकार उठी—"निकल जाओ मेरे कक्ष से···दुष्ट ! नीच !··· भाई बनकर धोखा देने अब तू आ पहुँचा ?···नहीं चाहिए तेरे हाथों का छुआ यह अन्न···"—हाथ के प्रहार से रकाबी और गिलास उलटती हुई वह चीख उठी।

हतप्रभ रूपसिंह भागता हुआ कोठरी से निकल गया। रसकपूर की स्नान से आई ताजगी, एक ही पल में नष्ट हो गई। थके कदमों से वहीं बैठ, हथेलियों में मुँह छुपाकर रो पड़ी। कुछ ही क्षणों में भागते हुए भूरसिंह के कदम वहाँ आकर थमे। माथे पर हाथ रखकर हाँफते-स्निग्ध स्वर में बोले—"क्यों नाराज हो उठी है हमारी बेटी? क्या रूपसिंह ने तुम्हारा कुछ अपमान किया था?"

"नहीं, बाबा! अपमान नहीं···उसने तो मेरे प्राण ही निकाल लिये थे।"—रसकपूर भूरसिंह का हाथ थामकर बिलख उठी—"इस 'भाई' संबोधन ने मुझे सबसे अधिक छला है। शत्रुओं से अधिक विनाश मेरा यह 'भाई' कर गया है। बाबा!···कृपा करके सबसे कह दो···कोई मुझे यह संबोधन न दे···वरना मैं उसका खून पी जाऊँगी।···या फिर इन दीवारों से सिर टकराकर आत्मघात कर लूँगी।"

"भूल उससे नहीं, तुझसे हुई है, बेटी!"—रसकपूर का माथा सहलाते हुए भूरसिंह बोले—"वर्णसंकरों के लिए संबंधों का भले ही कोई अर्थ न हो। लेकिन कुलीन लोग संबंधों के लिए प्राण देते और लेते आए हैं।···बेटी! यहाँ तुझे बहिन कहनेवाला कोई दोगला दरोगा रत्नसिंह नहीं था।···वह था कछवाहा वंश का···भगवान् राम का वंशज राजपूत···जो अपने मुँह से निकले शब्दों को लौटाना नहीं जानता···। संबंधों के लिए प्राण देना और ले लेना उसका सहज-सामान्य जीवन-धर्म होता है।···मैं मानता हूँ कि जयपुर के ये कछवाहे मुगलों को बेटियाँ दे-देकर, अपना राज्य सुरक्षित रखते रहे हैं।···लेकिन आन-बान के धनी हम राठौड़ों ने भी तो यही किया है।···और फिर राजपूताने का कौन-सा राज्य बेटियों के ऐसे समर्पणों से स्वयं को बचा पाया है?···अकेले मेवाड़ की बात जाने दो···वह तो मात्र अपवाद है···वरना हम राजपूतों ने अपनी बेटियाँ दे-देकर ही तो राज भोगा है। फिर भी अब तक बाप ही अपनी बेटियों का डोला, मुगल बादशाहों को भिजवाते रहे हैं।···मैं विश्वास दिलाता हूँ, बेटी! कि डोला भिजवानेवालों में एक भी 'भाई' नहीं था।···वह हो भी नहीं सकता था···सत्ता और सुरक्षा का मोह, वार्धक्य में ही उत्पन्न होता है···तरुणावस्था में नहीं। तब तो बहिन-बेटी की ओर उठनेवाली आँख निकाल फेंकने का उबाल रहता है मन में।···राज्यलिप्सा··· स्वार्थ आदि सब दुर्गुण तो बाद में पाँव पसारने लगते हैं।"

सुनकर विस्मित रह गई रसकपूर। राजपूतों के विलासी षड्यंत्री जीवन का यह भी एक नया पक्ष था। इस पर भी अनिश्चय की स्थिति में अटकी रसकपूर ने कह दिया—"बाबा! इसी संबंध ने मुझे सर्वाधिक क्षति पहुँचाई है। महाराज की नजरों में मेरा मान गिराया है। मेरे आचरण के प्रति संदेह पैदा किया है।"

"रत्नसिंह की ही बात कर रही हो ना?"—भूरसिंह हँस पड़े—"अरे! वह तो गोला-दरोगा था।···उसे तो पटरानी ने षड्यंत्रपूर्वक, तुम्हें बदनाम करने के लिए ही तुम्हारे पास रखवाया था···यह बात महाराज स्वयं भी तो जान चुके हैं। उस दिन तुमने पटरानी के मुँह से ही तो सब कुछ उगलवा लिया था। महाराज ने स्वयं अपने कानों से

सब कुछ सुन भी तो लिया था। फिर भला उसके बारे में क्या सोचना?"

"लेकिन बाबा! इस संबंध के प्रति मेरी आत्मीयता मर चुकी है। अब मैं किसी और को इस रूप में स्वीकार नहीं कर पाऊँगी। आप अपने सैनिकों से कह दें कि वे मुझे चाहे जो संबोधन दें····तू-तड़ाक से लेकर गाली तक दे डालें····लेकिन इसे अपनी जबान पर न लाएँ।"

"ठीक है, यही होगा, बेटी! कोई भी तेरी भावना को ठेस नहीं पहुँचाएगा। अब, अपने बाबा के हाथ से अल्पाहार कर ले।"—भूरसिंह हँस पड़े—"वैसे समय तो भोजन का हो चला है। फिर भी अपनी बिटिया को अभी मैं अल्पाहार ही कराऊँगा।"

अधेड़ भूरसिंह के हाथों भीगे चने खाती रसकपूर को उनके कसैले स्वाद में भी अनोखी मिठास प्रतीत हुई। ढेर सारी ना-नू के बीच, उसके होंठों से दूध का गिलास लगाकर, उसके खाली हो जाने के बाद ही चैन की साँस ली भूरसिंह ने। चलते हुए कहा—"चलूँ! अब मैं भी अल्पाहार कर लूँ।

"तो क्या अब तक आप भी भूखे ही बैठे थे?"—रसकपूर बौखला उठी।

"बिटिया भूखी हो और बाप खा ले, ऐसा कभी हुआ है?"—सरल हास्य से रस-सिक्त करते भूरसिंह उठ गए।

चौदह

रसकपूर पर मुकदमा चलने की खबर पूरे जयपुर राज्य में फैल गई। पनघट-चौराहों से लेकर नृत्य-पान-गोष्ठियों तक चर्चा का एक ही विषय था—अर्धराजन का पतन और उसे लेकर सबकी अपनी-अपनी अटकलें। कोई महाराज की आलोचना करता, तो कोई सामंतों को कोसने लगता था। इनसे परे किसी-किसी के स्वर रसकपूर को भी दोषी घोषित कर जाते थे। जितने मुँह उतनी ही बातें। अपने-अपने दावे, अपनी-अपनी अटकलें। धीरे-धीरे बात फैल ही गई कि अर्धराजन को सुदर्शनगढ़ में कैद रखा गया है। चर्चाओं के दौरान बरबस ही लोगों की नजरें उत्तर-पश्चिम की ओर उठ जाती थीं। इसी किले में कहीं कैद है अर्धराजन। लेकिन कहाँ? कोई नहीं जानता। कई साहसी तो दिशा-मैदान के बहाने, लोटा हाथ में थामे किले का चक्कर तक लगा आए थे। शायद किसी बुर्ज या तीरकश से उसकी झलक मिल जाए। लेकिन ऐसा भला कहाँ संभव था?

दोपहर का भोजन कर चुकने के बाद, किलेदार भूरसिंह राठौड़ के सामने भोली बालिका-सी पालथी मारकर बैठी रसकपूर ने पूछ लिया—"ये लो, भोजन भी कर लिया। अब तो महल के समाचार बताओ, बाबा!"

भूरसिंह उसके सरल स्वभाव और भोलेपन पर मुग्ध हो उठे। आँखों में तैर उठे वात्सल्य की चमक के पीछे कहीं विषाद की कालिमा भी घुल गई थी। कैसे बताएँ उसे यह अशुभ समाचार। लेकिन उन्हें कुछ कहना नहीं पड़ा। न जाने कैसे पढ़ ली रसकपूर ने उनकी आँखों की भाषा और पूछ बैठी—"कोई अशुभ समाचार नहीं दे पा रहे हो न, बाबा! क्या हुआ है?····महाराज तो सकुशल हैं न?"

"हाँ, वे तो स्वस्थ-प्रसन्न हैं।"—किलेदार ने शंका-समाधान कर दिया।

चैन की साँस लेते हुए रसकपूर ने कहा, "तब तो सब ओर कुशल ही कुशल है। महाराज के मंगल से अधिक सुखद समाचार और क्या हो सकता है? अब लगे हाथों वह खबर भी दे ही डालो, जिसे छुपाने का प्रयास करके भी छुपा नहीं पा रहे हो।"

"कौन-सी खबर?"—भूरसिंह हड़बड़ाए।

"वह तो तुम बताओ बाबा!····क्या आदेश आया है मेरे लिए? मृत्युदंड तो नहीं हो सकता····। तब तुम मात्र चिंतित दिखाई नहीं देते।····अंदर से पूरे बिखर गए होते तुम····। अब कह भी डालो, जो कुछ भी अच्छा-बुरा आदेश हो।"

"तुम पर मुकदमा चलाए जाने का समाचार मिला है।"—थोड़ी ऊहापोह के बाद भूरसिंह ने कह ही दिया—"मुकदमा भी राजद्रोह का···सिद्ध हो जाने पर जिसकी एक ही सजा होती है···प्राणदंड। यह ठीक नहीं कर रहे हैं महाराज। सामंतों का दबाव क्या उन्हें इतना कमजोर बना गया है?"

सुनकर हँस पड़ी रसकपूर। प्रसन्नता का अबीर उसके गालों पर फैल गया। नेत्रों में उत्साह का नर्तन होने लगा। अंग-प्रत्यंग, हर्ष-रोमांच से थिरक उठा। मुदित मन सपनों में डूबती-उतराती-सी बोली—"कितना सुखद समाचार सुनाया है आपने। एक तो आप मेरे बाबा हैं, दूसरे इस समय मेरे पास देने को कुछ भी तो नहीं है। वरना तो ऐसा समाचार देनेवाले को मैं मुँहमाँगा पुरस्कार प्रदान करती।"

"पागल तो नहीं हो गई है तू? जो इस मनहूस खबर को अच्छी कह रही है—भूरसिंह झुँझला उठे—"राजद्रोह का अभियोग भी भला किसी के लिए प्रसन्नता का कारण बना है?"

"लेकिन मेरे लिए बना है। और यह तुम नहीं समझोगे, बाबा!"—रसकपूर का हर्षावेग रोके नहीं रुक रहा था—"अरे! अभियोग चलने की स्थिति में सफाई के लिए मुझे भी तो बुलाया जाता रहेगा। उस बहाने मैं अपने प्रिय को फिर से देख तो पाऊँगी। जिनके दर्शनों की आशा तक छोड़ बैठी हूँ···उन्हें बार-बार निकट से निहार तो सकूँगी। मुझे कौन-सी सफाई देनी है···मुझे तो महाराज भरनजर देखने को मिल जाएँ···फिर भले वे मृत्युदंड ही क्यों न सुना दें।···उनका दंड पाकर भी मैं तो निहाल हो जाऊँगी, बाबा! उनके हाथों दूसरे लोक में जाने की मेरी साध भी पूरी हो जाएगी।"

सुनकर स्तब्ध ही तो रह गए भूरसिंह। ऐसा अनुरागी समर्पण किसी मानवी का तो नहीं हो सकता। तब क्या यह किसी अन्य लोक की शापित स्त्री है? जो अपनी शाप अवधि पूरी करने इस लोक में आ गई है? भर आए मन का उफान दबाकर धीरे से कह उठे—"तेरी मन की सभी साधें पूरी हों, बेटी!"—उसके मस्तक को अपने हाथ का स्नेहिल स्पर्श देकर वे तेजी से चले गए।

□

लेकिन ऐसा हो नहीं पाया। राजसी न्याय में राजा की इच्छा-सुविधा ही तो सर्वोपरि होती आई है। अपराधी के दंड या मुक्ति का आधार महाराज का मन ही होता है। मन में कटुता आने पर निरपराधी भी मृत्युदंड पा जाता है, जबकि परिस्थितियों का तकाजा अपराधी को भी क्षमा दिला देता था। न्याय का दिखावा चाहे जितना भी किया जाए, लेकिन इस आडंबर के बाद भी यथार्थ अपनी जगह चिरंतन सत्य की तरह स्थापित रहता था। गवाह चाहे जो कहें, लेकिन निर्णय पूरी तरह महाराज की सुविधा-मनस्थिति के अनुरूप ही होते थे। कोई भी तर्क-प्रार्थना सत्ताधीश के मनोनुकूल होने पर ही स्वीकार हो सकती थी।

रसकपूर के साथ भी यही हुआ। राजद्रोह जैसे भयानकतम अपराध का अभियोग,

अभियुक्त की अनुपस्थिति में ही आरंभ हुआ। 'दीवानेआम' में सामंतों, जागीरदारों, अहलकारों की उपस्थिति में अभियोग की सुनवाई आरंभ हुई। अभियोग-सूची प्रस्तुत करते हुए, जयपुर राज्य के नवनियुक्त प्रधानमंत्री मानजीदास ने कहा—"महाराज की कृपा से जयपुर राज्य की अर्धराजिन बनी रसकपूर नामक एक औरत ने, अन्नदाता से विश्वासघात करके राजद्रोह किया है। उसके विरुद्ध राजकोष में गबन करने, महाराज के विरुद्ध सेना तैयार कर उन्हें सिंहासन से हटाने का षड्यंत्र रचने, राज्य के शत्रु अमीरखाँ से साँठगाँठ करके, उसे जयपुर पर आक्रमण के लिए आमंत्रित करने के अतिरिक्त उसकी लूट में से हिस्सा भी प्राप्त करने, राज्य का खजाना खाली करके महाराज की आर्थिक स्थिति दयनीय बनाने आदि राजद्रोह के आरोपों के साथ ही, उस पर चारित्रिक आरोप भी हैं। अपने रूपजाल से महाराज को मुग्ध कर, महल में अपना वर्चस्व स्थापित करने के बाद, उसने न केवल श्रेष्ठ राजपूत कुलों से आई महारानियों तक को अपमानित किया, अपितु महाराज के सहज विश्वासी स्वभाव का लाभ उठाकर, उन्हें दोनों हाथों से भरपूर लूटा भी है। इस पर भी उसके प्रेम में महाराज के प्रति निष्ठा नहीं थी। महाराज के युद्ध में जाते ही वह वास्तविक स्वरूप में लौट आई और एक युवक रत्नसिंह के साथ रंगरेलियाँ मनाने लगी। इतना ही नहीं, उसने अपने पूर्व प्रेमी केशव से भी संबंध स्थापित कर लिये थे। उसे वह सुरंग के रास्ते बुलवाकर अपने महल में मिला करती थी। वह संकटकाल में जयपुर को अरक्षित छोड़, राजद्रोह के लिए सेना तैयार करने आंबेर चली गई। अंत में उसने गणेशनारायण को महाराज के विरुद्ध सैनिक विद्रोह के लिए तैयार किया, जिसने अपने मित्र खेतड़ी राजा के सहयोग से राज्य का सीकर इलाका लूट लिया था⋯"

सूई गिरे तो उसकी भी आवाज सुनाई दे जाए, ऐसा सन्नाटा छा गया था, दीवानेआम में। दीवान के नाते मानजीदास ने अपने निवेदन का समापन कर दिया—"इन गंभीर अपराधों के आधार पर रसकपूर पर अभियोग चलाने के लिए पर्याप्त साक्ष्य उपलब्ध हैं। यदि आदेश हो तो अभियोग की सुनवाई आरंभ की जाए?"

"आज्ञा है!"—महाराज जगतसिंह ने स्वीकृति प्रदान कर दी—"रसकपूर के विरुद्ध सभी छोटे-बड़े आरोपों से संबंधित साक्ष्य प्रस्तुत किए जाएँ।"

"श्रीजी की जैसी आज्ञा!"—मानजीदास ने कहा—"आरोपों की जाँच दूनी ठाकुर चाँदसिंह ने की है। इस कारण न्यायहित में यह उचित होगा कि वे ही राज्य की ओर से आरोप एवं साक्ष्य प्रस्तुत करते हुए, अभियोग की कार्यवाही का संचालन करें।"

अपनी घनी मूँछों में मुसकान छिपाते हुए दूनी ठाकुर ने खड़े होकर महाराज को प्रणाम किया और कहा—"अन्नदाता के आदेश से की गई मेरी जाँच में, रसकपूर के विरुद्ध अधिकांश आरोप सत्य सिद्ध हुए हैं। अभियुक्त एक छोटे खानदान की और पेशे से तवायफ होने के कारण, कल्पना से भी अधिक धूर्तता की हद तक पहुँची चालाक औरत है। भगवान् से मिली अपार रूपराशि के कारण उसकी धूर्तता और धारदार हो

उठी थी। उसके सुंदर भोले मुख को देखकर, किसी का भी उस पर विश्वास कर लेना सहज-स्वाभाविक था। उसी का लाभ उठाकर उसने महाराज को भी छला। अन्य तवायफों की तरह प्रेम का दिखावा करके, वह अन्नदाता का विश्वास प्राप्त करने में सफल हो गई। लेकिन वह विश्वास के योग्य नहीं थी····उसका समर्पण एकनिष्ठ नहीं था, जिसकी कि किसी तवायफ से आशा भी नहीं की जा सकती।····उसको जो कुछ भी मिला, वह उसने महाराज को अपने प्रेम का विश्वास दिलाकर ही प्राप्त किया था····लेकिन वास्तव में ऐसा नहीं था। उसका प्रेम छलावा मात्र था। वह महाराज के प्रति भी एकनिष्ठ नहीं थी, तब जयपुर राज्य के प्रति उसकी निष्ठा का तो प्रश्न ही कहाँ रह जाता है?····इसलिए इस अभियोग का आरंभ उसकी निष्ठा-परीक्षा से करना अधिक उचित रहेगा। क्योंकि राजद्रोह भी तो उस निष्ठाहीनता की ही चरम परिणति होती है।

"मुझे दुःख है कि इस अपराध के एक महत्त्वपूर्ण सह-अपराधी को हम जीवित बंदी नहीं बना सके। लेकिन दूसरे सहायक अपराधी को, काफी खोजबीन के बाद, हमारे गुप्तचर ढूँढ़ पाने में सफल हो गए हैं।"—चाँदसिंह ने उपस्थित व्यक्तियों पर दृष्टि डालते हुए कहा—"मैं उसी अपराधी रत्नसिंह को प्रथम साक्ष्य के रूप में प्रस्तुत कर रहा हूँ।"

सुनकर चौंक उठे जगतसिंह। पटरानी का भेजा हुआ वह दोगला, अब कहाँ से पकड़ में आ गया? उसका जीवित पकड़ा जाना ही षड्यंत्र में उसकी भागीदारी का प्रमाण था। किंतु सामंती दबावों के चलते, मौन रह जाना ही महाराज की नियति बन गई थी। वह गोरा-चिट्टा, हट्टा-कट्टा युवक महाराज को प्रणाम कर खड़ा हो गया। चाँदसिंह ने प्रश्न किया—"सर्वप्रथम तुम अपना नाम-पता और जयपुर आने का कारण बताओ।"

"रत्नसिंह है मेरा नाम। पटरानीजी के पीहर में, उनके काका खुमानसिंह का लड़का हूँ। बचपन से ही पटरानीजी को जीजी कहता आया हूँ। इसी आशा में रोजगार पाने के लिए यहाँ आया था।"—रत्नसिंह ने बताया।

"रसकपूर की सेवा में कैसे पहुँचे?"

"मैंने पटरानी जीजी के पास दर्शनों की प्रार्थना भिजवाई थी। उस दिन दूनी ठाकुर के कार्यालय के बाहर बैठा उनके उत्तर की प्रतीक्षा कर रहा था, तभी एक स्त्री उधर से गुजरी। मुझे देखकर वह पास आई और मेरे बारे में पूछने लगी। फिर उसने मुझे अपने साथ चलने के लिए कहा। मैं उसे पटरानी जीजी की सेविका समझकर साथ चला गया। एक महल के बाहर मुझे प्रतीक्षा के लिए कहकर, वह स्वयं अंदर चली गई। कुछ देर बाद लौटकर उसने मेरी नौकरी पक्की हो जाने की खबर दे दी। मुझे उस महल के पहरे के लिए नियुक्त किया गया था।"

"वह नौकरानी कौन थी? और किसने तुम्हें अपनी सेवा में रखा था?"

"बाद में पता लगा कि मुझे ले जानेवाली का नाम कुंदन था और मुझे अर्धराजिन

ने अपनी ड्योढ़ी की सुरक्षा का काम सौंपा था ?"

"क्या यह सही है कि तुम्हारी नौकरी के लिए पटरानीजी ने सिफारिश की थी ?"—महाराज के मन में घुमड़ रहा प्रश्न भी चाँदसिंह ने ही पूछ लिया।

"नहीं जी ! जीजी के तो मैं दर्शन ही नहीं कर सका था। हाँ, कोई एक सप्ताह बाद पटरानीजी उधर से पधार रही थीं, तो अचानक मुझे देखकर चौंक उठी थीं। उन्होंने पास बुलाकर मेरे बारे में पूछा तो मैंने सारी घटना बता दी थी। तभी अर्धराजिनजी भी नीचे आ गई थीं। तब पटरानी जीजी ने कहा कि ये भी मेरी ही तरह तेरी बहिन हैं। इनकी सेवा मन लगाकर करना।"—रत्नसिंह के चेहरे पर विषाद की कालिमा फैलने लगी—"मैं उन्हें बड़ी बहिन मानकर सेवा करता था। दिन-रात की परवाह किए बगैर, ड्योढ़ी पर मुस्तैद रहता था। कुछ समय बाद उन्होंने मुझे अंदर महल में भी बुलवाकर, छोटे-मोटे काम करवाने शुरू कर दिए। पैर भी दबवाने लगी थीं मुझसे। मेरे मन में कुछ भी नहीं था, लेकिन न जाने क्यों उनकी आँखों का रंग बदला-बदला-सा लगने लगा था। अपने काँसे में से ही भोजन भिजवाने के साथ ही, वे कभी-कभी हँसी-मजाक भी करने लगती थीं।"

"भाई-बहन के बीच क्या हँसी-मजाक नहीं होता ?"—चाँदसिंह ने पूछा।

"वैसा मजाक नहीं होता, मालिक ! उसकी तो बात ही अलग तरह से होती है। लेकिन अर्धराजिन तो कभी मेरी छाती को चौड़ी-चकली कहकर धीरे से मुक्का मार देतीं, तो कभी बाजुओं की मछलियाँ अपनी अँगुलियों से नापने लगती थीं। कभी मुझे लड़की कहकर छेड़ती थीं।"—रत्नसिंह की लज्जित आँखें धरती से उलझ-सी गईं और कंठ में पीड़ा घुलने लगी—"मैं समझता था कि बहिन के आशीर्वाद के नीचे अपनी गुजर-बसर कर रहा हूँ।····लेकिन उनके रंग-ढंग तो कुछ दूसरे ही लग रहे थे।····रात को पाँव दबवाने बुलवा लेती थीं।····पैरों में दर्द की शिकायत थी उन्हें। बेचैनी में पैर पटकती रहती थीं। मुझे दबाने को कहतीं तो बहिन की पीड़ा कम करने के लिए मैं पिंडलियाँ दबाने लगता था।····फिर दर्द के स्थान बता-बताकर, वे अपने घुटने और जाँघें तक दबवाने लगीं। मैं घंटों उन्हें दबाता रहता····लेकिन फिर उन्हें नींद आ जाती थी।"

"यह तो कोई विशेष बात नहीं हुई। बहिन द्वारा भाई से पाँव दबवाने में बुरी बात क्या है ?"

"नहीं मालिक ! बुराईवाली बात तो बाद में हुई। मुझे बताते हुए शर्म आ रही है।"

चाँदसिंह गुर्रा उठे—"महाराज के सामने कुछ भी छुपाने की कोशिश की तो जिंदगी-भर कैद में सड़ता रहेगा। जो कुछ भी सच हो, निर्भय होकर बता दे।"

रत्नसिंह की विवश-व्याकुल दृष्टि, चाँदसिंह से महाराज पर होती हुई पुनः जमीन से जा लगी। फँसे-से स्वर से कहने लगा—"अर्धराजिन के पैर दबाना मेरा रोज का काम हो गया था। एक रात उन्होंने तलवों में चमेली के तेल की मालिश करने के लिए कहा।

मैंने आदेश का पालन किया। लेकिन तलवों के बाद, पिंडलियों की मालिश करवाते हुए उन्होंने फानूस बुझा देने के लिए कहा। मेरे हिचकिचाने पर वे शरारत से मुसकराती हुई कहने लगीं कि मैं उनका कोई माँजाया भाई थोड़े ही हूँ। मर्द की नीयत का क्या भरोसा? औरत के गोरे, नंगे पैर देखकर अच्छे-अच्छों का मन काबू से बाहर हो जाता है। इसलिए अँधेरा करवा रही हूँ। न रोशनी में मेरे पैर देखेगा और न ही तेरा मन खराब होगा। पैरों में दर्द बहुत है, सो मालिश करवाना भी जरूरी है····जा बुझा दे फानूस को।

"अँधेरे में उनके पैरों पर तेल मलते हुए मैं काँप रहा था"—रत्नसिंह अपने साथ हुए हादसे का सहमते हुए वर्णन कर रहा था—"तभी उन्होंने करवट बदली तो उनका एक पैर मेरी गोद में आ पड़ा। मैंने धीरे से हटाना चाहा तो बोलीं कि इसी पैर में ज्यादा दर्द है।····अपनी जाँघ पर पड़े पैर को हटाए बगैर मैं चुपचाप उस पर मालिश करने लगा।····लेकिन दर्द था कि बढ़ता ही जा रहा था। पिंडलियों के बाद घुटने और फिर जाँघ पर मालिश का आदेश हुआ।····मेरे सकुचाने पर उन्होंने स्वयं ही घाघरा ऊपर सरका लिया था।

"मैं क्या करता मालिक?"—रत्नसिंह का स्वर भर्रा उठा—"अपनी जात-औकात जानता था। हुक्म के गुलाम होते हैं हम लोग तो। लेकिन जिसे 'जीजी' कहा हो, उसके लिए गलत बात सोचने में भी मन काँप उठता है। धर्म-मर्यादा के बाहर है ऐसा सोचना भी। लेकिन हमारी रगों में तो गुलामी बसी है न। मालिक का हुक्म पूरा करना ही हमारा धरम होता है। अर्धराजिन मेरी मालकिन थीं। उन्हें बहिन का दरजा तो पटरानी जीजी ने दिला दिया था। उस संबंध को शायद उन्होंने मन से माना नहीं था। मेरे विरोध करने पर, डरा-धमकाकर मुझे भी अपने साथ पाप के कीचड़ में घसीट लिया, मालिक!"—रत्नसिंह फूट-फूटकर रो पड़ा—"मैं पापी हूँ, महाराज! जिंदा छोड़े जाने के काबिल नहीं हूँ।····अर्धराजिनजी की क्या गलती थी? मालिक लोग भी कभी गलत होते हैं?····गलत तो गुलाम होते हैं····पाप मुझसे ही हुआ है····मेरा ही अपराध है····उनका हुक्म मानने की जगह, मुझे महल से कूदकर अपने प्राण दे देने चाहिए थे।····सुन-जानकर पटरानी जीजी को भी मुझसे नफरत हो गई थी। उन्होंने फिर कभी मेरी शक्ल नहीं देखी।····मैंने दर्शनों की आज्ञा माँगी तो उन्होंने कहलवा दिया कि ऐसे पापी का तो मुँह देखना भी ब्रह्महत्या के समान है।"

रत्नसिंह का रुदन और आँखों से झरते आँसुओं से महाराज जगतसिंह भी संदेह में भर उठे। दोनों में कौन सच्चा है? रसकपूर के सम्मोहन से मुक्त हो जाने पर तो इसका रुदन बहुत कुछ कह जाता है। उसके शब्दों में उसकी मौन व्यथा का मुक्त प्रवाह था। लेकिन क्या ऐसा संभव है? मन में फैली संशय की नागफनी के काँटे उभरने लगे। अब अभियोग आरंभ हो ही गया है, तो क्यों नहीं निष्पक्ष रहकर सभी के गुण-दोषों की परीक्षा कर ली जाए। शंका-निवृत्ति के लिए पूछ लिया—"लेकिन तुझे तो पटरानीजी ने अपने काका खुमानसिंहजी का पुत्र बताया था। यह कैसे संभव है?

जबकि खुमानसिंहजी तो अब तक निःसंतान हैं।"

"अन्नदाता ! उनकी संतानहीनता तो उनकी विवाहित ठकुरानी को लेकर ही है। रखेलों की संतानें भी भला किसी ठाकुर को पिता बनाती हैं ? मैं उनकी रखैल का बेटा हूँ। वैधानिक न सही····लेकिन हूँ तो उनका ही पुत्र। मेरे होते उनको निःसंतान कहना सामाजिक मर्यादा की बात भले ही हो····लेकिन उनकी मर्दानगी पर तो व्यंग्य ही है न, महाराज !"

सुनकर बौखला-से उठे महाराज। तो उस दिन पटरानी के रावळे में रसकपूर के साथ हुआ उसका विवाद नितांत आधारहीन नहीं था। पटरानी झूठ नहीं बोल रही थी। यह भी झूठ बोलता-सा लग तो नहीं रहा। अधराजन के साथ शारीरिक संबंध बन जाने की पीड़ा, इसे आज तक साल रही है। रसकपूर ही हर जगह सच्ची हो और ये सभी हर जगह गलत ही निकलें, यह क्या जरूरी है ? इस पर भी आँखें तरेरकर पूछ लिया—"तो फिर अचानक कहाँ गायब हो गया था ? कहाँ भाग गया था तू !"

"अवसर पाकर अपने घर बीकानेर चला गया था, अन्नदाता !"—रत्नसिंह फिर सुबक उठा—"केशव,····पंडित केशव के कारण मैं मौका मिलते ही भाग निकला था।"

"क्यों ? उसने क्या कर दिया था ?"—जगतसिंह के मन में शंका की परतें और गहरी जमने लगी थीं।

"उस रात रसविलास में मुझे देखकर वह बहुत नाराज हो गया था। उसने कहा था कि हम दोनों से कोई एक ही यहाँ आएगा।····मैं तो डर गया था, मालिक ! अर्धराजिन भी उसे मनाने लगी थीं।····उस रात वह रसविलास में ही रहा था।"

"कहाँ से आ गया था वह, रात में, अर्धराजन के महल में ?"—चाँदसिंह ने पूछा, "इतने पहरेदारों के होते क्या किसी ने उसे रोका-टोका नहीं था ?"

"किसी को पता चलता तभी तो रोका-टोकी होती न।"—रत्नसिंह ने सहज भाव से कहा—"वह तो उसी सुरंग से आया था, जो महल से अर्धराजिन के घर तक बनी हुई थीं। उसी के द्वारा मुझे साथ लेकर वे कई बार अपने घरवालों से मिलने जाती रहती थीं।····वे अपने घरवालों से मिलने जातीं तो, तीन चौक की उस हवेली के अनगिनत कमरों में कहीं गुम हो जाती थीं और मैं सुरंग के पास बने कमरे में उनका इंतजार करता रहता था। हाँ, मेरी आवभगत में कोई कमी नहीं आती थी····घंटों बाद अर्धराजिन लौटतीं, और मैं फिर से आगे चलता हुआ उन्हें वापस रसविलास में लौटा लाता था।"

"लेकिन तू फिर भागा क्यों ?"—चाँदसिंह ने जगतसिंह का प्रश्न दोहरा दिया।

"मालिक ! हमारा चाहे कोई चरित्र न हो। हमारी स्त्रियाँ भले ही राजा-महाराजा से लेकर सामंत-जागीरदारों तक के भोग की वस्तु हों। यह तो हमारी सामाजिक मजबूरी है। तो भी हमारी अपनी मर्यादाएँ हैं।····इतिहास में रानियों के जायों ने चाहे अपने पिता को मार डाला हो····राज्य के लिए उनका बुढ़ापा बिगाड़ दिया हो। लेकिन उनके किसी रखेल के बेटे ने अपना सिर उठाया हो, तो बताएँ ?····यह हमारा चरित्र है। वफादारी हमारी रग-रग में बसी हुई है····स्वामी के प्रति धोखेबाजी करनेवाले किसी भी आदमी या

औरत को हम अच्छी नजर से नहीं देखते।····यही बात अर्धराजिनजी के बारे में भी थी। वे महाराज को धोखा दे रही थीं····मेरे बाद केशव···इसके बाद शायद और भी आते। लेकिन एक दिन वे चुपचाप महल से गायब हो गईं। दो दिन बाद उनके आंबेर में होने की खबर मिली।····मौका देखकर मैं भी चुपचाप रवाना हुआ और बिना रुके पैदल चलता हुआ, एक महीने में वापस बीकानेर पहुँच गया।····जहाँ से बीकानेर महाराजा ने मुझे आपके सिपाहियों के सुपुर्द कर दिया···मैं निर्दोष हूँ, इस पर भी आपसे रहम की भीख नहीं माँगता। मुझसे घोर पाप हुआ है। मुझे जिंदा रहने का हक नहीं है।····मुझे फाँसी की सजा दें, अन्नदाता!"—बिलख-बिलखकर रोने लगा रत्नसिंह।

आँसुओं के अविरल प्रवाह ने जगतसिंह की शंका को ठोस आधार दे दिया। यदि रसकपूर के आँसू सच्चे हैं, तो इन्हें भी पाखंड कहकर दुत्कारा नहीं जा सकता। कुछ तो है, जिसके कारण पतितपावनी अश्रु-भागीरथी इसकी आँखों से बह चली है। आँसू तो सबसे बड़े पाप-शामक माने जाते हैं। इसके अश्रुबिंदु बनावटी और रसकपूर के असली कैसे हो सकते हैं? इनकी निष्पक्ष परीक्षा अब तो अत्यावश्यक हो गई है। अगले साक्ष्यों की प्रतीक्षा में महाराज उस दिन के दरबार विसर्जन की घोषणा कर, क्लांत मन से अपने सुखनिवास में जाकर मखमली पर्यंक पर कटे वृक्ष से ढह गए।

□

अगले दिन साक्षी बनकर आए राधेश्याम सर्राफ, अतरमल जैन और सुखराम अग्रवाल। समृद्ध रत्न-व्यवसायी राधेश्याम सर्राफ की हिंदुस्तान-भर में फैली अनेक कोठियों में प्रतिदिन लाखों का व्यवसाय होता था। अपना बहीखाता देखकर उन्होंने बताया—"अन्नदाता! कुल मिलाकर पाँच बार में अधराजनजी ने तेरह लाख रुपए की हुंडिया, मेरी जयपुर कोठी से खरीदी थीं। जिनका भुगतान दिल्ली, बनारस, पटना, कलकत्ता और नेपाल स्थित किसी भी कोठी से प्राप्त किया जा सकता था।"

"हुंडी खरीदने के लिए आपको धन किसके मार्फत मिला था?"—चाँदसिंह ने पूछा।

"वह तो मुझे अधराजनजी ने बुलवाकर खुद ही दिया था। तीन हुंडियों का धन इसी चंद्रमहल में और दो के रुपए आंबेर महल में दिए गए थे।"—राधेश्याम सर्राफ ने खुलासा किया।

"हुंडियाँ सिकर चुकी हैं या इनका भुगतान किया जाना अभी शेष है?"

"इस बारे में अभी कोई सूचना नहीं आई है। मैं अपनी कोठियों से पता करने के बाद ही निश्चित रूप से कुछ कह सकता हूँ।"—राधेश्याम सर्राफ ने कहा।

विख्यात वस्त्र-व्यवसायी अतरमल जैन और गल्ले के आढ़तिए सुखराम अग्रवाल ने ग्यारह और आठ लाख रुपयों की हुंडियाँ खरीदने की पुष्टि की। उन्होंने उत्तर भारत में फैले अपने विस्तृत व्यवसायों का संचालन करनेवाली किसी भी कोठी से उनका भुगतान प्राप्त किए जाने की व्यवस्था की थी। दोनों ने रुपयों का भुगतान, स्वयं

अर्धराजन द्वारा ही किए जाने की बात स्वीकार कर, महाराज के संदेह को और ठोस आधार प्रदान कर दिया। इतनी भारी धनराशि, राजकोष में गबन के अतिरिक्त और कहाँ से प्राप्त हो सकती थी ? युद्धकाल में हो रहे अनाप-शनाप खर्च के अतिरिक्त, विभिन्न समझौतों में दी जानेवाली भारी धनराशियों के बाद तो इतने धन का गबन, राज्य को दीवालिया बनाने में सक्षम था। यही हुआ भी था। जयपुर राज्य आर्थिक रूप से दीवालिया हो चुका था।

महत्त्वपूर्ण गवाहियों के दौरान, एक दिन कुंदन भगतण को देख महाराज बुरी तरह चौंक उठे थे। तो रसकपूर की विश्वस्ततम सखी-सेविका भी उसके विरुद्ध जबान खोलने के लिए तैयार हो गई थी। इससे तो रसकपूर का कुछ भी छिपा नहीं था। अभियोग के इस महत्त्वपूर्ण साक्ष्य को सुनने के लिए जगतसिंह सँभलकर बैठ गए।

दूनी ठाकुर का प्रथम प्रश्न ही बिना किसी भूमिका के हुआ—"क्या यह सही है कि जब अमीरखाँ की तोपें जयपुर पर गोले बरसा रही थीं, तब रसकपूर तुम्हारे साथ अमीरखाँ के शिविर में उससे मिलने गई थी ?"

सुनकर भयभीत कुंदन चौंक उठी। इन्हें इस भेंट का ज्ञान कैसे हुआ ? फिर भी उसे कहना पड़ा—"जी हाँ, यह सच है।"

"तुम्हारे अतिरिक्त इस भेंट की जानकारी और किस-किस को थी ?"

"किसी को भी नहीं। यह मुलाकात सभी से गोपनीय रखी गई थी।"

"क्या यह सही है कि अमीरखाँ से उसकी एकांत में बातचीत हुई थी ?"

"हाँ, यह भी सच है।"

"और मुलाकात के बाद अमीरखाँ ने जेवरों-अशर्फियों के रूप में उसे भारी धनराशि भी प्रदान की थी ?"—चाँदसिंह के प्रश्नों का शिकंजा कसने लगा था।

"वह तो ठीक है, लेकिन खाँ साहब ने वह राशि उन्हें बहिन बनाकर तोहफे के रूप में दी थी...."

"जितना प्रश्न किया जाए, उतना ही उत्तर दो, कुंदन!"—उसकी बात काटकर चाँदसिंह जैसे गुर्रा उठे। उनकी आँखें चेतावनी बनी हुई थीं।

इस बारे में जगतसिंह रसकपूर के मुँह से ही सब कुछ सुन चुके थे। अमीरखाँ द्वारा दिए आभूषणों की बात भी उनसे छिपी नहीं थी। इसीलिए बीच ही में कह दिया—"यह तो हमें भी ज्ञात है। जयपुर को अमीरखाँ से बचाने के लिए ही रसकपूर उससे मिलने गई थी।"

चाँदसिंह के होंठो पर विषैली मुसकान तैर गई—"यह सब रसकपूर ने ही बताया होगा आपको ? सच है न, महाराज!"

जगतसिंह की स्वीकारोक्ति के साथ ही चाँदसिंह जैसे उबल पड़े—"यह उसकी चाल थी, महाराज! एक ढेले से दो तीतर मारने जैसा कौशल दिखाया था उसने। आपको सब कुछ बताकर अपनी वफादारी का विश्वास दिलाने के साथ ही उसने भविष्य

में उन आभूषणों को लेकर होनेवाले प्रश्नों से भी स्वयं को बचा लिया था...आपने भी इस अविश्वसनीय कहानी पर विचार नहीं किया। यह नहीं सोचा कि उसे गोलाबारी के बीच, पहाड़ों का लंबा चक्कर काटकर, गुप्त रूप से अमीरखाँ के पास जाने की क्या आवश्यकता थी? जयपुर की रक्षा जैसे कार्य के लिए तो उसे बाकायदा घोषणा करके जाना चाहिए था। इससे तो उसकी प्रतिष्ठा में चार चाँद लग जाते।

"लेकिन वह छिपकर गई और बेधड़क अमीरखाँ के शिविर में पहुँचकर, उस अजनबी व्यक्ति को न केवल अपना भाई बना लिया, अपितु बदले में लाखों रुपयों के जेवरात भी प्राप्त कर लिये।"—चाँदसिंह के शब्दों की तपन जगतसिंह तक पहुँच रही थी—"प्रथम भेंट में ही बहिन को ऐसे मूल्यवान् उपहार स्वयं अपने आपमें शंका और उत्तर हैं। राजाओं-महाराजाओं की तो बात ही क्या, मुगल बादशाह तक ने अपनी सगी बहिनों को भी इतने कीमती उपहार नहीं दिए होंगे। फिर धन को ही अपना आराध्य माननेवाले, क्रूर पिंडारी का इतना उदार हो उठना रहस्य से परे नहीं है।...यह इनकी अंदरूनी साँठगाँठ का प्रमाण है, महाराज! रसकपूर के कहने मात्र से अमीरखाँ की तोपों के मुँह बंद ही नहीं हो गए...अपितु वह उसे लाखों रुपयों के आभूषण देकर, जयपुर से बिना कुछ वसूल किए, खाली हाथों लौट भी गया।...क्या इसके बाद भी रसकपूर पर देशद्रोह का आरोप प्रमाणित करने के लिए किसी अन्य प्रमाण की आवश्यकता शेष रह जाती है? रसकपूर उसके गुप्तचर का काम कर रही थी...वह धनराशि उसका पारिश्रमिक थी, कोई उपहार नहीं...उसी ने अमीरखाँ को बार-बार जयपुर पर आक्रमण के लिए बुलाया भी था, महाराज!"

संपूर्ण प्रकरण में यह संभावना असंभव प्रतीत नहीं हुई। बल्कि यह तो रसकपूर के कथन से भी अधिक युक्तिसंगत प्रतीत हो रही थी। संभव है यही सच भी रहा हो। विवाह-समारोह में भी तो अमीरखाँ उसे किस तरह लाड़ कर रहा था। इतना तो कोई सगी बहिन का भी नहीं करता। संदेह का काँटा मन में और गहरा धँस गया।

जगतसिंह के मुख पर बदलते भावों और आँखों में फैलती कठोरता से, मन-ही-मन प्रसन्न होते चाँदसिंह ने प्रश्न-क्रम परिवर्तित करते हुए कुंदन से पूछा—"मेरे कार्यालय के बाहर प्रतीक्षारत रत्नसिंह को महल में ले जाने का आदेश तुम्हें किसने दिया था?"

"अधराजनजी ने"—भयभीत कुंदन का सहमा उत्तर था।

"उसे रसविलास की ड्योढ़ी का दरबान किसने नियुक्त किया?"

"अधराजनजी ने।"

"उसके वेतन, आवास और भोजन की व्यवस्था कौन करता था?"

"अधराजनजी के जेबखर्च से उसे वेतन, उनके काँसे में से भोजन और वहीं रसविलास की एक कोठरी में उसके आवास की व्यवस्था स्वयं अधराजनजी के ही आदेश से की गई थी।"

"क्या राधेश्याम सर्राफ, अतरमल जैन और सुखराम अग्रवाल रसकपूर से मिलने महल में आते थे?"

प्रश्न का अभिप्राय न समझते हुए भी कुंदन को स्वीकार करना पड़ा, "ये लोग यदा-कदा आते थे। राधेश्यामजी उन्हें आभूषण दिखाने आते थे, जबकि अतरमलजी और सुखजी दर्शनों के लिए ही उपहारों के साथ आ जाया करते थे।"

"रसकपूर ने राधेश्याम से कितने आभूषण खरीदे थे?"

"मेरी जानकारी में तो उन्होंने कभी कोई आभूषण नहीं खरीदा। वे हर बार युद्ध में हो रहे बेपनाह खर्चे की बात कहकर, उन्हें टाल देती थीं। इस पर भी वे निराश हुए बगैर आते ही रहते थे"—कुंदन ने कह दिया।

सुनकर चाँदसिंह मुसकरा उठे—"क्या अब भी यह बताना शेष रह जाता है कि ये लोग रसकपूर के पास किस काम से आते थे? एक भी आभूषण बेचे बगैर राधेश्याम सर्राफ का बार-बार आना, बिना किसी प्रयोजन के अतरमल और सुखराम का भरे हाथों आकर खाली हाथ लौट जाना, अकारण नहीं था। उन्हें धन देकर रसकपूर हुंडियाँ खरीदती थी। वे हुंडियाँ, जो उसका राजद्रोह असफल होने की स्थिति में, उसे मालामाल बनाए रखने में सक्षम होतीं। क्या उसका राजद्रोह प्रमाणित करने के लिए अब तक प्रस्तुत प्रमाण पर्याप्त नहीं हैं?"

सुनकर सामंती धमकियों से आतंकित कुंदन काँप उठी। राजद्रोह का परिणाम उसे ज्ञात था। यद्यपि उसने झूठ नहीं कहा था, फिर भी उसके कथन को कौशलपूर्वक, रसकपूर के विरुद्ध प्रयुक्त किया जा रहा था। इसमें अनायास ही हो चली स्वयं की भागीदारी देखकर वह काँप उठी। परिणामों की चिंता किए बगैर वह चिल्ला उठी—"यह सच नहीं है, महाराज! सच को तोड़-मरोड़कर पेश किया जा रहा है। अधराजनजी निर्दोष हैं। उन्होंने कोई अपराध नहीं किया।...ये सामंत उनके पीछे पड़े हैं।...मुझे भी उनके खिलाफ गवाही देने के लिए...धमकाया गया था।...खिलाफ न बोलने पर मुझे...बंदी बना लेने तक की धमकी दी गई थी...वे बहुत भली स्त्री हैं...उन्होंने कभी कोई पाप नहीं किया...! आपके सामंत धूर्त हैं, महाराज!...ये सब मिलकर उस देवी को बदनाम करना चाहते हैं। उन्हें मार डालना चाहते हैं...ये आपको धोखा दे रहे हैं...वास्तविक विश्वासघाती तो ये लोग हैं..."

अचानक गरज उठे महाराज—"चुप हो जा, बदजुबान।...हमारे सामंतों को अपशब्द कहकर...उस औरत के नमक का मूल्य चुका रही है? हमें तो तू भी इस षड्यंत्र में उसकी सहयोगिनी प्रतीत होती है।...तूने भी वही किया है, जिसके आरोप में उस औरत पर यह अभियोग चल रहा है।...तू उसकी सर्वाधिक विश्वस्त थी...। उसके साथ छाया की तरह रहती थी।...फिर अब उससे अलग क्यों है?...उसी के पास जा, वहीं रह...। ले जाओ इसे और सुदर्शनगढ़ में रसकपूर के पास ही पहुँचा दो।"

क्रोधावेग में आदेश दे, महाराज उठ गए। कुंदन की फरियाद उनके कानों तक

पहुँचने से पूर्व ही वे दरबार समाप्त कर, चंद्रमहल की ओर बढ़ गए थे।

□

अपनी कोठरी में पुआल का एक और बिस्तर लगाए जाते देख, रसकपूर विस्मित हो उठी। सैनिक से पूछ लिया—"मेरे लिए तो एक ही बिछौना पर्याप्त से भी अधिक है, फिर यह दूसरा किसलिए लगाया जा रहा है ?"

"यह तो मुझे ज्ञात नहीं। किलेदारजी का आदेश हुआ और मैं पालन करने आ गया। आदेश के पीछे की बात तो वे ही जानें"—सैनिक टुकड़ी के नायक ने कह दिया।

"तो क्या मेरी कोठरी में किसी अन्य कैदी को रखे जाने की तैयारियाँ हो रही हैं ?"—संकेत समझकर रसकपूर जैसे गुर्रा उठी—"किसी अन्य कैदी को मेरे साथ रखा गया तो मैं दीवारों से टकराकर अपना सिर फोड़ लूँगी।"

"क्यों सिर फोड़ लेगी हमारी बेटी"—किलेदार भूरसिंह मुसकराते हुए आ खड़े हुए—"कौन विवश करेगा उसे ऐसा करने के लिए ?"

"आप ही तो उत्पन्न कर रहे हैं यह विवशता"—रसकपूर का आक्रोश कम नहीं हुआ था—"मेरी कोठरी में किसी पुरुष बंदी का क्या काम ? इस स्थिति में जीवित रहने की अपेक्षा मैं आत्महत्या करना अधिक पसंद करूँगी।"

"किंतु तुम्हारा साथी बंदी पुरुष ही हो, यह क्या जरूरी है ?"—भूरसिंह हँस पड़े।

"तो क्या मेरे अतिरिक्त और भी कोई स्त्री बंदी आ रही है यहाँ ?"—संकेत समझकर रसकपूर भी हँस पड़ी—"एक और राजद्रोहिणी····। बाबा ! क्या हो गया है इस जयपुर राज्य को, जिसे अब स्त्रियों तक से भय प्रतीत होने लगा है····अबला वर्ग को बलात् भोगने के अभ्यस्त हो चुके शासन के कर्णधार, आज अचानक इनसे भयभीत क्यों हो उठे हैं ? क्या सचमुच ही जयपुर की स्त्रियाँ इस राज्य के लिए खतरा बन गई हैं ?····अच्छा, कौन आ रही है यहाँ····क्या नाम है उसका···· ?"

"नाम बताने की जगह उससे मिला ही न दूँ !"—भूरसिंह ने हँसकर आवाज दी—"ले आओ उस नई बंदिनी को।"

देखकर आँखों पर विश्वास ही नहीं कर सकी रसकपूर। कुंदन ! कुंदन ही तो है····लेकिन उसका यहाँ क्या काम ?····अवश्य ही आँखों को धोखा हो रहा है। बार-बार आँखें मलते हुए स्वयं को आश्वस्त करती हुई, बोल उठी—"कुंदन ! मेरी बहन····"

माँ से बिछुड़े बछड़े की-सी व्याकुलता से कुंदन अधराजन के गले जा लगी। उसकी भुजाओं में बँधकर फूट पड़ी। बिछोह की वेदना आँसुओं में बह निकली। उसे सहलाती-सँभालती, सांत्वना देती रसकपूर स्वयं भी नियंत्रण खो बैठी और अकस्मात् ही उसे कंठ से लगाए हिलक-हिलककर रो पड़ी। गंगोत्री-यमुनोत्री जैसे निष्पाप जल-प्रवाह फूट पड़े, दोनों की कमल युगल पुष्करणियों से। अधेड़ भूरसिंह तक का मन भीग उठा। अश्रु-कालिंदी और भागीरथी का यह संगम उनके अंतस्तल तक को पवित्र कर गया। कितना पवित्र अतःकरण पाया है इन दोनों ने····और महाराज इन्हें ही राजद्रोही समझ

बैठे····कैसे नासमझ महाराज हैं हमारे····

स्नेह से दोनों के सिर थपथपाकर भूरसिंह ने चुहल की, "कहाँ छिपा रखा था तुम दोनों ने आँसुओं का इतना कोष···· ? मैं तो डर ही गया था कि कहीं इस प्रवाह में मुझ सहित यह किला और राज्य ही न बह जाए···· । अब इन्हें रोको तो कुछ खिलाने-पिलाने की व्यवस्था करूँ····अपना नहीं तो इस कुंदन का तो खयाल करो।····न जाने कब की भूखी-प्यासी होगी····अब दोनों एक-दूसरे को खिलाओ। मैं भोजन भिजवाता हूँ।"

पीतल की दो थालियों में गरम बाटियाँ, कटोरों में दाल और सेंगरी के साग के साथ प्याज देखकर कुंदन स्तंभित रह गई। अपनी आँखों पर विश्वास नहीं कर पाई वह। अचकचाकर पूछ बैठी—"यह भोजन करती हैं आप? महल की दासियों तक को इससे अच्छा भोजन मिलता है····राजसी पकवान भी जिसे नहीं भाते थे····वह इसे कंठ से नीचे कैसे उतार पाती होगी···· ?"

"नहीं री, कुंदन! इस पर तो राजमहल के छप्पन भोग भी बलिहारी हैं। मैंने गत पंद्रह वर्षों में इससे अधिक स्वादिष्ट भोजन नहीं किया"—रसकपूर मुसकरा उठी—"इसे मात्र भोजन न समझना। यह तो भूरजी बाबा का स्नेह-वात्सल्य है। उन्होंने मुझे बेटी जो बना लिया है। इसीलिए सैनिकों के चौके से आने लगा है मेरा भोजन। वरना कैदियों को तो यहाँ बाजरे की मोटी रोटियाँ और प्याज ही खाने को दिए जाते हैं। उसे तो शायद तू देखना भी पसंद नहीं करेगी····ले, चल खा ले। यह बाबा का प्रसाद है····वे स्वयं भी यही खाते हैं····तू भी खाकर देख····महल के व्यंजन भूल जाएगी।"

हिचकते हुए पहला कौर मुँह में डालते ही एक नए स्वाद से परिचय हुआ। लहसुन और लाल मिर्च का तड़का लगी दाल का स्वाद ही कुछ और था। भोजन का ऐसा स्वाद पहले कभी नहीं मिला था। पहले ही ग्रास में भूख खुलने लगी। अनायास मुँह से चटखारे फूटने लगे। यही स्थिति सेंगरी के साग की भी थी। मसालों के तीखेपन में सेंगरी का चरचराहट, स्वाद की अनोखी ही सृष्टि कर गया। कंडों की आग में सिंकी लाल-कुरकुरी बाटियाँ, कभी दाल, तो कभी साग के साथ उदरस्थ होने लगीं। कच्चे प्याज को दाँतों से काटकर खाने पर, उसके रस से मुँह का कौर तक रसीला हो जाता था। ऐसे रसीले प्याज भला राजमहल में कहाँ नसीब होते हैं। आते तो होंगे····बल्कि इनसे भी अच्छे····छाँट-छाँटकर मँगवाए जाते होंगे, लेकिन कुशल रसोइयों की पाककला के बाद, उनका प्राकृतिक स्वाद कहाँ बच पाता था?

खा-पीकर तृप्त हुई कुंदन के मुँह से अनायास ही डकार निकल गई। सुनकर हँस पड़ी रसकपूर—"क्यों, क्या हुआ? स्वाद ही स्वाद में अधिक खा गई क्या?"

"हाँ, जीजी! सचमुच भोजन बहुत स्वादिष्ट था"—पेट पर हाथ फेरती कुंदन भी हँस पड़ी।

"और कुछ देर पूर्व इसे देखकर तू रोने लगी थी।"

"तब मुझे इसके स्वाद का पता कहाँ था? सचमुच इस पर तो राजमहल के

व्यंजन भी न्योछावर हैं।"

"कुंदन ! भोजन में रस व्यंजनों से नहीं, खिलानेवाले की भावना से आता है। तुझे पता है····यहाँ भोजन बनाने में कमोबेश सभी का योगदान होता है। स्वयं बाबा भी कुछ-न-कुछ काम अवश्य करते हैं। यह श्रम से अर्जित और अपनत्व के अमृत से सिंचित अन्न की मिठास है !"—रसकपूर के एक अनोखे ही रूप से कुंदन का साक्षात्कार हो रहा था—"यहाँ सुख-अपनत्व की ऐसी वर्षा होती है, राजमहल में जिसकी हलकी-सी फुहार तक नहीं पहुँच पाती थी। महाराज के अतिरिक्त सभी की आँखों और व्यवहार में आग, घृणा, प्रतिशोध, वैमनस्य, ईर्ष्या सभी कुछ होते थे। नहीं होता था तो ऐसा मन-प्राण तक को भिगो देनेवाला अपनत्व-अनुराग। यहाँ मैं अधिक सुखी हूँ।····अनायास ही अपने परिजनों के बीच आ पहुँची हूँ। बस, एक ही अभाव मन को पीड़ा पहुँचाता है।····एक ही कष्ट प्राणों को बींधता रहता है—महाराज का अभाव····प्रियतम से बिछोह····यही पीड़ा मुझे इस स्वर्ग में भी सुखी नहीं होने देती।"

रात्रि में पुआल के बिछौनों पर पास-पास लेटकर, रसकपूर ने कुरेद-कुरेदकर कुंदन से सब कुछ जान लिया। अभियोग में आए साक्षियों का झूठ, सामंतों का षड्यंत्र, रनिवास की खुली सहमति, महाराज का बदलता रुख—सब कुछ जानकर रसकपूर का मन पीड़ा से भर उठा। केशव की हत्या का समाचार तो उसे वहीं मिल गया था। अब उसकी माँ और पारो की हवेली से बेदखली के बाद, उनके वापस तवायफों के मोहल्ले में जाने के साथ ही, उसके विश्वस्त सेवकों के भी कारागार में पहुँच जाने के समाचारों से उसकी पीड़ा और बढ़ गई। रत्नसिंह के बारे में जानकर तो उसका मन भाई जैसे रिश्ते के प्रति घोर घृणा से भर उठा था।

दीर्घ निःश्वास के साथ मौन के सागर में डूबी रसकपूर, लंबे समय तक निश्चल पड़ी रही। फिर धीरे से पूछा—"तो मेरे निकट के सेवकों को ही मेरे विरुद्ध प्रमाण बनाया जा रहा है? सामंतों की इच्छानुकूल गवाही देनेवालों को वे पुरस्कृत भी करते होंगे····लेकिन ऐसा न करनेवालों को कारागार में धकेला जा रहा है?····इसी कारण तुम भी मेरे पास आ पहुँचीं···· ? क्या आंबेर के सेनापति रोडारामजी से कोई पूछताछ नहीं हुई? उनसे गवाही नहीं दिलवाई गई? अथवा वे ही गवाही के लिए तैयार नहीं हुए?"

"उनकी गवाही कल होगी, जीजी !"—कुंदन ने धीरे से कह दिया।

□

दरबार में अपना गवाही देते समय खवास रोडाराम दर्जी अत्यंत सतर्क था। वह जानता था कि रसकपूर द्वारा महाराज के विरुद्ध सेना संगठित करने की बात स्वीकार करते ही, वह स्वयं भी राजद्रोही सिद्ध हो जाएगा, जबकि वास्तव में ऐसा कुछ भी नहीं था। लेकिन सामंतों का दबाव उसे झूठ बोलने के लिए विवश कर रहा था! उसकी सुरक्षा भी अब गवाही देने या न देने के साथ जुड़ गई थी। महाराज तक को चुनौती दे

डालनेवाले सामंतों से विरोध तो जल में मगर से वैर जैसा ही था। फिर भी स्वयं को राजद्रोही प्रमाणित होने से बचाते हुए उसने कह दिया—"अर्धराजन के आदेश से ही मैंने आंबेर में नई सेना की भरती शुरू की थी। अलग सेना की आवश्यकता के बारे में मैंने उनसे पूछा नहीं था, क्योंकि मुझे ज्ञात था कि महाराज के आदेश से आंबेर, जयपुर से पृथक् राज्य बन चुका था। प्रत्येक राज्य की अपनी पृथक् सेना तो होती ही है। अर्धराजनजी द्वारा मुझे सेनापति नियुक्त कर, यह दायित्व सौंपे जाने से मैं गौरवान्वित ही हुआ था।"

"क्या आपको इन सैनिक तैयारियों के पीछे राजद्रोह का आभास नहीं हुआ था?"—चाँदसिंह ने पूछा।

"सेना को कोई कार्य सौंपे बगैर, उसके गठन का वास्तविक उद्देश्य कैसे जाना जा सकता है?"—रोडाराम ने उत्तर दिया—"फिर ऐसा कोई अवसर भी तो नहीं आया था, जिससे इस संदेह की पुष्टि की जा सकती।"

"क्यों? जयपुर पर अमीरखाँ का आक्रमण हुआ तो था। उसमें आंबेरी सेना का जयपुरी सेना की सहायता न करना, क्या इस संदेह की पुष्टि नहीं करता?"

"उस समय तक आंबेर की सेना तैयार ही कहाँ हो पाई थी? देहातों के कुछ सौ युवक ही सेना में भरती किए जा सके थे। उन्हें तो तब ठीक से शस्त्र पकड़ना भी नहीं आता था। कुल पचास घोड़े और सोलह ऊँट ही जुट पाए थे, उस सेना में। ऐसे में वे भला जयपुर की प्रशिक्षित बारह हजार सेना की क्या सहायता कर सकते थे?"—रोडाराम ने स्पष्ट कर दिया।

इस पर महाराज ने पूछ लिया—"क्या इतनी ही शक्ति थी आंबेरी सेना की?"

"हाँ, अन्नदाता! अमीरखाँ के हमले से कोई एक माह पूर्व ही तो सेना का गठन आरंभ हुआ था। हाँ, एक वर्ष बाद अवश्य ही इसका सामर्थ्य काफी बढ़ गया था। चौदह हजार पैदल सैनिक, छः सौ अश्वारोही और साढ़े तीन सौ शुतरसवार तैयार हो जाने पर ही आंबेर सही अर्थों में सैनिक शक्ति बनने लगा था। हम सिर्फ हाथी नहीं जुटा सके थे। तोपें भी पुरानी ही थीं। वहाँ तोपें ढालने का कारखाना जो नहीं था। इस पर भी बंदूकें पर्याप्त संख्या में बन रही थीं।....अन्य शस्त्रों का निर्माण तो आंबेर में हमेशा से होता आ रहा था।"—आंबेर सेनापति रोडाराम ने और स्पष्ट किया।

"क्या आपको कभी ऐसा प्रतीत हुआ कि इस सेना का उपयोग जयपुर के विरुद्ध भी किया जा सकता है?"—चाँदसिंह ने पूछा।

"शक्ति का उपयोग तो कहीं भी किया जाना संभव है, लेकिन आंबेरी सेना के महाराज के विरुद्ध उपयोग की संभावना नहीं के बराबर थी। कम-से-कम मेरे सेनापति रहते तो ऐसा संभव नहीं था।"—रोडाराम ने स्वयं को पूरी तरह राजभक्त सिद्ध कर दिया था।

"सेना की निष्ठा किसके प्रति थी? महाराज के अथवा अर्धराजन के?"

"नियुक्ति में निष्ठा तो नियोजक के प्रति ही होती है। अर्धराजिन ने उन्हें नौकरी

दी थी, वे ही उन्हें वेतन तथा अन्य सुविधाएँ प्रदान करती थीं। ऐसी स्थिति में उनकी निष्ठा अर्धराजिन के प्रति हो, यही स्वाभाविक था।"—रोडाराम ने स्वीकार किया।

"तो आप मानते हैं कि इस स्थिति में रसकपूर का आदेश मिलने पर सेना स्वयं महाराज के विरुद्ध शस्त्र उठा सकती थी?"—दूनी ठाकुर ने अपने काम की बात निकलवाने का प्रयास करते हुए पूछा।

"उस स्थिति में क्या होता, निश्चित रूप से नहीं कहा जा सकता। सैनिक तो अपने प्राण देकर भी आदेश का पालन करते हैं। संभव है, आदेश मिलने पर वे महाराज के विरुद्ध शस्त्र उठाने में भी संकोच नहीं करते"—रोडाराम ने स्वीकार किया—लेकिन साथ ही यह भी कह दिया—"किंतु मेरे रहते यह सब असंभव था।"

"और आपकी पदमुक्ति के बाद?"

"तब तो कुछ भी संभव था। अर्धराजिन के आदेश पर सेना किसी के भी विरुद्ध शस्त्र उठा सकती थी।"—आंबेर सेना के सेनापति ने कह दिया।

अपने काम की बात उगलवाने में असफल रहने के कारण, चाँदसिंह ने फिर आगे नहीं पूछा। रोडाराम के जाते ही गणेशनारायण मिश्र की गवाही हुई। कारागार से आए मिश्रजी से चाँदसिंह ने पूछा—"जयपुर राज्य के दीवान जैसे सर्वोच्च नागरिक पद पर रह चुकने के बाद भी, आपने महाराज के विरुद्ध सशस्त्र विद्रोह किया। क्या आप इसके दंड से अनभिज्ञ थे?"

"नहीं! मैं इसके सभी परिणामों से भली प्रकार अवगत था!"—गणेशनारायण ने उत्तर दिया।

"फिर आपने ऐसा मूर्खतापूर्ण कदम क्यों उठाया?"

"विद्रोह असफल हो जाने के कारण ही इसे 'मूर्खतापूर्ण कदम' की संज्ञा दी जा रही है। किंतु सफल हो जाने पर आप ही इसे 'बुद्धिमत्तापूर्ण कार्य' बताते।"—गणेशनारायण ने उपेक्षित स्वर में कह दिया—"उस स्थिति में मैं यहाँ खड़ा पुरस्कृत होता। दरबार में मेरे साहस की चर्चा होती। विद्रोह में तो सदैव ही 'तख्त या तख्ता' की स्थिति रहती आई है। सफल होने पर राज्य और विफल होने पर मृत्युदंड की नियति तो विद्रोह की घोषणा से पूर्व ही स्वीकारी जा चुकी होती है।"

"आपके इस साहस की मैं प्रशंसा करता हूँ, साथ ही ईमानदारी की भी!"—दूनी ठाकुर ने व्यंग्य से पूछा—"अब इसी ईमानदारी से यह भी बता दो कि विद्रोह सफल हो जाने की स्थिति में आपको कौन पुरस्कृत करता? कौन बैठता इस सिंहासन पर महाराज के स्थान पर? किसने तुम्हें विद्रोह के लिए प्रेरणा और सामर्थ्य प्रदान किया था?"

"आपके प्रश्न का उत्तर मैं पहले दे चुका हूँ।"

"वही उत्तर एक बार और दुहरा दें।"

"ठीक है। तो सुन लीजिए। इस विद्रोह का आदेश मुझे आंबेर राज्य की स्वामिनी ने दिया था। अर्धराजिन के कहने पर ही मैंने महाराज के विरुद्ध शस्त्र उठाया

था।"—गणेशनारायण ने कहा।

"मिश्रजी ! क्या आपका यह कृत्य स्वामी के प्रति विश्वासघात नहीं था?"—दूनी ठाकुर ने पूछा।

"नहीं, मेरे लिए वास्तविक स्वामी तो महाराज नहीं, अर्धराजिन थीं। उन्होंने ही मुझे दीवान पद पर नियुक्त करवाया था। मेरे पिता की भी इस पद पर नियुक्ति उन्हीं के कारण संभव हुई थी। वे मेरी धर्मबहिन भी थीं। इस कारण उन्हें ही मैं अपनी वास्तविक स्वामिनी मानता था।"—गणेशनारायण मिश्र ने कहा—"फिर मेरा भविष्य भी तो वहीं सुरक्षित था। विद्रोह सफल हो जाने पर जहाँ रसकपूर जयपुर-आंबेर राज्यों की सम्राज्ञी होती, वहाँ मैं होता उनका परम-विश्वस्त दीवान। बख्शी मानजीदासजी को हमने अपना सेनापति बनाने का निश्चय किया था। उन्हें हमारे निर्णय का ज्ञान नहीं था। वे तो दरबार में अपनी उपेक्षा और मेरे प्रति स्नेह के कारण ही मेरे साथ आ गए थे।"

सुनकर जगतसिंह की आँखें रंग बदलने लगीं। अपनी सत्ता को मिली चुनौती से उनका राजकोप फन फैलाने लगा। तभी दूनी ठाकुर ने पूछ लिया—"क्या आंबेर सेनापति रोडाराम खवास आप लोगों के साथ नहीं थे?"

"उनका आचरण संदेहजनक होने के कारण, हमने उन्हें अपनी योजना में सम्मिलित नहीं किया था। वैसे भी वे कोई योग्य सेनापति तो थे नहीं। देर-सबेर उनके स्थान पर किसी अन्य की नियुक्ति होनी ही थी।"

"राज्य हस्तगत कर लेने के बाद महाराज के साथ तुम लोगों का कैसा व्यवहार होता?"—चाँदसिंह अपने सर्वाधिक तीखे प्रश्न पर आ ही गए—"सत्ता परिवर्तन के बाद तो पदच्युत राजा की दो ही गतियाँ होती हैं—मृत्युदंड अथवा आजन्म कारावास। तीसरी स्थिति भी होती है—पूर्ण पराजय से पूर्व ही पलायन करके, किसी अन्य राज्य में सैनिक शक्ति संगृहीत करना और अवसर पाते ही अपने राज्य को वापस मुक्त करा लेना। किंतु इस स्थिति पर, तो तुम्हारा कोई नियंत्रण नहीं होता। तुम लोग सफल होने पर इन दोनों में से कौन-सी नियति तय करते, महाराज के लिए?"

'दोनों में से एक भी नहीं।"—गणेशनारायण ने निःशंक उत्तर दिया—"अपनी राज्य-लिप्सा के बाद भी अर्धराजिन महाराज से प्रेम करती थीं। उन्हें मृत्युदंड देने की तो वे सोच भी नहीं सकती थीं। कारागार की दीवारों के पीछे उनका स्थायी निवास भी उन्हें स्वीकार्य नहीं था। वे तो महाराज से अपना स्थान बदलने भर की पक्षधर थीं। उस स्थिति में अर्धराजिन होतीं चंद्रमहल में और महाराज को रसविलास में नजरबंद कर दिया जाता। प्रेम-अभिसार, राग-रंग सभी बदस्तूर जारी रहते। सिर्फ स्थान बदल जाते। अर्धराजिन की सबसे बड़ी इच्छा अपने पुत्र को जयपुर के सिंहासन पर आसीन करने की थी। वे महाराज की कृपा से प्राप्त पुत्र को गद्दी पर बैठाना चाहती थीं जो कि वर्तमान स्थितियों में कभी संभव नहीं था। सामंतों का विरोध और राजकुल की परंपराएँ ऐसा कभी नहीं होने देतीं। इसलिए भी महाराज को गद्दी से हटाना आवश्यक हो गया था।

किंतु उस स्थिति में भी महाराज का मान सुरक्षित····"

"····चुप हो जा रे गणेशनारायण !"—बीच ही में महाराज गरज उठे—"अब एक शब्द भी और बोला, तो यहीं अपने हाथों से तेरी हत्या कर दूँगा····नीच ···विश्वासघाती····तू उस दुराचारणी के साथ षड्‌यंत्र करके····हमें ही गद्‌दी से हटाना चाहता था?····वह कुलटा हमारे प्रेम का ऐसा प्रतिदान करना चाहती थी? ले जाओ इस दुष्ट को वापस कारागार में····इसके अपराध पर निर्णय बाद में देंगे····अभी तो उस सर्पिणी के बारे में हमारा आदेश सुनो···· !"

"किंतु अन्नदाता ! अभी तो अभियोग की सुनवाई पूरी नहीं हुई।" दूनी ठाकुर ने आश्चर्य से कहा—"अभी तो साक्षियों की लंबी सूची बाकी है। महल के दास-दासियों से लेकर अनेक महत्त्वपूर्ण लोगों की गवाहियाँ शेष हैं।"

"अब किसी अन्य साक्ष्य की आवश्यकता नहीं"—जगतसिंह के रक्तवर्ण नेत्रों में क्रोधावेग से पुतलियों की गति तीव्र हो उठी—"उस विश्वासघातिनी के लिए हम अपना और अपने सामंतों का मूल्यवान् समय नष्ट करना नहीं चाहते।····हमने उसके लिए दंड निर्धारित कर लिया है। उस दुष्टा को····"

"क्षमा करें, महाराज !"—जगतसिंह के भयानक क्रोध से स्तंभित दूनी ठाकुर ने निर्णय देने से पूर्व ही व्यवधान डाल दिया—"आदेश सुनने से पूर्व एक अन्य निवेदन भी है। राजद्रोही होने पर भी रसकपूर एक स्त्री है। जयपुर राज्य में स्त्रियों को मृत्युदंड देने की परंपरा नहीं है। आपसे प्रार्थना है कि महाराज भी इसे तोड़ने का दोष अपने सिर पर न लें और राज्य के फाँसीघर के रोजनामचे में किसी स्त्री का नाम दर्ज न होने दें।"

"ठीक है, आपके निवेदन को स्वीकार करते हुए ही हम उसके लिए दंड की व्यवस्था करते हैं।"—जगतसिंह के होंठों पर विषैली मुसकराहट फैल गई। जिसे अनदेखा-सा करके सामंतों ने चैन की साँस ली। वे इतिहास के पृष्ठों में, स्वयं को नारीवध के भागीदार के रूप में दर्ज हुआ देखना नहीं चाहते थे। दीवानेआम की ऊपरी मंजिल की जालियों के पीछे बैठी महारानियों के धड़कते कलेजे भी राहत महसूस करने लगे थे।

तभी महाराज के शब्द पिघले सीसे से उनके कानों में गिरे—"उस विश्वासघातिनी, दुश्चरित्र को मृत्युदंड के लिए हमारे किसी फाँसीघर में ले जाने की आवश्यकता नहीं····कोई भी उस पर शस्त्रपात न करे····किसी प्रकार का विष भी न दिया जाए····उसे स्वाभाविक और अपनी ही मौत मरने दिया जाए····। इसके लिए रसकपूर को, कल प्रातः, सूर्य की प्रथम किरण के साथ ही, दीवार में जिंदा चिनवा दिया जाए।"

सुनकर षड्‌यंत्रकारी सामंतों और महारानियों के भी कलेजे काँप उठे। ऐसे भयानक दंड की तो किसी ने कल्पना भी नहीं की थी। महाराज के ऐसे भयानक निर्णय से सभी हतप्रभ थे। किसी पुरुष षड्‌यंत्रकारी के लिए ऐसे मृत्युदंड से, किसी के मन का कोई भी कोना करुणा से अधिक न भीगता। लेकिन एक स्त्री को, रसकपूर जैसी अनुपम सुंदरी को मृत्युदंड और वह भी दीवार में जिंदा चिनवाकर? नहीं, यह प्रतिशोध तो

कलंक बन गया। इतिहास के पृष्ठों में दर्ज होकर यह शताब्दियों तक धिक्कार का विषय बना रहेगा। निर्दोष को मिले इस भयानक दंड का फल कहीं-न-कहीं तो उन्हें भी भोगना ही पड़ेगा।

अपने किए पर ग्लानि होने लगी। दूनी ठाकुर के बाद, बगरू ठाकुर बाघसिंह ने भी कह दिया—"महाराज ! एक स्त्री के प्रति आपका इतना कठोर निर्णय उचित नहीं है।"

चौमूँ-सामोद के ठाकुरों ने भी अर्ज की—"रसकपूर को ऐसा भयानक दंड न दें महाराज !"

अचरोल ठाकुर कायमसिंह ने गुहार की—"अन्नदाता ! वह इस दंड के योग्य नहीं है...."

वाटिका ठाकुर स्वरूपसिंह भी रसकपूर-विरोधी मुहिम में दूनी ठाकुर के साथ थे। उन्होंने भी कहा—"महाराज ! अपराधी होने पर भी रसकपूर को ऐसा भयानक दंड नहीं दिया जाना चाहिए।"

टोडी, लाटवाड़ा, डिग्गी, झिलाय, दूदू, बाँसखो, नींदड आदि के प्रभावशाली सामंतों की प्रार्थना से भी जगतसिंह नहीं पसीजे। इसके विपरीत, वे सामंतों पर ही गुर्रा उठे—"अभी कुछ देर पूर्व तक तो आप लोग ही उसे कठोरतम दंड देने की माँग कर रहे थे। और अब उसके लिए क्षमादान माँग रहे हैं। आप लोग राजपूत हो या गोला-दरोगा ? कहीं एक बात पर तो टिके रहो.... । हमारा निर्णय अटल है। कल सूर्योदय से पूर्व, रसकपूर दीवार में चिनवा दी जाएगी।"

दरबारियों से लेकर, ऊपर जालियों के पीछे बैठी महारानियों तक में हलचल मच गई। महाराज को इतना क्रुद्ध पहले कभी नहीं देखा था। क्रोधावेग से उनके नेत्रों में आँसू तैर उठे थे। महाराज को कुछ कह पाने का साहस किसी में नहीं रह गया था। अंत में वयो-वृद्ध बोहरा राजा खुशालीराम ही उठे। वार्द्धक्य से पके केशों से भव्य प्रतीत होते बोहरा राजा ने कहा—"महाराज ! आपका अमर्ष उचित ही है। किंतु 'मनुस्मृति' किसी स्त्री को मृत्युदंड का अनुमोदन नहीं करती। वस्तुतः उसमें किसी स्त्री को दंडित करने का प्रावधान है भी नहीं। इसलिए अपने निर्णय पर पुनर्विचार, आपकी प्रतिष्ठा-वृद्धि ही करेगा।"

सुनकर जगतसिंह गुर्रा उठे—"आपने भी तो रसकपूर को कठोरतम दंड देने की माँग की थी। उस समय आपका मनुस्मृति-ज्ञान कहाँ चला गया था ?....हम आपका आदर करते हैं....लेकिन अपना आदेश वापस लेने में असमर्थ हैं।....आदेश देते समय हमारे सामने, सामंतों के साथ-साथ आपकी माँग भी थी।....जिसके विरुद्ध हमारा समस्त दरबार और रनिवास एकमत हो....उसे तो इससे भी कठोर दंड मिलना चाहिए था।.... हमने तो उसे स्त्री जानकर ही आसान दंड दिया है....वरना तो हम सूली पर चढ़ाने का आदेश देने वाले थे....हमें प्रसन्नता होती यदि आप उस जैसी भयानक अपराधिनी के लिए सूली की माँग करते.... । अब भी कुछ नहीं बिगड़ा है.... । आप लोग कहें तो हम उसे सूली पर चढ़ाने का आदेश दे दें !"

"नहीं, महाराज !''''नहीं, स्वामी ! ऐसा अनाचार मत करना !"—जालियों के पीछे से पटरानी फतहकँवर बीकावत की चीख निकल गई। राजसी मर्यादा भूल वह चिल्ला उठीं—"वह इस दंड के योग्य नहीं है''''वह निर्दोष है''''उसे क्षमा करें, स्वामी !"

जालियों के पीछे मची भगदड़, पटरानी के मूर्च्छित हो जाने का संकेत दे रही थी। यह देख जगतसिंह विषैले सर्प-से फुंकार उठे—"नादर मोहनराम कहाँ है ? उसे ऊपर भेजकर हमारी पटरानी-महारानियों को दीवानेआम की कार्यवाही देखने की मर्यादाएँ फिर से बतलाओ। उन्हें बताओ कि यहाँ वे दर्शक मात्र हैं''''उन्हें बोलने का अधिकार नहीं है।''''धिक्कार है इन राजपूतानियों पर''''इनके कुल-गोत्र पर।''''कल तक जिसके विरुद्ध हमारे कानों में विषवमन करती थीं''''नित्य नए षड्यंत्र रचती रहती थीं''''वे ही हमारा आदेश सुनकर अब उसकी पक्षधर हो गईं। किसलिए'''' ? हमें कदम-कदम पर नीचा दिखाने के लिए ?''''अपने इशारों पर आदेश देने और फिर उसे वापस ले लेने के लिए'''' ? क्या यह राजद्रोह नहीं है ?''''राजा को अपनी इच्छा का दास बनाने का प्रयास''''उसकी सुख-शांति छीन लेने का षड्यंत्र, क्या राजद्रोह नहीं होता ?''''नहीं, हमारा निर्णय अटल है''''रसकपूर को दीवार में ही चिनवाया जाएगा। कल प्रातः सूर्योदय से पूर्व''''"

क्रोधोन्मत्त जगतसिंह दरबार विसर्जन की घोषणा किए बगैर ही उठकर चंद्रमहल की ओर चल दिए। सामंतों-सरदारों को जैसे साँप सूँघ गया था। कोई कुछ नहीं बोल सका। सिर झुकाए, प्रायश्चित्त भरे मनों से प्रस्तर-खंड-से खड़े रह गए।

□

सुनकर रसकपूर भी बिलख उठी। बेबुनियाद आरोप, उसके लिए दंड से भी अधिक भयानक थे। राजमहल में आने के बाद जिसकी शक्ल तक नहीं देखी, उस केशव के साथ व्यभिचार का आरोप''''जिस रत्नसिंह को सगे भाई-सा स्नेह दिया, वही भरे दरबार उसका पर्यंक-सहचर होने की घोषणा कर गया ? जिस प्रियतम के प्रति हृदय की गहराइयों तक समर्पित थी''''उसी को सिंहासन से हटाने का घृणित लांछन लगा दिया।''''सगे भाई समान गणेशनारायण भी स्वार्थी निकला''''अपने हित-साधन के लिए कितना बड़ा अनर्थ कर गया !''''रसकपूर को विश्वासघाती सिद्ध कर गया।

कुंदन को कलेजे से लगाकर वह बिलख उठी थी। उन दोनों का समवेत आर्त्तनाद, किले की वहशी दीवारों से टकराता हुआ, तहखानों में बंद कैदियों के कानों तक को बेध गया। किले के 'सूरजप्रकाश' महल के नीचे बने तहखाने से आते करुण स्वर, उन तक को बेचैन कर गए थे।

भूरसिंह राठौड़ की सभी सांत्वनाएं निरर्थक हो गई थीं। उसके शब्द अपना स्नेहिल सामर्थ्य खो बैठे थे। सुनकर और बिलख उठी थी रसकपूर—"नहीं, बाबा !''''मौत का डर नहीं''''एक दिन आनी ही थी'''' । लेकिन मेरे लिए यह कितनी अपमानजनक निकली''''महाराज ने मुझे दुश्चरित्र''''विश्वासघाती समझा''''और मैं यह

जानकर भी जीवित हूँ····। कुछ तो पाप हुआ ही होगा मुझसे···जो इतना कुछ सुनकर भी, मेरे प्राण नहीं निकले···नहीं रही होऊँगी उनके प्रति पूर्ण समर्पिता···तभी तो अब तक प्राण धारे हुए हूँ।····मेरे प्रियतम की घृणा···मृत्यु से भी अधिक भयानक है···सब सह लूँगी···लेकिन महाराज की घृणा नहीं सह सकूँगी····"

"नहीं, बेटी! नहीं! इस तरह धीरज नहीं छोड़ते।"—ढाढ़स बँधाते भूरसिंह की दाढ़ी भी आँसुओं से भीग चली थी—"अभी सुबह तो दूर है···तब तक शायद कोई नया आदेश आ जाए!"

"नहीं, बाबा!····अब जीना नहीं चाहती···कोई रहम नहीं चाहिए।"—आधे जयपुर राज्य की स्वामिनी रसकपूर प्रियतम की घृणा से बिलख उठी—"चाहो तो एक कृपा कर दो····"

"हाँ···हाँ, बोलो बेटी···क्या चाहती हो? मैं प्राण देकर भी तेरी इच्छा पूरी करूँगा।"—भूरसिंह की स्नेहिल व्याकुलता उफन पड़ी।

"तो, बाबा! सुबह को अभी बुलवा लो···महाराज के आदेश का पालन अभी करवा दो। बाबा!····आपका यह उपकार···मैं मरकर भी याद रखूँगी।"—निरंतर अश्रुप्रवाह से धुँधलाई आँखों से भूरसिंह को देखकर वह फिर फूट पड़ी—"आपने मुझे बेटी कहा है।····बेटी की एक इच्छा····अंतिम इच्छा तो पूरी कर दो!····मुझे अभी दीवार में चिनवा दो···कर दो न, बाबा, मेरी आखिरी इच्छी पूरी! क्यों पूरी रात जिंदा रखकर···मुझे और सताना चाहते हो?"

अपने उमड़ते आँसुओं पर पलकों का बाँध बनाते भूरसिंह, चुपचाप वहाँ से उठ गए। शेष रह गई राजमहली सपनों की इंद्रधनुषी आभा से लेकर, इन रंगों के पीछे विद्यमान अँधेरों तक की साक्षी दो नारियाँ···एक दूसरी को सहेजती-सँभालती, परस्पर पीड़ा बाँटती। मूक-मुखर व्यथा की सहभागिनी बनती, कभी मौन और कभी मुखर रुदन से, एक-दूसरे के गले लगती-लगाती, भोर की प्रतीक्षा करने लगीं।

पंद्रह

हिंसक पशुओं की दहाड़ों-गुर्राहटों से गूँजते सुदर्शनगढ़ की दीवारें, इस समय भयानक मौन ओढ़े सो रही थीं। रसकपूर की हिलकियाँ-हिचकियाँ और कभी तीव्र रुदन, उस भयावह सन्नाटे को भंग कर जाता था। मशाल हाथ में लिये आए भूरसिंह को देख सैनिक ने प्रणाम कर, रसकपूर की कोठरी का ताला खोल दिया। मृत्युदंड का आदेश प्राप्त होते ही, न केवल उसकी कोठरी पर ताला पड़ गया था, अपितु दो पहरेदार भी बिना पलक झपकाए, उसकी निगरानी के लिए नियुक्त हो गए थे। भयानक मृत्युदंड से घबराकर, अपराधिनी कहीं निर्धारित समय से पूर्व ही आत्मघात न कर बैठे, इसी के लिए मुस्तैद निगरानी व्यवस्था थी।

किलेदार भूरसिंह के संकेत पर प्रहरियों के प्रस्थान के बाद, उन्होंने कोठरी का लौह द्वार खोला। उन्हें देखकर, रुदन करती रसकपूर के होंठों पर क्षीण-सी मुसकान तैर गई—"चलने का समय हो गया, बाबा! चलो···जल्दी चलो।···पहले ही बहुत प्रतीक्षा करवा ली···आज तो रात भी कितनी लंबी हो गई थी···"

"नहीं, बेटी! अभी चलने का समय नहीं आया—" भूरसिंह ने धीरे से कहा—"अभी तो आधी रात है···मैं तो तुझे देखने ही चला आया हूँ।"

सुनकर फिर बिलख उठी रसकपूर—"सिर्फ आधी रात?···बाबा! आज तो सभी मेरे वैरी हो गए हैं···रात भी कितनी धीरे चल रही है।"—फिर खुशामदी स्वर में कहने लगी—"मेरे बाबा!···अच्छे बाबा!···अब सुबह में देर ही कितनी रह गई है?···आप महाराज के आदेश का पालन अभी क्यों नहीं कर देते?···किसे क्या पता चलेगा···? बुलवाओ न बाबा, अपने दीवार चुननेवालों को···"

"लेकिन बेटी, उस स्थिति में प्राण निकलने में बहुत कष्ट होता है···दम घुटने से व्यक्ति बुरी तरह छटपटाता हुआ, बड़ी कठिनाई से प्राण त्यागता है।"—भूरसिंह ने धीरे से कहा।

सुनकर अनायास ही क्षीण-सी मुसकान रसकपूर के होंठों पर तैर गई—"नहीं, बाबा!···अब मैं सब समझ गई। मैं मुसलमान हूँ ना···और मुसलमानों का अंतिम संस्कार तो दफनाकर किया जाता है···शायद यही सोचकर महाराज ने यह आदेश दिया है···। जब दफनाना ही है तो क्या जिंदा···और क्या मुरदा···? उन्होंने ठीक ही तो किया, बाबा! लेकिन तुम हो कि उनके आदेश-पालन में···ढिलाई बरत रहे हो।"

"बेटी ! राजमहल में तुम्हारे शुभचिंतक भी इस आदेश से दुखी हैं। उनमें से दो ने तुम्हें इस भयानक मृत्यु से बचाने का मार्ग सुझाया है। उन दोनों ही विकल्पों को मेरी सहमति, इससे भी स्पष्ट हो जाती है कि दोनों प्रहरियों को यहाँ से भेजने के बाद ही मैं तुझसे बात कर रहा हूँ।"—भूरसिंह के नेत्रों में उत्साह की चमक आने लगी—"प्रथम विकल्प यह है कि तुम यहाँ से रस्सी के सहारे नीचे उतरकर फरार हो जाओ। उस हितैषी के विश्वस्त सेवक प्राचीर के नीचे तुम्हारी प्रतीक्षा कर रहे हैं, जो तुम्हें सकुशल इस राज्य की सीमा से बाहर पहुँचा देंगे। साथ ही जीवनयापन के लिए वे पर्याप्त धन भी दे देंगे।"

"और महाराज का आदेश ?" विस्मित रसकपूर ने पूछा—"उसका पालन कैसे करोगे ?"

"उसमें क्या कठिनाई है? तुम्हारे स्थान पर कुंदन को दीवार में चिनवा दूँगा।"—भूरसिंह ने विकल्प सुझाया।

सुनकर हुलस उठी कुंदन—"यह ठीक है····महाराज को पता भी नहीं चलेगा, और जीजी ! तुम सुरक्षित निकल भी जाओगी। यही ठीक है। ठाकुर साहब ! आप रस्सी का प्रबंध करें····इनके जाने से पूर्व, हम आपस में कपड़े भी बदल लेंगी। ताकि कभी जाँच होने पर, दीवार में मेरे कंकाल के साथ ये वस्त्र, रसकपूर को ही चिनवाए जाने की गवाही दे सकें।"

"तब ठीक है। मैं एक मजबूत रस्सी का प्रबंध करता हूँ।"—कहकर जाने को उद्यत भूरसिंह के कानों से रसकपूर का कंठ-स्वर टकराया—"नहीं, बाबा ! उस अज्ञात शुभचिंतक का प्रस्ताव मुझे अस्वीकार है।"

"क्या दोष है उसके प्रस्ताव में ?"—भूरसिंह बौखलाए—"देखो ! मैं तुम्हें अपने सामने ऐसी भयानक मौत मरते नहीं देख सकता····यदि कुंदन के प्रति मोह है तो इसे भी अपने साथ ही ले जाओ।····मैं तुम्हारी मृत्यु से दुखी हो, उसकी किले की प्राचीर से कूदकर आत्महत्या कर लेने की बात कहकर, अपना बचाव कर लूँगा।"

"तब आप मेरे स्थान पर, कुंदन को यहाँ से मुक्त करवा दें।"—रसकपूर ने धीरे से कहा—"मैं किसी भी स्थिति में यहाँ से पलायन नहीं करूँगी।"

"आपके बगैर मैं भी नहीं जाऊँगी, जीजी !"—कुंदन रोती हुई रसकपूर के पैरों में लोट गई।

सुनकर भूरसिंह झुँझला उठे—"तुम दोनों ही व्यर्थ की भावुकता में बह रही हो। अपनी मुक्ति का यह आसान मार्ग क्यों नहीं स्वीकार कर लेतीं ?"

"नहीं, बाबा ! आसान रास्तों की तलाश मुझे कभी नहीं रही···· । कठोर चट्टानों और दुर्गम वन-शृंखलाओं के बीच अपना रास्ता, मैंने स्वयं चुना है।····वरना दुनिया के इतिहास में भला मेरी जैसी कोई और भी नारी खोज सकोगे, जो अपने बल पर ज़मीन से उठकर, एक राज्य की सम्राज्ञी बन बैठी हो ?"—रसकपूर का यह स्वर नितांत अपरिचित

प्रतीत हो रहा था—"न इससे पूर्व और न ही इसके बाद, इतिहास कोई ऐसा उदाहरण खोज पाएगा, जब एक साधारण स्त्री····अपनी हीन स्थिति से उठती हुई, सत्ता के शिखर पर जा पहुँची हो।····नारी-सामर्थ्य का ऐसा उदाहरण आपको विश्व-इतिहास में कहीं ढूँढ़े नहीं मिलेगा।····और आप मुझे पलायन का परामर्श दे रहे हैं।"

"लेकिन बेटी! यह संकट की घड़ी है!"—भूरसिंह अब बौखला उठे थे।

"आप फिर भूल कर रहे हैं"—रसकपूर के कंठ से गंभीर गर्जना-सी फूट पड़ी, "मेरे पंद्रह हजार सैनिकों में से प्रत्येक मेरे लिए प्राण देने और लेने के लिए तत्पर है। ये सैनिक पचास हजार सेना पर भी भारी हैं।····संकेत मात्र पर वे मेरे विरोधी सामंतों को मौत के घाट उतारते हुए···भोर से पूर्व ही मुझे पूरे जयपुर की सम्राज्ञी बना सकते हैं।····आपके इस छोटे से किले की तो बात ही क्या है···मैं चाहूँ तो भोर से पहले, जयगढ़ तक मेरे अधिकार में आ जाए।····ऐसे में मुझे यहाँ से छुड़ा ले जाना उनके लिए क्या कठिन है? इन दुष्ट सामंतों से मुकाबला, क्या मैं खाली हाथों कर सकी हूँ?"

चमत्कृत से भूरसिंह कह उठे—"तब उन्हें आदेश देकर मेरा धर्मसंकट क्यों नहीं समाप्त कर देतीं?····बल्कि मैं तो कहूँगा कि ऐसे दुष्ट महाराज को भी गद्दी पर बने रहने का कोई अधिकार नहीं····। उनके स्थान पर तुम्हारी जैसी दयालु सम्राज्ञी से तो इस राज्य का उद्धार हो जाएगा।"

"अपनी वाणी नियंत्रित रखो, बाबा!"—रसकपूर घायल सर्पिणी-सी फुंकार उठी, "महाराज के लिए ऐसे शब्द मैं नहीं सुन पाऊँगी। अपने परिणाम की आशंका तो मुझे आंबेर छोड़ने से पूर्व ही थी।····वहाँ रहते मुझ पर हाथ डालने का साहस किसी में नहीं था···जयपुर की पूरी सेना में भी नहीं····। लेकिन रसविलास में मेरा कौन था? वहाँ तो मैं, भेड़ियों के बीच घिरी असहाय हिरनी बनकर रह जाने वाली थी।····इस पर भी महाराज की इच्छा को आदेश मानकर···बिना विरोध किए चुपचाप वहाँ चली आई थी।····आखिर मेरा आराध्य राज्य नहीं···महाराज, मेरे प्रियतम ही थे। उनकी इच्छा भला मैं कैसे टाल सकती थी?····मृत्यु का भय मुझे कभी नहीं रहा···लेकिन महाराज के दर्शन किए बगैर मर जाने की तो मैंने कल्पना भी नहीं की थी।····यही वेदना मेरे लिए प्राणांतक हो उठी है···काश अंतिम घड़ी से पूर्व, एक बार उनके दर्शन कर पाती!"

"इतनी अल्पावधि में यह तो संभव नहीं। लेकिन तुम्हारे दूसरे शुभचिंतक का प्रस्ताव, तुम्हारी मृत्यु को आसान बनाने में सहायक हो सकता है।"—किलेदार के चेहरे पर व्यथा के घुमड़ते बादल जैसे बरसने को तत्पर हो रहे थे। चाँदी की एक डिबिया बढ़ाते हुए उन्होंने कहा—"इसमें हलाहल विष है, जिसे खाकर तुम दीवार में चिनवाए जाने की भयानक पीड़ा से मुक्त हो सकती हो। जीभ पर रखते ही यह विष, तुम्हें मृत्यु की गोद में खींच ले जाएगा। मैं भी तुम्हारे शव को दीवार में चिनवाकर, अपने कर्तव्य से मुक्ति पा लूँगा।"

"नहीं, बाबा! मेरे लिए यह भी संभव नहीं होगा।"—रसकपूर के तेजस्वी नेत्रों में

अश्रुबिंदु थरथरा उठे—"प्रियतम महाराज ने मुझे दीवार में जिंदा चुनवाने की आज्ञा दी है। ···मुझे और आपको भी···उसी का पालन करना चाहिए।···जीवन के इन अंतिम क्षणों में, मैं अपने आराध्य को धोखा नहीं दे सकती।···मुझे दीवार में जिंदा ही चुनवाना होगा···बाबा!"

सुनकर हँस पड़े भूरसिंह—"वाह रे, इस देश की नारी! सारे बलिदान उसके हिस्से और सारे भोग पुरुष वर्ग ने बटोर लिये।···तुझे धन्य कहूँ या धिक्कारूँ? तू उसके लिए प्राण देने को तत्पर है, जो तुझे मृत्युदंड सुनाकर स्वयं चंद्रमहल की रंगीनियों में खोया हुआ है!···वहाँ नृत्य-संगीत की महफिल में, थिरकते पाँवों पर कुरबान हो रहा होगा, वह विलासी महाराजा!"

"नहीं, बाबा। आज वहाँ ऐसा कुछ भी नहीं हो रहा होगा। वहाँ न संगीत लहरियाँ उठ रही होंगी···और न ही घुँघरुओं की रुनझुन!"—रसकपूर विक्षिप्त-सी कह उठी—"ये सब तो मेरे यहाँ आने के साथ ही बंद हो गए होंगे।···दिखावे के लिए भले ही कुछ हो जाए···लेकिन महाराज ने उसमें कभी रस नहीं लिया होगा।···और आज? आज तो वहाँ पछतावे के अमावसी बादल घिर आए होंगे। ···एकांत में रो···बिलख रहे होंगे, मेरे प्रिय! मेरे सर्वस्व!···बाबा वहाँ जाकर उन्हें धीरज दो। मेरे बिना बेहाल हो रहे होंगे वे··· । उन्हें कहना कि मैं मरकर भी मरूँगी नहीं··· । मेरा मन तो आपके साथ ही जुड़ा रहेगा··· । नहीं बाबा! अब आप यहाँ नहीं रुकें। सांत्वना की जरूरत मुझे नहीं···मेरे आराध्य, मेरे सर्वस्व को है। वे···मुझसे भी अधिक पीड़ा में जल रहे होंगे··· ।"

"ठीक कह रही हो, रस!"—अँधेरे से उभरी मानवाकृति ने, पलक झपकते ही जगतसिंह का रूप ले लिया—"तुम्हारे बिना मैं चैन की एक साँस भी कैसे ले सकता हूँ? संगीत की लहरियाँ और घुँघरुओं की रुनझुन तो तुम्हारे बिना कभी की मृत हो गई हैं, रस!"

मशाल के क्षीण प्रकाश में रसकपूर ने चारों ओर देखा। लेकिन कुंदन और भूरसिंह तो जैसे जादू के जोर से अदृश्य हो गए थे। विस्फारित नेत्रों से जगतसिंह के चेहरे को देखती हुई, वह अचानक खिलखिलाकर हँस पड़ी—"पाक परवरदिगार ने मेरी सुन ही ली;···त्रिपुरारी भी कितने दयालु निकले।···इस पापिन की प्रार्थना सुनकर उसकी अंतिम इच्छा···पूरी कर ही दी।···अंतिम समय में प्रियतम के दर्शन करा ही दिए।··· साक्षात् न सही···स्वप्न ही सही··· । अब मरने तक आँखें नहीं खोलूँगी··· । प्रिय की छवि ही आँखों में बसाए यहाँ से चली जाऊँगी।"

"रस!···मेरी सर्वस्व···आँखें खोलो। यह स्वप्न नहीं। अकिंचन जगतसिंह स्वयं तुम्हारे सामने खड़ा है।"—आगे बढ़कर रसकपूर की बाँहें थामकर, तनिक झिंझोड़ते हुए महाराज ने कहा—"तुम्हारा अपराधी तुम्हारे सामने है। उसे जो चाहे दंड दो, वह सहर्ष स्वीकार करेगा।"

नेत्रों से अधिक स्पर्श द्वारा प्राणाधार को पहचान, रसकपूर का रोम-रोम रोमांचित हो उठा। दृष्टि में भरे अविश्वास के कुहासे को, जगतसिंह की आँखों का प्रकाश वेधकर, नई भोर का आभास करा गया। अकस्मात् प्रियदर्शन से स्तंभित रसकपूर, अगले ही पल विह्वल हो, चीखती-सी, प्रिय के वक्ष से जा लिपटी—"मेरे प्रिय···मेरे सर्वस्व! स्वप्न तो नहीं है यह?···तुम ही तो हो ना? मेरे प्राण ···!"

दृढ़ से दृढ़तर आलिंगन में आबद्ध कर जगतसिंह रो पड़े—"मैं तुम्हारा अपराधी हूँ। ···मैंने तुम्हें बहुत कष्ट दिए हैं···। किंतु विश्वास करो···तुम्हारे साथ मैं भी उतना ही जला हूँ···। तुम पर अविश्वास का नाटक करके···मैंने उन विपरीत परिस्थितियों को टाला है···जो मेरे साथ, तुम्हें भी ग्रस जातीं।···लेकिन आज, तुम्हें दंडित करने की माँग करनेवाले ही···तुम्हारे लिए क्षमादान की याचना कर रहे हैं। ···अभी कुछ देर पहले ही···तुम्हारे विरुद्ध रनिवासी षड्यंत्रों का नेतृत्व करनेवाली पटरानी भी···अपने षड्यंत्रों को स्वीकार कर···तुम्हें कारामुक्त करने की प्रार्थना कर गई है।···एक स्त्री की ऐसी हत्या के पाप में भागीदारी उन्हें स्वीकार जो नहीं!···लेकिन जानता हूँ···वे तुम्हारी नहीं···स्वयं अपनी ही रक्षा का प्रयास कर रही हैं।"

प्रियतम को भुज-बंधन में कसे, रसकपूर तो किसी और ही आनंदलोक में पहुँच गई थी। महाराज के शब्द कभी कानों में पड़ते···तो कभी अचेतना के गहरे गह्वरों में भटककर रह जाते थे। शब्द-प्रवाह रुकने पर थोड़ी चैतन्य हुई। जगतसिंह कह रहे थे—"वे समझ रही हैं कि जयपुर में स्त्रियों के मृत्युदंड पर लगा प्रतिबंध हटते ही, राज्य-भर में उन पर थू-थू होने लगेगी।···इसके अतिरिक्त, जयपुर महाराजा की प्रियतमा तक को मृत्युदंड मिल जाने पर···यह फंदा किसी दिन महारानियों के कंठों तक भी पहुँच सकता है।···आखिर वे भी दिन-रात षड्यंत्रों में ही तो व्यस्त रहती आ रही हैं···। फिर वे यह भी तो जानती हैं कि जोधपुर के विरुद्ध हमारे प्रयाण के बाद ···उनके भेजे दूतों ने ही हमें उदयपुर के स्थान पर जोधपुर जाने के लिए विवश किया था, जिसका परिणाम हमारी पराजय···और जयपुर राज्य के भारी विनाश के रूप में सामने आया···। यह तो सशस्त्र विद्रोह से भी भयानक राजद्रोह था। वे दूत अभी जिंदा हैं।···अभियोग चलाए जाने पर वे षड्यंत्रकारी का नाम लिये बगैर नहीं रहेंगे···और तब फाँसी के फंदे और पटरानी के गले के बीच की दूरी अधिक नहीं रह जाने वाली थी···। वही तो हमें पराजित होते देखनेवाले षड्यंत्रकारियों की सूत्रधार थी···स्वयं को बचाने के लिए ही वह तुम्हारे लिए क्षमायाचना कर रही है।"

"तो क्या आप सब कुछ पहले से ही जानते थे?"—विस्मित रसकपूर ने धीरे से पूछा।

"हाँ, प्रिय! बहुत कुछ पहले से जानता था···और शेष तुमसे आंबेर में मिलने के बाद जान लिया था।"—जगतसिंह का महाराज स्वरूप सामने आने लगा था—"तुम्हारे बारे में एक-एक कर सब कुछ जान लेने के बाद ही, मैं तुम्हें लिवाने आंबेर पहुँचा

था।···महाराजा नहीं, प्रेमी जगतसिंह के रूप में।···तभी तो बिना तामझाम के, चार अंगरक्षकों के साथ ही वहाँ पहुँचा था···याद है न तुम्हें··· ?"

"तुमसे जुड़ी कोई बात भला मैं भूल सकती हूँ?"—राजसी अदब-कायदों को भूल रसकपूर अपने प्रियतम को अनायास 'तुम' का स्वाभाविक आत्मीय संबोधन दे बैठी। सुनकर निहाल हो गए जगतसिंह। आडंबरी संबोधनों के बीच यह अपनत्व उन्हें अनोखा सुख प्रदान कर रहा था।

प्रेयसी को अपने वक्ष के साथ और दृढ़ता से सटाते हुए जगतसिंह ने कहा—"मैं जान चुका था कि निर्दोष केशव को चाँदसिंह ने मरवा डाला था। जबकि दोषी रत्नसिंह उसके ही संकेत पर कहीं छिप गया था, जिसे उपयुक्त समय पर ले आया गया। झूठ नहीं बोलूँगा।···युद्ध के दौरान रत्नसिंह के बारे में सुनकर, एक बार तो मेरे मन का प्रेमी भी संदेह से भर उठा था···लेकिन कुछ ही देर बाद, तुम्हारे प्रति दृढ़विश्वास ने, शंका समाधान भी कर दिया था।···जयपुर आने पर तुम तो नहीं मिलीं, लेकिन रसविलास की दासियों ने सब कुछ बता दिया था।···पटरानी के तुम्हारे महल में स्वयं आकर उसे नियुक्त करवाने से लेकर···उसके प्रति तुम्हारा बड़ी बहिन-सा ममत्व-स्नेह, सब कुछ जान चुका था मैं। युद्धभूमि में तुम्हारे संदेश न आने के कारण का भी पता चल गया था। तुम्हारे दूतों को तो चाँदपोल से बाहर निकलते ही जंगल में कत्ल कर दिया जाता था, जबकि मेरे भेजे संदेश दूनी ठाकुर तुम तक नहीं पहुँचने देता था।"

"और मैं समझती रही कि युद्ध में व्यस्तता के कारण ही आप उत्तर नहीं दे पा रहे थे।"—रसकपूर ने धीरे से कहा।

"यह सब हमारी पटरानी और दूनी ठाकुर का किया-धरा था। तुम निर्दोष थीं, यह जानते हुए भी मुझे तुम्हें रसविलास से निष्कासित करने का आदेश देना पड़ा।"—जगतसिंह के स्वर में गहन पीड़ा थी—"लेकिन मैं भी क्या करता? सामंतों ने एक स्वर में विद्रोह करके, सिंहासन और तुममें से एक को चुन लेने की चुनौती दे डाली थी। मैंने सिंहासन छोड़कर, तुम्हारे साथ कहीं दूर चले जाने का निश्चय कर लिया था···लेकिन सामंती तेवर देखकर मैं समझ गया था कि वे तुम्हें मेरे साथ नहीं जाने देंगे।···वे तुम्हें बंदी बनाकर अपमानित किए बगैर नहीं मानेंगे।···ऐसे में मुझे यही उचित प्रतीत हुआ कि अभी विपरीत हवा के कारण स्वयं को, सामंतों और रनिवास की इच्छा-प्रवाह के सामने सम्पित कर दूँ···। मैंने वही किया, जो षड्यंत्रकारियों ने चाहा। लेकिन तुम्हें एक क्षण के लिए भी नहीं भूला।···हर पल तुम्हारे ही लिए चिंतित रहा···। नहीं जानता था कि राजनीति की चौसर पर बाजी कब, किसके हाथ लगेगी। किंतु बाजी हार जाने की स्थिति में भी, तुम्हें यहाँ से सुरक्षित निकलवा देने की व्यवस्था मैंने आरंभ से ही कर ली थी।"

सुनकर विस्मित हो उठी रसकपूर—"तो क्या बाबा भूरसिंह···आपके ही संकेत पर मुझे··· ?"

हँस पड़े जगतसिंह—"तुमसे बनाए संबंध की बात तो वे ही जानें। लेकिन वे मेरे परम विश्वस्त हैं। मैंने ही तुम्हें 'सूरजप्रकाश' महल के नीचेवाले इस तहखाने में रखने के लिए कहा था। यह किले का न केवल एकांत स्थल है, अपितु इसके एकदम सामने की प्राचीर, पर्वत से मात्र पंद्रह-बीस फीट ही ऊँची है। छोटी-सी रस्सी के सहारे यहाँ से आराम से फरार हुआ जा सकता है। यह आपातकालीन व्यवस्था थी, वरना तो संकेत मिलने पर भूरसिंह स्वयं ही तुम्हें सुरक्षापूर्वक बाहर भिजवा देता।"

सुनकर मुदित मन नाच-सी उठी रसकपूर। पुनः जगतसिंह के वक्ष से सटती हुई, मगन मन कह उठी—"तो मैंने आपका विश्वास कभी नहीं खोया था। आपके मन-प्राण का भाग बनी रही मैं""सुनकर धन्य हो गई मैं""मेरा जीवन सार्थक हो गया प्रिय!"" तुमने यह कहकर मेरे अभिशप्त जीवन पर अमृत वर्षा की है।""एक बार""सिर्फ एक बार और कहो प्रिय!""तुमने मुझ पर कभी अविश्वास नहीं किया। कभी मुझे विश्वासघाती दुश्चरित्र नहीं समझा""।"

"हाँ, हाँ, नहीं समझा, कभी सोचीं भी नहीं तुम्हारे बारे में ऐसी घृणित बातें।"—प्रगाढ़ आलिंगन में आबद्ध कर जगतसिंह रो पड़े—"भगवान् गोविंद साक्षी हैं""मैंने तुम्हें भागीरथी के समान पवित्र माना है।""तुम्हारे प्रेम की सुगंध मेरे लिए स्वर्ग के पारिजात पुष्प से भी बढ़कर रही है""तुम्हारे स्नेहिल आँचल ने त्रितापों से मेरी रक्षा की है।""मैंने तुम पर अपने से भी अधिक विश्वास किया है""स्वयं से भी अधिक प्यार किया है। उन नाटकीय घटनाक्रमों की बात जाने दो तो मैंने मन में भी कभी तुम्हारे प्रति कोई कटु विचार नहीं आने दिया।"

सुनकर रसकपूर के मन का आनंद अश्रुओं में ढलने लगा। अकल्पनीय सुख का अभिषेक करने, अश्रु प्रपात फूट पड़े। प्रियतम के वक्ष से पुनः लिपटकर हिलक-हिलककर रो पड़ी। अश्रुओं का अनंत कोष फूट-फूटकर जगतसिंह के वक्ष को भिगो गया।

कातर स्वर में जगतसिंह कह उठे—"जान-बूझकर, निर्दोष जानकर भी तुम्हें इतने कष्ट दिए, उनके लिए क्षमाप्रार्थी हूँ।""मुझ दुष्ट पापी को क्षमा नहीं करोगी प्रिय!"

"यह कहकर मुझे पाप में न धकेलें।""क्षमा की पात्रा तो मैं हूँ, जिसने आपको इतने दुःख दिए।"—रसकपूर और दृढ़ता से वक्षालिंगन कर गई।

मौन क्षणों की शांति भंग की रसकपूर के घने केशों को बींध पार करके पहुँची तरल शीतलता ने। अचकचाकर सिर उठाकर देखा। प्रस्तर मूर्ति से निश्चल खड़े जगतसिंह के नेत्रों से प्रवाहित अविरल अश्रुधारा देख, रसकपूर चीख ही तो पड़ी—"प्रिय! क्या हुआ है तुम्हें? यह अश्रुधारा""? अपनी पीड़ा बताओ प्रियतम! इन सुखद क्षणों में कौन-सा मनस्ताप तुम्हें झुलसा रहा है? मुझे बताओ""मैं अभी उसका समूल नाश करवा दूँगी।"

"तो नाश करो उस तपस्विनी रसकपूर का, जो मेरे प्रायश्चिती अश्रुओं और कातर क्षमायाचना की भी उपेक्षा करके, मुझे क्षमा नहीं कर रही है।"—जगतसिंह के नेत्र पुनः

आँसुओं से भर गए।

सुन-समझकर अपने ही हाथों से सिर पीटती हुई रसकपूर बिलख उठी—"इस पापिन को क्षमा करो, प्रिय!····उसकी नारी-जनित लज्जा ने आपको इतना पीड़ित किया····उसे तो नर्क में भी स्थान नहीं मिलेगा। नहीं मेरे सर्वस्व!····तुम्हें तो उसने कभी अपराधी माना ही नहीं····फिर वह क्षमा कैसे करे? फिर भी तुम्हारे मनस्तोष के लिए, वह क्षमा माँगते हुए तुम्हें क्षमा करती है····प्रिय, उसकी मूर्खता के लिए उसे क्षमा कर दो।"

परस्पर दृढ़ आलिंगनबद्ध हो दोनों फूट-फूटकर रो पड़े। समस्त आरोप-उपालंभ, अश्रु भागीरथी के प्रवाह में बह गए। रोते-हिलकते, एक-दूसरे को सँभालने में पुनः रो उठते प्रेमी युगल के मिलन की साक्षी कारागार की दीवारें भी जैसे निर्मल हो उठी थीं।

अश्रु-प्रवाह को कठिनाई से नियंत्रित कर जगतसिंह ने प्रेयसी का हाथ थामकर कहा—"आओ चलें, रस!"

"कहाँ?"—सुनकर चौंकी रसकपूर।

"वापस अपने रसविलास में"—जगतसिंह के होंठों पर उल्लसित क्षीण-सी मुसकान तैर गई।

सुनकर जैसे डंक-सा लगा हो। रसकपूर तड़प उठी—"नहीं, प्रिय! रसविलास में मेरी वापसी अब संभव नहीं।"

"क्यों? मैं स्वयं तुम्हें लेने आया हूँ!"—जगतसिंह के स्वर में पुनः कातरता घुलने लगी थी।

"इतने अपमान के बाद न तो मैं वहाँ सहज होकर जी पाऊँगी और न ही मेरे विरोधी तब आज जैसे उदार रह सकेंगे।"—रसकपूर ने गंभीर स्वर में कहा—"मेरे वहाँ न होने से उनके मनों में मेरे प्रति उत्पन्न करुणाभाव, मेरे वहाँ पहुँचते ही वैमनस्य में बदलता हुआ, वापस शत्रुभाव में परिवर्तित हो जाएगा। तब फिर से नए षड्यंत्रों के अंकुर फूटने लगेंगे····। आपके चारों ओर विष-वृक्षों की गुँजलकी जकड़नें लहराने लगेंगी····और फिर आज की पुनरावृत्ति होगी····मैं यह सब नहीं चाहती, प्रिय!"

"मैं अब इन्हें कुचलने में सक्षम हूँ प्रिय!" जगतसिंह ने कहा, "मैं वचन देता हूँ कि मेरे रहते अब इसकी पुनरावृत्ति असंभव होगी।"

"मैं न तो आप पर अविश्वास कर रही हूँ, और न ही इन स्थितियों के पुनरागमन से भयभीत हूँ,"—रसकपूर ने जगतसिंह के वक्ष से परे हटते हुए कहा—"लेकिन इन सबसे अलग, मेरा भी अपना मान-सम्मान है। आपके प्रति समर्पित होने का अर्थ, मेरा सम्मानविहीन हो जाना नहीं है।····जिस तरह आपके लिए प्राण त्यागने में मुझे सोचने की आवश्यकता नहीं, उसी तरह अपनी मान-रक्षा के लिए भी प्राणों का मोह मुझे नहीं है। जिस रसविलास से मुझे अपमानित करके निकाला गया, अब वहाँ जीते-जी मेरा लौटना संभव नहीं है।····वहाँ ही नहीं, मेरा अपमान देख चुके पूरे चंद्रमहल परिसर में अब मेरी वापसी असंभव है। न स्वेच्छा से और न ही बलपूर्वक····"

"तब फिर अपने आंबेर महलों में ही चलो।"—हतप्रभ जगतसिंह ने धीरे से कह दिया।

"उन्हें तो मैं आपकी इच्छा पर, चार वर्ष पूर्व ही छोड़ आई थी।"—रसकपूर ने दृढ़ स्वर में यह विकल्प भी अस्वीकार कर दिया—"आपके आदेश पर ही मैंने उस क्षेत्र का शासन-भार सँभाला था। किंतु मेरे बंदी होने के साथ ही मेरा राज्य भी मुझसे छिन गया। अब मैं अर्धराजिन नहीं रही। आंबेर के महल भी इसीलिए अब मेरे नहीं रह गए हैं।"

जगतसिंह के मुँह खोलने से पूर्व ही रसकपूर पुनः कह उठी—"नहीं प्रिय, अब मुझे पुनः अर्धराजिन बनाने का प्रयास न करना। मैं राज्य नहीं····तुम्हें····सिर्फ तुम्हें चाहती थी। दरबार में उत्पन्न उस विषम परिस्थिति के कारण ही, तब मैं तुम्हारी घोषणा का विरोध नहीं कर सकी थी। बाद में भी उसे तुम्हारा प्रेमोपहार मानकर, उसका तिरस्कार करने का साहस नहीं जुटा पाई।····लेकिन अब···जब सब कुछ समाप्त हो गया है····मैं फिर से उस कहानी को दोहराने···उस घटनाक्रम की पुनरावृत्ति की इच्छुक नहीं हूँ। क्षमा करें प्रिय! मुझे आपका राज्य····आपका अनुरोध स्वीकार नहीं है।"

सुनकर मुसकरा उठे जगतसिंह—"जानता था, यही उत्तर होंगे तुम्हारे। मेरे दोनों ही प्रस्ताव तुम्हें स्वीकार्य नहीं होंगे। इसलिए अब अंतिम और तीसरा निवेदन कर रहा हूँ।"—रसकपूर का कोमल हाथ अपनी पुष्ट हथेलियों में भरकर जगतसिंह ने कह दिया—"तब आओ; यहाँ से दूर, कहीं शांति की खोज में निकल चलें। हम दोनों ही अपना आज···मेरा राजसी और तुम्हारा बंदी जीवन त्यागकर, सुखद कल की तलाश में निकल चलें।····वहाँ चलें, जहाँ न मैं महाराज होऊँ और न ही तुम अर्धराजिन····। वहाँ हों सिर्फ जगत और रस···जगत की रस और रस का जगत····। आओ, अपने नए संसार के मनु और शतरूपा बनकर, अपनी नई सृष्टि की संरचना आरंभ करें। राज्य-लिप्सा, मानवीय षड्यंत्र, छल-कपट, घृणा-अविश्वास से परे, अपनी नई सृष्टि के हम ही ब्रह्मा और विष्णु हों। हम ही उसके सर्जक और पालक हों। शेष सब उस परमपिता पर छोड़ दें।"

सुनकर विस्मित-सी देखती रह गई अपने प्रियतम का आभा-मंडित मुखमंडल। कैसी पवित्र ज्योति-रश्मियाँ बिखर उठी थीं उसके चारों ओर। क्या यही जयपुर राज्य का सर्वाधिक विलासी महाराजा है?····यह तो कोई और ही व्यक्ति है। उस महाराजा से परे···निश्छल-निष्पाप, साक्षात् प्रेम का देवता, जिसका काममद त्रिपुरारी के तीसरे नेत्र के कोप से भस्म हो गया था। देखकर पगला ही तो गई थी रसकपूर। जगतसिंह का यह रूप तो उसके लिए नितांत अनूठा-अजाना था। उसे देखती-निहारती, आकुल-व्याकुल नाच-सी उठी रसकपूर। पैरों में लिपटती, गले से चिपटती, हथेलियों में प्रदीप्त मुख को भरती, कभी हँसती, कभी रोती रसकपूर जैसे पागल हो उठी थी। यही तो था उसकी कल्पना का जगत। उसके प्रेम-पुष्पों का आराध्य प्रियतम। कहाँ छिपा हुआ था इतने

वर्षों तक? क्यों नहीं खोज पाई थी अब तक उसे नृत्य-पान-गोष्ठियों में····संगमरमरी महलों के मखमली पर्यंकों में····विलास के एकांतिक अंतरंग क्षणों में। मिला भी तो कहाँ? कारागार की इन बेजान बहशी दीवारों से घिरी इस कोठरी में। देखकर तृप्त हो गए मन-प्राण। अब कुछ भी देखना शेष नहीं रहा। कोई इच्छा-आकांक्षा नहीं रह गई। प्रियतम की प्रेम-प्रभाओं से उसके मन-प्राण नई रश्मियों से आलोकित हो उठे।

जगतसिंह के मुख को हथेलियों में भरकर, मौन-मुखर नेत्रों से छवि आत्मसात करती हुई, वह आत्मविस्मृत-सी कह उठी—"आओ चलें प्रिय! अपने सपनों के संसार में ब्रह्मा और विष्णु बनकर, उसका सृजन और पोषण करें। इस दुनिया से दूर, अपना नया संसार बसाएँ।"

प्रिय के भुज-आलंब में सिमटी रसकपूर, कारागृह की कोठरी से निकली। कुछ कदम साथ चलते हुए जगतसिंह के कदम 'नाहरसिंह की बुर्जी' पर ठिठक गए। वहाँ से पूरे जयपुर को दृष्टि में बाँधकर, वे उसे प्रणाम कर उठे—"मेरा अभिवादन स्वीकार कर मेरे जयपुर! अपने जगतसिंह के अपराध भूलकर, उसे सुखी रहने का आशीर्वाद प्रदान कर। अपनी प्रिया के साथ उसके सुखमय संसार की प्रार्थना कर।"

प्रत्युत्तर में, रंग-बिरंगी रोशनियों से जगमगाता जयपुर जैसे हँस पड़ा। रसकपूर ने भी उसे देखा। जगतसिंह के लिए मौन अनुत्तरित जयपुर, अचानक रसकपूर से बहुत कुछ कह गया—'कहाँ ले जा रही हो मेरे संरक्षक को?····अपने अकेले सुख के लिए मेरे हजारों पुत्रों को अरक्षित कर रही हो। क्या यही है तुम्हारा मेरे प्रति लगाव?···· अरे! धरती पर रहकर, उससे जीवन के साधन प्राप्त करने के कारण ही लोग, उसका 'माता' के रूप में मान करते हैं। ····मैंने भी तुझे अपनी गोद में दुलराते हुए, यह वैभव-सम्मान दिलाया है।····और आज तू मेरा तिरस्कार कर, मेरे संरक्षक को ही छीने ले जा रही है! महाराज के चले जाने पर मेरा क्या होगा?····मुझमें निवास करनेवाले हजारों नगरवासियों का क्या होगा? कोई भी आक्रांता आकर मुझे धूल-धूसरित कर देगा। क्या मराठों और अमीरखाँ के आक्रमण भूल गई हो?····महाराज के जाते ही क्या वे मुझे छोड़ेंगे?····चारों ओर से हमले होंगे मुझ पर····षड्यंत्री सामंत उनका स्वागत करेंगे···· लूटमार, हत्या-बलात्कार का दौर आरंभ होगा। सामंत अपनी जेबें भरेंगे और आक्रांता अपने कोष।····लुटेंगे तो सिर्फ निर्दोष नगरवासी। तुम्हारे लिए तो अपना सुख ही सर्वोपरि है। अपनी जन्मभूमि के प्रति भला तुम्हारा क्या दायित्व हो सकता है?····ठीक है, ले जाओ मेरे संरक्षक को, और सजा लो अपने सपनों की रंगीन दुनिया····मैं उन रंगों की कालिमा सहेजे, तुम्हारे सुखी जीवन की प्रार्थना करता हूँ।'

जयपुर की वेदना सुन-समझकर थरथरा उठी रसकपूर। भावावेग में वह कैसा अनर्थ करने जा रही थी? जयपुर को निस्सहाय छोड़े जा रही थी वह। जगतसिंह का हाथ थामकर धीरे से बोली—"प्रिय! जयपुर तुमसे कुछ कह रहा है। सुन रहे हो ना उसकी आवाज?"

जगतसिंह ने विस्मय से रसकपूर की ओर देखकर, पुनः जयपुर पर दृष्टिपात किया। उनकी आँखों में तैरता असमंजसी प्रश्न पढ़कर, रसकपूर के होंठों पर विषादपूर्ण मुसकान तैर गई—"नहीं सुन-समझ सके न उसकी व्यथा? उस नगर की पीड़ा जिसने आपको महाराज बनाकर, इतना मान-सम्मान, सुख-वैभव प्रदान किया।····लेकिन आपका उससे अपनत्व रहा ही कब? आपके लिए तो वह मात्र राजधानी था।····लेकिन मैं तो उसकी बेटी हूँ। उसकी गोद में, उसकी मिट्टी में घुटनियाँ चलती-दौड़ती बड़ी हुई हूँ। मैं भला अपने पिता का आर्त्तनाद कैसे अनसुना कर सकती हूँ?····नहीं प्रिय! आपके कंधों पर मेरे वृद्ध पिता का दायित्व है। उसे सुरक्षा प्रदान करना आपका प्रथम कर्तव्य है।····मेरी आसक्ति त्यागकर, अपने कर्मपथ पर अग्रसर होओ। मैं तुम्हारी थी····हूँ ···और रहूँगी भी।····किंतु जयपुर भी तुम्हारा है····उसकी प्रजा भी तुम्हारी है। मुझसे पूर्व उनकी रक्षा करो। मेरे सुख के लिए राजपाट तक त्याग देनेवाला प्रेमी जगतसिंह····मेरे संतोष के लिए जरा सबल महाराज तो बनकर दिखाए।····इस नगर की, मेरे इस वृद्ध पिता की, आक्रांताओं से रक्षा करके तो दिखाए।····तुम्हें ऐसा करते देख, मैं धन्य हो जाऊँगी।····मेरा प्रेम सार्थक हो जाएगा।"

इस बार जयपुर पर किया दृष्टिपात, जगतसिंह से और भी बहुत कुछ कह गया। अपना दायित्व बोध होते ही प्रेमी जगतसिंह, अकस्मात् महाराजा बनने लगे। मन में संकल्प-विकल्प बनने-बिगड़ने लगे। कुछ ही क्षणों में अपना कर्तव्य निर्धारित कर, महाराज जगतसिंह ने रसकपूर का हाथ दृढ़ता से थामते हुए कहा—"तुमने ठीक कहा प्रिय! मैं जयपुर का राजा नहीं, वह मेरा वृद्ध पिता है, जिसकी सुरक्षा मेरा ही दायित्व है। उसके निर्वहन के लिए जाने से पूर्व, मैं तुम्हारे प्रति आश्वस्त हो जाना चाहता हूँ।····कहो! तुम्हारे सुखद निवास की व्यवस्था कहाँ की जाए?"

"उसके लिए आप चिंतित न हों।"—रसकपूर मुसकरा उठी—"मैं अपने ही घर में हूँ। आप निश्चिंत हो अपने कर्मपथ पर अग्रसर हों।"

"क्या?"—जगतसिंह भौंचक्के रह गए—"तुम यहाँ कारागार में ही रहने की इच्छा कर रही हो?"

"कारागार तो यह आपके लिए होगा। मेरा तो यह घर है।"—रसकपूर हँस पड़ी—"अपनेपन का ऐसा सुख जीवन में पहली बार मिला है। बाबा भूरसिंह ने मुझे बेटी बना लिया है। इसलिए मेरी ओर से आप निश्चिंत रहें।"

"तब ठीक है। मैं कल ही सेवकों को भेजकर तुम्हारे लिए सभी सुख-सुविधाओं की व्यवस्था करवा देता हूँ। तुम्हारे वस्त्र-आभूषण तो कुछ ही देर में आ जाएँगे।"

"नहीं, प्रिय! मुझे इनमें से किसी की भी आवश्यकता नहीं। यहाँ का जीवन, सैनिकों की रसोई का भोजन मुझसे मत छीनो। मुझे अपने पिता की स्नेहिल छाया में शेष जीवन जी लेने दो।"—रसकपूर के होंठों पर स्वर्णिम हास्य थिरक-उठा था—"तुम्हारी घृणा की कल्पना ही अब तक इसे नरक बनाए हुए थी। अब तो यही मेरे लिए

स्वर्ग समान हो गया है। बस, कभी-कभी अवसर निकालकर दर्शन देते रहिएगा। मैं तो उसी में निहाल हो जाऊँगी।"

"इतना लगाव हो गया है यहाँ से?"—जगतसिंह मुसकराए—"लोगों के तो यहाँ आने की कल्पना से भी प्राण सूख जाते हैं।"

"कभी मौका मिले तो भोजन के समय आकर देखना, मेरे लगाव का एक और कारण भी समझ में आ जाएगा। यहाँ का खाना खाकर राजसी व्यंजन भी भूल जाएँगे आप।"

"बहुत चटोरी हो गई लगती हो, यहाँ आकर!"—जगतसिंह के हास्य में रसकपूर की चाँदी की घंटियों जैसी मधुर हँसी भी सम्मिलित हो गई थी।

□

रसकपूर के मृत्युदंड को पाँच वर्ष के कारावास में बदलने की घोषणा के साथ ही जगतसिंह अपने साम्राज्य को शक्तिशाली बनाने के प्रयासों में जुट गए। खस्ताहाल जयपुर की व्यवस्था सुधारना असंभव जैसा काम था। रनिवास से लेकर सामंतों, जागीरदारों तक के अपने-अपने गुट बने हुए थे, जो वक्त-बेवक्त एक-दूसरे को नीचा दिखाने का कोई भी अवसर हाथ से नहीं जाने देते थे। अंतःपुर के संरक्षक नादर मोहनराम तिवाड़ी ने भी अपना अलग से गुट बना रखा था, जिसमें कई महारानियों के अतिरिक्त डिग्गी ठाकुर मेघसिंह खंगारोत आदि सामंत भी शामिल थे। रसकपूर की शिकायत पर, महाराज द्वारा उसके विरुद्ध कार्यवाही करते ही जैसे कोहराम मच गया। महारानियों से लेकर अनेक सामंतगण तक उसके बचाव के लिए खड़े हो गए। इस पर भी जगतसिंह ने उसे बंदी बनाने के आदेश दे ही दिए। नादर भागकर महारानियों के रावळे में छिप गया। उसकी तलाश जारी ही थी कि अमीरखाँ ने जयपुर पर चढ़ाई कर दी। रसकपूर को दंडित किए जाने से क्रुद्ध अमीरखाँ ने जून १८१६ में जयपुर नगर को आ घेरा। रसकपूर को रिहा करने की माँग तो जयपुर के आंतरिक मामलों में हस्तक्षेप मानी जाती, जिसे राजपूताने का कोई राजा तो क्या, स्वयं अमीरखाँ के सेनानायक भी पसंद नहीं करते। इतनी छोटी-सी बात के लिए, आक्रमण जैसे बड़े कदम का उसके विश्वस्त सेनानायकों ने तो प्रच्छन्न विरोध कर भी दिया था। ऐसे में बकाया धनराशि की वसूली के नाम पर वह जयपुर पर चढ़ दौड़ा था।

एक माह तक जयपुर अमीरखाँ के घेरे में रहा। किंतु अब जगतसिंह ने उसे और धन न देने का मानस बना लिया था। उन्होंने दीवान मानजीदास को अँगरेजों से बातचीत करने के लिए दिल्ली भेजा। अमीरखाँ की बढ़ती शक्ति से आशंकित अँगरेजों को भी जयपुर, जोधपुर, उदयपुर जैसे बड़े राज्यों का अस्तित्व बनाए रखना आवश्यक प्रतीत होने लगा था। उन्हें समझ में आ गया कि जयपुर पर अधिकार कर लेने पर तो अमीरखाँ की बढ़ी हुई शक्ति, अँगरेजों के लिए भी सरदर्द बन जाने वाली थी। 'ईस्ट इंडिया कंपनी' के गवर्नर जनरल हेस्टिंग्ज की स्वीकृति मिलते ही संधि-वार्त्ताएँ आरंभ हुईं।

यह देख अमीरखाँ सतर्क हो उठा। उसे लगा कि समझौता होते ही अँगरेजी सेना

जयपुर की ओर कूच कर देगी। अँगरेजों के साथ युद्ध का अर्थ सिर्फ अपनी तबाही थी। जबकि उनकी धमकी पर घेरा उठा लेने से राजपूताने में उसकी प्रतिष्ठा समाप्त हो जाने की आशंका थी। ऐसी स्थिति में जगतसिंह की जोधपुरी महारानी सिरहकँवरी की, अपने पिता महाराजा मानसिंह के नाम पर जयपुर का घेरा उठा लेने की प्रार्थना स्वीकार कर, वह खाली हाथ ही वापस लौट गया। घेरा उठाने के बदले महारानी ने उसे बाद में अच्छा मुआवजा दिलाए जाने का आश्वासन ही दिया था। इस आक्रमण में उसे फूटी कौड़ी भी हाथ नहीं लग पाई थी।

अमीरखाँ के जाते ही अँगरेजों से समझौता-वांर्त्ता में ढिलाई आने लगी। अंत में वार्षिक खिराज और टोंक एवं रामपुरा परगने लौटाने के प्रश्न पर वार्त्ता टूट गई। उधर अव्यवस्था के चलते, जयपुर के जागीरदारों ने राज्य की खालसा जमीनों पर कब्जे करने शुरू कर दिए। इसमें उणियारा, खेतड़ी आदि के जागीरदार तो बहुत उद्दंड हो गए थे। वे महाराज के आदेशों की भी परवाह नहीं करते थे।

राज्य की आंतरिक और बाहरी दुरवस्था से परेशान हो, जगतसिंह ने जनवरी १८१८ में पुनः संधि-वार्त्ता आरंभ की। गवर्नर जनरल सर हेस्टिंग्ज की ओर से सर चार्ल्स थियाफिल्स मेटकाफ ने तथा महाराज की ओर से सामोद रावळ बैरीसाल नाथावत ने वार्त्ता में भाग लिया। लंबी चर्चा के बाद २ अप्रैल, १८१८ को संधिपत्र पर हस्ताक्षर करके, जयपुर आएदिन की लूटमार से सुरक्षित हो गया। लेकिन इस सुरक्षा के लिए जयपुर को बहुत भारी कीमत चुकानी पड़ी थी। संधि की शर्तों के अनुसार, जयपुर सीधे तौर पर अँगरेजी शासन का एक राज्य बनकर रह गया था। संधि की तीसरी, चौथी और पाँचवीं शर्तों ने उसे अँगरेजों की ताबेदारी की दिशा में धकेल दिया था। तीसरी शर्त के अनुसार, जगतसिंह और उनके उत्तराधिकारी, अँगरेजी प्रभुत्व को स्वीकार करते हुए, अन्य किसी राजा या सरदार से संधि न करने के लिए पाबंद हो गए थे। चौथी शर्त में उन पर अँगरेज सरकार की पूर्व स्वीकृति के बगैर किसी भी राजा या सरदार के साथ, राजनीतिक पत्र-व्यवहार तक पर पाबंदी लगा दी गई थी। पाँचवीं शर्त ने तो अँगरेजों को जयपुर के आंतरिक मामलों में भी हस्तक्षेप करने की छूट दे डाली थी। इसके अनुसार, महाराज और उनके उत्तराधिकारी, जहाँ किसी पर ज्यादती न करने के लिए पाबंद किए गए थे, वहाँ किसी भी विवाद में अँगरेजों का पंचायती फैसला ही स्वीकार करने की बाध्यता भी थी।

संधि-पत्र के अनुसार वार्षिक खिराज की शर्तें भी, अँगरेजों को राज्य की वित्तीय व्यवस्था और प्रबंध में हस्तक्षेप करने का अधिकार देती थीं। इस छठी शर्त के अनुसार, राज्य के खराब हालात के कारण प्रथम वर्ष का खिराज माफ करने के बाद, दूसरे वर्ष चार लाख, तीसरे वर्ष पाँच लाख, चौथे वर्ष छः, पाँचवें वर्ष सात और छठे वर्ष आठ लाख रुपया वार्षिक देना तय हुआ था। आठ लाख रुपए की राशि, जयपुर की वार्षिक आय चालीस लाख रुपए होने तक ही वसूल होनी थी। इसके बाद बढ़ी आय पर पाँच आने

प्रति रुपया अतिरिक्त खिराज वसूली की व्यवस्था थी। इस प्रकार राज्य की आय और व्यय की नियमित जाँच करने का अधिकार भी अँगरेजों को प्राप्त हो गया था। वे किसी भी खर्च को संधि-विरोधी कहकर रोकने में समर्थ हो गए थे।

गुलामी जैसी शर्तों के बदले गवर्नर जनरल ने जयपुर की पूर्ण सुरक्षा का वचन दिया था। २ अप्रैल, १८१८ को हुई संधि पर, १५ अप्रैल को गवर्नर जनरल हेस्टिंग्ज के हस्ताक्षर होते ही, जयपुर राज्य बाहरी आक्रमणों से सुरक्षित हो गया। इसके दो माह बाद जून १८१८ में अँगरेज रेजीडेंट सर डेविड ओंचरलोनी जयपुर आया और १७ जून को जागीरदारों की बैठक में उसने राज्य की खालसा जमीन पर किए कब्जे हटाने का आदेश दे दिया। राज्य में अराजकता की स्थिति समाप्त करने के लिए, उसने जागीरदारों को डाकुओं की मदद न करने का आदेश देते हुए, उनके ठिकानों से गुजरनेवाले व्यापारियों के माल-असबाब की सुरक्षा के लिए उन्हें ही जिम्मेदार घोषित कर दिया।

जयपुर के अधिकांश जागीरदारों ने तो रेजीडेंट के आदेश स्वीकार कर लिये। लेकिन कुछ जागीरदार टालमटोल करने लगे। उणियारा के भारतसिंह ने तो अमीरखाँ से छीना गया माधोपुर लौटाने से साफ इनकार कर दिया था। उसका विद्रोह दबाने के लिए अँगरेज सेना ने माधोपुर पर आक्रमण कर दिया। भारतसिंह का आत्मसमर्पण होते ही, जागीरदारों के रहे-सहे कस-बल भी निकल गए। वे समझ गए कि अब जयपुर की शासन व्यवस्था में क्रांतिकारी परिवर्तन आ रहा है।

अँगरेजों की संधि से मिली सरपरस्ती स्वीकार करके, महाराज जगतसिंह ने अनियंत्रित विषम परिस्थितियों को नियंत्रित करने का प्रयास किया था। अब वे बाहरी दबावों से मुक्त हो, राज्य की सुख-समृद्धि की दिशा में कदम उठाने की स्थिति में आ गए थे। सामंतों और रनिवास के आंतरिक दबाव भी दम तोड़ रहे थे। नई आशाओं से भरे जगतसिंह, अपनी योजनाओं को साकार करने में जुट गए।

जीवन के झंझावातों में थपेड़े खाते महाराज के जीवन में, स्थायी सुख की तो जैसे रेखा ही नहीं थी। दरबारी थे तो षड्यंत्रकारी, महारानियों में भी अधिकांश षड्यंत्रकारियों को ही संरक्षण देनेवाली, एक प्रेयसी मिली, उसे भी अपने हाथों कारागार में भेजना पड़ा। इस पर औलाद का सुख भी उनके भाग्य में नहीं था। चौंतीस वर्ष के हो जाने पर भी, वे अपना उत्तराधिकारी तैयार नहीं कर पाए थे। यह नहीं कि पिता बनने का गौरव उन्हें प्राप्त ही नहीं हुआ था। उन्हें पहला बेटा दिया था—जावर राणा भूपालसिंह की पुत्री रूपकँवरी राणावत ने, जो बड़ी राणावतजी के नाम से जानी जाती थी।

इसके बाद ही ब्याहकर आई वरिष्ठ भटियाणी रानी अहजनकँवरी ने पुत्र उत्पन्न कर, महाराज के पितृ-गौरव में वृद्धि की थी। तीसरे पुत्र का पिता बनाया उन्हें पाँचवीं भटियाणी रानी चाँदकँवरी ने। लेकिन पितृ-सुख जैसे उनके भाग्य में ही नहीं था। तीनों राजकुमार बचपन में ही एक-एक कर, काल के कराल गाल में समा गए। निराशा के घने अंधकार में प्रकाश किरण दिखाई दी, तीसरी भटियाणी रानी सिंगारकँवरी के गर्भवती

होने के समाचार से। गर्भावस्था में पर्याप्त सुरक्षा के बाद उन्होंने पुत्र को जन्म तो दिया लेकिन वह भी प्रसव के दौरान ही मर गया। जगतसिंह की पड़दायत कुन्नाना का पुत्र लालजीराजा गोविंदसिंह अवश्य जीवित रहा। जवान होने पर महाराजा ने उसे 'फौजदार' पद पर नियुक्त कर दिया था। लेकिन वह भी भरी जवानी में मर गया। सिर्फ रूपरेखा पड़दायत की पुत्री बाईजीलाल गोविंदकुँवरी ही जीवित रह पाई थी। इतने प्रेम के बाद भी रसकपूर उन्हें पितृसुख से गौरवान्वित नहीं कर सकी थी।

यौवन से अधेड़ावस्था की ओर कदम बढ़ाते महाराज जगतसिंह के लिए यह नई चिंता, जोंक बनकर उनका रक्तपान करने लगी थी। पुत्रों की मृत्यु को अपने पापों का फल मानते हुए, उनका रुझान धर्म-कर्म की ओर बढ़ने लगा। बृजबिहारीजी का मंदिर बनवाकर जैसे उन्होंने अपने जाने-अनजाने पापों का प्रायश्चित्त ही किया था।

□

अब तक राज्य की आंतरिक दुरवस्था का लाभ उठाकर नादर मोहनराम न केवल महाराज के कोप से बचता रहा था, अपितु इस दौरान वह और भी शक्तिशाली बन बैठा था। उसने पुरानी बस्ती में 'बारह भाइयों के चौराहे' पर, भगवान् कृष्ण और राधा का विशाल मंदिर बनवाकर, अपनी संपन्नता का प्रदर्शन किया था। वह मंदिर उसके ही नाम पर 'नादरजी का मंदिर' नाम से प्रसिद्ध हो गया था। इस विशाल मंदिर के पीछे बने महलों में, मोहनराम स्वयं राजसी ठाठ से रहता था। इसमें राधा-कृष्ण की दो फुटी पीतल की भव्य प्रतिमाओं की प्रतिष्ठापना की गई थी। संगमरमरी स्तंभों पर टिके विशाल जगमोहन में भक्त दर्शनार्थियों की भीड़ लगी रहती थी। सामने विशाल चौक में आए-दिन उत्सवों की धूम मचती थी।

ऐसा समर्थ-संपन्न हिजड़ा, अँगरेज संधि से सुरक्षित हुए जयपुर में, अपने भविष्य के प्रति चिंतित हो उठा। आंतरिक अशांति का भय दिखाकर महाराज से अपनी बात मनवा लेनेवाले सामंतों की चिंता भी उसके साथ जुड़ गई। अपना वर्चस्व समाप्त होने की आशंका से त्रस्त कई महारानियाँ भी, मोहनराम का मुँह देखने लगी थीं। कुछ ही समय में महाराजा के वापस शक्तिशाली होकर, एक-एक से गिनकर बदले लेने के भय से उनकी नींद उड़ गई थी। जागीरदारों का हुआ मानमर्दन, इन आशंकाओं की पुष्टि कर गया। वे समझ गए कि अब देर-सबेर उनकी भी बारी आने ही वाली है।

सत्ता को अपने हाथों में समेटे रखने के अभ्यस्त षड्यंत्रकारियों ने, अपनी सुरक्षा का मार्ग ढूँढ़ ही निकाला। सत्ता का निर्बाध उपयोग करने के इरादे से उन्होंने भयानक निर्णय लिया। निःसंतान महाराज को रास्ते से हटाकर, किसी कठपुतले को गद्दी पर बैठाने का सर्वसम्मत फैसला हो गया। स्थानापन्न की तलाश में निगाहें टिकीं—नरवर के भूतपूर्व राजा मनोहरसिंह के नौ वर्षीय पुत्र मोहनसिंह पर, जो आंबेर नरेश पृथ्वीराज का वंशज भी था। लेकिन राज्यविहीन हो मनोहरसिंह निर्वासित जीवन व्यतीत कर रहा था। अपने पुत्र को जयपुर राज्य के सिंहासन पर आसीन करने के षड्यंत्र में वह भी सम्मिलित हो गया।

२१ दिसंबर, १८१८। सुवासित मदिरा के घूँटों से, अपने थके मन-मस्तिष्क को विश्राम देने का प्रयास करते महाराज का शरीर अकस्मात् जलने लगा। आंतरिक ताप ने भीषण शीत में भी पसीने ला दिए थे। एक-एक कर वस्त्र उतारते हुए, वे लगभग निर्वस्त्र हो उठे। किंतु ताप था कि बढ़ता ही जा रहा था। आंतरिक भीषण गरमी से शरीर फुँकने लगा था। भयानक पीड़ा से आँखें मुँदने लगी थीं।

तभी किसी प्रेतछाया की तरह नादर मोहनराम प्रकट हुआ। उसे देखते ही जगतसिंह सब कुछ समझ गए। जान गए कि उन्हें मदिरा में विष दिया गया है। डूबती आँखों से चारों ओर देखा। दासियाँ मौन खड़ी थीं। वे भी नादर के प्रभाव में थीं। उनमें से ही किसी ने विष मिलाया था। अपने रक्षकों को बुलाने के लिए मुँह खोला, तो स्वर जैसे कंठ से चिपककर रह गए थे।

जगतसिंह की विवशता देख, मोहनराम के होंठों पर क्रूर मुसकान फैल गई—"महाराज! अब अपने शरीर को और कष्ट न दें। मुझे दंडित करने की साध मन में लिये हुए ही आप इस लोक से पधारें। शायद अगले किसी जन्म में आपकी इच्छा पूरी हो जाए।"

"नमक···हराम!"—जगतसिंह पूरा जोर लगाकर उठे, लेकिन तत्काल मसनद पर गिरकर अचेत हो गए।

विष के प्रभाव से अचेत महाराजा की मृत्यु निश्चित जान, मोहनराम के होंठों पर फैली मुसकान सिमटने लगी। अपना षड्यंत्र फलीभूत करने के लिए उसका गिरगिटी चोला बदला और वह चीख उठा—"अरे! महाराज को क्या हो गया? कहीं हृदयाघात तो नहीं हुआ? दौड़ो! जल्दी से राजवैद्य को बुलाओ! महाराज के अंगरक्षकों को बुलाओ! ताजीमी सरदारों को सूचित करो! जल्दी करो···"

नादिर के आदेश पर दासियाँ गिरती-पड़ती भागीं। चंद्रमहल में कुहराम मच गया। निशाकाल में सोया राजमहल जाग उठा। अंगरक्षकों से भी पहले पहुँचे डिग्गी ठाकुर मेघसिंह खंगारोत। नादिर के साथ नेत्रों से ही परस्पर संभाषण कर डिग्गी ठाकुर मुसकरा उठे। फिर अगले ही क्षण मुसकान दबा, महाराज के निश्चेष्ट शरीर पर झुककर ऊँचे स्वर में कह उठे—"अन्नदाता! यह क्या हो गया?"

जगतसिंह के निश्चेष्ट शरीर में कंपन हुआ। होंठों से स्वरों की बुदबुदाहट फूटी—"न···क···म···ह··· रा··· म···!"

मेघसिंह और मोहनराम की दृष्टियाँ मिलीं। आँखों में फैला उल्लास इस बार होंठों पर नहीं तैरा। अंगरक्षकों के साथ दूनी ठाकुर चाँदसिंह को तीव्र कदमों से आते देख, मोहनराम ऊँचे स्वर में बोले—"क्या अन्नदाता! मोहनसिंह को राज्य··· ? कौन मोहनसिंह··· ?"

मेघसिंह ने संकेत से चाँदसिंह सहित अंगरक्षकों को मौन रहने का संकेत किया और वह भी महाराज के बुदबुदाते होंठों के निकट खिसक आए—"जो आज्ञा,

अन्नदाता ! नरवर के मोहनसिंह को अभी बुलवाते हैं।"

फिर चाँदसिंह की ओर दृष्टि उठाकर तीव्र स्वर में बोला—"दूनी ठाकुर ! नरवर के मोहनसिंह को तत्काल बुलवाने की व्यवस्था कीजिए। यह महाराज का आदेश है।"

मरणासन्न महाराज पर दृष्टिपात करके चाँदसिंह को लगा कि निःसंतान महाराज संभवतः अपने उत्तराधिकारी की घोषणा करना चाहते हैं। दो अंगरक्षकों को नरवर के राज्यच्युत राजा मनोहरसिंह के बालक पुत्र मोहनराम को तत्काल बुलवाने की व्यवस्था करने का आदेश देकर, वे जगतसिंह की ओर बढ़े। मेघसिंह अचेत महाराजा के होंठों से कान जोड़े कह रहे थे—"क्या मोहनसिंह का राज्याभिषेक···? अन्नदाता !···झिलाय, ईसरदा, बरवाड़ा के राजावत कैसे मानेंगे?···जयपुर की गद्दी पर गोद आने का अधिकार तो उनके ही वंश का रहता आया है। ···क्या? मान जाएँगे···? कैसे अन्नदाता···? आपका आदेश है···यह बता दूँ···आपकी अंतिम इच्छा भी···?"

नादिर मोहनराम ने चाँदसिंह की ओर देखकर घोषणा के स्वर में कहा—"ठाकुर साहब ! अन्नदाता, नरवर के मोहनसिंह को अपना उत्तराधिकारी बनाना चाहते हैं।"

"यह कैसे संभव है?"—दूनी ठाकुर ने तीव्र स्वर में प्रतिवाद कर दिया—"हटो, मुझे स्वयं महाराज का आदेश सुनने दो।"

"हाँ, हाँ, आप भी सुन लें!"—महाराज की अचेतावस्था के प्रति आश्वस्त मोहन राम ने थोड़ा परे सरकते हुए चाँदसिंह के लिए स्थान बनाया।

दूनी ठाकुर ने महाराज को झकझोरते हुए पूछा—"अन्नदाता ! आप अपना उत्तराधिकार किसे सौंपना चाहते हैं?"

विष तंद्रा से अचेत जगतसिंह के होंठों से अत्यंत धीमे अस्फुट स्वर निकले—न···ह···"

कुछ न समझ पाने की उलझन लिये चाँदसिंह ने मेघसिंह की ओर देखा—"महाराज तो कुछ कह ही नहीं पा रहे हैं। सिर्फ 'न' और 'ह' ही समझ में आता है।"

"वे 'नरवर' और 'मोहन' कह रहे हैं।"—मेघसिंह ने तत्काल उत्तर दिया—"अभी तक तो साफ-साफ कह रहे थे। लगता है, अब प्राण निकलने ही वाले हैं। ठाकुर साहब, हमें तत्काल ही अंतिम समय के दान-पुण्य की व्यवस्था करनी चाहिए।"

तब तक महाराज के दूसरे अंगरक्षक भी आ गए थे। जनानी ड्योढ़ी से पटरानी बीकावतजी के साथ, महारानियाँ और पड़दायतें भी गिरती-पड़ती-सी वहाँ आ पहुँचीं। महाराज को अंतिम साँसें लेते देख, वे बिलख उठीं। उनका सम्मिलित आर्त्तनाद, चंद्रमहल की सीमाएँ लाँघता हुआ जयपुर के नागरिकों तक पहुँचने लगा।

राजवैद्य भी दौड़ते हुए-से आ गए और एक पल भी व्यर्थ गँवाए बगैर, महाराज के नाड़ी, नेत्र, जीभ, नाखून आदि की परीक्षा कर डाली। इसके साथ ही कुछ न कर पाने की पीड़ा उनके मुख पर फैल गई। निराशा से सिर हिलाकर उन्होंने अपनी असमर्थता जताई और उठते हुए चाँदसिंह से धीमे स्वर में कह उठे—"ठाकुर साहब? बहुत विलंब हो

गया, अब दवा का नहीं, दान और गंगाजल का समय है।"

हृदय में उफनते शोक सागर को कर्तव्य के बाँध से मर्यादित कर दूनी ठाकुर चैतन्य हुए। उनके संकेत पर अंगरक्षकों ने महाराजा के अचेत शरीर को सावधानी से उठाया और अत्यंत कोमल कदमों से चलते हुए, चंद्रमहल की सबसे नीचे की मंजिल 'चंद्रमंदिर' में ले आए। सामने विशाल बगीचे के पार ही भगवान् गोविंददेव का मंदिर था। चंद्रमंदिर के धुले फर्श पर बिछी मखमली शय्या पर मरणासन्न महाराजा को लिटाकर, अंगरक्षक सावधानीपूर्वक उन्हें घेरकर खड़े हो गए।

राजपुरोहित पंडित नारायण श्रोत्रिय के आते ही मृत्युपूर्व के राजसी कृत्य संपन्न होने लगे। सर्वप्रथम 'गोदान' का संकल्प हुआ। महाराजा के निश्चेष्ट दाहिने हाथ को दूनी ठाकुर ने अपने हाथ में थाम, गोदान के लिए तैयार किया। राजपुरोहित ने उनकी हथेली में जल डालकर, गोदान का संकल्प-मंत्र पढ़ा। बीस गायों के दान का वह संकल्प ग्रहण किया, पुरोहित अच्युतानंद मिश्र ने।

राजसी परंपरा के अनुरूप ही, गोदान के बाद महाराज का शववत् शरीर शय्या से उतारकर, सफेद चादर पर लिटा दिया गया। फिर आरंभ हुआ 'अष्ट महादान'। राजपुरोहित नारायणजी मंत्र पढ़ते थे और चाँदसिंह महाराजा की निश्चेष्ट हथेली में जल भर-भरकर संकल्प छोड़ते जाते थे। एक-एक हाथी, घोड़ा, पालकी और रथ दान के बाद, सोलह सेर तिल और इतना ही लोहा दान किया गया।

लौहदान के बाद, सोलह तोला स्वर्णदान हुआ। सौ रुपए मूल्य के वस्त्र और सोलह सेर नमक के साथ, सोलह सेर सप्तधान के दान का भी संकल्प छोड़ा गया। इसके बाद पाँच सौ रुपए मूल्य का भूमिखंड, एक सौ मण गेहूँ और एक मण घृत दान भी हुआ। अन्न, वस्त्र, भूमि, धातु आदि दानों के बाद हुआ जलदान, इसमें एक वर्ष तक प्याऊ लगाने का संकल्प किया गया था।

इन महादानों की समाप्ति हुई, एक और गोदान से। इसमें रजत मंडित सींग और खुरोंवाली एक कपिला गाय, उसके खाने-पीने के बरतनों के साथ, दान देने का संकल्प छोड़ा गया।

जयपुर की राजवंशीय परंपरा के अनुरूप दान आदि कृत्य संपन्न होने के बाद, महाराज को गंगाजल पिलाने की बारी आई। धार्मिक कृत्य संपन्न होने के कारण अब तक पटरानी, महारानियाँ, पड़दायतें आदि अंतर में फूटती हिचकियाँ बलपूर्वक रोके मौन खड़ी थीं। हिचकियाँ रोकने के प्रयास से रह-रहकर उनके गात थरथरा जाते थे। मन में क्षीण-सी आशा, भगवान् गोविंददेव का आश्रय-अवलंब पाकर, रह-रहकर बलवती होने लगती थी। संभव है, महाराज हमारे बीच ही बने रहें। इतने भारी-भारी पुण्यों का सुप्रभाव हमें सौभाग्य चिह्न धारण करने में सहायक बन जाए।......या फिर भगवान् गोविंददेव या सीताराम ही हम पर कृपालु हो उठें। आकुल-व्याकुल प्राणों की अपनी-अपनी कामना, कल्पना और प्रार्थना थी! आशा की बलवती डोर उन्हें टूटने नहीं दे रही थी।

वृद्ध राजपुरोहित ने चाँदी की गंगाजली उठाकर काँपते हाथों से अचेत महाराज के मुख की ओर बढ़ाई। दूनी ठाकुर ने अँगुलियों और अँगूठों का कोमल बल लगाकर, जगतसिंह का मुँह खोला। मंत्रों के द्वारा, परम पुनीत भागीरथी से महाराज को मोक्ष-प्रदान की कामना करते हुए राजपुरोहित ने जगतसिंह के मुख में गंगाजल की धार छोड़ी। आशा के विपरीत, गंगाजल कंठ से नीचे उतरने के स्थान पर, दोनों ओर गालों को भिगोता हुआ बाहर बहने लगा। महाराज जगतसिंह का अपनी नश्वर देह से संबंध न जाने कब टूट गया था।

राजपुरोहित नारायण श्रोत्रिय काँपते हाथों से गंगाजली रख, हथेलियों में मुँह छिपाकर रो पड़े। अनिष्ट का निश्चित आगमन रनिवास की समस्त आशाओं-कल्पनाओं पर तुषारापात कर गया। पटरानी बीकावतजी लोक-लाज छोड़, बिलखती हुई महाराज के निष्प्राण सीने पर जा पड़ीं। मेड़तणी रानी चाँदकँवरी, अखैराजोत रानी फतहकँवरी, बड़ी राणावत रानी रूपकँवरी, छोटी राणावत रानी गुमानकँवरी, उदयभानोत रानी अगरकँवरी, तँवरी रानी गुलाबकँवर सहित सभी महारानियाँ आर्त्तनाद करती हुई, अपने पति महाराज के निष्प्राण अंगों को थामने-सहेजने लगीं। पतिशोक में विह्वल महारानियों से राजसी मर्यादा की आशा व्यर्थ थी। शोक की इस विकट घड़ी में वे सब कुछ भूल गई थीं। परदा-घूँघट की तो बात ही क्या, वे तो अपने नारी अंगों के प्रति भी संवेदनहीन हो चली थीं। प्रियतम महाराजा की मृत्यु ने उन्हें संज्ञाशून्य कर दिया था।

इस विकट घड़ी में उन्हें समझाने का कोई अर्थ नहीं था। भयानक शोक से अमर्यादित हो चली राजवधुओं की मर्यादा का विचार कर, महाराज के अंग रक्षक नीची नजरें किए चंद्रमंदिर से बाहर निकल गए। जयपुर राजवंश के इतिहास में यह प्रथम अवसर था, जब राजसी शव को अंतःपुर के भरोसे छोड़, अंगरक्षकों को बाहर आ जाना पड़ा था। वरना तो परंपरानुसार, मृत्यु के अंतिम चरण में ही महाराजा के निजी अंगरक्षक उनके चारों ओर मुस्तैदी से खड़े हो जाते थे। किसी को भी राजशव के स्पर्श की अनुमति नहीं होती थी। जो कुछ भी करना होता या तो वे स्वयं करते अथवा राजपुरोहित और उनके सहयोगी ब्राह्मण। उत्तराधिकारी महाराजा को भी शव के सीमित स्पर्श की ही अनुमति मिल पाती थी। पटरानी, महारानियाँ तो मरणासन्न महाराजा से मिलकर ही लौट जाती थीं। मृत्यु के बाद उन्हें पति का शव-स्पर्श नहीं करने दिया जाता था। राजा के साथ सहगमन करनेवाली महारानियाँ, पड़दायतें, रखेलें आदि स्नान-शृंगार के बाद, सीधे 'गैटोर' पहुँचती थीं, जहाँ पति के साथ अग्नि-रथ पर सवार होकर दूसरे लोक प्रस्थान कर जाना ही उनका अधिकार रह जाता था।

किंतु आज तो परंपराएँ स्वतः ही टूट चली थीं। महारानियों का शोकावेग, ओढ़ी हुई परंपराओं को अपने तीव्र प्रवाह में बहा ले गया था। वे महाराज के शव से लिपटती-बिलखती, एक-दूसरे को थामती-सँभालती, फिर स्वयं ही आर्त्तनाद कर उठती थीं। उनका तो सर्वस्व ही लुट गया था। महाराज के विलासी स्वभाव अथवा रसकपूर

के प्रति प्रेमातिरेक के विरोध में तनकर खड़ी होनेवाली महारानियों का विरोध उसी सीमा तक था। अपने पति के प्रति हृदय के अंतरतम तक फैला अनुराग ही, उन्हें ऐसा विरोध करने के लिए विवश कर जाता था। सौतिया डाह ही था वह, अन्यथा जगतसिंह से तो उन सभी का अनन्य प्रेम था। वही अनुराग आज सिसकियों-सुबकियों से लेकर विलाप और आर्त्तनादी स्वरों में ध्वनित हो रहा था।

सूर्योदय से पूर्व ही यह हृदयद्रावक समाचार नगर-भर में फैल गया। अनपेक्षित खबर से स्तंभित नर-नारी आवाक्-विस्मित रह गए। बहुत-से फूट-फूटकर रो पड़े। पुरुषों से अधिक नारी-कंठों के विलाप ने नगर को सामूहिक शोक में डुबा दिया था। महाराज चाहे अच्छे हों अथवा बुरे, उस पद के प्रति जनमानस में जमी गहरी श्रद्धा उन्हें दिवंगत नरेश को अश्रु-श्रद्धांजलि देने के लिए विवश कर जाती थी। यही श्रद्धांजलि नगर-भर में करुण विलाप के रूप में सुनाई दे रही थी।

सोलह

सुदर्शनगढ़ में दैनिक कृत्यों से निवृत्त हो, मुख्य द्वार के समीप स्थित पिनाकपाणि शिव को जलांजलि देते समय रसकपूर की दाहिनी आँख फड़क उठी। दाहिनी बाँह और जंघा भी अकस्मात् संयमहीन हो कँपकँपाने लगी थीं। शिवलिंग को जलधार से अभिषेक कराती बाँह के कंपन से लोटा काँपा और हाथों से छूटकर लुढ़कता हुआ दूर जा गिरा।

अमंगल-संकेतों को पहचान रसकपूर काँप उठी—"हे धूर्जटि! हे पिनाकपाणि ....हे सदाशिव! यह क्या हो रहा है? मेरे प्रियतम सकुशल तो हैं? उनकी रक्षा करना मेरे पार्वतीपति! उनका प्रत्येक संकट मुझ पर आ जाए, लेकिन वे निरापद-सकुशल रहें।"

मस्तक टिकाकर शिवलिंग को प्रणाम करते हुए, उस समर्पिता की आँखें भर आईं। मन बार-बार अपने प्रिय की कुशलता के प्रति शंकालु होने लगा। थके-लड़खड़ाते कदमों से जैसे-तैसे चलती हुई अपनी कोठरी में लौटी और कटे वृक्ष-सी पुआल के बिछौने पर ढह गई। देखकर कुंदन घबरा उठी। लपककर सँभाला—"क्या हुआ, जीजी! इतनी घबराई हुई क्यों हो? क्या कुछ अनिष्ट हो गया है?"

"पता नहीं कुंदन, क्या हुआ है!"—थके स्वर में निढाल रसकपूर ने कहा—"कुछ तो अनिष्ट हुआ ही होगा। ....सुन ....ध्यान से सुन। नगर की ओर से आ रहा कोलाहल तुझे भी सुनाई दे रहा है या मेरे ही कानों का भ्रम है? बाहर जाकर सुन तो सही।"

भागती-सी कुंदन 'नाहरसिंह के ठाण' के पास ही बुर्जी पर चढ़कर सुनने का प्रयास करने लगी। नीचे नगर से आ रहे कोलाहल में, नारी-कंठों का रुदन कई बार स्पष्ट सुनाई दे जाता था। कारण समझ में आने पर भी, उस पर अविश्वास करती हुई हतप्रभ-सी वह रसकपूर के सामने जा खड़ी हुई—"हाँ, जीजी! आवाजें तो आ रही हैं! लेकिन कारण का पता नहीं चल रहा है।"

डूबते-से हृदय को थामती रसकपूर ने अपने नेत्र बंद कर लिये।

समीप आती पदचाप सुनकर आँखें खोलीं। किलेदार भूरसिंह का आँसुओं से भीगा चेहरा जैसे सब कुछ कह गया था। वेदना की अभिव्यक्ति क्या शब्दों की मोहताज होती है? आँखों से ही अनघट के घटित होने का आभास हो गया था। फिर भी शाब्दिक पुष्टि के लिए पूछ ही लिया—"बाबा! क्या महाराज.... !"

"हाँ, बेटी !"—भूरसिंह फफककर रो पड़े। कुंदन तो सुन-समझकर बिलख ही उठी थी। लेकिन स्तब्ध रसकपूर की आँखों में आँसू का एक कतरा भी नहीं था। किसी और ही दुनिया में खोई-सी कह उठी—"मुझे अकेला छोड़कर कैसे चले गए प्रियतम! उन्होंने तो कई जन्मों तक साथ रहने का वायदा किया था···और इसी जन्म में साथ छोड़ गए।···ऐसे झूठे तो नहीं थे वे···चुपचाप मुझसे पीछा छुड़ा गए···लेकिन मैं भी इतनी आसानी से छोड़ूँगी थोड़े ही··· ।"

"बेटी !"—भूरसिंह बिलख उठे—"अपने को सँभाल, बेटी ! यह तो जीवन का अनादि चक्र है। जो आया है, वह एक दिन जाएगा भी। सबको एक-न-एक दिन जाना ही है। किसी को पहले···किसी को पीछे।"

"हाँ, बाबा ! आगे-पीछे तो सभी जाते हैं, लेकिन साथ तो भाग्यशाली ही जा पाते हैं ना ?"

"नहीं लाड़ो ! ऐसा मत कह। तू भी बहुत भाग्यशाली है···जिसे ऐसा परमस्नेही साथी मिला !"—भूरसिंह के आँसू थम नहीं रहे थे। उन्हें पोंछते हुए किलेदार ने धीरे से कह दिया—"मेरे लिए बुलावा आ गया है। आदेश हुआ है कि मैं स्वयं आकर अन्नदाता के अंतिम संस्कार की तैयारियाँ करूँ। क्रिया के तेरह दिन मुझे वहीं रहना होगा। इस दौरान वहाँ से भेजा गया रणमलसिंह किलेदार होगा। वह दुष्ट व्यक्ति है। उससे सावधान रहना बेटी !"

"बाबा ! महाराज का अंतिम संस्कार कब होगा ?"—रसकपूर ने फँसे कंठ से पूछ लिया—"गैटोर में ही होगा न उनके पार्थिव शरीर का पंचतत्त्वों में विलय ?"

"बेटी ! तीसरा पहर तो आ ही जाएगा, दाग लगने तक। तैयारियाँ भी तो बहुत करनी होती हैं, महाराज की शवयात्रा की। तूने ठीक कहा···दाग तो गैटोर में ही लगेगा। वहीं तो जयपुर के महाराजाओं का श्मशान है। अपने को सँभाल, बेटी ! मैं चलता हूँ। अवसर मिला तो बीच-बीच में आकर सँभालता रहूँगा।"—आँसू पोंछते हुए भूरसिंह थके कदमों से चले गए।

□

'दीवानेआम' का द्वार अपने हाथों से बंद कर, दूनी ठाकुर चाँदसिंह शोकाकुल सामंतों की ओर मुड़े। महाराज के अंतिम संस्कार की तैयारियों पर विचार करने के लिए बुलाई इस बैठक में सामोद ठाकुर बैरीसाल नाथावत, चौमूँ ठाकुर किशनसिंह नाथावत, बाँसखो ठाकुर बाघसिंह चतुर्भुजोत, लाटवाड़ा ठाकुर गंगासिंह कल्याणोत, दूदू ठाकुर जीवनसिंह खंगारोत के अतिरिक्त झिलाय, ईसरदा और उणियारा के राजावत सरदार भी सम्मिलित थे। भादवा, टोडा, वाटिका, सीकर, बरवाड़ा आदि के प्रमुख सामंतों को भी महाराज के निधन की सूचना भिजवाई जा चुकी थी। लेकिन जयपुर से बाहर होने के कारण, वे मंत्रणा में सम्मिलित नहीं हो पाए थे। प्रधानमंत्री मानजीदास तो रात्रि में ही आकर व्यवस्था सँभाल चुके थे।

महाराज की मृत्यु का निश्चय होते ही, दूनी ठाकुर ने राजप्रासाद के सातों प्रवेश-द्वारों उदयपोल, विजयपोल, जयपोल, गंगापोल, राजेंद्रपोल, सिंहपोल (पूरबियों की ड्योढ़ी) और वीरेंद्रपोल (गैंडा की ड्योढ़ी) के विशाल कपाट अगले आदेश तक न खोले जाने की आज्ञा प्रसारित कर, इनकी चाबियाँ मँगवाकर अपने अधिकार में कर ली थीं। अब किसी भी व्यक्ति का राजमहल परिसर में प्रवेश और बहिर्गमन, दूनी ठाकुर की स्वीकृति पर ही संभव था। शासक की मृत्यु के बाद उठ खड़े होनेवाले बखेड़ों को नियंत्रित करने के लिए ही यह नियम बनाया गया था। राजाविहीन सिंहासन पर अधिकार के प्रयास सदैव से ही होते आए हैं। इसमें उत्तराधिकारी महाराजा की हत्या कर, बलात् सत्ता हथियाने तक के प्रयास संभावित थे।

इसके अतिरिक्त इस अफरातफरी का लाभ उठाकर राजकोष का धन, आभूषण आदि चोरी-छिपे बाहर भिजवाने के प्रयास भी सदैव से होते रहे हैं। द्वार बंद होने की स्थिति में इस प्रकार की लूट की आशंका भी नहीं रह जाती थी। महाराज की मृत्यु अर्धरात्रि में होने के कारण ये द्वार वैसे ही बंद थे। दूनी ठाकुर ने इनकी चाबियाँ मँगवाकर अपने कब्जे में कर ली थीं। नादर मोहनराम और मेघसिंह खंगारोत के बार-बार दबावों के बाद भी नरवर के मोहनसिंह को राजमहल में प्रवेश नहीं करने दिया गया था। चाँदसिंह वैसे ही महाराज की आकस्मिक मृत्यु को संदेह से देख रहे थे। और राजवैद्य ने तो उनका संदेह विश्वास में बदल दिया था। महाराज की मृत्यु से उत्पन्न रुदन-चीत्कारों के बीच दूनी ठाकुर, राजवैद्य को संकेत से चंद्रमंदिर से बाहर एक कोने में ले आए थे। अँधेरे कोने में कुछ पूछने से पूर्व ही राजवैद्य बिफर उठे थे—"महाराज की हत्या हुई है। उन्हें मदिरा में तीव्र विष दिया गया है, जो मेरे पहुँचने से पूर्व ही उन्हें मृत्यु की गोद में खींच ले गया था। निर्जीव देह पर मेरी ओषधियाँ क्या प्रभाव दिखातीं, ठाकुर साहब !"

नादिर मोहनराम और मेघसिंह का षड्यंत्र स्पष्ट हो चुका था। षड्यंत्र की इन जड़ों का अज्ञात आदि-अंत, दूनी ठाकुर को मौन रहने के लिए विवश कर गया था। समय-पूर्व षड्यंत्र उद्घाटित हो जाने पर राजवैद्य के जीवन को भी भय हो सकता था। उन्हें मौन रहने का आदेश देकर, चाँदसिंह व्यवस्था के सूत्र अपने हाथों में समेटने में जुट गए थे। नरवर के बालक राजकुमार के समर्थकों को बाहर ही रखने के विचार से, उसे भी अंदर नहीं आने दिया गया था।

प्रधानमंत्री मानजीदास के आते ही, दूनी ठाकुर ने संक्षिप्त परामर्श कर ड्योढ़ीदार हजारीराम को कर्तव्यपालन के आदेश दे दिए। इसके साथ ही राजमहल के चोबदार वहाँ से ताजीमी सरदारों, राजवंश के भाई-बंधु बारह कोठड़ियों के सरदारों, नगर के प्रमुख सेठ-साहूकारों आदि को महाराज के निधन की सूचना देने निकल पड़े। शोक-समाचार ले जाने के कारण, वे राज्य-प्रतिनिधि के प्रतीक 'चोब' (चाँदी का चार फीटा दंड) के बगैर ही गए थे।

ताजीमी सरदारों और महाराज के शेष निजी अंगरक्षकों को आने में विलंब नहीं हुआ। परंपरा के अनुरूप ही वे सब सफेद अचकन और चूड़ीदार पायजामे के साथ सिर पर सफेद साफा पहने हुए थे। पिता या बाबा के जीवित रहने की स्थिति में ही सामंतों-अंगरक्षकों को खाकी या फीरोजी रंग का साफा पहनने की छूट मिलती थी, अन्यथा सभी कुछ सफेद होता था। तलवार धारण करने के अधिकारी ताजीमी और बारहों कोठड़ियों के सरदारों की तलवारों की म्यानें भी सफेद थीं और उन पर कोई फुंदा नहीं लगा था। अंगरक्षकों ने अचकन में महाराज द्वारा दिए गए चाँदी के बटन लगा रखे थे, जिन पर जयपुर का राजचिह्न अंकित था। अपने स्वामी महाराजा के प्रति यह उनका अंतिम दायित्व था, जिसका शोक-विह्वल होने पर भी वे पूरी सतर्कता, निष्ठा, गरिमा और मर्यादा के साथ निर्वहन कर रहे थे। उन्होंने यत्नपूर्वक, रोती-बिलखती महारानियों को उनकी दासियों के द्वारा राजशव से अलग करवाकर, पूरी मुस्तैदी के साथ उसे अपने संरक्षण में ले लिया था। विलाप करती महारानियाँ अपने-अपने रावळों में लौट गई थीं, जहाँ से उनका रुदन-आर्त्तनाद 'चंद्रमंदिर' तक पहुँच रहा था। दासियों, बाइयों का चीत्कार इसमें निरंतर वृद्धि कर रहा था।

इस महान् शोक के वातावरण में ताजीमी सरदारों के आते ही, दूनी ठाकुर उन्हें महल परिसर के पूर्वी कोने में निर्मित विशाल 'दीवानेआम' में ले गए और द्वार की कुंडी अंदर से बंद कर, सामंतों के पास आ बैठे। कुछ पल सबके नेत्रों में तैरते प्रश्न को जान-समझकर, उन्होंने धीमे स्वर में उत्तर दे दिया—"महाराज की हत्या हुई है! उन्हें शराब में तीव्र विष दिया गया था।"

सुनकर जैसे भूचाल ही आ गया। चाँदसिंह के स्वर ने, उनके मन-मस्तिष्क को हिलाकर रख दिया था। जगतसिंह के महाराजा से भले ही उनका समर्थन या विरोध रहा हो, उनके कार्य-कलाप के प्रति भले ही उनकी सहमति या असहमति रही हो, लेकिन जयपुर राज्य से जुड़ी निष्ठा में कभी कोई कमी नहीं आई थी। इसी के अनुरूप, महाराजा को उनका अक्षुण्ण आदर और स्नेह प्राप्त था।

उसी महाराजा की हत्या का समाचार उन्हें स्तब्ध कर गया था। आकस्मिक आघात ने उनकी वाक्शक्ति छीन ली थी। उन्हें चेतना-शून्य-सा कर दिया था। एक लंबा मौन उनके बीच अपने डैने फैलाए पसर गया था। किसी को कुछ सूझ नहीं रहा था। चर्चा का सूत्र थामने योग्य शब्द किसी के पास नहीं थे। विषमतम परिस्थितियों में भी मार्ग खोज लेनेवाले सामंत किंकर्तव्यविमूढ़-से रह गए थे।

अँगरेजों के साथ संधि-पत्र पर जयपुर की ओर से हस्ताक्षर करनेवाले सामोद ठाकुर रावल बैरीसाल ने यत्नपूर्वक स्वयं को संयत किया। व्यथित स्वर में दूनी ठाकुर से पूछा—"इस षड्यंत्र का सूत्रधार कौन है?"

"नादर मोहनराम और डिग्गी ठाकुर मेघसिंह के चेहरे तो स्पष्ट सामने आ गए है।"—चाँदसिंह ने उत्तर दिया—"इनके पीछे छिपे अन्य चेहरों पर से परदा हटना शेष

रह गया है। इनमें निश्चित रूप से हमारे कुछ सामंत भी होंगे। महारानियों के रावळों का भी इसमें हाथ हो सकता है। पर्याप्त समर्थन के बगैर तो षड्यंत्रकारियों ने इतना बड़ा कदम उठाने का दुस्साहस नहीं किया होगा।"

"विष किसने दिया?"—बाँसखो ठाकुर पद्मसिंह खूमबानी ने पूछा।

"दासियों में से ही किसी एक ने। एक से अधिक दासियाँ भी षड्यंत्र में सम्मिलित हो सकती हैं।"—दूनी ठाकुर ने बताया।

"उनसे की गई पूछताछ, शेष षड्यंत्रकारियों को भी सामने ला सकती है।"—लाटवाड़ा ठाकुर गंगासिंह कल्याणोत ने सुझाव दिया।

"उन्हें भला इस बारे में क्या पता होगा? उन्हें तो षड्यंत्र के मोहरों के रूप में इस्तेमाल किया गया है। षड्यंत्र के पीछे छिपे चेहरों का पूरा ज्ञान तो नादिर मोहनराम और डिग्गी ठाकुर को ही होगा। उनसे ही सीधी पूछताछ क्यों न की जाए!"—चौमूँ ठाकुर किशनसिंह नाथावत ने सीधा प्रश्न किया।

"यही उचित होगा।"—दूदू ठाकुर जीवनसिंह खंगारोत ने तीव्र स्वर में समर्थन कर दिया। अपने खंगारोत भाई डिग्गी ठाकुर के षड्यंत्र में सम्मिलित होने की पीड़ा उनके स्वरों में उफन रही थी—"इन राजद्रोहियों को तत्काल बंदी बना लिया जाना चाहिए।"

"यह सब तो किसी भी समय किया जा सकता है!"—दूनी ठाकुर ने मानसिक पीड़ा को नियंत्रित करते हुए कहा—"किंतु इससे पूर्व महाराजा के उत्तराधिकारी का चयन आवश्यक है। निःसंतान महाराज के स्थान पर किसका राज्याभिषेक किया जाए?"

"क्यों? इसमें क्या कठिनाई है?"—बगरू ठाकुर बाघसिंह चतुर्भुजोत बोले—"निःसंतान महाराज के स्थान पर झिलाय, ईसरदा अथवा बरवाड़ा के राजावतों से गोद लेने की परंपरा रही है। इस बार भी उसी का निर्वाह करने में कौन-सी कठिनाई आ रही है?"

"कठिनाई आ रही है,"—ठाकुर बैरीसाल अब पूर्ण चैतन्य हो उठे थे—"अपने सरपरस्त मुगल बादशाहों द्वारा स्वीकृत होने के कारण इस परंपरा के निर्वहन में अब तक तो कोई कठिनाई नहीं आई, लेकिन अब जयपुर राज्य अँगरेजों के साथ संधि में बँधा हुआ है। संधि भी नाम-भर की ही है, वरना तो जयपुर का अस्तित्व अँगरेजों की कृपा पर ही निर्भर रह गया है।"

"ठाकुर साहब! संधि की शर्तें चाहे जो हों, लेकिन उनमें अँगरेजों को कहीं भी जयपुर के आंतरिक विषयों में हस्तक्षेप का अधिकार नहीं दिया गया है।"—उणियारा ठाकुर ने तीव्र प्रतिवाद कर दिया—"उत्तराधिकार का प्रश्न जयपुर राज्य का आंतरिक विषय ही है।"

"नहीं है भाई! यह जयपुर का अंदरूनी मामला नहीं रह गया है।"—ठाकुर बैरीसाल ने व्यथित स्वर में कहा—"महाराज की अनुमति से मैंने ही उस संधि पर जयपुर की ओर से हस्ताक्षर किए थे। जबकि 'ईस्ट इंडिया कंपनी' के प्रतिनिधि सर चार्ल्स

मेटकाफ थे। संधि-पत्र की पाँचवीं शर्त के अनुसार, किसी भी विवाद में अँगरेजों का निर्णय ही स्वीकार करने की बाध्यता हमने स्वीकारी है।"

"किंतु उत्तराधिकार के प्रश्न पर विवाद कहाँ है?"—झिलाय ठाकुर बहादुरसिंह राजावत बोल उठे—"परंपरा के निर्वहन में विवाद कहाँ से आ गया? जिसके कारण अँगरेजों को हस्तक्षेप करने का अवसर मिल सके।"

चौमूँ ठाकुर किशनसिंह भी समस्या की गंभीरता समझ गए थे। उन्होंने कहा—"विवाद खड़ा करेंगे नादर मोहनराम, डिग्गी ठाकुर मेघसिंह और उनके अज्ञात समर्थक। झिलाय, ईसरदा या बरवाड़ा से गोद लेने की स्थिति में तो उनकी सारी योजना ही चौपट हो जाएगी। तब वे सीधे ब्रिटिश रेजीडेंट डेविड आंचरलोनी को शिकायत पहुँचाएँगे। मृत्यु के समय वे दोनों ही महाराज के पास थे। यह स्वतः प्रमाणित है। वे महाराजा द्वारा नरवर के मोहनसिंह को अपना उत्तराधिकारी घोषित करने का दावा करेंगे, जबकि हमारा प्रयास इसे असत्य सिद्ध करने का होगा।"

"और विवाद खड़ा हो जाएगा!"—बैरीसाल नाथावत ने कह दिया।

"हमारे द्वारा मोहनराम और मेघसिंह को षड्यंत्रकारी घोषित करने की योजना भी फलीभूत नहीं हो सकेगी। अँगरेज तो एक-एक कर सभी रियासतों को हड़पने की ताक में बैठे हैं। उत्तराधिकार का विवाद, उन्हें जयपुर रियासत अपने अधिकार में लेने का स्वर्णावसर प्रदान करेगा। इसे वे किसी भी मूल्य पर गँवाना नहीं चाहेंगे।"

इस विनाशकारी संभावना के फलीभूत होने पर तो, जयपुर राज्य का अस्तित्व ही समाप्त हो जाने वाला था। इसके साथ ही सामंतों के अपने अस्तित्व का प्रश्न भी जुड़ गया था। जयपुर राज्य की समाप्ति के बाद उनकी जागीरें भी देर-सबेर समाप्त हो ही जानी थीं।

परिस्थितियों के चक्रव्यूह में घिरे सामंतों का आक्रोश, मेघसिंह खंगारोत पर अधिक था। डिग्गी ठाकुर के खुले समर्थन से ही नादिर मोहनराम इतना दुस्साहसी हो सका था। जयपुर राजवंश के रक्त-संबंधी मेघसिंह के आचरण पर विश्वास करने में भी सामंतों को कठिनाई अनुभव हो रही थी। आंबेर नरेश पृथ्वीराज के पुत्रों से चली कछवाहों की बारह शाखाएँ, 'बारह कोठड़ियों' (ठिकानों) के नाम से विख्यात हुईं। इस परम धार्मिक राजा की नौ रानियों से उत्पन्न उन्नीस पुत्रों में, भारमल तो आंबेर की गद्दी पर बैठे। अन्य में से पाँच निःसंतान मर गए। शेष के वंशजों से कछवाहों की बारह शाखाएँ चलीं। पृथ्वीराज के छठे पुत्र जगमाल बड़े प्रतापी और योद्धा थे। उनके ज्येष्ठ पुत्र राव खंगार से खंगारोत शाखा आरंभ हुई, जबकि कनिष्ठ पुत्र रामचंद्र ने जागीर बँटवारे से नाराज हो, उत्तर में तावी नदी के पास जम्मू नगर बसाया। जो कालांतर में स्वतंत्र जम्मू-कश्मीर राज्य के रूप में बदल गया।

राव खंगार के वंशज विभिन्न ठिकानों के रूप में विस्तार पाते हुए, जयपुर राज्य की रक्षा के लिए प्राण तक अर्पण करते रहे। खंगार के पुत्र भाखरसिंह के वंशज,

'भाखरसिंहोत खंगारोतों' के रूप में डिग्गी, दूदू, साखूण, सेवा, मैंदवास, गदड़ी, पाड़ली, टोरड़ी, बिचूण, पचेवर सहित कुल इक्यावन छोटी-बड़ी जागीरों के अधिपति बन, जयपुर राज्य की सेवा करते आ रहे थे। इनमें डिग्गी, दूदू आदि इनके प्रमुख ठिकाने थे। डिग्गी की गद्दी को हरिसिंह, गजसिंह, अमरसिंह, जगतसिंह जैसे योद्धाओं ने प्रतिष्ठा प्रदान की थी। लेकिन मेघसिंह तो इन सबसे अलग ही निकले। इस राजभक्त वंश में जैसे विभीषण ने ही पुनर्जन्म ले लिया था।

व्यथित सामंतों ने लंबे विचार-विमर्श, उत्तेजना-निराशा के आरोह-अवरोह के अंत में, नादिर मोहनराम और मेघसिंह द्वारा घोषित मोहनसिंह को ही फिलहाल जयपुर का उत्तराधिकारी स्वीकार करने का निर्णय किया

सामंती निर्णय की सूचना पाकर नादिर और डिग्गी ठाकुर मुसकराकर रह गए। वे ज़ानते थे कि विवशता में लिये गए इस निर्णय को सामंतगण, प्रथम अवसर मिलते ही, चंद्रमहल के नीचे बहनेवाली नहर में विसर्जित करने में देर नहीं लगाएँगे। लेकिन तब तक तो सत्ता की शतरंज पर वे भी कई चालें चल चुके होंगे। उनके कई प्यादे, वजीर की हैसियत हासिल कर, सत्ता की शतरंजी बिसात को नया मोड़ दे चुके होंगे।

इसके बाद तो अधिक विलंब नहीं हुआ। सिंहपोल पर प्रतीक्षारत मोहनसिंह को ससम्मान अंदर लाकर नया महाराजा घोषित कर दिया गया। राजपुरोहित ने सर्वतोभद्र में एक छोटे सिंहासन पर बैठाकर, वेदमंत्रों के साथ तात्कालिक रूप से उसका अभिषेक संपन्न कर दिया। विधिपूर्वक राज्याभिषेक तो दिवंगत महाराज की उत्तरक्रिया संपन्न होने के बाद ही किया जाना था।

सफेद अँगरखा, चूड़ीदार पायजामा और फीरोजी साफा पहने मोहनसिंह नए महाराजा के रूप में चंद्रमंदिर की ओर रवाना हुआ। वहाँ दिवंगत महाराज जगतसिंह के चरण-स्पर्श कर, उसने अपनी श्रद्धांजलि अर्पित की।

इसके साथ ही सिंहपोल के विशाल द्वार खुल गए। नगर के विशिष्ट नागरिक वैराग्य-सूचक श्वेत वस्त्र पहने, पुष्प-मालाएँ लिये, राजमहल परिसर में प्रवेश करने लगे। अंगरक्षकों से घिरे राजशव को थोड़े फासले से ही पुष्पांजलि अर्पित करते समय अनेक की आँखें भर आतीं, तो कई फूट-फूटकर रोने लगते। महाराजा के साथ अपने संबंधों के अनुरूप ही उनकी शोकाभिव्यक्ति थी। अंगरक्षक और सेवकगण उन्हें सँभालकर दूसरी ओर ले जाते थे। शोक-विह्वल विशिष्ट नागरिकों का ताँता लग गया था। उसी के अनुरूप, राजशव के समीप पुष्प और मालाओं का ढेर बढ़ता जा रहा था।

संपूर्ण जयपुर नगर शोक-सागर में डूब गया था। महाराजा पद के प्रति श्रद्धाभाव, जहाँ पुरुष मुखों पर पीड़ा की सिकुड़नें डाल रहा था, वहाँ स्त्रियाँ तो फूट-फूटकर ऊँचे स्वरों में विलाप कर उठती थीं। नगर की गली-चौकड़ियों में बनी हवेलियों के सुंदर गवाक्षों से फूटनेवाली संगीत-स्वर लहरियों के स्थान पर, रुदन-हाहाकार की मर्मांतक ध्वनियाँ, संयमी पुरुष हृदयों को भी विह्वल कर जाती थीं। किसी एकांत कोने में

अँगोछे-दुपट्टे में अश्रु-विसर्जन कर वे अपनी पीड़ा बुहार आते थे। परस्पर वार्त्तालाप करते हुए उनके स्वर रुँधने लगते थे। आँखें भर आती थीं। रसकपूर को लेकर विरोध के स्वर मुखर करनेवाले जयपुर के नागरिकों का महाराजा के प्रति यह कैसा अनुराग था, जिसके कारण कभी निंदा करनेवाले चेहरे ही आज उन्हें अश्रुओं का अर्घ्य प्रदान कर रहे थे!

राजाज्ञा के बगैर ही नगर के बाजार बंद थे। गली-चौकड़ियों की छोटी-छोटी दुकानें तक नहीं खुली थीं। व्यवसाय करने, रोजी-रोटी कमाने की किसी को चिंता ही नहीं रह गई थी। चर्चा का एक ही विषय था, महाराजा जगतसिंह और रसकपूर। सुदर्शनगढ़ में बंदी रसकपूर का अब क्या होगा? उसे मुक्त कर दिया जाएगा या कारावास की शेष अवधि भी उसे सुदर्शनगढ़ में ही गुजारनी पड़ेगी। नए महाराजा का उसके प्रति कैसा रुख रहेगा।

□

सुदर्शनगढ़ के किलेदार भूरसिंह राठौड़, अपने महाराजा की अंतिम यात्रा की व्यवस्था करते हुए, रह-रहकर छलक आते अश्रुबिंदुओं को साफे के छोर में कुशलतापूर्वक छिपाकर, अपने दायित्व निर्वहन में जुटे थे। रसकपूर की मर्मांतक पीड़ा का स्मरण उन्हें और व्याकुल कर जाता था। इतने वर्षों के अनुरागी सहचर के अंतिम दर्शन भी क्या उसके भाग्य में नहीं होंगे? अंत में साहस करके उन्होंने दूनी ठाकुर से पूछ ही लिया— "ठाकुर साहब! रसकपूर चाहे जैसी रही हो, लेकिन थी महाराज की आँखों की पुतली। मुकदमे की बात तो आप जानें, लेकिन अन्नदाता के प्रति उसके समर्पण में कहीं कोई कमी नहीं थी। यह बात महाराज भी जानते थे। सुदर्शनगढ़ से चलते समय उस प्रेमभाविता ने मुझसे महाराज के अंतिम दर्शनों की इच्छा व्यक्त की थी। वह अब भी रोती-बिलखती इन क्षणों की प्रतीक्षा कर रही होगी।"

सुनकर क्रुद्ध हो उठे चाँदसिंह। शोक की घड़ी में भी असंयत हो वे बिफर उठे— "भूरजी! नाम मत लो उस कलंकिनी का। उस दुष्टा की छाया भी महाराज को अपवित्र कर देगी।"

अपनी मानस-पुत्री के प्रति अपशब्द भूरसिंह को उत्तेजित कर गए। तीखे स्वर में बोले—"दूनी ठाकुर! शब्दों में संयम बरतो। मैंने उसे बेटी कहा है। पिता के सामने पुत्री को कलंकिनी या दुष्टा कहने का साहस फिर मत करना। वरना यह राठौड़ अपनी मर्यादा छोड़ बैठेगा।"

"भूरसिंह!"—दूनी ठाकुर आश्चर्य से किलेदार की ओर देखने लगे। महाराज के अति विश्वस्त सेवक का, राजद्रोहिणी रसकपूर के प्रति ऐसा वात्सल्य-भाव, उनकी कल्पना से भी परे था—"महाराज द्वारा दंडित एक अपराधी के प्रति ऐसा लगाव, क्या राजद्रोह नहीं है?"

"नहीं है, ठाकुर!"—भूरसिंह तनकर खड़े हो गए—"महाराज ने तो उसे कभी

अपराधी माना ही नहीं था। उन्होंने जो कुछ भी किया, परिस्थितियों की विवशता और आप सामंतों का चक्रव्यूह तोड़ने के लिए ही किया था। रसकपूर को सुदर्शनगढ़ में भेजने से पूर्व ही, मुझे उसके प्रति विशेष व्यवहार करने का आदेश दिया जा चुका था। उसी का पालन करने के दौरान वह निष्पाप लड़की कब मेरी बेटी बन गई, मैं स्वयं ही नहीं जानता।"

आवेशित भूरसिंह रहस्यों को अनावृत्त करते चले गए—"अन्नदाता के प्रति उसके समर्पण का यह हाल था कि राजद्रोह के मुकदमे का समाचार सुनकर वह नाच उठी थी। आसन्न मृत्यु की परवाह किए बगैर, वह मुकदमे के दौरान अपने प्रियतम को देख-भर पाने की आशा से ही पगला गई थी। लेकिन आप लोगों ने उसे इतनी-सी खुशी भी नहीं बटोरने दी। जिंदा दीवार में चिनवाए जाने का आदेश तो महाराज ने आप लोगों का आक्रोश समाप्त करने के लिए ही दिया था। वरना तो रसकपूर को सुरक्षित किले से बाहर निकालकर, जयपुर की सीमा से बाहर मेरे गाँव तक पहुँचाने का आदेश मुझे पहले ही मिल चुका था। मैंने रसकपूर को एक अज्ञात शुभचिंतक के बहाने से चुपचाप निकल जाने की पेशकश भी की थी, किंतु उसने उसे अस्वीकार कर दिया था। इतना ही नहीं, हलाहल विष खाकर प्राण त्यागने से भी उसने इसलिए इनकार कर दिया था क्योंकि महाराज ने उसे दीवार में जिंदा चिनवाये जाने का आदेश दिया था।"

"क्या तुम सच बोल रहे हो, भूरसिंह !"—अकल्पित रहस्योद्‌घाटन से दूनी ठाकुर अंदर तक हिल उठे थे—"कहीं तुम मोहवश झूठ तो नहीं बोल रहे हो ? उसे मुक्त कराने की योजना तो नहीं बना रहे हो ?"

भूरसिंह के होंठों पर व्यंग्य-भरी मुसकान तैर गई—"वह बंदी ही कब थी, दूनी ठाकुर? सुदर्शनगढ़ में कदम रखने से लेकर आज तक वह कभी कैदी रही ही नहीं।"

"तब फिर सुदर्शनगढ़ में क्या वह सैर-सपाटे के लिए गई है ? वह क्या तफरीह की जगह है ?"

"वह अपने पितृगृह में रह रही है। जिन परिस्थितियों में वह रह रही है, वे उसने स्वयं स्वीकारी हैं। वरना तो उसे 'रसविलास' में लौटा लाने के लिए महाराज स्वयं वहाँ गए थे। लेकिन उसने महलों में लौटने से इनकार कर दिया था।"

"क्या कह रहे हो, भूरसिंह !"—दूनी ठाकुर के नेत्र आश्चर्य से विस्फारित होने लगे।

"सुनकर विश्वास नहीं हुआ न, ठाकुर साहब ! लेकिन यह सब मेरी आँखों के सामने घटा था। विवशता में किए अपराध की बार-बार क्षमायाचना करते हुए महाराज ने उसे ससम्मान रसविलास या आंबेर महलों में चलने के लिए कहा था। उसे फिर से आधा राज्य देने की पेशकश भी की थी। लेकिन उसने सब अस्वीकार कर दिया था। महाराज ने उसे कभी दुश्चरित्र अथवा षड्‌यंत्रकारी नहीं माना था, यह सुनकर ही उसकी सारी पीड़ा समाप्त हो गई थी। उस घड़ी उसे कोई भी क्लेश-संताप नहीं रह गया था।"

चाँदसिंह मंत्रमुग्ध-से सुन रहे थे। रसकपूर के प्रति उनके पूर्वग्रहों के बंधन एक-एक कर टूटने लगे थे। अर्धराजिन का एक नया, निष्पाप रूप सामने आ रहा था।

भूरसिंह का शब्द-प्रवाह थमा नहीं था—"अंत में महाराज ने एक अकल्पनीय-अविश्वसनीय प्रस्ताव रखा। राजसी वैभव को ठुकराकर, उसी क्षण रसकपूर के साथ किसी अज्ञात पथ पर चल देने का प्रस्ताव, अर्धराजिन को स्वीकार्य हो गया। किंतु...."

"किंतु क्या, भूरसिंह ?"—चाँदसिंह का स्वर उत्तेजना से लरज उठा।

"किंतु 'नाहरसिंह की बुर्ज' से जयपुर को अंतिम प्रणाम करते समय न जाने क्या हुआ कि रसकपूर ने साथ जाने से इनकार कर दिया। उसने महाराज से कहा कि जयपुर मेरा वृद्ध पिता है। उसकी गोद में मैं पली-बढ़ी हूँ। आपके जाने के बाद उसकी रक्षा कौन करेगा? मराठों-पिंडारियों की लूट से उसे कौन बचाएगा? मेरे लिए राज्य त्यागनेवाला प्रेमी महाराजा, अब मेरे लिए समर्थ शासक बनकर दिखाए। जाइए महाराज! मेरे अपने सुख के लिए, मैं इन हजारों का सुख नहीं छीन सकती। दूनी ठाकुर! बुर्जी की ओट में खड़े रहकर मैंने स्वयं यह अद्‌भुत घटनाक्रम देखा-सुना था। महाराज भी, रसकपूर को समर्थ महाराजा बनकर दिखाने की प्रतिज्ञा करके ही वहाँ से लौटे थे। उस निष्पाप प्रेमी-युगल के आत्म-बलिदान की स्वर्णिम किरणों का स्पर्श कर, मेरा जीवन भी धन्य हो गया था।"

दूनी ठाकुर विस्फारित नेत्रों से भूरसिंह को देखते रह गए। फिर अस्फुट स्वरों में स्वयं को ही संबोधित करते-से कहने लगे—"तो यह था महाराज में आए क्रांतिकारी परिवर्तन का वास्तविक रहस्य। रसकपूर के मुकदमे का निर्णय सुनाने के बाद, अकस्मात् ही महाराज का जैसे कायाकल्प हो गया था। नृत्य-संगीत, पान-गोष्ठियाँ, विलास तो जैसे अतीत की बातें हो गई थीं। अमीरखाँ ने एक माह तक जयपुर को घेरे रखा, लेकिन महाराज ने समझौता-वार्त्ता तक करने से इनकार कर दिया था। अँगरेजों के साथ संधि के परिणाम, कम-से-कम मराठों-पिंडारियों की आएदिन की लूट से तो बेहतर निकलेंगे। जयपुर राज्य की प्रजा लूटमार से मुक्त हो, शांतिपूर्वक जीवन-यापन तो कर सकेगी।"

पश्चात्ताप के अमावसी बादल दूनी ठाकुर के चेहरे पर घिर आए। व्यथित स्वर में कहने लगे—"मैं इस देशभक्त लड़की को गलत समझता रहा। अपने अहंकार के कारण उसके मन में झाँककर देखने का प्रयास भी नहीं किया। सचमुच मुझसे घोर पाप हुआ है। ऐसा पाप, जिसका कोई भी प्रायश्चित्त संभव नहीं।"

"थोड़ा-सा प्रायश्चित्त तो अब भी किया जा सकता है!"—भूरसिंह ने धीरे से कह दिया—"उस प्रेमभाविता को महाराज के अंतिम दर्शन की अनुमति देकर, आप प्रायश्चित्त से अधिक उस पर उपकार करेंगे।"

दूनी ठाकुर विचारमग्न हो गए। अनुकूल उत्तर सुनने की उत्सुकता भूरसिंह के नेत्रों में फैल चली थी। काफी सोच-विचार के बाद चाँदसिंह ने धीरे से कहा—"यह संभव हो नहीं पाएगा। रसकपूर के आते ही, सामंतों के मन में उसके प्रति दबी घृणा का

विस्फोट हो जाएगा। मेरे चाहने पर भी कोई उसे महाराज के निकट नहीं जाने देगा। उस घड़ी सामंतों के सम्मिलित विरोध का समाधान मैं भी नहीं कर पाऊँगा।"

"तब आप बैठे रहें!"—भूरसिंह जैसे गुर्रा उठे—"अपनी समस्याओं के समाधान का मार्ग रसकपूर स्वयं खोज लेगी। आज भी उसका सामर्थ्य चुका नहीं है। प्रिय-दर्शन से उसे रोक पाना शायद भगवान् के लिए भी संभव नहीं होगा।"

□

आकाश में मध्याह्न का सूर्य अपने प्रखर ताप से जयपुर-वासियों के तन शीत-मुक्त करने का प्रयास कर रहा था। किंतु उनके मनों पर जमी शोक की हिमानी परतों को पिघलाकर, उन्हें ऊष्मित करने का सामर्थ्य भगवान् भास्कर के पास भी नहीं था। राजमहल में प्रवेश कर, महाराज के अंतिम दर्शन न कर पाने की विवशता, वाणी से अधिक उनके नेत्रों से मुखर हो रही थी।

राजमहल में महाराज जगतसिंह के 'चलावे' की तैयारियाँ हो रही थीं। सामंतों, जागीरदारों से लेकर नगर के श्रेष्ठीजन, विद्वज्जन तक अपनी श्रद्धांजलि के पुष्प महाराजा को अर्पित कर चुके थे। सामोद ठाकुर बैरीसाल से परामर्श कर दूनी ठाकुर ने सिंहपोल बंद करने का आदेश दे दिया। इसके साथ ही नागरिकों का आगमन बंद हो गया। राजप्रासाद में अब सिर्फ महाराज के संबंधी सामंतों के अतिरिक्त, ताजीमी सरदार, मुसाहिब, अहलकार आदि प्रमुख लोग ही रह गए थे। इनकी विशाल संख्या से सर्वतोभद्र और प्रीतमनिवास के चौक भर गए थे। चंद्रमंदिर में महाराज के भाई-बंधु राजावत और बारह कोठड़ियों के सामंतों को ही जाने की अनुमति थी।

चंद्रमंदिर के बाहर बाग के कोने में, राजपुरोहित पं. नारायण श्रोत्रिय और उनके सहयोगी पुरोहितगण, मुंडन के बाद स्नान की तैयारी कर रहे थे। राजसी परंपरा के अनुसार, दिवंगत महाराज के लिए केशदान का अधिकार सिर्फ राजपुरोहित और पुरोहितों को ही था। उन्हें ही महाराजा की उत्तरक्रिया के संपूर्ण कृत्य संपन्न करने थे। महाराज का उत्तराधिकारी तो राजशव का मात्र स्पर्श करके ही अलग हो जाता है। शवयात्रा में भी वह सिरहड्योढ़ी द्वार से आगे नहीं जा सकता था।

स्नानोपरांत राजपुरोहित पं. नारायण श्रोत्रिय ने राज्य से प्राप्त 'पीतांबरी' पहन, कंधों को 'दुशाला पड़द' से ढक लिया। सिर पर 'पाग' रखकर वे महाराज की उत्तरक्रिया संपन्न कराने के लिए तैयार हो गए थे। अन्य पुरोहित भी धोती और पाग के साथ मिले 'रेजी' का उत्तरीय धारण कर, राजपुरोहित के पीछे-पीछे चंद्रमंदिर की ओर चले। महाराजा के अंगरक्षक, राजशव से पुष्पमालाएँ हटाकर एक ओर ढेर लगा चुके थे। राजमहल के सेवक फुरती के उन्हें टोकरों में भर-भरकर वहाँ से ले जा रहे थे।

चौक साफ होने के बाद पुरोहितों ने आगे बढ़कर अपना कार्य आरंभ किया। राजशव के पास का संगमरमरी फर्श धोकर, पवित्र दूर्वा (डाभ) बिछाई गई। उस पर महाराज जगतसिंह का प्रायः निर्वस्त्र शव लिटाकर, कुएँ के ताजा जल से स्नान कराया

ज़ाने लगा। नया महाराजा मोहनसिंह प्रथम कलश को स्पर्श करके ही अलग खड़ा हो गया था। शेष सारे कार्य पुरोहितगण को ही संपन्न करने थे।

मंत्रोच्चार के साथ स्नान के बाद राजशव को पोंछ-सुखाकर, जरी का 'जामा' पहनाया गया। इस लबादेनुमा वस्त्र में महाराज के कंधों से पैर तक के सभी अंग आच्छादित हो गए थे। जरी का दुपट्टा और सिर पर पाग धारण कराने के बाद, राजशव के कानों में स्वर्ण-कुंडल एवं गले में भारी स्वर्ण 'बलेवड़ा' के साथ, हाथों में 'करस' जोड़ी (कंगन) भी पहनाई गई।

राजशव को वस्त्राभूषित करने के बाद, पुरोहितगण सर्वतोभद्र पहुँचे। वहाँ राजशव को श्मशान तक ले जाने के लिए लकड़ी की ताबूतनुमा अरथी 'वैकुंठी' आ चुकी थी। इसे राज्य के कुशल बढ़इयों ने कपड़द्वारा में ही बनाकर, जरी के मूल्यवान् वस्त्रों से आच्छादित कर दिया था। इसके ऊपर ढक्कन नहीं था, ताकि शवयात्रा के दौरान जयपुर के नागरिक अपने महाराजा के अंतिम दर्शन करके उन्हें श्रद्धांजलि अर्पित कर सकें। वैकुंठी के ऊपर चारों ओर सोने के नौ कलश भी लगे हुए थे।

पुरोहितगण वैकुंठी उठाकर चंद्रमंदिर के बरामदे में ले आए। राजशव को अंगरक्षकों की सहायता से उसमें लिटाकर, राजपुरोहित ने पिंडदान के लिए संकेत किया। पुरोहित अच्युतानंद ने जौ का आटा फर्श पर गूँधकर, तीन बड़े-बड़े पिंड बनाए। उनके बीच में स्वर्ण-मुद्राएँ रखी गई थीं। संकल्प मंत्र के साथ राजपुरोहित ने नए महाराज द्वारा पिंडदान करवाकर, उसे राजशव के बाएँ हाथ के नीचे रख दिया। शेष दोनों पिंड, एक रजत-पात्र में सफेद वस्त्र से ढक, एक पुरोहित ने साथ ले चलने के लिए उठा लिये।

राजपुरोहित का संकेत पाकर चौमूँ, सामोद, झिलाय, ईसरदा, सिवाड़, सिरस, बरवाड़ा और दूनी ठाकुरों ने वैकुंठी उठाकर अपने कंधों पर रख ली। महाराज जगतसिंह का महाप्रयाण आरंभ हो गया। जनानी ड्योढ़ी से उठे नारी-कंठों के करुण स्वर, राजमहल के वातावरण में शोक-वृद्धि करते हुए, धैर्यवान् सामंतों के नेत्र भी वाष्पपूरित कर गए। साफे के छोर से आँखें पोंछते, अपने महाराज का निष्प्राण शरीर कंधों पर उठाने की मर्मांतक पीड़ा मन में ही दबाते सामंतगण, चंद्रमंदिर के अंदर से ही दूसरी ओर 'प्रीतमनिवास' में जा निकले। वहाँ धीमे कदमों से चलते हुए, प्रीतमनिवास चौक में पहुँच, पूर्व दिशा में गणेशपोल (ऋद्धि-सिद्धि पोल) की ओर मुड़े। इस पोल के बाहर सर्वतोभद्र चौक में राज्य के अन्य सामंत, सरदार, अहलकार, कर्मचारी, सेवक आदि व्याकुल मन से शवयात्रा की प्रतीक्षा कर रहे थे। महारानियों के रावळों से उठे आर्त्तनाद ने महाराज का 'चलावा' आरंभ होने की सूचना दे दी थी।

महारानियों, पड़दायतों, रखेलों, दासियों, बाइयों के समवेत विलाप की करुणा से भीगा राजमहल, पार्थिव नेत्रों से अपने महाराजा की अंतिम यात्रा देख रहा था। राजवी राजपूत सरदारों के कंधों पर लेटे महाराज का पार्थिव शरीर, गणेशपोल से निकलकर

सर्वतोभद्र चौक में आया। नया महाराजा मोहनसिंह, वैकुंठी के आगे उसे हाथ का स्पर्श दिए चल रहा था। चौक की उत्तरी दिशा से चलती हुई शवयात्रा, चौक के पूर्वी द्वार 'अंबापोल' में पहुँची। वहाँ से 'सभानिवास' (दीवानेआम) चौक में चलकर, उत्तरी द्वार गंगापोल के बाद उसने जयपोल पार किया। फिर विजयपोल और गणेशपोल से निकलकर जलेब चौक में जा पहुँची। वहाँ से राजसी लवाजिमे के साथ, जयपुर के यशस्वी महाराजा जगतसिंह की अंतिम यात्रा आरंभ हुई।

लवाजिमे के साथ महाराज के आगमन-प्रस्थानं की राजसी परंपरा का निर्वाह आज भी हो रहा था। किंतु अंतिम यात्रा के इस लवाजिमे में बहुत कुछ बदला हुआ था। रंग-बिरंगी छटाएँ बिखेरनेवाले लवाजिमे में, आज सर्वत्र एक ही रंग फैला हुआ था—वैराग्य का प्रतीक श्वेत रंग। हाथी, घोड़ों, ऊँटों की झूलें ही नहीं, रथों-बहलों के गद्दे भी सफेद वस्त्रों से आच्छादित थे। शवयात्रा में सम्मिलित प्रत्येक व्यक्ति श्वेत परिधान धारण किए था। खाकी या फीरोजी साफे कुछ ही युवकों के माथों पर थे, जो उनके पिता या बाबा के जीवित होने के परिचायक थे। शेष सभी व्यक्तियों के साफे भी श्वेत रंग के थे। इस विशाल शवयात्रा में, जयपुर के पंचरंगी ध्वज के रंग ही इस शोक सागर में रंगों के अपवाद थे।

इसके अतिरिक्त, लवाजिमे में सम्मिलित हाथी, घोड़े, ऊँट सवार, सैनिक सभी विषम संख्या में थे। अन्य अवसरों पर ये दो, चार, छह, आठ, दस की सम संख्या में होते थे, किंतु शवयात्रा में उनकी संख्या भी महाराजा के प्रति शोक व्यक्त करती-सी प्रतीत हो रही थी। इस लवाजिमे में वे एक, तीन, पाँच, सात, नौ आदि विषम संख्या में सम्मिलित किए गए थे।

महाराज जगतसिंह की अंतिम यात्रा के सबसे आगे 'निसाण का हाथी' था। सफेद झूल से ढके, चित्रकारीविहीन विशाल गजराज की पीठ पर श्वेत वस्त्रधारी व्यक्ति जयपुर का गौरव—पंचरंगा ध्वज थामे बैठा था। इसके पीछे जेठी पहलवान का हाथी था। इस पर महाराज द्वारा नियुक्त नगर का सर्वश्रेष्ठ वरिष्ठ पहलवान, कंधे पर गदा रखे दर्पभाव से बैठा रहता था। किंतु आज उसकी गदा कंधे पर नहीं थी। सिर भी शोक से झुका हुआ था।

इसके पीछे तीन 'झूल के हाथी' चल रहे थे। इन गजराजों की पीठ पर सफेद झूल पड़ी थी। उनके विशाल मस्तकों पर बनाए जानेवाले रंग-बिरंगे बेलबूटे आज नहीं बने हुए थे। तीन पंक्तियों में नौ शुतरसवार (ऊँट सवार) भी पीठ पर सफेद झूल डाले, धीमे कदमों से चल रहे थे। इनकी प्रथम पंक्ति में एक, दूसरी में तीन और तीसरी में पाँच शुतर (ऊँट) थे। यही स्थिति अश्वों की भी थी। प्रथम पंक्ति में एक, दूसरी में तीन, तीसरी में पाँच और चौथी पंक्ति में सात अश्व, श्वेत वस्त्रधारी सवारों को पीठ पर बैठाए चल रहे थे।

अश्वारोहियों के पीछे सफेद झूल पड़े, मस्त, शक्तिशाली बैलों द्वारा खींचे जा रहे

'गुरदे' (छोटी तोपें) और सफेद झूल से ढके रथ थे। इसके बाद 'रोशन चौकी' रथ पर विशाल नक्कारा रखा हुआ था। महाराज के लवाजिमे में और दिन यह गुरु-गंभीर स्वर में बजता हुआ चलता था, लेकिन आज यह मौन था। नक्कारे के डंडे भी एक ओर रखे हुए थे।

पदातिकों के क्रम में सर्वप्रथम पटाधारी नागा साधु थे। अन्य अवसरों के विपरीत, आज वे पटा (तलवार) के कौशल दिखाते नहीं चल रहे थे। वे तलवार म्यान में रखे, सिर झुकाए चुपचाप कदम उठा रहे थे। इनके पीछे 'फिरकीवाले' भी घूमती फिरकी आकाश की ओर उछालकर कौशलपूर्वक वापस थामने के कौशल से दर्शकों का मनोरंजन नहीं कर रहे थे। उनके हस्तलाघव पर भी जैसे महाराजा का शोक प्रभावी हो गया था। फिरकीवालों के पीछे पाँच चोबदार, हाथों में चाँदी की चोब (राज्य-सत्ता का प्रतीक) थामे एक पंक्ति में चल रहे थे। उनके पीछे पीठ पर ढाल बाँधे, इतने ही 'ढलैत' थे। उनकी ढालें भी सफेद वस्त्र से ढकी हुई थीं। पान के आकार के पंखेनुमा 'अडानी' उठाए 'अडानीबरदारों' की पंक्ति इसके बाद थी।

अडानीबरदारों के पीछे थी महाराज की वैकुंठी, जिसमें रखे राजशव के दर्शन करके नगरवासियों का धैर्य टूट-टूट जाता था। महाराज के मुख पर दृष्टिपात करके वे बिलख उठते थे। उनके रुदन के स्वर शोक-सागर में लहरें उत्पन्न करते-से प्रतीत हो रहे थे।

वैकुंठी के दोनों ओर 'चँवरबरदार' और 'मोरछलवाले' चल रहे थे। चँवरबरदारों के हाथों में, हिमालय में पाई जानेवाली चँवरी गाय की पूँछ के बालों से बने, रजत-मंडित चँवर थे, जिन्हें वे राजशव पर ढुलाते चल रहे थे। इनके आगे और पीछे मोरपंखों से बनी 'मोरछल' लिये पदातिक थे। अन्य अवसरों पर मोर के रंगीन परों की मोरछल प्रयुक्त होती थी। किंतु शोक के इस अवसर पर, सफेद मोर के पंखों से बनी मोरछलें ही शोक में अपनी भागीदारी दर्ज करा रही थीं।

महाराज की सवारी के दोनों ओर चलनेवाले 'साँटबरदार' भी पूर्ववत् साथ चल रहे थे। अन्य अवसरों के विपरीत, आज वे दर्शकों को सवारी के अत्यंत निकट आने से रोकने के लिए साँट (चाबुक) घुमा नहीं रहे थे।

वैकुंठी के पीछे राजपुरोहित और पुरोहितों के साथ सामोद, चौमूँ, अचरोल, टोरडी, बाँसखो, वाटिका, भादर, लाटवाड़ा, दूदू, झिलाय, बगरू, भादवा, ईसरदा, सिवाड़, सिरस, बरवाड़ा, डिग्गी, दूनी आदि के प्रमुख सामंतों के साथ, कई सौ छोटे जागीरदार-ठिकानेदार, मुसाहिब, अहलकार आदि चल रहे थे। महाराजा के निकट संबंधी राजावत और बारह कोठरियों के सामंत ही वैकुंठी को कंधा देने के अधिकारी थे। लेकिन उनमें से भी किसी को अधिक देर तक कंधा देने का अवसर नहीं मिल पा रहा था। वैकुंठी के नीचे ठीक से कंधा टिकाने से पूर्व ही, किसी अन्य सरदार की अँगुलियाँ उसके कंधे का स्पर्श कर जाती थीं। इस मौन संकेत के प्रतिकार या उपेक्षा की परंपरा नहीं थी। अतृप्त

मन वह वैकुंठी से कंधा हटाकर, उस व्यक्ति के लिए स्थान खाली तो कर देता, लेकिन तत्काल ही किसी अन्य कंधे को इसी युक्ति से हटाकर, स्वयं को वैकुंठी से जोड़ जाता था। किंतु यह जुड़ाव भी क्षणिक ही होता था। कोई अन्य सामंत उसे हटाकर, वहाँ अपना कंधा लगा देता था।

शवयात्रा में सबसे पीछे 'धौंस का घोड़ा' चल रहा था। इस घोड़े के दोनों ओर नगाड़े बँधे हुए थे। अन्य अवसरों पर यह लवाजिमे के आगे चलता था और सवार दोनों नगाड़ों पर रह-रहकर दंड-प्रहार करता हुआ, गर्वोन्मत्त चाल से बढ़ता जाता था। लेकिन आज वह सबके पीछे चल रहा था। उसके धौंसे के स्वर भी शोक-सागर में डूब गए थे।

जलेब चौक से आरंभ शवयात्रा, दुंदुभीपोल के नीचे से गुजरी। पोल के ऊपर बुर्जी में, सूर्योदय से लेकर सूर्यास्त तक बिखरनेवाले शहनाई के मधुर स्वर आज मौन थे। अगले बारह दिनों तक ये स्वर मौन ही रहने वाले थे। कपटकोट का दरवाजा (सिरहड्योढ़ी दरवाजा) पहुँचकर शवयात्रा ठहर गई। राजसी परंपरा के अनुसार, नए महाराजा ने दिवंगत महाराजा को अंतिम प्रणाम किया और वहीं से चंद्रमहल लौट गया। इसके बाद सिरहड्योढ़ी दरवाजा पार कर, लवाजिमा सिरहड्योढ़ी बाजार में मुड़ गया। वहाँ हवामहल के सामने से चलता हुआ, माणकचौक चौपड़ का चक्कर काटकर, त्रिपोलिया बाजार में घूम गया। बाजारों की छतों, इकढ़ालियों से लेकर सड़क के दोनों ओर नरमुंड ही नरमुंड थे। नगर का संपूर्ण स्त्री-पुरुष वर्ग आज जैसे इन बाजारों में ही सिमट आया था। शवयात्रा आरंभ होने के घंटों पूर्व ही वे अपने-अपने स्थान तलाश करके आ जमे थे।

त्रिपोलिया बाजार से चलती हुई शवयात्रा, त्रिपोलिया दरवाजे के सामने से गुजरी। सूर्योदय से सूर्यास्त तक खुला रहनेवाला विशाल त्रिपोलिया दरवाजा आज बंद था। महाराज का दाग लगने (दाह-संस्कार) तक इसके विशाल कपाट बंद ही रहने थे, जबकि राजप्रासाद के अन्य द्वार, नवें दिन के स्नान के बाद खुलने वाले थे। तब तक इनमें बनी छोटी खिड़कियों से ही आवागमन होना था।

त्रिपोलिया दरवाजे के आगे 'ईसरलाट' (सरगासूली) के सामने से गुजरती हुई शवयात्रा, आंबेर चौपड़ (छोटी चौपड़) पहुँची। इसका चक्कर लगाकर, वह उत्तर दिशा में गणगौरी बाजार में मुड़ गई। इस लंबे मार्ग से गुजरती हुई वह, ब्रह्मपुरी खुर्रे के नीचे उतरी और ब्रह्मपुरी के प्रवेश-द्वार पर, पुंडरीकजी की हवेली के पास अश्वत्थ वृक्ष के नीचे ठहर गई। यह महाराज की अंतिम यात्रा का 'बिचला बासा' था। अनंत यात्रा के पथिक को अंतिम संस्कार से पूर्व एक और पिंडदान के लिए, वैकुंठी धुली हुई स्वच्छ भूमि पर रखी गई। काल के विकराल पाश को अपने हाथों में सहेजनेवाले पिनाकपाणि भगवान् शंकर के सान्निध्य में, राजपुरोहित ने संकल्प मंत्र के साथ महाराज को जौ के आटे का पिंडदान किया।

इसके साथ ही महाराजा जगतसिंह की शवयात्रा, जयपुर महाराजाओं के श्मशान 'गैटोर' की ओर रवाना हो गई, जहाँ चंदन-काष्ठ का रथ अग्निज्वाला के अश्वों पर बैठाकर, जगतसिंह को अज्ञात लोक की अनंत यात्रा पर ले जाने के लिए तैयार हो रहा था।

□

सुदर्शनगढ़ के नए किलेदार रणमलसिंह से किसी भी प्रकार की सहायता की आशा व्यर्थ थी, यह रसकपूर उसे देखते ही समझ गई थी। महाराज के अंतिम दर्शन की इच्छा व्यक्त करते ही वह जैसे गुर्रा उठा था—"यह सब भूल जाओ, बाईजी! क्या करोगी महाराज का मुरदा मुँह देखकर? ऐसे नाटकों का मुझ पर असर होने वाला नहीं है। चुपचाप अपनी कोठरी में बैठ जाओ। ज्यादा ही मन करे तो यहाँ से ही शवयात्रा देखकर मन को तसल्ली दे लेना।"

सुनकर निरीह, कातर दृष्टि से देखती रह गई थी रसकपूर। इस निरीह दृष्टि पर हँसता हुआ रणमल वापस लौट गया था।

प्राची दिशा से चलते सूर्यनारायण, मध्याह्न के ताप से शीत-पीड़ित शरीरों को उष्मा प्रदान करने लगे। नीचे नगर में उठता कोलाहल, महाराज की शवयात्रा आरंभ होने का सूचक था। दो घड़ी में वह गैटोर आ पहुँचेगी। अकस्मात् महाराज के शब्द कानों में गूँज उठे, 'किले के इस एकांत स्थल के सामने का प्राचीर, पर्वत से मात्र पंद्रह-बीस फीट ही ऊँचा है। छोटी-सी रस्सी के सहारे यहाँ से आराम से फरार हुआ जा सकता है।'

किसी विपरीत परिस्थिति में फरार करवाने की दृष्टि से ही तो उसे इस तहखाने में रखा गया था। रसकपूर ने कुंदन की ओर देखा—"मैं प्रियतम के अंतिम दर्शन करने जाऊँगी। कुंदन! तू मेरा साथ देगी न?"

"मेरे तो प्राण तक आपके लिए समर्पित हैं।"—कुंदन भी कम व्यथित नहीं थी—"लेकिन जाओगी कैसे, जीजी? अब तो बाबा भूरसिंह भी नहीं हैं, जो हमें चुपचाप निकल जाने देते।"

"तेरी ओढ़नी कहाँ है? इसमें मेरी भी ओढ़नी जोड़ ले।"—रसकपूर ने कहा—"इनके साथ अपनी चादरें भी फाड़कर लंबी रस्सी बना ले। एक बार चुपचाप नए किलेदार की टोह भी ले आ। देखना, वह क्या कर रहा है?"

कुंदन जाकर खबर ले आई—"वह तो खा-पीकर खर्राटे ले रहा है अपने कक्ष में।"

जैसे बिजली कौंधी हो। उसी तड़प से उछलकर, रसकपूर सामने प्राचीर के पास जा पहुँची। एक डंडे में बँधी दुपट्टों-चादरों की रस्सी को तीरकश के छेद में डालकर बाहर की ओर गिरा दिया। फिर उसे पकड़कर रसकपूर धीरे-धीरे नीचे पहाड़ पर उतर गई। उसके संकेत पर कुंदन ने भी उसी मार्ग का अनुसरण किया। अब वे दोनों ही किले की कैद से मुक्त थीं।

प्राचीर के नीचे की कठोर चट्टान पर पैर रखते ही पत्थर की नुकीली किर्च,

करने की प्रार्थना करूँगी। खुदा-ए-पाक की अदालत में, मैं अपना इलजाम वापस ले लूँगी।"

"ठीक है बेटी!"—छलछलाए नेत्रों से प्रायश्चित्त-भरे स्वरों में चाँदसिंह कह उठे, "महाराज के अंतिम दर्शनों के बाद, मैं स्वयं तुम्हें सुदर्सनगढ़ छोड़ आऊँगा। साथ ही वचन देता हूँ कि शोक की अवधि के बाद होनेवाले प्रथम दरबार में ही तुम्हें कारामुक्त करवाकर, तुम्हारी इच्छा के अनुरूप सुख-सुविधा के साथ, तुम्हारा पुनर्वास भी करा दूँगा।"

संकेत से टुकड़ी नायक को बुलाकर दूनी ठाकुर ने आदेश दे दिया—"इन दोनों को महाराजा प्रतापसिंह की समाधि के ऊपरवाले बुर्ज में ले जाओ। महाराज के अंतिम दर्शनों के बाद इन्हें वापस मेरे पास ले आना।"

"ठाकुर साहब!"—आश्चर्य से नायक का मुँह खुला रह गया।

"और सुनो!"—दूनी ठाकुर ने कठोर स्वर में कहा—"कोई भी पूछताछ होने पर इसे मेरा आदेश बताना।"

नायक के सहमति में झुके सिर की ओर दृष्टिपात करके चाँदसिंह ने रसकपूर से धीमे स्वर में कहा—"जाओ बेटी! अपने प्रियतम के दर्शन कर आओ!"

कृतज्ञ रसकपूर कुंदन का हाथ पकड़े, नायक के पीछे-पीछे गैटोर के मुख्य द्वार में प्रवेश कर गई। मार्ग में कुंदन का हाथ दबाकर वह धीमे स्वर में कह उठी—"मेरी बहन! तू यहीं से लौट जा। तेरा-मेरा साथ यहीं तक का था⋯उपकार समेटने की आदत कभी नहीं रही⋯अब भी किसी का उपकार नहीं चाहूँगी⋯दूनी ठाकुर का भी नहीं। प्रियतम के दर्शन करके मैं यहाँ से चल दूँगी। तूने हर कदम पर मेरा साथ दिया है⋯लेकिन अब तुझे साथ रख पाना संभव नहीं होगा। मेरे अज्ञात पथ पर मुझे अकेले ही जाना है⋯तू बिना विवाद किए यहीं से लौट जा⋯तुझे मेरी सौगंध है।"

"जीजी!"—बिछोह की कल्पना से कुंदन का कंठ अवरुद्ध हो उठा—"क्या फिर कभी तुम्हें देख पाऊँगी?"

"शायद नहीं।"—रसकपूर ने धीरे से कह दिया—"प्रियतम के अंतिम दर्शन करके मैं भी अपने रास्ते चली जाऊँगी। उस अज्ञात पथ पर कदम रखने के बाद, तुझसे दोबारा मुलाकात कैसे हो सकेगी?"

सामंतों की आँखों में तैरते प्रश्नों को दूनी ठाकुर के आदेश का समाधान-पथ प्रदान करते हुए, नायक उन दोनों को महाराज प्रतापसिंह की समाधि की ऊपरी मंजिल पर ले आया। वहाँ पूर्वी कोने की बुर्जी के पास खड़ा करके मृदु स्वर में बोला—"यहीं नीचे अन्नदाता का अग्नि-संस्कार होगा। आप लोग उनके दर्शन करके लौट आएँ। मैं वहाँ सीढ़ियों के पास खड़ा रहूँगा।"

आश्वस्त मन कुंदन पर स्नेहिल दृष्टिपात कर रसकपूर ने कहा—"कुंदन! मेरी बहन! अब लौट जा!"

किंतु कुंदन ने रसकपूर का हाथ पकड़कर दृढ़ स्वर में कहा—"नहीं, जीजी ! आपकी सौगंध का उल्लंघन करने का साहस तो मुझमें नहीं है, लेकिन महाराज के दर्शनों के बाद, अपने अज्ञात पथ पर चल देने से पूर्व मैं तुम्हारा साथ नहीं छोड़ूँगी।"

रसकपूर के कुछ कहने से पूर्व ही चंदन की चिता पर वैकुंठी रख दी गई। अंतिम दर्शनों के लिए राजपुरोहित ने महाराज के मुख से कफन हटाया। अंतिम दर्शनों के लिए भीड़ उमड़ पड़ी। कुंदन ने टहोका—"चलो जीजी ! महाराज के अंतिम दर्शन कर लो !"

प्रस्तर-प्रतिमा-सी मौन, निरुत्तर रसकपूर आँखें मूँदे न जाने किस दुनिया में खो गई थी। जिस कार्य के लिए किले की दीवार फाँद, पथरीली चट्टानों और कँटीले वन-प्रदेश को रौंदती हुई यहाँ तक आ गई, अब उसे ही विस्मृत कर न जाने कहाँ खो गई थी।

महाराज का मुख पुनः ढककर चिता चुनी जाने लगी। देखते-ही-देखते चंदन के भारी-भारी लट्ठों के नीचे महाराज का निष्प्राण शरीर छिप गया। राजपुरोहित पं. नारायण श्रोत्रिय ने सरकंडों में अग्नि प्रज्वलित कर, उसके साथ उलटे कदमों से चिता की परिक्रमा की। मुखाग्नि देते ही कपूर, घृत, धूप आदि ज्वलनशील पदार्थों का स्पर्श पाकर लकड़ियाँ प्रज्वलित हो उठीं। कुछ ही देर में चिता धू-धू कर धधक उठी। तीव्र ताप से वहाँ खड़े सभी लोग पीछे हटने लगे।

रसकपूर ने कुंदन का हाथ पकड़कर धीरे से कहा—"चलती हूँ, बहन ! अपने इस पथ पर मुझे अकेले ही जाना है····मेरा कहा-सुना माफ कर देना !"

कुंदन के कुछ बोलने से पूर्व ही रसकपूर ने चंचल हिरनी-सी छलाँग लगाई और पलक झपकते लपलपाती चिता में कूद, अपने प्रियतम की गोद में जा बैठी।

यह देख कोहराम मच गया—"कौन थी वह····कहाँ से आई थी····महाराज से उसका क्या संबंध था ?·····"

अनगिनत मुखों से निकलते प्रश्नों का समाधान-सा करती कुंदन चीत्कार कर उठी—"अधराजन जीजी ! यह तुमने क्या किया ?"

□□□